쉽게 배우는
컴퓨터 구조

권구주 · 함호종 지음

COMPUTER ARCHITECTURES

컴퓨터를 구성하는 CPU, 메모리, 입출력장치(I/O 장치)의 기본이 되는 디지털 회로소자의 특성과, CPU의 동작원리와 설계방법을 익히며, CPU의 제어회로 및 마이크로프로그램 등을 연구함으로써 컴퓨터구조에 대한 원리와 특성을 익히는 학문이다.

머리말

컴퓨터 시스템을 이해하려면 컴퓨터를 구성하고 있는 보고 만질 수 있는 물리적 부분을 총칭하는 다양한 하드웨어와 이러한 하드웨어에게 수행 할 작업을 알려주는 명령 또는 프로그램을 나타내는 소프트웨어에 대한 이해가 필요하다. 컴퓨터 구조는 "컴퓨터 시스템에서 각각의 하드웨어 장치 기능과 각 하드웨어 장치 사이에서의 정보와 제어의 흐름"을 의미하는 것으로 최초의 문서화 된 컴퓨터 구조는 Charles Babbage와 Ada Lovelace 간의 통신에서 설명한 분석 엔진 그리고 또 다른 초기 사례는 노이만(John von Neumann)의 1945년 논문, EDVAC에 관한 보고서의 초안이다. IBM은 이를 사용하여 최초의 상용 프로그램 내장방식의 컴퓨터 IBM 701을 1953년 초에 개발했다.

여기서 다룰 내용은 컴퓨터 구조 과목의 내용에 대한 시대적 흐름을 살펴보고 현재 사용되고 있는 컴퓨터를 중심으로 컴퓨터 구성 조직에 관한 사항들, 즉 정보를 저장하고 처리해야 하는 디지털 컴퓨터들이 가지고 있는 다양한 장치들의 기능과 동작 과정 등 넓은 범위의 컴퓨터 시스템에 관한 개론들을 포함하여 그들의 설계에 관한 사항들이 기술되며 또한 정보를 입력시키고, 입력된 정보를 토대로 처리된 결과를 출력시키는 여러 다른 장치들에 관해서도 설명한다.

이 책은 처음 컴퓨터 하드웨어를 공부하려는 초보자들을 위하여 전문적인 내용보다는 기본적인 사항을 중심으로 컴퓨터에 대한 전반적인 이해를 돕도록 다음과 같이 구성하였다.

1장 컴퓨터 시스템 이해	2장 데이터 표현	3장 부울 디지털 회로
4장 명령어 구조	5장 프로세서의 구성과 기능	6장 메모리
7장 외부메모리와 입출력 시스템	8장 RISC 구조 및 파이프라인	9장 병렬 처리

특히 국가 자격시험을 준비하려는 수험생을 위하여 각 장마다 정보처리 및 산업기사 기출 문제를 수록하여 준비하는데 도움을 주고자 노력하였다.

아무쪼록 컴퓨터에 대한 체계적인 이해를 하고자 하는 모든 독자에게 충실한 안내서 역할을 하도록 노력하였으나 저자의 역량 부족으로 충분치 못한 부분도 있으리라 생각되어진다. 이러한 미진한 부 분은 계속 수정 보완 할 것을 약속드리며 이 책의 출판을 위해 조언과 도움을 주신 동료 교수들과 그 동안 추위에도 불구하고 편집에 힘써주신 편집부 직원 그리고 어려운 환경 속에서도 출간을 허락 하신 글로벌 출판사의 신현훈 사장님께 고마움을 전합니다.

저자 일동

목 차

제1장 컴퓨터시스템의 이해

Secion 1 컴퓨터 시스템
- 1-1 컴퓨터 시스템의 구성 …………………………………………………… 11
- 1-2 컴퓨터 구현 ……………………………………………………………… 17

Secion 2 컴퓨터 발달과 분류
- 2-1 컴퓨터 발달의 역사 ……………………………………………………… 23
- 2-2 컴퓨터 분류 ……………………………………………………………… 28

Secion 3 컴퓨터의 성능
- 3-1 속성별 측정 ……………………………………………………………… 37
- 3-2 컴퓨터 구조의 성능 측정 ……………………………………………… 40
- **연습문제** ……………………………………………………………………… 45

제2장 데이터 표현

Secion 1 데이터의 디지털 표현
- 1-1 데이터 표현과 수 체계 ………………………………………………… 51
- 1-2 수치 데이터의 표현 ……………………………………………………… 61

Secion 2 문자(비수치) 데이터 표현
- 2-1 문자 코드 ………………………………………………………………… 74
- 2-2 한글 표현 ………………………………………………………………… 78
- **연습문제** ……………………………………………………………………… 81

제3장 부울 디지털 회로

Secion 1 부울 대수와 논리 게이트
- 1-1 부울 대수 ………………………………………………………………… 91
- 1-2 논리게이트 ………………………………………………………………… 95

Secion 2 디지털 논리 회로
- 2-1 조합 논리 회로 ………………………………………………………… 103
- 2-2 순차 논리 회로 ………………………………………………………… 115
- **연습문제** …………………………………………………………………… 129

제4장 명령어 구조

Secion 1 명령어
- 1-1 명령어 특성 ·········· 141
- 1-2 명령어 저장 ·········· 145

Secion 2 명령어 구조 분류
- 2-1 저장 위치에 따른 분류 ·········· 149
- 2-2 오퍼랜드 수에 따른 구조 분류 ·········· 154

Secion 3 명령어 주소 지정
- 3-1 연산 관련 명령어 ·········· 158
- 3-2 데이터 이동과 입출력 명령어 ·········· 161
- 3-3 제어 명령어 ·········· 163

Secion 4 형식과 주소 지정
- 4-1 명령어 형식 ·········· 165
- 4-2 명령어 주소 지정 ·········· 168

Secion 5 주소 지정 형태와 설계
- 5-1 주소 지정 형태 ·········· 174
- 5-2 명령어 설계 ·········· 187
- **연습문제** ·········· 194

제5장 프로세서의 구성과 기능

Secion 1 프로세서의 구성
- 1-1 프로세서 기본 구조 ·········· 207
- 1-2 ALU와 레지스터 ·········· 210
- 1-3 제어장치 ·········· 224
- 1-4 버스 ·········· 227

Secion 2 프로세서 기능
- 2-1 프로그램 실행과 제어 장치 ·········· 241
- 2-2 마이크로명령어와 실행 ·········· 250
- **연습문제** ·········· 266

제6장　메모리

Secion 1　메모리 개요
1-1　메모리 시스템 특성과 구성 …………………………………… 283
1-2　메모리 지역성 ………………………………………………… 290

Secion 2　내부 메모리
2-1　반도체 메모리 ………………………………………………… 294
2-2　메인 메모리 시스템 …………………………………………… 300

Secion 3　캐시 메모리
3-1　캐시 메모리 시스템 …………………………………………… 313
3-2　캐시 액세스와 주소 변환 ……………………………………… 322

Secion 4　가상 메모리
4-1　가상 메모리 시스템 …………………………………………… 330
연습문제 ………………………………………………………… 341

제7장　외부메모리와 입출력 시스템

Secion 1　외부 메모리
1-1　외부 메모리의 이해와 평가 …………………………………… 355
1-2　자기 디스크 …………………………………………………… 357
1-3　RAID ………………………………………………………… 363
1-4　CD-ROM …………………………………………………… 370
1-5　플래시 메모리 ………………………………………………… 374

Secion 2　입출력 시스템
2-1　입출력 장치 …………………………………………………… 376
2-2　입출력 모듈 …………………………………………………… 379
2-3　인터럽트 ……………………………………………………… 393
연습문제 ………………………………………………………… 404

제8장　RISC 구조 및 파이프라인

Secion 1　CISC와 RISC 구조
 1-1　CISC ·· 417
 1-2　RISC ·· 425

Secion 2　파이프라이닝
 2-1　파이프라이닝 ··· 437
 2-2　파이프라인의 처리량 향상 ·· 453
 연습문제 ··· 464

제9장　병렬 처리

Secion 1　상호 연결 네트워크
 1-1　버스 상호 연결 네트워크 ·· 475
 1-2　상호 연결 네트워크 ·· 490

Secion 2　병렬 컴퓨터
 2-1　병렬 컴퓨터 개요 ·· 504
 2-2　병렬 컴퓨터 분류 ·· 514
 연습문제 ··· 542

컴퓨터 시스템의 이해

학·습·목·표
- 컴퓨터의 기본 구성을 통해 목적과 기능을 이해한다.
- 컴퓨터의 발전 과정(역사)과 시대적 특성의 유형을 이해한다.
- 컴퓨터의 성능을 이해한다

Section

01. 컴퓨터 시스템
02. 컴퓨터 발달과 분류
03. 컴퓨터의 성능

> ## 들·어·가·기

현대 정보화 사회에서 컴퓨터는 우리 삶의 중요한 부분이 되었다. 예를 들면 가정, 사무실을 비롯하여 가게, 병원, 도서관 등 많은 다양한 장소에서 이용된다. 특히 컴퓨터는 가정에서 은행 서비스에 접속하여 계좌이체 등을 쉽고 빠르게 할 수 있는 온라인 쇼핑을 가능하게 하였고 더불어 e-메일과 인터넷을 통해 전 세계의 사람들과 의사소통을 할 수 있다. 따라서 오늘날 컴퓨터에 의존하지 않는 사업 또는 직업은 찾기 어렵다. 이러한 컴퓨터를 잘 활용하기위해서는 기본적인 컴퓨팅 기술을 배우는 것과, 유능한 컴퓨터 활용지식 습득이 중요하므로 여기서는 컴퓨터의 기본적인 구성요소, 기능 및 발전 과정 그리고 성능에 관하여 살펴본다.

Section 01 컴퓨터 시스템

컴퓨터는 복잡한 정보들을 처리할 수 있는 정보 처리 시스템이다. 컴퓨터 시스템은 하드웨어(Hardware)와 소프트웨어(Software)로 구성된다. 하드웨어는 물리적 장비 즉, 컴퓨터 자체와 그 주변에 연결된 기기이다. 주변기기는 모니터 디스플레이, 키보드와 마우스, 그리고 외부 하드 디스크 등 입력, 출력 및 데이터의 저장을 목적으로 컴퓨터에 연결된 장치이다. 이 장에서 다룰 내용은 컴퓨터의 기능과 분류, 그리고 간단한 동작 과정 등 넓은 범위의 컴퓨터 시스템에 관한 것으로 컴퓨터에 대한 전반적인 이해를 돕는다. 그 외 좀 더 자세한 사항들에 대해서는 뒤에 연결되는 각 장들을 참조하도록 한다.

1-1 컴퓨터 시스템의 구성

컴퓨터는 정보를 디지털 신호로 처리하기 위해 사용되는 전자, 기계적인 장치의 하드웨어(Hardware)와 이 하드웨어를 유용하게 사용하기 위해서 명령문을 작성하고 특별한 작업 과정을 지시하도록 작성된 프로그램 즉 소프트웨어(Software)로 이루어진다.

1. 컴퓨터의 기본 동작

컴퓨터는 앞서 설명한 바와 같이 디지털 입력 정보를 받아들여 그 입력된 정보를 컴퓨터 메모리(기억 장치)에 저장된 명령어 리스트(컴퓨터 프로그램)에 따라 처리하고, 그 처리된 결과를 출력시키는 일종의 고속 전자계산기라고 할 수 있다. 그러므로 컴퓨터의 기본 동작은 다음과 같이 요약될 수 있다.

- 입력 장치를 통해 정보(프로그램과 데이터)를 받아 메모리로 전달하고 저장한다.
- 메모리에 저장된 정보는 프로그램의 제어에 따라 인출되어 산술 및 논리 기능 장치에서 처리된다.
- 처리된 정보는 출력 장치를 통해 표시되거나 또는 기억 장치(보조 기억 장치)에 저장된다.
- 컴퓨터 내부의 모든 동작들은 제어 장치에 의해 조절된다.

2. 디지털 입력 정보

컴퓨터에 유입되는 정보는 명령어와 자료의 2가지 범주로 구분된다.

1) 명령어

명령어란 프로세서와 입출력 장치 사이 그리고 컴퓨터 내부에서의 정보 처리 수단이면서 실행될 산술 및 논리 연산 동작을 명시해 주는 문장들이다. 어떤 작업을 수행하기 위한 명령어들의 집합을 프로그램이라 하며, 이러한 모든 프로그램은 메모리에 저장되고 이때 처리기는 메모리로부터 프로그램을 구성하고 있는 명령어를 한 번에 하나씩 인출하여 원하는 동작을 수행하게 된다. 물론 컴퓨터는 오퍼레이터 또는 컴퓨터에 연결되어 있는 입출력 장치에 의한 외부 인터럽트를 제외하고는 내장된 프로그램의 통제 즉 제어 흐름에 따라 동작하게 된다.

2) 자료

자료 즉 데이터란, 명령어에 의해 오퍼랜드로 사용되는 숫자들 혹은 코드화 된 문자들이라 할 수 있다. 그러나 이러한 정의는 정확하게 표현된 것은 아니다. 왜냐하면, 데이터란 용어는 임의의 디지털 정보가 기호화 되었다는 의미로 자주 사용되기 때문이다. 하나의 프로그램이 다른 프로그램에 의해 처리된다면 이 프로그램 역시 데이터가 될 수 있다. 예를 들면 고급 언어로 작성된 원시 프로그램을 실행 가능한 기계 명령어와 데이터로 컴파일링 하여 목적 코드를 생성할 수 있다. 이것은 고급 언어로 쓰여진 원시 프로그램을 입력 데이터로 하여 기계어 프로그램이라는 또 하나의 데이터로 번역할 수 있다는 것을 의미한다.

컴퓨터에 의해 연산되는 정보는 대부분 2개의 안정 상태(ON, OFF)만을 가지는 형식 즉 디지털로 코드화 되어야 한다. 따라서 수, 문자 그리고 명령어는 2개의 값 중 하나를 가지는 비트라고 표현되는 2진수들의 문자열로 부호화되어 있다. 이때 숫자 데이터로 경우에 따라 각 10진수가 4비트로 부호화되는 BCD(Binary-Coded Decimal) 형식이 사용되기도 하며 알파벳 문자 데이터는 각각의 문자를 7비트 코드로 표시하는 ASCII(American Standard Code for Information Interchange)와 8비트가 사용되는 EBCDIC(Extended Binary-Coded Decimal Interchange Code)코드가 사용되기도 한다.

3. 하드웨어

컴퓨터 하드웨어는 기계들로 구성되어 있으며 몇 가지 기본 하드웨어 서브 시스템으로 구성되어 있다.

중요한 하드웨어 서브시스템으로 중앙 처리 장치(CPU; Central Processing Unit), 기억 장치(memory), 주변 장치(peripheral device) 및 버스(bus)가 있다.

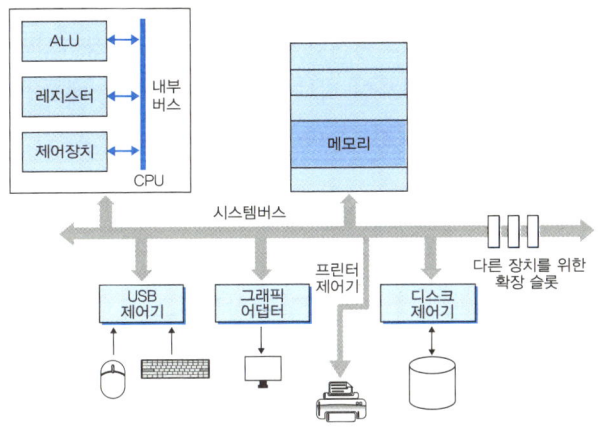

[그림 1-1] 컴퓨터 하드웨어 구성

1) 중앙 처리 장치(CPU)

산술 및 논리 연산과 같은 연산을 수행하는 곳을 중앙 처리장치라 한다. CPU는 메모리에서 데이터 및 명령(instructions)을 가져 와서 제공된 명령 및 데이터 유형을 기반으로 모든 종류의 연산(계산)을 수행한 후 그 결과를 다시 메모리로 전송한다.

이와 같이 CPU는 컴퓨터의 각 부분의 동작을 제어하고 연산을 수행하는 처리기 의미로 프로세서(Processors)라고도 한다. 여기서는 CPU를 프로세서로 표시하기로 한다.

프로세서는 산술 및 논리 연산 장치, 제어 장치, 레지스터 등으로 구성되어 있다.

- 산술 및 논리 장치(ALU;: Arithmetic and Logic Unit) : 데이터를 이용하여 산술 연산 및 논리 연산을 수행한다. 예를 들어 프로세서 레지스터의 일부 데이터나 메모리에서 가져온 2개의 2진수를 더할 수 있다.
- 제어 장치(Control Unit) : 명령이 올바른 순서로 실행되도록 다른 컴퓨터 구성 요소의 동작을 제어한다.
- 레지스터(Register) : 프로세서 내부의 임시 저장소로 레지스터는 프로세서 내부에 있기 때문에 고속으로 읽고 쓸 수 있다.

2) 기억 장치(메모리)

기억 장치는 데이터(정보) 및 명령들을 프로세서가 직접 처리 혹은 참조할 수 있는 형태로 기억시켜 놓는 곳으로 반도체(IC; Integrated Circuit)를 다루는 메모리 기술(ROM, RAM)과 디스크나 자기 테이프에 활용되는 자기 저장기술 그리고 CD-ROM에 이용되는 광학 저장기술을 이용하여 만들어진다. 또한 저장된 데이터를 일정시간 유지하는지 여부에 따라 휘발성(volatile) 및 비 휘발성(nonvolatile) 메모리로 분류된다. 그리고 저장되는 위치에 따라 내부 메모리와 외부 메모리로 구분할 수 있다. 내부 메모리는 컴퓨터 입출력 채널을 사용하지 않고 프로세서에서 직접 액세스 할 수 있는 메인 메모리, 캐시 메모리 및 특수 레지스터가 해당된다. 외부 메모리는 비록 속도는 느리지만 메인 메모리에 저장하기에 너무 큰 정보나 프로그램과 데이터의 영구 사본을 보관하여 정보를 유지할 수 있는 메모리이다. 이 때 외부 메모리의 정보는 먼저 메인 메모리로 전송 된 후 프로세서가 접근할 수 있다.

3) 주변 장치

주변 장치는 입력 장치와 출력 장치를 비롯하여 컴퓨터의 기능을 향상시키기 위해 추가로 사용되는 장비(device)를 뜻하며, 디스크 드라이버(하드디스크, CD-ROM), 스캐너, 모뎀 등도 포함된다.

- 입력 장치

  컴퓨터 외부에 존재하는 데이터를 컴퓨터가 이해할 수 있는 코드 형태로 변환하여 메모리로 보내는 장치로 키보드(Keyboard), 마우스(mouse), 바코드 판독기(Barcode Reader), 광학 마크 판독기(OMR : Optical Mark Reader), 터치 스크린(touch screen) 등이 있다.

- 출력 장치

  컴퓨터 내부에 존재하는 정보를 사람이 이용하는 언어 또는 컴퓨터가 연결되어 있는 다른 기계가 사용하는 신호로 변환하는 장치로 컴퓨터 내부에서 처리되어진 결과를 외부로 표현하는 장치이다. 가장 대표적인 장치로는 모니터(Monitor), 프린터(inkjet printer, laser printer)가 있으며, 이를 표준 출력 장치라고 부른다.

4) 버스

컴퓨터 시스템 내부는 프로세서를 비롯하여 메모리, 확장 슬롯 등이 서로 연결되어 있고 데이터를 비롯한 다양한 신호들이 끊임없이 이동한다. 이동하는 신호에는 프로세서 상태 신호, 인터럽트 요구 및 허가 신호, 클록 신호 등이 있다. 이러한 데이터와 신호를 이동하기 위해서는 상당량의 선(통로)들이 필요하게 된다. 이와 같이 여러 개의 장치들을 연결하고 발생되는 신호를 이동 전달하기 위한 선들의 모임 즉 공통된 통신 채널(channel)을 버스(bus)라 한다. 버스를 위치에 따라 구분하면 프로세서 내부에서 레지스터들을 연결하는 내부 버스와 프로세서와 장치간 연결하는 외부 버스로 구분한다. 그리고 기능에 따라 구분하면 다음과 같다.

- 제어(Control) 버스

  컴퓨터 연산에 필요한 기능(영역)을 지시하고 모니터링하기 위해 프로세서에 의해 사용된다. 데이터의 읽기, 쓰기, 인터럽트, 승인 등 컴퓨터의 동작을 제어하고 조정하기 위한 신호를 전송하는데 사용된다.

- 주소(Address) 버스

  프로세서가 데이터를 읽고 쓰기 위해 메모리 내 위치를 정의할 때 필요한 모든 신호들의 전송에 사용된다. 데이터와 명령어를 사용하기 위해서는 프로세서 또는 입출력 장치에 의해 메모리로부터 읽어 오거나 메모리에 기록하기 전 그 주소를 먼저 메모리에 전송해야 한다.

- 데이터(Data) 버스
명령에 따라 프로세서와 메모리 상호간 데이터(메모리 위치에서 읽었거나 메모리 위치에 기록되는 내용 포함)를 이동할 때, 데이터의 입/출력이 수행될 때 메모리 및 입출력 장치 사이에서 데이터 전송에 사용된다.

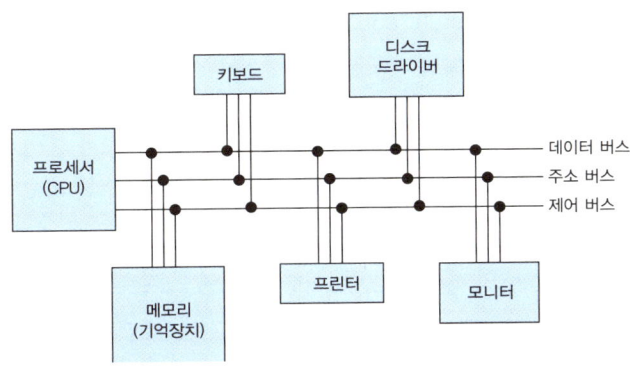

[그림 1-2] 기능에 따른 버스 유형

4. 컴퓨터 네트워크

컴퓨터 네트워크(Computer Network)란 데이터, 하드웨어, 소프트웨어를 공유하기 위해 연결된 장치와 서로 정보를 주고받을 수 있는 길(통로)로 모뎀(modem)이나 랜(LAN), 케이블 또는 무선 매체 등의 통신 설비를 갖춘 컴퓨터를 이용하여 서로 연결시켜 주는 통신망이다. 또한 지역적으로 분산된 위치에서 여러 컴퓨터 시스템들이 연결되어 음성, 데이터 및 화상 정보를 전화나 컴퓨터 시스템, 화상 통신 시스템 등의 각종 미디어에 의해 데이터 통신을 수행할 수 있는 하드웨어 및 소프트웨어들의 집합을 의미한다. 예를 들어, 은행에서는 일반적으로 본점 등에 설치한 대형 컴퓨터와 각 지점의 컴퓨터를 연결한 네트워크를 이용하여 일상 업무를 하고 있다. 네트워크 사용자는 네트워크에 연결된 다른 사용자에게 자료를 보내거나 메시지를 전송할 수 있다. 또한 중앙 집중형 저장 장치의 데이터를 다른 컴퓨터로부터 검색할 수 있다. 그러므로 최근에는 가장 관심 있는 컴퓨터 분야가 되었으며 흔히 인터넷으로 일컬어지기도 한다.

네트워크는 제어컴퓨터(PC), 메인프레임, 미니컴퓨터 등 다양한 종류의 컴퓨터를 연결할 수 있다. 네트워크 규모에 따라 LAN(local area network; 근거리 통신망), WAN(wide area network; 광역통신망), Internet으로 구분되며 인터넷은 Web(WWW, World Wide Web)에 의해 서비스를 제공받는다.

5. 소프트웨어

소프트웨어는 사용하기 전에 컴퓨터 하드웨어에 설치해야 한다. 소프트웨어는 컴퓨터에 저장된 프로그램 그리고 관련된 데이터(정보)로 구성되며 프로그램은 컴퓨터가 데이터를 처리하기 위한 명령들의 목록(set)이다. 따라서 소프트웨어란 복잡한 전자 회로와 기계적 구조로 형성된 컴퓨터 하드웨어로 하여금 사용자가 원하는 일을 수행할 수 있도록 프로그래밍 언어를 사용하여 작성해 놓은 명령문 즉, 프로그램이라고 할 수 있다. 소프트웨어는 컴퓨터가 업무를 수행하고 사용자가 상호 작용으로 자료를 처리할 수 있도록 역할을 수행한다. 소프트웨어는 크게 시스템 소프트웨어(system software)와 응용 소프트웨어(application software)로 분류할 수 있다.

1) 시스템 소프트웨어

시스템 소프트웨어의 역할은 사용자에게 하드웨어, 소프트웨어, 그리고 저장 데이터를 제어 관리할 수 있는 편리한 기능을 제공하여 컴퓨터의 효율적인 기능을 수행하도록 필요한 모든 작업을 수행하는 프로그램의 총칭이다. 이러한 시스템 소프트웨어는 운영체제, 프로그래밍 언어, 언어 번역기(처리기), 장치 드라이버, 유틸리티 프로그램 등으로 구성된다.

2) 응용 소프트웨어

응용 소프트웨어는 운영체제나 유틸리티 프로그램, 언어 처리 프로그램 등의 시스템 소프트웨어와 다르게 특정한 업무 처리를 목적으로 만들어진 소프트웨어이다. 사용자가 원하는 특정의 데이터 처리 또는 문제의 해결을 위하여 작성된 응용 프로그램 패키지와 사용자 프로그램들로 구성되어 있다.

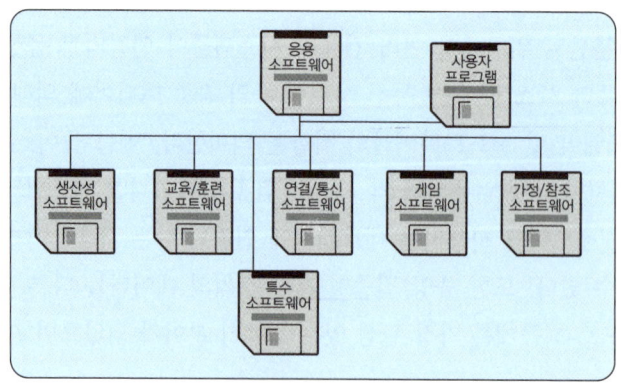

[그림 1-3] 응용 소프트웨어의 종류

응용 소프트웨어는 보통 C 또는 Java와 같은 고급 언어로 작성되며, 프로그래머는 이런 고급 언어들을 사용하여 특정 컴퓨터와는 무관한 형식으로 그 프로그램을 수행하기 위한 수학적인 처리 또는 문서 처리 등의 기능을 구현한다.

1-2 컴퓨터 구현

컴퓨터 시스템은 하드웨어와 소프트웨어 뿐 아니라 하드웨어와 소프트웨어의 조화(통합)까지도 포함되므로 컴퓨터 시스템의 구현(implementation)하는 과정에는 기술 선택과 속도, 비용 등이 고려되어야 한다. 앞으로 살펴보겠지만 컴퓨터는 명령어(4장 참고) 구조의 구현에 불과하며 이와 같은 구현은 하드웨어 시스템 구조 설계와 실제적 설계를 구분하여 설명할 수 있다.

1. 컴퓨터 계열

컴퓨터 구조는 컴퓨터 회사별로 CDC 6600, IBM 360으로 구분할 수 있으며 컴퓨터 발달 과정을 중심으로 1, 2, 3, 4세대의 컴퓨터로 구분하기도 한다. 또한 컴퓨터 구조 분류 방식으로 노이만 방식 기계와 비노이만 형태의 컴퓨터 즉 배열처리기(processor arrays)구조와 다중처리기 구조 등으로 분류할 수 있으며, 특히 진공관과 트랜지스터와 같은 컴퓨터 요소 등으로 구별할 수도 있다. 일반 개인 컴퓨터의 경우 각각 기능이나 효과, 크기, 비용, 하드웨어 시스템 구조 등이 다양하지만 만약 IBM 기반 컴퓨터라면 같은 명령어 구조를 가지고 있다고 본다. 이러한 구분을 컴퓨터 계열(computer-family)이라 할 수 있다. 컴퓨터 계열이란 수행 방식이 같은 컴퓨터 구조에서 다양한 방식의 구현을 실현시킬 수 있다는 뜻이다. 다양한 방법으로 컴퓨터를 구현한다는 것은 하드웨어 시스템 구조를 변화시켜 제어의 기술적 또는 논리적 흐름, 동작의 시간, 메모리 저장 능력 등을 모두 다른 방식으로 구현하는 것을 의미한다. 따라서 같은 컴퓨터 계열은 유사한 명령어 구조 이거나 같은 명령어 구조 구현 방식을 가지고 있다. 물론 같은 컴퓨터 계열은 소프트웨어의 호환성을 제공한다.

이러한 관점에서 컴퓨터 구조는 집 짓는 건축 구조와 동일하다고 볼 수 있다. 건축 개발자들은 한 동네에 하나의 구조로 여러 가지 모양의 집(다른 재료사용)을 건축할 수 있다. 그러므로 다양한 기술, 다른 메모리 크기, 다른 속도를 통하여 같은 컴퓨터 계열 범위에서 각각 다른 모델을 형성할 수 있다. 제일 먼저 컴퓨터 계열을 만든 회사는 IBM이다. 1960년대 IBM은 자신들의 컴퓨터 구조를 System/360 계열 구조라고 발표하였다.

이 컴퓨터 계열은 20, 30, 40, 50, 65, 91 모델로 구성되어 있었으며, 모든 컴퓨터는 계열의 형태에 따라 다른 메모리 크기, 다른 기술, 다른 버스 구조, 서로 다른 속도를 가졌지만 모든 모델들은 같은 프로그램과 운영체제를 사용하며 작동되었다.

다른 컴퓨터 회사들도 또 다른 컴퓨터 계열을 개발하였다. 소형 전자계산기를 중심으로 DEC 회사는 1965년에 PDP-8, 1970년 PDP-11 계열을 그리고, 1978년에는 VAX-11을 발표하였다. CDC 회사는 1960년대 초에 CDC 6000 계열을 그리고, 1970년대에는 CYBER 170 시리즈를 발표하였다.

호환성(Compatible)

호환성이란 다른 컴퓨터라도 똑같은 프로그램을 수행할 수 있는 능력이다. 서로 다른 컴퓨터가 같은 소프트웨어를 공유할 수 있고, 같은 주변장치를 사용할 수 있을 때, 즉 컴퓨터들이 기본적으로 같은 방식으로 동작하는 것을 호환성이라고 하며 다음과 같이 구분한다.

- 상향 호환성 : 컴퓨터 시스템이나 주변장치가 이전의 버전에서 처리하였던 모든 기능을 포함하며 새로운 기능을 추가하여 고성능 처리 능력을 갖춘 것을 의미한다.
- 하위 호환성 : 한 컴퓨터가 다른 컴퓨터와 호환성을 갖추고 있으나 모든 기능을 포함하지 못하고 일부 중요한 기능에만 호환성이 있는 컴퓨터다. 이런 호환성은 규모를 축소하여 값이 싼 컴퓨터를 새로 개발할 때 이용된다.

순방향 호환성 : 한 컴퓨터 계열과 최근 또는 파생된 컴퓨터 계열 사이의 소프트웨어 호환성을 의미한다. 다시 말해서 회사가 그들의 사용자 또는 클라이언트(clients)들을 대상으로 소프트웨어 순방향 호환성을 유지하는 것을 의미한다.

2. 컴퓨터 구조에 영향을 미치는 요소

컴퓨터 구조에 직접적인 영향을 주고 있는 요소를 살펴보면 하드웨어(논리소자) 기술, 프로그래밍 언어, 응용 프로그램, 운영체제 등으로 설명할 수 있다. 전반적인 하드웨어 기술에 대하여는 다음 장부터 분야별로 설명하고 나머지 부분에 대하여 간략하게 살펴보자.

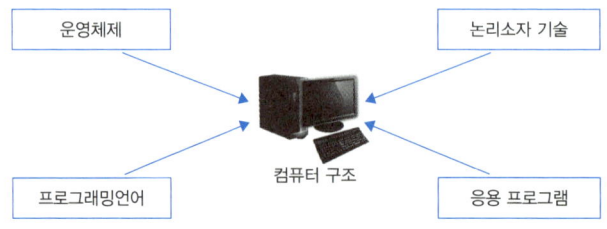

[그림 1-4] 컴퓨터 구조 구성요소

1) 논리소자 기술

갈수록 늘어나는 정보 통신 수요를 충족시키기 위해 정보 통신 분야는 테라(Tera; 10^{12})급 대용량의 정보 저장, 대량 처리, 초고속 빠른 전달, 다양한 가공기술이 필요한데, 이것을 위해 필요한 논리소자를 만드는 기술을 나노기술(Nano Technology)이라고 한다. 논리소자 기술에 대한 분야별 발전 과정은 아래 도표와 같다.

가. DRAM 칩 용량

DRAM의 저장 용량은 약 매년 60%씩 성장을 했고 비트 당 비용은 매년 약 30%씩 감소되고 있다.

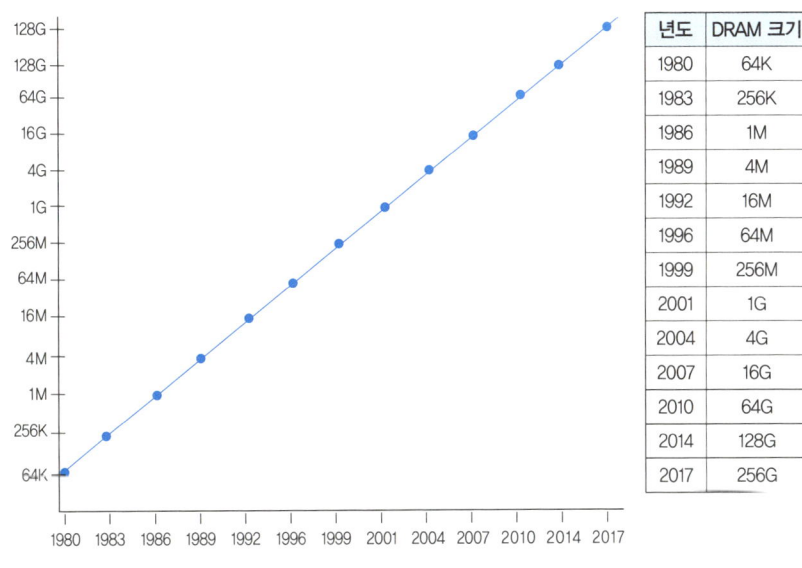

[그림 1-5] DRAM 발전과정

나. 마이크로프로세서 논리 밀도

마이크로프로세서 논리 용량은 매년 약 30%씩 성장하였고 클럭율은 매년 약 20% 성장세를 보였다. 1965년 고든 무어는 마이크로 칩(chip)속에 내장된 트랜지스터 수가 18개월에서 24개월이 지날 때마다 두 배씩 증가할 거라고 예언한 "무어의 법칙(Moore's Law)"을 제시하였는데 그대로 적중되었다. 1958년에 나온 첫 집적회로는 2개의 트랜지스터만가지고 있었으나 1997년에 소개된 펜티엄 II 프로세서는 칠백 오십만 개의 트랜지스터가 들어있으며 펜티엄IV는 4천 2백만개의 트랜지스터가 들어있다. 이렇게 트랜지스터 수가 더 많아진다는 것은 처리 능력이 더 커진다는 것을 의미하며 최근의 CPU 반도체 칩은 과거보다 훨씬 빨라졌다.

년도	트랜지스터 수	프로세서	년도	트랜지스터 수	프로세서
1971	2,300	4004	1999	9,500,000	Pentium III
1972	3,500	8008	2000	42,000,000	Pentium 4
1974	4,500	8080	2003	105,900,000	AMD K8
1976	6,500	8085	2005	228,000,000	Pentium D
1978	29,000	8086	2006	291,000,000	Core 2 Duo
1979	68,000	MC68000	2007	463,000,000	AMD K10
1982	134,000	80286	2008	731,000,000	Core i7
1984	190,000	MC68020	2009	904,000,000	Six-Core Opteron
1985	275,000	80386	2010	1,000,000,000	16-Core SPARC T3
1989	1,180,235	80486	2011	1,160,000,000	Quad-Core Core i7
1990	1,200,000	MC68040	2012	3,100,000,000	8-core Itanium
1993	3,100,000	Pentium	2013	5,000,000,000	Xbox One Main SoC
1995	5,500,000	Pentium Pro	2014	5,560,000,000	18-core Xeon
1997	7,500,000	Pentium II	2015	10,000,000,000	SPARC M7

[표 1-1] 프로세서(트랜지스터/칩) 발전 과정

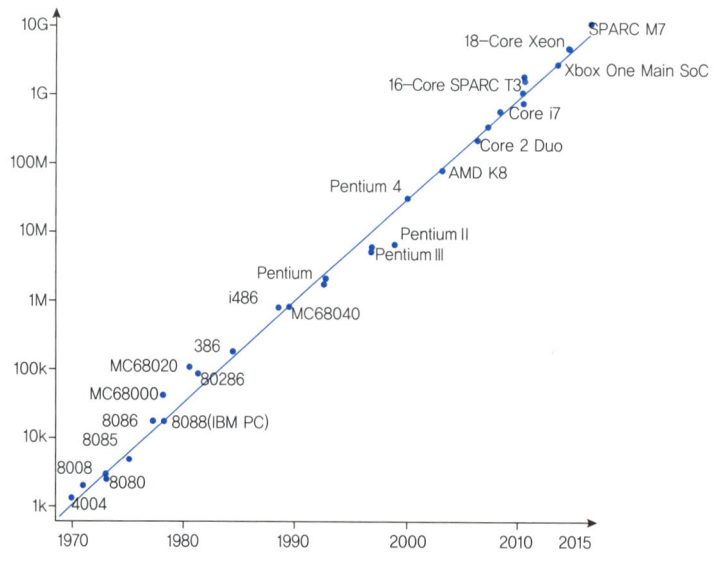

[그림 1-6] 프로세서(트랜지스터/칩) 발전 과정

다. 마이크로프로세서(CPU) 속도

마이크로프로세서(CPU) 속도는 1초에 계산할 수 있는 처리량을 의미하므로 속도가 높은 컴퓨터일수록 빠른 속도로 연산을 수행 할 수 있다. 프로세서 속도라고도 불리는 클록 속도는 컴퓨터 내부 클록의 진동수를 의미하고 CPU가 각 명령을 실행하는 속도를 의미한다.

클럭 속도의 단위는 초당 10^6 회 사이클의 MHz, 10^9 회 사이클의 GHz로 표시한다. 물론 CPU 처리 속도는 CPU칩의 아키텍처, 워드 크기, 한 번에 얼마나 많은 비트 입출력이 가능한지 등에 영향을 받으나 가장 중요한 요소는 클록 속도이다.

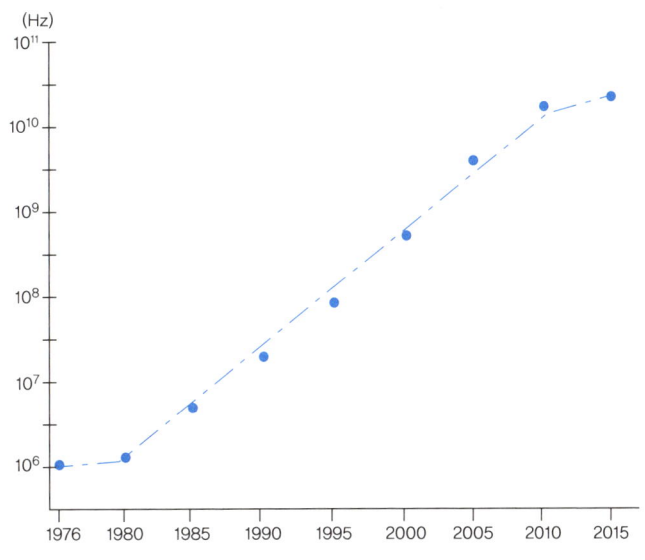

[그림 1-7] 마이크로 프로세서(CPU) 속도 변화

2) 응용프로그램

워드프로세서(word processor), 스프레드시트(spread sheet) 프로그램을 비롯하여 제품의 설계와 제조 과정에서 컴퓨터를 활용하는 CAD/CAM (Computer-Aided Design/Computer-Aided Manufacturing) 프로그램 등이 있으며 최근의 인터넷 환경에 적합한 여러 형태의 응용 기술이 소개되고 있다.

가. 멀티미디어(Multimedia)

여러 형태의 자료를 동시에 다룰 수 있는 미디어이다. 문자 이외에도 이미지 또는 그래픽, 음향, 영상, 애니메이션(animation)등의 자료를 컴퓨터 내에서 통합한 후 편집하거나 정보를 선별하여 통신 시스템, 방송 매체를 통해 전달하는 과정의 총체적 시스템이다.

나. 웹(Web) 또는 웹서버(Web server)

웹서버는 서버/클라이언트 시스템을 기반으로 TCP/IP 등과 같은 통신 프로토콜을 사용하여 웹 페이지 파일을 사용자들에게 제공하는 프로그램이다.

다. 유비쿼터스(ubiquitous) 컴퓨팅

1988년에 Xerox PARC의 Mark Weiser에 의해서 처음 제안된 개념으로 사용자들이 컴퓨터라는 거부감을 느끼지 않으면서 실제로는 수많은 컴퓨터들을 편리하게 이용할 수 있도록 환경과 컴퓨터를 통합하는 기술이다. 유비쿼터스라는 이름은 '언제 어디서나 있다'라는 의미로 사용자가 컴퓨터나 네트워크를 의식하지 않고 장소에 관계없이 자유롭게 네트워크에 접속할 수 있는 환경을 제공한다. 이러한 환경을 구축하려면 모든 전자기기에 컴퓨팅 능력과 통신 기능이 부가되어야 하며 전자기기가 고유한 주소를 가져야 하고 유선 혹은 무선 네트워크를 통해 광대역 네트워크에 접속될 수 있어야 한다. 이와 같이 유비쿼터스 환경에서는 수많은 기기들이 네트워크에 접속해야 하는데 많은 기기들의 접속 문제를 해결해 줄 것으로 기대되는 조치의 일부가 IPv6 인터넷 주소 체계이다. IPv6는 기존 주소 체계의 4배인 128비트로 주소를 구성하기 때문에 주소의 개수가 사실상 무한대에 가깝다고 할 수 있다. IPv6는 지구상의 모든 기기에 독립적인 주소를 부여할 수 있도록 해준다.

3) 운영체제

컴퓨터 사용자와 컴퓨터 하드웨어 사이의 인터페이스를 담당하는 중요한 프로그램으로 사용자가 응용 프로그램을 수행할 수 있는 환경을 조성해 주는 것을 목적으로 하고 있다. 운영체제의 주목적은 사용자가 컴퓨터를 편리하게 사용할 수 있도록 도와주는 것이고, 추가적으로 하드웨어를 효율적으로 사용할 수 있도록 도와준다.

이러한 운영체제는 초기의 일괄처리 시스템에서 다중 프로그래밍, 시분할 시스템, 실시간 시스템(Real-Time System), 분산시스템, 다중처리기 시스템 등으로 발전하고 있다.

4) 프로그래밍 언어

프로그래밍 언어는 컴퓨터 프로그래머가 컴퓨터 시스템을 실행시키는 소프트웨어(명령)를 개발하는데 사용하는 특별한 언어이다.

가. 객체지향언어

캡슐화, 상속성, 다형성의 특징을 가진 프로그래밍 언어를 의미하며 응용 프로그램 개발에 사용된다. C++, Java, C# 등이 있다.

나. 웹 언어

웹 문서 혹은 웹 페이지를 작성하는 스크립터 언어로 XML을 비롯하여 ASP, PHP, JSP와 동적으로 웹 페이지를 만들어주는 프로그램인 CGI(Common Gateway Interface)의 Perl 등이 있다.

다. 데이터베이스 언어

데이터베이스를 생성하고 유지하는데 사용되는 언어로 DBASE, MySQL, SQL, Visual FoxPro 등이 있다.

Section 02 컴퓨터 발달과 분류

컴퓨터의 발달과정을 살펴보면 전자 공학의 발전과 더불어 컴퓨터 하드웨어의 발전 과정으로 볼 수 있다. 1950년대의 진공관을 시작으로 트랜지스터(transistor), 집적회로(IC : Intergrated Circuit), 고밀도 집적회로(LSI : Large Scaled IC), 초고밀도 집적회로(VLSI : Very Large Scaled IC)의 순서로 발달하였다. 컴퓨터 하드웨어의 발전을 기반으로 소프트웨어도 개선되어 오늘날의 컴퓨터가 탄생되었다.

2-1 컴퓨터 발달의 역사

컴퓨터 역사는 컴퓨팅 장치의 세대별 발달로 볼 수 있다. 컴퓨터는 각 세대별로 점점 더 작고, 더 싸고, 더 강력하고 더 효율적이고 신뢰할 수 있는 장치로 발전하였다.

1. 진공관 시대(1세대)

논리회로 소자를 진공관(vacuum tube)을 사용한 UNIVAC-I이나 IBM 650 같은 컴퓨터들을 제 1세대(1945-1956) 컴퓨터라고 한다. 이런 컴퓨터는 진공관을 사용하기 때문에 많은 열이 발생하고 부피가 커서 고장이 많고 신뢰성이 낮았다. 입력 매체로는 천공 카드, 종이 테이프가 사용되었고 출력은 출력장치에 표시하였다. 프로그래밍의 기초 개념을 확립하여 모든 연산은 기계어(machine language)를 사용하였다. 기계어는 컴퓨터에 의해 이해되는 낮은 수준의 프로그래밍 언어이고 한 번에 하나의 문제를 해결할 수 있었다.

[대표적 기종]
UNIVAC(1951), IAS machine(1952), IBM 701(1953), IBM 709 (1958)
- 폰 노이만 머신(von Neumann machines)
  폰 노이만(von Neumann)과 그의 동료들에 의해 프로그램 내장 방식의 IAS(Institute for Advanced Studies) 컴퓨터가 디자인되었고 현재까지 대부분 컴퓨터 시스템이 이와 동일한 구조와 기능을 가지고 있으므로 폰 노이만 머신이라고 칭한다.

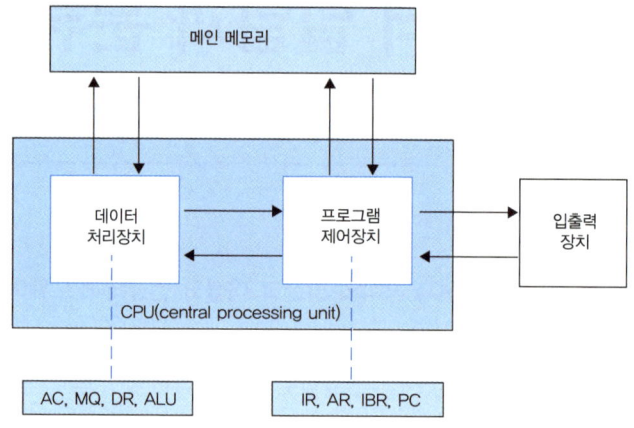

- AC(ACcumulator) : 누산기
- MQ(Multiplier Quotient register) : 승수 레지스터
- DR(Data Register) : 데이터 레지스터
- ALU(Arithmetic and Logic Unit) : 논리 연산 장치
- IR(Instruction Register) : 명령어 레지스터
- AR(Address Register) : 주소 레지스터
- IBR(Instruction Buffer Register) : 명령 버퍼 레지스터
- PC(Program Counter) : 프로그램 카운터

[그림 1-8] 1세대 컴퓨터 구조(IAS machine)

2. 트랜지스터 시대(2세대)

1950년대 초기의 컴퓨터 시스템을 획기적으로 변화시키려는 요인은 시스템의 성능 향상과 신뢰성 확보 그리고 큰 용량에 대한 요구였다. 이러한 시대적 요청은 제 2세대(1956-1963) 컴퓨터로 알려진 트랜지스터 시대로 컴퓨터의 하드웨어를 진공관 대신 트랜지스터를 사용하면서 시작되었다.

IBM S/360이라고 명명된 컴퓨터가 등장하기 이전의 컴퓨터들에 사용된 트랜지스터는 진공관에 비하여 소형이며, 신뢰성이 높고 전력 소모가 적으며 빠른 처리가 가능하였다. CPU로부터 입출력(I/O) 동작의 부담을 경감시키는 특별 입출력 프로세서(processors)를 사용하도록 설계하였고 기억 장치는 자기 드럼에서 자기 코어(magnetic core)기술로 이동하여 메모리에 명령을 저장하는 최초의 컴퓨터였다. 메모리 용량이 증대(8000~64000 words)되어, 일괄처리방식과 다중프로그래밍(multiprogramming)기법의 실현과 더불어 운영체제(operating system)가 도입되었다. 소프트웨어 측면에서는 암호화 된 이진 기계 언어에서 어셈블리(assembly) 언어와 포트란(FORTRAN : FORmula TRANslator)이 1950년대 중반에 개발되어 과학, 수학 또는 공학적인 문제 해결에 사용되었다. 1959년에 비즈니스용 프로그래밍을 위해서 개발된 코볼(COBOL : COmmon Business Oriented Language)이 사용되었다.

CDC 1604, 6600, UNIVAC LARC, IBM 7090, 7094 등이 대표 시스템이다.

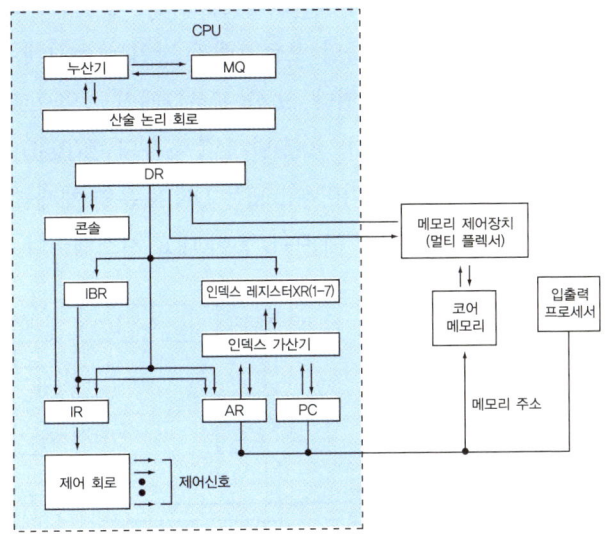

[그림 1-9] IBM 7094의 구조

- 자기 코어 기억 장치 (magnetic core memory)
  MIT의 제이 포레스터(Jay Forrester)에 의해 1951년 개발된 RAM(random access memory)으로 페라이트 코어(ferrite cores)를 작은 고리모양으로 가공하여 자심을 만들고 그 자심의 잔류자속의 방향에 의해 정보를 축적시키는 기억 장치로 1비트 당 가격은 비교적 비싸나, 고속 동작이고 대기시간이 짧으며, 신뢰도나 수명이 길고 비휘발성(non-volatile)으로 우수하다.

3. 집적 회로 시대(3세대)

1964년 4월 7일 IBM 사에서 발표한 IBM S/360 이후의 컴퓨터를 제 3세대(1964~1971) 컴퓨터라 하며 집적회로(IC; Integrated Circuits)를 소자로 사용하였고 컴퓨터 크기를 소형화하고 소비 전력도 대폭 감소하여 신뢰도(reability)가 크게 향상할 수 있었다.

1964년 선구적인 예는 IBM 360/91에 사용된 ACPX 모듈이다. 하나의 칩에 20개 넘는 트랜지스터를 수용 세라믹 기판 위에 실리콘 층을 적층하는 구조이다. 이 칩은 아주 놀랍고 획기적인 논리(logic) 밀도를 달성하기 위해 회로 기판에 함께 채워졌으며 이러한 IBM 360/91시스템은 2세대 및 3세대의 하이브리드 시스템이라고 할 수 있다.

S/360은 서로 호환성을 지닌 6대의 컴퓨터군으로 구성되었으며, 이들은 40대의 입출력 장치와 보조 기억 장치를 사용할 수 있고 16,000개부터 1백만 개의 기억 단위를 갖는 메모리 장치로 구성되었으며, 시스템의 제어 회로를 구성하는 요소들을 기판 위에 트랜지스터(transistor)와 다이오드(diode)로 구성하지 않고 작은 칩(chip ; IC)속에 내장시킨 형태를 사

용하였다.

펀치 카드와 출력물 대신, 사용자는 키보드 및 모니터를 통해 3세대 컴퓨터와 상호 작용(대화식 시스템)하고 메모리를 모니터링하는 중앙 프로그램과 장치는 동시에 다양한 애플리케이션을 실행할 수 있는 운영 체제로 발전되었다. 또한 프로그래밍 기법으로 시분할 방식(time sharing system)도 실현 가능하게 되었다. 1969년 AT & T의 벨(Bell) 연구소에서 케네스 톰슨(Kenneth Thompson)과 데니스 리치(Dennis)는 UNIX 운영 체제를 개발했다. IBM 360/370, CDC 6600, TI ASC, DEC PDP-8 등이 대표 시스템이다.

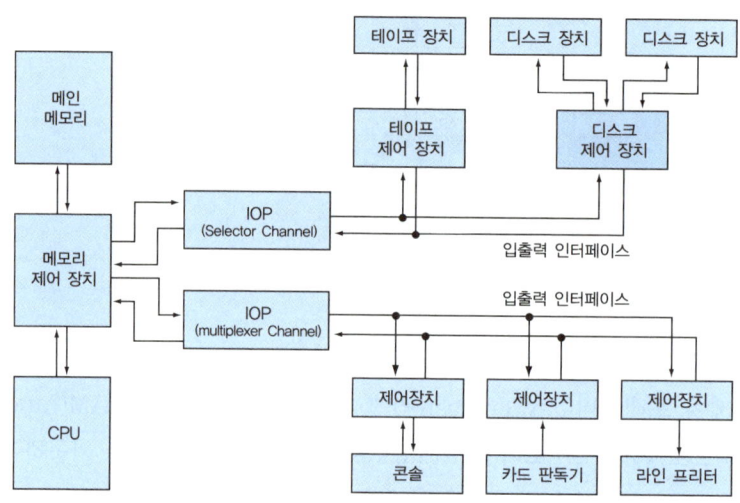

[그림 1-10] IBM 360 구조

- 집적회로(IC ;Integrated Circuits)
  텍사스 인스트루먼트(Texas Instruments)의 잭 킬비(Jack Kilby)에 의해 1958년 개발되었다. 초기 IC는 수정(quartz)으로 만들어진 작은 실리콘 디스크에 3개의 전자 부품을 결합하여 사용했다. 이후 반도체(semiconductor)라는 단일 칩에 더 많은 구성 부품(요소)을 압착하여 집적할 수 있게 되어 컴퓨터의 크기는 더 작아지게 되었다.

4. 고밀도 집적회로(4세대)

제4세대(1971~) 컴퓨터는 논리회로 소자를 고밀도 집적 회로(LSI;large scale integration) 또는 초고밀도 집적 회로(VLSI;very large scale integration)를 사용한 시대이다. 이 세대의 특징은 모놀릭(monolithic) 집적 회로 즉, 하나의 집적 회로에 수백만 개의 트랜지스터를 집적한 기술과 마이크로프로세서의 발명이다. 하나의 칩에 수백만 개의 트랜지스터를 넣어 모든 연산과 논리 작업을 빠른 속도로 실행할 수 있는 마이크로프로세서는 컴퓨터가 아닌 텔레비

전, 자동차 등 여러 장비에 사용되었고 특히 1971년에 개발된 인텔(Intel) 4004 칩 개발로 어떤 요구도 충족하도록 프로그래밍 될 수 있는 마이크로프로세서를 제조하면서 현재의 컴퓨터 시대를 열게 되었다.

1976년 스티브 워즈니악(Steve Wozniak)과 스티브 잡스(Steve Jobs)는 처음으로 컴퓨터에 하나의 회로 기판을 사용하는 애플 I(Apple I)를 출시하였다. 이어서 1977년 애플 II, 1984년 매킨토시 그리고 1981년 IBM PC가 시장에 출시되면서 본격적인 개인용 컴퓨터 시대가 열렸다.

특히 고속 및 대용량의 메모리, 인텔리전트(intelligent) 단말기 기술이 개발되어 더 강력해진 소형 컴퓨터는 결국 인터넷의 개발을 주도하여 네트워크(광통신) 및 인터넷의 실용화를 가져왔다.

또한 사용자 친화적인 GUI(Graphical User Interface) 환경은 워드프로세서 및 스프레드시트 프로그램 등의 소프트웨어 패키지를 발전시켰고 마이크로 프로그래밍의 실용화, 데이터베이스 시스템의 개발 등으로 오늘날 빅 데이터(big data) 시대를 열었다. 슈퍼컴퓨터의 등장은 기상 예측과 모의 핵실험 등의 분야에서 활용되면서 시뮬레이션(simulation) 기술에 적극 활용되었다.

전세계 컴퓨터를 연결한 무선 통신 및 광대역 네트워킹은 이메일, 웹 브라우징, 전자 상거래를 통해 컴퓨터의 새로운 세대로 발전하고 있다.

- Intel 4004

    4-bit 칩으로 108 kHz의 속도와 2300(2250) 트랜지스터(transistors)로 구성되었다. 4 bits 데이터와 8 bits 명령어 처리, 그리고 1 Kb 프로그램 메모리 주소와 4 Kb 데이터 메모리, 16개의 4 bit 또는 8개의 8 bit 범용 레지스터(general purpose registers), 46개의 명령어(instructions)를 포함하였다.

5. 인공 지능(5세대)

컴퓨터의 5세대를 정의하는 것은 다소 어렵다. 현재 주어진 CPU 구조를 100% 최대한으로 활용하여 초당(Per Second) 계산능력을 높일 수 있는 기술을 개발하려고 하지만 기술적으로 지금 이용하고 있는 계산주기(cycle)로는 원하는 계산능력을 수행할 수 없다.

예를 들면 복잡한 물리연구의 시뮬레이션, 지진연구, 기상예보, 미분자연구소, 전자설계, 대규모 데이터베이스 시스템, 이미지처리 등의 전문영역은 아직도 지금까지 개발한 계산 능력과 속도로는 원하는 수준에 이르지 못하고 있다.

컴퓨터 개발자(구조가)들은 이와 같은 문제 해결을 위해 같은 구조(하나의 컴퓨터계열)에서 기술을 바꾸며 약간의 도움을 주었으나 원하는 수준에는 이르지 못하였다. 따라서 컴퓨터 구조를 바꾸는 시도가 필요하다. 예를 들면, 배열 처리기 컴퓨터, 파이프라인 처리기 컴퓨터,

다중 처리기 컴퓨터 그리고 대안구조 형식으로 신경망 네트워크(neural network), 데이터 흐름(data flow) 구조 등이 있다.

다음 세대로의 컴퓨터 시스템 발전은 병렬 처리를 기반으로 하며 일부 컴퓨팅 작업은 인공지능 기술을 적용 할 수 있다.

2-2 컴퓨터 분류

지금까지 컴퓨터 발달 과정을 중심으로 설명하였는데 여기서는 컴퓨터 분류를 통하여 컴퓨터에 대한 개념을 살펴보기로 한다.

1. 구조적 분류

컴퓨터는 노이만형 컴퓨터와 비노이만형 컴퓨터로 분류할 수 있다. 대부분의 컴퓨터는 노이만형 컴퓨터 기본 구조를 갖는 디지털 컴퓨터를 의미하며 이 책에서는 주로 노이만형 컴퓨터 유형을 다룬다. 노이만형 컴퓨터는 1947년 미국 펜실베이니아 대학 교수 폰 노이만(von Neumann)에 의해 컴퓨터의 명령어와 데이터를 2진 숫자로 코드화 하여 기계 내부에 저장할 수 있는 '프로그램 내장 방식(stored-program)'의 개념을 발표하면서 시작되었다.

1) 노이만형 컴퓨터

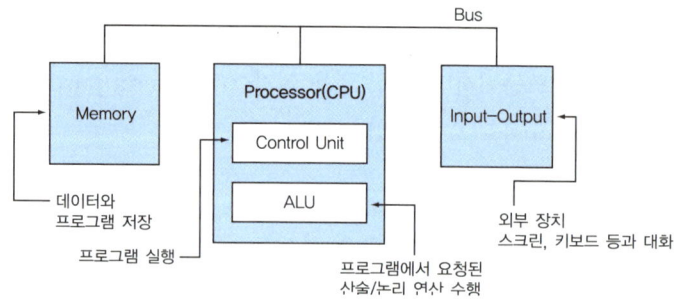

[그림 1-11] 노이만형 컴퓨터 구조

다음과 같은 4가지 기준(형태)을 갖고 있으면 노이만형 컴퓨터라고 부른다.
① 3가지 기본적인 서브시스템으로 구성
- 중앙처리장치(CPU) : 컴퓨터의 동작을 제어하는 제어 장치와 프로그램에서 요청된 산술 및 논리 연산을 수행하는 논리 연산 장치(ALU), 데이터와 수행중인 값을 저장하는데 사용되는 레지스터 셋(Register Set) 그리고 명령어들이 순차적으로 실행될 수 있도

록 프로그램의 흐름을 관리하는 프로그램 카운터(PC) 또는 명령 카운터(IC; Instruction Counter) 등으로 구성된다.
- 메인메모리(main-memory) 시스템
- 입출력 시스템

② 프로그램 내장방식

③ 명령어(Instructions)의 순차 처리

프로세서에 의해 실행되며 한순간에 하나의 연산동작이 실행된다.

④ 메인메모리와 프로세서의 제어 장치 사이에 하나의 경로(path)로 구성

자료주소, 자료, 명령주소, 명령들을 위한 하나의 독립 경로가 마련되어 있으며 프로세서는 명령과 자료를 동시에 액세스할 수 있다. 따라서 경로에 대한 오버헤드(overhead)가 생길 경우 노이만 병목현상(bottleneck)이라고 부른다.

∗∗ 프로그램 내장 방식

모든 프로그램과 자료는 메인메모리에 저장되고 명령의 위치를 담고 있는 레지스터 즉 프로그램 카운터에 의해 순서대로 처리되도록 제작된 컴퓨터를 노이만형 컴퓨터라 하며 메모리에서 값을 읽어 명령을 받으며 메모리의 일부 값을 설정하여 프로그램을 설정하거나 변경할 수 있다. ENIAC의 새로운 프로그램을 수행할 때 마다 수천 개의 스위치와 회로를 변경시키는 번거로움을 해결하기 위하여 하드웨어의 수행과정을 2진 숫자의 형태로 기억 징지에 지장해 놓았다가 명령에 따라 순차적으로 실행 되도록 제안한 방식이다. 그러나 이러한 노이만형 컴퓨터는 중앙처리장치와 메인메모리 간의 데이터 전달 과정에서의 병목 현상을 해결하기 위한 방법과 그리고 최근의 인터페이스 환경이 GUI환경으로 바뀌면서 처리해야 할 연산의 급격한 증가, 예를 들면 멀티미디어 자료 처리 등 제기된 빠른 연산의 요구를 충족시킬 수 있는 방법, 등이 문제점으로 대두되기 시작하였다.

2) 명령어와 실행주기

전통적인 노이만 컴퓨터는 1단계로 주소를 전달하고 2단계로 자료와 명령어를 전달한다. 이러한 구조는 1944년에 개발된 Mark-I(Harvard Machine)과 비슷하다. 하버드 기계는 CPU가 동시에 명령과 데이터를 액세스할 수 있도록 허용하고 있다. 다음은 두 기계에 주요 장치 구조를 보여주고 있다.

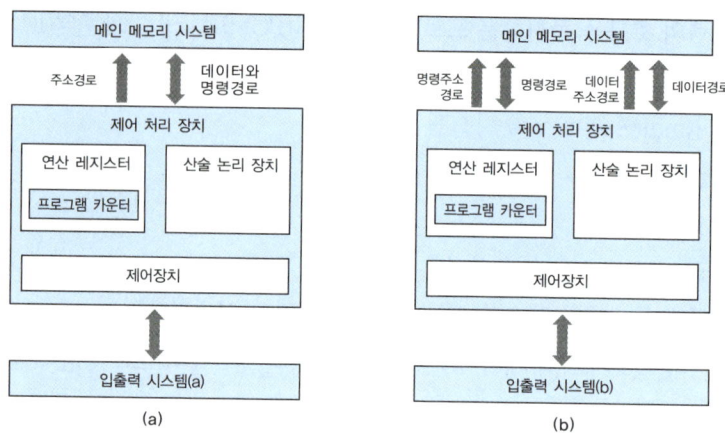

[그림 1-12] 노이만형(a)과 하버드기계(b) 구조

노이만 컴퓨터는 메모리에 저장된 자료(값)를 연산하도록 지시하는 명령어들을 실행한다. 명령어는 필드(제어 장치를 단계적으로 지시하는 부분)와 형식을 갖고 있다. 명령어들의 길이와 연산코드(operation code), 기억 장치주소 등에 관한 정보가 포함되고 서로 다른 컴퓨터는 다른 명령어 형식을 갖는다. 명령어 길이(크기)는 명령이 사용되는 메모리 단위 즉, 바이트(Byte)로 측정되고 연산코드는 컴퓨터가 수행해야 할 연산을 나타낸다. 프로그램은 컴퓨터가 수행해야 할 명령들의 순서(sequence)이므로 노이만 컴퓨터는 프로그램이 실행될 때 순차적으로 하나의 명령이 실행된다. 한 명령의 수행이 끝나고 다음 수행할 명령의 주소를 관리하기 위하여 프로그램 카운터 또는 명령 카운터를 이용한다.

연산 과정에서 제어 장치는 두 개의 동작을 순차적으로 수행하는데, 명령어 인출(fetch)과 명령어 실행이다. 현재의 명령이 완료되면 메모리에서 다음 명령을 인출하는 과정으로 인출-실행 주기가 반복된다. 이러한 순서를 노이만 기계 주기(machine cycle)라고 한다. 컴퓨터는 많은 명령어들을 실행해야하기 때문에 속도를 높이기 위한 다양한 방법들이 필요하다. 예를 들면, CPU의 속도를 높이기 위한 다중산술장치(Multiple Arithmetic Units)를 제공하고, 기억 장치의 속도를 CPU 속도와 일치시킬 수 있도록 버퍼(buffer)를 제공한다.

3) Flynn의 구조적 분류

노이만 구조의 문제점을 해결하기 위하여 병렬처리방식 또는 데이터 흐름((data flow) 컴퓨터 개념이 등장하였다. 이러한 컴퓨터에 대한 구조상 분류 방법은 Flynn(1966)에 의해 명령어 스트림(instruction stream)과 데이터 스트림(data stream)이 컴퓨터 내에서 각각 하나 또는 여러 개 처리할 수 있는가에 따라 분류되었다. 여기서, 스트림은 연속적으로 이어지는 자료와 명령어들로 하나의 처리기에 의해 수행되거나 처리되는 연속 자료를 의미한다.

Flynn에 대한 컴퓨터 구조의 분류 방식은 이와 같이 비노이만형 컴퓨터를 중심으로 처리기의 갯수, 메모리 구조 등의 다양한 특성에 의해 분류되었다.

명령어 스트림은 컴퓨터에서 수행되는 명령어들의 순서이고 데이터 스트림은 명령어 스트림(입력과 부분적, 일시적인 결과 포함)의해 참조되는 데이터의 순서로 정의하여 다음과 같이 분류하였다.

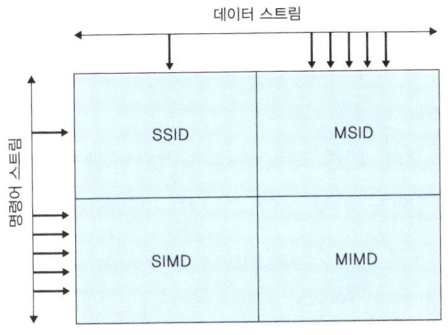

[그림 1-13] Flynn의 구조적 분류

- SISD(Single Instruction stream, Single Data stream)
  노이만형 컴퓨터 형태로 한 순간에 하나의 명령과 데이터를 처리한다.
- SIMD(Single Instruction stream, Multiple Data stream)
  비노이만형 컴퓨터 형태로 하나의 명령이 서로 다른 데이터를 병렬적으로 취급하며 하나의 제어 장치에 의해 독립된 처리과정을 실행한다.
- MISD(Multiple Instruction stream, Single Data stream)
  하나의 데이터에 대해 여러 개의 명령들로 연산되는 형태로 현재 이러한 형태의 컴퓨터 구조는 구현된 제품이 없다.
- MIMD(Multiple Instruction stream, Multiple Data stream)
  비노이만형 컴퓨터 형태로 다중 처리기 컴퓨터로 불린다. 몇 개의 처리 장치를 갖고 있으므로 다중 명령어들은 동시에 다른 데이터를 처리할 수 있다.

이러한 컴퓨터의 자세한 설명은 9장을 참고한다.

2. 데이터 형태별 분류

오늘날 컴퓨터는 주로 디지털 형태를 갖고 있지만 처리되는 데이터 유형에 따라 아날로그(analog) 및 디지털(digital) 컴퓨터로 나누어진다.

1) 아날로그 컴퓨터

아날로그 컴퓨터는 문제를 해결하기 위해 전기적, 기계적 또는 유압 수량 같은 물리적 현상의 연속적 변화 양상을 사용하는 컴퓨터 형태이다. 예를 들어, 수치 데이터보다는 전압 레벨 또는 유압의 입력을 처리하도록 설계된 유압 또는 전자 장치로 시간에 따라 변화하는 물리량

(아날로그)을 받아들여 산술 연산을 하는 기계 장치이다. 일반적인 전자 아날로그 컴퓨터에서 입력은 특별히 설계된 회로 소자를 사용하여 더하거나 곱하여 전압으로 변환된다.

간단한 아날로그 계산 장치는 곱하기, 나누기, 및 기타 연산을 용이하게 하기 위해 특별히 교정 길이를 사용하는 슬라이드 규칙을 사용하고 그 결과는 다른 원하는 형태로 변환을 위해 연속적으로 생성된다. 즉, 계산의 대상이 되는 수치나 양을 길이와 같은 연속적인 물리량을 이용하여 연산한다.

아날로그 컴퓨터는 어떤 문제 해결 과정에서 물리기반의 수학적 유사성을 이용하고, 물리 문제를 시뮬레이션하는 과정에서 전자 유압 회로를 사용하지만 데이터 정밀도는 디지털 컴퓨터에 비해 낮다. 그러나 연산에 필요한 데이터가 계측기기로부터 직접 입력이 가능하므로 신속한 입력과 그 상태에 대한 빠른 반응을 얻을 수 있다. 그리고 계산이나 측정의 정밀도에 한계가 있으므로 사무 계산이나 산술 계산과 같이 정확한 수치로 결과를 표현해야 할 업무에는 적합하지 않으나 신속한 입력과 즉각적인 반응을 얻을 수 있기 때문에 제어용 용도에 활용이 적합하다.

2) 디지털 컴퓨터

디지털 컴퓨터는 데이터를 0과 1의 이진수를 사용하며 모든 숫자나 문자를 바이너리 형태로 코드화하여 연산한다. 사칙연산 등의 연산을 실행한 결과를 크기(등급), 문자, 기호, 숫자와 같은 정확히 구분할 수 있는 수치로 표현할 수 있다. 이진수로 변환하여 저장해야 하기 때문에 숫자(number)를 저장하기 위해 많은 트랜지스터가 필요하다.

디지털 컴퓨터는 입력된 숫자 또는 데이터를 메모리에 저장된 명령에 따라 비교하고 계산하는 작업을 수행한다. 이런 과정으로 방대한 양의 데이터를 분석하여 동적으로 실행할 수 있다. 예를 들면, 세계 날씨 패턴과 화학 반응 등의 작업을 시뮬레이션하고, 기계 작동과정을 조절하거나 산업 공정을 제어하는 업무(작업)를 수행 할 수 있다.

컴퓨터가 이러한 작업을 수행하는 정도를 컴퓨터 속도(클럭 속도)로 표현하며 MHz 단위를 사용한다. 현재까지 컴퓨터 기술을 사용하여 초당 수십억 사이클로 연산을 할 수 있다.

쉬어가는 코너

∗∗ 클록 속도(Clock speed)

클록 속도는 컴퓨터 프로세서의 동작 속도를 의미한다. 프로세서가 일정 속도로 동작하기 위해서는 일정한 간격으로 전기적 펄스를 공급받아야 한다. 이런 일을 하는 장치를 클록이라고 하며 초당 연산 사이클 수인 헤르츠(Hz) 단위를 사용한다. 프로세서의 클록 속도가 높을수록 더 빠른 프로세서를 나타낸다.

- 킬로헤르쯔(kHz) : 1,000 Hz
- 기가헤르쯔(GHz) : 10억 헤르쯔(10^9 Hz)
- 메가헤르쯔(MHz) : 1백만 헤르쯔(10^6 Hz)
- 테라헤르쯔(THz) : 1조 헤르쯔(10^{12} Hz)

3) 하이브리드 컴퓨터(hybrid computer)

하이브리드 컴퓨터(hybrid computer)는 아날로그 컴퓨터와 디지털 컴퓨터의 장점을 취하여 제작된 것으로서 어떤 유형의 데이터라도 모두 처리할 수 있다. 물론 처리된 결과는 필요에 따라서 A-D 변환기(analog-digital converter)나 D-A 변환기(digital-analog converter)에 의해서 아날로그 형이나 디지털 형으로 표현 가능하다. 따라서 정보는 계산을 위한 표준 디지털 컴퓨터로 전송 될 수 있었으며, 편리한 사용을 위해 1970년대 초반 디지털 컴퓨터의 기술 혁신은 아날로그 전용 시스템이던 것을 아날로그-디지털 하이브리드 시스템으로 교체하는 결과를 가져왔다.

하이브리드 시스템은 일반적으로 디지털 컴퓨터 보다 훨씬 빠르지만, 아날로그 컴퓨터 보다 훨씬 더 정확한 계산을 제공 할 수 있기 때문에 고주파 위상 레이더나 기상 시스템 계산을 요구하는 실시간 응용에 유용하다.

3. 용도별 분류

컴퓨터는 서로 다른 종류의 작업을 수행하도록 서로 다른 모양과 크기 및 무게로 제작될 수 있다. 모든 컴퓨터는 사용자의 요구 사항을 해결하는 컴퓨터 아키텍처로 설계되어 있다. 예를 들어 가정에서 사용되는 컴퓨터는 병원에서 사용되는 컴퓨터와 크기와 모양이 다르다. 이와 같이 목적에 따라 두 가지 유형으로 구분할 수 있다.

1) 전용 컴퓨터

전용 컴퓨터(special purpose computer)란 전문적인 분야에서 특별한 기능을 수행하기 위해 정해진 특수 연산을 몇 번이고 되풀이하도록 제한된 범위로 설계된 목적의 컴퓨터이다.

이러한 컴퓨터 시스템은 대부분 군사용 및 프로세서 제어용으로 사용된다. 예를 들면 그래픽 비디오 게임, 교통 신호 제어 시스템, 항공기 항법 장치, 기상 예보, 위성(미사일) 발사/추적, 석유 탐사 및 자동차(제철 및 석유 정제) 산업, 로봇 헬기와 같은 전문적인 분야에서 유용하게 활용된다.

전용 컴퓨터는 하나의 목적을 위해 사용되기 때문에 필요한 메모리의 양과 입력 할 수 있는 정보의 양을 줄이려고 한다. 이것은 작업을 단순화 할 수 있기 때문에 처리 속도가 빠르다. 물론 다양성 즉 범용성의 부족으로 다른 작업을 수행하기 어려운 단점이 있다.

2) 범용 컴퓨터

오늘날 대부분의 컴퓨터는 다양한 작업, 여러 분야의 일반적인 업무 처리에 적합하도록 설계 되었다. 이러한 범용 컴퓨터(general purpose computer)는 내부 저장 장치에 여러 프로그램을 저장하고 실행할 수 있기 때문에 다양한 연산을 수행 할 수 있다.

범용 컴퓨터는 여러 가지의 형태의 데이터를 취급할 수 있는 유연성을 가지고 있고 기억 용량 증대, 빠른 처리 속도, 입출력 장치의 다양화, 다양한 응용 소프트웨어 사용으로 인한 다양한 작업 처리가 가능하다.

여러 가지 응용 분야로 범용 컴퓨터는 문서 작성 및 편집(워드 프로세싱), 데이터베이스의 데이터 처리(통계 처리), 제조품의 출고 관리(생산 계획), 과학적 계산, 보안 시스템, 전력 소비 및 건물 온도 제어 같은 작업에 활용 가능하다.

4. 성능과 가격에 따른 분류

컴퓨터는 기술과 기능 그리고 물리적 크기, 가격, 성능에 따라 다음과 같이 분류해 볼 수 있다. 그러나 이러한 분류는 기술의 발전에 따라 달라지므로 분류 경계가 점점 애매해 지고 있다.

1) 슈퍼컴퓨터

슈퍼컴퓨터(Super Computer)는 빠른 연산속도와 처리 능력을 갖춘 메인프레임 컴퓨터이다. 1976년 시모어 크레이(Seymour Cray) 회사에서 설계하여 로스 알라모스(Los Alamos) 국립 연구소에 설치된 크레이-1(Cray-1)은 다중 파이프라인(pipelining)기능과 벡터 처리 기능을 갖춘 상업용 슈퍼컴퓨터였다. 연산 속도를 높이고 복잡한 계산을 위한 계산 집중형 작업을 위한 설계로부터 최근 슈퍼컴퓨터는 방대한 양의 자료를 처리하는 목적의 설계로 변하고 있다. 그리고 다수의 고성능 마이크로프로세서를 수백 개에서 수십만 개 연결하여 다중처리를 함으로써 성능을 높이는 MPP(massively parallel processor) 형태의 슈퍼컴퓨터가 개발되고 있으며 가격은 슈퍼컴퓨터보다도 저렴하면서 성능이 좋은 Clustering, Grid, Clouding이라는 방식의 고성능 컴퓨터가 점차 늘고 있다.

- 이용분야 : 인공지능을 이용한 전문시스템의 의학진단, 기상예측, 영상처리, 플라즈마 해석, 최적화 문제, VLSI회로 설계 등.

2) 메인프레임

메인프레임(mainframe) 컴퓨터는 동시에 많은 사용자를 위한 강력한 처리 능력을 갖는 대규모 컴퓨터이다. 1960년대에 등장한 작은 규모의 미니컴퓨터(minicomputer)와 구별하기 위해서 붙여진 이름이다. 메인프레임은 많은 데이터를 처리하기 위해 다중 처리기 구조로 구현되며 성능 향상을 위해 모든 사용자를 대상으로 시분할(time-shared) 처리, 즉 다중 작업을 시간에 따라 교대로 수행함으로 효율적인 업무 처리를 한다.

사용자는 단말기(terminal)를 사용하여 메인프레임에 연결하고 메인프레임에 의해 처리될 작업을 제출(전송)한다. 단말기는 데이터를 자체적으로 처리 할 수 없기 때문에 더미 터미널이라고 한다. 또한 개인용 컴퓨터도 메인프레임에 연결하는 더미 터미널로 사용할 수 있다.

3) 미니컴퓨터

미니컴퓨터(Minicomputers)는 메인프레임 또는 슈퍼컴퓨터보다 작고, 저렴하며 마이크로 컴퓨터 또는 개인 컴퓨터보다 강력하고, 비싼 컴퓨터이다. 미니컴퓨터는 과학 및 공학 계산, 사무 처리, 파일 처리, 데이터베이스 관리에 사용되고 있으며 최근 소규모 및 중간규모의 서버(Servers) 컴퓨터를 의미한다.

쉬어가는 코너

∴서버(Servers)

서버는 컴퓨터 네트워크의 중요한 구성 요소이다. 서버는 관리 소프트웨어를 통해 네트워크 자원을 관리하고, 네트워크에 액세스 할 수 있는 데스크톱 컴퓨터 기능을 제공한다. 또한 특정 유형의 작업에 할당되거나 다양한 유형의 자원을 처리할 수 있다. 예를 들면 웹 서버, 파일 서버, 메일 서버 등이 있다

4) 워크스테이션

워크스테이션(workstations)은 개인용 컴퓨터의 규모에 미니컴퓨터의 성능을 집약시킨 고성능 컴퓨터로 엔지니어링 응용 프로그램(CAD / CAM 등)을 위해 사용된다. 출판, 소프트웨어 개발 및 다양한 응용 프로그램은 상대적으로 높은 품질의 그래픽 기능과 많은 양의 계산 능력을 필요로 한다. 워크스테이션은 일반적으로 대용량 RAM, 고해상도 그래픽 처리능력, 네트워크 기능을 지원하고 GUI를 제공한다. 개인용 컴퓨터와 마찬가지로 대부분의 워크스테이션은 단일 사용자 컴퓨터이며 독립형 시스템으로 사용될 수 있지만 전형적으로 로컬 네트워크를 형성하기 위해 함께 연결된다.

5) 마이크로 컴퓨터(소형 컴퓨터)

마이크로 컴퓨터는 프로세서에 마이크로프로세서(micro processor) 칩 또는 다중 마이크로프로세서가 내장된 컴퓨터이고, 개인적인 사용을 위해 설계된 저렴한 가격의 소형 컴퓨터로 분류되어 일반적으로 대부분의 사람들이 사용하는 컴퓨터이다.

데스크톱(Desktop), 랩톱(laptop), 노트북(notebook), 넷북(Net Book) 등이 있다.

6) 개인 휴대 정보 단말기(모바일 컴퓨터)

- 태블릿(Tablet) 컴퓨터

  하나의 패널(panel)에 구축된 범용 컴퓨터로 한 장치(unit)에 배터리, 회로 및 디스플레이를 포함하는 컴퓨터이다. 자체적으로 인터넷에 액세스 할 수 있는 무선 랜 또는 셀룰러 네트워크 연결을 포함한다.

- 스마트 폰(Smart Phone)

  태블릿 컴퓨터와 유사한 운영 체제를 실행하면서 종종 태블릿 컴퓨터와 같은 응용 프로그램을 공유하는 휴대 전화이다. PDA, 카메라, 음악 플레이어, GPS 장치 등과 휴대 전화의 통신기능이 융합된 최첨단 휴대용 컴퓨터라고 할 수 있다.

- PDA(Personal Digital Assistants)

  작은 크기와 이동성이 용이한 휴대용 마이크로컴퓨터이다. PDA는 정보를 교환하거나 갱신하기 위해 케이블 접속 또는 무선 네트워크에 의해 쉽게 개인용 컴퓨터 또는 노트북 컴퓨터와 연결된다. 스마트폰의 대중화됨에 따라서 PDA가 점점 사라지고 있다.

Section 03 컴퓨터의 성능

건축물의 구조와 같이 컴퓨터 구조의 우수함을 측정, 평가하는 것은 매우 어렵다. 평가 또는 측정은 대부분 어떤 하나의 속성을 기준으로 이루어지기 때문이다. 건물의 용도와 모양 면에서 잘 만들어진 우수한 건축물을 몇 가지 특징과 속성으로 하나씩 분리하여 비교할 수 없다. 다시 말해 한 영역에서 최고의 결과를 만들었어도 다른 영역은 그렇지 못할 수 있기 때문이다. 따라서 컴퓨터의 성능은 다음과 같이 속성별 측정과 시스템 성능을 중심으로 정의할 수 있다.

3-1 속성별 측정

다음의 네 가지 요소는 컴퓨터계열 구조에 적용되며 나머지 두 요소는 구현에 적용된다.

1. 일반성

컴퓨터의 구조가 얼마나 광범위한 영역에 적용되고 있는가를 측정하는 요소이다.

1) 부동 소수점 연산과 10진수 연산 처리

과학 또는 공학 응용 프로그램에 적용되는 연산 처리 과정에 대한 측정방법으로 주로 기업용 응용 프로그램에 사용되는 10진수 연산과 같은 과정에서 사용된다. 시스템은 이러한 두 가지 연산 처리를 지원하며 다양한 응용 분야에 활용 가능하면 시장성과 일반성이 높다고 할 수 있다.

2) 주소 지정 형태(ADDRESSING MODES)

명령어에 있는 주소 필드는 상대적으로 크기가 작기 때문에 지정할 수 있는 위치가 제한된다. 따라서 가상 메모리, 메인 메모리 위치 등 큰 범위를 참조하려면 다양한 방법이 필요하다. 예를 들어 즉시 또는 리터럴(literal) 주소 지정 방식, 절대 주소 지정 방식, 레지스터 주소 지정 방식, 인덱스 주소 지정 방식, 간접 주소 지정 방식, 스택 레지스터 주소 지정 방식 등이 있다.

일반성을 높이도록 구현하는 것은 어려움이 많다. 코드를 생성할 때 여러 가지 의미를 포함하는 많은 명령어가 선택될 수 있기 때문이다. 그러나 일반성이 높은 것에 대한 장점은 컴퓨터 설계가 복잡하기 때문에 컴퓨터 시스템 복제를 어렵게 하여 회사들은 사업 손실을 줄일 수 있다.

2. 적응성

컴퓨터의 구조가 유용하게 사용할 수 있는가를 측정하는 요소이다.

1) 과학적 또는 공학중심 적응

과학 연산 또는 공학적 프로그램은 전형적으로 복잡한 방정식을 해결해야 하므로 부동 소수점 연산처리 비용이 필요하므로 비용이 비싸다. 이러한 계산중심의 응용은 다른 어떠한 응용 프로그램보다 입출력 장치와 메모리 동작에 대한 CPU 동작 비율이 높다.

2) 일반 상업적 적응

일반 상업적 적응은 전형적인 컴퓨터 시스템에 적응을 의미한다. 예를 들면, 번역(compiling), 회계, 편집, 스프레드시트 용법, 그리고 워드프로세서 등이다. 다른 응용 분야는 특별한 목적의 기계와 연관되기 때문에 여기서는 제외한다.

3. 효율(유효)성

컴퓨터의 정상적인 사용에서 하드웨어의 평균 사용량을 측정하는 요소로 효율적 구조 의미보다는 효율적 구현 의미가 크다. 그러나 효율성과 일반성은 서로 충돌할 수 있다. 초기의 컴퓨터 개발과는 다르게 현재 상황은 컴퓨터 구성 요소의 비용 감소 때문에 효율성이 떨어지는 것은 아니다. 그럼에도 불구하고 효율적인 컴퓨터 구조는 빠른 속도와 저렴한 비용의 컴퓨터 구현에 관심을 가지고 있으며 대형 컴퓨터 계열은 구현의 두 형태에 대하여 중요한 사항으로 인식하고 있다.

효율적인 구조의 특징은 설계가 어렵기 때문에 복잡한 시스템 구조를 단순화하는 경향을 보이고 있다.

4. 사용의 용이성

프로그래머가 소프트웨어를 개발하는 과정에서 운영체제 또는 컴파일 등의 기능에 쉽게 접근할 수 있는 정도를 측정하는 요소이다. 사용이 쉬운 명령어 셋 구조 기능과 아울러 일반성과 매우 밀접하다.

이것은 사용자가 컴퓨터 사용을 쉽게 하는 것과 다르다. 다시 말해 기본적인 구조가 아닌 운영체제와 이용 가능한 소프트웨어에 의해 결정되는 경우이다. 예를 들어 고급프로그래밍 언어의 컴파일 과정이 어렵다는 것은 컴퓨터 사용의 용이성이 낮다는 것을 의미한다.

초기의 컴퓨터 명령은 때때로 중요한 연산을 수행하는 명령이 없었다. 결국 프로그래머는 이러한 연산을 구현하기 위하여 명령어 순서를 바꾸어 무리하게 사용할 수밖에 없었다. 오늘날 명령어 구조가들은 충분한 경험을 바탕으로 이런 문제를 쉽게 해결하고 있다.

5. 유연성

구조의 유연성은 구조상 컴퓨터가 포함할 수 있는 광범위한 구현이 얼마나 쉽게 설계자들에게 제공되는지 측정하는 요소이다. 구조가 특이할수록 크기와 성능이 다른 컴퓨터 개발이 어렵다. 또한 유연성은 다양한 종류의 크기와 모양(형태)으로 컴퓨터 구조를 제작하는 것에 영향을 미친다. 다시 말해 기본적인 컴퓨터 구조를 포함하지만 다양한 구현을 하지 못하는 것을 의미한다. 일반적으로 구조는 하나하나 다른 단계에 많은 적용을 하는 것을 말한다. 개인 컴퓨터 예를 들면 IBM PC(AT)나 애플(Apple) 매킨토시(Macintosh) 제품을 보면 구조 특징은 완벽하지만 모든 구현은 유사하다.

6. 확장성

용량의 구조를 확장 또는 증가할 수 있는 과정이 얼마나 쉽게 이루어지는가를 측정하는 요소로 예를 들어, 메모리 크기를 최대화 하거나 연산 용량을 최대화하는 과정 등을 말한다. 일반적으로 컴퓨터계열 명세에서 메모리 크기 확장을 허용한다. 예를 들면, DEC의 VAX 구조 특성은 오직 간접적이고 제한된 구조의 메모리 크기 때문에 다양한 메모리 크기를 구성하도록 허용하고 있다. 또한, 여러 개의 CPU를 갖고 있는 컴퓨터도 있다. 물론 이러한 경우도 CPU의 숫자가 CPU 시스템의 효율성을 높이는 결과를 가져오기 때문에 확장성과 관련 있다.

위 속성을 중심으로 컴퓨터 구조의 성공적인 요인을 살펴보면
- 적응성 : 더 나은 구조를 위하여 의도된 응용을 갖추는 것이 더 좋다.
- 유연성 : 작은 시스템이 실행과 속도가 좋다.
- 확장성 : 확장성이 있는 계산 능력, 메모리 크기, 입출력 용량 그리고 많은 처리기를 갖는 것이 더 좋다.
- 호환성 : 지난 버전의 같은 계열의 컴퓨터 구조에서 호환성 비교가 가능하며 이 경우 호환성이 더 좋다.
  또한, 컴퓨터 시스템의 상업적 성공 요인으로 다음과 같은 3가지 요소로 요약할 수 있다.
- 구조의 개방성
  구조의 개방성이 높다는 것은 설계자들이 명세서(Specifications)를 발표한 경우이다.

구조에 대한 세부 내용을 보호하려면 개방성을 낮춰야한다.
- 알기 쉬운 프로그래밍 모델과 호환능력
  대부분 고성능 명령 컴퓨터들은 너무 어려운 시스템을 갖추고 있기 때문에 분석가들이 사용자들을 위해 어떻게 하면 쉽게 사용할 수 있는가를 연구하게 된다.
- 초기구현의 특징
  많은 컴퓨터들은 성능 좋은 기계, 좋은 소프트웨어와 빠른 연산의 특징은 갖고 있으나 아직 훌륭한 성과를 거두지 못하고 있다. 초기 구현 모델은 신뢰성이 낮고 많은 제조상 결점이 있기 때문이다.

3-2 컴퓨터 구조의 성능 측정

시스템 성능은 전통적으로 컴퓨터 시스템이 유용한 작업을 수행하기 위하여 단일 스레드 프로그램을 얼마나 빨리 실행하가에 따라 측정된다. 컴퓨터 성능은 컴퓨팅 능력 향상과 가격 대비 성능 향상의 두 가지 방법으로 측정된다.

1. 시스템 성능

컴퓨터 시스템의 성능은 효율적인 속도, 하드웨어와 소프트웨어의 신뢰성 등을 기반으로 측정된다. 그러므로 일반적인 단순한 하나의 속성만으로 성능을 나타낼 수는 없다. 시스템의 성능은 크게 프로세서 성능과 입출력 성능으로 구분할 수 있다.

1) 프로세서 성능

컴퓨터의 성능은 시스템 요소의 다양한 상호 작용과 컴퓨터의 능력에 따라 다르나 컴퓨터 프로세서의 성능 향상은 앞서 살펴본 속성보다 좀 더 구체적으로 표현할 수 있다. 컴퓨터 성능은 컴퓨터 시스템에 의해 달성된 작업의 양으로 다음과 같은 요소가 있다.

- 처리율
  시스템의 생산성을 나타내는 지표로 주어진 시간에 완료된 작업의 총량 즉 단위 시간당의 작업 처리량을 의미한다. 이러한 처리율을 계산하는 지표로 MIPS, BIPS, FLOPS 외 프로세서 실행 시간, CPI 등이 있다.
  - MIPS(Million Instructions Per Second) : 1초당 백만 명령어 실행
  - BIPS(Billion instructions per second) : 1초당 십억 명령어 실행
  - FLOPS(floating-point operations per second) : 1초당 실행 가능한 부동 소수점 연산의 횟수

- CPU 실행시간 : CPU가 애플리케이션을 실행하는데 소요되는 시간
  = 명령어 수 * CPI * 클럭 속도
- CPI(average Cycles Per Instruction) : 명령어 당 클럭 사이클의 평균 수
  = 사이클/명령어

[예] 다음과 같은 명령 사이클을 갖는 프로세서를 가정하자.

정수 연산 : 1 사이클, 50%

부동 소수점 연산 : 3 사이클, 10%

저장(Store) : 2 사이클, 20%

적재(Load) : 5 사이클, 20%

CPI=0.5 × 1 + 0.1 × 3 + 0.2 × 2 + 0.2 × 5=2.2

만약 이때 캐시를 사용하여 적재과정을 3 사이클로 감소하면 결과는

CPI=0.5 × 1 + 0.1 × 3 + 0.2 × 2 + 0.2 × 3=1.8

- 이용율

  사용자가 일정 기간 동안 컴퓨터를 실제로 사용한 비율을 의미한다.

- 응답 시간

  사용자가 시스템에 작업을 의뢰하고 나서 어떠한 반응을 얻을 때까지의 시간 즉 컴퓨터 시스템에 조회를 요구한 후 응답이 시작되는 때까지 경과된 총 시간이다.

  시분할 방식과 온라인 시스템에서는 응답 시간이라고 하며 일괄 처리에서는 반환 시간(TAT; turn around time)이라고 한다.

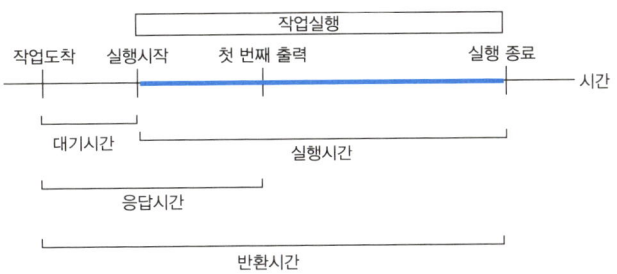

[그림 1-14] 실행시간, 응답시간과 반환시간의 관계

2) 입출력 성능

입출력 성능의 측정 요소는 대역폭과 초당 입출력연산(I/O operations per second)으로 측정된다. 대역폭은 입출력 수행수치로 일반적으로 MBps(megabytes per second) 단위로 측정된다. 대부분의 입출력 장치는 전송율을 표시하고 입출력 채널은 종종 MBps에서의 최

대 전송율과 연결된다.

많은 과학적 그리고 공학 분야의 경우 대규모의 데이터 전송이 요청되므로 입출력 대역폭은 입출력시스템의 성능 측정에 의미가 크다. 처리 과정에서 아주 작은 규모의 입출력 블록(blocks)은 초당 입출력연산 성능의 측정값으로 의미가 있다. 디스크 블록 액세스 시간(access time) 약 0.1 초 인 경우 예를 보면 1 초에 최대 10 번의 입출력 연산이 이루어진다고 볼 수 있다. 이때 만약 각각의 입출력 연산 전송이 512바이트 일 때 1 초당 처리할 수 있는 크기는 5 KBps 이다. 그러나 입출력 블록의 크기가 100KB이라면 시스템의 전송율은 1 MBps가 되어 약 200배의 빠르기가 된다.

3) 메모리 성능
그 밖에 시스템의 성능 측정요소로 다음과 같은 메모리 관련 요소로 측정된다.
- 메모리 대역폭

  기억 장치의 자료 처리 속도를 나타내는 단위로 기억 장치를 연속적으로 액세스 할 때 기억 장치가 초당 처리할 수 있는 비트수이다.

  예를 들면 IBM POWER8 12-core chip의 경우 230 GB/s이다. 여기서 B는 Byte이다.
- 메모리 액세스 시간

  액세스 시간이란 어떤 저장장치에 대해 액세스가 시작된 시간부터 다음 액세스가 시작되는 시간까지를 의미하며 메모리 액세스는 신호를 받고 자신의 데이터를 꺼내기 시작할 때까지 시간을 말한다. 램(RAM)에 대한 액세스 시간은 일반적으로 나노 초(nanosecond), 즉 10^{-9}초 단위로 측정되며 IBM은 '사이클 타임(cycle time)'이라는 용어를 사용한다.
- 메모리 크기

  자료를 저장할 수 있는 메모리의 크기로 일반적으로 MB(mega bytes), GB(giga byte)로 나타낸다.

요 약

1. 컴퓨터 시스템의 구성
컴퓨터는 정보(명령어와 데이터)를 처리하기 위해 사용되는 전자, 기계적인 장치의 하드웨어(Hardware)와 컴퓨터를 유용하게 사용하기 위해서 명령문을 작성하고 특별한 작업 과정을 지시하는 프로그램 즉 소프트웨어(Software)로 이루어진다.

2. 컴퓨터 구조에 영향을 미치는 요소
- 논리 소자 기술 : DRAM 칩 용량, 마이크로프로세서(CPU) 논리 밀도, CPU 속도
- 응용프로그램 : 멀티미디어(Multimedia), 웹(Web) 또는 웹서버(Web server), 유비쿼터스(ubiquitous) 컴퓨팅
- 운영체제 : 다중 프로그래밍 시스템, 시분할 시스템, 실시간 시스템(Real-Time System), 분산시스템, 다중처리기 시스템
- 프로그래밍 언어 : 객체지향언어, 웹 언어, 데이터베이스 언어

3. 컴퓨터의 발달 역사
- 진공관 시대(1세대; 1945~1956) : 고장이 많고 신뢰성이 떨어짐, 기계어(machine language) 사용, 폰 노이만 머신(von Neumann machines)
- 트랜지스터 시대(2세대; 1956~1963) : 소형, 신뢰성이 높고 전력 소모가 적고 빠른 처리 운영체제(operating system) 도입, 어셈블리(assembly) 언어, 포트란(FORTRAN), 코볼(COBOL) 개발, 자기코어 기억 장치 (magnetic core memory)
- 집적 회로 시대(3세대; 1965~1971) : 키보드 및 모니터로 컴퓨터와 상호 작용하고 UNIX 운영 체제, 시분할 방식(time sharing system)도 실현
- 고밀도 집적회로(4세대; 1071~) : 마이크로프로세서 개발로 개인용 컴퓨터 시대 열림, 네트워크(광통신) 및 인터넷 실용화, GUI 환경, 빅 데이터(big data) 시대, 전자 상거래, 슈퍼컴퓨터의 등장으로 시뮬레이션(simulation) 기술의 확립
- 인공 지능(5세대; ~ 미래) : 전문영역에 알맞은 구조 개발을 위해 배열처리기 컴퓨터, 파이프라인 처리기 컴퓨터, 다중 처리기 컴퓨터 그리고 대안구조 형식으로 신경망 네트워크(neural network), 데이터흐름(data flow) 구조 등 병렬 처리를 특징으로 하며 수행 할작업 중 일부는 인공 지능으로 정의 할 수 있다.

4. 컴퓨터 분류
- 구조적 분류 : 노이만형 컴퓨터와 비노이만형 컴퓨터
- Flynn의 구조적 분류 : SISD, SIMD, MISD, MIMD
- 데이터 형태별 분류 : 아날로그 컴퓨터, 디지털 컴퓨터, 하이브리드 컴퓨터

- 용도별 분류 : 전용 컴퓨터, 범용 컴퓨터
- 성능과 가격에 따른 분류 : 슈퍼컴퓨터, 메인프레임, 미니컴퓨터, 워크스테이션, 마이크로컴퓨터(소형 컴퓨터), 개인 휴대 정보 단말기(모바일 컴퓨터)

5. 컴퓨터의 속성별 측정

컴퓨터계열 구조에 적용되는 일반성, 적응성, 효율(유효)성, 사용의 용이성과 컴퓨터 계열의 구현에 적용되는 유연성과 확장성 등이 있다.

6. 시스템 성능

시스템의 성능은 크게 프로세서 성능(처리율, 이용율, 응답시간)과 입출력 성능과 메모리 성능(메모리 대역폭, 메모리 액세스 시간, 메모리 크기)을 측정하여 평가할 수 있다.

제1장 연습문제

주관식

1. 400MHz 프로세서에서 2 백만 건의 명령어를 실행하는 프로그램의 추적 실험 결과이다. 프로그램이 단일 프로세서에서 실행될 때의 평균 CPI는?

명령 유형	CPI	명령 혼합
산술 및 논리	1	60%
적재/저장	2	18%
분기	4	12%
메모리 참조	8	10%

2. 프로그램 내장 방식 컴퓨터란?

3. 범용 컴퓨터의 네 가지 주요 구성 요소는?

4. 컴퓨터 계열의 주요 특징은?

5. 시스템의 클록 속도가 200MHz인 다음 각 모델의 CPI, MIPS 속도는?

명령 유형	CPI		명령수(100만)	
명령 유형	모델 A	모델 B	모델 A	모델 B
산술 및 논리	1	1	8	10
적재/저장	3	2	4	8
분기	4	4	2	2
그 외 다른 명령	3	3	4	4

6. 컴퓨터 구조에 직접적인 영향을 주고 있는 요소는?

7. 컴퓨터 구조의 성능 측정에서 일반성이란 무엇을 의미하는가?

제1장 연습문제

객관식

1. 성능은 _____에 달려 있다.
   ① 실행 속도   ② 인출 및 실행 속도   ③ 인출 속도   ④ 시스템의 하드웨어

2. Flynn의 컴퓨터 구조 제안 모델이 아닌 것은?
   ① SISD   ② MIMD   ③ SIMD   ④ CIMD

3. 폰 노이만(von neumann)형의 컴퓨터 연산장치가 갖는 기능에 속하지 않는 것은?
   ① 제어 기능   ② 함수연산 기능   ③ 전달 기능   ④ 번지 기능

4. Flynn의 컴퓨터 구조 분류법 중 여러 개의 처리기에서 수행되는 명령어들은 각기 다르나 전체적으로 하나의 데이터 스트림을 가지는 형태는?
   ① SISD   ② MISD   ③ SIMD   ④ MIMD

5. 메가플롭스(MFLOPS)에 대하여 가장 잘 설명한 것은?
   ① 1클록 펄스 간에 실행되는 부동 소수점 연산의 수를 10만을 단위로 하여 나타낸 수
   ② 1클록 펄스 간에 실행되는 고정소수점 연산의 수를 10만을 단위로 하여 나타낸 수
   ③ 1초간에 실행되는 부동 소수점 연산의 수를 100만을 단위로 하여 나타낸 수
   ④ 1초간에 실행되는 고정소수점 연산의 수를 100만을 단위로 하여 나타낸 수

6. 다중처리기를 사용하여 성능개선을 하고자 하는 것 중 주된 목표가 아닌 것은?
   ① 유연성   ② 신뢰성   ③ 대중성   ④ 수행 속도

7. 메가플롭스(MFLOPS)의 계산식으로 옳은 것은?
   ① MFLOPS=(수행 시간 $\times 10^6$) / 프로그램내의 부동 소수점 연산 개수
   ② MFLOPS=프로그램내의 부동 소수점 연산 개수 / (수행 시간 $\times 10^6$)
   ③ MFLOPS=수행 시간 / (프로그램내의 부동 소수점 연산 개수 $\times 10^6$)
   ④ MFLOPS=(프로그램내의 부동 소수점 연산 개수 $\times 10^6$) / 수행시간

8. 전자계산기는 대별해서 중앙처리장치와 주변장치로 구분한다. 중앙처리장치의 구성 부분은?

① Input-Output, Memory, Arithmetic

② Input-Output, Control, Arithmetic

③ Control, Memory, Arithmetic

④ Control, Memory, Input-Outputw

제1장 객관식 답

1.② 2.④ 3.④ 4.② 5.③ 6.③ 7.② 8.③

데이터 표현

학 · 습 · 목 · 표

- 데이터 표현 단위와 수 체계 진법에 대하여 살펴본다.
- 고정 소수점 및 부동 소수점 데이터 표현에 대하여 이해한다.
- 문자(비수치) 데이터 및 한글 표현에 대하여 알아본다.

Section

01. 데이터의 디지털 표현
02. 문자 데이터의 표현

들·어·가·기

인간과 컴퓨터 사이의 통신, 즉 데이터 교환이 이루어지려면 통신하고자 하는 데이터의 표현 방법이 있어야 하며, 또 이 표현방법을 서로 공통적으로 이해해야만 원활한 통신이 이루어진다. 컴퓨터는 인간이 사용하는 데이터를 컴퓨터가 이해할 수 있는 외부적 표현으로 바꾼 다음, 컴퓨터의 메모리에 저장한다. 이러한 데이터는 필요에 따라 컴퓨터의 내부 표현방법으로 변환하여 처리된다. 그리고 처리결과는 이와 반대의 과정을 거쳐 출력하게 된다.

이 장에서는 데이터가 어떠한 형태로 저장되고 표현되는가에 대하여 살펴본다.

Section 01 데이터의 디지털 표현

컴퓨터는 소리, 사진, 그래픽, 숫자, 텍스트 등 모든 종류의 데이터를 처리할 수 있지만 데이터가 없으면 컴퓨터는 쓸모없는 기계이다. 컴퓨터에 저장하고 처리하는 데 필요한 데이터는 정보의 속성을 쉽게 나타낼 수 있는 방식으로 표현되어야하며 컴퓨터 연산에 효과적이어야 한다. 여기서는 이러한 데이터(멀티미디어)를 어떻게 표현하는가에 대하여 살펴보자.

1-1 데이터 표현과 수 체계

디지털 컴퓨터는 2진수(binary digit)를 기준으로 하여 이진 데이터(수치 데이터)를 저장하고 연산 처리한다. 이 절에서는 어떻게 이진 데이터 형태로 저장되는지 표현(내부 표현)에 대하여 설명한다.

1. 데이터 표현 단위

컴퓨터의 가장 기본적인 기억 형태는 두 가지 상태를 나타내는 비트(bit)이다. 그러나 비트는 정보를 두 가지 상태로 표현하기 때문에 많은 정보를 표현하기에는 부족하다. 따라서 산술 연산에 쓰이는 숫자, 문자(텍스트), 특수 목적에 사용되는 특수기호, 소리, 사진, 그래픽 등 컴퓨터에서 많이 사용하는 데이터들은 다음 [그림 2-1]과 같이 여러 개의 비트로 표현된다.

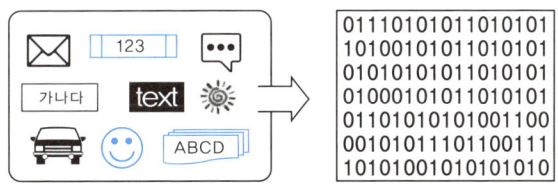

[그림 2-1] 현실적 데이터 컴퓨터 데이터로의 변환

1) 비트(bit)

우리는 정보를 표현할 때 간단히 '예'와 '아니오'로 표현할 수 있다. 이러한 논리적인 표현을 수학의 2진수 "1"과 "0"으로 표현하여 비트라는 용어로 정의하였다. 비트는 정보를 나타내는 최소 단위로 컴퓨터는 비트를 검사하거나 연산하는 명령어를 제공한다. 초기 컴퓨터 회로로 사용된 진공관의 경우 켜진(On ; 1) 상태와 꺼진(Off ; 0) 상태를 이용하여 논리회로를 물리적으로 표현하였다.

[그림 2-2] 비트(Off, On)

두 가지 이상의 데이터를 표현하려면 여러 비트가 필요하다. 예를 들어 네 가지 경우를 표현하기위하여 2비트가 필요하고 여덟 가지를 표현하려면 3비트가 필요하다. 이와 같이 N비트는 2^N 종류의 데이터를 나타낼 수 있다[표 2-1].

1 비트	2 비트	3 비트	4 비트
0	00	000	0000
1	01	001	0001
	10	010	0010
	11	011	0011
		100	0100
		101	0101
		110	0110
		111	0111
			1000
			1001
			1010
			1011
			1100
			1101
			1110
			1111

[표 2-1] 비트 조합(정보 표현)

2) 바이트(byte)

문자를 표현하기 위한 기본 단위로 8개 비트를 묶어 하나의 문자를 표현할 수 있으며 컴퓨터의 기억장소에서 처리할 수 있는 최소 단위이다. 바이트는 세분하여 니블(nibble)로 구분하기도 한다. 이때 상위 4~7비트를 상위 니블, 그리고 하위 0~3비트를 하위 니블이라고 한다.

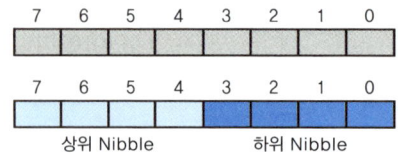

[그림 2-3] 바이트와 니블

또한 8비트는 2^8(256) 종류의 정보를 나타낼 수 있어 숫자, 영문자, 특수문자 등을 모두 표현할 수 있다. 특히 1바이트를 1 캐릭터(character)라고도 부르는데 1바이트를 가지고 한 개의 문자를 표현할 수 있기 때문이다.

3) 워드(word)

컴퓨터에서 명령을 처리하는 기본 단위로 몇 개의 바이트가 모여서 단어를 형성하며 일반적으로 연산 레지스터의 크기를 의미한다. 따라서 16비트 컴퓨터라면 16비트 레지스터로 구성되고 1워드의 크기가 2바이트이다.

가. 반 워드(half word)

1워드의 절반에 해당하는 단위로 일반적으로 2바이트(4 니블)로 구성된다. 0~7비트를 하위 바이트, 8~15비트를 상위 바이트라고하며 니블 0, 니블 1, … 등으로 부른다.

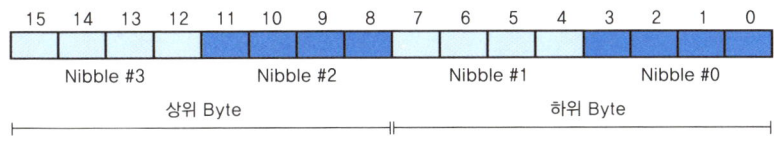

[그림 2-4] 반 워드와 니블

16비트로 2^{16} 즉 65,536개의 다른 값을 표현할 수 있으며 또는 -32,768~+32,767 범위의 정수를 나타낼 수 있다.

나. 워드(full word)

하나의 기억장소에 저장되는 데이터의 기본 단위로 보통 4바이트(32비트)로 구성된다.

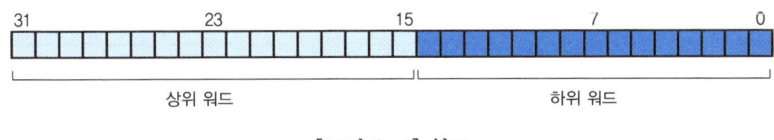

[그림 2-5] 워드

0~15비트를 하위 워드, 16~31비트를 상위 워드로 구분하기도 한다. 표현할 수 있는 정보의 크기는 2^{32} 즉 4,294,967,296개의 다른 값을 표현할 수 있으며 또는 정수 -2,147,483,648~2,147,483,647 범위를 나타낼 수 있다.

다. 2배 워드(double word)

워드의 2배의 길이를 갖는 단위로 보통 8바이트로 구성된다. 32비트 컴퓨터에서 1워드의 크기는 4바이트로 구성되나 16비트 컴퓨터에서는 2배 워드로 구성하여 32비트 또는 4바이트로 처리한다. 따라서 32비트 컴퓨터에서는 2배 워드의 길이가 64비트 즉 8바이트가 된다. 이와 유사한 개념으로 4배 워드(quad words) 즉 4워드 길이 또는 8배 워드(octets words)도 있으며 바이트의 크기는 컴퓨터의 워드 크기에 의존한다.

2. 수의 체계와 진법

앞서 살펴본 바와 같이 컴퓨터는 컴퓨터 내에서 데이터를 표현하기 위해 전기적으로 "충전되었느냐", "아니냐" 하는 두 가지 상태를 표시할 수 있는 2진수를 기반으로 하는 숫자 체계를 사용한다. 그러나 인간은 대부분 10진수 즉 기수(base)가 10인 수를 사용하기 때문에 0~9 까지의 10개의 숫자를 사용하여 수를 표현한다.

16진수란 16을 기수로 하는 수 체계로 숫자 0~9 까지, 영문 알파벳 문자 A~F까지를 사용한다. 두 개의 16진수 숫자는 8비트, 즉 1바이트로 표현할 수 있다. 16진수에서도 각 숫자의 위치가 16의 승(멱)의 형태로 표현된다.

1) 2진수(Binary)

2진수는 "0" 과 "1" 이라는 오직 2가지 종류의 숫자로만 구성되므로 기수가 2 인 숫자 시스템이다. 위와 같이 2진법에서도 각 숫자의 위치는 2의 멱(승)으로 나타낸다.

예를 들어 2진수 1111 의미는

$1111_2 = 1 \times 2^3 + 1 \times 2^2 + 1 \times 2^1 + 1 \times 2^0$
$= 2^3 + 2^2 + 2^1 + 2^0 = 8 + 4 + 2 + 1 = 15_{10}$ 이다.

> 이진수 10101.01은
> $10101.01_2 = 1 \times 2^4 + 0 \times 2^3 + 1 \times 2^2 + 0 \times 2^1 + 1 \times 2^0 + 0 \times 2^{-1} + 1 \times 2^{-2}$
> $= 21.25_{10}$ 로 나타난다.

따라서 컴퓨터에서 $8(2^3)$이나, $64(2^6)$, $128(2^7)$ 또는 $256(2^8)$과 같은 숫자들이 자주 등장하는 이유를 짐작할 수 있을 것이다. 그렇지만 컴퓨터 프로그래머들은 8진수나 또는 16진수를 쓰는 경우도 많은데, 그 이유는 모두 2진수와 쉽게 변환할 수 있기 때문이다. 8진수에서 각 숫자는 세 자리의 2진수로 표시할 수 있고, 16진수에서 각 숫자는 네 자리의 2진수로 표현할 수 있다.

2) 10진수(Decimal)

대부분 사람들은 0부터 9까지 모두 10개의 숫자로 구성된 10진수를 주로 사용한다. 10진법에서는 각 숫자의 위치가 10의 멱(승)의 형태로 표현된다.

예를 들어 6437.92 라는 숫자는

$6437.92 = 6 \times 10^3 + 4 \times 10^2 + 3 \times 10^1 + 7 \times 10^0 + 9 \times 10^{-1} + 2 \times 10^{-2}$

의미로 1000은 10^3, 100은 10^2, 10은 10^1, 1은 10^0을 각각 계산한 결과이다.

123.456 표시
123.456 = $1 \times 10^2 + 2 \times 10^1 + 3 \times 10^0 + 4 \times 10^{-1} + 5 \times 10^{-2} + 6 \times 10^{-3}$

숫자의 가장 왼쪽에 있는 숫자를 최상위 숫자(MSD; Most Significant Digit) 라고 하며 가장 오른쪽에 있는 숫자를 최하위 숫자(LSD; Least Significant Digit)라 한다.

3) 8 진수(Octal)

8진수에서는 숫자들이 0, 1, 2, 3, 4, 5, 6, 7 의 8가지 숫자를 이용하여 구성된다. 7 다음의 숫자는 10이다. 컴퓨터 프로그래밍에서 8진수는 2진수에 비해 짧게 표기할 수 있다는 장점 때문에 2진수 대신 사용된다. 8진수에서도 각 숫자의 위치가 8의 멱(승)의 형태로 표현된다.

예를 들어 8진수 345는 → 10진수 229

345 = $3 \times 8^2 + 4 \times 8^1 + 5 \times 8^0$ 의미이므로 $8^2 = 64$, $8^1 = 8$, $8^0 = 1$

따라서 192 + 32 + 5=229_{10}이다.

8진수 736.4 → 10진수 478.5
$(736.4)_8 = 7 \times 8^2 + 3 \times 8^1 + 6 \times 8^0 + 4 \times 8^{-1} = (478.5)_{10}$

4) 16진수(Hexadecimal)

16진수란 16을 기수로 하는 수 체계로 숫자 0~9 까지, 영문 알파벳 문자 A~F까지를 사용한다. 두 개의 16진수 숫자는 8비트, 즉 1바이트로 표현할 수 있다. 16진수에서도 각 숫자의 위치가 16의 멱(승)의 형태로 표현된다.

예를 들어 16진수 A3은 → 10진수 16^3

$A \times 16^1 + 3 \times 16^0$=160 + 3=$163_{10}$

16진수 1234 → 10진수 4660
$(1234)_{16} = 1 \times 16^3 + 2 \times 16^2 + 3 \times 16^1 + 4 \times 16^0$
= 4096 + 512 + 48 + 4=$(4660)_{10}$

아래의 표에 모두 같은 값을 갖는 10진수, 2진수, 8진수 그리고 16진수를 나타내었다.

10진수	2진수	8진수	16진수
0	0	0	0
1	1	1	1
2	10	2	2
3	11	3	3
4	100	4	4
5	101	5	5
6	110	6	6
7	111	7	7
8	1000	10	8
9	1001	11	9
10	1010	12	A
11	1011	13	B
12	1100	14	C
13	1101	15	D
14	1110	16	E
15	1111	17	F

[표 2-2] 각 진수의 값

3. 수 변환

각 진수별 변환에 대해 살펴보자. 소수점 변환은 정수와 분수 부분으로 별도 처리된다.

1) 2진수에서 10진수로의 변환

앞에서 설명한 바와 같이 2진수 $(1010110)_2$를 10진수로 변환하는 과정은 아래와 같다.

n비트의 값(value)은 $X_{n-1}X_{n-2} \cdots X_2X_1X_0$ 이므로
$X_{n-1}2^{n-1} + X_{n-2}2^{n-2} + \cdots + X_2 2^2 + X_1 2^1 + X_0 2^0$ 로 표시할 수 있다.

예제

$(1010110)_2 = 1 \times 2^6 + 1 \times 2^4 + 1 \times 2^2 + 1 \times 2^1$
$= 64 + 16 + 4 + 2 = 86_{10}$

2) 2진수와 8진수 변환

8진수 1자리 숫자는 3자리의 2진수로서 표현된 값과 같은 의미이다. 예를 들어 $(101)_2$와 $(5)_8$은 같은 숫자를 나타내므로 2진수를 소수점 기준으로 3자리씩 묶어서 1자리 8진수 표현이 가능하다.

예를 들어 2진수 011 001 101 111 110 는 8진수 31576 이 된다.

$\underline{011}\ \underline{001}\ \underline{101}\ \underline{111}\ \underline{110}$
  3   1   5   7   6

이때 소수점이 있을 경우 소수점의 위치를 기준으로 3자리씩 묶을 수 있다.
즉, $(11100101.00111)_2$은 $(345.16)_8$이다. 이때 가장 왼쪽과 오른쪽의 경우는 3자리씩 묶을 숫자가 존재하지 않으면 0을 채워서 처리한다.

$\underline{011}\ \underline{001}\ \underline{101}\ \cdot\ \underline{111}\ \underline{110}$: 2진수
  3   1   5 · 7   6   : 8진수

$101110.0101_2 = 101\ 110.\ 010\ 100_2\ \rightarrow\ 56.24_8$
$2571.63_8 \rightarrow 010\ 101\ 111\ 001.\ 110\ 011_2$

3) 2진수와 16진수 변환

2진수 4자리 숫자는 한자리 16진수를 나타낸다. 따라서 소수점의 위치를 기준으로 2진수 4자리씩 묶어 16진수를 표현할 수 있다.

$\underline{0110}\ \underline{1010}\ \underline{1001}\ \underline{1110}$: 2진수
   6   A   9   E   : 16진수

따라서 $(1101010.1001111)_2$는 $(6A.9E)_{16}$이다.

$11011011.000100001_2 = 1101\ 1011.\ 0001\ 0000\ 1000_2 = DB.108_{16}$
$CD97_{16} = 1100\ 1101\ 1001\ 0111_2$

4) 8진수와 16진수의 변환

8진수와 16진수는 2진수를 이용하여 서로 변환할 수 있다.

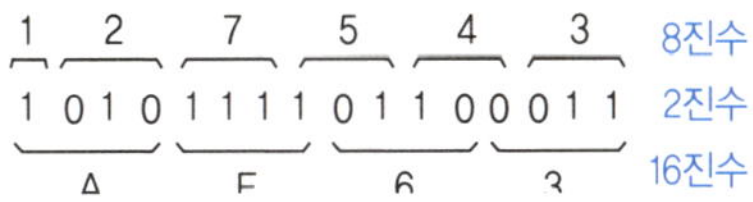

```
 1   2   7   5   4   3    8진수
1010 111 011 000 11   2진수
  A   F   6   3        16진수
```

[그림 2-6] 8진수에 대한 16진수 변환 과정

따라서 $(127543)_8 \rightarrow (1010111101100011)_2 \rightarrow (AF63)_{16}$이다.

5) 10진수에서 다른 진수로의 변환

가. 10진수 → 2진수

10진수를 2진수로 변환하고자 한다면 위 과정(2진수에서 10진수로의 변환)을 역순으로 수행한다.

다음은 10진수 $(157)_{10}$ 을 2진수로 변환하는 과정이다. 157을 기수 2로 나누는 과정을 몫이 기수 2보다 작아질 때까지 반복하면 첫 번째 나머지 값이 최하위 비트(LSB ; Least Significant Bit)이고 마지막 나머지 값이 최상위 비트(MSB; Most Significant Bit)가 된다. 그러므로 나머지의 조합을 계산하면 2진수로 변환할 수 있다.

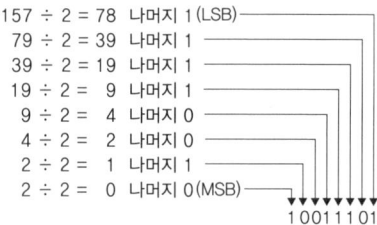

[그림 2-7] 10진수에서 2진수 변환 과정

따라서 157_{10} → 10011101_2 로 변환된다.

나. 10진수 → 8진수

마찬가지 방법으로 10진수 1988을 8진수로 변환하려면 기수 8로 나누는 과정을 몫이 기수 8보다 작아질 때까지 반복하면 첫 번째 나머지가 최하위 숫자 (LSD; least significant digit)이고 마지막 나머지가 최상위 숫자 (MSD; most significant digit)가 된다. 다음은 10진수 1988_{10}을 8진수 3704_8로, 10진수 5790_{10}을 16진수로 변환하는 과정이다.

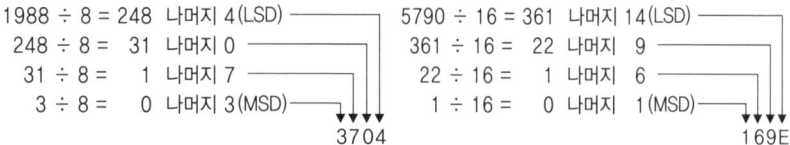

[그림 2-8] 10진수에서 8진수(왼쪽), 10진수에서 16진수로의(오른쪽) 변환 과정

따라서 1988_{10} 은 3704_8, 그리고 5790_{10} 은 $169E_{16}$ 로 변환된다.

6) 소수점 부분 변환

소수점 아래의 숫자에 대해서도 동일한 개념을 적용할 수 있는데 기수에 해당되는 r을 곱해서 얻어지는 소수점 이상의 숫자 조합으로 2진수를 표현한다. 이때 소수점 이상의 값은 제거하고 이 과정을 반복하면서 소수부가 모두 0이 될 때까지 반복한다.

예를 들어, 0.125에 대한 2진수 표현은 다음과 같은 과정으로 얻어진다.

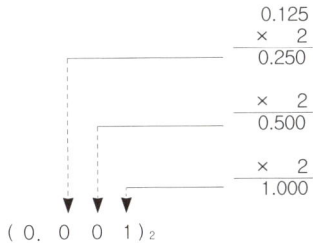

[그림 2-9] 소수점 미만 변환 과정

따라서 0.125에 대한 2진수 표현은 $(0.001)_2$이다. 이러한 과정에서 얻어진 값이 0이 될 때까지 반복되어야 하지만 때때로 소수점 아래의 숫자가 무한 반복되어 정확히 표현되지 않는 경우가 발생되기 때문에 10진수에 대한 정확한 r진법을 얻기가 힘들다.

예를 들어, 10진수 0.6에 대한 2진수는 계산이 계속 순환되어서 정확한 값을 구할 수 없으므로 오차가 발생된다. 이와 같은 숫자를 컴퓨터에서 표현할 때 기억공간의 한계가 있기 때문에 약 $(0.1001001)_2$ 라고 할 수 있다.

10진수 157.125에 대한 2진수 표기는 [그림 2-7]과 [그림 2-9]의 과정을 이용하여 계산할 수 있다.

$(1100111401.001)_2$

4. 보수

보수는 컴퓨터 내부에서 수를 표시할 때 부호가 있는 수 즉 음수를 표시하기 위해 사용하는 방법이며 또한 뺄셈 연산을 덧셈 연산으로 대체하기 위한 표현방법이다. 보수 표현방법으로 r-1 보수 표현법과 r 보수 표현법이 있다. r-1 보수 표현법은 기수 r 보다 1 축소된 형태로 2진수에서는 1의 보수, 10진수에서는 9의 보수를 의미한다. r 보수 표현법은 r-1 보수 보다 1이 큰 수이다.

1) (r-1) 의 보수

10진수에서는 9의 보수가 해당되며 2진수에서는 1의 보수가 해당된다.

(r-1) 의 값에서 수의 각 자리의 숫자를 **뺀**다.

가. 9의 보수

10진수에서 9의 보수를 구하는 방법은 9에서 각각의 숫자를 **빼서** 구한다.
다음은 10진수의 각 숫자에 대한 9의 보수이다.

숫자	0	1	2	3	4	5	6	7	8	9
9의 보수	9	8	7	6	5	4	3	2	1	0

[표 2-3] 9의 보수

```
   99
 - 12
 ─────
   87  →  12에 대한 9의 보수
```

나. 1의 보수

2진수에 대한 1의 보수는 1을 0으로, 0을 1로 변환한다.

11011011 → 00100100

2) r의 보수

10진수에서는 10의 보수가 해당되며 2진수에서는 2의 보수가 해당된다.

(r-1)의 보수를 구하여 가장 낮은 자리에 1을 더한다.

가. 10의 보수
9의 보수에 1을 더한 것과 같다.

```
428에 대한 10의 보수는?
    999
 −  428
    571   → 428에 대한 9의 보수
 +    1   → 1을 더한다
    572   → 428에 대한 10의 보수
```

나. 2의 보수
2진수에 대한 2의 보수는 1의 보수에 1을 더하면 된다.

```
              001   → 110에 대한 1의 보수
110 ────→  +   1   → 1을 더한다
              010   → 110에 대한 2의 보수
```

```
010   101      101
            +    1
               110
010  →  2의 보수 110
```

1-2 수치 데이터의 표현

수치 데이터는 사칙 연산의 대상이 되는 데이터로 정수, 음수, 자연수, 실수 등을 말한다. 연산과 데이터의 표현 방법에 따라 과학, 공학 분야 등의 응용에는 고정 소수점 데이터 형식(정수)과 부동 소수점 데이터 형식(실수)을 사용하며 상업 분야 응용에는 입출력이 쉬운 10진 데이터 형식을 사용한다. 여기서는 이러한 수치 데이터의 내부 형식에 대하여 설명한다.

1. 고정 소수점 데이터 형식

고정 소수점(fixed point) 데이터 형식은 컴퓨터 내부에서 고정 소수점 데이터인 정수를 표현할 때 사용하는 형식으로, 2바이트(16비트)와 4바이트(32비트) 정수형이 있다. 이들은 다시 부호가 없는 정수와 부호가 있는 정수로 구분할 수 있다. 부호가 있는 수의 경우 절반은 음수를 나타내므로 중간 위치의 수에 의해 부호가 결정된다. 첫 번째 비트(MSB)는 부호(sign) 비트로 양수(+)이면 0으로, 음수(-)이면 1로 표시한다. 나머지 비트는 수의 크기(magnitude)를 나타내는 정수부로서 10진수가 2진수로 변환되어 기억되며, 소수점은 가장 오른쪽에 고정된 것으로 가정한다.

반 워드(16비트), 워드(32비트) 크기의 정수 데이터는 다음과 같이 표현된다.

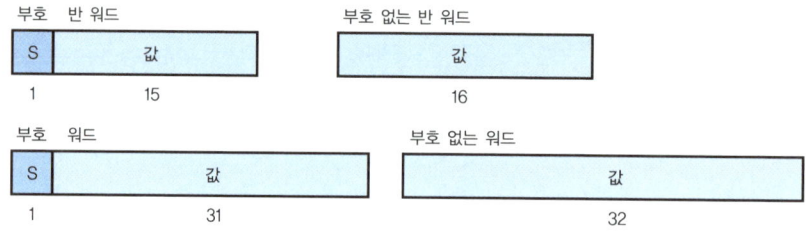

[그림2-10] 16, 32비트 길이의 정수 데이터

가. 부호 없는 정수

부호 없는 정수(Unsigned integers)는 0(zero) 그리고 양의 정수를 표현하며 음의 정수는 표현할 수 없다. 부호 없는 정수의 값은 2진 크기로 해석된다.

[예] 0100 0001 → $1 \times 2^6 + 1 \times 2^0 = 65_{10}$
       0001 0000 0000 1000 → $1 \times 2^{12} + 1 \times 2^3 = 4104_{10}$

그러므로 수의 범위는 다음과 같다.
8비트 : 0 ~ $(2^8) - 1$ (= 255)
16비트 : 0 ~ $(2^{16}) - 1$ (= 65,535)
32비트 : 0 ~ $(2^{32}) - 1$ (= 4,294,967,295)
64비트 : 0 ~ $(2^{64}) - 1$ (= 18,446,744,073,709,551,615)

나. 부호 있는 정수

부호 있는 정수(Signed integers)는 0 과 양의 정수뿐만 아니라, 음의 정수를 나타낼 수 있다. 최상위 비트(MSB)를 부호 비트라고 하며 0은 양수를, 1은 음수 부호를 나타내는 데 사용된다.

예를 들어 8비트 크기로 정수 데이터 69, -69를 나타내면 다음과 같다.

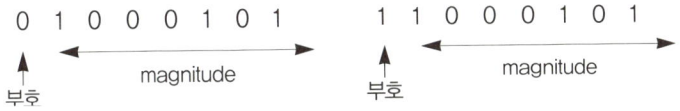

[그림 2-11] 69, -69를 나타낸 정수 데이터

일반적으로 N비트 필드로 표현할 수 있는 수치의 범위는 다음과 같다.

$-((2^{n-1})-1) \sim ((2^{n-1})-1)$

2. 음수 표현

음수를 표시하는 방법에는 부호와 절대값 표현법, 1의 보수 표현법, 2의 보수 표현법이 있다. 일반적으로 2의 보수 표현 방법이 연산을 쉽게 할 수 있을 뿐만 아니라, 연산 장치의 제어가 용이하므로 널리 사용되고 있다.

1) 부호와 절대값 방법

부호와 절대값(signed magnitude) 방법은 앞서 살펴 본 고정 소수점 데이터 형식의 숫자를 나타낼 때 표현하는 방법이다. 가장 왼쪽 즉 최상위(MSB) 비트를 부호 비트로 사용하여 값이 음수일 때는 1로 양수일 때는 0으로 나타낸다. 그리고 나머지 n-1비트가 정수의 크기를 나타낸다.

| 35 | 0 | 0 | 1 | 0 | 0 | 0 | 1 | 1 |
| -35 | 1 | 0 | 1 | 0 | 0 | 0 | 1 | 1 |

[표 2-4] 부호와 절대값 음수 표현

이 방법은 다음과 같은 심각한 문제를 보여준다.

예를 들어 4비트로 표현할 수 있는 모든 숫자를 표시하는 그림 2-12의 아래 라인(line)을 살펴보자.

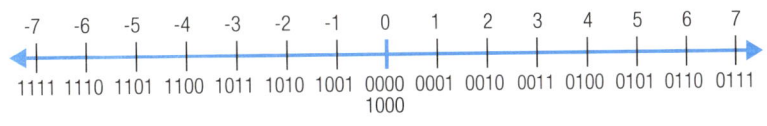

[그림 2-12] 4비트 정수 표현

4비트로 표현할 수 있는 숫자는 0, 1, 2, 3, 4, 5, 6, 7, 8, 9, 10, 11, 12, 13, 14, 그리고 15로 총 16개 숫자이다. 그러나 부호와 절대값으로 표현한 숫자는 -7, -6, -5, -4, -3, -2, -1, 0, 1, 2, 3, 4, 5, 6 그리고 7로 15개 숫자만이 비트로 표현되었다. 사용되지 않는 비트

패턴으로 '1000'이 있다. 이미 0에 해당되는 '0000'이 있으므로 '1000'로 -0을 표현한다는 것은 무의미하다. 이러한 표현상 문제뿐만 아니라 연산에서도 문제가 발생한다. 물론 구현이 간단하고 부동 소수점 표현에 유용한 장점도 있다.

있는 수(n)의 범위는

$-(2^{n-1}-1) \sim +(2^{n-1}-1)$ 이다.

다음은 8비트로 표현할 수 있는 수의 범위이다.

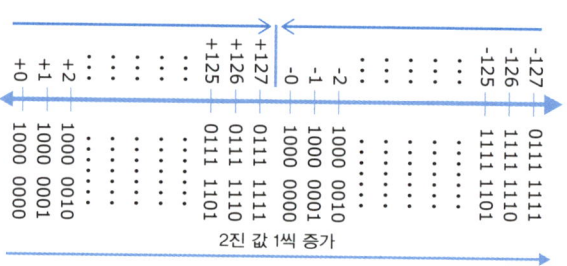

[그림 2-13] 부호와 절대값에 의한 8비트 정수 범위

2) 1의 보수 표현법

1의 보수에 의한 표현법에서 양수를 나타내는 방법은 부호와 절대값(signed magnitude) 방법과 같다. 하지만 음수는 양수에 대한 1의 보수 형태로 표현한다.

[표 2-5] 1의 보수에 의한 음수 표현

17	0	0	0	1	0	0	0	1
-17	1	1	1	0	1	1	1	0

1의 보수 값은 디지털 기능의 일부 유형에 유용하지만 덧셈을 할 경우는 문제가 생길 수 있다. 예를 들어 앞서 살펴본 17 + (-17)의 경우 어떻게 되는지 살펴보자.

```
  00010001
+ 11101110
  11111111
```

두 값을 덧셈한 결과가 0(zero)이 아니므로 실제 연산에는 이어서 설명하는 2의 보수 방법이 주로 사용된다.

1의 보수로 표현할 수 있는 수의 범위도

$-(2^{n-1}-1) \sim +(2^{n-1}-1)$ 이다.

다음은 8비트로 표현할 수 있는 수의 범위이다.

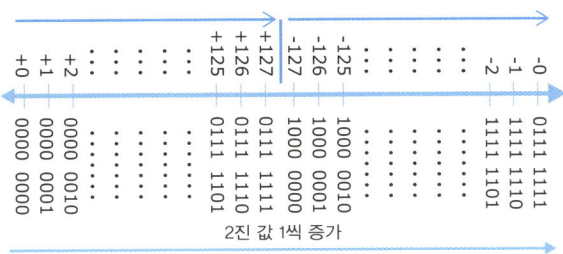

[그림 2-14] 1의 보수에 의한 8비트 정수 범위

3) 2의 보수 표현법

2의 보수는 1의 보수에 1을 더한 값이고, 2의 보수 표현법에서 음수는 양수에 대한 2의 보수로 표현한다. 예를 들어 8비트에서 17에 대한 2의 보수는 다음과 같다.

[표 2-6] 2의 보수에 의한 음수 표현

17	0	0	0	1	0	0	0	1
-17	1	1	1	0	1	1	1	1

그러면 앞서 살펴본 17 + (−17)의 경우 어떻게 되는지 살펴보자.

```
  0 0 0 1 0 0 0 1
+ 1 1 1 0 1 1 1 1
 1 0 0 0 0 0 0 0 0
 ↳ 버림
```

2의 보수를 이용하여 덧셈한 결과는 0000 0000으로 연산에 적용할 수 있다.

이러한 2의 보수에 의한 음수 표현으로 보다 쉽게 연산을 수행할 수 있으며 특히 컴퓨터는 뺄셈을 위한 추가 하드웨어 없이 보수를 이용한 덧셈으로 뺄셈을 처리할 수 있다. 물론 음수를 이해하기 쉽지 않은 단점이 있다.

2의 보수로 표현할 수 있는 수의 범위는

$-(2^{n-1}) \sim +(2^{n-1}-1)$ 이다.

다음은 8비트로 표현할 수 있는 수의 범위이다.

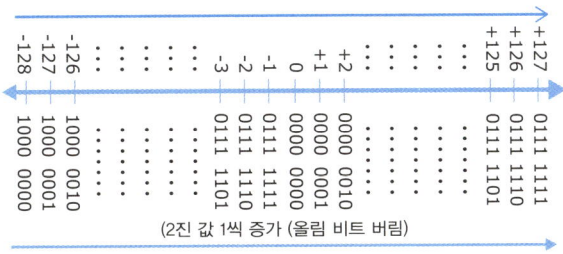

[그림 2-15] 2의 보수에 의한 8비트 정수 범위

3. 10진수 데이터 형식

10진 데이터 형식은 고정 소수점 데이터를 표현하는 방법 중의 하나로, 10진수를 2진수로 변환하지 않고 10진수 상태로 표시하는 것을 말한다. 컴퓨터 내부에서 10진 데이터 표현은 팩 10진법(packed decimal) 형식과 존 10진법(zone decimal) 형식으로 나눈다. 존 10진법을 언팩 10진법(unpacked decimal)이라고도 한다.

1) 팩 10진법 형식

바이트의 각 니블(nibble)에 10진수 1자리를 16진수로 표현한다. 따라서 1바이트에 두 개의 10진수를 저장할 수 있다. 예를 들어, 값 15는 두 개의 니블을 사용하여 1과 5를 저장한다. 최하위 바이트의 하위 니블에 부호를 나타낸다. 양수(+) 표시는 C_{16}(1100), 음수(-) 표시는 D_{16}(1101)로 표시한다.

[형식]

[그림 2-16] 팩 10진법 형식

1985 와 -1985 를 팩 10진법 형식으로 표현하면 다음과 같다.

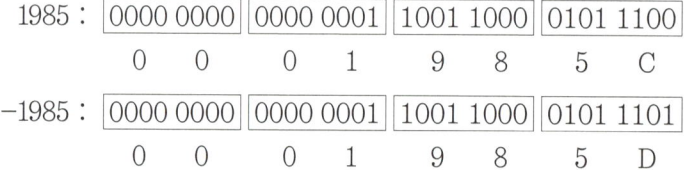

2) 존 10진법 형식

1바이트에 10진수 1자리를 표현한다. 10진수 1자리를 8비트로 표현하게 되므로 상위 니블 즉 왼쪽 4비트는 존(zone) 부분, 나머지 4비트 하위 니블은 숫자(digit)를 나타낸다.

[형식]

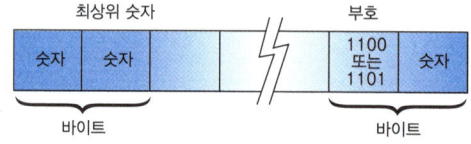

[그림 2-17] 존 10진법 형식

이때 존 부분에는 16진수 F(1111)가 들어가고, 숫자 부분에는 수 값이 들어가며 가장 오른쪽 바이트의 존 부분에는 부호(+, -)를 표시하는 값이 들어간다. 양수이면 C(1100)로, 음수이면 D(1101)로 나타낸다.

1985 와 -1985 를 표현하면 다음과 같다.

```
 1985 : 1111 0001 | 1111 1001 | 1111 1000 | 1100 0101
          F  1        F  9        F  8        C  5

-1985 : 1111 0001 | 1111 1001 | 1111 1000 | 1101 0101
          F  1        F  9        F  8        D  5
```

4. 부동 소수점 데이터 표현

모든 수를 정수로 나타낼 수는 없다. 너무 큰 수이거나 소수를 포함하는 너무 작은 수는 실수로 표현한다. 이와 같이 실수를 표현하는 방법을 부동(유동) 소수점 표현법이라고 하며 수의 소수점의 위치를 조절하여 제한된 비트로 정밀도를 보다 높게 표시할 수 있다. 그러나 많은 기억 공간의 필요와 연산이 느린 단점이 있다.

1) 부동 소수점 표현법

다음은 부동 소수점(실수)의 몇 가지 예이다
- 3.14159265358979 . . . .   (Pi, π)
- 0.000000005 또는 5.0×10^{-9}
- 31,455,679,000 또는 3.1455679×10^{10}

마지막 두 숫자의 다른 표기법을 과학적 표기법이라고 하며 소수점 왼쪽에 한 자리로 숫자를 표기한다. 이러한 과학적 표기법은 매우 큰 숫자 또는 매우 작은 숫자를 표현할 수 없는 고정 소수점 형식의 제한을 해결할 수 있다.

예를 들어 정수 123456을 부동 소수점으로 표현하면 다음과 같이
123456×10^0 또는 1.23456×10^5 또는 0.123456×10^6으로 표현 할 수 있다.

또한 0.00000976578은 $0.00000976578 \times 10^0$ 또는 9.76578×10^{-6} 또는 0.976578×10^{-5}으로 표현 할 수 있다. 이와 같이 소수점 위치가 고정되지 않는 숫자를 나타내기 때문에 부동 소수점(floating point) 데이터 표현이라고 한다. 부동 소수점은 부호(sign), 소수(fraction) 또는 가수(significand 또는 mantissa) 부분과 지수(exponent) 부분으로 구성되며 소수 부분과 지수 부분을 이용하여 표현 가능한 범위를 조정할 수 있다. 이때 소수는 수의 정밀도를 표현하고 지수는 수의 크기를 표현한다.

[형식]

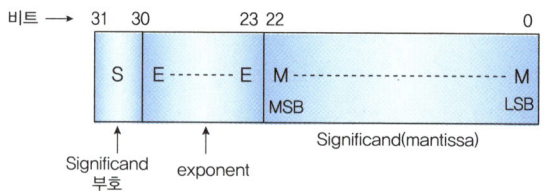

[그림 2-18] 부동 소수점 형식

따라서 실수 A_R을 부동 소수점으로 표현하면 $A_R = M \times R^e$ 형식과 같이 표현할 수 있다. 여기서 M은 소수 또는 가수라고 하며, e는 지수 부분으로 정수이고, R은 M의 기수(radix)이다. 실수 −0.0000003579를 부동 소수점으로 표현하면 아래와 같이 나타난다.

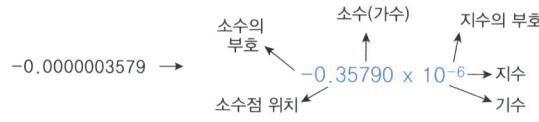

[그림 2-19] −0.0000003579의 부동 소수점 표현

2) 정규화

소수 부분 (fraction)의 최상위 비트(MSB)가 1이 되도록 지수를 조정하고 소수의 최상위 비트 1을 생략하여 표현하는 방법을 정규화(normalized form)라 한다.
예를 들어 2진수 10100.110은 1.0100110×2^4로 표현할 수 있다.

이러한 정규화 과정을 통하여 얻은 1비트를 이용하여 소수점이하 1자리를 더 표현할 수 있으므로 정밀도를 높일 수 있는 환경을 제공하게 된다. 이때 소수 1.0의 1을 생략하게 된다. 대부분의 컴퓨터는 정규화된 부동 소수점을 사용하며 이때 만일 계산결과가 가장 작은 정규화된 부동 소수점보다 작으면 언더플로우(underflow)가 된다.

[예] $5.8125_{10} \rightarrow 101.1101_2$
정규화 : 1.011101×2^2
fraction : 011101 (1은 저장하지 않음)

부동 소수점 표현방식도 정수와 마찬가지로 주어진 연산의 결과가 너무 큰 수이거나 작은 수이면 각각 오버플로(overflow) 또는 언더플로(underflow)가 발생한다.

부동 소수점 수(32비트)의 표현 범위는 다음과 같다.
- 양수 범위 : $2^{-127} \sim (2 - 2^{-23}) \times 2^{128}$
- 음수 범위 : $-(2 - 2^{-23}) \times 2^{128} \sim -2^{-127}$

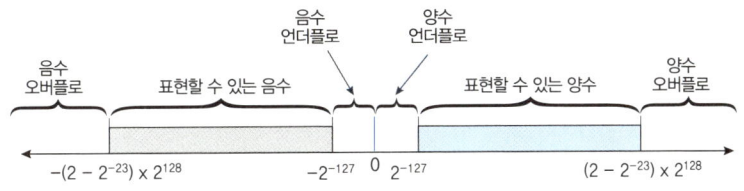

[그림 2-20] 오버플로와 언더플로 영역

3) IEEE 부동 소수점

컴퓨터 내부에서 부동 소수점인 실수를 표현할 때 "IEEE 754-1985" 표준을 사용한다. 이전의 컴퓨터들은 제조 회사별로 각각의 부동 소수점 형식을 사용하였으나 데이터의 호환성과 아울러 정확한 데이터의 표현을 위해 IEEE(Electrical and Electronics Engineers)위원회의 IEEE 754 워킹 그룹(working group) 활동 결과로 IEEE 754 표준이 제정되어 부동 소수점 표시와 연산의 표준이 되었다. 오늘날 대부분의 CPU는 IEEE 754 부동 소수점 표시 방식을 채택하고 있으며 4바이트(32비트) 및 8바이트(64비트) 그리고 확장(80비트 초과) 형식으로 구분한다.

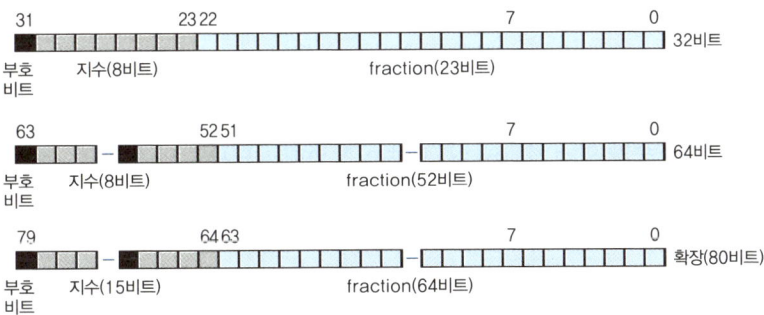

[그림 2-21] IEEE 754(32비트, 64비트, 확장(80비트)) 형식

예를 들어 32비트(단정도; Single precision)의 경우 부동 소수를 지수 부분과 소수 부분으로 나누어 첫 번째 비트를 부호 비트로 이용하고 다음 8비트를 지수 부분과 나머지 비트(23)를 소수(가수) 즉 "fraction" 부분으로 사용한다. 물론 부호 비트는 고정 소수점 데이터 형식과 마찬가지로 양수이면 0, 음수이면 1 로 표시되며, 지수부에는 10의 승수 부분 즉, 지수를 2진수로 나타내고, 소수부에는 소수점 아래 수의 크기를 의미하는 10진 유효 숫자(significand)를 2진수로 변환하여 표기한다.

이 때, 지수부에는 지수의 부호를 나타낼 수 없으므로 부호 해결을 위하여 편기(bias; 바이어스) 값으로 해결한다. 즉 음(-)의 지수 표현을 위해 지수부가 나타낼 수 있는 가장 큰 값(255)의 중간값(127)에 지수를 더하여 나타내며, 소수점은 지수부와 소수부 사이에 있는 것으로 가정한다. 따라서 실제 지수값이 0이면 10진수로 127이 된다. 그러면 표현 가능한 범위 중간값 127을 기준으로 127 미만은 음수, 127 초과는 양수를 나타낼 수 있다. 따라서 0~255에 저장된 값에 대응하는 -127~+128 까지 지수 범위를 저장할 수 있다.

이와 같이 표현하는 방법을 excess-N 표기법이라고 하며 여기서는 excess-127으로 표기한다.

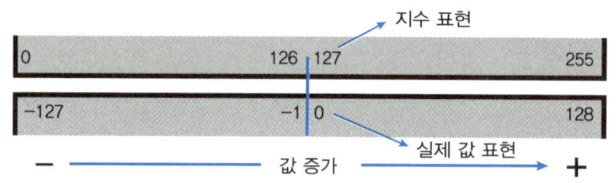

[그림 2-22] 실제 값(지수) 표현(excess-127)

이때 지수가 0000 0000 또는 1111 1111은 특별한 경우를 위해 예약되어 있다.
물론 0을 나타내려면, 지수 비트와 유효 숫자 비트 모두 0이다.

- 지수 00000000은 숫자 0을 포함한 $-2^{-126} \sim 2^{-126}$ 사이의 작은 숫자의 집합을 나타내는 데 사용된다. 이러한 숫자를 비정규화 숫자라고 한다.
- 지수 11111111은 부호 비트에 따라 ±∞를 나타내는 데 사용하거나 또는 저장된 숫자가 없다는 표현의 "수가 아닌 수"(NaN; Not a Number)이다. 이 경우는 프로그램에서 부동 소수점 변수를 선언했지만 아직 그 값을 지정하지 않은 경우에 발생한다. 이 특별한 경우는 유효 숫자에 의해 결정된다. 유효 숫자가 모두 "0"(23비트)인 경우, 부호 비트에 따라 ±∞이다.

그러나 만약 모두 "0"이 아닌 경우, NaN이 된다.

64비트(배정도; Double precision)의 경우 지수 부분이 11비트 이므로 표현 할 수 있는 지수 범위는 0~2047이다.

따라서 excess-1023이 된다. 이때 물론 소수 즉 가수(significand)는 정규화 형태로 표기한다.

일반적인 수(X)의 크기를 나타내는 수식은 다음과 같다.

$X = (-1)^s \times (1 + \text{significand}) \times 2^{(지수 - 바이어스)}$

이때 정규형 표현은 1.bbb . . . b 형태가 되어야 하며 0.1bbb . . . b 형태가 아니다. 그러므로 소수 부분의 유효 숫자의 최상위 숫자는 항상 1이므로 표시하지 않고(hidden bit) 생략하며 확장형에서만 실제로 표시한다. 물론 정밀도를 높이려면 소수 부분을 확대하면 된다. 앞서 4바이트(32비트)크기나 8바이트(64비트) 크기의 부동 소수점 형식에서 지수 부분을 8비트 즉

2^8(256), 11비트 즉 2^{11}(2048) 크기로 제한하고 소수 부분을 23비트 또는 52비트로 확대하는 이유를 이해할 수 있다. 물론 확장 형식은 반올림 오차(roundoff error)를 감소시킨다. 예를 들어 다음과 같이 표현된 32비트 IEEE 형식의 숫자를 10진수로 변환하여 보자

10111110011000000000000000000000

① 2진수를 각 부분으로 나누어 계산한다.

| 1 | 01111100 | 11000000000000000000000 |

S=1
지수(Exponent)=01111100=124_{10}
소수(fraction)= 0.11000⋯=0.75_{10}

② 수식에 적용한다.

$X=(-1)^s \times (1 + \text{fraction}) \times 2^{(지수 - 바이어스)}$

③ 따라서 $(-1)^1 \times (1 + 0.75) \times 2^{124-127} = (-1.75 \times 2^{-3}) = -0.21875$.

다음은 10진수 −2345.12510와 0.75를 IEEE 표준 형식 32비트로 표현한 과정이다.

10진수 0.75를 IEEE 표준 형식 단정도로 표현하면 다음과 같다.

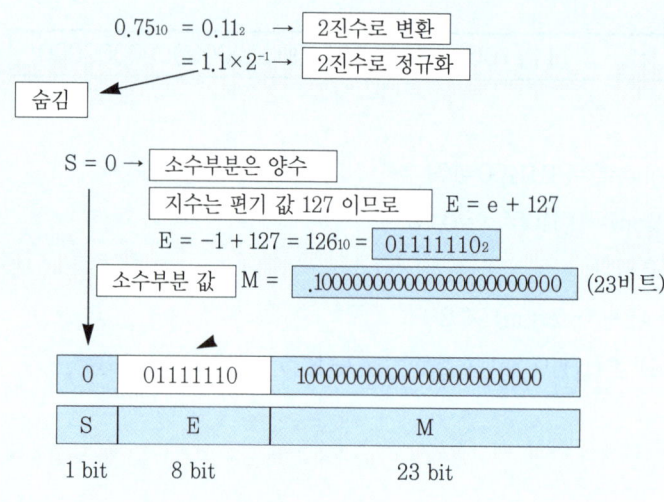

IEEE 표준형식이 0.75표기

−2345.125 인경우

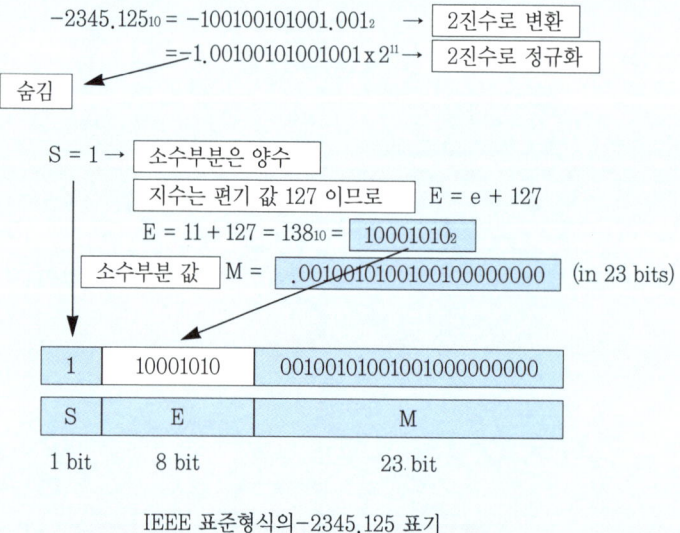

IEEE 표준형식의 −2345.125 표기

쉬어가는 코너

■ **32비트(단정도)**

• 가장 작은 수

지수 : 00000001 ⇒ 실제 지수=1 − 127=−126
가수 : 000 … 00 ⇒ 유효 숫자=1.0

| 0 | 00000001 | 00000000000000000000000 |

따라서 ±1.0 × 2^{-126} ≈ ±1.2 × 10^{-38}

• 가장 큰 수

지수 : 11111110 ⇒ 실제 지수=254 − 127=+127
가수 : 111 … 11 ⇒ 유효 숫자 ≈ 2.0

| 0 | 11111110 | 11111111111111111111111 |

따라서 ±2.0 × 2^{+127} ≈ ±3.4 × 10^{+38}

■ **64비트(배정도)**

• 지수 : 작은 지수 ⇒ −1022(11111111110), 큰 지수 ⇒ 1023(00000000001)
• 수 크기(영역) : ±1.0 × 2^{-1022} ≈ ±2.2 × 10^{-308} ~ ±2.0 × 2^{+1023} ≈ ±1.8 × 10^{+308}

Section 02 문자(비수치) 데이터 표현

컴퓨터는 0과 1의 이진 데이터 개념으로 구성되므로 일상생활에서 사용되는 문자(텍스트) 즉 영문자, 숫자 문자, 특수 문자 등은 0과 1의 문자열(bit string)에 의해 표현되고 저장된다. 컴퓨터는 이러한 숫자, 문자, 특수문자 등의 특정 문자를 표현하기 위하여 1바이트를 사용하고 이 비트 패턴을 코드(code)라 하며 정보를 표현하기 위한 외부 표현 방법으로 사용한다.

2-1 문자 코드

텍스트 문서는 단락, 문장, 단어, 궁극적으로 개별 문자나 기호 등으로 분해 될 수 있다. 이와 같이 디지털 형태의 텍스트 문서를 나타내기 위해, 모든 문자(기호)를 단순하게 표시할 수 있도록 해야 한다. 이러한 문자를 컴퓨터에서 저장하거나 통신에 사용할 목적으로 적절한 비트 문자열을 사용하여 부호화(encoding)한 일반적으로 많이 쓰이는 표준적인 방법에는 ASCII 코드, 유니 코드 등이 있다.

1. ASCII 코드(아스키 코드)

가장 일반적인 문자 표현은 ASCII(American Standard Code for Information Interchange)이다. ASCII 코드는 미국 정보 교환 표준 코드로서 원래 7비트로 한 문자를 표현하여 128개의 서로 다른 문자를 표시할 수 있도록 만들어진 코드(ISO/IEC 646)이다. 그 후 오류 검사용 패리트 비트(parity bit)를 하나 추가하여 8비트로 2진 코드화 함으로써 데이터 전송시에 발생할 수 있는 오류 검사가 가능하므로 개인용 컴퓨터에서 널리 사용되고 있는 코드이다.

8비트 버전은 Latin-1 Extended ASCII(ISO/IEC-8859)라 하며 확장 ASCII 코드는 256자를 허용하고 악센트 문자뿐만 아니라 몇 가지 추가 특수 기호가 포함되어 있다. ASCII 문자들은 처음 32문자(0~31)는 화면에 인쇄 할 수 없는 제어 문자로 구성되며 각각의 문자들은 사용되는 코드들에 기반을 두고 다른 모든 문자와 상대 위치(전 또는 후)를 갖는다. 예를 들어, 대문자와 소문자는 모두 순서대로 되어 있으므로 우리가 알파벳 순서로 단어 목록을 넣을 수 있도록 문자 코드를 사용할 수 있다.

[예] 'A' ~ 'Z' : 41_{16} ~ $5A_{16}$ (0100 0001 ~ 0101 1010)
'a' ~ 'z' : 61_{16} ~ $7A_{16}$ (0110 0001 ~ 0111 1010)

10진수	문자	10진수	문자	10진수	문자	10진수	문자	10진수	문자	10진수	문자	10진수	문자	10진수	문자
0	nel	16	dle	32	sp	48	0	64	@	80	P	96	`	112	p
1	soh	17	dc1	33	!	49	1	65	A	81	Q	97	a	113	q
2	stx	18	dc2	34	"	50	2	66	B	82	R	98	b	114	r
3	etx	19	dc3	35	#	51	3	67	C	83	S	99	c	115	s
4	eot	20	dc4	36	$	52	4	68	D	84	T	100	d	116	t
5	enq	21	nak	37	%	53	5	69	E	85	U	101	e	117	u
6	ack	22	syn	38	&	54	6	70	F	86	V	102	f	118	v
7	bel	23	etb	39	'	55	7	71	G	87	W	103	g	119	w
8	bs	24	can	40	(	56	8	72	H	88	X	104	h	120	x
9	ht	25	em	41	)	57	9	73	I	89	Y	105	i	121	y
10	nl	26	sub	42	*	58	:	74	J	90	Z	106	j	122	z
11	vt	27	esc	43	+	59	;	75	K	91	[	107	k	123	{
12	np	28	fs	44	,	60	<	76	L	92	₩	108	l	124		
13	cr	29	gs	45	-	61	=	77	M	93	]	109	m	125	}
14	so	30	rs	46	.	62	>	78	N	94	^	110	n	126	~
15	si	31	us	47	/	63	?	79	O	95	_	111	o	127	del

[표 2-7] ASCII코드

2. BCD 코드(2진화 10진 코드)

BCD(Binary Coded Decimal)는 하나의 문자를 데이터 비트 6자리와 패리티(parity) 비트 1자리로 구성하여 64개의 문자를 표시할 수 있도록 만든 코드이다. 데이터 비트 6개 중 앞의 2개는 데이터의 유형을 구분하기 위한 존(zone) 비트로 사용되며 4개는 순서를 나타내기 위한 숫자(digit) 비트로 이용한다.

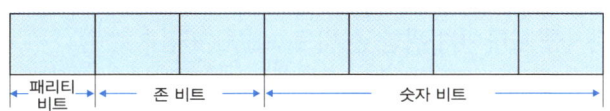

존 비트	디지트 비트
0 0	숫자(0000-1001)
1 1	영문자 A - I(0001-1001)
1 0	영문자 J - R(0001-1001)
0 1	영문자 S - Z(0010-1001)

※ 기타 문자 및 특수 문자는 혼용

[그림 2-23] BCD 코드 구성

이때 10진수의 각 숫자는 4비트 2진 패턴을 사용하여 아래와 같이 10진수를 나타낸다. 1010에서 1111까지의 2진수 패턴(A~F)은 유효하지 않은 입력이므로 아래에 표시된 것처럼 사용되지 않는다.

10진수	2진 패턴				BCD	10진수	2진 패턴				BCD
	8	4	2	1			8	4	2	1	
0	0	0	0	0	0	8	1	0	0	0	8
1	0	0	0	1	1	9	1	0	0	1	9
2	0	0	1	0	2	10	1	0	1	0	미타당
3	0	0	1	1	3	11	1	0	1	1	미타당
4	0	1	0	0	4	12	1	1	0	0	미타당
5	0	1	0	1	5	13	1	1	0	1	미타당
6	0	1	1	0	6	14	1	1	1	0	미타당
7	0	1	1	1	7	15	1	1	1	1	미타당

[표 2-8] BCD 숫자 코드 패턴

3. EBCDIC 코드(확장 2진화 10진 코드)

1960년대 초 펀치 카드 코드에서 채택한 EBCDIC(Extended Binary Coded Decimal Information Code)는 IBM의 대형 컴퓨터 S/390 서버를 위해 IBM OS/390 운영 체제에서 사용되는 텍스트 파일 코드로 2진수 값을 문자 (영숫자, 숫자 및 구두점 및 제어 문자와 같은 특수 문자)에 할당하는 방법으로 BCD 코드의 앞부분에 2비트의 존 비트를 추가해서 확장한 코드이다. 1981년 이전에 IBM에서 제조 한 대부분의 컴퓨터에서 사용 된 문자 코드로 많은 회사들이 자기 회사의 오래된 응용프로그램과 데이터베이스를 위해 아직도 사용한다.

그러나 IBM PC나 워크스테이션용 운영체계에서는 텍스트 표현 방법에 EBCDIC 대신 산업계 표준코드인 ASCII를 사용한다.

EBCDIC는 다음과 같이 구성된다.
- 숫자를 나타내기 위한 존 비트 : 1111(16진수로 F)
- 영어 A~I 대문자를 나타내기 위한 존 비트 : 1100(16진수로 C)
- 영어 J~R 대문자를 나타내기 위한 존 비트 : 1101(16진수로 D)
- 영어 S~Z 대문자를 나타내기 위한 존 비트 : 1110(16진수로 E)

다음은 BCD, ASCII, EBCDIC의 문자 숫자 코드이다.

문자	BCD코드	ASCII코드	EBCDIC코드	문자	BCD코드	ASCII코드	EBCDIC코드
A	110001	1000001	11000001	S	010010	1010011	11100010
B	110010	1000010	11000010	T	010011	1010100	11100011
C	110011	1000011	11000011	U	010100	1010101	11100100
D	110100	1000100	11000100	V	010101	1010110	11100101
E	110101	1000101	11000101	W	010110	1010111	11100110
F	110110	1000110	11000110	X	010111	1011000	11100111
G	110111	1000111	11000111	Y	011000	1011001	11101000
H	111000	1001000	11001000	Z	011001	1011010	11101001
I	111001	1001001	11001001	0	000000	0110000	11110000
J	100001	1001010	11010001	1	000001	0110001	11110001
K	100010	1001011	11010010	2	000010	0110010	11110010
L	100011	1001100	11010011	3	000011	0110011	11110011
M	100100	1001101	11010100	4	000100	0110100	11110100
N	100101	1001110	11010101	5	000101	0110101	11110101
O	100110	1001111	11010110	6	000110	0110110	11110110
P	100111	1010000	11010111	7	000111	0110111	11110111
Q	101000	1010001	11011000	8	001000	0111000	11111000
R	101001	1010010	11011001	9	001001	0111001	11111001

[표 2-9] 코드 비교표

3. 유니코드(Unicode)

유니코드는 세계 각 국의 다양한 현대 언어로 작성된 텍스트에 대해 상호교환, 처리 및 표현을 해결하기 위하여 보편적이면서 효율적이고 모호하지 않도록 통일된 표준 문자 방식을 제공하는 국제적인 코드 규약이다. 다시 말해 유니코드는 어떤 플랫폼이나 프로그램 또는 어떤 언어에도 상관없이 모든 문자에 대해 고유 코드를 제공한다. 따라서 유니 코드는 7비트 ASCII와 8비트 확장 ASCII와 호환되어 첫 128 문자가 ASCII와 동일하며 256 문자는 확장 ASCII와 동일하다. 처음 유니코드는 65,536 자까지 나타낼 수 있는 UCS-2(Universal Character Set-2 Byte)를 사용하였으나 현재는 확장된 21비트의 약 2 백만 문자를 나타낼 수 있는 UCS-4(Universal Character Set-4 Byte)를 사용한다.

이러한 유니코드는 모든 언어의 모든 컴퓨터에서 텍스트 파일을 교환 할 수 있으며 하나의 웹 페이지는 세계 어디서나 여러 스크립트를 제한 없이 표시할 수 있다. 또한 유니코드기반 플랫폼에서 표준화된 글꼴을 지원하기 때문에 휴대폰, 태블릿, 컴퓨터 등 다른 장치를 포함하는 장점을 갖고 있다.

2-2 한글 표현

한글 표현은 조합형과 완성형 코드로 구분된다. 초기에는 완성형 코드(KS_C_5601_1987)를 표준으로 정하였으나 2,350개의 제한된 문자만을 사용하므로 모든 한글을 표기 할 수 없는 불편 때문에 조합형/완성형 두개의 표준(KSC 5601-92)을 인정하는 방식으로 바뀌었다. 현재는 UTF-8 과 EUC-KR 방식이 사용되고 있다.

1. 2바이트 조합형

1980년대 초반부터 1990년대 중반까지 널리 사용된 문자 코드로 현재 사용되는 한글 자소(초성 19자, 중성 21자, 종성 28자)에 착안하여 16비트 (초, 중, 종성을 각각 5비트)를 조합하여 각 음절을 표현하므로 한글의 모든 글자 (11,172자) 표현이 가능하다.

조합형 한글은 ASCII와 겹치지 않게 하기 위해 최상위(첫 번째) 비트를 한글(1), 영문(0)으로 설정하여 구별하나 두 번째 바이트의 최상위 비트가 중성 자소 표현에 사용되도록 중성과 종성에 따라 "0" 혹은 "1" 로 설정되므로 국제표준기구(ISO)의 정보교환용 코드 확장법(ISO-2022)에 어긋난다. 규정에 따르면 2바이트 이상의 문자 부호를 사용할 때 코드 구분용으로만 사용해야 한다. 또한 통신 제어 코드와 충돌을 일으킬 여지가 있기 때문에 정보교환에는 부적절하다는 문제점이 있다. 반면 저장율이 높고 처리 알고리즘이 간단하여 프로그래밍이 쉬워 상용 시스템에 적합하다. 조합형도 방식에 따라 3바이트 조합형과 n바이트 조합형이 있다. 우선 3바이트 조합형의 경우 초성, 중성, 종성에 1바이트씩 할당하여 사용하는 방식으로 80년대 개인용 컴퓨터(PC)에서 사용되었다. n바이트 조합형은 최소 2바이트부터 최대 5바이트로 표현한다.

2. 2바이트 완성형

한글 완성형은 한글 구조와 관계없이 완성된 한 문자에 코드를 배당하여 표현하는 문자 코드로 현재 KS C 5601은 KS X 1001로 표준화 되었다. 한글 완성형은 음절 중심 표현으로 사용할 음절들에 사전식 순서로 14비트의 코드 값을 배정하는 방법으로 자소 구별이 어렵고 한글 음절의 수가 2,350자로 제한된다. 물론 남는 코드 공간에 한자 등 기타 필요한 문자를 사용할 수 있다. 영문 구분은 첫 번째 바이트와 두 번째 바이트의 최상위 비트를 모두 "1" 로 하거나 별도의 분리문자를 앞뒤에 붙여서 쉽게 구분한다. 특히 한글을 처리할 때 음절 테이블이 필요하다. KS X 1001에 기반한 한글 코드로 EUC-KR 및 CP949가 있다.

3. EUC-KR

한글 완성형 EUC-KR은 KS X 1001과 KS X 1003 표준안을 사용하는 코드로 유닉스 (Unix) 에서 영어를 제외한 문자, 예를 들면 아시아계(한국(KR), 중국(CN), 일본(JP) 등) 문자를 표현하기 위해 만든 확장 유닉스 코드 (Extended Unix Code)로 유니코드가 아니다. 따라서 0~127 영역(첫 번째 바이트)은 ASCII가 포함된 KS X 1003을 배당하고, 128 ~ 255 영역 (두 번째 바이트)에는 KS X 1001을 배당하였다. 그리고 나머지 1바이트는 행과 열에 128을 더한 값으로 사용하여 한글을 2바이트 사용한다. EUC-KR은 ASCII 문자를 다루는 프로그램 및 시스템에 사용할 수 있으나 2,350개의 한글문자를 사용하여 일부 문자의 표현이 불가능 할 뿐만 아니라 국제적인 시스템 확장의 어려움이 있다.

4. CP949

CP949 (code page 949)는 EUC-KR에서 표현하지 못하는 문자를 표현하기 위해 마이크로소프트에서 개발한 확장 완성형으로 IANA (Internet Assigned Numbers Authority)에 등록되지 않아 인터넷 정보 교환의 표준은 아니다. CP949는 EUC-KR 코드와 같이 KS X 1001에 할당된 2바이트 문자 코드를 활용해 2,350자의 한글 문자를 표현하고 나머지 범위에 KS X 1001에 없는 8,822자를 추가하여 총 11,172 글자를 표현 가능하도록 만든 것이다.

5. UTF-8

UTF(Unicode Transformation Format)-8은 유닉스 또는 리눅스(Linux)와 유사한 시스템에서 사용되는 조합형 유니코드로 고정된 길이가 아닌 범위에 따라 가변 길이를 사용한다. 문자의 길이는 1,2,3 또는 4바이트가 사용되므로 유니코드 표준의 모든 문자를 표시 할 수 있다. 또한 유니코드(ISO 10646) 즉, UCS(Universal Coded Character Set)에 대한 부호화(encoding)에서 ASCII를 표현할 수 있으므로 전자 메일, 웹 페이지의 바람직한 부호화 코드이다. UCS는 ISO/IEC 10646에 의해 세계의 모든 주요 언어로 표현된 텍스트의 표현, 교환 그리고 처리, 저장을 위해 하나로 정의된 ISO10646 표준(규격)의 이름이다.

요 약

1. 데이터 표현
- 표현 단위 – 비트(bit), 바이트(byte), 워드(word) 등
- 수 체계와 진법 – 2진수(Binary), 10진수(Decimal), 8 진수(Octal), 16진수(Hexadecimal)
- 보수– 수를 표시할 때 부호가 있는 수(음수)를 표시하기 위해 사용
- 뺄셈 연산을 덧셈 연산으로 대체 방법

2. 수치 데이터 표현
- 고정 소수점(fixed point) : 정수 표현 형식으로 2바이트(16비트)와 4바이트(32비트)
- 음수 : 부호와 절대값 표현법, 1의 보수 표현법, 2의 보수 표현법
- 10진 데이터 표현 : 팩 10진법(packed decimal)과 존 10진법(zone decimal)
- 부동 소수점 표현(실수) : 너무 큰 수이거나 소수를 포함하는 너무 작은 수 표시
- 정규화 : 소수 (fraction)의 최상위 비트(MSB)가 1이 되도록 지수 조정하고 소수의 최상위 비트 1 을 생략하여 표현하는 방법

3. 문자(비수치) 데이터 표현
- 문자 코드 : 문자(영문자, 숫자 문자, 특수 문자)는 문자열(bit string)에 의해 표현(저장)
  - ASCII 코드(아스키 코드) : 7비트로 한 문자를 표현하여 128개의 서로 다른 문자를 표시할 수 있도록 만들어진 코드
  - BCD 코드(2진화 10진 코드) : 문자를 데이터 비트 6자리와 패리티((parity) 비트 1자리로 구성하여 64개의 문자 표시
  - EBCDIC 코드 : BCD 코드의 앞부분에 2비트의 존 비트를 추가해서 확장한 코드
  - 유니코드(Unicode) : 국제적인 코드 규약으로 7비트 ASCII와 8비트 확장 ASCII와 호환
- 한글 표현 : UTF-8 과 EUC-KR 방식이 사용
  - 2바이트 조합형 : 16비트(초, 중, 종성을 각각 5비트)를 조합하여 11,172자 표현
  - 2바이트 완성형 : 완성된 한 문자에 코드를 배당하여 표현하는 문자 코드
  - EUC-KR : KS X 1001과 KS X 1003 표준안을 사용하는 유닉스 코드(Unix Code)
  - CP949(code page 949) : EUC-KR에서 표현하지 못하는 문자를 표현하기 위해 마이크로 소프트에서 개발한 확장 완성형
  - UTF(Unicode Transformation Format)-8 : 유닉스 또는 리눅스(Linux)와 유사한 시스템에서 사용되는 조합형 유니코드로 가변 길이 사용

제2장 연습문제

주관식

1. 부호와 절대값, 2의 보수, 편기bias))에 대해 설명하시오.

2. 양수 오버플로, 지수 오버플로 및 significand 오버플로 간의 차이점은 무엇입니까?

3. 16비트를 사용하여 부호와 절대값 및 2의 보수로 다음 10진수를 나타내시오.
   a. +512   b. -29

4. 다음 2의 보수를 10진수로 나타내어라.
   a. 1101011   b. 0101101

5. 숫자는 8비트 2의 보수로 표현된다고 가정하고 다음의 계산의 결과는?
   a. 6+13   b. -6+13   c. 6-13   d. -6-13

6. 다음 숫자를 IEEE 32비트 부동 소수점 형식으로 표현하시오.
   a. -5   b. -6   c. -1.5   d. 384   e. 1/16

7. 다음 숫자는 IEEE 32비트 부동 소수점 형식으로 이와 동등한 10진수 값은?
   a. 1 10000011 11000000000000000000000
   b. 0 01111110 10100000000000000000000
   c. 0 10000000 00000000000000000000000

8. IEEE 754 부동 소수점 연산에서 발생할 수 있는 예외는?

제2장 연습문제

객관식

1. 숫자 문자열 뒤에 오는 기호는?

   ① 유효 숫자(Significant)   ② 부호   ③ 가수(Mantissa)   ④ 지수

2. IEEE 32비트 표현에서, 가수(mantissa)는 몇 비트인가?

   ① 24   ② 23   ③ 20   ④ 16

3. 배정도 형식에서 가수의 크기는?

   ① 32 bit   ② 52 bit   ③ 64 bit   ④ 72 bit

4. 부호를 포함하여 4비트 크기를 갖는 수를 2의 보수 형식으로 표현할 때 가장 작은 수와 가장 큰 수는 각각 얼마인가?

   ① 0, +15   ② −8, +8   ③ −7, +7   ④ −8, +7

5. 8진수 256과 542를 더한 결과는?

   ① 798(8)   ② 1000(8)   ③ 1020(8)   ④ 1024(8)

6. 10진수 0.1875를 8진수로 변환하면?

   ① 0.10(8)   ② 0.14(8)   ③ 0.18(8)   ④ 0.21(8)

7. 실수 0.01101_2 을 32비트 부동 소수점으로 표현하려고 한다. 지수부에 들어갈 알맞은 표현은? (단, 바이어스된 지수(biased exponent)는 01111111_2로 나타내며 IEEE754 표준을 따른다.

   ① 01111100_2 ② 01111101_2 ③ 01111110_2 ④ 10000000_2

8. 2의 보수를 사용하여 음수를 표현할 때의 설명으로 옳은 것은?
   ① 0 은 두 가지로 표현된다.
   ② 보수를 구하기가 쉽다.
   ③ 보수를 이용한 연산 과정 중 end around carry 과정이 있다.
   ④ 음수의 최대 절대치가 양수의 최대 절대치 보다 1만큼 크다.

9. 정수 n bit를 사용하여 1의 보수(1's complement)로 표현하였을 때 그 값의 범위는?
   ① $-2^{n-1}-1 \sim 2^{n-1}-1$
   ② $-2^{n-1} \sim 2^{n-1}-1$
   ③ $-2^n \sim 2^{n-1}-1$
   ④ $-2^n-1 \sim 2^{n-1}-1$

10. 컴퓨터 사용자들이 데이터의 내부적 표현 방식을 이해하여 사용할 수 있을 때의 설명으로 옳지 않은 것은?
    ① 직접 컴퓨터와 통신이 가능하다.
    ② 프로그래머 훈련이 필요하다.
    ③ 프로그램 작성에 많은 시간이 소요된다.
    ④ 디버깅(debugging)하는데 시간이 소요되지 않아 경제적이다.

11. 부동 소수점 표현의 수치 데이터 2개에 대하여 합산을 할 때 두 데이터의 지수 베이스(base)는 같고, 지수 크기가 다르다면 지수를 어느 쪽에 일치시켜 계산해야 하는가?
    ① 지수가 큰 쪽에 일치시킨다.
    ② 지수가 작은 쪽에 일치시킨다.
    ③ 어느 쪽에 일치시켜도 상관 없다.
    ④ 큰 쪽과 작은 쪽의 평균 값에 일치시킨다.

12. 음수를 표시하는 방법이 아닌 것은?
    ① 1의 보수(1'S Complement)
    ② 부호와 절대값(Signed Magnitude)
    ③ 2의 보수(2'S Complement)
    ④ 10의 보수(10'S Complement)

13. 2진법의 수 1101.11을 10진법으로 표시하면?
    ① 11.75
    ② 13.55
    ③ 13.75
    ④ 15.3

14. 십진수 956에 대한 BCD 코드(Binary Coded Decimal)는?
    ① 1001 0101 0110
    ② 1101 0110 0101
    ③ 1000 0101 0110
    ④ 1010 0110 0101

15. 2바이트로 나타낼 수 있는 수의 표현 범위는?
    ① 2^8-1
    ② 64K
    ③ 128K
    ④ 1M

16. 데이터에 관한 설명 중 옳은 것은?
    ① EBCDIC 코드는 데이터 통신용으로 널리 쓰이며, 특히 소형 컴퓨터용으로 쓰인다.
    ② ASCII 코드는 IBM사에서 개발한 것으로 대형 컴퓨터용에 쓰인다.
    ③ 데이터의 가장 작은 단위를 bit라 하며, bit는 binary digit의 약자이다.
    ④ 부동 소숫점 방식의 특징은 적은 bit를 차지함과 동시에 정밀도가 낮다는 것이다.

17. −14를 2의 보수 표현법으로 표현된 것은? (단, 8bit로)
    ① 10001110   ② 11100011   ③ 11110010   ④ 11111001

18. 2진수 (1001011)₂의 2의 보수(2's Complement)는?
    ① 0110100   ② 1110100   ③ 111010   ④ 0110101

19. 2의 보수 표현 방식으로 8비트의 기억 공간에 정수를 표현할 때 표현 가능 범위는?
    ① $-2^7 \sim +2^7$ ② $-2^8 \sim +2^8$ ③ $-2^7 \sim +(2^7-1)$ ④ $-2^8 \sim +(2^8-1)$

20. 정수 표현에서 음수를 나타내는데 부호화된 2의 보수법이 1의 보수법에 비해 장점은?
    ① 산술 연산 속도가 빠른 점과 양수 표현이 좋다.
    ② 2의 보수에서는 carry가 발생하면 무시한다.
    ③ 양수 표현이 유리하다.
    ④ 보수 취하기가 쉽다.

21. EBCDIC로 10진 숫자 5를 표현한다면?
    ① 11101010   ② 11110101   ③ 00000101   ④ 00100101

22. ASCII 코드를 사용하여 통신을 할 때 몇 개의 패리티 비트를 추가하여 통신하는가?
    ① 1비트   ② 2비트   ③ 3비트   ④ 0비트

23. 8진수 23.32를 십진수로 변환하면? (단, 소수점 4째 자리 이하 생략)
    ① 18.406   ② 18.102   ③ 19.406   ④ 19.102

24. 데이터 통신 및 마이크로컴퓨터에서 많이 채택되고 있는 코드는?
    ① BCD 코드   ② Hamming 코드   ③. EBCDIC 코드   ④ ASCII 코드

25. 8진수 0.54를 십진수로 나타내면?
    ① 0.6875   ② 0.87569   ③ 0.7568   ④ 0.5687

26. 10진수 −456을 PACK 형식으로 표현한 것은?
    ① | 45 | 6D | ② | -4 | 56 | ③ | 45 | 6F | ④ | F4 | 56 |

27. ASCⅡ 코드의 비트구성은 존(zone)비트와 수(digit)비트로 구분된다. 존(zone)비트는 몇 비트인가?
　① 1비트　　　② 2비트　　　③ 3비트　　　④ 4비트

28. 8비트로 된 레지스터에서 2의 보수로 숫자를 표시한다면 이 레지스터로 표시할 수 있는 10진수의 범위는?(단, 첫째 비트는 부호 비트로 0,1일 때 각각 양(+),음(-)을 나타낸다고 가정한다.)
　① -256 ~ +256　② -128 ~ +127　③ -128 ~ +128　④ -256 ~ +127

29. IEEE 754에서 규정하는 부동소수(Floating point number)를 표현하는데 필요로 하지 않는 비트 정보는?
　① Sign　　② Biased exponent　　③ Point　　④ Fraction

30. 짝수 패리티 비트의 해밍 코드로 0011011을 받았을 때 오류가 수정된 정확한 코드는?
　① 0111011　② 0001011　③ 0011001　④ 0010101

31. IEEE754의 부동 소수점 표현 방식에서 단일-정밀도 형식에 관한 설명으로 틀린 것은?
　① 지수부는 8비트이다.　　　② 바이어스는 127이다.
　③ 가수는 23비트이다.　　　④ 표현영역은 10-308 ~10308이다.

32. 십진수 -1을 2의 보수로 표현하면?
　① 0000 0001　② 1000 0001　③ 1000 0010　④ 1111 1111

33. 다음 그림은 어떤 데이터 형식을 나타낸 것인가?

　① Unpack 형 10진수　② 고정데이터 10진수　③ Pack 형 10진수　④ 가변논리 데이터

34. 2진수 1110.110을 10진수로 변환하면?
　① 14.05　② 14.25　③ 14.55　④ 14.75

35. 8진법의 수 256과 542를 더한 값은?
　① (798)8　② (1000)8　③ (1020)8　④ (A20)8

36. 8진수 375.24를 10진수로 변환하면?
   ① 253.0625   ② 253.3125   ③ 353.0625   ④ 353.3125

37. 10진수 19를 그레이 코드(Gray Code)로 변환하면?
   ① 10010   ② 11000   ③ 11010   ④ 11110

38. 부동 소수점 연산의 일반적인 형식은?
   ① 부호, 지수부, 가수부   ② 지수부, 가수부
   ③ 가수부, 지수부   ④ 부호, 가수부, 지수부

39. Floating Point Number에서 저장 비트가 필요 없는 것은?
   ① 부호   ② 지수   ③ 소수점   ④ 소수(가수)

40. 다음 ( ) 안의 내용으로 옳은 것은?

   > 감산(또는 뺄셈)은 기본적으로 (   )의 가산(또는 덧셈)으로 계산된다.

   ① 여수(與數)   ② 보수(complement)   ③ 2진수   ④ 8진수

41. 비가중치 코드(Non-weighted code)는?
   ① 51111 코드   ② 2421 코드   ③ 8421 코드   ④ 그레이(Gray) 코드

42. 오류(error) 정보를 검출하기 위해 사용하는 비트는?
   ① sign bit   ② parity bit   ③ check bit   ④ code bit

43. 실수 0.01101(2)을 32비트 부동 소수점으로 표현하려고 한다. 지수부에 들어갈 알맞은 표현은? (단, 바이어스된 지수(biased exponent)는 01111111(2)로 나타내며 IEEE754 표준을 따른다.)
   ① $01111100_{(2)}$ ② $01111101_{(2)}$ ③ $01111110_{(2)}$ ④ $10000000_{(2)}$

44. 어떤 데이터를 8비트로 표시하고 짝수 패리티(even parity) 비트를 첨가할 때 옳지 않은 것은?
   ① 001101100   ② 110100110   ③ 11011010   ④ 011111111

45. 2의 보수 표현이 1의 보수 표현보다 더 널리 사용되고 있는 주요 이유는?
   ① 음수 표현이 가능하다.   ② 10진수 변환이 더 용이하다.
   ③ 보수 변환이 더 편리하다.   ④ 덧셈 연산이 더 간단하다.

46. −25를 2의 보수 형태의 2진수로 나타냈을 때 이를 왼쪽으로 1비트만큼 이동했을 때의 값은? (단, 각 수는 8bit로 표시)
   ① 11001111_2 ② 11001110_2 ③ 10110011_2 ④ 11110011_2

47. 패리티 비트(parity bit)는 다음 중 어느 것과 가장 관련이 깊은가?
   ① 머신 체크(machine check)   ② 프로그램 체크 인터럽트
   ③ SVC 인터럽트   ④ 익스터널(external) 인터럽트

48. 10진수 741을 2진화 10진 코드(BCD code)로 표시하면?
   ① 0010 1110 0101   ② 0111 0100 0001
   ③ 0010 1111 0101   ④ 0111 0110 0001

49. 16진수 A4D를 8진수로 바꾸면?
   ① 5115   ② 5116   ③ 1557   ④ 5118

50. 그레이 코드에 대한 설명으로 옳지 않은 것은?
   ① 자기 보수의 특성을 가지고 있다.
   ② 가중치를 갖지 않는 코드이다.
   ③ 코드 변환을 위해 XOR 게이트를 사용한다.
   ④ 아날로그/디지털 변환기를 제어하는 코드에 사용된다.

51. 2진수 $(1011)_2$을 Gray code로 변환하면?
   ① 1001   ② 1100   ③ 1111   ④ 1110

52. 수치 표현에 있어서 0의 판단이 가장 쉬운 방법은?
   ① 2의 보수   ② 1의 보수   ③ 부호와 절대치   ④ 부동 소수점

53. 10진수 +426을 언팩 10진수 형식(unpacked decimal format)으로 표현하면?
   ① F4F2C6   ② F4F2D6   ③ 4F2F6C   ④ 4F2F6D

54. -9를 8비트의 수치적 자료로 표현한 것으로 틀린 것은?

① 부호 절대값 표현 : 1000 1001　　② 1의 보수 표현 : 1111 0110
③ 2의 보수 표현 : 1111 0111　　　④ 팩형 10진 표현 : 1001 1100

55. 10진 데이터의 입·출력 시 사용하는 데이터형식은?

① 16진수 형태　② 2진수 형태　③ pack 형태　④ unpack 형태

56. 짝수 패리티 비트의 해밍 코드로 0011011을 받았을 때 오류가 수정된 정확한 코드는?

① 0111011　② 0001011　③ 0011001　④ 0010101

57. 컴퓨터에서 정수를 표기할 때 크기를 제한받는 가장 큰 이유는?

① 레지스터의 개수　　　　② 기억용량
③ 워드의 비트수　　　　　④ 기억 장치의 종류의 차이

58. 고정 소수점 방식으로 가산이나 감산을 하려고 할 때 가장 처음 수행되는 것은? (단, 큰 수는 A, 작은 수는 B라 가정한다.)

① A * B를 수행한다.　　　② A - B를 수행한다.
③ B - A를 수행한다　　　④ 두 수의 부호를 판단한다.

59. 10진수 (18-72)의 연산결과를 BCD 코드로 올바르게 나타낸 것은?(단, 보수는 9의 보수 체계를 사용한다.)

① 0100 0101　② 1011 0110　③ 1100 1001　④ 1100 1010

제2장 객관식 답

1.③　2.②　3.②　4.④　5.③　6.②　7.②　8.④　9.①　10.④
11.①　12.④　13.③　14.①　15.②　16.③　17.④　18.④　19.③　20.②
21.②　22.①　23.③　24.④　25.①　26.①　27.③　28.②　29.③　30.③
31.④　32.④　33.①　34.④　35.③　36.②　37.③　38.①　39.③　40.②
41.④　42.②　43.②　44.②　45.④　46.②　47.①　48.②　49.①　50.①
51.④　52.①　53.①　54.④　55.④　56.③　57.③　58.④　59.①

부울 디지털 회로

학·습·목·표
- 부울 대수의 기본 동작을 이해한다.
- 컴퓨터의 논리 기능을 수행하는 논리 게이트(logic gate)를 이해한다.
- 조합 논리 회로와 순차 논리 회로에 대해 알아본다.

Section

01. 부울 대수와 논리 게이트
02. 디지털 논리 회로

들·어·가·기

앞서, 우리는 이진수와 이진 산술을 통해 이진 산술 및 부동 소수점 숫자의 처리에 대해 살펴보았다. 여기서는 이진수를 조작(연산)하고 해석하기 위한 정확한 절차 및 방식(규격)에 대한 요구를 컴퓨터에 의해 체계적으로 해결하기 위한 방법에 대해 살펴본다. 대부분의 사용자들이 컴퓨터의 내부 동작에 대하여 궁금해 하지만 컴퓨터를 이해하기 위해서 무조건 내부회로에 대한 지식이 요구되는 것은 아니다. 그러나 내부 회로에 대한 정확한 지식을 갖고 있다면 컴퓨터의 동작을 이해하는데 많은 도움이 된다.

따라서 여기서는 컴퓨터 내부 동작의 중요한 하드웨어 요소인 디지털 논리 회로 설계 및 분석의 기초가 되는 부울 대수, 집적회로 등에 대해 살펴보기로 한다.

Section 01 부울 대수와 논리 게이트

디지털 컴퓨터(digital computer)는 참(true)과 거짓(false) 또는 1과 0 또는 전기 신호의 유무 등 두 가지 상태로 표현하여 처리하는 이진 논리 회로로 구성되며 동작은 이진 데이터 저장 및 프로세싱에 기초한다. 컴퓨터 시스템에서의 디지털 회로 이해와 설계를 위해서는 그 동작 원리를 나타내는 부울 대수에 관한 분석이 필요하므로 여기서는 부울 대수, 진리표, 부울 함수의 정규 표현, 부울 함수 단순화, 논리회로에 대하여 간략하게 설명한다.

1-1 부울 대수

1. 부울 대수 소개

논리 대수(logic algebra)라고도 부르는 부울 대수(Boolean Algebra)는 19세기 중반 영국의 수학자 부울(George Boole, 1815~1864)에 의해 창안되었다. 1847년에 발표된 '논리의 수학적 분석(The Mathematical Analysis of Logic)'과 1854년에 발표된 대수학의 기본 원칙을 제시한 '사고의 법칙 조사(An Investigation of the Laws of Thought)'에서 AND, OR, NOT 이라는 연산자를 사용해 이진 정보를 처리할 수 있는 모델로 논리적인 판단을 수학적으로 해석하기 위해 제안한 이론이다.

이러한 이론은 1938년 벨 연구소의 섀넌(Claude Elwood Shannon, 1916~2001)에 의해 부울 대수를 전기적 스위치의 ON, OFF로 표시할 수 있다는 스위칭 대수(Switching Algebra)를 제창하면서 컴퓨터 연구개발의 기초로 도입되었다. 부울 대수에 의하여 표현된 논리식 즉 부울 대수의 변수는 0 또는 1 의 값을 갖고 연산 결과는 언제나 1, 또는 0으로 표현된다. 이때 결과는 수학적인 값 1 또는 0 아니라 명제의 참(1)과 거짓(0), 신호의 유(1) 또는 무(0), 스위치의 ON(1) 또는 OFF(0) 상태를 의미한다.

2. 부울 대수식

부울 대수는 개체 또는 변수에 대해 수행 될 수 있는 연산을 갖으며 변수와 연산자를 결합하여 부울 식을 산출한다. 부울 함수는 일반적적으로 하나 이상의 입력 값 즉, {0, 1} 범위에 기초하여 그 결과를 산출한다. 부울 대수식은 대문자 예를 들면 A, B, C 등 대문자를 사용하여 명령문 또는 변수를 나타내고 AND, OR 및 NOT 연산자와 결합하여 나타낸다.

기호 " · "는 논리 연산 AND를 나타낸다. 예를 들면 A · B 는 논리 변수 A와 B의 AND 연산 부울 값의 결과이다. 그러므로 AB 역시 변수 A와 B의 논리적 AND를 나타낸다.

기호 "+"는 논리 OR 연산을 나타낸다. 예를 들면 A + B는 논리 변수 A와 B의 OR 연산 부울 값의 결과이다. 논리 보수 또는 부정은 단항 연산자로 논리 부정을 표시하기 위해 (') 기호를 사용한다. 예를 들어, A'는 A의 논리적 NOT를 나타낸다.

여러 연산자가 하나의 부울 식에 표시하는 경우, 식의 결과는 연산자의 우선순위에 따라 달라진다. 논리적 연산자의 순위(높은 순위에서 낮은 순위)는 괄호, 논리 NOT, 논리 AND 그리고 논리적 OR 순위로 사용된다. 우선순위가 같은 연산자가 인접한 경우에 왼쪽에서 오른쪽으로 평가 처리된다.

다음과 같은 공리(가정)를 사용한다.
  공리 1 : · 에 대한 식별 소자는 1, 그리고 +는 0이다. 논리 NOT에 대한 식별 소자는 없다.
  공리 2 : · 와 + 연산자는 교환 법칙이 성립한다.
     즉, A + B = B + A 그리고 A · B = B · A이다.
  공리 3 : · 와 + 은 서로에 대해 분배(배분)된다.
     즉, A · (B + C) = (A · B) + (A · C) 그리고 A + (B · C) = (A + B) · (A + C)이다.
  공리 4 : A · A' = 0 그리고 A + A' =1 와 같이 모든 A 값에 대한 A'의 값이 있다.
     이러한 값은 A의 논리 보수(NOT)이다.
     예를 들면, 0 + 0' =0 + 1 = 1, 1 + 1' = 1 + 0 = 1,
     0 · 0' = 0 · 1 = 0, 1 · 1' = 1 · 0 = 0
  공리 5 : · 와 + 은 결합된다.
     즉, (A · B) · C = A · (B · C) = A · B · C
     그리고 (A + B) + C = A + (B + C) = A + B + C 이다.

이러한 공리를 사용하여 부울 대수의 다른 모든 정리(규칙)를 증명할 수 있다.

규칙 이름	OR	AND
멱등(Idempotency) 규칙	A + A = A	A · A = A
항등(identity) 규칙	A + 0 = A	A · 1 = A
공간(Null elements) 또는 지배(Dominance) 규칙	A + 1 = 1	A · 0 = 0
드모르간(De Morgan) 규칙	(A + B)′ = A′ · B′	(A · B)′ = A′ + B′
병합(Absorption) 규칙	A + A · B = A	A · (A + B) = A
단순화(Simplification) 규칙	A + A′B = A + B	A′ · (A + B′) = A′B′
단순화(Simplification) 규칙	AB + AB′ = A	(A′ + B′) · (A′ + B) = A′
보수(Complementarity) 규칙	A + A′ = 1	A · A′ = 0

[표 3-1] 부울 대수의 기본 규칙

· 와 + 연산자를 교환하고 식의 0과 1의 값을 교환하는 경우, 부울 대수의 모든 규칙을 따르게 된다. 이것은 이중 표현이 동일한 값을 계산하는 것을 의미하지 않으며, 단지 두 식은 부울 대수 시스템 합법적임을 의미한다. 따라서 부울 대수 시스템에서 어떤 사실을 증명하는 두 번째 정리(규칙)를 쉽게 생성 할 수 있다.

3. 진리표

부울 대수식은 부울 연산자에 의해 구분되는 0, 1 그리고 리터럴의 순서이다. 부울 연산자는 모든 입력 값과 이들 입력의 모든 가능한 조합에 대한 연산의 결과 값(참 또는 거짓, 0 또는 1)을 나열하는 테이블을 사용하여 설명 할 수 있다. 이 테이블을 진리표(truth table)이라고 하며 특정 부울 연산자 또는 입력 변수에 대한 함수 결과와 입력 값 사이의 표 형태로 관계를 나타낸다. 모든 논리 회로는 이를 토대로 설계하므로 진리표는 컴퓨터를 설계하는 데 중요한 기초 자료가 된다. 부울 대수와 진리 테이블을 사용하여 각각 표시되는 AND, OR, 그리고 NOT의 부울 연산자를 살펴보자.

우선 논리 AND 연산자는 일반적으로 · (dot) 또는 기호 없이 표현된다. 예를 들어, 부울 대수식 'AB'는 'A · B'로 표시하며 'A and B' 로 읽는다(read). 부울 대수식 'AB'는 종종 논리(부울) 곱이라고 일컬어(참조)진다. 수식 'AB'의 결과는 입력 값이 모두 1일 때 결과는 1이 된다.

OR 연산자는 일반적으로 + 기호에 의해 표현된다. 따라서, 식 'A+B'는 'A or B'로 읽는다. 수식 'A + B'의 결과는 입력값이 모두 0일 때 결과는 0이 된다. 또한 논리합이라고 하기도 한다. NOT 연산자는 $\overline{A}$ 또는 A′로 표시하며 'NOT A'로 읽는다.

이러한 'AND', 'OR', 'NOT' 연산자의 진리표는 [표 3-2]와 같다.

입력	출력
A B	A·B
0 0	0
0 1	0
1 0	0
1 1	1

입력	출력
A B	A+B
0 0	0
0 1	1
1 0	1
1 1	1

입력	출력
A	A'
0	1
1	0

[표 3-2] AND, OR, NOT 연산자의 진리표

이진 변수와 그 변수에 대한 논리 연산을 처리하는 부울 대수에 대해 알아보자.
예를 들면 'F1=AB' 식에서 A=1, B=1이면 F1=1이다. 이러한 부울 대수를 사용하면 디지털 회로의 설계가 쉽고 또한 이해하기 쉽다. 특히 동일 기능을 갖는 간단한 회로를 구성하기 쉽다. 다음 부울 대수식을 살펴보자.

$F(A,B,C) = A + \overline{B}C$

위 식은 두 개념의 결합, 즉 부울 변수와 여러 논리 연산자로 구성된 부울 식으로 세 개의 부울 변수 A, B 및 C와 논리 연산자 OR, NOT, AND를 포함하는 부울 대수식이다. 이때 연산자의 연산 우선순위는 NOT, AND, OR 순서가 되므로 함수 F는 먼저 B를 부정(negate)하고 $\overline{B}$와 C의 AND 연산을 수행한다. 이어서 AND 연산 결과와 A의 OR 연산이 이루어지게 된다. 다음은 이러한 함수 F에 대한 처리 과정을 최종 함수가 평가(계산)될 때까지 한 번에 한 줄(column)로 나타내는 진리표를 보여주고 있다. 중간 값은 최종 답을 얻기 위해 필요한 중간 단계를 보여준다. 물론 이러한 과정을 보여주는 진리표 작성은 입력 값의 가능한 모든 조합에 대해 함수를 쉽게 평가할 수 있다.

입력	중간값	출력
A B C	$\overline{B}$ $\overline{B}C$	$A + \overline{B}C = F$
0 0 0	1 0	0
0 0 1	1 1	1
0 1 0	0 0	0
0 1 1	0 0	0
1 0 0	1 0	1
1 0 1	1 1	1
1 1 0	0 0	1
1 1 1	0 0	1

[표 3-3] $F(A,B,C) = A + \overline{B}C$ 의 진리표

다음은 부울 대수의 분배 공리 A · (B + C)=(A · B) + (A · C) 에 대한 과정이다.

입력			중간값	출력(좌측)	중간값	중간값	출력(우측)
A	B	C	B + C	A·(B+C)	A·B	A·C	(A·B)+(A·C)
0	0	0	0	0	0	0	0
0	0	1	1	0	0	0	0
0	1	0	1	0	0	0	0
0	1	1	1	0	0	0	0
1	0	0	0	0	0	0	0
1	0	1	1	1	0	1	1
1	1	0	1	1	1	0	1
1	1	1	1	1	1	1	1

[표 3-4] 분배 공리 A · (B + C)=(A · B) + (A · C)의 진리표

다음은 드모르간(De Morgan) 규칙 (A + B)'=A' · B' (A · B)'=A' + B' 에 대한 과정이다.

입력		중간값			출력(좌측)	출력(우측)	중간값	출력(좌측)	출력(우측)
A	B	A'	B'	A + B	(A + B)'	A' B'	A · B	(A · B)'	A' + B'
0	0	1	1	0	1	1	0	1	1
0	1	1	0	1	0	0	0	1	1
1	0	0	1	1	0	0	0	1	1
1	1	0	0	1	0	0	1	0	0

OR AND

[표 3-5] 드모르간(De Morgan) 규칙

1-2 논리 게이트

컴퓨터의 논리 기능을 수행하는 기본 구조 블록을 논리 게이트(logic gate) 또는 게이트(gate)라 한다. 논리 게이트란 주어진 입력 변수의 값에 대하여 정해진 논리함수를 수행하는 게이트로 단일 출력 값 즉, 1(참) 또는 0(거짓)의 신호를 생성하는 하드웨어이다. 다시 말하면 논리 게이트는 이진 정보를 다루는 집적 회로(Integrated Circuit)를 구현하기 때문에, 이들의 입력 및 출력 신호는 가능한 2개의 디지털 상태, 즉 논리 '0' 또는 논리 '1' 중 하나만 가능하다. 물론 게이트는 메모리가 없으며 논리 게이트와 부울 함수는 일대일로 대응한다. 게이트의 입력과 출력 사이의 관계를 설명하는 유용한 방법은 앞서 논의한 진리표이다. 따라서 논리 게이트의 출력(논리 상태)은 각각 개별로 입력되는 논리 상태에 의존한다.

이러한 논리 게이트의 주요 적용은 디지털 신호의 흐름에 '논리'를 구현하므로 산술 연산을 수행하거나 컴퓨터에서 선택(결정)을 하는 물리적 구성 요소 또는 디지털 회로에 사용된다.

1. 기본 논리 게이트

기본 게이트는 앞서 논의한 진리표 및 부울 식을 사용하여 추상적으로 표현한 기본 연산자인 AND 연산을 수행하는 논리곱(AND) 게이트, OR 연산을 수행하는 논리합(OR) 게이트, NOT 연산을 수행하는 논리부정(NOT) 게이트 등이 있다. 부울 함수는 AND, OR 및 NOT 연산자만 필요하므로 이러한 연산을 독점적으로 사용하여 모든 전자 회로를 구성 할 수 있다. 이때 원하는 기능을 얻기 위하여 여러 개의 기본 논리 게이트를 연결 또는 게이트를 조합하여 컴퓨터 설계에 필요한 논리적인 동작을 여러 가지로 수행 가능하도록 한다.

따라서 부울 함수는 전자 회로를 설계 할 수 있으며 반대의 경우도 가능하다. 형식적으로, 회로는 2 값(two-valued) 신호의 다양한 기능을 계산하는 소형 전자 장치로 간단한 부울 함수를 구현하지만 각 회로를 실제 물리적으로 구현하려면 사용되는 기술에 따라 1~ 개 또는 더 많은 트랜지스터(1장 참고)가 필요하다.

1) 논리곱(AND) 게이트

AND 게이트는 AND 기능을 구현한다. 아래 그림과 같이 두 입력(A, B) 모두 논리 1 신호가 있어야만 논리 1이 출력된다. 두 입력 중 하나가 논리 0이면 출력은 논리 0으로 유지된다. 물론 AND 함수에 적용될 수 있는 입력 수에는 제한이 없으므로 AND 게이트가 가질 수 있는 입력 수에도 제한이 없다. 그러나 실용적인 이유로 상용 AND 게이트는 2, 3 또는 4입력으로 제조된다. 표준 집적 회로(IC) 패키지는 실제 크기와 처리를 위해 14개 또는 16개의 핀을 포함한다. 예를 들어, 표준 14 핀 패키지는 4개의 2 입력, 3개의 3입력 또는 2개의 4 입력을 포함하여 전원 공급 장치 연결을 위한 2개의 핀을 가지고 있다.

다음 그림은 두 개의 입력(A,B)을 갖는 AND 게이트와 스위치(Switch) 회로이다.

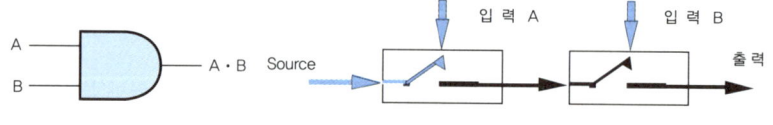

[그림 3-1] AND 게이트와 스위치 회로

> **여기서 잠깐**
>
> 스위치 X=0이면 스위치는 열려 있는 것으로 처리하고, X=1이면 스위치는 닫혀 있는 것으로 처리한다면 직렬로 연결된 스위치는 AND 연산을, 병렬로 연결된 스위치는 OR 연산을 수행한다.

2) 논리합(OR) 게이트

OR 게이트는 AND 게이트와 반대로 하나 이상의 입력이 논리 1 신호이면 출력이 논리 1이 되도록 한다. AND 함수와 마찬가지로 OR 함수도 여러 입력을 가질 수 있으나 실용적인 상용 OR 게이트는 AND 게이트와 마찬가지로 대부분 2, 3 및 4 입력으로 제한된다.
다음 그림은 OR 게이트의 기호와 스위치 회로를 나타낸 것이다.

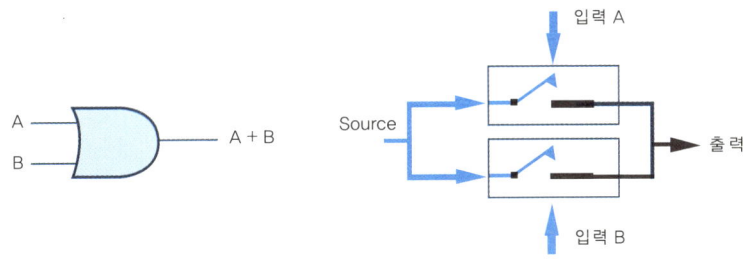

[그림 3-2] OR 게이트의 기호와 스위치 회로

3) 논리부정 게이트(NOT gate) 또는 반전(inverter)

NOT 게이트는 정확히 하나의 입력과 하나의 출력을 가지고 있다는 점에서 AND 및 OR 게이트와 조금 다르다. 어떤 논리 상태가 입력에 적용 되든 출력은 반대(inverter) 상태로 나타난다. NOT 함수는 많은 응용 프로그램에서 필요하며 매우 유용하다. 예를 들면,
'문은 잠겨있지(NOT) 않다.=들어갈 수 있다'
이것은 원(circle)의 논리 반전을 나타내는 출력과 같이 논리적인 의미는 바꾸지 않으면서 디지털 조건에서 신호를 명확하게 정리하다. 다음 그림은 논리부정 게이트의 기호와 스위치 회로를 나타낸 것이다.

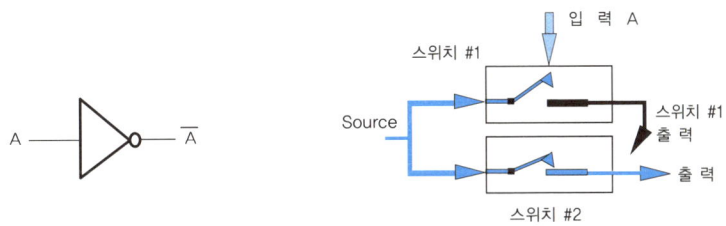

[그림 3-3] NOT 게이트의 기호와 스위치 회로

 여기서 잠깐

버퍼 게이트

입력 신호에 대한 연산(변경) 없이 입력을 그대로 출력해주는 논리 게이트로 하나의 입력과 하나의 출력이 있다. 따라서 출력은 항상 입력과 같다. 단순히 신호의 전력을 키워주는 역할을 수행하거나 디지털 전자의 지연 요소로 사용되며 또한 다른 게이트를 구동하기 위해 한 게이트의 출력 기능을 향상시키는 데 사용된다. 게이트 대수식은 F=A 이다.

다음 그림은 논리 버퍼 게이트의 진리표와 논리기호이다.

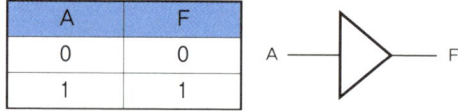

[그림 3-4] 버퍼 게이트의 진리표와 논리기호

2. 범용 게이트

AND, OR 게이트보다 더 널리 사용되고 표준 게이트로 참조되고 있는 NAND, NOR 게이트를 일반적으로 범용 게이트(universal gate)라고 한다. 모든 전자 게이트는 NAND 및 NOR 게이트만을 사용하여 구성하는 것이 쉬우며 부울 대수 함수를 모두 실현할 수 있기 때문이다.

1) 논리곱 부정(NAND) 게이트

AND 및 NOT 게이트로 각각 구성된 게이트를 단일 게이트로 구성하여 게이트의 왼쪽 부분은 AND 게이트로 구성되고 게이트의 오른쪽 부분은 NOT 게이트로 구성된 게이트이다. 즉 반전(inverter) 된 AND 게이트이다.

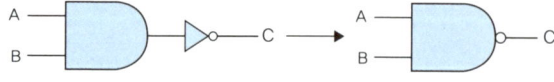

[그림 3-5] NAND 게이트 구성

그 동작상태를 살펴보면 AND 게이트와 정반대로 동작하므로 AND의 보수를 수행한다. 대수식은 F=(AB)' 또는 F=$\overline{AB}$이다. 다음 그림은 NAND 게이트와 진리표이다.

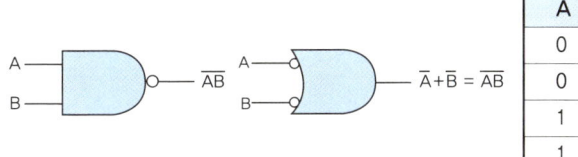

[그림 3-6] NAND의 논리 기호와 진리표

따라서 논리변수 A, B 중 적어도 하나가 거짓이면 그 연산결과는 참값을 가지며 모두가 참이면 거짓 값을 갖는 논리연산자이다. AND, OR 및 NOT 연산자를 구현하기 위해 NAND 또는 NOR 회로를 사용할 수 있다면 모든 논리 함수가 NAND 또는 NOR 게이트만 사용하여 표현 될 수 있음을 살펴보자. 일단 NOT(inverter) 게이트를 만들 수 있다면 AND 게이트를 만드는 것이 쉽다. 단지 NAND 게이트의 출력을 반전하면 된다.

다음은 NAND게이트를 이용한 AND, OR, NOT 게이트 구성이다.

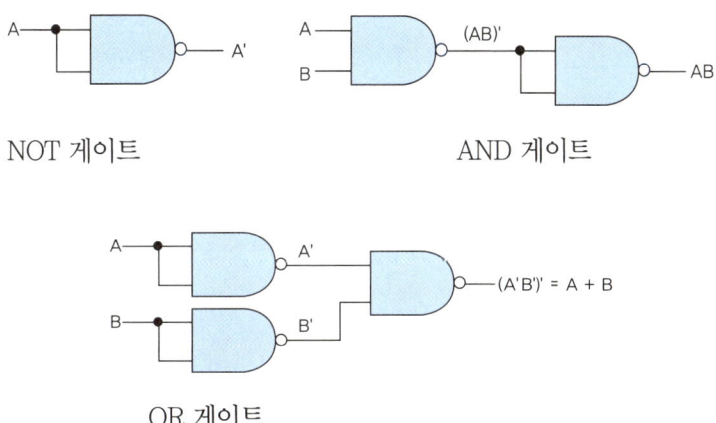

[그림 3-7] NAND 게이트로 구성한 NOT, AND, OR 게이트

NOT : A′=A NAND A
AND : AB=(A NAND B) NAND (A NAND B)
OR : A+B=(A NAND A) NAND (B NAND B)

결국 NOT(NOT (A AND B))은 A AND B와 같다(그림 참조). 물론 이것은 두 개의 NAND 게이트를 사용하여 단일 AND 게이트를 구성하지만 NAND 게이트로만 구성된 게이트가 최적이라고는 단정할 수 없다. 이와 같이 NAND 게이트를 이용한 게이트 구성 이유는 다음과 같다.

- NAND 게이트는 다른 어떤 게이트보다 저렴하게 구성할 수 있다.
- 복합 회로(조합 회로 등)형성에서 기본적인 AND, OR, NOT 게이트를 이용한 블록보다 NAND 게이트가 쉽게 블록을 형성 할 수 있다.

2) 논리합 부정(NOR) 게이트

게이트의 왼쪽 부분은 OR 게이트로 구성되고 게이트의 오른쪽 부분은 NOT 게이트로 구성된 게이트이다. 그 동작상태를 살펴보면 OR 게이트와 정반대로 동작함을 알 수 있다. 따라서 OR의 보수를 수행한다. 대수식은 F=+B)' 또는 F=$\overline{A \oplus B}$ 이다.
다음 그림은 NOR 게이트와 진리표이다.

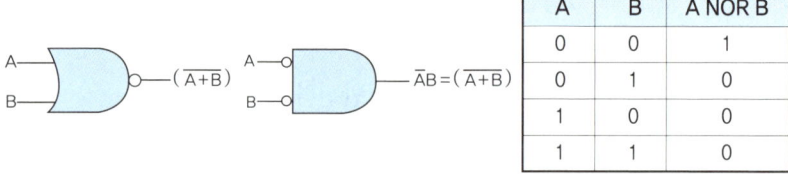

A	B	A NOR B
0	0	1
0	1	0
1	0	0
1	1	0

[그림 3-8] NOR의 논리 기호와 진리표

앞서 살펴 본 바와 같이 AND 및 OR, NOT 게이트의 조합을 사용하여 모든 논리를 구현할 수 있다는 것은 NOR, NAND 게이트 단독으로도 구현할 수 있다는 것을 의미한다.

3. 파생 게이트

파생 게이트는 2개 이상의 간단한 기본 게이트 조합으로 만들어진 특별한 게이트이다.

1) 배타적 논리합(XOR) 게이트

XOR 게이트(때로는 Exclusive OR 게이트)는 배타적 논리합을 수행하는 두 개 이상의 입력과 한 개의 출력을 갖는 논리 게이트이다. 배타적 논리합이란 두 개의 명제가 서로 반대되는 조건의 논리합 형태의 논리 관계를 의미한다. 즉, XOR 게이트 입력 중 하나가 1(참)이면 출력은 1(참)이 되나 두 개의 입력 모두가 0(거짓)이거나 또는 입력 모두 1(참)이면 출력은 0(거짓)이다. 만약 XOR 게이트에 두 개 이상의 입력이 있으면 그 동작은 구현에 따라 다르다. 대다수의 경우, 홀수 개의 입력이 참이면 XOR 게이트는 참을 출력한다. 따라서 배타적 논리합은 출력이 1(참)이 되도록 정확히 하나의 입력이 1(참)이어야한다. 상업적으로 제조 된 XOR 게이트는 항상 정확히 두 개의 입력을 가지며 4개의 XOR 게이트가 표준 14 핀 IC 패키지에 들어 있다.
대수식은 F=AB' + A'SB 또는 F=A $\oplus$ B 이다.

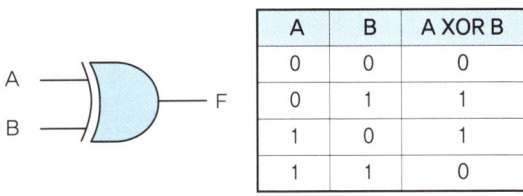

[그림 3-9] XOR 논리 게이트 기호와 진리표

이와 같은 기본 논리 게이트를 잘 응용하면, 여러 가지 기능을 갖춘 각종 연산 장치나 기억 장치를 만들 수 있다. 다음은 NOT, AND, OR 게이트를 이용하여 XOR 게이트를 구성한 과정을 보여주고 있다.

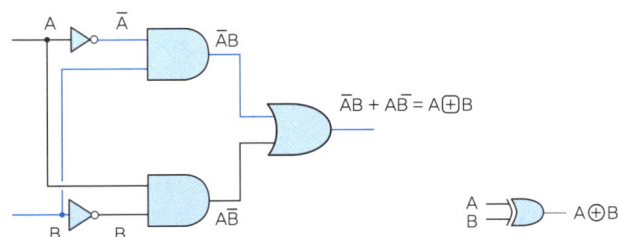

[그림 3-10] NOT, AND, OR 게이트로 구성한 XOR 게이트

2) 배타적 NOR(XNOR) 게이트

배타적 논리합에 서로 반대되는 조건의 논리합의 형태로 XNOR 게이트(Exclusive NOR 게이트)는 논리적 동일성을 수행하는 두 개 이상의 입력과 한 개의 출력을 갖는다. 입력 모두 1(참)이거나 0(거짓)이면 XNOR 게이트의 출력은 1(참)이다. 그러나 입력 중 하나가 1(참)이면 출력은 0(거짓)이 된다. 대수식은 F=AB + A′B′($\overline{AB}$) 또는 F=$\overline{A \oplus B}$이다.
다음 그림은 XNOR 게이트 기호와 진리표이다.

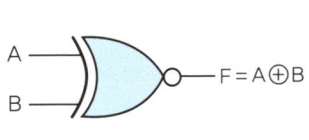

[그림 3-11] XNOR 게이트 기호와 진리표

다음은 NOT, AND, OR 게이트를 이용하여 XNOR 게이트를 구성한 과정을 보여주고 있다.

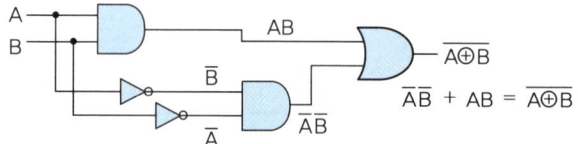

[그림 3-12] NOT, AND, OR 게이트로 구성한 XNOR 게이트

일반적으로 모든 게이트 유형이 구현에 사용되는 것은 아니다. 하나 또는 두 유형의 게이트만 사용되는 경우 설계 및 제작이 더 간단하다. 따라서 기능적으로 완전한 게이트 집합을 식별하는 것이 중요합니다. 즉, 부울 함수는 세트의 게이트 만 사용하여 구현할 수 있다.

부울 함수를 실현할 수 있는 최소의 게이트 집합을 완전 집합(set) 이라고 하며 {NOT, AND}, {NOT, OR}, {NAND}, {NOR}, {AND, exclusive-OR}, {OR, exclusive-OR} 등이 있다.

Section 02 디지털 논리 회로

앞서 설명 된 바와 같이 게이트는 하나 이상의 입력 신호를 받아들이고, 하나의 출력 신호를 생성하는 전기 신호의 기본 동작을 수행하는 장치이다. 반면 디지털 논리 회로는 특정 논리 기능을 수행하도록 설계된 상호 작용하는 게이트의 조합이다. 그러므로 컴퓨터는 많은 집적 회로(IC)로 구성되며 또한 각각 특징적인 역할을 수행하고 있다. 예를 들면 CPU를 구성하는 회로나, 메모리와 관련된 회로, 인터페이스를 담당하는 회로 등이 있다. 이러한 디지털 논리회로에는 조합 논리 회로와 순차 논리 회로로 구분하며 간략하게 메모리가 있는지(조합 회로) 또는 없는가(순차 회로)에 따라 차이를 나타낸다.

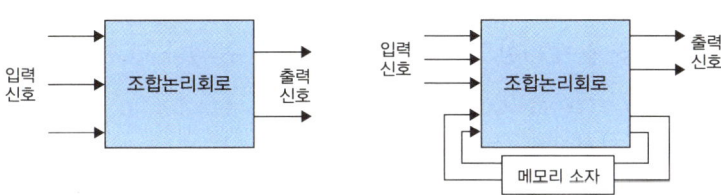

[그림 3-13] 조합 논리 회로와 순차 논리 회로 블록도

2-1 조합 논리 회로

조합 논리 회로(Combinational Logic Circuit)는 OR, AND, NOT 등 기본 논리 게이트를 조합하여 만든 논리 회로로서 여러 개의 입력을 받아 원하는 결과를 출력해 준다.
특히 결과가 항상 입력되는 신호에 의해서만 출력되는 형태로 즉 입력에 따라 출력이 결정되므로 동일한 입력에 대하여 항상 동일한 출력을 나타낸다. 물론 이 때 출력은 그 전 입력의 영향을 받지 않고 언제든지 출력이 그 시점의 입력 조건을 반영하는 논리 요소의 상호 연결이다. 조합 논리 회로는 순차 논리 회로와 마찬가지로 정보를 유지하지 않으며 입력의 변화에 따라 출력이 변경된다. 따라서 컴퓨터 내부에서 산술 연산을 수행하고 데이터 이동을 제어하고 비교 연산 등의 목적에 사용되며 가산기가 대표적인 회로이다.

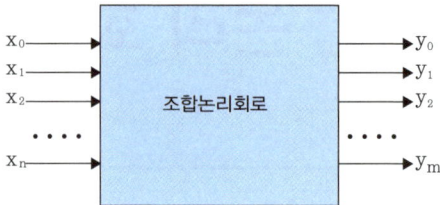

[그림 3-14] 조합 논리 회로의 블록도

위 그림은 n개의 입력과 m개의 출력을 갖는 조합 회로로 1비트의 정보를 포함하는 입력 변수들과 회로 그리고 1비트 정보로 표현하는 출력 변수로 구성된다. 2^n개의 가능한 입력 신호의 조합과 각 입력 조합에 대하여 하나의 출력 신호의 조합이다. 따라서 m개의 부울 함수를 표시할 수 있고, 각 출력 함수는 n개의 입력 변수의 항으로 표시된다. 조합 논리 회로의 예로는 가산기, 디코더, 인코더, 멀티플렉서, 디멀티플렉서 등이 있다.

1. 가산기(adder)

대부분의 수학 연산은 덧셈으로 처리 할 수 있다. 예를 들어, 빼기는 2진 값의 2의 보수를 취한 다음, 이를 빼는 2진 값에 더함으로써 빼기를 수행 할 수 있다. 또한 여러 개의 덧셈을 사용하여 두 개의 숫자를 곱할 수 있다.

다음은 2진수의 덧셈 과정이다.

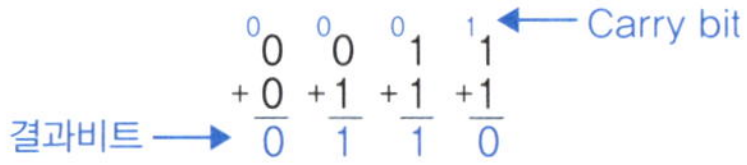

[그림 3-15] 2비트 덧셈의 4가지 가능한 결과

위에서 2진수의 덧셈에서는 4가지 형태로 나타나며 결과가 1보다 큰 결과(overflow)를 생성한다. 이때 1 + 1=10에서 0을 합(Sum)이라 하고, 윗 자리로 올라간 1을 자리올림수(Carry) 또는 올림수라 한다. 이와 같이 정의 된 프로세스는 디지털 논리로 쉽게 실현된다.

[그림 3-16]는 A3 A2 A1과 B3 B2 B1의 두 이진수의 합산 연산에서 합계 비트와 자리올림수 발생 여부를 나타내는 비트 생성의 시스템 진리표이다.

이것이 일반적으로 알려진 반 가산기(half-adder) 회로이다.

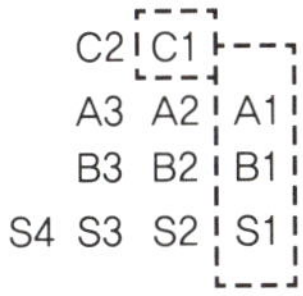

입력		출력	
A_1	B_1	S_1	C_1
1	1	0	1
1	0	1	0
0	1	1	0
0	0	0	0

→ AND
→ XOR

[그림 3-16] 2진수의 합산 진리표

1) 반 가산기(half-adder) 회로

반 가산기 회로는 2진수 1자리를 나타내는 2개의 수를 입력하여 합과 올림수를 구해주는 조합 논리 회로이다. 반 가산기 입력은 더하기 될 2진수 비트로만 구성되므로 이전 단계의 올림수가 없으므로 가산기 중 가장 간단한 유형이다. 물론 출력은 두 비트의 합계와 덧셈으로 인해 발생하는 올림수가 있는 경우가 있으나 올림수 입력은 없으므로 반 가산기는 가산기 배열의 최하위 가산기로만 사용될 수 있다.

합과 올림수 출력은 [그림 3-15]의 덧셈 과정(덧셈의 4가지 결과)에 기초하여 변환된 진리표([그림 3-16])와 같이 나타난다. C_1는 올림수이고 S_1는 합이다. 그러므로 반 가산기 시스템을 구현하기 위해 부울 대수식을 개발할 수 있는 진리표는 [그림 3-16]에서 파생 될 수 있다. 2 입력 진리표는 단순하여 합계 열을 살펴보면 A=0, B=1이고 A=1, B=0 일 때 출력은 1이다. 따라서 다음과 같은 부울 대수식을 얻는다.

합(S_1)=A′·B + A·B′ → XOR 게이트와 동일

올림수는 A와 B가 모두 1 일 때만 출력이 1이 된다.

올림수(C_1)=A·B → AND 게이트와 동일

위 과정을 다음과 같이 OR, AND, NOT로 반 가산기에 대한 논리 회로를 구성할 수 있다. 오른쪽 그림은 이러한 논리 게이트의 집합으로 구성된 CPU의 구성이다.

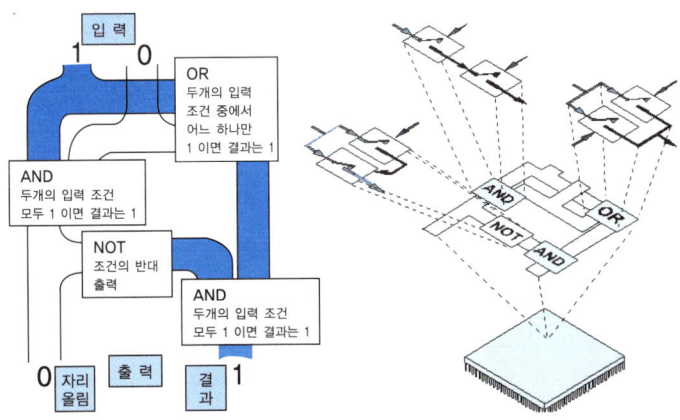

[그림 3-17] 덧셈 처리과정과 회로 구성

따라서 반 가산기는 2개의 입력 신호를 받으므로, 전 단계의 자리올림은 더해 줄 수 없다. 아래의 그림은 두개의 논리 게이트(XOR, AND)로 구성한 반 가산기 회로이다.

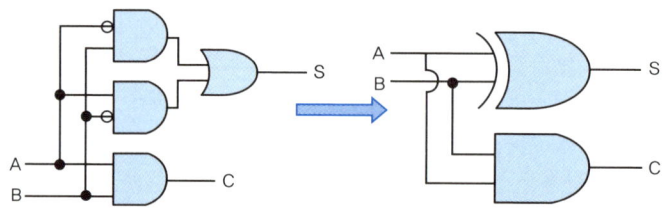

[그림 3-18] 반 가산기 회로

2) 전 가산기(full-adder) 회로

전 가산기 회로는 올림수를 더해 줄 수 없는 반 가산기 회로의 단점을 보완하여 만든 회로이다. 두 개의 입력(A, B)과 전 단계에서 발생한 올림수(C_{in})를 더하도록 구성된 세 개의 입력 비트의 합을 구하는 회로이다.

예를 들어, 두 개의 4비트 숫자 $A=0110_2$와 $B=1011_2$를 더하기한다고 가정하면 아래와 같다.

```
  1 1 1 → 0  올림수(C)
    0 1 1 0
  + 1 0 1 1
  ─────────
  1 0 0 0 1
```

위에서 여러 자리의 2진수 덧셈을 위해서는 맨 오른쪽의 첫째 자리는 올림수가 없으므로 반 가산기 회로를 사용하고, 다음 단계부터는 올림수를 더해 주어야 하므로 전 가산기 회로를 사용해야 한다. A, B는 더하는 두 입력비트, C_{in}은 아래 비트의 자리에서 올라오는 올림수(Carry-In), C_{out}는 다음 자리로 올라가는 올림수(Carry-Out)이고 S는 합이다. 이때 출력은 합(S)과 자리 올림수(C_{out})로 나타낸다. 전 가산기는 아래 그림 왼쪽과 같이 두 개의 반 가산기와 1개의 OR 게이트를 이용하여 간단히 구성할 수 있다. 오른쪽 도표는 진리표이다.

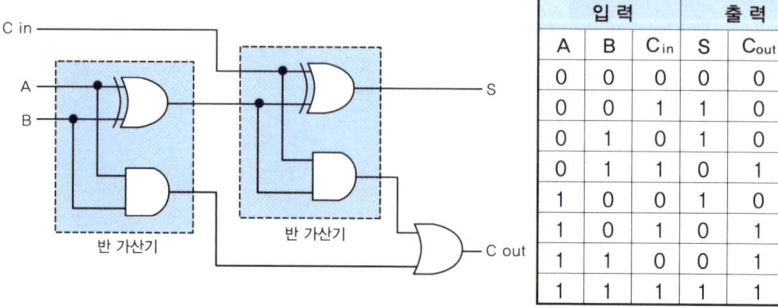

[그림 3-19] 전 가산기 회로와 진리표

이러한 전 가산기를 이용하여 모든 크기 즉, n비트 가산기는 n개의 전 가산기로 구현 될 수 있다. 예를 들어, 16비트 가산기는 위의 회로를 16번 복제하여 한 회로의 C_{out}를 즉시 왼쪽 회로의 C_{in}에 공급하여 두 개의 16비트 워드를 더하기 할 수 있는 가산기를 만들 수 있고 또는 최하위 비트(A0, B0)에 대해 반 가산기를 사용하고 나머지 15비트에 대해 연속적으로 연결되어 있는(daisy chain) 15개의 전 가산기를 사용하여 만들 수 있다.
다음 [그림 3-20]은 이러한 개념의 4비트 전 가산기를 보여준다.

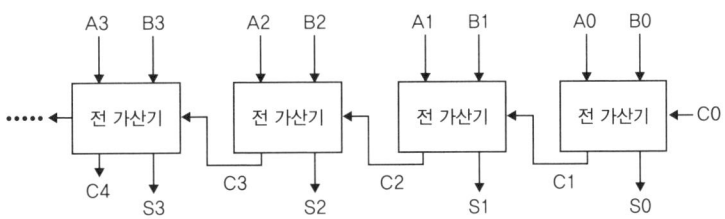

[그림 3-20] 4비트 전 가산기 블록도

위 그림에서 더하기는 두 개의 최하위 비트(A0와 B0)를 받는 오른쪽의 전 가산기로 시작한다. 이때 최하위 비트는 올림수가 없으므로 C0=0, 합계는 S0이며 이 덧셈에서 올림수(C1)는 왼쪽의 다음 전 가산기의 올림수에 연결되어 A1과 B1에 더해진다. 따라서 i 번째 전 가산기는 i 번째 연산자의 2비트와 (i-1)번째 전 가산기로부터 전송된 올림수(0 또는 1 중 하나)를 더한다. 그러나 이러한 구조의 가산기를 만드는 방법에는 단점이 있다. 종이에 이진수를 더한 것과 마찬가지로 하위 비트의 올림수가 계산되어 상위 단계로 전송될 때까지 상위 비트의 합을 결정할 수 없다. 이러한 유형의 회로는 가산기를 통해 물결(ripple)과 같이 올림수의 순차적 생성 때문에 리플 캐리 가산기(ripple-carry adder)라고 하며 일반적으로 디코더, 멀티플렉서 및 가산기를 포함한 대부분의 회로에서 수행된다.

물론 이 가산기는 매우 느리기 때문에 정상적으로 구현되지 않으나 이해가 쉽고 더 큰 이진수의 더하기가 어떻게 이루어질 수 있는지에 대한 아이디어를 제공한다. 현대 가산기는 이러한 단점을 개선하여 하위 비트의 합이 계산되기 전에 상위 비트가 올림수 기대여부를 예측하기 위해 부가적인 논리를 적용하는 올림수 예측 가산기(carry-look-ahead adder), 3개의 1비트 전 가산기와 2비트 멀티플렉서를 사용하는 올림수 선택 가산기(carry-select adder), 그리고 3개의 n비트 피연산자를 받아들이고(덧셈) 2개의 n비트 결과, 1개의 n비트 부분합과 올림수를 생성하면서 마지막 단계에서만 올림수를 전송하여(지연 효과) 올림수 전송에 따른 시간 소모를 감소시키는 올림수 저장 가산기(carry-save addition) 등이 제공되고 있다. 사실, 이 새로운 가산기는 병렬로 더하기를 수행하고 올림 경로(carry path)를 최대한 줄임으로써 리플 캐리 가산기보다 40~90% 빠른 속도를 제공한다.

2. 디코더

디코더(decoders)는 코드 형식의 2진 정보를 다른 코드 형식으로 바꾸는 디지털 기능이 있다.

n비트 코드로 입력된 이진 정보를 최대 2^n개의 고유한 출력으로 변환하는 조합회로이다.

따라서 디코더는 n개의 입력으로 들어오는 데이터(이진 정보)를 받아 그것을 숫자로 보고 2^n 출개 출력 회선 중 그 숫자에 해당되는 번호에만 1을 내보내고 나머지는 모두 0을 내보낸다.

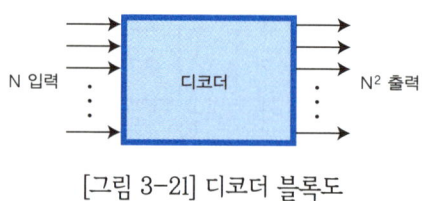

[그림 3-21] 디코더 블록도

디코더는 n개의 입력과 2^n개의 출력을 가지므로 $n-2^n$ 디코더라고도 한다. 예를 들어, NOT 게이트는 입력 A로 2개의 출력 A와 A′($\overline{A}$)를 생성 할 수 있으므로 1 입력 2 출력(2^1)이 가능하다. 그러므로 가장 간단한 유형(1비트 디코더)은 1-2 디코더로 분류 될 수 있다.

진리표와 회로는 다음과 같다.

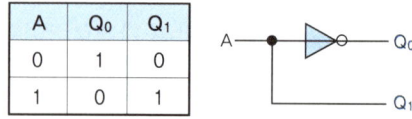

[그림 3-22] 1-2 디코더의 진리표와 회로

따라서 실용적인 2진 디코더 회로에는 두 개 이상의 비트를 갖는 2-4, 3-8 및 4-16 디코더 구성이 포함된다. 때로는 디코더의 모든 출력이 필요 없이 부분 디코딩이 사용될 수 있다.

예를 들면 BCD 디스플레이에서는 4~10개의 디코더만 필요하다.

1) 2-4 디코더

디코더의 간단한 예는 4개의 AND 게이트 배열로 구성된다. 디코더의 입력은 2개(A, B) 출력은 4개(Q0, Q1, Q2, Q3)이다. 진리표에서와 같이 출력에서 한 비트만이 1이 되고 있다.

2×4 디코더의 예가 아래 [그림 3-23]에 나타나 있다.

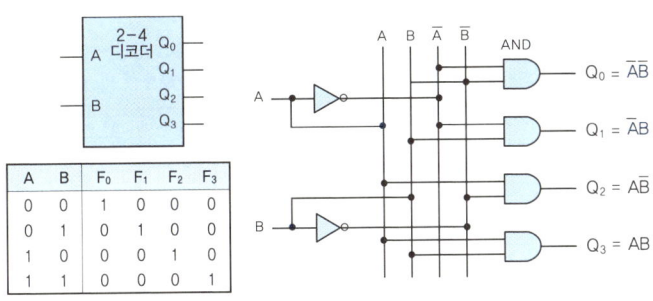

[그림 3-23] 2-4 디코더의 논리 기호, 진리표, 회로

이제 디코더에 대한 또 다른 중요한 입력 즉, 인에이블(Enable)에 대해 살펴보자. 메모리 칩이 활성화되었다는 의미는 제어 입력이 활성화 된 경우로 읽기 또는 쓰기가 수행되나 비활성 상태이면 읽기 또는 쓰기가 수행되지 않는다. 이와 같이 디코더의 인에이블 입력은 디코더의 동작을 제어한다. 상업용 디코더는 회로의 동작을 제어하기위한 하나 이상의 인에이블 입력을 포함한다. 디코더는 인에이블이 1일 때 디코더가 활성화되고, 인에이블=0 인 경우 디코더는 비활성화된다. 그러므로 인에이블 입력이 "0"이면 디코드의 모든 출력이 "0"이 되고, 인에이블 입력이 1일 때 디코더는 디코더의 선택된 출력은 1이고 다른 모든 출력은 0으로 정상적인 동작을 하게 된다.

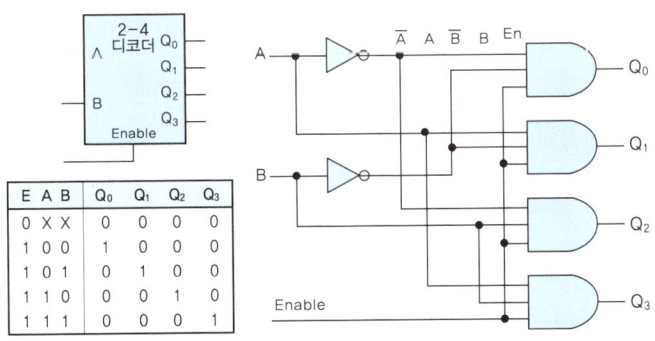

[그림 3-24] 2-4 디코더(인에이블)의 논리 기호, 진리표, 회로

위에서 2-4 디코더는 2비트 이진 데이터를 입력 받아 이진과 동일한 수의 행에 논리 '1'을 생성한다. 예를 들어, "A=1, B=0"이면 "Q2=1"이고 나머지는 0이다.
더 많은 비트 디코더는 비슷한 방식으로 설계 될 수 있지만 가산기와 마찬가지로 더 작은 디코더를 결합하여 더 큰 디코더를 만드는 방법이 있다.

2-4 디코더의 다른 회로는 다음과 같이 구성할 수 있다.

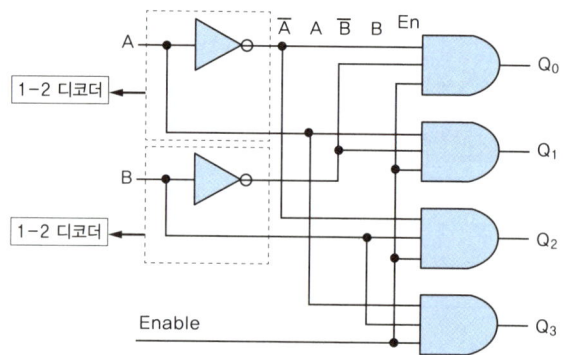

[그림 3-25] 1-2 디코더를 이용한 2-4 디코더의 회로

1-2 디코더로 교체하면 두 회로가 동일하다는 것을 알 수 있다. 유사한 방식으로, 3-8 디코더는 1-2 디코더 및 2-4 디코더로 구성 될 수 있고, 4-16 디코더는 2개의 2-4 디코더로 구성 될 수 있다.

2) 3-8 디코더

3-8 디코더는 3개의 입력이 8개의 출력으로 표현된다. 그것은 A, B, C와 같은 3개의 입력과 Q0에서 Q1 까지 8개의 출력을 가지고 있다. 3개 입력의 조합에 따라 8개의 출력 중 하나만 선택된다. 예를 들어 A=1, B=0이고 C=1이면 출력 Q_5 은 1이고 다른 모든 출력은 0이다. 따라서 3-8 디코더의 회로는 3개의 NOT 게이트와 8개의 AND 게이트를 사용하여 구현할 수 있다. 각 NOT 게이트는 입력의 보수를 제공하고 AND 게이트는 입력에서 하나를 생성한다.

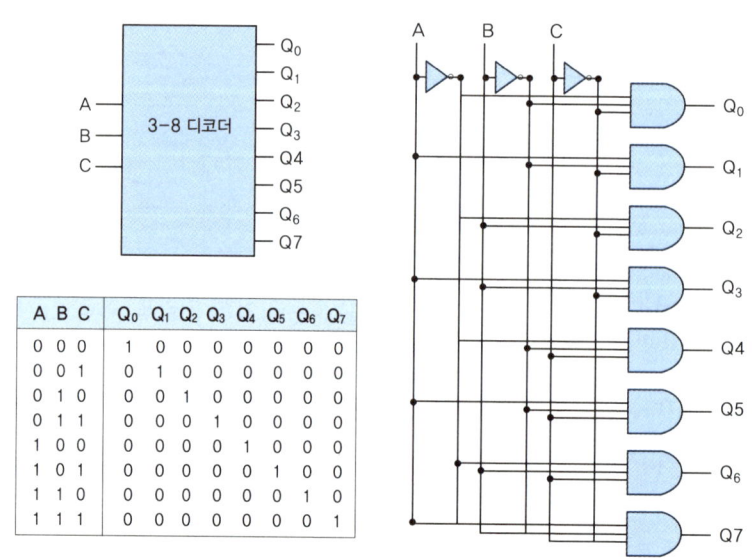

[그림 3-26] 3-8 디코더의 논리 기호, 진리표, 회로

다음은 3-8 디코더를 1-2 디코더 및 2-4 디코더로 구성한 회로이다.

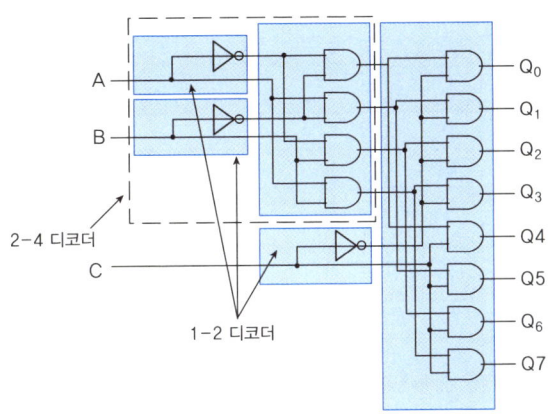

[그림 3-27] 3-8 디코더 회로

3) BCD-7 세그먼트 디코더

BCD-7 세그먼트(BCD-to-seven segment) 디코더는 4비트로 구성된 BCD 값을 입력으로 받아들여 일곱 개의 출력(segment)을 내보는 회로이다. 일반적으로 10진수(0~9)를 표시(display)하기 위하여 사용된다. [그림 3-28]과 같이 4개의 입력 라인 (A, B, C 및 D)과 7개의 출력 라인(a, b, c, d, e, f 및 g)으로 해당 숫자가 표시되도록 신호를 만들어낸다.

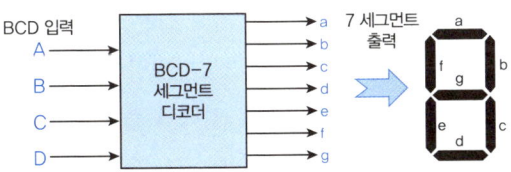

[그림 3-28] BCD-7 세그먼트 디코더 논리 기호와 숫자 위치

예를 들어 숫자 4를 표시하려면 BCD(0010) 값을 입력하여야 세그먼트 b, c, f 및 g가 출력(활성화)되어 단일 문자(4)로 표시 할 수 있다.

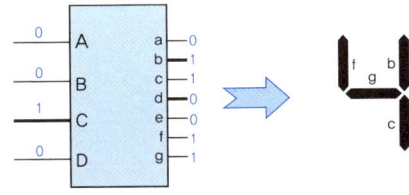

[그림 3-29] BCD-7 세그먼트 디코더로 생성된 숫자(4)

필요한 문자를 생성하기 위해 세그먼트를 제공하는 진리표는 다음과 같다.

2진수 입력(BCD)				디코더 출력							7세그먼트 출력
A	B	C	D	a	b	c	d	e	f	g	
0	0	0	0	1	1	1	1	1	1	0	0
0	0	0	1	0	1	1	0	0	0	0	1
0	0	1	0	1	1	0	1	1	0	1	2
0	0	1	1	1	1	1	1	0	0	1	3
0	1	0	0	0	1	1	0	0	1	1	4
0	1	0	1	1	0	1	1	0	1	1	5
0	1	1	0	1	0	1	1	1	1	1	6
0	1	1	1	1	1	1	0	0	0	0	7
1	0	0	0	1	1	1	1	1	1	1	8
1	0	0	1	1	1	1	1	0	1	1	9

[표 3-6] BCD-to-seven Segment 진리표

3. 멀티플렉서

MUX라고도하는 멀티플렉서(Multiplexers)는 선택 제어선(control lines) 또는 선택선을 사용하여 여러 개의 데이터 입력 중 하나를 단일 데이터 출력으로 연결하는 장치이다. 다시 말하면 2^n개의 입력 데이터선과 n개의 선택 제어선을 가지며 그 비트(n) 조합에 따라 어떤 입력 데이터가 출력으로 선택되는지가 결정된다. n개의 선택 제어선으로 최대 2^n개의 입력을 선택할 수 있다. 이러한 멀티플렉서는 TV 채널 선택기와 같은 역할을 수행한다. TV 입력으로 모든 방송국이 지속적으로 방송되지만 선택된 하나의 채널만 표시된다.

예를 들어 C0, C1, C2 및 C3으로 구성된 4개의 입력과 출력으로 F가 있다고 가정하자. 4개의 입력(데이터 입력)이 있기 때문에 입력 선택(제어)을 위한 2개의 별도 추가 선택 제어선(A와 B)이 필요하다. 즉, 4개의 입력 중 어느 것을 출력에 나타낼 지 선택해야 한다.

다음은 이러한 4입력 1출력(4-to-1) 멀티플렉서의 게이트 구현과 진리표 및 기호이다.

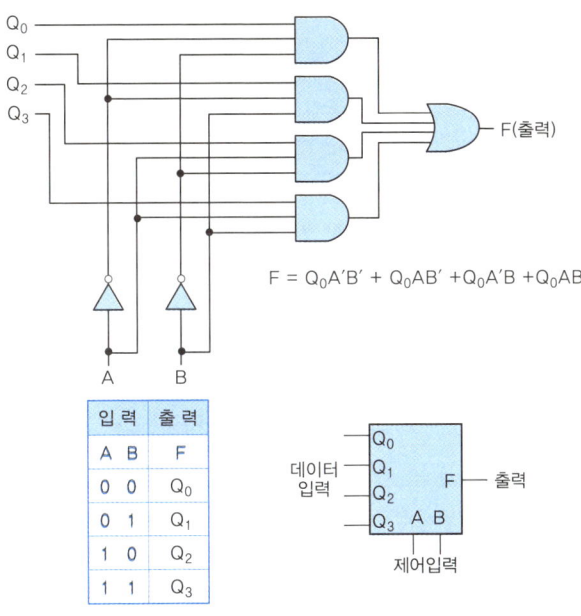

[그림 3-30] 4-1 멀티플렉서 게이트 회로, 진리표와 논리 기호

위에서 4개 입력 Q0~Q3는 선택 제어선(A, B)의 비트조합과 함께 각각 1개씩의 특정 AND 회로를 선택한다. 4개 AND 회로의 출력은 단일 OR회로로 입력시켜 1개의 출력으로 나가게 된다. 위에서 선택 제어선 입력이 A=1, B=0로 설정된 경우 Q_2에 있는 데이터가 F로 출력된다.

예를 들어 선택 제어선 A 하나만 있는 경우 두 개의 데이터 입력 Q_0 및 Q_1만 있을 수 있다. 또한 16개의 입력이 있는 경우 16비트 값 중 하나를 지정하려면 4비트(A,B,C,D)가 필요하다. 물론 12개의 입력이 있다면 4비트 패턴 중 일부가 12개의 선택 사항 중 하나와 일치하지 않을 수도 있지만 여전히 4비트가 필요하다.

따라서 멀티플렉서는 특정 회로 설계에 필요한 집적 회로 패키지의 수를 줄이는 한 가지 방법으로 사용되며 시스템 비용을 줄이는 효과를 가져 온다.

4. 디멀티플렉서(Demultiplexer)

앞서 멀티플렉서(MUX)가 여러 개의 데이터 입력 중 하나를 단일 데이터 출력으로 연결하는 장치라면 데이터 분배기로 알려진 디멀티플렉서(demultiplexer) 또는 DMUX는 MUX와 정반대로 $1-2^N$ 장치로 설명된다.

[그림 3-31] 4-1 MUX와 1-4 DMUX 논리 기호

위에서 DMUX는 단일 입력을 받아 한 번에 하나씩 2^n개(Y_0, Y_1, Y_2, Y_3)의 출력선 중의 하나로 내보낸다. 이때 출력의 선택은 n(S_0, S_1)개의 선택 제어선 조합에 따라 결정한다. 따라서 N 제어 신호는 2^N 출력 중 어느 것이 입력에 연결될 것인지 선택한다. 예를 들어 여러 대의 프린터를 컴퓨터에 연결하는 것과 같다. 문서는 프린터 중 하나에만 인쇄 할 수 있으므로 컴퓨터는 출력을 보낼 프린터 그룹에서 하나를 선택한다. 이러한 DMUX의 설계는 디코더의 설계와 매우 유사하다. 따라서 DMUX는 디코더가 이 특별한 용도에 쉽게 적용될 수 있기 때문에 상업적으로 이용하지 않는다. 실제로 제조업체에서는 이 장치를 디코더/디멀티플렉서로 설명한다. 디코더를 DMUX로 조작하려면 입력 중 하나(일반적으로 ENABLE)를 DATA 입력으로 사용하고 나머지 입력은 DATA 선택선으로 사용한다.

다음은 2-4 디코더(인에이블)와 1-4 DMUX 회로이다.

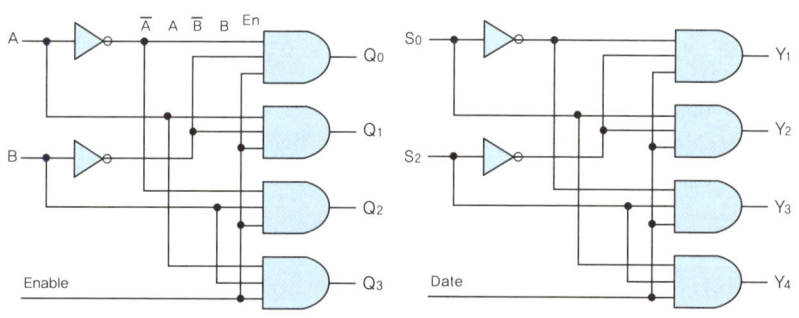

[그림 3-32] 2-4 디코더(인에이블)와 1-4 DMUX 회로

DMUX의 회로는 각각의 출력이 AND 게이트에 연결된 디코더를 기반으로 구현한다. DMUX의 데이터 입력이 포함되는 입력은 각각의 AND 게이트에 추가된다. 데이터 입력이 1이면, DATA 선택선(S0,S1) 입력에 의해 선택된 AND 게이트의 출력은 1이 된다. 데이터 입력이 0이면, 선택된 AND 게이트의 출력은 0이 된다. 한편, 다른 모든 AND 게이트는 모두 0을 출력한다. 즉, 어떠한 데이터도 그들에게 전달되지 않는다. 이와 같이 출력 Y_0, Y_1, Y_2, Y_3 및 2개의 데이터 선택선 S_0, S_1를 갖는 1-4 DMAX의 부울 표현식은 다음과 같이 주어진다.

$$F = \overline{S_0}\overline{S_1}Y_0 + \overline{S_0}S_1Y_1 + S_0\overline{S_1}Y_2 + S_0S_1Y_3$$

다음은 디코더의 진리표이면서 또한 DMUX의 진리표이기도하다.

S_0 S_1	Y_0 Y_1 Y_2 Y_3
0 0	1 0 0 0
0 1	0 1 0 0
1 0	0 0 1 0
1 1	0 0 0 1

[표 3-7] DMUX의 진리표

DATA 선택선(S_0S_1)의 값이 00 인 경우 Y_0 출력이 선택된다.

2-2 순차 논리 회로

앞서 설명한 조합 논리 회로는 논리 연산을 수행하여 입력을 받아 완전히 다른 출력으로 변환한다. 입력 값을 변경하면 출력 값에 직접적으로 즉시 영향을 준다. 이러한 조합 회로의 가장 큰 단점은 메모리가 없으므로 데이터 입력 이전 상태를 기억할 수 없다는 것과 출력 신호를 생성 할 시기를 선택할 수 없다는 두 가지가 있다. 다만 단순히 내부 논리에 따라 출력을 변경함으로써 입력의 모든 변화에 반응한다. 따라서 이러한 누락된 기능을 충족시키려면 디지털 메모리 회로가 필요하며 디지털 이벤트를 동기화 할 수 있는 기능이 필요하다. 이와 같이 디지털 이벤트를 순차적으로 처리 할 수 있는 회로를 순차 논리 회로(Sequential Logic Circuit)라고 한다.

순차 논리 회로는 기억 요소(메모리)가 포함된 논리 회로로 순차 회로의 현재 입력에는 메모리의 그 전 출력이 포함되어 현재의 출력 값을 결정한다. 다시 말하면 출력은 입력의 현재 값뿐만 아니라 선행 입력 값에도 의존한다.
출력=F (현재 입력자료, 남아있는 자료(전 입력자료))

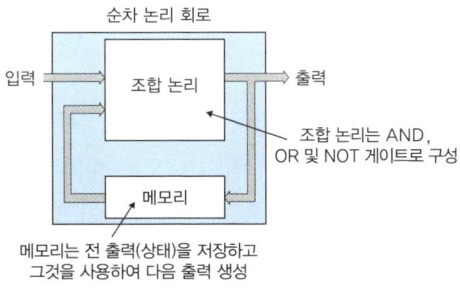

[그림 3-33] 순차 회로 블록도

순차 회로와 조합 회로의 주된 차이점은 순차 회로가 입력과 상태를 기반으로 출력을 계산하고 상태가 클록을 기반으로 업데이트된다는 것과 조합 논리 회로는 클록을 기반으로 하지 않고 오직 입력에 부울 함수를 구현한다는 것이다.

1. 순차 회로 유형

조합 논리 회로는 메모리 셀이 없으며 출력은 입력의 현재 값에만 의존한다. 메모리 셀은 디지털 시스템에서 매우 중요하다. 순차 논리 회로에는 고유한 "메모리" 형태가 내장되어 있어 이전의 입력 상태뿐만 아니라 실제로 현재 상태를 고려할 수 있다는 것을 의미한다. 즉, 순차 논리 회로의 출력 상태는 "현재 입력", "선행 입력 값" 또는 "과거 출력"의 세 가지 상태의 함수로 표현된다. 순차 논리 회로는 메모리를 제공하여 다음 클록 신호가 상태 중 하나를 변경할 때까지 현재 상태를 유지한다. 따라서 순차 논리 회로는 종종 동작을 위해 타이밍 생성기(클록)를 필요로 한다. 정보 저장(메모리)을 가진 기계를 만들기 위해서는 시간의 진행을 나타내는 메커니즘이 필요하다.

클록 펄스는 일반적으로 아래와 같이 0과 1 수준을 번갈아 나타나는 구형파이다.

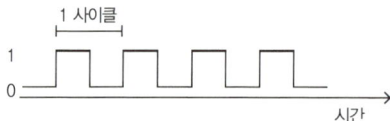

저장 정보는 입력 신호(일반적으로 클록)에 따라 적재되거나 저장된다. 회로의 동작이 내부 상태와 입력들의 시간순서(time sequence)에 따라 결정되므로 순차 논리를 구현하기 위해 플립플롭(Flip-Flop)이라고 하는 게이트 장치를 사용한다.

순차 회로에는 동기 및 비동기의 두 가지 유형이 있다.
- 동기식 순차 회로 (Synchronous Sequential Circuit)
  입력 신호의 변화는 클록 신호가 활성화 될 때만 메모리 요소에 영향을 줄 수 있다.
- 비동기 순차 회로 (Asynchronous Sequential Circuit)
  비입력 신호의 변화는 임의의 순간에 메모리 요소에 영향을 줄 수 있다.
  동기식 회로보다 빠르다.

가장 일반적으로 사용되는 순차 회로는 동기식으로 동작은 클록 펄스로 제어된다. 클록 펄스는 클록 발생기 회로에 의해 생성된다. 클록 펄스는 모든 순차 요소에 적용되므로 동기화 된 상태로 작동한다. 비동기 순차 회로는 클록을 기반으로 하지 않고 개별 요소에 내장 된 타이밍에 의존한다. 따라서 입력이 적용되는 순서에 달려 있으므로 분석이 어려워 여기서는 논의되지 않을 것이다. 이러한 순차 논리는 조합 논리만큼 많은 다른 기능을 수행 할 수 있도록 다음과 같은 요소로 구성된다.
- 래치 : 1비트 메모리 요소
- 레지스터 : m비트 워드를 저장할 수 있다.
- 시프트 레지스터 : 워드의 비트를 왼쪽이나 오른쪽으로 이동시키는 특수 목적 레지스터
- 카운터 : 클록되면 내용이 1 씩 증가하는 특수 목적 레지스터
- 상태 머신 : 동작(trigger)될 때마다 한 상태에서 다른 상태로 이동한다.

과거의 입력을 현재 출력에 반영하기 위해 순차 회로가 필요한 것은 메모리 요소이다. 래치(Latches) 및 플립플롭(F/F; flip-flop)은 1비트의 정보를 저장하는 기본 메모리 요소이다. 이러한 래치와 플립플롭의 주요 차이점은 상태를 변경하는 데 사용되는 방법에 있다. 래치는 비동기이며, 입력 즉시(또는 최소한의 전파 지연 후에) 출력이 변경된다. 인에이블(Enable) 신호가 높은(양수) 레벨 또는 낮은(음수) 레벨이 유지(지속)되는 한 입력에 의해 출력이 지속적으로 영향을 받는다. 한편 플립플롭은 입력은 동기적이며 내용이 인에이블(제어 클록) 신호의 상승(양수) 또는 하강(음수) 경계(edge)에지에서만 변경된다. 다음 신호(클록)가 변경될 때까지 데이터를 변경할 수 없고 입력이 변경 되더라도 일정하게 유지된다. 그러므로 플립플롭은 레지스터로 사용된다.

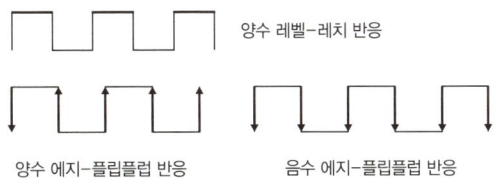

[그림 3-34] 래치와 플립플롭의 클록 반응(응답)

2. 래치(비동기 플립플롭)

래치(플립플롭)는 양 안정(bi-stable) 상태를 갖는 메모리 요소로 S-R(Set-Reset) 래치는 가장 기본적인 유형이다. NOR 게이트 또는 NAND 게이트로 구성 할 수 있다.

1) 양 안정(Bi-stable) 요소

NOT(inverter) 게이트에서 1을 입력하면 0을 출력하며 입력을 제공하지 않으면(0 또는 1) 출력 값은 없다. NOT 게이트를 사용하여 메모리 회로를 구성하려면 1입력을 제거한 후에도 NOT 게이트가 0을 계속 출력해야 한다. NOT 게이트가 계속해서 0을 출력하려면 NOT 게이트가 자체 입력을 스스로 제공해야 한다. 즉, 출력에서 0을 입력에 피드백 해야 한다. 그러나 NOT 게이트의 출력을 직접 입력에 연결할 수 없으므로 간단한 피드백 회로는 두 개의 NOT 게이트를 사용한다.

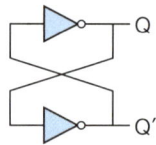

[그림 3-35] 양 안정(bi-stable) 요소 회로

위 그림과 같이 두 개의 NOT 게이트를 시리즈로 연결하는 이 회로를 양 안정 요소라고 하며 가장 간단한 메모리 회로이다. 양 안정 요소는 Q 및 Q'로 표시된 두 개의 대칭 노드가 있으며 두 노드 모두 입력 또는 출력 신호로 볼 수 있다. 회로에는 입력이 없으므로 Q와 Q'의 값을 변경할 수 없다. 회로에 처음 전원을 켤 때 Q=0이라고 가정하자.

Q는 아래 NOT 게이트에 대한 입력이므로 Q'는 1이고 위 NOT 게이트의 입력이 되는 1은 출력 Q에서 0을 생성한다. 마찬가지로, Q=1로 시작하면 Q'=0이 되고 안정된 상태가 된다.

따라서, 회로는 2개의 안정 상태, 즉 Q=0 및 Q=1을 갖게 되어 양 안정이라 한다.

2) S-R 래치(플립플롭)

출력이 반대 입력으로 다시 연결되는 피드백 배열로 인해 두 상태 중 하나에 상주 할 수 있는 양 안정 요소이기 때문에 래치는 가장 기본적인 유형의 플립플롭이다.

양 안정 요소의 상태를 변경하려면 외부 입력을 회로에 추가해야 하는데 가장 간단한 방법은 2개의 NOR 또는 NAND 게이트로 만들 수 있다. 이 회로에서는 클록펄스를 이용하지 않으므로 입력이 변화하면 출력도 변화하는 비동기 회로이다. 2개의 입력 셋(Set), 리셋(Reset)과 2개의 출력 Q와 Q'로 구성되는데 이러한 플립플롭을 S-R 래치(latch)라 한다.

[그림 3-36]과 같이 2개의 NOT 게이트를 2개의 NOR 게이트로 교체한다.

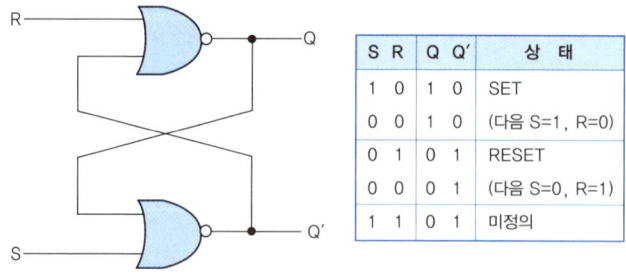

[그림 3-36] SR 래치(NOR 게이트)와 진리표

NOR 게이트는 입력에서 어느 하나가 1이면 출력은 0 이므로 동작 과정을 살펴보자.

S=1, R=0 이면, 아래 NOR 입력 S=1, 출력 Q'=0이다. 이때 위 NOR 입력 R 과 Q' 모두 0이 되므로 출력 Q=1이 된다. 이러한 상태에서 S=0, R=0이 되면 위 NOR의 입력 R과 Q'는 0이므로 출력 Q는 1을 유지하고 아래 NOR의 입력 Q=1이므로 아래 NOR의 출력 Q=0이

된다. 따라서 입력 S=0, R=0이 되더라도 출력은 변화하지 않는다.

다음에 S=0, R=1로 입력이 바뀐 경우에는 위 NOR의 입력 R=1, 그리고 출력 Q'=0이 되고, 아래 NOR의 입력 S=Q=0이 되어 출력 Q=1로 변한다. 또한 S=0, R=0으로 다시 입력이 바뀌더라도 앞에서와 같이 출력은 변하지 않는다. 그러나 S=1, R=1이 되면 출력 Q,=Q'=0이 되어 이것은 Q와 Q'가 서로 보수가 되어야 한다는 사실에 위반 되므로 이러한 입력은 피해야 한다. 요약하면 출력 Q는 S(Set)단자에 1의 신호가 들어오면 1이 되고 R(Reset)단자에 1의 신호가 들어오면 Q'는 0이 된다.

SR 래치(플립플롭)는 [그림 3-37]와 같이 NAND 게이트를 사용하여 구현할 수도 있다. NAND 회로는 입력 신호 중에서 어느 하나가 0이면 출력신호는 1이 되는 특성이 있으므로 다음과 같은 회로와 진리표를 구성할 수 있다. 물론 Q=1 일 때의 set, Q=0 일 때의 reset 상태 중 하나 일 수 있다.

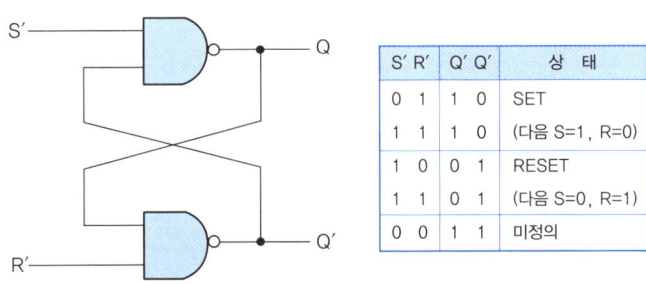

[그림 3-37] SR 래치(NAND 게이트)와 진리표

SR 래치(플립플롭)의 set 상태는 S' 입력을 0으로 지정한다. 0의 NAND는 1을 제공하므로 Q=1로 되고 래치가 set된다. 만약 R'=1이면 아래 NAND 게이트의 출력은 0을 제공하므로 Q'=0이 된다. NOR 게이트와 반대로 S=0, R=0이 되면 출력 Q, Q'가 모두 1이 되어 이것은 Q와 Q'가 서로 보수가 되어야 한다는 사실에 위배 되므로 이러한 입력 신호는 피해야 한다.

 여기서 잠깐

여러 개의 회로로 구성된 플립플롭과 같은 반도체들은 전기적인 특성으로 인하여 입력 신호를 입력한 후 일정기간이 경과해야 출력 신호가 나타나거나 출력 신호의 변화가 발생한다. 이와 같은 지연 시간을 전달 지연시간이라고 하며 만약 속도에 따라 출력 단자에 도달하는 시간이 다르게 나타난다면 각각의 회로는 전혀 다른 동작이 발생 할 수도 있다. 이러한 현상을 레이스(race)라고 하며 플립플롭 또는 래치에 클록펄스를 동기화하여 해결할 수 있다.

비동기 순차 회로(SR 래치)는 피드백을 갖는 조합 회로로 논리 게이트 사이의 피드백으로 인해 때때로 일시적인 조건(전달 지연시간)으로 인해 불안정해질 수 있다. 이러한 불안정성 문제로 일반적으로 동기 시스템을 사용한다.

3. 플립플롭

플립플롭(F/F; flip-flop)은 순차 논리 회로의 기본 요소로 1비트를 저장(유지)할 수 있는 게이트로 구성된 회로이다. 외부로부터 입력이 없으면 즉, 입력 펄스가 상태 변환을 일으키기 전까지 2진 상태(2개의 안정된 상태)를 그대로 유지한다. 플립플롭에 전류가 흐르면 현재의 반대 상태로 변하며 (0에서 1로, 또는 1에서 0으로), 그 상태를 계속 유지하여 1비트의 정보를 기억하는 기억소자로 여러 개의 트랜지스터로 만들어진다.

이러한 플립플롭은 컴퓨터의 내부회로에 다양한 형태로 사용된다. 산술 연산과 논리연산의 중간 결과를 저장하는 레지스터들을 비롯하여 프로그램 카운터, 버퍼, 정적 RAM 등을 구성하는데 사용된다. 플립플롭에는 SR, JK, D 등이 있으며 다음은 이러한 플립플롭의 논리 기호를 표시하고 있다.

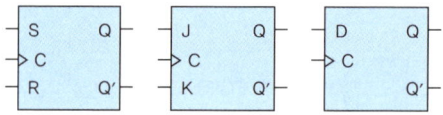

[그림 3-38] SR, JK, D 플립플롭 논리 기호

1) SR 플립플롭

SR 플립플롭은 SR 래치의 두 가지 바람직하지 않은 속성(입력 즉시 변경) 중 하나를 수정하는 두 가지 상태(Q와 Q′) 중 하나에 배치되는 두 개의 입력 S(Set) 및 R(Reset)이 있는 장치이다. 플립플롭은 입력을 샘플링하고 각 클록주기 내에서 작은 간격으로 출력을 변경한다. 이 간격이 끝나면 입력 값은 무시되고 출력 간격 값은 다음 간격에 도달 할 때까지 고정된다. 물론 회로가 좀 더 복잡해질 수 있다.

위에서 살펴본 기본적인 NAND 게이트를 이용한 SR 래치에 2개의 NAND 게이트를 추가하여 다음과 같이 구성한다.

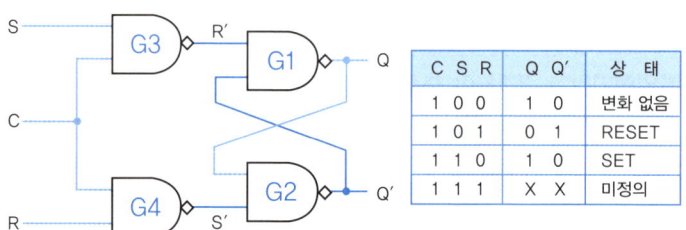

[그림 3-39] NAND 게이트로 구성한 SR 플립플롭과 진리표

NAND G3과 G4의 출력은 클록 펄스가 0 인 동안 1을 유지하여 출력은 변화가 없다. 그러나 클록 펄스가 1이 되면 S, R 입력이 NAND G1과 G2의 입력 신호로 전달되어 앞에서 설명한 SR 래치(플립플롭)과 같은 동작을 한다. 예를 들면 S=1, R=0, C=1이면 NAND G3의 출력 R′=0, NAND G4의 출력 S′=1이 된다. 이때 플립플롭의 출력 Q=1, Q′=0이 되어 set 상태가 된다. 다음에 S=0, R=1, C=1이면 반대로 유지한다. 따라서 C=1이면서 입력 S, R이 모두 0이면 변화가 없다. 그러나 C=1이고 입력 S와 R 모두 1이면 NAND G3과 NAND G4의 출력 S′=R′=0이 되므로 플립플롭의 출력 Q와 Q′가 모두 1이 되어 이것은 Q와 Q′ 가 서로 보수가 되어야 한다는 사실에 위배되므로 이러한 입력 신호는 피해야 한다.

이러한 현상을 경쟁상태(Race condition)라 한다. 이때 입력 S=R=1을 유지하면서 C=0이 되면 역시 NAND G3과 NAND G4의 출력이 1이 되어 Q와 Q′가 모두 1이 되므로 피해야 한다.

다음은 NOR 게이트를 이용한 SR 래치와 두 개의 AND 게이트에 클록 펄스를 동시에 입력하도록 구성되어 있는 동기(클록 된) SR 플립플롭이다.

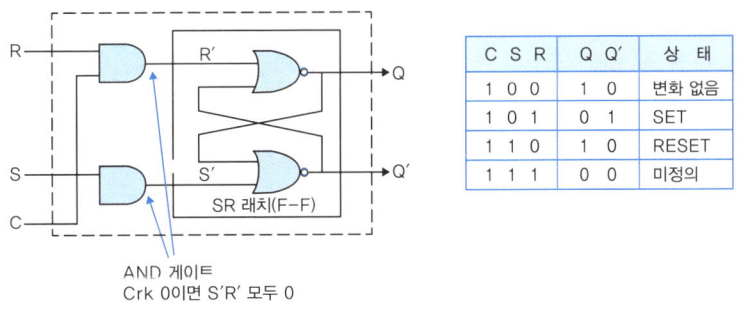

[그림 3-40] NOR회로로 구성한 SR 플립플롭과 진리표

이 플립플롭의 클록 펄스가 0인 경우에는 S, R 입력에 관계없이 NAND G3과 NAND G4의 입력 S′=R′=0이 되므로 출력은 변화하지 않는다. 그러나 클릭 펄스가 1이 되면 S′, R′이 입력으로 전달되어 앞서 설명한 SR 래치와 같은 동작을 한다.

2) D 플립플롭

D(Delay) 플립플롭 또는 D(Data) 플립플롭은 NOT 게이트로 SR 플립플롭에서 구축된다. D 플립플롭은 위에서 살펴본 SR 플립플롭을 변형한 것으로 S-R 래치의 두 번째 바람직하지 않은 특성인 불확실한(미정의) 상태를 제거하는 플립플롭이다. 따라서 S=R=1이 동시에 입력되지 않도록 입력 신호 D가 그대로 출력 신호 Q에 전달하는 플립플롭이다. NOT 게이트는 두 입력(S, R)이 반대 값이 되도록 한다. 따라서 두 개의 입력 클록(C)과 데이터(D), 두 개의 출력 Q로 표시되는 주 출력과 다른 하나는 Q′로 표시되는 Q의 보수이다.

이러한 D-플립플롭은 1비트 이진 데이터를 저장하는 데 사용되어 8~16비트 레지스터 및 디지털 전자 제품에서 널리 사용되는 플립플롭 중 하나이다. D-플립플롭의 회로 구성은 여러 형태로 구성할 수 있는데, 다음은 NAND 회로로 구성된 D 플립플롭이다.
기본적인 SR 래치(플립플롭)와 두 개의 NAND회로, 그리고 NOT 회로로 구성한 경우이다.

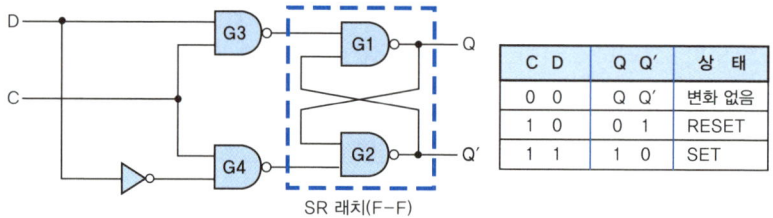

[그림 3-41] NAND 게이트로 구성한 D플립플롭과 진리표

이 회로에서 C=0이면 게이트 G3, 게이트 G4의 출력 신호가 모두 1이 되므로 이런 경우에는 플립플롭의 출력 변화가 없으므로 C=1일 때의 동작과정을 살펴보자.

D=0 이면 게이트 G3의 출력은 1이 되고, 게이트 G4는 입력 신호가 모두 1이므로 출력은 0이 된다. 다음의 동작 과정은 앞서 살펴본 비동기 SR 플립플롭(래치) 동작 과정과 동일하다.

다음에 게이트 G2의 입력 신호 중의 하나가 게이트 G4의 출력 신호이므로 0이 된다. 이때 게이트 G2의 출력 신호는 1이 된다. 또한 게이트 G1의 입력 신호는 게이트 G3의 출력 신호와 게이트 G2의 출력신호이다. 따라서 모두 1이므로 회로 게이트 G1의 출력 신호 Q는 D 입력 신호와 같이 0 이 된다. 물론 D=1인 경우에도 마찬가지로 동작하여 출력 신호 Q는 1이 된다.

다음은 NAND 게이트와 NOR 게이트로 구성한 D 플립플롭이다.

3) JK 플립플롭

기본적인 SR 플립플롭(NOR 게이트로 구성)과 2개의 AND 게이트로 구성되고 입력 신호는 J(set), K(reset) 두 개다. 각각 SR 플립플롭의 S, R과 마찬가지의 역할을 하도록 구성한 회로이다. 물론 JK 플립플롭도 SR 플립플롭에서 나타난 불안정한 상태, 즉 R, S 입력 신호가 모두 1일 때 발생하는 출력의 불안정한 상태를 보완하려는 회로이다. JK 플립플롭은 J, K 입력 신호가 모두 1인 경우 플립플롭이 그 보수 상태로 전환된다. 즉 Q=1이면 Q'=0으로 변하고 반대로 Q=0이면 Q'=1로 변한다.

JK 플립플롭에는 J와 K의 두 가지 입력이 있으므로 변화 없음, SET(설정), RESET(재설정_ 및 토글(toggle)의 네 가지 입력 구성이 가능하다. J 입력은 S, K 입력은 R처럼 작동하면 입력 중 하나가 1(HIGH)일 때 상태가 변경된다.

다음은 NOR 게이트로 구성된 SR 플립플롭과 두 개의 AND회로 게이트로 구성한 경우이다. 그림과 같이 3 입력 AND 게이트를 통해 Q 및 Q' 출력을 S 및 R 입력과 교차 연결하는 것이다. 따라서 AND 회로의 동작만 이해하면 그 다음은 앞에서 배운 SR 플립플롭과 같이 동작하므로 쉽게 이해할 수 있다. 다음 진리표에서 Q는 현재 상태의 출력 값이고 Q' 클록 신호가 변한 상태의 출력 값이다.

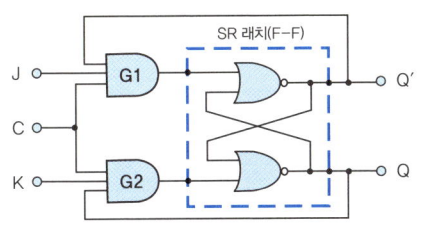

[그림 3-42] J-K 플립플롭의 특성표와 회로

먼저 J, K 입력이 모두 0인 경우는 게이트 G1, 게이트 G2의 출력 신호가 모두 0이 되므로 NOR 회로로 구성된 SR 플립플롭의 출력은 변화가 없다. 다음에 J=0, K=1 인 경우 출력 Q는 0이 된다. 이때 게이트 G2의 출력은 0이다. 게이트 G1의 출력은 AND 게이트의 출력 신호가 되므로 C · K · Q 가 된다. 따라서 C=K=1이므로 출력은 Q가 되므로 Q가 1이면 게이트 G1의 출력 신호는 1이 되고 0이면 0이 된다. 이 때 Q가 1이라고 가정하면 게이트 G1의 출력은 1이다. 게이트 G2의 출력은 0이므로 이것은 SR 플립플롭의 S=0, R=1인 경우와 같으므로 출력 Q=0, Q'=1이 된다. 이어서 J, K입력이 모두 1인 경우 출력은 보수가 된다.

Q=0일 때의 동작 원리를 살펴보자. 게이트 G1의 출력은 0이고 게이트 G2의 출력은 0이 된다. 즉, 기본적인 SR 플립플롭에서 R=0, S=0인 경우이므로 출력 Q는 변화 없이 0을 유지한다. 이러한 JK 플립플롭의 장점은 J=K=1이면 플립플롭 토글, 즉 0 → 1, 또는 1 → 0으로 설정하여 자체 보수 상태를 생성한다.

4. 레지스터

레지스터는 2진 데이터를 유지할 수 있는 저장 장치로 적은 양의 매우 빠른 메모리가 필요한 CPU에서 대부분 발견된다. 수치 계산, 임시 데이터 저장과 CPU와 컴퓨터 시스템의 다른 장치들 사이를 인터페이스하는 하드웨어에서 사용된다. 레지스터는 플립플롭 컬렉션(일반적으로 D 플립플롭)으로 가장 잘 나타내며 N비트를 저장하기 위해서는 레지스터에 N비트의 플립플롭(각 플립플롭을 저장할 비트 당 하나씩)이 있어야한다.

예를 들면 4비트 레지스터는 4개의 D 플립플롭으로 구현된다.

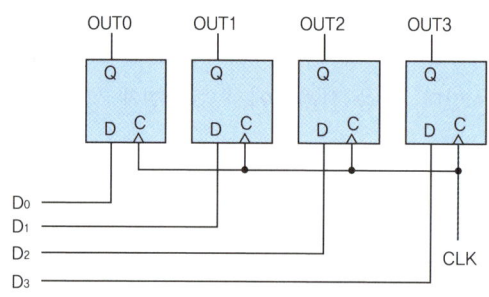

[그림 3-43] 4개의 D 플립플롭으로 구현된 4비트 레지스터

D 플립플롭은 각 비트를 유지하는 데 사용된다. i 번째 비트의 상태는 각 클록에서 Di의 값으로 설정(set)된다. 레지스터에 저장된 4비트 값 r=out3out2out1out0이다.

클록 사이클마다 D 플립플롭의 상태는 D=D3D2D1D0의 값에 따라 설정된다. 여기서 다음 클록 사이클에서 해당 비트의 상태가 변경되면 레지스터의 내용이 단 하나의 클록 사이클 동안만 유효하다는 문제점이 있다. 따라서 다음과 같이 동기식 LOAD가 있는 4비트 레지스터를 구현하기 위하여 명시적으로 변경 될 때까지 값을 저장하는 레지스터가 필요하다.

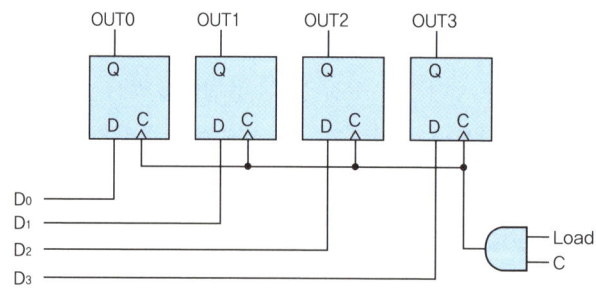

[그림 3-44] LOAD가 있는 4비트 레지스터

따라서 이 레지스터는 원하는 만큼 많은 클록 사이클 동안 값을 저장하는 데 사용할 수 있다. LOAD가 1로 설정 될 때까지 값은 변경되지 않는다. 즉 LOAD=1 일 때 각 비트는 해당 입력 Di에 따라 설정된다. 입력 C는 시스템 클록(클록)과 LOAD 신호의 논리적 AND를 출력하는 AND 게이트에서 출력된다. LOAD가 0이면 플립플롭은 입력에서 차단되고 입력에 응답하여 상태가 변경되지 않는다.

이러한 레지스터에는 실제로 유형이 없다. 레지스터는 ASCII 문자, 메모리 주소, 부호 있는 정수, 부호 없는 정수 등을 저장할 수 있다. 레지스터는 32비트 문자열(bit string)을 저장하며 문자열은 이를 조작하는 어셈블리 언어 명령어에 따른다.

1) 시프트 레지스터(shift register)

시프트 레지스터는 데이터 저장 또는 저장된 데이터를 이동 시키는 기능을 갖춘 n-비트 레지스터이다. 시프트 레지스터는 다음과 같은 응용 프로그램을 수행한다.

- 문자열 지연 삽입
- 직렬 비트 문자열을 병렬 비트 그룹으로 변환
- 병렬 비트 그룹을 직렬 비트 문자열로 변환
- 병렬 비트 그룹을 왼쪽 또는 오른쪽으로 이동하여 2의 제곱으로 곱하기 또는 나눗셈을 수행

대부분의 입출력 통신은 직렬 비트 문자열이기 때문에 직렬 ↔ 병렬 변환은 입출력 제어기가 필요하다. CPU의 데이터 처리는 병렬로 비트 그룹에서 수행된다.
4개의 D 플립플롭을 사용하여 4비트 시프트 레지스터를 다음과 같이 구축 할 수 있다.

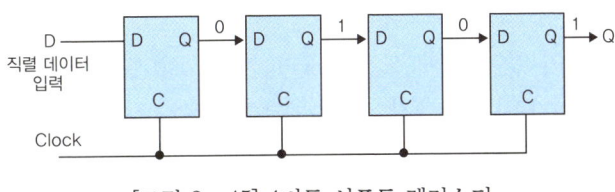

[그림 3-45] 4비트 시프트 레지스터

데이지 체인(daisy-chain) 배열로 함께 연결되므로 하나의 데이터 플립플롭이 다음 플립플롭의 입력이 된다. 데이터 워드를 0101로 가정하면 입력 데이터가 왼쪽의 첫 번째 플립플롭의 D 입력에 순차적으로 적용된다. 각 클록 펄스 동안, 첫 번째 비트(1)가 왼쪽에서 오른쪽으로 전송되면서 출력은 오른쪽의 플립플롭 입력 D와 연결된다.
다음은 '0101'데이터를 오른쪽으로 시프트 하는 과정이다.

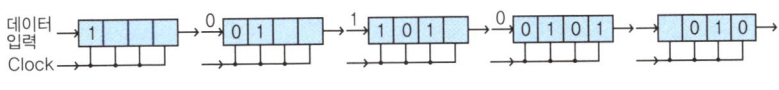

[그림 3-46] 오른쪽 시프트(직렬입력→ 직렬출력)과정

클록펄스가 들어올 때마다 레지스터의 내용은 1비트씩 오른쪽으로 전달된다. 직렬입력은 시프트(이동)하는 동안 플립플롭의 왼쪽으로 들어오는 정보(1비트씩 전달)와 연결되고 직렬출력은 레지스터의 출력으로 플립플롭의 오른쪽으로 출력되면서 다른 부분을 제어하거나 주어진 기능 즉 펄스의 응용에 이용된다. 레지스터의 내용은 클록펄스가 발생될 때마다 1비트씩 전달되므로 레지스터의 내용을 다른 레지스터로 전달된다. 이때 왼쪽 전달은 레지스터의 내용에 2를 곱하는 기능이 되고 오른쪽 전달은 2로 나누는 기능을 갖게 된다. 따라서 시프트 레

지스터는 한 번에 한 비트 씩 데이터를 전송하는 직렬 입/출력 장치를 처리하는 데 아주 유용하다.

시프트 레지스터는 입력과 출력 형태에 따라 직렬입력과 직렬출력(그림 3-47 참조), 직렬입력과 병렬출력, 병렬입력과 직렬출력, 병렬입력과 병렬출력 시프트 레지스터로 구분하기도 한다.

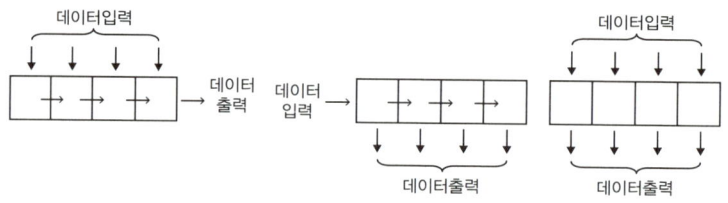

[그림 3-47] 기본적인 시프트 구성(병렬→직렬, 직렬→병렬, 병렬→병렬출력)

그러나 시스템 클록이 시프트 레지스터의 클록 입력으로 직접 전송되므로 지속적으로 이동(시프트)된다는 문제점이 있다. 이때 시프트 제어 신호(Load)를 사용하여 클록 신호를 시프트 레지스터에 전달하거나 시프트 레지스터에 도달하지 못하도록 해야 한다. 직렬 전달을 제어하기 위해서 외부 AND 게이트를 사용하여 구성한 내용은 다음과 같다.

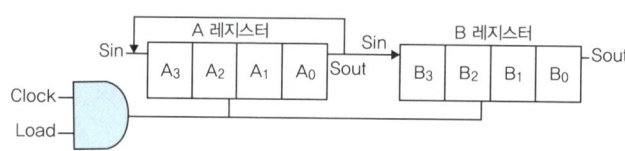

[그림 3-48] AND 게이트 이용 시프트 제어 신호(Load) 구현

위에서 A 레지스터의 내용을 B 레지스터로 직렬 전달하는 과정으로 A 레지스터의 직렬출력은 Sout, B 레지스터의 직렬입력은 Sin이다. 만약 클록이 들어올 때마다 항상 레지스터의 내용이 전달된다면 제어기능이 상실되므로 필요시 전달기능을 수행하기 위해 시프트 제어(Load)입력과 클록(Clock) 입력을 AND 회로로 연결하여 제어하고 있다. 레지스터가 4비트이므로 4번의 클록 펄스로 A 레지스터의 내용이 B 레지스터로 전달된다. 또한 손실을 방지하기 위해 A 레지스터를 다시 순환시킨다.

요 약

1. 부울 대수 – 두 값의 논리적 기능을 표현하는 수학적 표기
- 부울 대수식 : 변수와 AND(·), OR(+), NOT(' 기호) 연산자와 결합
- 진리표 : 모든 가능한 입력 값과 관련된 출력 값을 나타내는 테이블

2. 논리 게이트

1) 기본 게이트 : AND 연산을 수행하는 논리곱(AND) 게이트
 OR 연산을 수행하는 논리합(OR) 게이트
 NOT 연산을 수행하는 논리부정(NOT) 게이트

2) 범용 게이트
- NAND 게이트 : 게이트의 왼쪽 부분은 AND, 오른쪽 부분은 NOT 게이트로 구성
- NOR 게이트 : 게이트의 왼쪽 부분은 OR, 오른쪽 부분은 NOT 게이트로 구성

3) 파생 게이트
- XOR(Exclusive OR) 게이트 : 배타적 논리합을 수행하는 두 개 이상의 입력과 한 개의 출력을 갖는 논리 게이트이다.
- NOR(XNOR) 게이트 : 배타적 논리합에 서로 반대되는 조건의 논리합의 형태

3. 디지털 논리 회로

1) 조합 논리 회로 – OR, AND, NOT 등 기본 논리 게이트를 조합하여 만든 논리 회로
- 가산기(adder) : 반 가산기(half-adder) 회로, 전 가산기(full-adder) 회로
- 디코더(decoders) : 2-4 디코더, 3-8 디코더, BCD-7 세그먼트 디코더
- 멀티플렉서(Multiplexers) : 선택 제어선(control lines) 사용하여 여러 개의 데이터 입력 중 하나를 단일 데이터 출력으로 연결하는 장치
- 디멀티플렉서(Demultiplexer) : 단일 입력을 받아 한 번에 하나씩 2^n개의 출력선 중의 하나로 내보내는 장치

2) 순차 논리 회로 – 기억 요소(메모리)가 포함된 논리 회로, 순차적 처리
현재 입력에는 메모리의 그 전 출력이 포함되어 현재의 출력 값 결정
- 유형
 – 동기식 순차 회로 : 입력 신호 변화는 클록 활성화 될 때 메모리 요소에 영향
 – 비동기 순차 회로 : 입력 신호 변화는 임의의 순간 메모리 요소에 영향

- 래치(비동기 플립플롭) - 양 안정(bi-stable) 상태를 갖는 메모리 요소
  - S-R 래치 : 출력이 반대 입력으로 다시 연결되는 피드백 배열
  2개의 입력 셋(Set), 리셋(Reset)과 2개의 출력 Q와 Q'로 구성
- 플립플롭(F/F; flip-flop) - 1비트를 저장(유지)할 수 있는 게이트로 구성된 회로
  - SR F/F : 두 가지 상태(Q와 Q') 중 하나에 배치되는 두 개의 입력 S(Set) 및 R(Reset)이 있는 장치
  - D F/F : SR F/F 변형으로 S-R 래치의 불확실한(미정의) 상태 제거
  S=R=1이 동시 입력이 안 되도록 입력 신호 D가 출력신호 Q에 전달
  - ZK F/F : SR F/F과 2개의 AND 게이트로 구성(SR 플립플롭 보완)
  입력 신호는 J(set), K(reset)로 각각 SR F/F의 S, R과 동일한 역할
- 레지스터 - 2진 데이터를 유지할 수 있는 저장 장치
  - 시프트 레지스터 : 데이터 저장 또는 저장된 데이터 이동 기능

제3장 연습문제

주관식

1. 다음을 사용하여 XOR 함수를 구현하시오
   a) NAND 게이트 만 사용
   b) NOR 게이트 만 사용
   c) AND, OR 및 NOT 게이트 사용

2. 다음과 같이 게이트 도형에서 입력값이 주어지면 결과는?

   a) A=1, B=0이면 R은?

   b) A=0, B=1, C=0이면 R은?

   c) A=1, B=0, C=1이면 R은?

   d) A=1, B=0, C=1이면 R은?

3. 입력 1출력(4-to-1) 멀티플렉서의 기호(block diagram)는?

4. 조합 회로와 순차 회로에 대해 간략하게 설명하시오.

5. 6. 카노맵 관련은 추후 보강

제3장 연습문제

객관식

1. 전가산기를 구성하기 위하여 필요한 소자를 바르게 나타낸 것은?
   ① 반가산기 2개, AND 게이트 1개 ② 반가산기 1개, AND 게이트 2개
   ③ 반가산기 2개, OR 게이트 1개   ④ 반가산기 1개, OR 게이트 2개

2. 두 데이터의 비교(Compare)를 위한 논리연산은?
   ① XOR 연산   ② AND 연산   ③ OR 연산   ④ NOT 연산

3. 10진수 −14를 2의 보수 표현법을 이용하여 8비트 레지스터에 저장하였을 때, 이를 오른쪽으로 1비트 산술 시프트 했을 때의 결과는?
   ① 10000111   ② 00000111   ③ 11111001   ④ 01111001

4. 그림의 Decoder에서 $Y_0=0$, $Y_1=1$이 입력되었을 때 "1"을 출력하는 단자는?

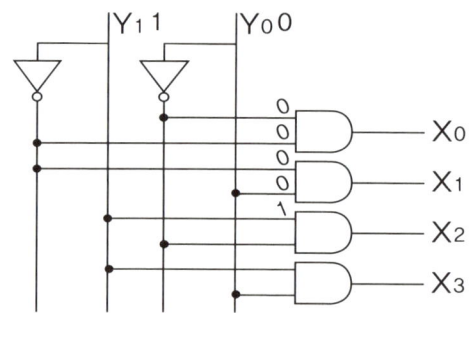

   ① X_0 ② X_1 ③ X_2 ④ X_3

5. 다음 Half-Adder의 진리표를 참조하여 캐리(C)와 합(S)을 구한 결과가 옳은 것은?

x	y	C	S
0	0	0	0
0	1	0	1
1	0	0	1
1	1	1	0

   ① $S=x \oplus y$, $C=xy$ ② $S=xy+xy$, $C=xy$ ③ $S=x+y$, $C=xy$ ④ $S=xy+y$, $C=xy$

6. 논리회로를 바르게 표시한 논리식은?

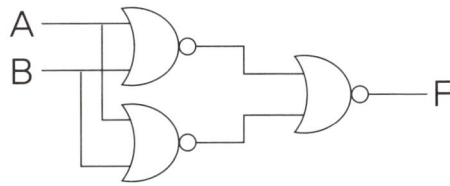

① F=A · B   ② F=$\overline{A}$+$\overline{B}$ ③ F=$\overline{A}$ · $\overline{B}$ ④ F=A+B

7. 16개의 입력 선을 가진 multiplexer의 출력에 32개의 출력 선을 가진 demultiplexer를 연결했을 경우에 multiplexer와 demultiplexer의 선택 선은 각각 몇 개를 가져야 하는가?

① 멀티플렉서 : 4개, 디멀티플렉서 : 5개   ② 멀티플렉서 : 4개, 디멀티플렉서 : 3개
③ 멀티플렉서 : 8개, 디멀티플렉서 : 4개   ④ 멀티플렉서 : 4개, 디멀티플렉서 : 8개

8. 조합논리회로 중 중앙처리장치에서 번지 해독, 명령 해독 등에 사용되는 회로는?

① 디코더(Decoder)   ② 엔코더(Encoder)
③ 멀티플렉서(MUX)   ④ 디멀티플렉서(DEMUX)

9. 논리식 Y=AB+A(B+C)+B(B+C)를 가장 간소화 시킨 것은?

① AB+C   ② ABC   ③ B+AC   ④ A+BC

10. 다음 ROM의 회로도와 진리표의 내용을 토대로 A, B, C 값을 구한 결과는?

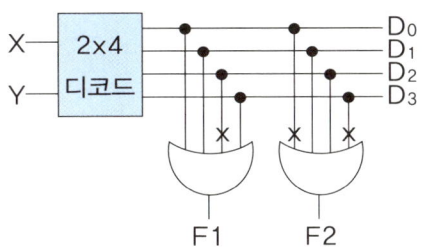

① A=0, B=1, C=0   ② A=0, B=1, C=1   ③ A=1, B=1, C=0   ④ A=1, B=1, C=1

11. 불 함수식 F=(A+B) · (A+C)를 간략화 한 것은?

① F=A+BC   ② F=B+AC   ③ F=A+AC   ④ F=C+AB

12. 논리식 Y=AB+A(B+C)+B(B+C)를 가장 간소화 시킨 것은?

① AB+C   ② ABC   ③ B+AC   ④ A+BC

13. 가산기능과 보수기능만 있는 ALU를 이용하여 연산 F=A−B를 하고자 할 때 가장 적합한 방법은?

　　① F=A−B　　② F=A−B+1　　③ F=A+B'+1　　④ F=A'+B+1

14. 하나의 전가산기를 구성하는 필요한 반가산기는 최소 몇 개 인가?

　　① 5　　② 4　　③ 3　　④ 2

15. A=01010101, B=10101010 일 때 A와 B의 불 곱(boolean product)은?

　　① 00000000　　② 01010101　　③ 10101010　　④ 11111111

16. 이항연산자가 아닌 것은?

　　① OR　　② AND　　③ XOR　　④ Complement

17. 회로의 논리함수가 다수결 함수(Majority Function)를 포함하고 있는 것은?

　　① 전가산기　　② 전감산기　　③ 3-to-8 디코더　　④ 우수 패리티 발생기

18. 다음 회로의 기능으로 옳은 것은?

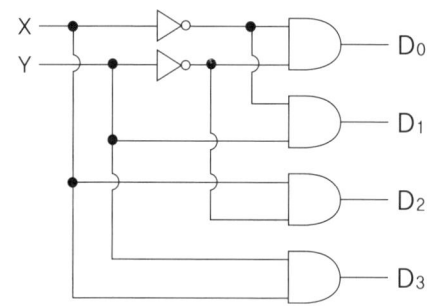

　　① decoder　　② multiplexer　　③ encoder　　④ shifter

19. 반감산기에서 차를 얻기 위하여 사용하는 게이트는 EX−OR이다. 이 EX−OR와 같은 기능을 수행하기 위하여 필요한 게이트를 조합할 때, 필요한 게이트와 개수는?

　　① NOR Gate, 3개　　② NAND Gate, 5개　　③ OR Gate, 6개　　④ AND Gate, 6개

20. 다음 불 함수의 대수식이 옳지 않은 것은?

　　① $\overline{X \cdot Y} = \overline{X} + \overline{Y}$　　② $X \cdot \overline{X} = 0$　　③ $X + Y = 2X$　　④ $X + \overline{X}Y = X + Y$

21. 다음 ( )안에 알맞은 것은? (단, NOT은 고려하지 않는다.)

    | 3 x 8 Decoder는 ( ) 회로 8개로 만들 수 있다 |

    ① NOR ② OR ③ NAND ④ AND

22. 논리식 Y=A+AB+AC를 간략화 하면?

    ① Y=A ② Y=Bw ③ Y=A+B ④ Y=A+C

23. 입력 X, Y, Z에 대한 전가산기(Full Adder)의 캐리(Carry) 비트 C를 논리식으로 가장 옳게 나타낸 것은?

    ① C=XY+XZ ② C=XYZ ③ C=X⊕Y⊕Z ④ C=XY+(X⊕Y)Z

24. JK 플립플롭의 동작 설명으로 틀린 것은?

    ① J, K 입력이 모두 0일 때 출력은 변하지 않는다.
    ② J=0, K=1 일 때 Q=0, Q'=1이다.
    ③ J=1, K=0 일 때 Q=1, Q'=0이다.
    ④ J=1, K=1 일 때 출력은 무의미하며, 사용이 안 된다.

25. 다음 중 조합논리회로가 아닌 것은?

    ① 감산기 ② 디코더 ③ 카운터 ④ 디멀티플렉서

26. 플립플롭에 관한 설명으로 가장 적합하지 않은 것은?

    ① 플립플롭은 레지스터를 구성하는 기본소자이다.
    ② 일반적으로 2비트를 기억하는 메모리 소자이다.
    ③ 플립플롭의 저장상태를 바꾸어서 회로의 기능을 변경할 수 있다.
    ④ 정보는 전원이 공급될 때에만 보관 및 유지된다.

27. JK 플립플롭의 동작 설명으로 틀린 것은?

    ① J, K 입력이 모두 0일 때 출력은 변하지 않는다.
    ② J=0, K=1 일 때 Q=0, Q'=1이다.
    ③ J=1, K=0 일 때 Q=1, Q'=0이다.
    ④ J=1, K=1 일 때 출력은 무의미하며, 사용이 안 된다.

28. 반가산기를 구성하고 있는 논리 게이트의 종류는?

    ① AND와 OR ② AND와 NOT ③ OR와 NOT ④ AND, OR와 NOT

29. A 레지스터 내용이 "11010100" 이고, B 레지스터 내용이 "10101100" 일 때 A와 B의 AND 연산 결과는?

① 11010100　　② 10101100　　③ 10000100　　④ 11111100

30. 그림과 같은 전가산기(Full Adder)의 압력이 A=1, B=0, C=1일 때 출력 So(합)와 Co(캐리)는?

① Co=0, So=0　　② Co=0, So=1　　③ Co=1, So=0　　④ Co=1, So=1

31. 다음 회로의 출력 Y 값은?

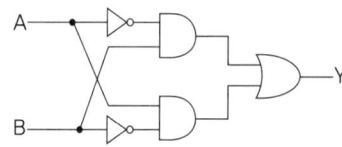

① Y = A B + $\overline{A}\,\overline{B}$　　② Y = $\overline{A}\,\overline{B}$ + A B　　③ Y = A $\overline{B}$ + A B　　④ Y = A $\overline{B}$ + $\overline{A}$ B

32. 하나의 입력 정보를 여러 개의 출력선 중에 하나를 선택하여 정보를 전달하는데 사용하는 것은?

① 디코더(decoder)
② 인코더(encoder)
③ 멀티플렉서(multiplexer)
④ 디멀티플렉서(demultiplexer)

33. 플립플롭이 가지고 있는 기능은?

① 전송 기능　　② 기억 기능　　③ 증폭 기능　　④ 전원 기능

34. 다음 중 순서논리회로가 아닌 것은?

① 플립플롭　　② 레지스터 회로　　③ 카운터 회로　　④ 가산기 회로

35. D 플립플롭에 입력 D가 들어오고, 클록펄스가 들어올 때 출력 Q(t+1)의 식은?

① D$\overline{Q}$ + $\overline{D}$Q　　② D$\overline{Q}$　　③ D　　④ $\overline{D}$

36. 다음 조합 논리 회로의 명칭으로 옳은 것은?(단, 입력 변수는 A, B, 출력 변수는 X, y이다.)

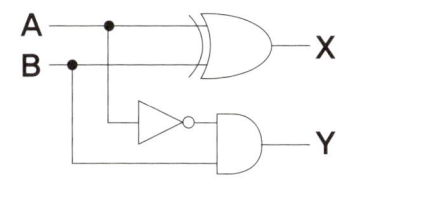

① 전가산기　　② 반가산기　　③ 전감산기　　④ 반감산기

37. 다음 그림에서 F를 A, B의 부울식으로 나타내면? (단, 그림에서 X는 선의 절단을 표시함)

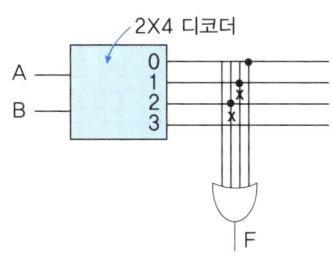

① $F=\overline{A \oplus B}$　　② $F=\overline{A}B+A\overline{B}$　　③ $F=AB$　　④ $F=A+B$

38. 다음 회로의 명칭은?

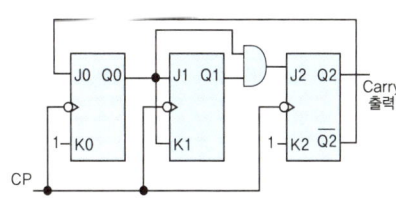

① 동기식 3진 카운터　　② 동기식 4진 카운터
③ 동기식 5진 카운터　　④ 동기식 6진 카운터

39. 디멀티플렉서(demultiplexer)에 대한 설명 중 옳은 것은?

① data selector라고도 불린다.
② 2^n개의 input line과 n개의 output line을 갖는다.
③ n개의 input line과 2^n개의 output line을 갖는다.
④ 1개의 input line과 n개의 selection line을 갖는다.

40. 다음 논리회로의 결과로 옳은 것은?

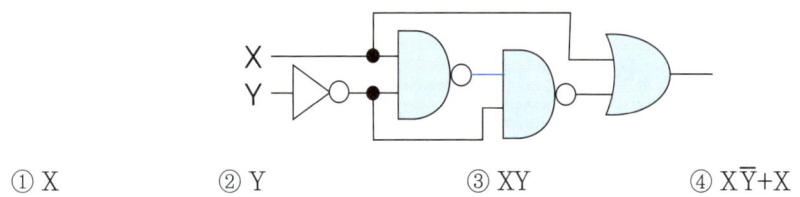

① X   ② Y   ③ XY   ④ X$\overline{Y}$+X

41. 2의 보수로 표현되는 수가 A, B 레지스터에 저장되어 있다. A ← A-B 연산을 수행한 후의 A 레지스터는?

A 레지스터	B 레지스터
FFFF FF61	0000 004F

① 00000012   ② FFFFFF12   ③ 000000B0   ④ FFFFFFB0

42. 1비트(bit)를 기억하는 소자 장치인 것은?

① register   ② accumulator   ③ flip-flop   ④ delay

43. 전가산기(full-adder)의 carry 비트를 논리식으로 나타낸 것은? (단, x, y, z는 입력, C(carry)는 출력)

① C=x ⊕ y ⊕ z   ② C=x'y + x'z + yz   ③ C=xy + (x⊕y)z   ④ C=xyz

44. 레지스터에 저장되어 있는 몇 개의 비트를 1로 하기위해서는 그 장소에 x를 가진 데이터를 y 연산을 하면된다. 이 때 x와 y는?

① x=0, y=AND   ② x=1, y=AND   ③ x=1, y=OR   ④ x=0, y=OR

45. 다음 중 조합 논리 회로는?

① 멀티플렉서   ② 레지스터   ③ 카운터   ④ RAM

46. 하나의 AND 회로와 E-OR 회로를 조합한 회로는?

① 반가산기   ② 전가산기   ③ 래치   ④ 플립플롭

47. 다음 회로의 출력 f가 0이 되기 위한 조건은?

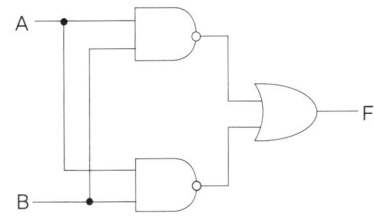

① A=0, B=0　　② A=0, B=1　　③ A=1, B=0　　④ A=1, B=1

48. 전가산기에서 합(sum) 회로는 다음을 사용하여 구현된다.

① And & OR 게이트　　② NAND 게이트　　③ XOR　　④ XNOR

49. 다음 논리회로의 결과로 옳은 것은?

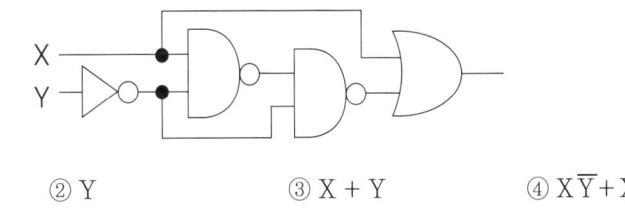

① X　　　　② Y　　　　③ X + Y　　　　④ $X\overline{Y}+X$

50. 플립플롭이 가지고 있는 기능은?

① 전송 기능　　② 기억 기능　　③ 증폭 기능　　④ 전원 기능

51. D 플립플롭에 입력 D가 들어오고, 클록펄스가 들어올 때 출력 Q(t+1)의 식은?

① $D\overline{Q}+\overline{D}Q$　　② $D\overline{Q}$　　③ D　　④ $\overline{D}$

52. 순서 논리 회로에 대한 설명 중 옳지 않은 것은?

① 순서 논리 회로는 논리 게이트 외에 메모리 요소와 귀환(feedback) 기능을 포함한다.
② 순서 논리 회로의 출력은 현재 상태의 입력상태와 전 상태에 의해 결정되며 회로의 동작은 순내부 상태와 입력 등의 시간 순차에 의해 결정된다.
③ 순서 논리 회로의 출력은 입력 상태와 메모리 요소들의 상태에 따라 값이 결정되므로 언제나 일정한 값을 갖지 않는다.
④ 순서 논리 회로는 현재 상태가 다음 상태의 출력에 영향을 미치는 논리 회로로서 플립플롭, 패리티 발생기, 멀티플렉서 등이 있다.

53. 오류 검출용 코드가 아닌 것은?

　① 해밍 코드　　② 패리티 검사　　③ Biquinary 코드　　④ Excess-3 코드

54. 4비트의 데이터 비트와 1비트의 패리티 비트가 사용되는 경우 몇 개 비트까지 에러를 검출할 수 있는가?

　① 1　　② 2　　③ 3　　④ 4

55. 다음 중 2의 보수(2's complement) 가산 회로로서 정수 곱셈을 이행할 경우 필요 없는 것은?

　① shift　　② add　　③ complement　　④ normalize

56. 다음 논리회로에서 단자 A에 0000, 단자 B에 0101 이 입력된다고 할 때 그 출력은?

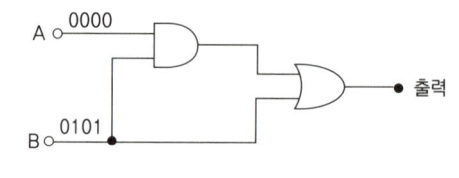

　① 1111　　② 0110　　③ 1001　　④ 0101

57. 8비트 부호와 2의 보수로 나타낸 수 -77을 오른쪽으로 두 비트 산술 시프트 수행한 결과는?

　① OVERFLOW　　② -19　　③ -19.5　　④ +1904 명령어 구조

제3장 객관식 답

1.③	2.①	3.③	4.③	5.①	6.④	7.①	8.①	9.③	10.①
11.①	12.③	13.③	14.④	15.①	16.④	17.①	18.①	19.②	20.③
21.④	22.①	23.④	24.④	25.③	26.②	27.④	28.④	29.③	30.③
31.④	32.④	33.②	34.④	35.③	36.④	37.①	38.③	39.④	39.③
41.②	42.①	43.③	44.③	45.①	46.①	47.④	48.③	49.③	50.②
51.③	52.④	53.④	54.①	55.④	56.④	57.②			

명령어 구조

학·습·목·표
- 컴퓨터의 기본 구성을 통해 목적과 기능을 이해한다.
- 명령어의 구성과 형식에 대하여 이해한다.
- 명령어를 오퍼랜드 저장 위치 및 수에 따라 분류할 수 있다.
- 명령어를 연산 제어에 따라 기능별로 분류할 수 있다.
- 명령어 형식과 다양한 명령어 주소 지정 기술에 대해 이해할 수 있다.
- 기본 주소 지정 형태와 명령어 설계 주요 문제점에 대해 살펴본다.

Section

01. 명령어
02. 명령어 구조 분류
03. 명령어 주소 지정
04. 형식과 주소 지정
05. 주소 지정 형태와 설계

들·어·가·기

프로세서의 동작은 기계 명령어 또는 컴퓨터 명령어라고 하는 실행 명령어에 의해 결정된다. 프로세서가 실행할 수 있는 다양한 명령어의 집합을 프로세서의 명령어 집합(Instruction Sets)이라고 한다. 1장에서는 프로그램 명령어에 대한 일반적인 개념을 살펴보았다. 여기서는 명령어가 어떻게 구성되는지에 대해 설명하고 명령어를 메모리에서 프로세서로 가져 와서 주어진 작업 수행 과정을 알아본다. 또한 명령어를 중심으로 명령어의 종류와 형식, 다양한 액세스를 통한 장·단점 비교분석, 그리고 명령어의 성능과 관련된 명령어 형태도 살펴보고자 한다. 특히 메모리 위치 및 프로세서 레지스터에서 오퍼랜드에 액세스하는 데 일반적으로 사용되는 주소 지정 방법도 살펴보기로 한다. 여기서는 명령어 집합을 간략하게 명령어라 칭한다.

Section 01 명령어

CPU가 수행할 동작을 정의하는 2진수 코드들의 집합 또는 명령어들의 집합 구조를 ISA(Instruction Set Architecture)라 하며 ISA는 어셈블리 언어 프로그래머나 컴파일러 작성자와 같이 저수준 프로그래머가 볼 수 있는 컴퓨터 부분을 의미한다. 또는 마이크로프로세서가 인식해서 기능을 이해하고 실행할 수 있는 기계 명령어(machine instruction)라고도 한다. 일반적으로 ISA는 어셈블리 코드(assembly code) 형태로 표현하며 CPU의 사용목적, 특성에 따라 결정된다. 여기서는 이러한 명령어의 구성과 형식에 대하여 설명한다.

1-1 명령어 특성

명령어에는 사용자가 원하는 연산(operations)과 오퍼랜드(Operand) 그리고 처리되는 순서를 프로세서에게 지시하는 명령문(statement)이 있다.

1. 명령어 구조

컴퓨터 명령어는 컴퓨터가 수행해야하는 물리적인 연산, 그 명령어를 수행하는데 필요한 자료가 저장된 위치(레지스터, 메모리) 등을 나타내는 0과 1의 이진 코드이다. 프로세서는 이러한 명령어의 이진 코드를 해석하여 명령을 실행한다. 이와 같이 명령을 저장하여 실행하는 "프로그램 내장방식" 개념은 이미 앞서 1장에서 설명하였다.

명령어의 가장 간단한 구조는 두 부분으로 나누어지는데 실행할 연산을 나타내는 연산 코드(Opcode)와 연산자 및 연산 코드에 따라 달라지는 연산 대상(실행될 연산) 즉 오퍼랜드(피연산자)이다.

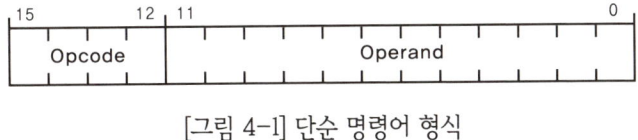

[그림 4-1] 단순 명령어 형식

일반적으로 오퍼랜드는 연산자에 의해 처리되는 객체의 주소(기억 장소)로 표현되며 원시 오퍼랜드와 목적 오퍼랜드로 구분하여 다음과 같이 표현한다.

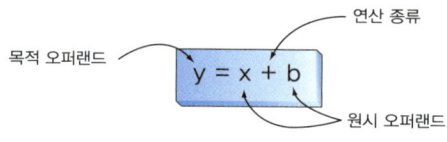

[그림 4-2] 연산 코드(+)와 오퍼랜드(y, x, b)

명령어의 가장 기본적인 부분은 연산코드 부분이다. 연산 코드는 가감승제, 시프트, 보수 등과 같은 연산을 정의한 부분으로 명령어의 구성, 연산 자료의 종류, 명령어 비트들의 할당 상황 등을 나타낸다. 이 연산코드 부분이 n비트로 구성되면 최대한 2^n개의 서로 다른 연산을 실행 할 수 있다. 오퍼랜드(피연산자)는 처리될 데이터 그 자체 또는 데이터가 기억되어 있는 메모리 주소(메모리내의 위치) 또는 저장된 레지스터를 표시하며 또한 연산 결과가 저장될 장소를 의미한다. 물론 오퍼랜드는 주소 부분에 명시적으로 나타날 수 있고 명령어 연산 코드에 암시적으로 함축되어 나타날 수 있다 .이와 같은 명령 코드의 구조 형식은 컴퓨터의 구조 설계자에 의해 결정된다.

2. 명령어 요소

명령어는 고급 언어의 명령어를 사용자가 표현하기에 충분하도록 다음과 같은 요소를 포함해야 한다.

- 데이터 처리 : 산술, 논리 및 시프트 명령어
- 데이터 저장 : 데이터(정보)의 프로세서 레지스터간 또는 메모리 이동
- 제어 : 상태 확인(Test)과 프로그램 분기(branch) 명령어
- 데이터 이동 : 입출력 명령어

산술 명령은 숫자 데이터를 위한 계산 기능을 제공하고 논리 및 시프트 명령어는 다른 유형의 데이터(비트 연산)를 처리할 때 사용한다. 이진 정보의 대부분은 메모리에 저장되지만 연산은 주로 프로세서 레지스터에서 수행되므로 메모리와 레지스터간에 데이터 이동 명령어가 필요하다. 상태 확인(Test)은 값을 비교한 후 진행 방향을 결정하며 분기 명령과 같은 프로그램 제어 명령은 프로그램이 실행되는 순서를 변경하는 데 사용된다. 입출력 명령어는 컴퓨터와 사용자 간의 통신을 위해 사용된다. 프로그램과 데이터를 메모리로 전송하고 계산 결과는 다시 사용자에게 전송하는 기능을 수행한다. 이외에도 다양한 유형의 명령어가 사용되고 있다.

3. 명령어 기본 구성

노이만 컴퓨터는 이러한 명령어를 메모리에 저장하여 실행하므로 어디에 저장(위치)하고 어떠한 구조로 명령어를 구성해야 하는가의 문제는 성능 향상에 중요한 부분이다. 특히 명령어는 소프트웨어와 하드웨어 사이의 경계 역할을 하므로 프로그래머의 요구 사항과 함께 프로세서에 의해 수행되는 많은 기능과 또한 컴퓨터 시스템에 영향을 주기 때문에 구현이 매우 복잡하다.

명령어 구조의 기본적인 결정 사항은 다음과 같이 요약할 수 있다.

- 연산 유형과 수
  제공되는 연산(무엇을)과 연산의 수, 그리고 복잡한 연산의 수행과 더불어 어떤 명령어가 메모리에 액세스 할 수 있는지, 또는 액세스 할 수 없는지 등을 표현
- 오퍼랜드의 유형과 크기
  연산이 수행되는 다양한 오퍼랜드의 유형(주소, 숫자 문자 또는 논리 데이터)
- 명령어 형식
  명령어 길이(비트)와 주소(오퍼랜드) 수(명령어 당 1, 2, 3이 가장 일반적임) 등 다양한 필드 크기 등 표현
- 오퍼랜드 위치(주소 지정)
  오퍼랜드의 위치(주소 지정)는 CPU, 예를 들면 스택 구조 또는 레지스터에 저장되는가? 아니면 메모리에 위치 할 수 있는가? 등을 고려해서 지정해야 한다. 명령어별로 허용되는 오퍼랜드의 조합으로 레지스터-레지스터(R-R), 레지스터-메모리(R-M) 또는 메모리-메모리(M-M)로 분류할 수 있다.
- 레지스터
  명령어로 참조 할 수 있는 프로세서 레지스터의 수와 사용 등에 대한 구성(조직)

위의 모든 것 중에서 가장 두드러진 요소가 첫 번째 요소나 상호 관련성이 높으므로 함께 고려해야 한다. 물론 짧은 명령은 일반적으로 메모리 공간을 적게 차지하며 빠르게 적재할 수 있기 때문에 좋으나 필요한 명령어 수를 지정하기에 충분한 비트가 필요하므로 명령어 수를 제한하게 되는 문제점이 있다. 한편 고정 길이의 명령어는 해독하기 쉽지만 공간을 낭비한다. 물론 반드시 고정 된 수의 연산자를 의미하지는 않는다. 또한 단어가 여러 바이트로 구성된 경우 이러한 바이트를 컴퓨터에 어떤 순서(Little Endian, Big Endian)로 저장해야 할지를 결정해야 한다.

4. 오퍼랜드의 유형

오퍼랜드는 데이터라고도 하며 여러 가지 형태로 존재할 수 있다. 가장 중요한 유형은 다음과 같다.

1) 주소

주소는 데이터의 한 형태로 일부 계산은 명령어의 오퍼랜드 참조 즉, 메인 메모리 또는 가상 메모리 주소를 결정하기 위해 수행되며 이는 명령어의 실제 주소를 결정한다. 이런 의미에서 주소는 부호 없는 정수이다.

2) 숫자

모든 컴퓨터는 2진 정수 또는 고정 소수점, 2진 부동 소수점 그리고 10진수 등 세 가지 유형의 숫자 데이터 형식을 지원한다. 물론 컴퓨터에서 표현할 수 있는 숫자의 크기에는 제한이 있으며, 부동 소수점 숫자의 경우 정밀도에 제한이 있다. 따라서 프로그래머는 반올림, 오버플로 및 언더플로우의 결과를 이해해야 한다. 앞서 살펴보았지만 컴퓨터 시스템은 이진 데이터 연산으로 실행되나 사용자는 십진수로 처리하므로 입력(10진수에서 2진수로) 및 출력(2진수에서 10진수로) 변환 작업이 필요하다.

3) 문자

문서화를 제공하기 위해 일반적으로 사용되는 데이터는 텍스트 또는 일부 문자열이다. 텍스트 데이터는 편리하지만 문자 형식으로는 데이터 처리 및 통신 시스템에서 쉽게 저장하거나 전송할 수 없다. 오늘날 대부분의 컴퓨터는 ASCII 형식 코드를 사용하여 고유 한 7비트 패턴으로 문자를 나타낸다. 또 다른 코드는 확장이진코드된 십진교환코드(EBCDIC ; Extended Binary Coded Decimal Interchange Code)와 같은 다른 유형의 형식이 문자를 인코딩하는 데 사용된다.

4) 논리 데이터

프로세서는 데이터를 비트, 바이트, 단어 그리고 2배 단어로 해석하며 이러한 데이터를 데이터 단위라고도 한다. 이들은 명령어에 사용되는 서로 다른 유형의 오퍼랜드이다. 데이터 관점에서 각 항목은 0 또는 1을 값을 갖는 논리적 데이터이다. 따라서 각 항목이 1(참) 및 0(거짓) 값만 표현할 수 있는 부울 또는 이진 데이터 항목을 저장할 수 있다. 또한 부동 소수점 연산의 경우 일부 연산에서 중요한 비트를 이동할 수 있다.

1-2 명령어 저장

프로세서(CPU)는 메모리에서 읽은 명령을 실행한다. 명령어는 메모리에서 값을 레지스터로 적재하고 레지스터에서 메모리로 값을 저장하는 형태와 레지스터에 저장된 값을 조작(연산) 하는 (예를 들어, 두 개의 레지스터 값을 덧셈, 뺄셈, 비트 연산(and, or, xor 등))을 수행하는 두 가지로 구분된다.

1. 메모리

앞서 살펴보았듯이 명령어의 가장 간단한 구성은 명령 코드와 하나의 오퍼랜드로 나누어 첫 번째 부분(Opcode)은 수행 할 작업을 지정하고 두 번째 부분(오퍼랜드)은 주소를 지정한다. 명령어 및 데이터 오퍼랜드 모두 프로그램 실행 중에 메모리에 저장되므로 프로그래머는 메모리를 [그림 4-3]와 같이 주소 지정이 가능한 선형 배열로 처리한다. 대부분 메모리 시스템에서 메모리의 가장 작은 주소 지정 위치는 1바이트(8비트)이다. 프로세서에서 처리 할 수 있는 메모리 범위를 주소 공간이라고 한다. 예를 들어, 32비트 프로세서에서 실행되는 프로그램은 최대 4GB(2^{32}바이트)의 주소 공간을 주소 지정할 수 있다.

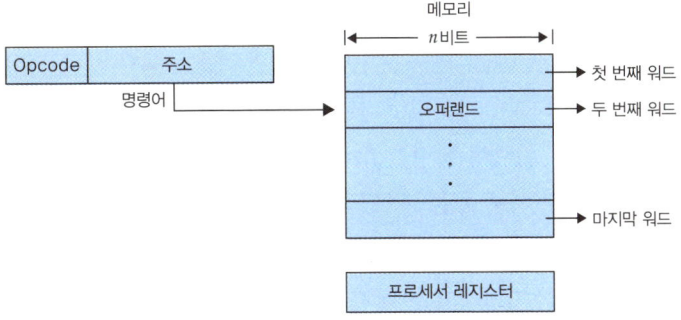

[그림 4-3] 명령어 메모리 저장

위 그림에서 4096 워드를 가진 메모리에 대한 주소 할당을 위하여 최소 12비트(2^{12}=4096) 번지가 필요하다. 따라서 16비트로 구성된 명령어 길이를 사용한다면 12비트는 번지에 그리고 나머지 4비트는 명령코드에 할당함으로써 최소한 16개의 명령어를 작성할 수 있다. 이러한 명령어를 실행하면 지정된 번지의 오퍼랜드와 레지스터 사이에 마이크로연산들이 실행된다. 명령코드는 컴퓨터에게 지정된 연산을 실행하도록 명령하는 이진 코드이다. 이때 제어 장치는 메모리로부터 이러한 명령어를 받아서 명령코드를 해석하여 프로세서 레지스터에게 세부적인 단계별 마이크로연산을 실행하게 한다. 이러한 마이크로연산에 대한 내용은 5장을 참고한다.

2. 레지스터

컴퓨터의 중요한 차이는 컴퓨터의 CPU에 포함되어 있는 레지스터의 수 그리고 기능과 관련이 있다. 그러므로 컴퓨터에 따라 레지스터의 크기가 다르며 특별한 목적과 용도를 갖고 있는 레지스터를 갖고 있거나 임의의 용도로 사용할 수 있는 범용 레지스터를 갖고 있다. 여기서는 명령어와 관련된 레지스터를 간략하게 설명하고 자세한 내용은 다음 5장을 참고하도록 한다. 다음은 CPU(프로세서)의 기본적인 레지스터를 보여주고 있다.

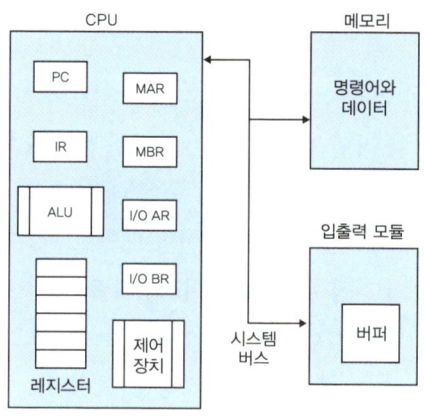

[그림 4-4] CPU(프로세서) 구조

노이만 컴퓨터는 1개의 프로그램 카운터(PC)를 갖고 있음을 이미 1장에서 설명하였다. 위 그림과 같이 명령을 실행하기 위하여 명령을 보존하는 하나의 레지스터가 있다. 이러한 레지스터를 명령 레지스터(IR)라고 하며 보통 프로그래머가 내용을 처리하는 레지스터가 아니다.

또한 메모리로부터 자료나 명령을 인출하기 위하여 기억 장치에 액세스하려고 할 때 액세스하고자 하는 장소의 주소를 기억시키는 레지스터로 메모리 주소 레지스터(MAR)와 정보를 메모리에 저장하거나 메모리에서 읽은 정보를 저장하는 메모리 버퍼 레지스터(MBR)가 있다. 이러한 레지스터들은 특수목적을 수행하기 위한 전담 레지스터로 프로그래머가 확인할 수 없는(invisible) 레지스터들이다.

이밖에 주소와 관련된 색인(index) 레지스터, 기준(base) 주소 레지스터 등이 있다.

3. 프로세서 상태 비트

명령(프로그램)이 수행되고 있을 때 CPU는 각 명령이 수행될 때마다 상태 전환을 하게 된다. 예를 들면 산술 연산이나 논리 연산의 결과와 같이 연산과정에서 발생되는 상태의 정보를 보관하거나 상태를 나타내는 비트를 프로세서 상태 비트 또는 플래그(flag)라 한다. 이와 같이 상태 비트 또는 플래그를 나타내는 플래그 레지스터는 개별 비트는 동작을 제어하거나 프로세서의 상태(조건)를 나타낸다. 일반적으로 사용되는 플래그에는 다음과 같이 구분한다.

1) 제어 플래그(T, I, D)

프로세서가 특정 상황에 어떻게 반응하는지 결정한다. 제어 플래그는 프로그래밍이 가능하다. 즉, 프로세서의 동작을 제어하도록 프로그래머에 의해 설정/재설정(set/reset) 될 수 있다.

- T (추적 플래그) : 프로그램 개발 또는 프로그램 디버깅 중에 매우 유용하다. 설정(T=1)되면 프로세서는 1 단계(single stepping) 모드에서 작동한다. 즉, 각 명령어가 실행 된 후 일시 중지된다.
- I (인터럽트) : 설정(I=1)되면 외부 인터럽트 활성화, 아니면 비활성화(I=0) 즉, 외부 인터럽트를 금지한다.
- D (방향 플래그) : 문자열(블록 이동) 작업에 사용된다. 설정(D=1)후 이동(MOV) 명령이 실행되면 인덱스 레지스터의 내용이 자동으로 감소되어 높은 주소에서 낮은 주소로 문자열에 액세스한다.

2) 상태 플래그(C, P, A, Z, S, O)

상태 플래그(비트 0, 2, 4, 6, 7 및 11)는 ADD, SUB, MUL 및 DIV 명령어와 같은 산술 명령어의 결과를 나타내도록 설정하며 조건부 점프 명령을 제어하는 데 사용된다.

- C (carry) : C-1이면 더하기에서 최상위 비트(MSB)에서 수행(올림수)이 있거나 뺄셈에서 MSB에 차용(빌림)이 있는 경우이다. 그렇지 않으면 C=0이다. 물론 이동(shift) 및 회전(rotate) 명령의 영향을 받는다.
- P (parity) : 짝수인 경우 P=1, 홀수인 경우 P=0
- A (Auxiliary) : 보조적으로 사용된다. A=1이면 더하기 경우 비트 3에서 수행이 있거나 뺄셈의 경우 비트 3에서 차용(빌림)한다. 그렇지 않으면 A=0이다. 또한 A는 BCD (Binary-coded Decimal) 연산에 사용된다.
- Z (zero) : 연산결과가 0이면 Z=1, 0이 아니면 Z=0
- S (sign) : 연산결과가 음수이면 S=1, 양수이면 S=0
- O (overflow) : 부호 있는 정수(2의 보수) 산술(덧셈 또는 뺄셈)에 대한 결과가 대상 오퍼랜드의 양수가 너무 크거나 음수가 너무 작으면 설정(O=1)된다. 그렇지 않으면 O=0이다.

다음 그림은 16비트의 8086 프로세서의 상태 레지스터 구조(9비트 사용)를 보여주고 있다.

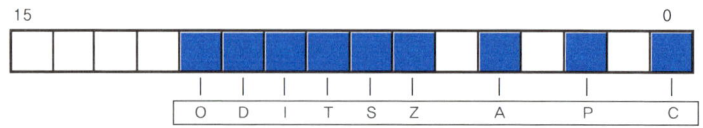

[그림 4-5] 8086 상태 레지스터

플래그는 연산을 하거나 혹은 단순한 레지스터 통과 결과에 따라 플래그가 1(set) 혹은 0(reset)이 된다. 또한 S 플래그는 연산 장치의 출력 부호를 나타내는데, 음수이면 설정되므로 N 플래그라 부르기도 한다. 이러한 정보는 조건부 분기 명령에서 분기 여부를 판단하는 조건을 나타내므로 조건 코드 레지스터라고 부르기도 한다. 또 플래그들은 각각 다른 플립플롭으로 구현하기도 하지만 하나의 레지스터를 할당하여 레지스터의 각 비트들이 각각 서로 다른 상태 플래그를 나타내게 할 수도 있다.

이러한 프로그램의 상태를 나타내는 정보를 모아 놓은 것을 프로그램 상태 워드(PSW; Program Status Word)라 부르며, 프로그램 상태 워드를 저장시킨 레지스터를 프로그램 상태 레지스터라 부른다.

Section 02 명령어 구조 분류

여기서는 명령어 구조 이해를 위하여 명령어 구조를 오퍼랜드 저장 위치에 따라(프로세서 구조에 따라) 분류하고 이어서 설명하는 오퍼랜드의 수(저장 연산 대상의 수)에 따라 분류하는 과정을 살펴보자.

2-1 저장 위치에 따른 분류

오퍼랜드의 기본적인 구분은 프로세서의 내부 기억장소에 따라 스택(stack), 누산기(accumulator) 또는 레지스터 구조로 구분할 수 있으며 오퍼랜드에 대해서는 외부적 표시, 즉 명시된 지정인가 또는 내부적 즉 묵시적 또는 함축된 지정인가로 구분할 수 있다. 많은 컴퓨터들은 스택 포인터라는 특별한 레지스터를 준비하여 메모리에서 스택을 구현하기도 한다. 같은 방법으로 어떤 컴퓨터는 범용 레지스터(GPR; general-purpose register)를 사용하도록 프로그래머에게 허용하기도 한다.

초기의 컴퓨터는 스택 또는 누산기 구조를 사용하였으나 1980년 이후의 가상기계 설계에서는 load-store 구조로 사용되고 있다.

1. 스택 구조

산술논리 명령들을 수행하기 전에 연산에 필요한 오퍼랜드들을 스택에 저장하고 또한 연산의 결과도 스택에 저장하는 형태의 컴퓨터이다. 스택이란 자료 구조의 하나로서 자료의 삽입과 삭제가 한쪽 끝에서만 일어나는 선형(linear) 구조로 나중에 들어간 자료가 먼저 꺼내지므로 후입 선출(LIFO; Last-In-First-Out)이라고도 한다.

스택구조의 오퍼랜드는 스택의 입구(top)에 내부적으로 설정된다. 다음은 C=A + B 실행하는 스택 구조를 보여주고 있다.

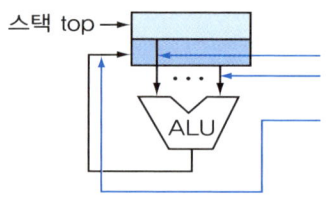

[그림 4-6] 오퍼랜드 스택 구조

위 그림에서 화살표는 오퍼랜드의 흐름을 나타내는데 산술논리(ALU)연산의 입력과 출력(결과)을 의미한다. 즉 검은 부분은 결과를 나타내고 빗금 부분은 입력을 나타낸다. 스택 Top은 입력 오퍼랜드를 가리키면서 또한 하위 오퍼랜드와 결합한다. 첫 번째 오퍼랜드가 스택으로부터 제거되고 결과가 두 번째 오퍼랜드가 차지하면 이때 스택 Top 포인터는 결과를 나타내도록 갱신된다. 따라서 모든 오퍼랜드는 내부적(암시적)이다. 스택에는 최소한 2개의 자료를 기억시켜야 한다. 물론 메모리로부터 스택에 자료를 저장(push)하거나 스택에서 자료를 읽어 메모리에 저장하는(pop) 과정은 스택 포인터(SP)가 지정하는 위치에서 이루어진다.

스택 포인터는 일반적으로 스택의 꼭대기 값을 가리키고 push와 pop 연산 동작 동안에 스택 포인터는 자동으로 감소하거나 증가하도록 구성한다. 스택에 자료를 저장하는 push 과정에서는 스택 포인터를 증가시키고 스택의 자료를 기억 장치로 이동하는 pop 과정에서는 스택 포인터를 감소시켜 스택 포인터는 항상 최근에 기억시킨 자료 위치를 가리키게 된다. 이러한 스택 포인터와 주소형태는 뒤에서 설명하기로 한다. 물론 스택에서 자료를 읽으면 자료는 제거된다. 스택은 일반적으로 레지스터로 구현하지만 때로는 메모리에 구현하기도 한다.

스택 컴퓨터에서는 연산 기능의 명령어가 오퍼랜드를 생략하고 연산자 부분만을 가지고 있으므로 명령어의 길이가 짧고, 연산은 스택을 이용해서만 행할 수 있으므로 레지스터로 스택을 구현 한 경우에는 메인 메모리 밴드 폭의 이용이 효율적이다. 또한 스택 컴퓨터에서 연산 기능의 명령어는 스택에 기억되어 있는 데이터만 연산이 가능하므로 명령어 수행 시간이 짧은 특징이 있다. 그러나 스택에 기억된 데이터는 일정한 순서로만 연산이 되기 때문에 임의로 액세스 할 수 없으므로 효율적인 코드를 작성하기 어렵다. 또한 연산에 사용할 데이터를 미리 스택에 저장(push)해야 되고 데이터를 처리되는 순서대로 기억시켜야 하므로 병목 현상이 발생한다. 특히 스택 구조를 위한 최적화 컴파일러 작성이 어렵다.

2. 누산기 구조

누산기 컴퓨터 구조는 모든 연산 기능의 명령어 수행에 필요한 오퍼랜드들 중 하나를 누산기에 기억시키는 컴퓨터 구조로 누산기 구조의 오퍼랜드는 누산기에 내부적으로 설정된다.

누산기는 중앙 처리 장치 내에 있는 유일한 데이터 레지스터로 연산 명령어를 수행할 때 오퍼랜드를 기억시키는 레지스터이다. 대부분의 고성능 컴퓨터들이 오퍼랜드를 기억시킬 수 있는 레지스터를 여러 개 가지고 있지만 초기의 컴퓨터나 저렴한 컴퓨터는 하나의 레지스터 즉 누산기만을 가지고 있다.

누산기 컴퓨터에서는 아래 [그림 4-7]과 같이 누산기에 기억되어 있는 데이터가 하나의 입력 오퍼랜드로 이용된다. 화살표는 오퍼랜드의 흐름을 나타내는데 산술논리(ALU)연산의 입력과 출력(결과)을 의미한다. 즉 검은 부분은 결과를 나타내고 빗금 부분은 입력을 나타낸다. 물론 이때 다른 오퍼랜드가 필요하다면 그 데이터는 메모리로부터 가져와 특수 레지스터에 기억된 데이터를 입력 버스를 이용하여 가져온다. 또, 연산 결과는 누산기에 기억되며, 경우에 따라 추가로 특수 레지스터에 기억되기도 한다.

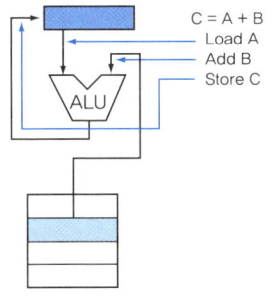

[그림 4-7] 오퍼랜드 누산기 구조

연산 기능의 명령어의 수행에 사용되는 오퍼랜드나 연산 결과를 기억시키는 레지스터는 앞서 설명한 메모리 버퍼 레지스터다. 그러나 메인 메모리에 있는 오퍼랜드를 사용하는 경우에는 프로그램 카운터, 메모리 버퍼 레지스터, 색인 레지스터 등의 특수 레지스터가 오퍼랜드로 사용되고, 메모리 주소 레지스터가 계산 결과를 기억시키는 레지스터로 사용된다.

누산기 컴퓨터에는 데이터 레지스터가 누산기 하나뿐이므로 많은 경우에 새로운 데이터를 누산기에 기억시키기 위하여 누산기에 기억된 데이터를 메인 메모리에 기억시키고, 나중에 그 데이터가 필요할 때 다시 메인 메모리로부터 가져와야 하는 경우가 발생한다. 이것은 누산기에 계산의 임시 결과가 기억되기 때문이다.

다음과 같은 계산을 하는 경우를 생각해 보자.

   (A×B)+(C×D)

우선 A나 B 중 하나는 누산기에 기억되어 있어야 하므로 A가 누산기에 기억되어 있다고 하자. 그러면 B는 메인 메모리에서 액세스되어 메모리 버퍼 레지스터에 저장된다. 누산기와 메모리 버퍼 레지스터에 기억되어 있는 데이터를 이용하여 연산(곱셈)을 하면 결과는 누산기에 저장된다. 다음에 (C×D)를 계산하려면 C나 D중 하나를 누산기에 기억시켜야 한다. 그러나 누산기에는 이미 (A×B)의 임시 결과가 기억되어 있으므로 이를 메인 메모리에 보내어 보존해야만 누산기를 다른 데이터를 기억시키는 데 사용할 수 있다. 따라서 누산기에 기억되어 있는 임시 결과를 메인 메모리에 기억시킨 후 C를 누산기에 기억시키고, D를 메인 메모리에서 읽어 (C×D)를 계산하고 이때 계산 결과는 누산기에 저장된다. 누산기에 저장되어 있는 (C×D)의 결과와 메인 메모리에 저장되어 있는 (A×B)를 계산한 결과의 덧셈을 하여 누산기에 저장된다.

이와 같이 누산기 컴퓨터에서는 누산기에 기억된 계산의 임시 결과를 메인 메모리에 기억시키고(store), 누산기에 기억되어 있던 임시 결과가 필요할 때 다시 읽어 와야(load) 하므로 명령어 수행시간이 길어진다. 즉, 높은 메모리 트래픽과 누산기가 병목 현상이 되는 단점이 있으나, 하드웨어 요구 사항이 단순하고 쉽게 디자인하고 이해할 수 있는 장점이 있다.

3. 범용 레지스터 구조

범용 레지스터(GPR) 컴퓨터는 중앙 처리 장치 내에 많은 수의 용도가 정해지지 않은 레지스터를 가지고 있는 컴퓨터로서 [그림 4-8]과 같이 하나의 입력 오퍼랜드는 레지스터에 있고 하나는 메모리에 있다. 그리고 결과는 레지스터로 이동한다.

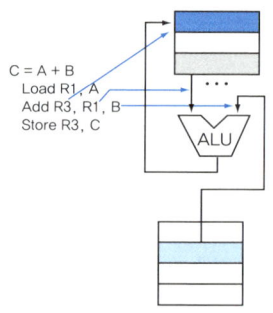

[그림 4-8] 오퍼랜드 범용 레지스터 구조

화살표는 오퍼랜드의 흐름 즉, 산술논리(ALU)연산의 입력과 출력(결과)을 의미한다. 즉 검은 부분은 결과를 나타내고 빗금 부분은 입력을 나타낸다.

일반적으로 레지스터의 수가 많으면 데이터 레지스터의 수도 많다. 데이터 레지스터의 수가 많으면 여러 개의 데이터를 레지스터에 기억시킬 수 있으므로 여러 연산 과정에서 발생하는 임시 결과를 레지스터에 기억시켜 놓을 수 있으므로 효율적이다. 그러나 CPU에 많은 수의 레지스터를 보유하고 있어도 프로그램이 필요로 하는 모든 데이터를 레지스터에 기억시켜 놓을 수는 없다. 따라서 필요한 데이터를 메인 메모리로부터 액세스하여 레지스터에 기억시키고, 프로그램의 수행 과정에서 발생되는 새로운 데이터를 추가로 레지스터에 기억시켜야 하므로 레지스터의 수는 부족하게 된다. 이러한 경우 누산기 구조의 컴퓨터와 같이 연산의 임시 결과를 레지스터를 통하여 메인 메모리에 기억시켜 보관한 후에 그 레지스터는 새로운 데이터를 기억시키기 위하여 이용할 수 있다.

따라서 범용 레지스터 컴퓨터에서도 메인 메모리와 CPU 사이의 전달 기능의 명령이 필요하다. 이때 사용하는 명령은 Load와 Store 형태로 레지스터의 주소를 나타내는 필드가 추가된다. 범용 레지스터 컴퓨터 출현의 중요한 이유는 다음 두 가지로 설명할 수 있다. 우선 레지스터는 프로세서의 내부 저장형태로서 메모리보다 빠르다. 그리고 레지스터는 다른 어떤 내부 저장형태보다 컴파일러가 이용하는데 효율적이다.

예를 들면 레지스터 컴퓨터는 다음과 같은 수식에서

$(A \times B) - (C \times D) - (E \times F)$

순서와 관계없이 또는 오퍼랜드의 위치와 관계없이 다양한 계산이 이루어 질 수 있다. 왜냐하면 (A×B)를 먼저 계산 할 수도 있고 (C×D)를 먼저 계산 할 수 있다. 뿐만 아니라 파이프라인 기법과 관련해서 더 효과적이다.

스택 구조는 오퍼랜드 등이 스택에 있기 때문에 오직 단 하나의 순서방법으로 계산되어야 한다. 그러나 레지스터들은 변수를 이용하여 레지스터에 변수를 할당하므로 메모리 전송량이 감소되고 프로그램 속도는 향상되고(메모리보다 레지스터 속도가 빠름) 그리고 레지스터는 메모리 장소보다 더 적은 비트로 표현할 수 있기 때문에 코드가 개선된다.

오늘날 범용 레지스터 구조는 가장 널리 채택 된 모델이다. 레지스터들은 메모리보다 빠르며 컴파일러가 쉽게 처리(레지스터 사용) 할 수 있으며 매우 효과적이고 효율적으로 사용할 수 있다. 또한 하드웨어 가격 하락으로 최소한의 비용으로 많은 수의 레지스터를 추가 할 수 있다. 특히 일부 데이터는 먼저 적재하지 않고 액세스 할 수 있다. 그러므로 메모리가 느린 경우 레지스터를 사용하는 것이 더 좋다. 그러나 모든 오퍼랜드의 이름을 지정해야 하기 때문에 레지스터를 사용하면 명령이 길어지므로 인출(fetch) 및 디코드 시간이 길어진다.

범용 레지스터 구조는 오퍼랜드 위치에 따라 다음과 같이 나눌 수 있다.

1) 레지스터-레지스터(R-R) 구조

레지스터로부터 오퍼랜드를 가져와서 실행한 후 실행 결과를 다시 레지스터로 보내는 명령어 구조이다. 모든 오퍼랜드가 레지스터에 있고 스택구조와 같이 별도의 명령에 의해 push와 pop과 같이 load와 store에 의해 메모리로 전송하거나 읽어 오므로 적재-저장(load-store) 레지스터 구조라고 한다. 즉, 대부분의 명령어가 메모리에 액세스하는 것을 허용하지 않기 때문에 데이터에 대한 연산이 수행되기 전에 데이터를 레지스터로 이동해야 한다.

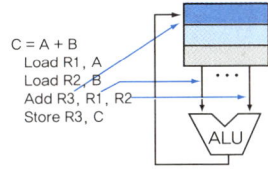

C = A + B
Load R1, A
Load R2, B
Add R3, R1, R2
Store R3, C

[그림 4-9] 레지스터-레지스터 구조

단순하고 고정 길이의 명령 해석, 단순한 코드 생성 모델이다. 비슷한 수의 클럭을 사용하여 실행(때로는 단일 클럭 사이클에서 실행)하기 때문에 매우 빠르게 실행된다. 그러나 메모리에서 오퍼랜드를 적재하고 더하기, 빼기 등과 같은 연산을 수행하고 결과를 메모리에 저장하기위한 별도의 명령어를 필요로 하기 때문에 주어진 작업을 수행하는 데 가장 긴 명령어 순서(sequences)를 필요로 한다. 명령어 수가 많아 더 큰 프로그램이 되며 레지스터를 잘 예약(schedule)해야 하는 단점이 있다. 그러나 메모리 액세스를 최소화 할 수 있도록 많은 수의 CPU 레지스터를 가지고 있다.

Alpha, ARM, MIPS, PowerPC, SPARC 등은 레지스터-레지스터 구조의 예이다.

2) 메모리-메모리(M-M) 구조

메모리에 두 개 또는 세 개의 오퍼랜드를 가질 수 있으므로 레지스터에 오퍼랜드가 없어도 명령이 연산을 수행 할 수 있다. 즉, 메모리로부터 오퍼랜드를 가져와서 실행한 후 실행 결과를 다시 메모리로 저장하는 구조이다. 특히 3개의 오퍼랜드는 더 적은 명령과 컴파일러를 작성하기 쉽다. 가장 간결하고 임시 레지스터를 낭비하지 않는 장점이 있다. 그러나 3개의 오퍼랜드는 명령어 크기가 크게 다르므로 높은 메모리 트래픽과 2개의 오퍼랜드는 명령어 당 클럭 수가 가변적이다. 또한 오퍼랜드가 두 개인 경우 더 많은 데이터 이동이 필요(병목 현상)하다. VAX는 메모리-메모리 동작을 허용한다.

3) 레지스터-메모리(R-M) 구조

적어도 하나의 오퍼랜드가 레지스터에 있고 하나가 메모리에 있는 구조로 즉, 메모리와 레지스터 모두 액세스 한다. 데이터는 별도의 적재(load) 명령 없이 먼저 액세스 할 수 있다. 명령어 형식은 해석이 쉽고 코드 밀도가 높은 장점이 있다. 메모리-메모리에 비해 이 프로세서는 비용이 적다. 개별 명령어는 더 적은 메모리 액세스로 인해 더 빠르게 실행되지만 동일한 작업을 수행하는 데 더 많은 명령어가 필요한 단점이 있다. 또한 2진 연산의 원시 오퍼랜드가 소멸되므로 오퍼랜드는 동일하지 않다. 각 명령에서 레지스터 번호 및 메모리 주소를 해석하면 레지스터 수가 제한 될 수 있으며 명령어 당 클록은 오퍼랜드 위치에 따라 다르다. IBM 360/370, Intel과 Motorola는 레지스터-메모리 구조의 예이다.

2-2 오퍼랜드 수에 따른 구조 분류

초기의 컴퓨터 이후 얼마나 많은 명시된 외부 오퍼랜드 주소를 명령어에 포함할 것인지가 주요한 초점이 되었다. 명확하게 적은 주소를 사용하여 보다 짧은 명령어를 구성하려고 하였다. 그럼에도 주소의 수 제한은 명령어가 수행할 수 있는 기능의 제한을 가져왔다.
다양한 주소를 갖는 긴 명령어는 더 복잡한 코드화 그리고 처리 회로를 요청한다. 명령어 속에 나타나는 주소 필드는 일찍이 프로세서 성능과 관련하여 변경되어 왔으며 명령어의 차이는 명령어 길이와 주소의 여러 형태를 말할 수 있다.
여기서는 이러한 주소의 수 즉 오퍼랜드 수에 따른 명령어 구조를 분류하여 보자.

1. 0-오퍼랜드 명령어

대부분 0-오퍼랜드 명령어는 외부에 명시된 오퍼랜드가 없으며 명령어 자체에 함축되어 있다. 스택 명령어 구조로 메모리에 소프트웨어로 구현되어 있거나 CPU에 하드웨어로 구현되어 있다.

[형식]

| OPCode |

컴퓨터 프로그램에서 주소 수의 영향을 설명하기 위해 0, 1, 2 또는 3개의 주소 명령을 사용하여 X=(A + B) * (C + D) 연산식을 살펴보자.
4가지 산술 연산을 위해 ADD, SUB, MUL 및 DIV 기호를 사용한다. 전송 연산을 위한 MOV, 메모리와 누산기로의 전송 및 저장을 위한 LOAD 및 STORE. 오퍼랜드는 메모리 주소 A, B, C 및 D에 있다고 가정하고 결과는 주소 X의 메모리에 저장한다.

다음은 수식 X=(A+B) × (C+D)의 연산 처리 과정이다.

```
PUSH  A   TOS ← A  : TOS(스택의 최상위)
PUSH  B   TOS ← B
ADD       TOS ← (A+B)
PUSH  C   TOS ← C
PUSH  D   TOS ← D
ADD       TOS ← (C+D)
MUL       TOS ← (C+D) × (A+B)
POP   X   M[X] ← TOS
```

2. 1-오퍼랜드 명령어

1-오퍼랜드 명령어는 누산기(AC)라 불리는 특별한 레지스터를 갖고 있다. 또한 대부분 내부적 오퍼랜드이며 다른 오퍼랜드는 메모리에 있다. 1-오퍼랜드 구조는 레지스터 비용이 매우 비쌌던 초기에 적용 되었다. 명령어의 길이가 짧아서 기억장소를 적게 차지하면서 명령어 인

출과 오퍼랜드 인출을 위한 2번의 인출 사이클이 필요하다. 따라서 레지스터 수가 적기 때문에 자주 메모리를 이용해야 하므로 비효율적이다.

[형식]

OPCode	오퍼랜드 1

　　　　오퍼랜드 1 → 원시데이터 1

곱셈과 나눗셈을 위해서는 두 번째 레지스터가 필요하다. 그러나 여기서 우리는 두 번째를 무시하고 누산기에 연산 결과가 있다고 가정한다. 모든 연산은 누산기와 메모리 오퍼랜드 사이에서 수행된다.

다음은 수식 X=(A+B) × (C+D)의 연산 처리 과정이다.

　　LOAD　A　AC　←M[A]
　　ADD　　B　AC　←AC + M[B]
　　STORE　T　M[T]←AC
　　LOAD　C　AC　←M[C]
　　ADD　　D　AC　←AC + M[D]
　　MUL　　T　AC　←AC * M[T]
　　STORE　X　M[X]←AC

T는 중간 결과를 저장하는 데 필요한 임시 메모리의 주소이다.

3. 2-오퍼랜드 명령어

2-오퍼랜드 명령어는 대부분의 컴퓨터가 이용하는 범용 레지스터(GPR) 구조로 인텔의 x86 구조 등이 대표적이다. 여기서 각 주소 필드는 프로세서 레지스터 또는 메모리 워드를 지정할 수 있다. 하나의 오퍼랜드는 누산기나 색인(INDEX) 레지스터이며 다른 하나의 오퍼랜드는 메모리에 있거나 직접 자료이다. 인텔의 경우 레지스터를 사용할 수도 있다. 결과는 원시 레지스터에 저장된다.

[형식]

OPCode	오퍼랜드 1	오퍼랜드 2

오퍼랜드 1 → 원시데이터 1, 오퍼랜드 2 → 원시데이터 2

인텔의 경우 메모리에 저장될 수도 있다. R-R 명령어 형식 또는 R-M 명령어 형식이 된다. 이러한 형식은 많은 레지스터가 필요하며 명령어의 길이가 짧아서 작은 기억공간이 요구되는 장점이 있으나 단점으로 함축된 목적 주소를 요구하지 않으므로 데이터를 실제의 위치로 전송해야만 한다.

다음은 수식 X=(A+B) × (C+D)의 연산 처리 과정이다.

  MOV R1, A, R1 ← M[A]
  ADD R1, B, R1 ← R1 + M[B]
  MOV R2, C, R2 ← M[C]
  ADD R2, D, R2 ← R2 + M[D]
  MUL R1, R2 R1 ← R1 * R2
  MOV X, R1 M[X] ← R1

위에서 MOV 명령어는 메모리 또는 레지스터로부터 오퍼랜드를 이동하거나 전송한다. 두 번째 내용은 연산의 결과를 함축된 목적 위치로 전송한다.

4. 3-오퍼랜드 명령어

Load/Store의 RISC(Reduced Instruction Set Computer) 구조에서 채택되었으며 3개의 주소필드는 각각 프로세서 레지스터나 메모리 주소를 나타내는 오퍼랜드이다. ALU 연산 명령의 모든 오퍼랜드는 레지스터에 보관되어 있으므로 빠르다.

[형식]

| OPCode | 오퍼랜드 1 | 오퍼랜드 2 |

오퍼랜드 1 → 원시데이터1, 오퍼랜드 2 → 원시데이터 2, 오퍼랜드 3 → 목적오퍼랜드

예를 들면 32개의 레지스터를 이용한다면 5비트로 레지스터 번호를 지정할 수 있기 때문에 오퍼랜드를 모두 15비트의 크기로 지정할 수 있다. 따라서 장점으로 유연한 프로그램이 가능한 반면 단점으로는 명령어 길이가 길다.

다음은 수식 X=(A+B) × (C+D)의 연산 처리 과정이다.

  ADD R1, A, B, R1 ← M[A] + M[B]
  ADD R2, C, D, R2 ← M[C] + M[D]
  MUL X, R1, R2, M[X] ← R1 × R2

여기서 R1, R2는 2개의 프로세서 레지스터를 의미하고 M[A]는 메모리 주소 A에 저장된 오퍼랜드를 가리킨다. 2 또는 3-오퍼랜드 컴퓨터는 CPU와 메모리를 액세스 하는 연산과정에서 다른 속도를 보여준다. 많은 레지스터를 갖고 CPU에 지역변수와 파라미터(parameters)를 보존 유지할 수 있으면 2-오퍼랜드 형태보다는 3-오퍼랜드 명령어 형태가 이러한 레지스터를 더 적절하게 사용한다. 같은 오퍼랜드를 다시 필요하지 않으면 재적재 과정이 발생하지 않기 때문에 결과를 원시 오퍼랜드에 겹쳐 쓰지 않아도 된다.

Section 03 명령어 주소 지정

컴퓨터를 설계할 때 설계자는 컴퓨터의 명령어 구조를 조심스럽게 검토하고, 형태들, 데이터 형태에 따른 연산들 프로그램 실행시 이루어지는 제어의 논리적 흐름 등을 참조하여 선택한다. 그리고 명령어 구조를 정의한 후 명령어 형태를 지정하여 각 명령어를 표현하는 하드웨어를 결정하게 된다. 명령어를 연산 제어에 따라 기능별로 분류하면 데이터 이동, 산술 연산, 논리(Boolean) 연산, 비트 연산(shift, rotate), 입출력, 시스템 제어 및 제어 이동과 특수 목적 등으로 구분할 수 있다.

3-1 연산 관련 명령어

대부분의 명령어 구조에 의해 제공받는 연산자들은 산술 연산, 논리(Boolean) 연산, 비트 연산(shift, rotate) 등으로 분류할 수 있다.

1. 산술 연산

컴퓨터는 숫자 연산을 위하여 ADD, SUBTRACT, MULTIPLY, DIVIDE와 같은 산술연산 명령어를 제공한다. 또한 절대값, 부정(Negate), 증가와 감소(Increment, Decrement) 등의 연산자도 포함된다. 이때 만약 1가지 이상의 숫자 형태, 예를 들면 정수(고정 소수점), 부동 소수점, BCD 수(packed decimal) 등 또는 다중정도(단정도, 배정도 등)를 갖고 있다면 각 형태마다 다른 명령어를 제공한다.

산술연산 명령어는 일반적으로 조건코드나 프로세서 상태 플래그로 연산의 결과나 과정을 표시 하도록 한다. 이러한 결과의 예는 자리올림, 자리 빌림(borrow), 오버플로, 언더플로 등으로 발생되고 그 결과를 0으로 표시한다. 그러므로 조건 코드 레지스터는 이러한 명령어에 대한 함축된 오퍼랜드이다. RISC 계열 컴퓨터는 몇 개의 독립된 조건코드 필드를 갖고 있으며 명시된 오퍼랜드로 표시한다.

2. 논리 연산

부울 논리 명령어는 산술 연산이 작동하는 것과 같은 방식으로 부울 연산을 수행한다. 이러한 명령어를 사용하면 비트 설정(set)과 해제(clear) 그리고 보수(complement) 연산을 수행할 수 있다. 논리 연산은 일반적으로 입출력 장치를 제어하는 데 사용된다. 산술 연산과 마찬가지로 논리 명령어는 캐리 및 오버플로 비트를 포함하여 플래그 레지스터에 영향을 준다.

AND, OR 및 Exclusive-OR(XOR)은 두 개의 오퍼랜드가 있는 가장 일반적인 논리 함수이다. 이러한 논리 연산은 n비트 논리 데이터 단위에 비트 단위로 적용 할 수 있다. 이러한 명령어 들은 다른 많은 연산을 수행하고 비트에서 특정 비트들을 추출 또는 지우는 등 조건코드를 자주 설정시킨다. 대부분 결과는 0 또는 0이 아니다.

[예]
  (R1)=10100101, (R2)=00001111
  (R1) AND (R2)=00000101
  (R1) OR (R2) =10101111
  (R1) XOR (R2)=01011010

3. 비트 연산

주어진 데이터(워드)내의 개별 비트(또는 비트 그룹)를 설정하고 재설정하는 데 사용된다. SHIFT LEFT/RIGHT, ROTATE LEFT/RIGHT 등이 있으며 각 비트가 왼쪽과 오른쪽으로 이동이 포함된다. 시프트는 지정된 비트 수 만큼 비트를 왼쪽 또는 오른쪽으로 단순히 이동시키며, 반대쪽 끝은 0으로 이동된다. 한쪽 끝으로 이동 한 비트는 손실된다.

예를 들어, 11110000 값을 포함하는 8비트 레지스터가 있고 1비트 왼쪽 시프트를 수행하면 결과는 11100000이다. 레지스터에 11110000이 포함되어 있고 1비트 오른쪽 시프트를 수행하면 결과 01111000이다. 물론 이러한 과정에서 조건코드로 이동되어 자리올림, 오버플로 등의 비트로 사용될 수 있다.

시프트 연산은 SHIFT LEFT/RIGHT 등으로 데이터의 각 비트가 좌, 우로 이동되는 명령으로 이동 과정은 다음과 같다.

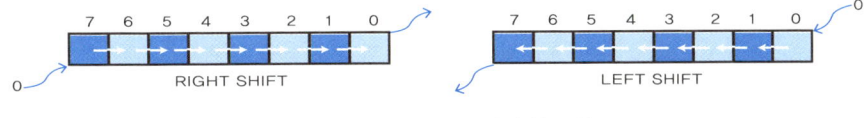

[그림 4-10] 시프트 연산(우, 좌)

[예] 11110000 : LEFT SHIFT → 11100000
  RIGHT SHIFT → 01111000

ROTATE LEFT/RIGHT는 밀려나오는 비트를 반대편 논리 시프트 끝에 다시 입력해준다.

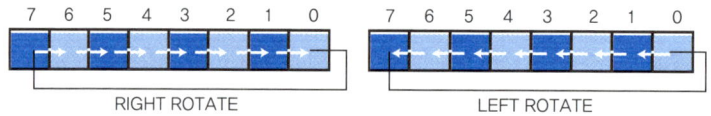

[그림 4-11] ROTATE 연산(좌, 우)

산술 시프트는 데이터를 2로 곱하거나 나누는 역할을 수행한다. 데이터를 부호가 있는 2의 보수로 처리하고 가장 왼쪽의 비트는 숫자의 부호를 나타내기 때문에 이동하지 않는다(변화가 없다.). 따라서 시프트 후에 데이터의 부호 비트가 변경되면 정상적인 결과가 아니다. 왼쪽으로 산술 시프트 시킬 때 부호 비트로 들어오는 값과 이 원래의 부호 비트와 다르면 오버플로이다. 오른쪽 산술 시프트에서 부호 비트는 오른쪽 비트 위치로 복제된다. 숫자가 양수이면 가장 왼쪽 비트는 0으로 채워지며 숫자가 음수이면 가장 왼쪽 비트가 1로 채워진다. 오른쪽 산술 이동은 2로 나누기와 같다.

[예] 오른쪽 산술 Shift

00001110(14_{10}) → 00000111(7_{10})

11111110(-2_{10}) → 11111111(-1_{10})

왼쪽 산술 Shift에서는 비트가 왼쪽으로 이동되고 0은 이동되지만 시프트 비트는 시프트에 참여하지 않는다.

[예] 왼쪽 산술 Shift

00000011(3_{10}) → 00000110(6_{10})

11111111(1_{10}) → 11111110(2_{10})

이때 제거된 마지막 비트(부호 비트 제외)가 부호와 일치하지 않으면 오버플로우 또는 언더플로우가 발생한다.

[예] 왼쪽 산술 Shift

10111111(65_{10}) → 11111110(2_{10}) : 오버플로우 발생(0은 부호와 일치 하지 않음)

Rotate는 회전 또는 순환 시프트로 연산중인 모든 비트를 유지하면서 기본적으로 바깥으로 이동되는 비트를 다시 이동하는 시프트 연산이다. 예를 들어, 왼쪽으로 1비트 회전하면 가장 왼쪽 비트가 바깥쪽으로 이동하고 주변을 회전하여 가장 오른쪽 비트가 된다.

[예] 왼쪽 산술 Rotate

00001111 → 00011110

[예] 오른쪽 산술 Rotate

00001111 → 10000111

3-2 데이터 이동과 입출력 명령어

1. 데이터 이동

데이터 이동 명령어는 가장 자주 사용되는 명령어로 MOVE, LOAD, STORE, PUSH, POP, EXCHANGE 및 이들 각각에 대한 여러 변형이 포함된다. 데이터는 메모리에서 레지스터로, 레지스터에서 레지스터로, 레지스터에서 메모리로 이동되며, 많은 컴퓨터는 데이터 대상 및 위치에 따라 다른 명령을 제공한다. 예를 들어 MOVE 명령어는 하나의 레지스터와 하나의 메모리 오퍼랜드를 허용하는 반면 항상 두 개의 레지스터 오퍼랜드가 필요한 MOVER 명령어가 있을 수 있다.

RISC와 같은 일부 구조에서는 실행 속도를 높이기 위해 메모리 간에 데이터를 주고받을 수 있는 명령이 제한되어 있다. 또한 다양한 크기의 데이터를 처리하기 위해 적재, 저장 및 이동 명령어의 변형이 있다. 예를 들어, 바이트 처리를 위한 LOADB 명령과 단어 처리를 위한 LOADW 명령이 있을 수 있다.

문자(문자열) 처리 명령어는 문자정보를 처리하는 유용한 수단이다. 논리적 또는 시프트 명령어를 이용하여 문자열을 처리 할 수 있으나 대부분의 컴퓨터는 문자열을 처리하는 특별한 명령어 MOVE CHARACTER/STRING, COMPARE CHARACTER/STRING 등을 제공하고 있다. 또한 문자 명령어는 바이트 기반 명령어이다. MOVE STRING은 2개의 주 기억 장소 주소와 하나의 길이를 지정한다. 두개의 오퍼랜드는 원시 주소와 목적 주소이다. 다음 그림과 같이 연속 바이트의 블록 시작 주소를 각각 지정한다. 다음은 L 길이의 문자열을 이동하는 과정이다.

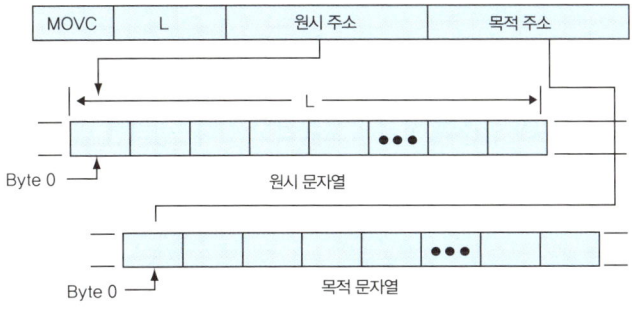

[그림 4-12] 문자열 이동(Move) 명령어

LOAD와 STORE는 프로그램과 자료들은 메인 메모리에 저장되어 있으므로 프로그램 수행 동안 제어 장치에 의해 주기억장소와 레지스터 사이에 정보교환이 이루어지도록 지시하는 명령으로 일반적으로 적재(Load)와 저장(Store)으로 불린다.
Load는 메인메모리에서 레지스터로 정보가 이동되는 과정을 의미하고 반대로 레지스터에서 메인메모리로 정보가 이동 저장되는 과정을 Store라 한다.
LOAD 와 STORE 명령어들은 오퍼랜드의 크기 예를 들면 바이트, 워드, 2배 워드 등을 지정한다.

2. 입출력 명령

입출력 명령어는 구조마다 크게 다르다. 입력(또는 읽기) 명령은 장치(포트)의 데이터를 메모리 또는 특정 레지스터로 전송한다. 출력(쓰기) 명령은 레지스터 또는 메모리에서 특정 포트(장치)로 데이터를 전송한다. 따라서 컴퓨터들은 입출력 명령어를 갖고 있지 않다. 이러한 내용은 5장에서 다룰 예정이다.

그러면 컴퓨터가 갖고 있는 입출력 명령의 의미는 무엇인가?

입출력 명령은 입출력 장치를 제어하는 제어 신호를 보낸다. 이와 같이 전형적인 입출력 명령은 입출력 장치 주소 즉 선택한 입출력 장치 번호를 기술한다. 이때 이 코드는 장치가 수행하여야 할 동작을 지시한다. 대신 명령어의 연산 코드는 장치의 동작(연산)을 지정한다.

일반적인 입출력 명령들은 INPUT, OUTPUT, TEST DEVICE, CONTROL DEVICE를 포함한다.

- INPUT : 지정된 장치로부터 데이터의 바이트를 읽어 들인다.
- OUTPUT : 지정된 장치에 데이터의 바이트를 저장한다.
- TEST DEVICE : 설정된 조건에 대한 조사와 조건, 조사결과에 따른 프로세서상태 비트를 조정한다.
- CONTROL DEVICE : 수행할 장치의 동작을 지시한다.

어떤 컴퓨터는 단순한 입출력 프로세서라고 불리는 입출력 채널을 갖고 있으며 START I/O, HALT I/O, TEST I/O 등의 입출력 명령을 포함하고 있다. 이러한 내용은 5장을 참고한다.

3-3 제어 명령어

1. 제어 명령어

컴퓨터 연산동작에 대한 제어는 제어 장치가 담당하고 있으나 제어기능에 따라 프로그래머가 프로그램(명령)에 의해 구체적인 제어를 지시할 수 있다. 이러한 기능을 실행하는 명령어를 제어 명령어라 하고 대표적으로 조건과 무조건 분기 명령이 있다. 분기 명령이 전혀 없다면 CPU는 확실하게 순차적으로 명령을 수행할 것이다. 그러나 종종 앞서 수행된 연산의 결과에 따라 조건 분기가 필요하다. 조건 분기는 어떤 조건에 만족하는 경우에만 분기가 이루어지도록 되어 있다.

명령은 항상 분기가 이루어지도록 무조건 분기 명령도 가끔 유용한 경우도 있다. 분기명령은 일반적으로 1개의 주소 즉 분기주소로 기술된다. 분기 주소는 CPU가 수행할 다음의 주소이다. 그래서 분기-목표 명령어라고도 부른다. 그러므로 분기주소는 분기명령의 오퍼랜드이다. 명령어에서 분기주소를 기술하는 방법은 다양하다. 예를 들면 상대적, 절대적, 간접, 간접레지스터 등이 있으며 일반적으로 주소형식과 같은 형태이므로 후술하기로 한다.

1) 분기 조건

분기 조건은 조건 분기 명령을 위한 오퍼랜드이다. 분기 조건은 분기여부에 대한 결정 과정이다. 만약 분기가 이루어진다면 CPU는 프로그램 카운터 안에 분기-목표 주소를 배치하고 분기가 발생하지 않으면 CPU는 프로그램 카운터의 내용을 바꾸지 않게 된다. 예를 들면 'BRANCH IF X≥0'에서 X 레지스터의 내용을 테스트하여 음수가 아니면 분기하라는 의미이다. 그러므로 X≥0 에 대한 조사는 분기 여부를 결정하게 된다.

조건 분기 명령은 가끔 프로세서 상태 비트 예를 들면 조건 코드 레지스터의 값으로 분기 여부를 결정하기도 한다.

2) 서브루틴-연결 명령어

하나의 프로시저는 다른 프로시저를 호출하거나 호출된 프로시저는 호출 프로시저에게 제어를 반환하게 된다. 대부분의 컴퓨터는 적어도 두개의 서브루틴-연결 명령어를 갖고 있는데 하나는 프로시저로 분기하는 명령이고 다른 하나는 프로시저로부터 반환하는 명령이다.

JSR(jump and save register) 명령은 전형적인 분기-프로시저 명령이고, RET(return) 명령은 전형적인 반환-프로시저 명령이다.

다음 [그림 4-13]은 호출과 피호출 프로시저 관계를 보여주고 있다. RA는 반환 주소이고 EPA는 프로시저 진입 주소이고, JSR은 호출 명령이다. RET는 반환 명령이다.

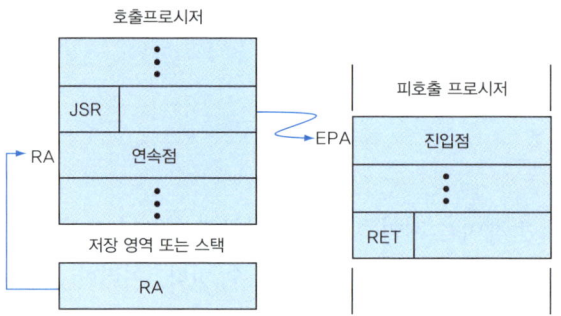

[그림 4-13] 호출과 피호출 프로시저 관계

    JSR 명령은 분기 전에 프로그램 카운터의 내용을 저장하는 것을 제외하면 보통의 분기 명령과 비슷하다. 왜냐하면 프로그램 카운터는 현재 명령이 실행되는 동안 다음 명령의 주소를 보관하기 때문이다. 저장된 값은 JSR 명령 다음의 명령의 주소를 나타낸다.

    RET 명령 또한 분기 명령이다. 그럼에도 불구하고 분기-목표 주소는 최초에 실행된 JSR 명령에 의해 저장되는 주소이다. RET 명령 다음에 CPU가 실행하는 명령은 메모리에 있는 JSR명령 바로 다음에 있는 명령이다.

    JSR와 RET 명령을 사용하면 분기-목표 주소는 호출되는 프로시저의 첫 번째 명령의 주소이어야 한다. 이러한 주소는 프로시저의 진입 주소라 하고 저장된 주소를 연속 주소 또는 반환 주소라 한다.

2. 전용(특권) 명령어

대부분의 대형 컴퓨터는 특권 명령어라 불리는 특별한 명령어를 가지고 있다. 사용자 소프트웨어의 영향으로부터 시스템을 보호하기 위한 시스템 소프트웨어이다. 오늘날 많은 개인 컴퓨터도 역시 특권 명령어를 갖고 있으나 IBM PC 같은 기본적인 마이크로프로세서 기반 컴퓨터는 갖고 있지 않다.

운영체제는 컴퓨터 시스템의 효율적인 연산을 위해서 필요하다. 운영체제 프로그램의 실행과 사용자 소프트웨어의 실행 환경은 근본적으로 다르다. 운영체제 프로그램은 사용자 프로그램이 수행 할 수 없는 권한과 책임이 있다. 따라서 이러한 차이를 지원하기 위해서 컴퓨터 시스템은 적어도 연산의 두 형태를 제공하는데 적어도 하나가 특권 모드 형태이다.

예를 들면 IBM S/370에서 Problem(비특권 명령어) 모드와 Supervisor(특권 명령어) 모드를 제공하고 있으며 DEC VAX 계열에서 사용자 모드와 3개의 특권 명령어 즉 Executive 모드, Supervisor 모드, Kernel 모드를 제공한다.

IBM CPU의 Supervisor 상태나 VAX CPU의 Kernel모드 상태에서는 컴퓨터의 모든 명령어를 실행 할 수 있다. 그러나 IBM CPU의 Problem 상태나 VAX CPU의 사용자 모드 상태에서는 명령어의 일부만이 실행된다.

Section 04 형식과 주소 지정

4-1 명령어 형식

명령어에는 연산 코드와 0개 이상의 오퍼랜드가 포함되어야 하므로 명령어 형식은 명령어의 구성 필드를 정의한다. 필드는 연산의 방향, 변위의 크기, 레지스터 부호화(encoding) 또는 부호 확장을 정의하며 필드는 연산에 따라 다르다.

1. 명령어 길이

각 명령어는 연산 코드와 여러 개의 오퍼랜드로 코드화 된다. 명령어 길이는 CPU와 관련이 있으므로 고정된 길이로 구성할 수도 있으며 명령어의 기능에 따라 가변적으로 구성하기도 한다. 고정 크기와 가변 크기를 혼합한 형태도 가능하다. 가변 길이 명령어는 많은 연산과 많은 주소 지정 방식의 경우 최적 형태이다. 반면 고정 길이 명령어는 연산과 주소 지정 방식을 연산 코드에 합쳐 기술하므로 모든 명령어 크기가 1개가 되므로 몇 개의 연산과 주소 지정 방식의 경우 최적이다. 혼합형(hybrid) 명령어 형태는 가변 길이 명령어 형식과 고정 길이 명령어 형식의 절충형으로 코드 크기를 줄이면서 다양한 명령어 길이를 제공하는 형태이다.

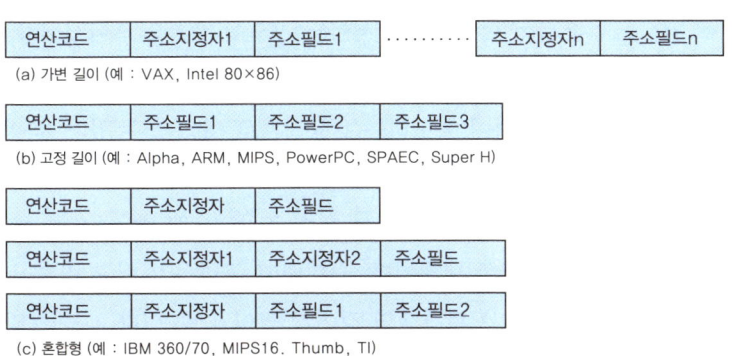

[그림 4-14] 명령어 길이 종류

명령어 길이는 메모리 크기와 구성 그리고 전송과 관련된 버스 구조, 특히 프로세서 구조 및 프로세서 속도에 영향을 미치며 영향을 받는다. 따라서 시스템의 워드 길이와 비교된다. 명령어 길이가 워드 길이와 정확히 일치하면 명령이 메모리에 저장 될 때 완벽하게 삽입된다. 실제 워드 크기의 절반, 1/4, 두 배 또는 세 배의 명령어는 공간을 낭비 할 수 있으므로 명령어는 주소 지정을 위해 워드에 맞도록 해야 한다. 따라서 가변 길이 명령어는 동일한 크기가 아니므로 공간이 손실된다.

명령어를 코드화 될 때 레지스터수와 주소 지정 형태는 명령어 크기에서 중요한 영향을 끼치므로 주소 지정 필드와 레지스터 필드는 한 명령어 속에 여러 번 나타날 수 있다. 사실, 대부분의 명령어는 코드화 과정에서 연산 코드를 지정하는 것보다 주소 지정과 레지스터 필드에 더 많은 비트를 할당한다. 명령어를 코드화 할 때 다음과 같은 사항에 대하여 균형이 되도록 해야 한다.

- 가능하면 많은 레지스터와 주소 지정 형태를 포함하려고 한다.
- 레지스터의 크기와 주소 지정 필드의 결정은 평균명령어 길이가 되고 또한 평균 프로그램 크기가 된다.
- 파이프라인 구현에 알맞은 명령어 코드길이를 갖도록 한다.

컴퓨터 구조 전문가들은 명령어가 임의의 크기를 갖는 것보다 다양한 최소화 크기를 원한다. 예를 들면, VAX, Intel 80×86 등은 가변적 길이를 사용하나 Sun, Spare 등 MIPS 계열은 32비트의 고정된 명령어를 사용한다. 명령어 길이는 연산 코드 부분과 오퍼랜드 부분에 할당하는 비트 수로 결정되기 때문에 설계 방식에 따라 컴퓨터마다 모두 다르다. 또한 앞에 서도 간략하게 설명하였지만 오퍼랜드 부분은 주소와 관련이 있으며 이러한 주소 지정 방식은 매우 다양하다. 오퍼랜드의 위치를 지정하기 위한 주소 지정 방식은 5절을 참고한다.

0가변적 명령어 길이를 사용하여 명령어를 구성하는 경우의 장점은 유연성이다. 융통성이 있고 프로그램의 길이가 줄어들 수 있다. 간단한 명령어는 1바이트로 구성할 수도 있으며 복잡한 명령어는 여러 바이트로 구성하여 메모리를 효율적으로 이용할 수 있다. 따라서 명령어도 간결하다. 그러나 각 명령어는 수행할 기능과 방법이 다르고 연산의 종류가 크게 다를 수 있어 구현하기 어렵다. 반면 고정길이의 명령어는 현대 컴퓨터 CPU의 중요한 처리 기법인 파이프라인 기술을 적용하는데 적합한 형태이다. 간단하고 구현하기 쉽고 명령어 길이가 일정하여 명령어 해석이 쉽다. 그러나 프로그램의 길이가 늘어날 수 있다. 파이프라인을 효율적으로 구현하려면 동일한 길이의 명령어를 이용해야 한다. 물론 명령어의 인출 과정도 다르므로 각각의 장단점이 존재한다. 인출 과정은 5장을, 파이프라인은 8장을 참고한다.

2. 주소 참조 형태

명령어는 컴퓨터의 소프트웨어와 하드웨어 간의 인터페이스로 메모리에 저장된 데이터에 대해 수행 할 연산을 지정한다. 명령은 opcode에 3비트가 포함된 16비트로 메모리 참조는 주소를 지정하기 위해 12비트를 사용하고 주소 지정 모드를 지정하는 데 1비트를 사용한다. I=0 이면 직접 주소를 참조하고 값이 I=1이면 간접 주소를 나타낸다. 레지스터 참조는 opcode 필드에서 3개의 111과 가장 왼쪽 비트에서 0으로 식별된다. 유사하게, 입출력 명령은 opcode 필드의 3개의 111과 맨 왼쪽 비트의 1에 의해 식별되고 수행 될 연산 또는 테스트는 나머지 12비트로 지정된다. 그리고 이 세 비트가 111이 아니면 명령이 메모리 참조 유형이다. 2에서 4까지의 세 비트는 명령어 유형을 인식하는 데 사용된다.

다음은 명령 코드 형식에 따라 명령을 분류한 형태이다.

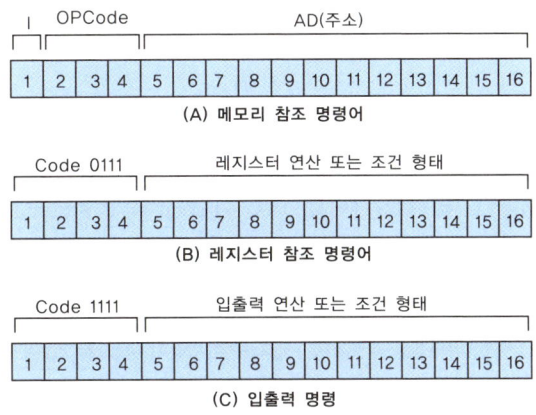

[그림 4-15] 주소 참조에 의한 명령어 형태

물론 명령의 3비트만이 연산 관련 코드로 사용되어 실행 가능한 연산 수는 $2^3=8$가지가 최대이나 사실상 레지스터 참조명령이나 입출력명령에서는 12비트를 연산 코드로 활용하므로 실제로 가능한 동작 수는 훨씬 많게 된다.

3. 직접 주소와 간접 주소

명령어들은 연산 종류와 기능에 따라 오퍼랜드 부분의 용도는 다양하다. 예를 들면 누산기의 내용을 삭제하거나 보수 등의 연산 명령어는 오퍼랜드가 필요 없으므로 5~16의 12비트는 특별한 다른 목적을 위해 사용되어 질 수도 있다. 또한 오퍼랜드 번지 부분은 직접 오퍼랜드의 내용이 담겨있는 메모리 번지를 나타내는 경우에는 직접 번지 그리고 오퍼랜드의 내용을 저장하고 있는 장소의 번지를 저장하고 있는 메모리 번지를 나타내는 경우는 간접 번지라고 부른다. 보통의 경우 1비트를 사용해서 명령 코드의 번지 부분이 직접 번지인지 간접 번지인지를 구별한다. 여기서는 기본적인 이해를 위하여 다음과 같은 명령코드를 이용하여 살펴보기로 한다.

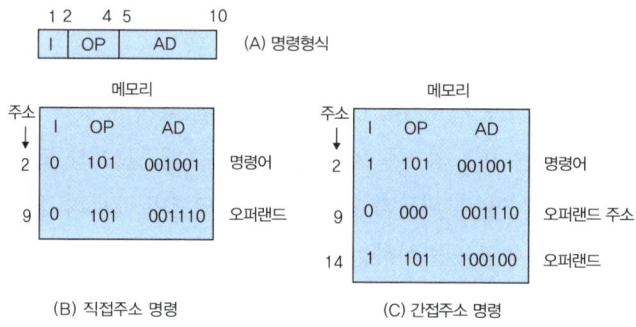

[그림 4-16] 직접 및 간접 주소 명령어

[그림 4-16(A)]의 명령 형식을 보면 연산코드 OP부분은 3비트이며 번지부분 AD는 6비트이다. 간접 번지 모드(mode) 비트 I 는 1비트로 구성된 명령 코드이다. 이때 모드(I) 비트가 1일 때 간접 번지를, 0일 때 직접 번지를 나타낸다면, 직접 주소 명령문은 [그림 4-16(B)]에 나타난 바와 같이 메모리의 2번지에 놓여 있다. 따라서 번지 부분은 2진수 001001을 의미하며 제어 장치는 메모리의 9번지에서 오퍼랜드를 찾는다. [그림 4-16(C)]에서는 I=1이므로 간접 주소이다. 그러므로 주소 부분의 내용 즉, 9번지로부터 오퍼랜드를 저장하고 있는 번지수를 찾는다. 여기서는 9번지의 내용이 001110 즉, 14이므로 14번지에서 오퍼랜드의 내용을 찾게 되는데 이와 같이 간접 번지의 경우 오퍼랜드의 번지를 읽을 때와 오퍼랜드 자체를 읽을 때를 합해서 결국 메모리를 두 번 참조하게 된다.

4-2 명령어 주소 지정

모든 컴퓨터들은 메모리를 참조하는 명령어를 가지고 있으며 다양한 함수를 사용하기도 하고 작은 주소 크기로 대규모 주소를 생성하기도 한다. 또한 매개변수 또는 파라미터를 사용하여 지원하기도 한다. 메모리 주소 지정에 관련된 기술은 명령어의 오퍼랜드를 참조하기 위한 방법을 의미하며 레지스터를 이용한 주소 지정, 영역 설정으로 지정, 메모리 주소 지정 등으로 구분할 수 있다. 주소지정 형식은 메모리의 위치를 지정하는 상수나 레지스터를 기술하는 형식으로 다음 절을 참고 한다.

1. 레지스터 주소 지정

명령어가 오퍼랜드를 기술할 때 오퍼랜드는 명령어 자체에 들어있거나 메인 메모리에 있거나 또는 1개 이상의 연산 레지스터에 들어있다. 명령어에 유지하고 있는 오퍼랜드들은 직접 오퍼랜드라 하고 레지스터에 들어있는 오퍼랜드들은 레지스터 오퍼랜드, 그리고 메모리에 들어있는 오퍼랜드들은 메모리 오퍼랜드라고 한다. 우리는 앞서 누산기 구조의 컴퓨터에서 하나의 묵시된 레지스터 오퍼랜드를 지정하고 있음을 살펴보았다.

컴퓨터가 다수의 레지스터를 갖게 된다면 명령 비트 속에 CPU가 사용할 레지스터를 선택할 수 있도록 한다. 다시 말해, 명령어 안에 레지스터 번호를 지정하여 해당 레지스터를 선택하도록 한다. 이때 기술된 레지스터 번호를 레지스터 지정자 또는 레지스터 주소라고 한다.

따라서 약 16~64개의 레지스터를 갖고 있는 컴퓨터인 경우 레지스터 지정자를 기술하기 위하여 4~6비트가 필요하다.

2. 영역 설정 주소지정

대부분의 컴퓨터 CPU는 워드 주소보다는 바이트 주소로 메인 메모리 주소를 지정한다. 반면 저장 시스템은 일반적으로 워드 주소를 사용한다. 따라서 저장 시스템 또는 CPU는 바이트 연산 동작을 위한 특별한 회로를 요구한다. 예를 들면, 32비트 컴퓨터가 바이트 주소를 사용한다면 워드 0 내용은 0, 1, 2, 3바이트로 구성되고 워드 1 내용은 4, 5, 6, 7바이트로 이루어진다고 할 수 있다. 이러한 경우 워드주소는 단순히 4개로 나누어진 바이트 주소가 되며 또한 마지막 최하위 2비트를 제거한 주소와 같다.

예를 들면 다음 [그림 4-17]과 같이 설명할 수 있다.

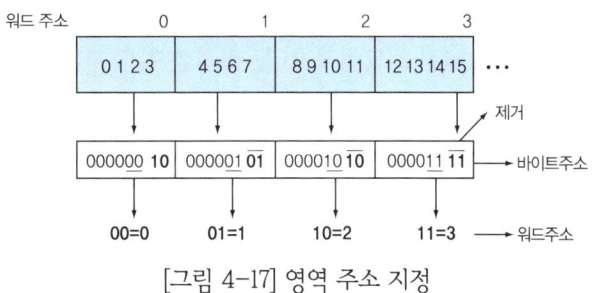

[그림 4-17] 영역 주소 지정

첫 번째 워드 주소는 0이고 이때 바이트 주소는 0~3이므로 바이트 주소는 0000 0000 0000 0001 0000 0010 0000 0011이다. 이때 각 바이트의 최하위 2비트를 제거하면 모두 0000 0000 0000 0000 0000 0000 0000 0000가 된다.

바이트-load 또는 바이트-store 연산이 이루어지는 동안 CPU는 저장시스템에게 워드 주소를 넘긴다. 이것은 최하위 2비트가 제거된 바이트 주소이다. CPU는 이제 워드 내에서 원하는 바이트를 선택하기 위하여 최하위 2비트를 사용한다. 적재(load) 연산이란 CPU가 단순히 선택된 바이트를 추출하는 과정을 나타내고 저장(store) 연산이란 CPU가 저장을 위하여 저장시스템에게 변경된 워드를 반환하거나 워드에 새로운 바이트를 삽입하는 과정이다.

왜냐하면 저장 시스템은 적재와 저장 워드로 워드 주소를 사용하며 이러한 주소를 워드경계라 한다. 워드는 4바이트 길이로 이러한 주소는 0, 4, 8 등으로 나타나므로 바이트경계는 메모리의 바이트 사이에 나타난다. 만약 메모리 시스템이 8비트 워드를 사용한다면 바이트 경계와 워드경계는 같다.

3. 워드 정렬

컴퓨터는 메모리 주소를 어떻게 번역하고 또한 주소의 기능과 길이로 액세스하는 코드는 어떻게 해석되어지는가에 대해 살펴보자.

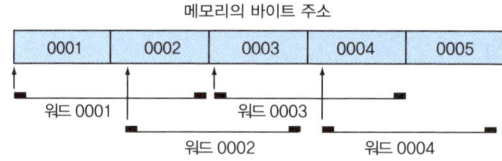

[그림 4-18] 메모리의 바이트 주소 설정

모든 명령어는 바이트(8bits), 반 워드(16bits), 워드(32bits)단위로 액세스된다. 물론 현재의 대부분 컴퓨터는 2배 워드(64bits)를 액세스 하도록 지원하고 있다. 컴퓨터의 효과적인 구현을 위하여 많은 컴퓨터 구조는 데이터 전송 크기에 기초하여 사용될 수 있는 주소를 제한한다. 워드경계에서 시작한 워드들을 워드 정렬이라 한다. 정렬된 워드를 액세스하는 프로세서는 정렬이 안 된 워드를 액세스하는 것보다 몇 가지 이유로 빠르다.

다음 [그림 4-19]에서 (a)는 정렬된 워드이고 (b)는 비정렬 워드 형태이다.

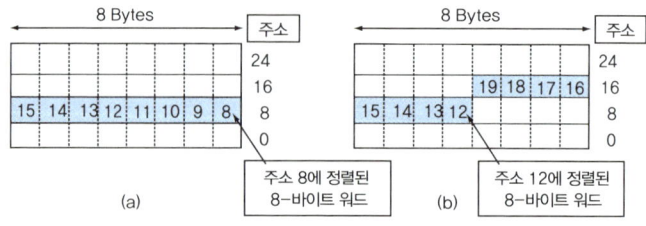

[그림 4-19] 8바이트 워드 정렬

정렬된 워드를 사용한다면, 크기 n의 데이터는 n의 배수로 시작하는 주소에서만이 액세스될 수 있다. 예를 들어

- 바이트 정렬 : 바이트는 어떤 주소에서도 액세스될 수 있다.

- 반 워드 정렬 : 짝수 주소에서만 액세스될 수 있다.
- 워드 정렬 : 4의 배수 주소에서만 액세스될 수 있다.

메모리로부터 정렬되지 않은 워드를 읽으려면 근처의 워드를 읽게 되고 이러한 바이트와 함께 연결된 각 워드로부터 요청된 바이트를 선택해야 한다. 정렬되지 않은 기록(쓰기)은 더욱 복잡하다. 구체적인 예를 들면 데이터 A, B, C가 0번지부터 차례로 만들어지고 크기가 각각 2, 3, 4바이트이고 워드가 정렬되어야 한다고 가정하면 A는 0번지, B는 4번지, C는 8번지에서 시작한다. 이때 A 와 B 사이에 2바이트 공백이 있으며 B와 C 사이에도 1바이트 공백이 있다.

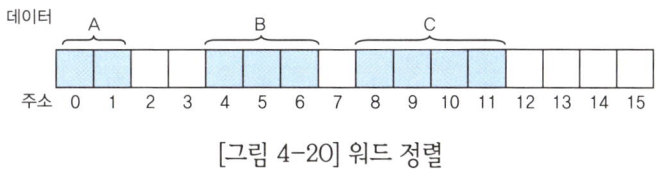

[그림 4-20] 워드 정렬

물론 메모리의 낭비는 있지만 효과적인 구현이 된다. 왜냐면 A, B, 그리고 C 모든 데이터는 한 번의 데이터 전송으로 가능하기 때문이다. 만약 A가 0번지, B가 2번지, C가 5번지에 있다면 B와 C는 2개의 워드에 걸쳐 있어 두 번의 데이터 전송이 필요하게 되므로 성능 향상을 꾀할 수 없다.

많은 컴퓨터들의 데이터 블록과 같은 연산 즉 배정도 같은 산술연산 명령어들을 지원한다. 2배 워드들은 연속된 워드 데이터를 포함하여 4배 워드는 4워드, 8배 워드는 8워드를 포함한다. 데이터 컴퓨터 워드들은 각각 4바이트로 구성되고 정렬된 2배 워드의 주소는 0, 8, 16, 24... 가 된다. 어떤 컴퓨터는 프로세스 메모리 단위를 페이지로 구성하여 페이지 경계라고 부른다. 만약 페이지가 512워드라면 페이지의 바이트 주소는 0, 2048, 4096... 등이 된다. 저장시스템은 값을 저장할 때 메모리의 주소 단위로(메모리워드) 저장한다. 바이트 주소의 대형 컴퓨터 또는 IBM PC 경우 일반적으로 저장 시스템으로부터 4또는 8바이트 단위로 액세스 한다. 이러한 바이트, 워드, 2배 워드, 페이지 경계 시스템을 사용하는 이유는 메모리의 블록을 기계 명령어가 조작하는 방법에 따라 다르기 때문이다.

4. 주소 공간

프로그래머가 프로그램을 개발할 때 일반적으로 명령어를 참조하기 위하여 문장(statement)이나 변수 자체를 참조하기 위하여 수식이나 변수의 이름을 사용한다. 프로그래머는 주소 자체를 직접적으로 사용하지는 않는다. 컴파일러가 프로그램을 기계 명령어로 변환할 때 변수와 명령어에 대하여 주소를 할당한다. 이러한 주소를 논리 주소라 하며 논리 주소 공간이라고 불리는 제한적인 주소 공간에 나타난다. 컴파일 과정이란 원시 프로그램을 기계 명령어로 변환 처리하는 과정이며, 컴파일러가 논리 주소를 명령어 주소로 변환하는 것을 나타낸다. 물론 이러한 주소 지정에 관련된 기술의 형태는 컴퓨터 하드웨어에 의해 제공되고 정의된다. 컴퓨터 메모리 시스템에서 각 워드는 물리적 주소를 갖고 있으며 하드웨어 시스템이 워드를 액세스하기 위하여 이러한 주소를 사용한다. 이와 같이 컴퓨터에게 주어진 주소 공간을 물리적 주소 공간이라고 한다.

물리적 주소는 메인 메모리 주소라고 불리며 컴퓨터의 주소 지정 하드웨어에 있는 비트의 수는 물리적 주소 공간의 크기를 제한하게 된다. 컴퓨터는 이러한 바이트 주소를 사용하게 되는데 n-비트 주소 체계는 2^n바이트 물리적 주소 공간을 나타낸다. 예를 들면 20비트 주소는 2^{20} 바이트 또는 1MB 물리적 주소 공간을 갖게 된다. 프로그램 실행동안 주소 지정 하드웨어는 명령어 속의 주소를 유효 주소로 변환한다.

유효 주소란 컴퓨터가 기계어 명령을 실행할 때 실제 데이터가 있는 주소 번지를 말하며 주변수를 참조할 때 사용되며 일반적으로 컴파일러의 논리 주소와 함께 사용된다. 즉 프로세서는 메모리 시스템에 유효 주소를 보낸다. 물론 이때 물리적 주소로써 수정되거나 변환되지 않는다. 시스템에 따라 추가적으로 유효 주소를 물리적 주소로 변환시키기도 한다.

예를 들면 모든 유효 주소에 대하여 상수 값을 더하여 사용하기도 한다. 이러한 내용은 6장 메모리 부분(재배치와 보호)에서 설명하기로 한다.

5. 저장 순서

물리 메모리는 선형적인 구조로 처음 번지(0)부터 마지막 번지(n)까지 1바이트의 배열로 생각할 수 있다. 하나의 워드에 바이트가 어떤 순서에 의하여 저장 되는가? 바이트 주소를 사용하는 컴퓨터에서는 메모리에 바이트를 저장하는 방식으로 빅 엔디언(big endian)과 리틀 엔디언(little endian)이 있다. 물론 성능과는 관계가 없다.

다음은 바이트 주소 지정이 가능한 컴퓨터에서 빅 엔디언과 리틀 엔디언 저장이다.
int x=01234567(0000 0001 0010 0011 0100 0101 0110 0111)
4바이트(32비트) 정수 16진수 값 12345678이 주소 1000에 저장되어 있다고 가정하자.
각 숫자는 니블이 필요하므로 한 바이트에 두 자리가 저장된다.

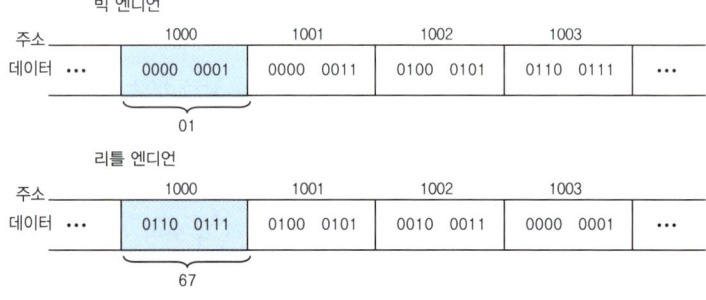

[그림 4-21] 빅 엔디언과 리틀 엔디언 저장 순서

빅 엔디언은 하나의 워드 중 최소 유효 바이트 즉 최하위 바이트가 가장 나중에 저장되는 방식이다. 가장 낮은 메모리 번지부터 저장되므로 정수의 높은 자릿수가 낮은 번지에 저장되기 때문에 낮은 번지부터 높은 번지로 읽으면서 정수 비교를 빨리 할 수 있다는 장점이 있다. 또한 왼쪽에서 오른쪽으로 진행하기 때문에 문자나 숫자를 저장하는 데 있어 자연스러운 방식이다.

리틀 엔디언은 최하위 바이트 즉 최소 유효 바이트가 가장 먼저 저장되는 방식으로 가장 낮은 메모리 번지로부터 저장된다. 물론 산술 연산은 낮은 자릿수부터 이루어지므로 메모리를 낮은 번지부터 읽으면서 연산을 하면 연산이 쉬워지고 또한 수의 값을 증가시킬 때 수의 왼편에 자릿수를 추가해야할 필요가 있을 때 편리하다.

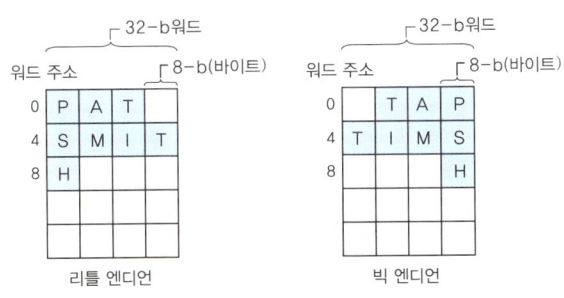

[그림 4-22] 리틀 엔디언 빅 엔디언

빅 엔디안 방식으로 정렬되어 저장되어 있는 숫자는 두 숫자를 더한 결과를 저장하기 위해 모든 자릿수를 오른쪽으로 옮겨야하는 일이 발생할 수 가 있다. 그러나 리틀 엔디아 방식으로 저장된 숫자에서는, 최소 바이트가 원래 있던 자리에 그대로 있고 새로운 자리 수는 최대 수가 있는 주소의 오른쪽에 추가될 수 있다. 그러므로 일부 연산들이 매우 단순해지고 빠르게 수행될 수 있다는 것을 의미한다. 빅 엔디언은 대표적인 예로는 IBM 이나 Motorola, Sparc Macintosh 등에서 사용하고, 리틀 엔디언의 대표적인 예로는 DEC , Intel x86 등에서 사용한다. 가상 머신은 대부분의 구조와 호환성을 가져야 하므로 빅 엔디언과 리틀 엔디언을 모두 적용해 줘야 한다. 그러나 각 바이트 내에 들어있는 비트들은 둘 모두 빅 엔디안으로 정렬되어 있다. 저장된 바이트의 주어진 숫자에 의해 표현되는 전체적인 비트 문자열은 구별하지 않는다.

예를 들어 16진수 6F의 저장 공간 즉 바이트 내의 비트 순서는 01101111이다.

Section 05 주소 지정 형태와 설계

주소 지정은 메모리에 있는 오퍼랜드의 주소가 지정되고 계산되는 방법이다. 컴퓨터의 세계에서 다양한 주소 지정 형태를 중심으로, 프로그램에서 가장 많이 사용되는 기본 형태와 명령어를 설계할 때 해결해야하는 주요 문제점에 대해 살펴본다.

5-1 주소 지정 형태

앞서 명령어의 오퍼랜드 필드에 있는 12비트는 두 가지 방식으로 해석 될 수 있음을 살펴보았다. 12비트는 오퍼랜드의 메모리 주소 또는 물리적 메모리 주소에 대한 포인터를 나타내는데 명령 오퍼랜드가 어디에 위치하는지를 지정할 수 있게 한다. 또한 주소 지정 형태는 상수, 레지스터 또는 메모리의 위치를 지정할 수 있다. 특정 모드는 더 짧은 주소를 허용하고 일부는 실제 오퍼랜드의 위치(실제 주소)를 나타낸다. 컴퓨터의 세계는 다양한 주소 지정 형태를 제공하지만, 프로그램에서 가장 많이 사용되는 기본 형태에 대해 살펴보자.

1. 즉시 또는 리터럴(literal) 주소 지정

오퍼랜드를 명령어에 직접 명시하는 형태(참조 할 값이 명령어의 연산 코드 바로 뒤에)로 오퍼랜드의 실제 값을 저장하고 있다. 따라서 레지스터를 상수로 초기화 할 때 또는 변수의 초기 값을 설정할 때 사용하며 산술 연산, 분기를 위한 비교, 레지스터로 상수 이동 등에 사용된다. 일반적으로 숫자는 2의 보수 형식으로 저장된다. 마지막 경우 코드화 되는 상수는 작아지는 경향이 있으나 주소와 관련된 상수는 커지는 경향이 있다. 이와 같이 즉시 방식을 사용하기 때문에 모든 연산이나 부분집합을 지원하는 것이 필요하므로 중요한 방식으로 알려지고 있다. 데이터를 인출(fetch)하는 데에 메모리 참조(메모리 사이클 절약)가 없으므로 즉, 명령에 포함되어 있기 때문에 빠르다. 그러나 값은 컴파일 타임에 고정되어 있으므로 유연하지 않고 고정 길이 명령의 기계에서는 제한된 범위(단어 길이에 비해 작은 주소 필드의 크기)를 가질 수 있다.

Load 5000 → 값 5000을 누산기(AC)로 이동

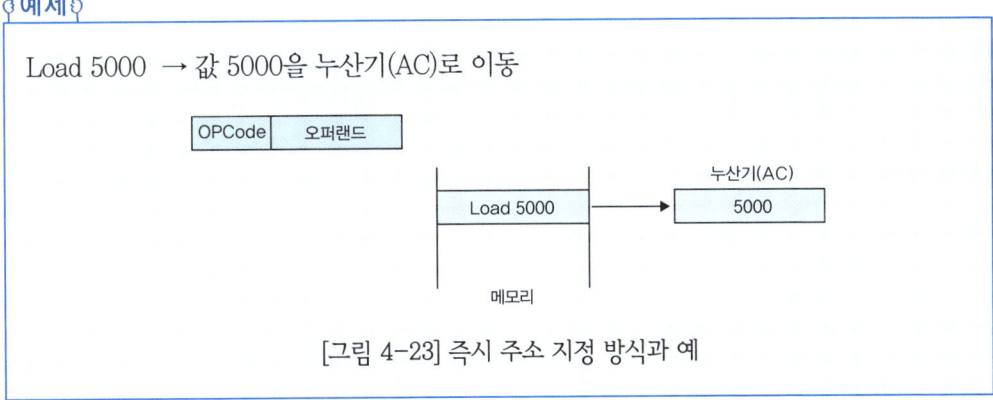

[그림 4-23] 즉시 주소 지정 방식과 예

2. 직접(절대) 주소 지정

하나의 명령이 오퍼랜드의 유효주소를 포함하고 있다면 이 주소는 절대-이진 주소 또는 단순히 절대 주소, 또는 직접 주소라 한다. 과거에 흔히 사용되었다. 적재할 값이 명령어에 포함되어 있지는 않지만 직접 액세스 할 수 있기 때문에 매우 빠르다. 즉, 데이터에 액세스하기 위한 단일 메모리 참조로 즉시 주소 지장 방식보다 훨씬 융통성이 있다.

Load 500 → 주소 500 번지의 내용(ABCD)을 누산기로 이동

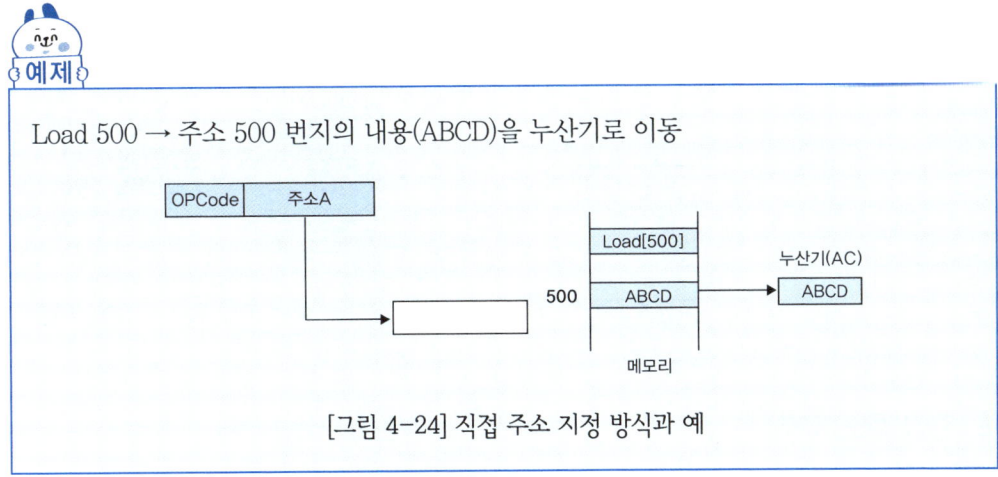

[그림 4-24] 직접 주소 지정 방식과 예

이 메모리 주소는 명확하고 단순한 주소 지정 형태를 표시하고 있으며 2 크기의 저장 시스템을 액세스하려면 n비트를 요구한다.
예를 들면 16MB 크기의 절대 주소 지정공간을 참조하기 위하여 24비트를 필요로 하고 있다. 따라서 1MB 이상 또는 1GB 메모리 영역을 나타내려면 명령어의 메모리 주소 부분은 20~32

비트의 길이가 필요하다. 그러므로 만약 8비트 크기의 연산 코드 부분과 2개의 오퍼랜드를 갖는 명령어는 48~70비트 길이가 된다. 그러면 이와 같이 긴 명령어의 길이를 감소시킬 수 있는 방법은 없는가?

여러 가지 방법을 제안하고 있는데 다음에 설명할 기준-변위 주소 지정방식이 있다.

3. 레지스터 주소 지정

직접 주소(절대 주소)와 유사하게 오퍼랜드 필드가 메인 메모리의 주소 대신에 실제의 데이터가 저장되어 있는 레지스터 주소를 참조하는 형태이다. 일반적으로 레지스터를 참조하는 주소 필드에는 3~5비트(X86 : 3비트)가 있으므로 총 8~32개의 범용 레지스터를 참조 할 수 있다. 따라서 작은 주소 필드(짧은 명령어)와 메모리 참조가 필요 없으므로 CPU 수행시간(인출 시간)이 빠르지만 레지스터의 수가 제한(주소 공간 제한)되므로 CPU 레지스터의 사용이 약간 느슨하다.

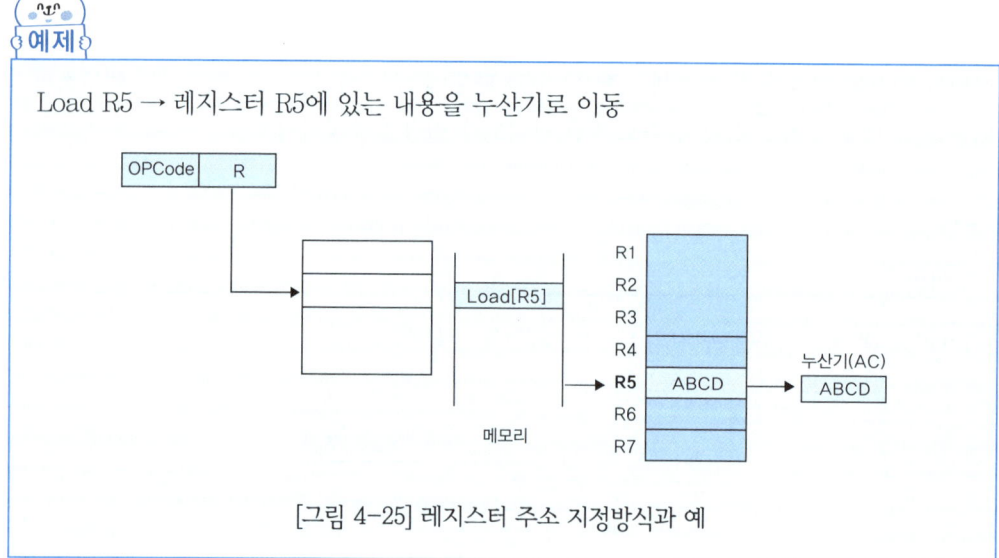

[그림 4-25] 레지스터 주소 지정방식과 예

4. 간접 주소 지정

많은 컴퓨터들은 오퍼랜드의 주소를 보관하기 위하여 메모리 셀을 사용하는 명령어들을 갖고 있다. 이런 경우 유효주소는 메모리 셀을 지정하고 메모리 셀은 간접 주소를 보관한다.

간접 주소 지정은 유연성을 제공하는 매우 강력한 형태로 주소 필드가 메모리주소를 참조(오퍼랜드 주소)하므로 간접 주소 지정방식으로 부른다. 간접 주소 지정 방식에서 CPU는 오퍼랜드의 주소를 획득하기 위하여 반드시 간접 주소를 읽어야한다. 그러면 컴퓨터는 별도로 메모리를 액세스해야 되므로 다른 주소 지정 방식보다 속도가 느려지게 된다. 다만 N의 단어 길이에 대해 2^N의 주소 공간을 사용할 수 있다는 장점이 있다.

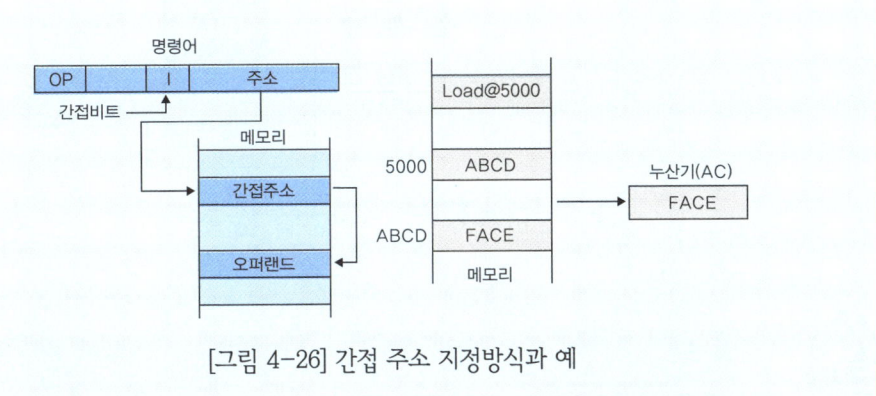

[그림 4-26] 간접 주소 지정방식과 예

분기 명령어는 때때로 이러한 간접 주소 지정방식을 사용한다. 예를 들면 간접 분기 주소가 1234 일 때 메모리 위치 1234에 보관되어 있는 주소의 명령으로 분기된다.
다음 그림에서는 이러한 과정을 보여주고 있다.

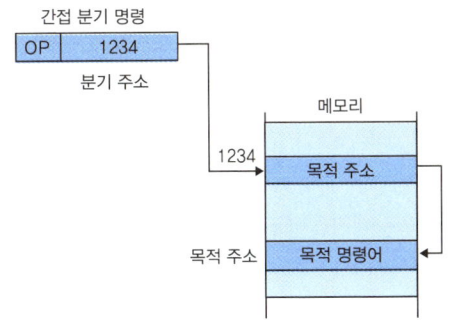

[그림 4-27] 간접 주소 지정방식으로 구현한 분기 명령어

5. 레지스터-간접 주소 지정

레지스터-연기 주소 지정 방식 이라고도 하며 명령어는 연산 레지스터를 지정하고 내용은 오퍼랜드의 절대-이진 주소를 보관한다. 이러한 연산 레지스터는 명령어의 내부적 오퍼랜드

이거나 또는 명시된 외부적 오퍼랜드를 나타낸다.

다음 그림은 R1 레지스터에 있는 내용(오퍼랜드)을 R3 레지스터로 이동하는 과정의 레지스터-간접 주소 지정 방식을 표현하고 있다.

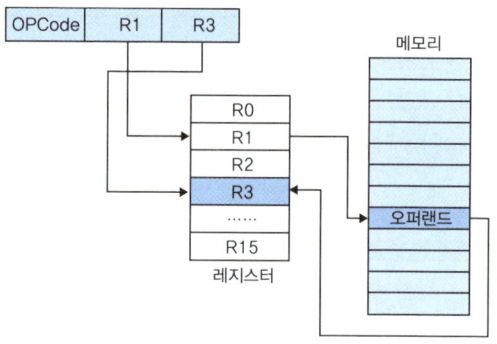

[그림 4-28] 레지스터-간접 주소 지정 방식

> **예제**
>
> Load @R3 → 레지스터 R3 에 있는 주소(레지스터 주소 : R5)를 액세스하여 저장된 내용 즉, 실제의 자료(FACE))을 누산기로 이동.
>
>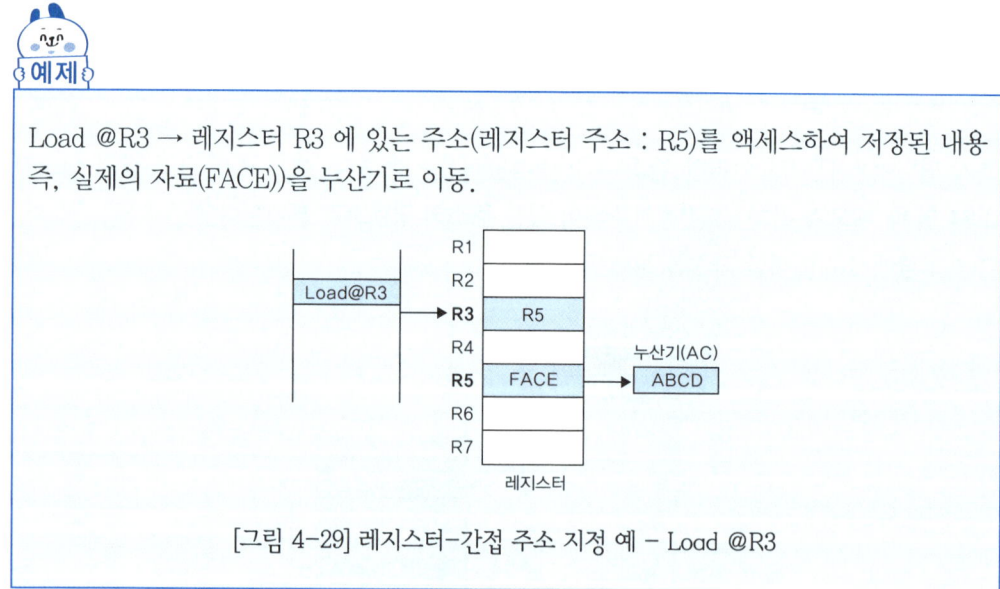
>
> [그림 4-29] 레지스터-간접 주소 지정 예 – Load @R3

컴퓨터가 레지스터-간접 주소 지정방식을 허용하면 프로그램은 오퍼랜드의 주소를 생성하고 나중에 사용할 수 있도록 연산 레지스터에 저장한다. 이 주소는 다음에 LOAD와 STORE 명령에 의해 사용되므로 CPU는 다시 계산할 필요 없이 프로그램에서 이 주소를 사용한다. 이러한 이유로 RISC 계열 컴퓨터는 종종 이러한 기술을 사용한다.

규모가 작은 컴퓨터들은 메인 메모리 부분을 주소화 할 수 있는 크기의 비트를 포함하는 특별히 짧은 길이의 명령어를 갖고 있다. 명령어 내의 8비트 주소 필드는 전형적이다. 그러므로 이러한 명령어는 절대-2진 주소 지정방식을 사용하면 하위 256바이트(0~255)를 참조할 뿐이다. 따라서 작은 규모의 컴퓨터는 메모리를 논리적으로 256바이트 크기의 페이지로 나눈다. 주소의 하위 8비트는 페이지에 들어 있는 워드 숫자이고, 상위 비트들은 페이지 번호이다. 따라서 0~255 주소들은 모두 페이지 0이고, 주소 256~511들은 페이지 1을 의미한다. 짧은 명령어들은 오직 페이지 0에 있는 데이터를 참조하게 되므로 페이지-0 명령어라 부른다. 일반적으로 페이지-0 명령어 들은 2바이트 길이로 첫 번째 바이트는 연산 코드, 두 번째 바이트는 주소를 나타낸다.

6. 변위 주소 지정

오퍼랜드 필드의 내용은 오프셋(offset) 또는 변위(displacement)이다.
전담 레지스터를 사용하여 저장된 내용을 더하여 유효주소를 생성한다. 기본적으로 레지스터 간접 주소 지정 방식과 직접 주소 지정 방식의 혼합 형태이다.

예제

Load [PC + 5] → 변위를 나타내는 레지스터는 PC(상대주소), BX(기준주소), SI(색인주소)로 표현하며 여기서는 (PC + 5) 의 위치에 있는 내용을 누산기로 이동하게 된다.

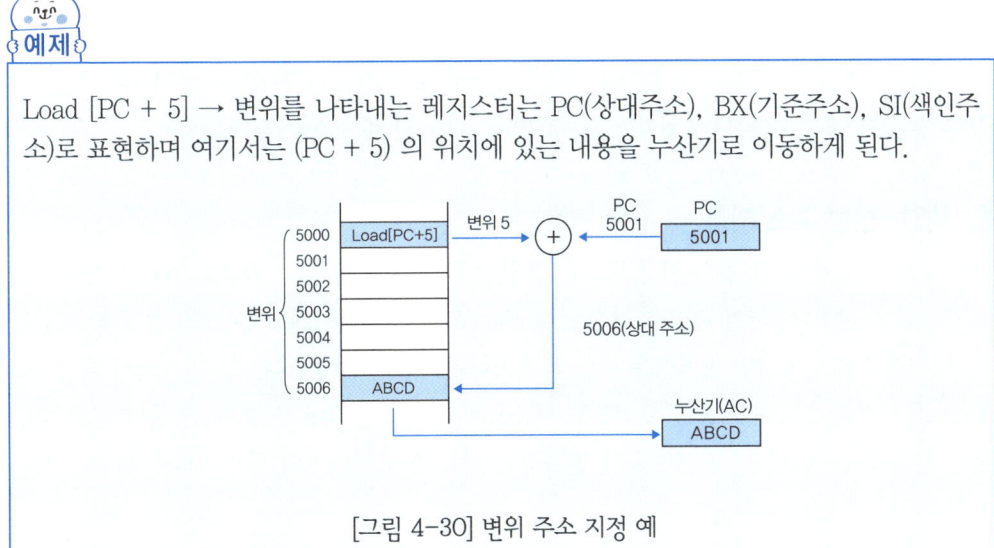

[그림 4-30] 변위 주소 지정 예

7. 색인 주소 지정

색인(indexed) 주소 지정 방식은 배열 원소에 효과적으로 액세스하는데 적합한 주소 지정 방식으로 모든 컴퓨터들은 이러한 색인 형태를 지원하고 있다. 색인을 위하여 레지스터 그룹은 1개 이상의 레지스터를 색인 레지스터로 제공하고 있다. CPU는 명령어 속에 있는 주소 필드의 내용과 색인 레지스터(변위)를 더하여 유효 주소를 생성한다. 색인 레지스터가 없는 컴퓨터들은 범용 레지스터를 이용한다. 만약 범용 레지스터를 사용하는 경우 레지스터 번호 즉 레지스터 주소를 지정한다.

다음 그림은 8개의 색인 레지스터를 이용하여 색인 주소 지정 과정을 보여주고 있다.

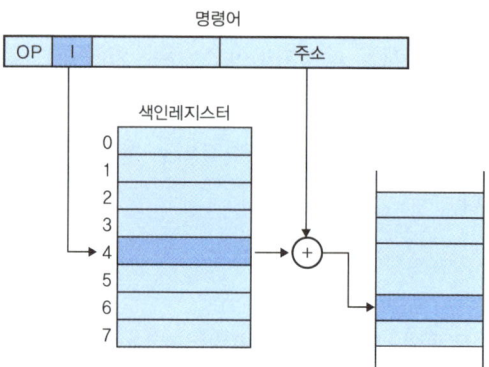

[그림 4-31] 색인 주소 지정 방식

색인 레지스터는 배열의 원소를 액세스하는데 1차원 배열로 구성되며 원소는 메모리에 순차적으로 저장된다. 명령어는 배열의 첫 번째 원소를 갖는다. 색인 레지스터 즉 배열의 주소로 불리는 위 그림에서는 I로 표시되어 배열 원소의 첨자를 표시한다. 이러한 색인 하드웨어는 자동적으로 배열 A(I)의 주소로 계산되므로 편리하게 액세스될 수 있다. 만약 주소 필드가 없는 경우(포함되지 않으면) 레지스터-간접 주소 지정 방식으로 동작된다.

8. 색인-간접 주소 지정

색인 주소 지정과 간접 주소 지정 방식을 혼합한 형태이다. CPU는 메모리나 레지스터에 간접 주소를 보관한다. 색인 과정은 선행(preindexed) 또는 후행(postindexed) 간접 참조를 한다. 간접적으로 선행되면 명령어는 색인 레지스터와 주소를 지정한다. CPU는 색인 레지스터의 내용과 명령어 속에 기술한 오퍼랜드 주소로부터 획득한 주소를 더한다. 만약 후행 간접 색인 과정에서는 CPU는 간접주소를 결정하고 다음에 오퍼랜드의 주소로부터 획득한 색인 레지스터의 내용을 더한다.

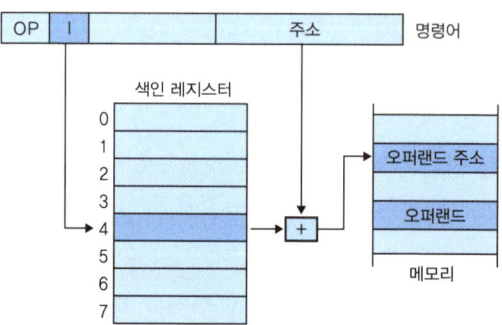

[그림 4-32] 색인-간접 주소 지정

시스템은 종종 처리 과정 없이 분기를 위하여 색인-간접 주소 지정 방식을 사용하기도 한다.

많은 RISC계열 컴퓨터는 레지스터-간접 방식과 색인 레지스터-간접 방식을 지원하며 간접 주소를 보관하는 레지스터를 제외하면 색인-간접 주소 지정 방식과 유사하다.

9. 기준-변위 주소 지정

색인 주소 지정 방식과 비슷하다. 베이스 레지스터(base-register)는 기준 주소라고 불리는 유효 주소를 보관한다. 이때 베이스 레지스터는 범용 레지스터에 속한다. 경우에 따라서는 메모리 참조 명령어는 베이스 레지스터와 변위를 지정한다. 변위 간격은 주소와는 다르다. 일반적으로 메모리를 모두 참조하기에는 작다. 변위는 명령어 속에 포함된 즉시 값으로 기준 주소로부터 오프셋이다. 오퍼랜드의 유효 주소는 변위와 베이스 레지스터의 내용을 더한 값이다. 개념적으로 표현하면 베이스 레지스터는 메모리 블록의 시작(기준)을 가리키고 변위는 블록내의 데이터 영역의 거리를 나타낸다.

다음 [그림4-33]은 기준-변위 주소 지정 방식을 보여주고 있다.
B=베이스 레지스터, D=변위이다.

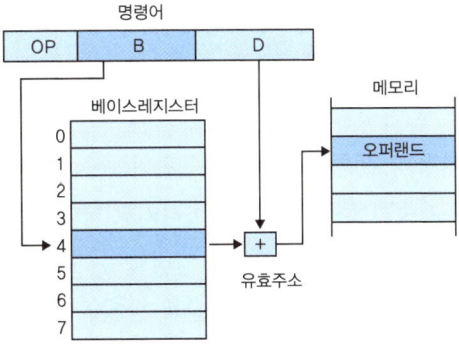

[그림 4-33] 기준-변위 주소 지정 방식

많은 컴퓨터들은 [그림 4-34]에서와 같이 색인을 포함하는 기준-변위 주소 지정 방식과 공동으로 사용할 수 있는 베이스 레지스터를 사용한다. 여기서 I=색인 레지스터이다.

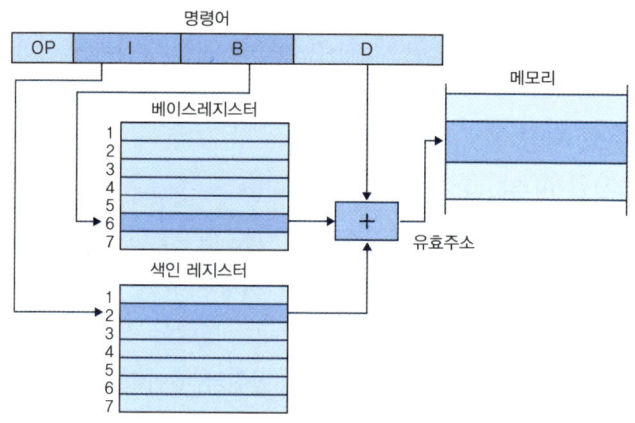

[그림 4-34] 색인을 이용한 기준-변위 주소 지정 방식

각 명령어는 베이스 레지스터, 색인 레지스터 그리고 변위를 명시(기술)한다. 따라서 유효 주소는 베이스 레지스터(B)와 색인 레지스터(I)의 내용과 변위(D) 값의 합계이다.
베이스 레지스터 관점에서 메모리를 세그먼트라는 조각 단위로 나누어 볼 수 있다. 그러면 베이스 레지스터는 세그먼트를 가리키고 변위는 세그먼트 구조의 시작 주소를 나타낸다. 그리고 색인은 구조내의 자료로 기술된다.
따라서 구조 설계자들은 다음과 같은 이유로 기준-변위 주소 지정 방식을 소개하고 있다.
먼저 첫 번째 이유로 주소 기술필드의 크기를 감소시키고 따라서 명령어의 크기도 줄여준다. 각각의 베이스 레지스터는 메모리의 어떤 위치도 지정할 수 있다.
베이스 레지스터를 사용함으로서 변위의 크고 작음과 관계없이 메모리의 모든 워드를 액세스할 수 있는 명령어를 구성할 수 있다. 예를 들면 IBM을 기준-변위 주소 지정 방식을 처음으로 사용한 S/360에서 각 명령어를 12비트의 변위 필드를 가졌는데 IBM의 24비트 주소 필드보다 상대적으로 작았다. 대부분의 RISC 계열은 이와 같은 이유로 기준-변위 주소 지정 방식을 사용한다.
두 번째 이유로 정적 프로그램 재할당을 지원한다. 베이스 레지스터는 메모리의 어떤 위치도 지정할 수 있기 때문에 운영체제는 필요시 언제든지 프로그램을 배치할 수 있다.
세 번째 이유로 명령어 수정 없이 컴퓨터의 주소 공간 크기를 쉽게 확장할 수 있다. 설계가들은 베이스 레지스터의 크기를 쉽게 증가시킬 수 있다.
IBM의 S/360이 장기적으로 성공하고 있다는 사실이 보여주는 예이다.

10. 스택 레지스터 주소 지정

스택은 많은 소프트웨어 응용에서 중요한 부분이나 소수의 컴퓨터들이 이러한 하드웨어 스택을 제공하고 있다. 그럼에도 불구하고 많은 컴퓨터들이 스택을 유지하고 메인 메모리 사용을 촉진시키기 위하여 특별한 스택 레지스터 명령어를 갖고 있다. 컴퓨터 하드웨어가 스택 레지스터를 갖거나 스택 명령어와 함께 범용 레지스터를 갖고 있으면 스택 레지스터는 메모리 주소를 보관한다. STORE 명령어는 스택 레지스터를 사용하며 PUSH 연산을 암시한다. LOAD 연산은 스택 레지스터를 사용하며 POP 연산을 암시한다.

스택-레지스터 주소 지정 방식은 스택 주소화 과정에서 하드웨어가 자동으로 간접 주소가 증가하거나 감소하는 등을 제외하면 레지스터-간접 주소 지정 방식이다.

다음 수식 (3 * 4) + (5 * 6) 처리과정을 살펴보자.

역 폴리시(Polish) 형태로 3 4 * 5 6 * + 이다.

이제 처리 과정을 살펴보면 우선 1단계와 7단계를 표시하고 [그림 4-35(a)] 다음 [그림 4-35(b)]은 이러한 전 과정을 보여주고 있다.

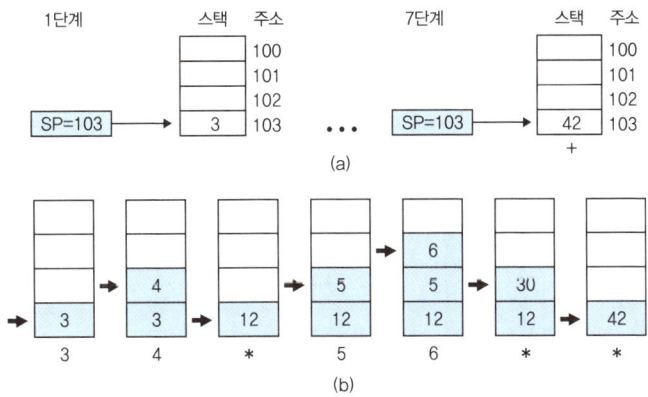

[그림 4-35] 스택 연산 3 * 4 + 5 * 6 처리 과정

각 사각형에서 다음 사각형으로 이동되는 것은 스택의 동작 즉 연산을 의미하고 화살표는 스택의 TOP을 나타낸다.

11. 자동 증가와 자동 감소 주소 지정

어떤 컴퓨터들은 색인 레지스터를 자동으로 증가시키거나 감소시키는 등의 지시를 하는 특별한 주소 지정 방식을 제공한다. 자동 증가(Autoincrement)와 자동 감소(Autodecrement) 주소 지정 방식은 레지스터 간접 주소 지정과 비슷하지만 레지스터가 메모리에 액세스하는 데 사용되거나 증가하기 전에 증가 또는 감소된다는 점만 다르다. 메인 메모리에 스택을 구현하려는 프로그래머에게 도움을 주고, 선형 구조의 원소를 순차적으로 액세스하도록 해준다.

대부분의 자동 감소 주소 지정 방식은 그것을 사용하기 전에 레지스터 주소를 감소시키고,

자동 증가 주소 지정 방식은 그것을 사용한 후 주소를 증가시킨다. 이때 명령이 실행될 때마다 레지스터에 저장된 주소가 바이트 명령어를 사용하는 경우 1씩 증가하고 워드 명령어를 사용하는 경우 2 씩 증가한다. 그러나 R6과 R7은 항상 2씩 증가한다.

다음은 R5의 내용을 오퍼랜드의 주소(030000)로 사용되어 선택된 오퍼랜드(111110)을 지우고(Clear) R5의 내용을 2 증가(30002)시키는 자동 증가 주소 지정 방식의 예이다.

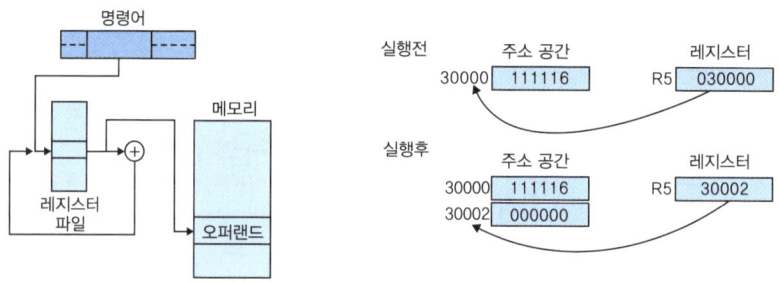

[그림 4-36] 자동 증가 주소 지정 방식과 예

다음은 R0의 내용(017777)을 1 감소한 후 다음 오퍼랜드의 주소(017776)로 사용되는 자동 감소 주소 지정 방식의 예이다.

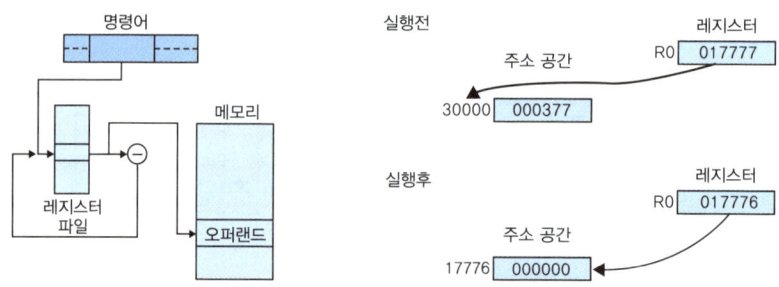

[그림 4-37] 자동 감소 주소 지정 방식과 예

프로그래머는 문자열 속에 있는 문자나 벡터(vector) 원소나 리스트(list) 원소를 순차적으로 액세스하기 위하여 자동 증가 주소 지정 방식을 사용할 수 있다.

예를 들면 호출 프로그램이 파라미터 리스트를 사용 프로시저를 호출하기 위해서 파라미터를 넘긴다. 이때 일반적으로 연결 레지스터 즉 레지스터에 있는 서브루틴은 자동 증가 주소지정 방식을 사용하고 연결 레지스터에 기술된 내용에 따라 순차적으로 파라미터를 참조한다.

12. 세그먼트-레지스터 주소 지정

인텔의 80x86계열 마이크로프로세서는 다음과 같은 이유로 기준-변위 주소 지정 방식과 세그먼트-레지스터 주소지정 방식을 제공한다.

- 물리적 주소공간을 64KB(16비트 주소)에서 1MB(20비트 주소)로 크기 확대
- CPU의 워드 크기인 16비트 명령어 주소 유지
- 코드, 데이터 스택 세그먼트를 지원하기 위하여 특별한 하드웨어 제공을 통한 프로그램 모듈화 촉진

인텔의 프로세서는 많은 표준적인 주소 지정 방식을 제공하고 있다. 프로그램 실행동안 각 주소는 위 방식 중 선택한 하나의 방법으로 설정된다.

CPU는 주소를 계산하는데 이러한 주소를 CPU 주소라고 부르며, 만약 세그먼트-레지스터 주소 지정 방식을 사용하지 않으면 유효주소가 된다. 각 프로세서는 4개의 특별 목적의 레지스터를 갖고 있는데 이것을 세그먼트 레지스터라고 부른다. 4개의 세그먼트 기준 주소를 유지하고 있다.

주소 지정 회로는 메모리 액세스 형태(명령어 인출, 오퍼랜드 인출, 스택 액세스 등)에 따라 세그먼트 레지스터를 선택한다. 그리고 선택한 세그먼트레지스터 내용에 16배 한 결과에 CPU 주소를 더하여 유효주소를 결정한다.

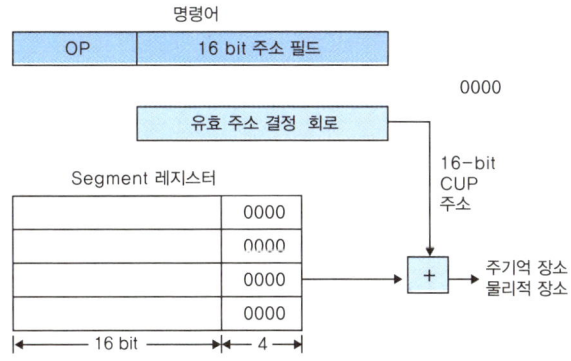

[그림 4-38] 세그먼트 레지스터 주소 지정방식

2진수의 16배 의미는 4비트를 왼쪽으로 이동(시프트)하는 결과와 같으므로 즉 오른쪽에 0000_2를 삽입한다. 결국 최종적인 유효주소는 16비트 주소 대신에 20비트 주소가 된다.

세그먼트 레지스터와 기준-변위 주소 지정 방식의 차이는 프로세서가 자동으로 세그먼트 레지스터를 선택하는 사실과 내용의 오른쪽에 0000_2를 채우는 과정이다. 따라서 유효주소는 20비트 주소가 되면서 IMB 주소공간이 된다. 결과적으로 16비트 세그먼트 레지스터는 20비트 기준 주소를 보관하게 된다. 물론 항상 4로 나누어진다.(하위 4비트가 0이다.)

세그먼트 레지스터 주소 지정 방식과 기준-변위 주소 지정 방식의 중요한 차이는 세그먼트는 베이스 레지스터 참조 메모리 세그먼트보다 매우 크다는 점이다. 프로그래머는 베이스 레지스터 시스템에서 작업할 때보다 세그먼트 레지스터 주소 지정 방식 시스템에서 작업할

때 다른 프로그래밍 기술을 사용하는 경향이 있다. 특별히 64KB 메모리는 많은 프로그램들에게 충분한 크기이므로 프로그래머들은 가끔 메모리에서 프로그램들을 재배치(재할당)하는 데 세그먼트 레지스터를 사용한다.

그러므로 별도의 64-KB 세그먼트, 64-KB 스택 세그먼트, 64-KB 데이터 세그먼트, 64-KB 프로그램 세그먼트를 갖고 있는 것으로 생각한다. 만약 프로그램의 크기가 64-KB 초과되면 프로그래머는 동일한 방법이 아닌 방법으로 변경할 것이다.

다음은 최근 컴퓨터들이 갖고 있는 데이터-주소 형태를 예와 함께 보여주고 있다.

주소 지정 형태	예 제	의 미
레지스터 지정방식	Add R4, R3	R4←R4+R3
즉시 지정방식	Add R4, #3	R4←R4+3
변위 지정방식	Add R4, 100(R1)	R4←R4+Mem[100+R1]
레지스터 간접 지정방식	Add R4, (R1)	R3←R4+Mem[R1]
색인/기준 지정방식	Add R3, (R1+R2)	R3←R3+Mem[R1+R2]
직접 절대 지정방식	Add R1, (1001)	R1←R1+Mem[1001]
메모리 간접 지정방식	Add R1, @(R3)	R1←R1+Mem[Mem[R3]]
자동증가 지정방식	Add R1, (R2)+	R1←R1+Mem[R2]; R←R2+d
자동감소 지정방식	Add R1, -(R2)	R2←R2-d ; R1←R1+Mem[R2]

[표 4-1] 데이터-주소 형태

즉시 또는 리터럴 형식은 보통 메모리-주소 형식으로 고려 될 수 있으나 액세스 하고자 하는 위치가 명령어 스트림(Stream)속에 내포하고 있더라도 레지스터와는 다르다. 물론 표에 나타난 주소 지정 형식의 이름이 각 컴퓨터 사이에 다르게 나타날 수 있다. 위 표는 C언어의 문법 규칙에 따른 내용이다. 여기서 화살표(←)는 할당의 의미이다. 배열 Mem은 메인 메모리를 나타내고 배열 Regs는 레지스터를 나타낸다. 그러므로 Mem[Regs[R1]] 뜻은 레지스터 번호 1(R1)에 있는 내용의 주소 위치에 있는 메모리의 내용이 참조된다는 의미이다. 자동 증가, 자동 감소 주소 지정 방식에서 변수 d는 액세스되는 자료 항목의 크기를 나타낸다.

쉬어가는 코너

주소 지정 형식별 빈도를 나타내는 표(C54X에서 실행한 결과)

주소 지정 형태	빈도
즉시주소지정(Immediate)	30.02%
변위주소지정(Displacement)	10.82%
레지스터간접주소지정(Register indirect)	17.42%
직접주소지정(Direct)	11.99%
자동증가(post increment)	18.84%
자동감소(post decrement)	6.08%

5-2 명령어 설계

명령어 설계는 가장 까다롭고 분석적인 분야이다. 명령어는 프로세서가 수행하는 기능을 정의하고 모든 계산 기능을 수행 할 수 있도록 유형이 다양할 뿐만 아니라 명령어는 프로세서를 제어하는 프로그래머의 수단이므로 명령어를 설계 할 때 프로그래머 요구 사항을 고려해야 한다. 특히 컴퓨터를 개발하거나 계열화 할 때 명령어 설계의 특성을 살펴야 한다. 먼저 완벽성(완성도)을 갖도록 빠진 함수는 없는지(작업에 필요한 모든 명령 포함) 그리고 명령어 직교성을 유지하도록 불필요한 중복 과정이 있는지 등을 확인한다. 또한 계열의 새로운 컴퓨터는 우선 적합성(호환성)을 고려한다. 하나의 컴퓨터에서 사용된 프로그램이 다른 컴퓨터에서도 실행되는가가 중요하기 때문이다. 따라서 명령어는 컴퓨터 시스템의 여러 분야에 영향을 주므로 매우 주의 깊게 설계해야 한다.

1. 명령어 설계 특성

앞서 살펴본 바와 같이 명령어는 컴퓨터에서 데이터의 변형 및 이동되는 방법을 정의하는 연산의 집합이다. 명령어의 특성상 어느 한 분야(요소)의 우수성이 시스템 전체의 성능 향상이 이루어지는 것이 아니라 서로 상호 관련성이 높으며 특히 컴퓨터 구조와 일치해야 한다. 잘 설계된 명령어는 수십 년 동안 지속될 수 있으므로 명령어 형식을 선택하는 것은 매우 어렵다. 명령어는 특히 프로그램이 요구하는 공간의 양 뿐만 아니라 명령을 실행하는데 필요한 디코딩의 양은 메모리와 밀접하다. 성능에 대한 명령어의 영향을 측정하는 것은 중요하지 않나 오히려 명령어 기능의 유무에 관계없이 코드의 실행 시간을 측정 할 수 있기를 원한다. 그러나 이를 위해서는 명령어(보통 소프트웨어 시뮬레이션에서)와 컴파일러(기능을 이용하기 위해)를 변경해야 한다. 따라서 프로세서의 성능에 영향을 미치는 모든 측면을 정확하게 모델링하는 시뮬레이션을 만드는 것은 매우 어려울 뿐만 아니라(제조사가 이 작업을 수행하는데 어려움이 있음) 프로젝트에 적합한 최적화 컴파일러를 변경하는 것도 어려운 일이다. 특히 과거와 달리 오늘날 제조사는 새로운 명령이나 기능을 추가 할 때 새로운 많은 추가 소프트웨어 지원을 필요로 하기 때문에 신중해야 한다.

또한 실행되는 작업의 복잡성과 관련하여 명령어의 길이, 명령어 수와 복잡성은 명령어를 설계 할 때 고려해야 한다.

명령어를 설계할 때 해결해야 할 문제점은 다음과 같다.
- 명령어가 구현할 연산들
- 연산과 주소 지정 간의 관계
- 연산과 데이터 표현 간의 관계

1) 연산 수와 유형

연산(opcode)의 수와 유형은 기계마다 매우 다양하다. 얼마나 많은 연산이 제공되고 얼마나 복잡한 연산이 이루어지는지와 관련된다. 이러한 연산은 데이터 이동, 산술 및 논리, 변환, 입출력, 시스템 제어 및 전송 제어로 분류 할 수 있다. 연산이 많은 경우 프로그래머가 수행 할 수 있는 풍부한 연산을 제공하지만 시스템 구현이 훨씬 어려워진다. 연산을 해독(encode)하기 위해 각 명령어에 더 많은 비트가 필요하다. 예를 들어 5비트는 32개 연산, 6비트는 64개 연산 등이 가능하다. 반면에, 간단한 명령을 가지고 선택할 수도 있다. 프로그래머는 2가지 이상의 명령을 결합하여 완료할 수도 있으므로 연산 해독에 필요한 비트가 줄어들고 CPU 디자인이 단순해지는 장점이 있다.

2) 데이터 유형

연산이 실행되는 다양한 유형의 데이터를 다룬다. 데이터 유형에는 전통적으로 모든 범위의 정수, 부호 있는 또는 부호 없는 2의 보수, 문자(8 및 16비트), 부동 소수점 숫자(현재 IEEE 754 표준을 기반으로 하며 32비트 또는 64비트 크기, 인텔 구조는 80비트 부동 소수점을 가짐)가 포함된다. 물론 일부 시스템은 문자열, 픽셀(pixels), BCD 및 벡터(vectors, 부동 소수점 숫자 배열)도 지원한다.

3) 명령어 형식

명령어 형식은 메모리에 나타나는 명령어의 필드 참조 방법과 연산 코드와 오퍼랜드의 해독 과정을 설명하므로 명령 길이(고정, 가변), 주소 수(2, 3 등), 다양한 필드의 크기 등과 관련된다. 메모리 구성이 명령어 형식에 영향을 준다. 예를 들어 메모리가 16 또는 32비트 워드를 가지며 바이트 주소 지정이 불가능한 경우, 단일 문자에 액세스하기가 어렵다. 따라서 16, 32 또는 64비트 워드를 가진 시스템도 바이트 주소 지정이 가능하면 워드가 1바이트보다 길더라도 모든 바이트가 고유 한 주소를 가짐을 의미한다. 이때 워드가 여러 바이트로 구성된 경우 이러한 바이트를 컴퓨터에 어떤 순서로 저장해야 하는지에 대한 고려(빅 엔디안)가 필요하다. 메모리 수요를 감소시키기 위하여 명령어 길이를 줄이는 결과는 명령어를 분석(해석)하고 실행해야 하는 제어 장치의 복합성을 증가시킨다. 짧은 명령은 일반적으로 메모리 공간을 적게 차지하며 빠르게 가져올 수 있기 때문에 좋으나 필요한 명령어 수를 지정하기에는 충분한 비트가 명령어에 있어야하므로 명령어 수를 제한한다. 더 짧은 명령어는 또한 오퍼랜드의 크기와 수에 더 엄격한 제한이 있다. 고정 길이의 명령어는 해독하기 쉽지만 공간을 낭비한다. 물론 고정 길이 명령어가 반드시 고정 된 수의 오퍼랜드를 의미하지는 않는다. 다시 말하면 명령어 길이가 고정 된 명령어를 설계 할 수 있지만 오퍼랜드 필드의 비트 수는 필요에 따라 달라질 수 있다. 이를 확장 명령코드(opcode)라고 한다.

4) 주소 지정

주소 지정은 오퍼랜드의 주소가 지정된 형태와 관련되어 여러 가지 유형이 있다. 물론 명령어 당 주소 수, 직접 주소 지정, 간접 주소 지정, 색인 및 확장된 주소 지정에 따라 다르다.

명령어 당 주소의 수는 메모리 크기 및 명령 형태에서의 공간의 양에 의해 결정되므로(16비트=1MB) 알고리즘을 기계 언어로 표현할 수 있는 효율성을 결정하는 중요한 요소가 될 수 있다. 예를 들어, 대수 표현은 단일 주소 명령어로 평가 될 수 있으므로 두 개의 주소 명령어가 사용되는 경우 대부분 두 번째 주소가 낭비된다. 따라서 어떤 경우에는 명령어 당 주소 수는 메모리(워드) 크기가 아니라 작업 환경에 의해 결정되어야 한다. 주소 지정 정보의 양을 줄이기 위해 색인 또는 확장 된 주소 지정을 사용할 수 있다. 색인과 간접 주소 지정은 복잡한 데이터 구조 내에서 데이터 필드의 위치를 계산해야하는 프로그램에서 매우 중요하다. 링크 된 목록 검색, 테이블 조회, 배열 액세스 및 가변 길이 레코드 차단과 같은 작업에서 매우 유용 할 수 있다. 많은 응용 프로그램에서는 다수의 상수 데이터 필드를 사용하거나 카운터 값 초기화 등의 작업을 자주 수행하는 경우 즉시 주소 지정이 유용 할 수 있다. 주소 지정에 대한 쟁점은 후술하가로 한다.

5) 레지스터

명령어로 참조 할 수 있는 레지스터의 수와 그 사용과 관계가 있다. 메모리를 줄이기 위해서 더 많은 레지스터를 사용하는 것이 좋을지 모르지만, CPU 구현이 복잡하게 된다. 즉, 프로그래밍의 용이성과 CPU 구축의 용이성에 대한 절충이다. 레지스터가 많을수록 오퍼랜드를 저장할 수 있는 빠른 메모리 위치가 더 많아지나 메모리 액세스 속도는 느려진다. 그러나 레지스터는 칩에 더 많은 선력과 공간을 소비하며 또한 명령 내에서 레지스터 번호를 해독하기 위해 각 명령에 더 많은 비트가 필요하다.(예 : 8 레지스터=3비트) 프로그램 간에 전환하거나 여러 프로그램이 동시에 실행될 수 있는 시스템을 지원하고자 하면 더 많은 레지스터를 저장해야 한다는 의미이다. 반면에 레지스터가 너무 적으면 자주 메모리로 나가야 한다(메모리 액세스)는 것을 의미하기도 한다. 물론 프로그램 카운터(PC)와 같은 특수 레지스터 처리를 프로그래머가 액세스할 수 있다면 프로그래머가 PC 값을 변경할 수 있어 매우 유용 할 수 있다. 대부분의 현대 명령어에는 8~32개의 레지스터가 있다.

이러한 문제는 서로 관련되어 있으므로 명령어를 설계하는 동안 함께 고려해야한다.

2. 주소 지정 쟁점

여기서는 주소 지정 범위, 동질성 및 효율성 부분으로 나누어 설명하기로 한다.

1) 물리적 주소 지정 범위

컴퓨터 계열의 확장성과 구조적 장점의 중요한 평가 요소는 물리적-주소 지정 범위이다.

물리적 주소 비트 수에 제한을 받으므로 이것은 메모리의 최대 크기를 참조한다. 대조적으로 가상-주소 지정 범위는 사용자가 설정할 수 있는 논리 주소의 최대 크기를 참조한다. 물론 명령어 구조에 의해 제한 받는다.

다음과 같은 이유로 물리적 주소 지정 범위가 증가하고 있다.
- 프로그램 : 점점 커지고 복잡
- 데이터베이스의 크기 : 점점 확대
- 컴퓨터의 성능 향상 : 사용자의 사용 공간 증가 및 최상의 서비스 기대
- 기억 장소 비용 절감 : 반도체 기술 개발 효과

물론 이러한 물리적 주소 지정 범위의 증가 즉, 메모리가 GB로 늘어나고 있지만 메모리의 유용성은 프로그램이 얼마나 쉽게 액세스 할 수 있는가에 영향을 받는다. 또한 대규모 물리적 주소 지정 범위는 액세스 과정에서 문제도 발생 할 수도 있다.

기준-변위 주소 지정 방식에서 단순히 베이스 레지스터의 정밀도나 폭(크기) 증가로 물리적-주소 공간을 확대할 수 있다고 믿는다. 그러나 몇 가지 제한이 숨겨져 있다. 대부분의 기준-변위 주소 지정 방식을 수행하는 컴퓨터는 다른 프로그램의 공간을 위하여 다른 메모리 위치에 프로그램을 이동하는 과정을 운용체제 유틸리티에 의존하고 있다. 컴퓨터의 어떤 프로그램은 주소 재할당을 위하여 오직 1개의 레지스터를 갖게 되기 때문에 메모리에서 임의장소로 프로그램을 이동하기 위한 운영체제의 방법이 없다. 이러한 문제는 유용한 메모리-재할당 정책으로 효과적으로 해결 할 수 있으며 따라서 프로그램을 혼합하여 운영체제의 지원이 가능하다.

2) 주소 지정 동질성

동질의 주소 지정이란 모든 주소가 동등하며 반대로 비동질 주소 지정은 다른 주소를 초과하는 경우이다. 주소 공간이 비동질이라면 프로그래머와 컴파일러는 주소 공간에서 비동일하게 생성된 주소를 수정해야 한다. 이러한 정렬의 경우 컴파일러의 복잡성을 증가시키게 된다. 과연 어떤 요인이 주소 동질성에 영향을 미치는가?

먼저 색인-주소 지정 방식의 컴퓨터를 살펴보자.

프로세서는 오퍼랜드의 유효 주소를 산출하기 위하여 색인 레지스터의 내용과 명령어 변위를 더한다. 만약 이때 변위가 작은 크기 즉 몇 바이트 크기라면 컴파일러는 작은 데이터 구조(세그먼트 보다 훨씬 작은) 변위로 사용하려고 할 것이다. 예를 들면 컴파일러는 짧은 문자열에서 특정한 문자를 지적하는데 사용할 수 있다. 반면 만약 변위가 프로그램의 전부 또는 큰 블록의 데이터를 참조 할 수 있을 만큼 충분히 크다면 컴파일러 작성자는 변위보다 색인 레지스터를 사용하지 않고 주소로 변위를 사용하려고 노력할지도 모른다.

이와 같이 일반적인 주소 지정 과정에서 변위 사용은 프로그래머들이 데이터 블록을 사용

하가 또는 변위 크기를 초과하는 프로그램이라면 문제를 일으킨다.

　예를 들면 어떤 컴퓨터는 16~22비트 크기의 변위를 갖는다. 이러한 변위들은 작은 프로그램을 위한 기준 주소를 서비스하기에 충분하다. 큰 변위를 갖는 명령어 즉 명령어 구조 설계할 때 설계자는 변위가 메모리 크기보다 커지지 않도록 설계한다. 반면 설계자는 명령어로부터 레지스터로 변위를 이동시키고 명령어는 레지스터를 지정한다. 그러면 변위는 주소의 모든 다른 부분과 동일한 크기가 될 것이다.

3. 주소 지정 효율성

프로그래머나 컴파일러가 명령어 셋 구조에서 설정된 주소 지정 방식을 사용하여 얼마나 효과적으로 참조 할 수 있는가?

RISC 구조는 단순한 주소 지정 방식을 제공하며 반면 CISC 구조는 많은 방식과 복합적인 주소 지정 방식을 제공한다. 설계자는 컴퓨터 구현에 있어서 두 가지 관점을 고려해야 한다.

쉽게 구현해야 하고 전체 컴퓨터의 성능과 관련하여 적은 비용으로 구현하도록 해야 한다.

그러나 컴퓨터의 제어 장치는 점점 복잡해지므로 설계자들은 새로운 명령어 구조 마다 더 많은 주소 지정 방식을 포함하려고 한다.

VAX 계열은 예를 들면 앞서 논의된 주소 지정 방식과 더불어 간접 방식, 레지스터 간접 방식, 자동 증가 및 자동 감소 방식, 색인 방식 등이 포함되고 있다. 이러한 주소 지정 방식은 사용자가 데이터를 참조하는 데 충분하다. 그러나 명령어를 실행하는데 많은 클럭 주기(clock cycles)가 필요하고 다양한 메모리 액세스 과정이 요구된다.

또한 컴파일러는 더욱 복합적인 주소 지정 방식을 사용하게 되고 더욱이 프로그래머는 필요한 경우 소프트웨어로 구현하려고 한다. 따라서 프로그래머는 가끔 중복되기도 한다.

동일한 결과를 달성하기 위하여 많은 다른 주소 지정 방식을 사용하기 때문에 속도는 중요한 사항이다.

설계자는 전체적인 컴퓨터 성능을 참작하여 비용이 적은 주소 지정 방식을 고려해야 한다.

명령어가 실행될 때 많은 클럭 주기가 필요하다면 그것은 몇 번 메모리 액세스를 요청하게 되고 파이프라인 프로세서를 구현하는데 어려움이 있다. 만약 하나의 주소 지정 방식이 오직 특수한 경우에 사용된다면 하드웨어로 구현하기보다는 소프트웨어로 구현하는 것이 더 효과적이다. 가장 빠른 RISC 구조는 직접 방식, 레지스터 간접 방식, 기준-변위 방식을 포함한 몇 개의 주소 지정 방식으로 충분하다는 사실을 보여주었다.

요 약

1. 명령어
사용자가 원하는 연산(operations)과 오퍼랜드(Operand) 그리고 처리되는 순서를 프로세서에게 지시하는 명령문(statement)으로 실행할 연산을 나타내는 가감승제, 시프트, 보수 등과 같은 연산을 정의한 연산 코드(Opcode)와 연산자와 연산 코드에 따라 달라지는 연산 대상(실행될 연산)의 주소(기억 장소)로 표현되는 오퍼랜드(피연산자)로 구분된다.

2. 명령어 구조 분류
1) 오퍼랜드의 저장 위치에 따른 구분
- 스택 구조

연산에 필요한 오퍼랜드들을 스택에 저장하고 연산의 결과도 스택에 저장하는 형태
- 누산기 구조

명령어 수행에 필요한 오퍼랜드들 중 하나를 누산기에 기억시키는 컴퓨터 구조
- 범용 레지스터 구조

중앙 처리 장치 내에 많은 수의 용도가 정해지지 않은 레지스터를 가지고 있는 컴퓨터로서 하나의 입력 오퍼랜드는 레지스터에 있고 하나는 메모리에 있으며 결과는 레지스터로 이동한다. 범용 레지스터 구조는 오퍼랜드 위치에 따라 레지스터-레지스터(R-R) 구조, 메모리-메모리(M-M) 구조, 레지스터-메모리(R-M) 구조로 구분된다.

2) 오퍼랜드 수에 따른 구분
- Ø-오퍼랜드 명령어

외부에 명시된 오퍼랜드가 없으며 명령어 자체에 함축된 스택 명령어 구조로 메모리에 소프트웨어로 구현되어 있거나 CPU에 하드웨어로 구현된다.
- 1-오퍼랜드 명령어

누산기(AC)를 갖고 있으며 대부분 내부적 오퍼랜드이며 다른 오퍼랜드는 메모리에 있어 명령어 인출과 오퍼랜드 인출을 위한 2번의 인출 사이클이 필요하다.
- 2-오퍼랜드 명령어

범용 레지스터(GPR) 구조로 각 주소 필드는 프로세서 레지스터 또는 메모리 워드를 지정하며 하나의 오퍼랜드는 누산기나 색인(INDEX) 레지스터이며 다른 하나의 오퍼랜드는 메모리에 있거나 직접 자료이다.
- 3-오퍼랜드 명령어

Load/Store의 RISC(Reduced Instruction Set Computer) 구조에서 채택되었으며 3개의 주소필드는 각각 프로세서 레지스터나 메모리 주소를 나타내는 오퍼랜드이다.

3. 연산 제어에 따른 명령어 분류

1) 연산 관련 명령어 : 산술 연산, 논리(Boolean) 연산, 비트 연산(shift, rotate) 등으로 분류
2) 데이터 이동 : 메모리 → 레지스터, 레지스터 → 레지스터, 레지스터 → 메모리 이동
    MOVE, LOAD, STORE, PUSH, POP, EXCHANGE
3) 입출력 명령어 : 입출력 명령어는 없으며 입출력 장치를 제어하는 제어 신호 전송
    INPUT, OUTPUT, TEST DEVICE, CONTROL DEVICE
4) 제어 명령어 : 제어는 제어 장치가 담당하고 있으나 제어기능에 따라 프로그래머가 프로그램(명령)에 의해 구체적인 제어를 지시할 수 있는 조건과 무조건 분기 명령과 서브루틴-연결 명령어, 사용자 소프트웨어의 영향으로부터 시스템을 보호하기 위한 시스템 소프트웨어의 전용(특권) 명령어가 있다.

4. 명령어 형식

명령어의 구성 필드는 연산의 방향, 변위의 크기, 레지스터 부호화(encoding) 또는 부호 확장을 정의하며 필드는 연산에 따라 다르다.

1) 명령어 길이 : 고정 크기와 가변 크기 그리고 혼합형으로 각각 장단점이 있다.
2) 주소 참조 형태 : 메모리 참조 명령어, 레지스터 참조 명령어, 입출력 명령어로 구분된다.
3) 직접 주소와 간접 주소 : 직접 오퍼랜드의 내용이 담겨있는 메모리 번지를 직접 주소(번지) 그리고 오퍼랜드의 내용을 저장하고 있는 장소의 번지를 저장하고 있는 메모리 번지를 간접 주소(번지)라 한다.

5. 명령어 주소 지정

명령어 주소 지정은 명령어의 오퍼랜드를 참조하기 위한 방법을 의미하며 레지스터를 이용한 주소 지정, 영역 설정으로 지정, 메모리 주소 지정 등으로 구분할 수 있다. 메모리에 바이트 주소를 저장하는 방식으로 빅 엔디언(big endian)과 리틀 엔디언(little endian)이 있다.

6. 주소 지정 형태

상수, 레지스터 또는 메모리의 위치를 지정할 수 형태로 즉시 또는 리터럴(literal) 주소 지정, 직접(절대) 주소 지정, 레지스터 주소 지정, 간접 주소 지정, 레지스터-간접 주소 지정, 변위 주소 지정, 색인 주소 지정, 색인-간접 주소 지정, 기준-변위 주소 지정, 스택 레지스터 주소 지정, 자동 증가와 자동 감소 주소 지정, 세그먼트-레지스터 주소 지정 등이 있다.

7. 명령어를 설계할 때 해결해야 할 문제점

- 명령어가 구현할 연산들.
- 연산과 주소 지정 간의 관계.
- 연산과 데이터 표현 간의 관계 등이다.

제4장 연습문제

주관식

1. 122E 5F01를 워드 주소 24에 빅 엔디언과 리틀 엔디언으로 보여주시오.

2. JIM SMITH 텍스트를 워드 주소 24에 빅 엔디언과 리틀 엔디언으로 보여주시오.

3. 명령문에 4개의 주소가 포함되어 있다면 각 주소의 목적은?

4. 자동 색인 생성의 장점은?

5. 명령어가 단일 오퍼랜드를 요구하는 연산인 경우 간접 주소 형태의 명령어를 인출하고 실행할 때 프로세서가 메모리를 참조해야하는 횟수(1)와 분기 횟수(2)는?

6. 레지스터 R1과 R2는 각각 1800과 3800 값을 저장하고 워드 길이는 4바이트이다. 다음과 같은 경우 각각 메모리 오퍼랜드의 유효 주소는?
    1) ADD 100 (R2), R6.
    2) LOAD R6, 20 (R1,R2)
    3) STORE -(R2), R6

7. 프로그램 카운터에 저장된 주소를 기호 X1로 지정하고 X1에 저장된 명령어에는 주소 부분(오퍼랜드 참조) X2가 있다. 명령을 실행하는 데 필요한 오퍼랜드는 주소 X3의 메모리 워드에 저장된다. 색인 레지스터는 값 X4를 포함한다면 명령의 주소 지정 형태는?
    1) 직접 주소 지정
    2) 간접 주소 지정
    3) 색인 주소 지정

8. 직접, 간접번지 명령 사이의 차이는? 오퍼랜드를 프로세서 레지스터에 가져오는 각 명령에서 얼마나 많은 메모리 참조가 필요하게 되는가?

9. Load 500 명령이 있다고 가정하고 주어진 메모리 및 레지스터 R1은 아래 값과 같다.

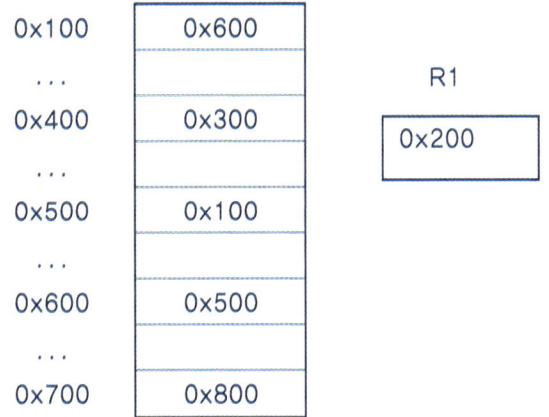

이때 R1이 색인 주소 지정 형태에서 나타낸다고 가정 할 때, 누산기에 적재되는 값은?

 1) 즉시 주소 지정   2) 직접(절대) 주소 지정   3) 간접 주소 지정   4) 색인 주소 지정

10. 시스템 설계자가 모든 명령을 동일한 길이로 유지해야하는 이유가 있는데 왜 이것이 스택 구조에서 좋은 아이디어가 아닌가?

제4장 연습문제

객관식

1. 피연산자의 위치(기억 장소)에 따라 명령어 형식을 분류할 때 instruction cycle time이 가장 짧은 명령어 형식은?
   ① 레지스터-메모리 인스트럭션　　② AC 인스트럭션
   ③ 스택 인스트럭션　　　　　　　　④ 메모리-메모리 인스트럭션

2. 마이크로 명령 형식으로 적합하지 않은 것은?
   ① 수평 마이크로 명령　　② 제어 마이크로 명령
   ③ 수직 마이크로 명령　　④ 나노 명령

3. 주소 설계 시 고려해야 할 점이 아닌 것은?
   ① 주소를 효율적으로 나타낼 수 있어야 한다.
   ② 주소 공간과 기억 공간을 독립시킬 수 있어야 한다.
   ③ 전반적으로 수행 속도가 증가될 수 있도록 해야 한다.
   ④ 주소 공간과 기억 공간은 항상 일치해야 한다.

4. 명령어의 주소(address)부를 유효주소로 이용하는 방법은?
   ① 상대 주소　　② 즉시 주소　　③ 절대 주소　　④ 직접 주소

5. 인스트럭션 세트의 효율성을 높이기 위하여 고려할 사항이 아닌 것은?
   ① 기억공간　　② 사용빈도　　③ 레지스터의 종류　　④ 주기억 장치 밴드폭 이용

6. Operand의 내용을 저장하는 장소에 operand주소를 저장하는 방식으로서 두 번의 참조를 필요로 하는 주소 방식은?
   ① 직접 주소방식　　② 간접 주소방식　　③ 인덱스 주소방식　　④ 레지스터 주소방식

7. 레지스터의 내용을 메모리에 전달하는 기능을 무엇이라 하는가?
   ① Fetch　　② Store　　③ Load　　④ Transfer

8. 다음 그림과 같은 명령 형식을 사용하는 컴퓨터에서 사용 가능한 메모리 참조 명령의 개수는 몇 개인가?

```
 1 2  5 6    10
 | I | OP |  AD  |
```

① 8   ② 16   ③ 24   ④ 32

9. 인스트럭션(Instruction)의 구성 중 오퍼랜드(Operand) 부분에 포함되지 않는 것은?

① 자료(Data)의 주소   ② 자료(Data)   ③ 주소를 위한 정보(Information)   ④ 명령의 형식

10. 간접주소지정 방식을 사용하는 컴퓨터에서 메모리의 2F0F 번지의 내용이 3F00 이고, 3F00 번지의 내용이 4FF0 일 때 LDA 2F0F 명령을 수행하면 그 결과는? (단, 니모닉 LDA는 적재 동작을 의미한다.)

① 2F0F 이 누산기에 적재된다.   ② 3F00 이 누산기에 적재된다.
③ 4FF0 이 누산기에 적재된다.   ④ 3F00 와 4FF0가 가산되어 이 누산기에 적재된다.

11. 명령 형식 중에서 스택(stack)을 필요로 하는 것은?

① 3주소 명령어   ② 2주소 명령어   ③ 1주소 명령어   ④ 0주소 명령어

12. 다음 주소 지정 방식 중 속도가 가장 빠른 방식은?

① Direct Addressing   ② Immediate Addressing
③ Indirect Addressing   ④ Calculate Addressing

13. op-code가 8비트일 때 생성될 수 있는 명령어의 수는?

① 2^7-1 ② 2^7 ③ 2^8 ④ 2^8-1

14. zero-address 명령 형식에 속하는 것은?

① 연산의 결과는 누산기에 남는다.
② 하나의 명령어 수행을 위하여 최소한 4번 메모리에 접근해야 하므로 수행 시간이 길다.
③ 누산기에 기억된 자료를 사용하여 연산을 수행한다.
④ 모든 연산은 stack을 이용하여 수행하고, 그 결과도 stack에 보존한다.

15. 현재 번지를 기준으로 이동한 변위로 표시되는 주소지정방식은?

① 상대번지 지정방식   ② 절대번지 지정방식
③ 간접번지 지정방식   ④ 직접번지 지정방식

16. 스택의 구조가 다음 그림과 같을 때 "POP A" 명령을 수행한 후 스택포인터 및 A 레지스터의 값은?

```
       스택          스택 포인터
4  [      ]         [   4   ]
3  [  9   ]
2  [  23  ]         A 레지스터
1  [  17  ]         [   1   ]
0  [  10  ]
```

① 스택포인터=2, A 레지스터=9   ② 스택포인터=2, A 레지스터=23
③ 스택포인터=3, A 레지스터=9   ④ 스택포인터=2, A 레지스터=1

17. 주소지정방식 중에서 기본 주소가 프로그램 카운터에 저장되는 방식은?

① 직접주소지정방식 ② 간접주소지정방식 ③ 인덱스주소지정방식 ④ 상대주소지정방식

18. 컴퓨터 기억 장치의 주소 설계 시 고려사항으로 옳지 않은 것은?

① 주소를 효율적으로 나타내야 한다.
② 주소 표시는 16진법으로 표기해야 한다.
③ 사용자에게 편리하도록 해야 한다.
④ 주소공간과 기억공간을 독립시킬 수 있어야 한다.

19. 상대 주소 지정 방식을 사용하는 JUMP 명령어가 750번지에 저장되어 있다. 오퍼랜드 A=56일 때와 A=-61일 때 몇 번지로 JUMP 하는가?(단, PC는 1씩 증가한다고 가정한다.)

① 806, 689   ② 56, 745   ③ 807, 690   ④ 56, 689

20. OP 코드 필드(Operation Code Field)가 4비트인 인스트럭션은 몇 가지 종류의 인스트럭션을 생성할 수 있는가?

① 2^4 ② 2^4-1 ③ 2   ④ 2^3-1

21. 인스트럭션의 연산자 부분이 나타낼 수 있는 것으로 옳지 않은 것은?

① 인스트럭션의 순서   ② 인스트럭션의 형식   ③ 자료의 종류   ④ 연산자

22. 계산 결과를 시험할 필요가 있을 때 계산 결과가 기억 장치에 기억 될 뿐 아니라 중앙처리장치에도 남아 있어서 중앙처리장치 내에서 직접 시험이 가능하므로 시간이 절약되는 인스트럭션 형식은?

① 3주소 인스트럭션 형식   ② 2주소 인스트럭션 형식
③ 1주소 인스트럭션 형식   ④ 0주소 인스트럭션 형식

23. 명령어의 형식 가운데 연산에 사용된 모든 피 연산자 값을 상실하는 명령어 형식은?
    ① 3-주소 형식 명령어　　　　　　② 2-주소 형식 명령어
    ③ 1-주소 형식 명령어　　　　　　④ 0-주소 형식 명령어

24. 다음에서 주소 지정 방식이 아닌 것은?
    ① direct addressing　　　　　　② temporary addressing
    ③ immediate addressing　　　　④ relative addressing

25. 연산의 처리 결과를 항상 누산기(Accumulator)에 저장하는 어드레스 방식은?
    ① 0 어드레스 방식　② 1 어드레스 방식　③ 2 어드레스 방식　④ 3 어드레스 방식

26. 인스트럭션(instruction)의 수행 과정이 아닌 것은?
    ① 주소변환　　② 명령인출　　③ 오퍼랜드 인출　　④ 사이클 실행

27. 여러 개의 범용 레지스터를 가진 컴퓨터에 사용되며, 연산후에 입력자료가 변하지 않고 보존되는 인스트럭션의 형식은?
    ① 0 주소 인스트럭션의 형식　　② 1 주소 인스트럭션의 형식
    ③ 2 주소 인스트럭션의 형식　　④ 3 주소 인스트럭션의 형식

28. 다음과 같은 명령어의 기능은?
    "JMP X"
    ① 제어 기능　　② 함수 연산 기능　　③ 전달 기능　　④ 입출력 기능

29. 프로그램 카운터가 명령의 번지 부분과 더해져서 유효번지가 결정되는 주소 지정 방식은?
    ① 상대 번지 모드(mode)　　② 인덱스드 어드레싱 모드(indexed addressing mode)
    ③ 간접 번지 모드 (mode)　　④ 베이스(base) 레지스터 어드레싱 모드

30. STACK에 관하여 올바르게 설명한 것은?
    ① 복귀 번지를 저장하기 위한 메모리이다.　② PUSH명령으로 의해 데이터를 꺼낸다.
    ③ 1-address구조를 갖는다.　　　　　　　④ FIFO구조를 갖는다.

31. 중앙처리장치에서 정보를 기억 장치에 기억시키는 것을 무엇이라 하는가?
    ① Load　　　　② Store　　　　③ Fetch　　　　④ Transfer

32. 다음 중 기능이 다른 연산자는?
   ① COMPLEMENT   ② OR   ③ AND   ④ EXCLUSIVE OR

33. 한 명령을 두 부분으로 나누면?
   ① 호출과 실행   ② 연산과 논리   ③ 번지와 데이터   ④ operation과 operand

34. 주소 부분이 하나밖에 없는 1-주소 명령 형식에서 결과 자료를 넣어 두는데 사용하는 레지스터는?
   ① 누산기   ② 인덱스(index) 레지스터   ③ 범용 레지스터   ④ 스택(stack)

35. 연산 수행시 스택(stack)을 이용하는 인스트럭션 형식은?
   ① 0-주소 인스트럭션 형식   ② 1-주소 인스트럭션 형식
   ③ 2-주소 인스트럭션 형식   ④ 3-주소 인스트럭션 형식

36. 컴퓨터에서 사용되는 명령어들을 기능별로 분류할 때 분류 기준에 포함되지 않는 것은?
   ① 함수 연산 기능   ② 주소계산 기능   ③ 전달 기능   ④ 입·출력 기능

37. 제어 메모리에서의 번지를 결정하는 방법으로서 옳지 않은 것은?
   ① 마이크로 명령에서 지정하는 번지로 무조건 분   ② 서브루틴은 call과 return
   ③ 상태 비트에 따른 조건부 분기   ④ 명령어 분석에 따른 조건부 분기

38. 다음은 이동(shift)의 경우이다. 8비트로 구성된 레지스터 7번의 내용이 11011001일 때 SRA 7,3을 실행하고 난 후의 레지스터 7의 내용은? (단, SRA 7, 3은 레지스터 7번을 우측으로 산술 이동(Arithmetic Shift to the right) 3회 수행함을 뜻한다.)
   ① 11111101   ② 00011011   ③ 11111011   ④ 01111011

39. 0번지(zero-address)명령형을 갖는 전자계산기구조의 원리는 어느 것을 사용하는가?
   ① accumulator extension register   ② virtual memory architecture
   ③ stack architecture   ④ micro-programming

40. 인스트럭션의 설계 과정과 가장 거리가 먼 것은?
   ① 연산자의 종류   ② 해당 컴퓨터 시스템 단어(word)의 크기(비트수)
   ③ 주소 지정방식   ④ 기억 장치의 대역폭(bandwidth)

41. 간접 주소(Indirect address)에 대하여 설명하고 있는 것은?
   ① 그 자료를 얻기 위해서 정확히 한번 기억 장치를 접근하여야 한다.
   ② 인스트럭션의 길이가 짧고 제한되어 있어도 이것을 이용하여 긴 주소를 찾아갈 수 있다.
   ③ 자료를 기억 장치에서 읽어야 할 필요가 없으므로 다른 주소 방식들보다 신속하다.
   ④ 자료가 기억된 장소에 직접 사상시킬 수 있는 주소 형태이다.

42. 명령문 구성 형태 중 하나의 오퍼랜드가 어큐뮬레이터 속에 포함된 주소방법은?
   ① 0-번지   ② 1-번지   ③ 2-번지   ④ 3-번지

43. 0-주소 인스트럭션 형식을 사용하는 컴퓨터의 특징은?
   ① 연산 후에 입력 자료가 변하지 않고 보존된다.
   ② 연산에 필요한 자료의 주소를 모두 구체적으로 지정해 주어야 한다.
   ③ 모든 연산은 스택에 있는 자료를 이용하여 수행한다.
   ④ 연산을 위해 입력 자료의 주소만을 지정해 주면 된다.

44. 다음 번의 명령어가 현재의 프로그램 카운터(PC)를 기준으로 하여 어느 번지에 있음을 나타내는 주소지정 방식은?
   ① 상대번지 지정방식   ② 간접번지 지정방식
   ③ 직접번지 지정방식   ④ 절대번지 지정방식

45. 피 연산자의 위치(기억 장소)에 따라 명령어 형식을 분류할 때 instruction cycle time이 가장 짧은 명령어 형식은?
   ① 레지스터-메모리 인스트럭션   ② AC 인스트럭션
   ③ 스택 인스트럭션   ④ 메모리-메모리 인스트럭션

46. 컴퓨터에서 사용하는 명령어의 기능이 아닌 것은?
   ① 전달 기능   ② 제어 기능   ③ 연산 기능   ④ 번역 기능

47. 명령어의 주소 부분과 PC의 값을 더해서 유효주소를 결정하는 주소 모드는?
   ① implied 모드   ② relative address 모드
   ③ index address 모드   ④ register indirect 모드

48. 주소지정방식에 대한 설명이 옳지 않은 것은?
    ① 고유 주소지정방식은 항상 일정한 기능을 수행한다.
    ② 즉시 주소지정방식은 레지스터의 값을 초기화할 때 주로 사용된다.
    ③ 인덱스 주소지정방식은 프로그램 카운터를 사용한다.
    ④ 직접 주소지정방식은 명령어 주소 부분에 유효 주소 데이터가 있다.

49. 3-어드레스 머신(address machine)의 설명이 옳은 것은?
    ① 결과는 1st operand에 남는다.   ② 결과는 2nd operand에 남는다.
    ③ 결과는 3rd operand에 남는다.   ④ 결과는 임시 구역에 남는다.

50. 제어 데이터가 될 수 없는 것은?
    ① 연산자의 종류   ② 연산을 위한 수치 데이터
    ③ 인스트럭션의 주소지정방식   ④ 연산결과에 대한 상태 플래그 내용

51. 주소 지정 방식(Addressing Mode) 중에서 프로그램 키값에 명령어의 주소부분을 더해서 실제주소를 구하는 방식은?
    ① 직접 번지 방식   ② 즉치 번지 방식   ③ 상대 번지 방식   ④ 레지스터 번지 방식

42. CPU가 인스트럭션을 수행하는 순서는?
    ㉠ 인터럽트 조사 ㉡ 인스트럭션 디코딩 ㉢ 인스트럭션 fetch ㉣ operand fetch ㉤ execution
    ① ㉢-㉠-㉡-㉣-㉤   ② ㉢-㉡-㉣-㉤-㉠   ③ ㉡-㉢-㉣-㉤-㉠   ④ ㉣-㉢-㉡-㉤-㉠

53. 데이터 처리 명령어 그룹이 아닌 것은?
    ① 전송 명령어   ② 회전 명령어   ③ 논리 명령어   ④ 산술 명령어

54. computer 시스템에서 1-address machine, 2-address machine, 3-address machine으로 나눌 때 기준이 되는 것은?
    ① operation code   ② 기억 장치의 크기   ③ register 수   ④ operand의 address

55. 폰 노이만(Von Neumann)형 컴퓨터의 연산자 기능으로서 적합하지 않은 것은?
    ① 병렬처리 기능   ② 함수 연산 기능   ③ 입·출력 기능   ④ 전달 기능

56. CPU가 데이터를 메모리에 저장하는 방법에서 다음 그림과 일치하는 기법은?

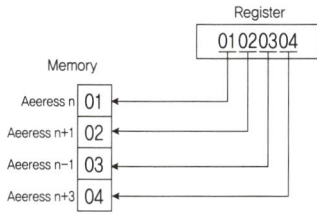

① little-word   ② little-endian   ③ big-word   ④ big-endian

제4장 객관식 답

1.③ 2.② 3.④ 4.④ 5.③ 6.② 7.② 8.② 9.④ 10.③
11.④ 12.② 13.③ 14.④ 15.① 16.③ 17.④ 18.② 19.③ 20.①
21.① 22.② 23.④ 24.② 25.② 26.④ 27.④ 28.① 29.① 30.①
31.② 32.① 33.④ 34.① 35.① 36.② 37.④ 38.③ 39.③ 40.④
41.② 42.② 43.③ 44.① 45.③ 46.④ 47.② 48.③ 49.③ 50.②
51.③ 52.② 53.① 54.④ 55.① 56.④

프로세서의 구성과 기능

학·습·목·표

- 프로세서의 기본 구조를 이해한다.
- 레지스터, ALU, 제어 장치 및 버스의 특성과 역할을 이해한다.
- 컴퓨터 프로그램 실행 과정(주기)을 알아본다.

Section

01. 프로세서 구성
02. 프로세서 기능

들·어·가·기

지금까지 우리는 프로그래머 관점에서의 명령어 구조 구현 전략과 하드웨어 시스템의 구조 그리고 성능 결정에 영향을 미치는 명령어 구조에 대해 살펴보았다. 명령어 구조가 컴퓨터의 실행 특성이라면 하드웨어 시스템 구조는 컴퓨터의 구조적 특성이라고 할 수 있다. 그렇지만 프로그래머들과 컴파일러 측면에서는 구현의 차이보다 같은 명령어 구조를 갖는 기계의 차이라고 할 수 있다. 여기서는 명령어를 실행하는 하드웨어 서브시스템인 프로세서의 구성 및 기능을 학습하고 데이터 및 제어 신호를 전송하는 버스에 대해 살펴보기로 한다.

Section 01 프로세서의 구성

대부분 컴퓨터 시스템은 두 가지 주요 구성 요소로 설계되고 구축된다. 첫 번째는 프로세서라고 하는 중앙처리장치(CPU)며 두 번째는 메모리이다. 앞서 1장에서 간단하게 살펴본 프로세서에 대해 더 자세하게 구조와 구성요소를 중심으로 살펴본다.

1-1 프로세서 기본 구조

컴퓨터의 작동 방식을 이해하려면 먼저 다양한 구성 요소와 이들 구성 요소 간의 상호 작용을 이해해야 하므로 여기서는 프로세서 역할을 중심으로 구성 요소에 대해 살펴보기로 한다. 일반적으로, 개인용 컴퓨터는 프로세서를 마이크로프로세서로 구현하고 있다.

1. 프로세서

프로세서는 컴퓨터의 각 부분의 동작을 제어하여 프로그램 명령을 가져오고, 가져온 각 명령을 해독하며 올바른 데이터를 사용하여 지정된 연산을 수행하는 핵심 부분으로, 레지스터, 논리 연산 장치(ALU), 제어 장치와 이러한 각 장치를 연결해주는 버스 등으로 구성된다.

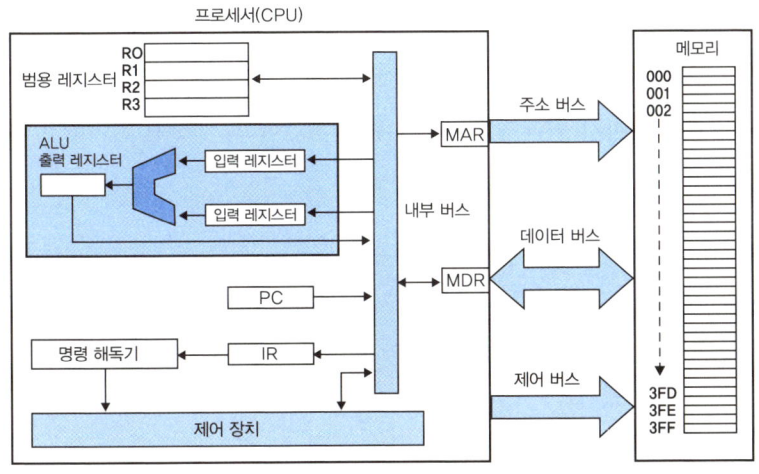

[그림 5-1] 프로세서 구조

레지스터는 빠른 메모리로 몇 가지로 구분된다. 프로그램 카운터(PC)는 메모리에서 가져올 다음 명령어의 주소를 보유하는 특수 레지스터이며 명령 레지스터(IR)는 메모리에서 각 명령을 가져온 후 각 명령을 보관하는 특수 레지스터이다. 명령 해독기(ID)는 IR의 내용을 해석하는 구성 요소로 명령을 제어 장치가 해석 할 필드로 분할한다. ALU는 더하기, 빼기, 곱하기 및 나눗셈 등 사칙 연산을 비롯하여 값을 비교하고 결과로 조건부 연산(동작)을 수행 한 다음 데이터(결과)를 반환(출력 레지스터)한다. 또한 내부 버스(프로세서 버스)를 통해 시스템의 모든 장치와 통신한다. 명령 해독기는 종종 제어 장치의 일부로 간주되며 제어 장치는 프로세서 내의 모든 활동을 조정하는 장치이다. 버스는 프로세서(프로세서 내부 버스), 그리고 프로세서와 메모리(주소 버스, 데이터 버스 및 제어 버스) 사이에서 정보를 전달하는 통신 고속도로 역할을 한다. MAR, MDR이라는 두 개의 특수 레지스터는 각각 프로세서와 주소 버스 및 데이터 버스의 경계에 위치하여 버스들로부터 데이터를 버퍼링하는 역할을 수행한다.

프로세서의 역할(기능)은 메모리에 저장된 프로그램(프로세서가 이해할 수 있는 명령)을 실행하므로 명령의 요청에 따라 프로세서는 다음과 같은 연산(작업)을 수행한다.

- 명령어 인출(Fetch) : 프로세서가 메모리(레지스터)에서 명령어를 읽어 온다.
- 명령어 해석 : 명령어는 어떤 연산 동작이 필요한지 해독한다.
- 적재(Load) : 데이터(바이트 또는 워드)를 메모리에서 레지스터로 복사(Read))하고 이 때 레지스터의 이전 내용을 덮어 쓴다.
- 데이터 연산 : 레지스터에서 데이터(내용)를 ALU에 복사하여 산술 또는 논리 연산을 수행한 후 그 결과를 레지스터에 저장한다.
- 저장 : 실행 결과의 데이터(바이트 또는 워드)를 레지스터에서 메모리 위치로 복사(Write)하고 해당 위치의 이전 내용을 덮어 쓴다.

2. 프로세서의 역할

프로그램을 수행하는 장치로 명령의 실행과 명령들의 실행 순서를 제어하는 기능을 갖고 있다. 이러한 과정을 수행하기 위하여 데이터를 읽어 계산하고, 계산된 데이터의 입·출력, 그리고 시스템 조정이라는 세 가지 역할을 수행한다.

1) 연산(계산)

가장 기본이 되는 기능으로 컴퓨터 전체의 처리 속도에 직접적으로 영향을 미친다. 프로세서의 연산 기능은 보통 클록(clock)이란 단위에 의해서 측정된다.

2) 입·출력

데이터를 읽고 쓰는 입출력 기능으로 버스(BUS)를 통해서 RAM, HDD, 그래픽카드 등으로 부터 데이터를 주고받으며 내부적인 데이터의 이동도 포함한다.

3) 시스템 조정

컴퓨터는 다양한 장치들이 유기적으로 연결되어 있으므로 주변 장치들을 관리하는 역할도 수행하고 있다.

3. 프로세서의 기능 요소

프로세서의 기능을 수행하려면 다음 그림과 같이 데이터 요소의 데이터 경로(data paths)와 실제로 연산 작업(데이터 처리 작업 수행)을 수행하기 위해 상호 작용하는 제어 요소의 제어 장치(control unit) 등 2개의 요소(영역)로 나눌 수 있다.

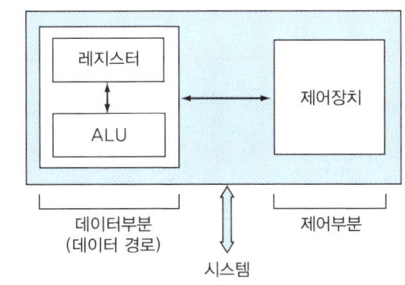

[그림 5-2] 프로세서의 기능 요소

1) 데이터 경로

데이터 경로는 실제로 연산 작업(데이터 처리 작업 수행)을 수행하기 위해 상호 작용하는 프로세서 내의 기능(functional) 장치이다. 시간 단위로 클록을 제어하는 버스(데이터를 한 장소에서 다른 곳으로 옮길 수 있음)로 연결된 저장 장치(레지스터)와 데이터에 대한 다양한 연산 수행하는 산술 및 논리 장치(ALU; Arithmetic & Logic Unit)를 연결하는 네트워크로 데이터는 메모리에서 레지스터로 이동하여 데이터 연산(조작)이 수행된 후 결과는 레지스터에 저장되고 결국 메모리에 저장된다. 이와 같이 데이터 경로는 ALU와 메모리에 연결된 데이터 버스로 상호 연결된 저장 장치(레지스터)로 구성되어 메모리 읽기, 쓰기 및 숫자 이동 등 데이터 연산(조작)을 담당하므로 다음과 같은 역할을 수행한다.

- 가산기, 시프터(shifters), 곱셈기, ALU 및 비교기(comparator)와 같은 기능 장치
- 데이터의 임시 저장을 위한 레지스터 및 기타 메모리 요소
- 버스 및 멀티플렉서를 사용하여 데이터 경로의 여러 구성 요소 간에 데이터 전송

데이터 경로를 연결하는 과정에서 공유 버스 또는 단일 버스의 구조로 서로 연결할 수 있다.

2) 제어 장치

제어 장치는 프로그램 실행을 제어하는 모든 활동을 조정한다. 메모리로부터 명령들을 인출하고 물론 명령에는 ADD와 같은 연산을 어떤 오퍼랜드에 적용해야 하는지 설명되어 있으므로 오퍼랜드를 특정 레지스터 또는 메모리 위치에서 찾을 수 있다. 특히 작업 순서를 담당하는 모듈로 정확한 데이터가 정확한 시간에 있어야하는지 확인하는 모듈이다. 본질적으로 프로그래머가 작성한 명령을 실행시키는 물리적 신호로 변환 즉, ALU를 통해 적절한 신호를 보내는 것을 의미한다. 다시 말하면 제어 장치는 프로세서의 작업 즉, 명령 가져 오기, 해독 및 지시된 연산을 수행한다.

컴퓨터의 성능은 데이터 경로 및 제어 장치의 설계에 의해 직접적으로 영향을 받으므로 다음 절에서 프로세서의 이러한 구성 요소에 대해 자세히 살펴보자.

1-2 ALU와 레지스터

프로세서의 실제 데이터 처리 작업 기능을 수행하는 데이터 경로의 장치 즉, 제어 장치의 지시에 따라 논리 및 산술 연산을 수행하는 산술 및 논리 연산 장치 또는 실행 장치(Execution unit)와 프로세서가 쉽게 액세스 할 수 있는 프로세서 내부의 데이터를 저장하는 레지스터에 대해 살펴보자.

1. ALU

모든 컴퓨터들은 명령어들이 필요로 하는 산술, 논리 및 시프트 연산을 수행하는 산술 논리 연산 장치(ALU)를 가지고 있다. 시스템의 다른 요소 즉, 제어 장치, 레지스터, 메모리, 입출력 장치로부터 데이터를 가져 와서 처리(더하기, 빼기, 곱하기, 값 비교 등)한 다음 그 결과를 다시 내보내는 역할을 수행한다. ALU는 작업(연산) 공간으로 사용되는 특수 메모리의 레지스터와 더하기, 비교 등 원하는 다양한 기능을 계산하는 조합 회로로 대부분 두 개의 입력(오퍼랜드) 즉, 모든 레지스터 또는 메모리에서 읽은 내용을 사용하기위한 MDR과 오퍼랜드에 대해 수행 할 연산을 지정하는 코드(Opcode)를 사용한다. 이때 ALU는 오퍼랜드에 대한 하나의 연산의 결과를 출력하고 또한 연산 수행 과정에서 상태 신호(상태 레지스터의 비트에 영향을 줌)를 가질 수 있으며 이 신호는 연산 결과에 대한 보충 정보를 포함한다. ALU의 일반적인 표현은 [그림 5-3]과 같다.

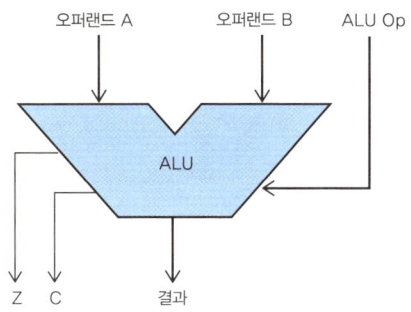

[그림 5-3] ALU 블록도

컴퓨터 시스템의 다른 모든 요소(제어 장치, 레지스터, 메모리, 입출력)는 주로 ALU로 데이터를 가져 와서 처리한 다음 그 결과를 다시 내보내는 역할을 수행한다. 이때 일부 시스템은 데이터(오퍼랜드)를 레지스터에서 ALU에 제공되고 ALU에서 생성 된 연산 결과는 레지스터에 저장된다. 이러한 레지스터는 ALU로의 신호 경로로 연결된 프로세서 내의 임시 저장 위치이다. ALU는 또한 연산 결과로 플래그를 설정할 수 있는 상태 레지스터 회로를 갖고 있다. 상태 레지스터는 앞서 살펴본 바와 같이 일반적으로 자리올림 플래그(C), 짝수 플래그(P), 음수-결과 플래그(S), 제로-결과 플래그(Z)를 갖고 있다. 예를 들어, 계산 결과가 저장 될 레지스터의 길이를 초과하면 오버플로 플래그(O)가 1로 설정된다.

컴퓨터는 하나의 산술 논리 장치를 가지고 있거나 산술 논리 장치가 산술 연산 장치와 논리 연산 장치의 두 부분으로 나뉘어져 있는 경우도 있으며 또는 여러 개의 독립된 장치를 갖고 있는 경우도 있다. 예를 들어 고정 소수점 연산을 위한 것과 부동 소수점 연산을 위한 전용 산술 연산 장치를 별도로 두는 경우이다. 프로그램 카운터의 부동 소수점 연산은 별도로 분리된 칩에 있는 부동 소수점 처리 장치(FPU ; Floating Point Unit)에서 행해지는 경우도 있는데, 이것을 수치 연산 보조 프로세서(math coprocessor)라고 부른다.

다음은 시프트와 산술 논리 장치 등 2개의 장치를 갖는 ALU 형태로 멀티플렉서, 임시 레지스터, 플래그, 제어 장치 등 기능별 장치를 포함하여 데이터 경로와 제어 경로를 보여주고 있다. 제어 신호는 개별적 회로, 레지스터 그리고 함수 장치(C, N, V 플래그로 상태 신호를 보낸다)를 동작시킨다.

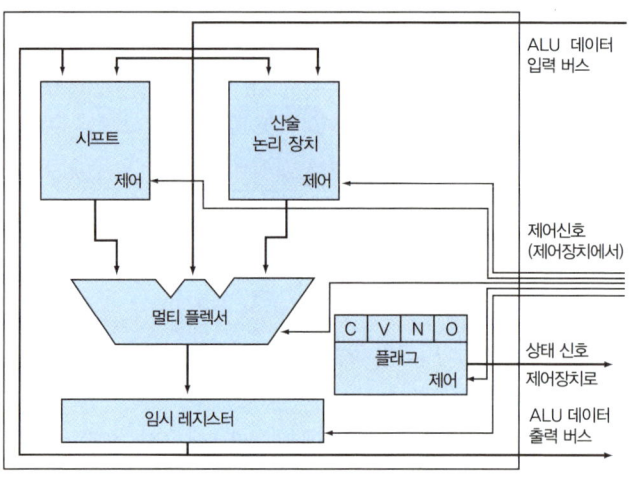

[그림 5-4] 시프터와 산술 논리 장치로 구성된 ALU

전용 제어 버스는 제어 장치로부터 산술 논리 장치로 제어 신호를 전달하고 전용 상태 버스는 산술 논리 장치로 부터 제어 장치로 상태 신호를 전달한다. 입력과 출력 데이터 버스는 레지스터 파일로부터 데이터를 전달한다. 이러한 역할은 로컬 버스로 해결한다. 대부분의 산술 논리 장치는 32비트의 정수 또는 40비트의 실수(부동 소수점)의 기본적인 산술 연산(가산, 감산)과 32비트의 논리 연산을 각각 1사이클에 수행한다. 컴퓨터에 따라 복합 산술 연산을 구현하기 위하여 특별히 수치 연산 보조 프로세서(coprocessors)를 사용하기도 하며 때로는 RISC 기법과 같이 2~3개의 독립된 함수 장치를 사용한다. 예를 들면 분기 처리, 산술과 논리 연산, 부동 소수점 연산 등과 같은 연산의 차이를 구현하기 위하여 CDC 6600 계열과 Cray 계열 컴퓨터는 많은 함수 장치를 사용한다. RISC 구조는 8장을 참고한다.

2. 레지스터

레지스터는 컴퓨터 시스템에서 주소, 프로그램 카운터 또는 프로그램 실행에 필요한 데이터와 같은 다양한 이진 데이터를 저장하는 하드웨어 장치로 프로세서가 명령(프로그램)을 실행하는 과정을 이해하려면 레지스터를 이해해야 한다. 레지스터는 빠른 메모리로 모든 장치(회로)들을 연결하는 역할을 수행하고 프로세서에 특수한 목적을 갖는 하나의 값을 저장하는 공간으로 사용되기도 하며 연산 처리 중 중간 값을 저장하기도 한다. 특히 레지스터는 메모리 주소 없이 제어 장치에 의해 직접 다루어지는, 즉, 프로세서에 위치하여 메모리와 캐시 보다 위의 수준(메모리 계층 구조상 상위)으로 기능을 수행하므로 매우 신속하게 정보에 액세스할 수 있다.

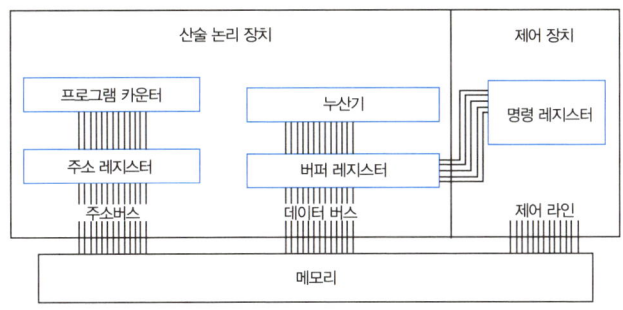

[그림 5-5] 레지스터 역할

따라서 정보(데이터)는 레지스터에 저장(write)되고 레지스터에서 읽히고(read) 레지스터에서 레지스터로 전송된다. 또한 레지스터는 메모리에 처리되는 방식(메모리 워드는 위치 0으로 시작하는 고유한 이진 주소)과 달리 제어 장치 자체에서 처리되고 운영된다는 점에서 메모리와 다르다.

이러한 레지스터의 동작을 살펴보면 다음과 같다.
- 데이터 저장, 이때 이미 저장되어 있는 데이터는 제거됨
- 산술 및 논리 연산 처리
- 시프트, 순환(Rotate) 연산

앞서 3장에서 살펴보았듯이 하나의 D 플립플롭은 1비트 레지스터와 동일하므로 다중 비트 값을 저장하려면 D 플립플롭 콜렉션이 필요하다. 예를 들어 16비트 레지스터를 구축하려면 16개의 D 플립플롭을 함께 연결하여 컬렉션이 조화롭게 작동하도록 클록 동기화되어야 한다는 것을 알았다. 클록의 각 펄스에서 입력은 레지스터로 들어가고 클록 펄스가 다시 발생할 때까지 저장되므로 변경할 수 없다. 이러한 레지스터의 일반적인 크기는 16, 32 및 64비트를 포함하나 컴퓨터 구조에 따라 레지스터의 크기, 종류 등이 다르고 컴퓨터(노이만 구조) 성능은 레지스터 기능과 수에 영향을 받으므로 다양한 형태를 갖고 있다.

최신 컴퓨터 시스템에는 많은 유형의 전문화 된 레지스터가 있다. 앞서 명령어 구조에서도 살펴보았듯이 용도에 따라 전용(특별 목적) 레지스터와 범용(일반 목적) 레지스터로 나누며 저장되는 정보의 종류에 따라 데이터 레지스터, 주소 레지스터, 상태 레지스터로 구분한다. 또한 저장된 정보의 변경 및 기능에 따라 사용자가 볼 수 있는 사용자-가시 레지스터와 제어 장치가 프로세서의 동작을 제어하는 데 사용되는 사용자-불가시 레지스터로 구분한다.

3. 사용자-가시 레지스터

일반적으로 시스템(운영체제)과 사용자 프로그램에 의해 액세스 가능한 데이터, 주소 그리고 일부의 조건 코드(플래그라고도 함)를 포함한다. 예를 들면 범용 레지스터, 프로그래머

에 의해 할당받는 데이터 레지스터, 명령어와 데이터를 보관하는 메모리 주소와 관련 있는 주소 레지스터 등이다. 이러한 주소 계산에 사용되어지는 주소의 부분도 포함된다. 또한 조건 코드로는 조건 코드와 관련된 연산의 결과로 발생되는 코드로 프로세서 하드웨어에 의해 설정된 비트이다. 예를 들어 프로그램에 의해 액세스되는 제로, 자리 넘침, 자리올림, 양수(Positive) 비트 등이 해당된다.

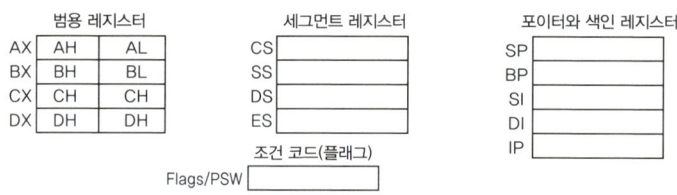

[그림 5-6] 8086 마이크로프로세서 레지스터 구성

1) 범용 레지스터

범용 레지스터(GPR)는 최소 8개에서 최대 32개로, 용도가 정해져 있지 않기 때문에 주소와 데이터 레지스터로 사용이 가능하다. 데이터 레지스터의 수요가 클 경우 여러 개의 레지스터를 데이터 레지스터로 사용할 수 있기 때문에 프로그램을 작성할 때 융통성이 있고 계산 과정에서 발생하는 많은 중간 결과를 일일이 메모리에 저장할 필요 없이 데이터 레지스터에 기억시킬 수 있으므로 계산 속도를 빠르게 할 수 있다. 또한 추가로 메모리를 액세스하지 않고 많은 변수와 주소를 조작 할 수 있다. 그러나 레지스터가 많이 있을 경우, 호출, 반환 및 인터럽트를 위한 대량의 저장/복원해야하는 프로세서 내부 상태가 문제가 된다.

[예]
- DEC VAX : 32bit 크기로 R^0 … R^{15} 등 16개
- IBM 360/370 : 32bit 크기로 0, 1, 2, 3, 4, 5, 6, 7, 8, 9, A, B, C, D, E, F 등 16개
- Intel 8086/80286 : 16bit 크기로 AX, BX, CX, DX, BP, SP, SI, DI 등과
- AX, BX, CX, DX 의 상위바이트(AH, BH, CH, DH), 하위바이트(AL, BL, CL, DL)이다.
- Intel 80386 : 32bit 크기로 EAX, EBX, ECX, EDX, EBP, ESP, ESI, EDI 등

■ 누산기(AX; Accumulator)

앞서 4장에서 설명한 바와 같이 함수 연산 기능을 가진 명령어의 수행에 반드시 사용되는 데이터 레지스터이다. 두 개의 8비트 레지스터 AL(하위 바이트)과 AH(상위 바이트)로 구성되며, 이들을 결합하여 16비트 레지스터 AX로 사용한다. 누산기는 입출력 연산과 문자열 조작에 사용될 수 있다.

- 기준 레지스터(BX; Base Register)

  2개의 8비트 레지스터 BL(하위 바이트)과 BH(상위 바이트)로 구성되며, 이들을 결합하여 16비트 레지스터 BX로 사용한다. 데이터 세그먼트 내 메모리 영역의 시작 위치(기준)를 나타내며 기준 인덱스 또는 레지스터 간접 주소 지정에 사용되는 데이터 포인터가 들어 있다. 특정 주소 지정 모드의 경우 물리적 주소를 형성하기위한 변위로도 사용된다.

- 카운트 레지스터(CX; Count Register)

  2개의 8비트 레지스터 CL(하위 바이트)과 CH(상위 바이트)로 구성되며, 이들을 결합하여 16비트 레지스터 CX로 사용한다. 문자열 조작 및 이동/회전 명령에서 기본 카운터 또는 카운트 레지스터로 사용된다.

- 데이터 레지스터(DX; Data Register)

  2개의 8비트 레지스터 DL(하위 바이트)과 DH(상위 바이트)로 구성되며, 이들을 결합하여 16비트 레지스터 DX로 사용한다. 함수 연산에 필요한 데이터를 저장시키는 레지스터로 수치, 문자, 논리 값 등과 입출력 연산에서 포트 번호로 사용할 수 있다. 연산 장치를 이용하여 산술적 연산이나 논리적 연산에 이용되며, 연산의 결과로 플래그의 값을 기억시킨다.

2) 세그먼트 레지스터

1Mbyte 메모리를 16개의 논리적 세그먼트로 나누어 각 세그먼트에는 64Kbyte의 메모리로 구성되며 4개의 세그먼트 레지스터가 있다.

- 코드 세그먼트(CS; code segment)

  프로세서 명령어와 64KB 세그먼트의 주소를 포함하는 16비트 레지스터로 프로그램의 실행 코드가 위치한다. 프로세서는 명령 포인터(IP) 레지스터에 의해 참조되는 명령 액세스에 대해 CS 세그먼트를 사용한다. CS 레지스터는 직접 변경할 수 없으며 점프, 호출 및 반환(return) 명령 수행중에 자동으로 업데이트된다. 메모리의 코드 세그먼트에서 실행 가능 프로그램이 저장되는 메모리 위치를 지정하는 데 사용된다.

- 스택 세그먼트(SS; stack segment)

  프로그램 스택과 64KB 세그먼트의 주소를 포함하는 16비트 레지스터로 스택 데이터를 저장하는 데 사용되는 메모리 세그먼트이다. 프로세서는 스택 포인터(SP) 및 기본 포인터(BP) 레지스터에서 참조하는 모든 데이터가 스택 세그먼트에 있다고 가정한다. POP 레지스터를 이용하여 SS 레지스터를 직접 변경할 수 있고 메모리의 스택 세그먼트 주소 지정에 사용된다.

- 데이터 세그먼트(DS; data segment)

  프로그램 데이터가 있는 64KB 세그먼트의 주소를 포함하는 16비트 레지스터이다. 기본적으로 프로세서는 범용 레지스터(AX, BX, CX, DX) 및 인덱스 레지스터(SI, DI)가 참조하는 모든 데이터가 데이터 세그먼트에 있다고 가정한다. DS 레지스터는 POP 및 LDS 명령어를 사용하여 직접 변경할 수 있다. 데이터가 있는 데이터 세그먼트 메모리를 가리킨다.

- 확장 세그먼트(ES; extra segment)
여분의 세그먼트 레지스터로 주소 및 추가로 데이터 세그먼트가 필요한 경우 또는 특수 메모리 연산을 위한 세그먼트이다. 때로는 다른 세그먼트 레지스터를 수정할 수 없거나 불가능할 때 세그먼트에 액세스하기 위하여 사용하며 두 세그먼트의 데이터를 동시에 액세스해야 할 때 DS 대신 사용할 수 있다. 특히 DI 레지스터는 문자열 명령어에 사용되는 경우 ES에 상대적으로 변위를 제공한다.

3) 포인터와 색인 레지스터

- 스택 포인터(SP; stack pointer)
SP는 메모리에 프로세서 스택을 구현하는데 사용하는 레지스터로 스택 세그먼트 내의 현재 스택 맨 위(프로세서 스택의 꼭대기)을 가리키는 16비트 레지스터이다. 프로세서들과 주소 레지스터들이 데이터 스택 포인터와 큐 포인터로 사용되며 대부분 반환 주소, 프로세서상태 정보, 서브루틴의 임시 변수를 저장하는데 사용된다. 서브루틴, 인터럽트 호출 및 반환 등은 스택의 내용에 따라 다르므로 일반적으로 직접 수정할 수 없다.
- 기준 포인터(BP; base pointer)
BP는 스택 세그먼트의 데이터를 가리키는 16비트 레지스터로 기준, 기준 인덱스 또는 레지스터 간접 주소 지정에 사용된다. 또한 BP 레지스터는 기본적으로 스택 세그먼트를 기준으로 변위를 제공하므로 데이터에 편리하게 액세스할 수 있다.
- 원시 인덱스(SI; source index)
16비트 레지스터로 인덱스, 기준 인덱스 또는 레지스터 간접 주소 지정에 사용되며 또한 문자열 연산(조작) 명령의 원시 데이터 주소로도 사용된다.
- 목적 인덱스(DI; destination index)
16비트 레지스터로 SI와 동일한 기능을 수행한다. 기준, 기준 인덱스 또는 레지스터 간접 주소 지정과 문자열 연산(조작) 명령의 목적 데이터 주소에 사용된다. SI와 마찬가지로 변수로도 사용하며 현재 문자에 대한 포인터로도 사용된다. DI를 사용하여 ES에서 지정된 메모리 위치에 액세스할 수 있다.

4) 조건 코드 레지스터
사용자가 적어도 부분적으로 볼 수 있는 조건 코드(플래그) 레지스터는 프로세서 상태에 대한 정보가 들어있는 레지스터로 연산 결과로 프로세서 하드웨어에 의해 설정된 비트 모음이다(4장의 프로세서 상태 비트 참조). 조건 코드 비트는 명령어에 대한 정보를 기억한다. 예를 들어 더하기하는 동안 결과가 너무 커서 목적 레지스터에 맞지 않으면 자리올림(carry)이 발생한다. 연산 결과는 레지스터 또는 메모리에 저장되는 것 외에도 자리올림이 발생했다는 사실은 조건 코드 레지스터 비트에 의해 저장되며(조건 코드 설정) 설정된 비트는 조건 코드 레지스터의 자리올림 비트에 영향을 주는 다른 명령이 실행될 때까지 새로운 상태로 유지된다. 물론 모든 명령어가 조건 코드 레지스터 비트에 영향을 주는 것은 아니다. 일반적으로 기계 명령어는 이러한 비트를 암시적 참조로 읽을 수 있지만 프로그래머는 변경할 수 없다.

4. 사용자 – 불가시 레지스터

사용자가 내용을 바꿀 수 없는 레지스터로 현재 진행 중인 작업을 완료하기 위해 내부적으로 사용되는 제어와 상태 레지스터는 숨겨진 레지스터로 프로그래머가 직접 사용하지 않으며 명령어를 구현하는 데 사용된다. 제어와 상태 레지스터는 명령 포인터(프로그램 카운터), 명령 레지스터, 프로그램 상태 워드, 메모리 주소 레지스터, 메모리 버퍼(데이터) 레지스터 등이 있다.

1) 명령 포인터(IP, instruction pointer)

프로그램 카운터(program counter)는 프로그램 수행을 제어하는 즉 명령어의 수행 순서를 보관하는 특수 목적 레지스터로 다음에 수행할 명령어의 주소를 저장하기 때문에 명령 포인터(instruction pointer)라고도 한다. 코드 세그먼트와 관련하여 실행될 다음 명령의 주소(cs 레지스터로 지정된 코드 세그먼트 내의 변위)를 제공한다. 명령 포인터는 명령어를 가져온 후에 증가하고 실행될 다음 명령어의 메모리 주소를 보유(가리키게 됨)하며 현재 실행중인 명령어를 가리킨다. 다시 말하면 다음 명령의 주소를 나타내는 'PC + 1'의 경우 '1'의 의미는 명령어 길이를 뜻한다. 이러한 순서를 수정하는 유일한 방법은 분기 명령이다. 명령이 완료되면 PC는 다음 명령에 대해 새 값으로 업데이트된다. 새 PC를 메모리로 가져 오려면 주소 버스로 주소를 가져와야 하는데 주소 버스에 액세스 할 수 있는 레지스터는 MAR이다.

따라서 PC의 출력을 MAR의 입력에 연결하기 위해 프로세서의 데이터 경로가 필요하므로 PC의 출력에서 MAR의 입력에 버스를 단순히 연결하면 된다.

2) 명령 레지스터(IR; Instruction Register)

현재 수행하고 있는 명령어(PC에서 제공)를 저장하는 레지스터로 현재 명령이 완료되더라도 IR은 여전히 이전 명령을 보유하고 있으므로 새 명령을 가져와야 한다. 새 명령은 메모리에 있으므로 명령어를 CPU로 가져와서 CPU가 실행할 수 있어야 한다. 물론 IR은 명령어의 연산자 부분만 보관하므로 다른 레지스터들과 같은 수의 비트를 가질 필요는 없다. 특히 명령어의 연산자는 메모리에서만 전달되므로 메모리 버퍼 레지스터와 명령 레지스터 사이에 직접 정보 전달 경로를 두어 신속한 전달이 이루어지게 해야 한다. IR은 메모리에 의해 제공되는 새 명령을 데이터 버스에 놓이게 되면 CPU가 데이터 버스에서 명령을 읽어 MDR에 배치한다.

3) 메모리 주소 레지스터(MAR; Memory Address Register)

메모리에 액세스하려는 위치의 주소를 저장하는 레지스터로 출력은 주소 버스에 연결된다. MAR은 CPU가 버스와 통신 할 수 있는 유일한 방법으로 명령의 주소를 저장하거나 데이터 주소를 저장한다. MAR은 주소 레지스터, 프로그램 카운터 등으로부터 주소 정보를 전달받으며 출력은 주소 버스에 연결된다. MAR의 비트 수는 메모리 모든 영역을 지정할 수 있는 주소의 비트 수 만큼이어야 하며, 내부 버스와 연산 장치의 비트 수와 같아야 한다.

4) 메모리 버퍼(데이터) 레지스터(MBR; Memory Buffer(Data) Register)

MAR 레지스터에 의해 지시 된 메모리 위치로부터 정보를 읽을 때(read) 또는 정보를 기억시킬 때(write) 사용하는 레지스터로 메모리에 저장 될 값 또는 메모리에서 읽은 마지막 값을 포함한다. 연산 장치를 통하여 메모리 주소 레지스터, 인덱스 레지스터, 프로그램 카운터 등의 주소 레지스터와 데이터 레지스터들에게 정보를 전달한다. MBR(MDR)은 주소 버스 대신 데이터 버스와 함께 사용된다는 것을 제외하고는 MAR과 동일하다. MBR(MDR)의 비트 수는 다른 레지스터들과 마찬가지로 내부 버스와 연산 장치의 비트 수와 동일해야 한다.

5) 프로그램 상태 워드

프로그램 상태 워드(PSW; Program Status Word)는 프로세서의 현재 상태를 나타내는 여러 비트를 포함한다(4장 프로세서 상태 비트 참조). PSW는 프로그램 실행에 필요한 정보 즉, 명령 주소(프로그램 카운터에 기억된 주소 정보), 조건 코드 및 기타 필드가 포함된다. 일반적으로 PSW는 명령 순서를 제어하고 현재 실행중인 프로그램과 관련하여 시스템의 상태를 보류(중단)하고 나타내는데 사용된다. 활성화(제어)된 PSW를 현재 PSW라고하며 인터럽트 동안 현재 PSW를 저장함으로써(이후 검사를 위해 프로세서의 상태를 보존), 인터럽트가 처리 된 후 중단 된 프로세스가 다시 연산(작업)을 다시 시작될 때 복구되어 전체 프로세스 상태가 다시 설정 될 수 있다. 이때 새 PSW 또는 PSW의 일부를 적재하여 프로세서 상태를 초기화하거나 변경할 수 있다.

[예]
- IBM 360/370 : 프로그램 상태 워드(PSW)
- Intel 8086/80286: 16-bit 플래그 레지스터(시스템 플래그, 제어 플래그, 상태 플래그)
- Intel 80386 : 32-bit 플래그 레지스터(EFLAGS) (시스템 플래그, 제어 플래그, 상태 플래그)
- Motorola 680x0, 68300 : 16-bit 상태 레지스터(SR)

인덱스 레지스터(Index Registers)

기준 주소 레지스터, 페이지 주소 레지스터, 세그먼트 주소 레지스터 등과 유사하게 유효 주소를 계산하는 데 사용되는 주소 정보를 기억시키는 레지스터이다. 다른 주소 관련 레지스터와 다르게 좀 더 유연한 주소 형태를 제공하고 변위, 증가, 감소 등의 연산을 통하여 메모리 유효 주소를 계산한다. 컴퓨터에 따라 특별 레지스터로 제공하기도 하고 데이터, 주소, 범용 레지스터를 색인 레지스터로 사용하기도 한다.

[예]
- IBM 360/370 : 16개의 범용 레지스터를 이용한다.
- Intel 80x86 : 8개의 범용 레지스터중 ESP를 제외하고 이용한다.
- MIX : 5바이트 크기의 I1, I2, I3, I4, I5 등 5개
- Motorola 680x0, 68300 : 8개의 데이터 레지스터와 8개의 주소 레지스터 이용

■ 주소 레지스터

주소를 저장하며 또한 유효 주소를 계산하는데 필요한 주소의 일부분을 기억시키는데 사용되는 레지스터이다. 주소 레지스터에 기억된 값(수치적 데이터)은 산술 연산을 할 수 있다. 일반적으로 주소 레지스터에는 다음과 같은 것들이 있다.
- 프로그램 카운터, 기준 주소 레지스터, 페이지 레지스터, 세그먼트 레지스터, 색인 레지스터, 스택 포인터

■ 기준 주소 레지스터

프로그램을 실행할 때 사용되는 기준 주소 값을 갖고 있는 레지스터로 여기서 기준 주소라 함은 하나의 프로그램이나 또는 프로그램의 일부분 등 서로 관계있는 정보를 기억시켜 놓은 연속된 기억 공간을 지정하는 데 참조될 수 있는 주소를 의미한다. 그러므로 기준 주소 레지스터는 페이지나 세그먼트와 같이 블록화 된 정보에 액세스하는데 사용되기도 한다.

- 유효주소

기준 또는 세그먼트 레지스터의 내용을 더하여 계산된다. 페이지 레지스터나 세그먼트 레지스터에 기억된 주소를 기준 주소로 이용하여 페이지나 세그먼트 내의 위치를 지정하는 경우 이들을 각각 페이지 주소 혹은 세그먼트 주소로 주소를 지정한다고 한다.

[예]
- 기준 레지스터 또는 세그먼트 레지스터의 예
- IBM 360/370 : 16개의 범용레지스터를 이용한다.
- Intel 80x86 : 6개의 전용 레지스터(세그먼트)

CS (code segment), SS (stack segment), DS (data segment),
ES (extra segment, 둘째 data segment register),
FS (셋째 data segment register), GS (넷째 data segment register)
- Motorola 680x0, 68300 : 8개의 주소 레지스터 이용하여 기준 레지스터로 사용

5. 레지스터 전송

지금까지 살펴보았듯이 명령의 실행을 위해서는 레지스터 간 또는 레지스터에서 외부 인터페이스(예 : 시스템 버스)로 데이터를 전송하거나 반대로 외부 인터페이스에서 데이터를 레지스터로 전송해야 한다. 이와 같이 레지스터간의 정보 전송을 레지스터 전송이라고 하며 병렬 전송과 직렬 전송의 두 가지 방법이 있다. 이러한 레지스터 전송을 마이크로 연산이라고 하며 클록 펄스 동안 레지스터에서 실행되는 일련의 연산 과정을 나타낸다.

1) 레지스터 표현

다음은 이러한 전송과정에서의 레지스터를 표현하는 방법이다.
  (a) 직사각형[장방형]의 상자 안에 레지스터 이름을 대문자와 숫자가 차례로 사용한다.
    예 : PC, R0, R1
  (b) 셀의 수 표현은 상자 밖 위에 2의 거듭 제곱에 따라 번호가 매겨진다. 예를 들면 8비트 레지스터의 경우 가장 오른쪽 비트는 비트 0, 다음은 비트1, … 비트7 등 셀의 숫자를 기술한다.
  (c) 개별적 셀 표현은 각각의 셀에 첨자로 레지스터의 이름(A)과 함께 할당한다.
    예 : A_1, R_1
  (d) 16비트의 레지스터(IR)를 두 부분으로 나누어 4비트를 연산코드로 할당하고 12비트를 주소로 할당한다.

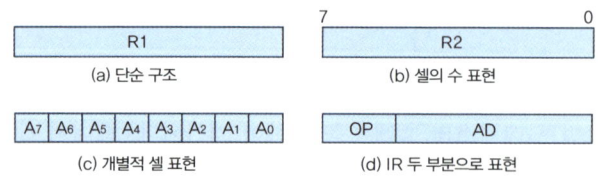

[그림 5-7] 레지스터에 대한 표현 방법

2) 병렬전송

레지스터의 모든 비트가 한 클록 펄스(CP) 동안 즉, 동기화되어 동시에 전송되는 과정으로 B의 레지스터 내용이 A 레지스터로 전송되는 마이크로 연산은 다음과 같이 나타낸다.
  A ← B

일반적으로 A를 목적 레지스터, B를 원시 레지스터로 부르며 이때 조건을 추가하여 일정한 조건이 되면 전송이 이뤄지도록 2진 함수를 사용하여 제어함수로 제어한다. 즉 0과 1을 사용하여 전송여부를 결정한다. 따라서 다음과 같이 표현한다.

P : A ← B (P=1 일 때 전송)

또는 If(P=1) then (R2 ← R1)

다음 그림은 P : A ← B를 실행하기 위한 마이크로 연산을 구현한 하드웨어이다.

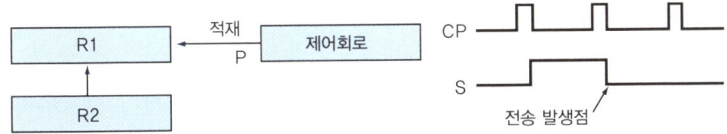

[그림 5-8] P: R2 ← R1의 하드웨어 구현

3) 직렬전송

직렬전송은 클록 펄스와 동기 되어 한번에 1비트씩 전송되며 시프트 레지스터가 대표적이다. 비트와 비트가 전송되는 시간 간격을 비트시간(bit time), 레지스터의 모든 내용이 전송되는 시간을 워드시간(word time)이라고 한다.

다음은 R1(4비트)에서 R2로 전송하는 시프트 레지스터 직렬 전송 과정으로

시프트 제어 P=1이 되었을 때 전송이 이루어지며 마이크로 연산은 다음과 같이 나타낸다.

P : $R2_0$ ← $R1_3$, $R1_0$ ← $R1_3$, $R1_i$ ← $R1_{i-1}$, $R2_i$ ← $R2_{i-1}$, i=1, 2, 3

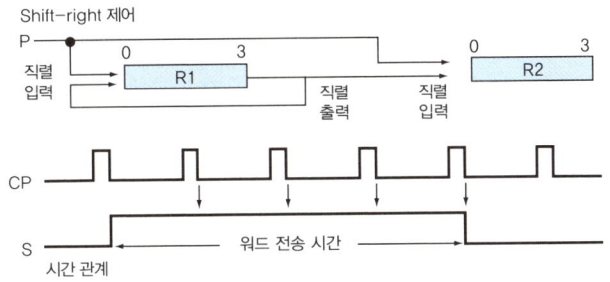

[그림 5-9] 시프트 레지스터의 직렬 전송

각각의 레지스터 내용은 위에서 4개의 셀로 숫자로 표시한다. R1의 직렬 출력은 가장 오른쪽의 $R1_3$ 부터 출력되고 레지스터 R2의 직렬 입력은 가장 왼쪽의 $R2_0$ 부터 입력된다.

4) 버스 전송

만약 3개의 레지스터들로 구성되는 경우 다음과 같이 6개의 데이터 연결 경로가 필요하고 n비트로 구성된 경우 6n개의 선이 필요하다. 따라서 한번에 1개의 레지스터만 전송될 수 있

도록 제한한다면 n개의 공통선으로 감소시킬 수 있다.

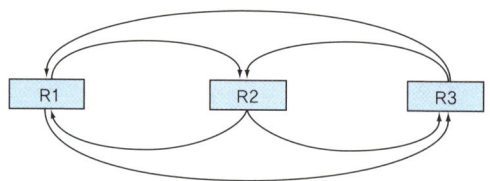

[그림 5-10] 3개의 레지스터 사이 병렬 전송

예를 들면 아래 그림에서 각 레지스터는 스위치 역할을 하는 회로를 설정하여 F1에서 F3으로 전송하려면 S1과 S4가 닫히도록 한다.

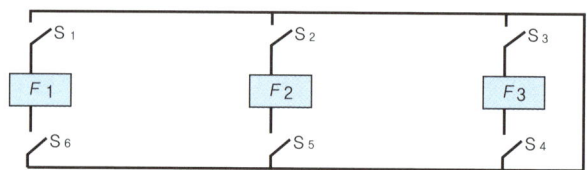

[그림 5-11] 하나의 공통선을 이용한 전송

5) 메모리 전송

메모리와 외부 회로와의 사이에 이루어지는 전송으로 읽기 동작과 쓰기 동작으로 구분된다. 이때 메모리는 주소에 의해 지정된다. 다음 [그림 5-12]는 메모리 주소 레지스터에 의해서 지정된 주소의 메모리 워드가 메모리 버퍼 레지스터에 의해 읽히거나(READ) 쓰는(WRITE) 구조를 나타내고 있다.

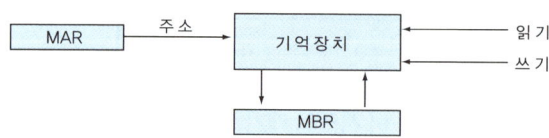

[그림 5-12] 단일 주소 레지스터(MAR)사용

읽기와 쓰기 마이크로 연산은 다음과 같다.

가. 읽기 연산

READ : MBR ← M

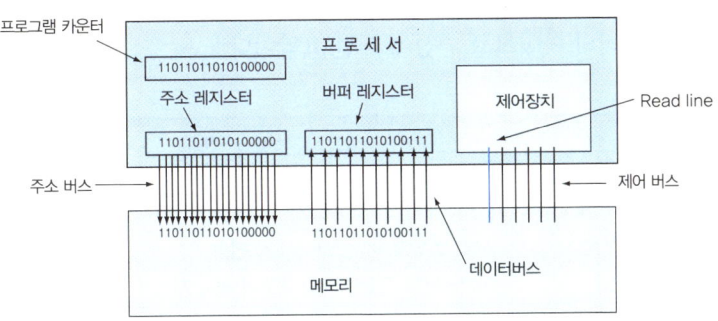

[그림 5-13] READ 연산

나. 쓰기 연산

WRITE : M ← MBR

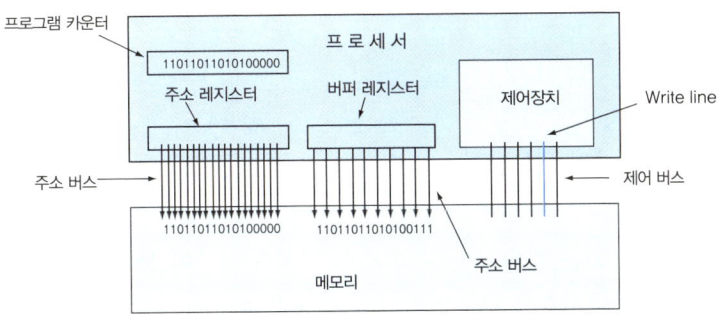

[그림 5-14] WRITE 연산

다음 [그림 5-15]는 여러 개의 레지스터에 연결된 버스로부터 멀티플렉서(MUX)를 통하여 메모리 주소를 받는 구조이다.

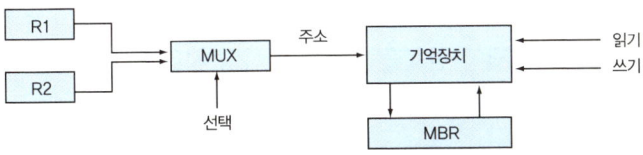

[그림 5-15] 주소 버스 사용

여기서 2개의 레지스터 R1, R2를 예로 표시한 READ, WRITE 각각의 마이크로 연산과정은 다음과 같다.

READ : MBR ← M[R1]
WRITE : M[R2] ← MBR

다음은 내부 레지스터의 마이크로 연산에 대한 요약이다.

표 기	의 미
R1 ← R2	레지스터의 내용을 A레지스터로 전송
MAR ← MBR(AD)	MBR 레지스터의 AD부분의 내용을 MAR 레지스터로 전송
A ← 상수	A레지스터로 이진 코드(실수) 전송
M[R]	레지스터의 주소에 의해 메모리 워드 지정
MBR ← M	메모리 READ 연산 MAR에 의해 지정된 메모리 내용을 MBR로 전송
M ← MBR	메모리 WRITE 연산 MAR에 의해 MBR내용을 메모리 워드로 전송

1-3 제어 장치

제어 장치(CU)는 실행중인 프로그램을 기반으로 적절한 순서로 마이크로 연산을 통해 프로세서를 단계적으로 실행하도록 하며 또한 각각의 마이크로 연산을 실행하도록 모든 프로세서 제어 신호를 처리한다. 모든 입력 및 출력 흐름을 지시하고 마이크로프로그램의 명령 코드를 가져오고 제어 및 타이밍 신호를 제공하여 다른 장치를 제어 및 지시하는 장치다.

1. 제어 장치 역할과 기능

제어 장치(CU)는 메모리에 저장된 명령어를 하나하나씩 인출(Fetch)하여 IR의 연산 코드 및 오퍼랜드 비트 해석 결과에 따라 적합한 신호로 변환하여 IR에 포함된 명령을 실행하는 데 필요한 다양한 레지스터 전송의 타이밍과 실행을 담당한다. 프로세서의 내부 및 외부로 명령의 이동을 지시하고 ALU에 제어 신호를 전송하여 특정 시점에서 올바른 연산(작동)을 수행하도록 한다. 연산 수행을 위해 프로세서는 물론 다른 모든 하드웨어 예를 들면 메모리 및 입출력 장치 등을 구동(동작)하는 데 필요한 제어 신호를 고정 주파수(클록 주기)를 사용하여 생성한다. 명령어는 마이크로 단계(step) 즉, 연산으로 구성되고 각 마이크로 연산은 하나의 클록에서 발생하며 대부분의 명령어는 실행을 완료하는 데 하나 이상의 클록이 필요하다. 명령어 실행을 위해 CU는 각 클록 동안 적절한 제어 신호를 프로세서의 여러 부분으로 보내어

지정된 시간에 다양한 동작을 발생시킨다. 마이크로 연산은 다음 절에서 설명한다.

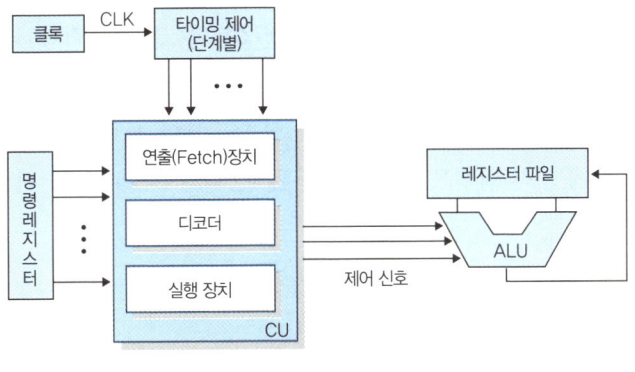

[그림 5-16] 제어 장치

이와 같이 CU는 모든 장치에 대한 명령(제어 신호)을 내리고 올바른 명령 실행을 보장하기 때문에 프로세서 브레인으로 역할을 수행하는 프로세서의 진정한 "두뇌" 회로라고 할 수 있다. 따라서 제어 장치는 프로세서의 전체 연산(작업) 흐름을 제어하여 데이터를 처리하거나 데이터 자체를 저장하며, 출력(결과)을 제공한다. 물론 제어 장치는 각 장치에 의해 수행 될 때 프로세서가 실행중인 프로그램을 기반으로 마이크로 연산을 적절한 순서로 수행하도록 제어하고 실행한다. 이러한 제어 장치의 역할과 기능은 다음과 같이 분류 요약할 수 있다.

1) 제어 장치의 역할
- 입출력 장치의 제어
- 명령어의 해석 및 지시
- 메모리 및 연산 장치의 제어

2) 제어 장치의 기능
- 메모리에서 명령어를 하나씩 가져와서 해독한 후 명령 수행에 필요한 데이터와 오퍼랜드를 수집하여 순차 명령의 실행을 제어한다.
- 서로 다른 컴퓨터 영역을 통해 데이터 흐름을 안내한다.
- 더하기, 곱셈 등을 수행하기 위해 ALU에 명령을 보내고 ALU의 결과를 수신하여 메모리로 전송하여 저장하고 출력한다.
- 프로세서 타이밍을 제어하여 다른 컴퓨터 장치로부터 제어 신호를 보내고 받는다.
- 인출(Fetch), 해독(Decode), 실행 처리 및 결과 저장과 같은 여러 작업을 처리한다.

2. 제어 신호

지금까지 살펴본바와 같이 제어 장치가 컴퓨터를 조정하는 기능을 수행하려면 제어 신호(Control Signals)를 생성하여 시스템의 실행을 결정할 수 있는 입력과 시스템의 동작을 제어 할 수 있는 출력이 있어야 한다. 제어 신호는 ALU 기능과 데이터 경로를 활성화하는 신호와 외부 시스템 버스 또는 다른 외부 인터페이스 신호인 제어 신호로 구분된다. 이 모든 신호는 개별 논리 게이트에 이진 입력으로 직접 적용된다. 다음 그림은 이러한 제어 장치의 입력과 출력을 보여준다.

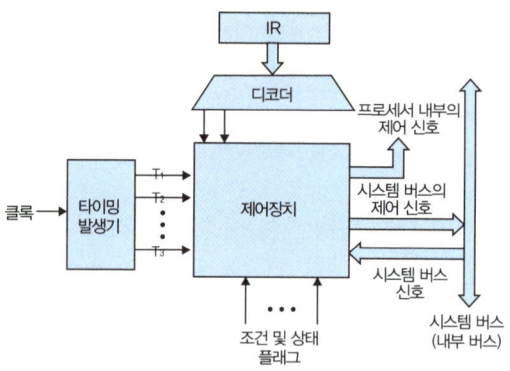

[그림 5-17] 제어 장치의 신호

입력 내용은 다음과 같다.
- 명령 레지스터(Instruction Register) : 현재 명령의 연산 코드(opcode)는 디코더에 해독되어 실행 사이클 동안 수행되는 마이크로 연산을 결정하는 데 사용된다.
- 조건 및 상태 플래그(Flags) : 이전 ALU 연산 결과와 프로세서의 상태를 결정하기 위해 사용된다. 예를 들어, 건너뛰기(skip) 명령 ISZ(increment-and-skip-if-zero)의 경우 zero 플래그가 설정(Z=1)되어 있으면 제어 장치는 PC를 증가시켜 다음 명령어로 이동한다.
- 클록 : 프로세서 사이클 시간 또는 클록 사이클 시간이라 하며 제어 장치는 각 클록펄스에 대해 하나의 마이크로 연산 또는 병렬 마이크로 연산을 수행한다.
- 시스템 버스 신호 : 시스템 버스의 제어 버스 부분은 인터럽트 신호 및 확인(응답)과 같은 신호를 제어 장치에 제공한다.

출력 내용은 다음과 같다.
- 프로세서 내부의 제어 신호 : 데이터를 한 레지스터에서 다른 레지스터로 이동시키고 또한 ALU 기능을 활성화하는 두 가지 유형이 있다.
- 시스템 버스의 제어 신호 : 메모리로의 제어 신호와 입출력 모듈로의 제어 신호의 두 가지 유형이 있다.

제어 장치의 내부 연산(동작)과 관련된 구조와 실행에 대한 설명은 다음절에서 다룬다.

1-4 버스

버스(bus)는 컴퓨터 구성 요소를 연결하고 컴퓨터 구성 요소 간에 데이터를 전송하는 데 사용되는 하위시스템(subsystem)이다. 다시 말하면, 컴퓨터 시스템은 프로세서를 비롯하여 메모리, 확장 슬롯 등을 서로 연결하여 데이터를 비롯하여 다양한 신호들이 끊임없이 이동한다. 예를 들면, 프로세서 상태 신호, 인터럽트 요구 및 허가 신호, 클록 신호 등이 있다. 이러한 데이터와 신호를 연결하기 위해서는 상당량의 선(통로)들이 필요하게 된다. 이와 같이 여러 개의 장치들을 연결하고 발생되는 신호를 이동 전달하기 위한 선들의 모임 즉 공통된 통신 채널(channel)을 버스(bus)라 한다.

1. 버스 기능과 제어

버스는 컴퓨터 구성 요소를 연결하고 컴퓨터 구성 요소 사이의 데이터 전송에 사용되는 하위 시스템 즉 경로를 제공하는 공유 구성 요소이다.

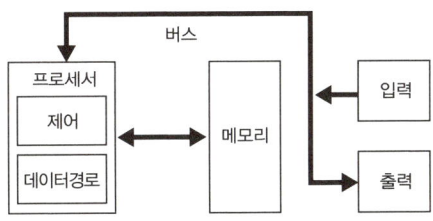

[그림 5-18] 버스(공유 통신 채널)

버스는 컴퓨터 구성 요소 간 의사소통의 복잡성을 감소시키고 데이터, 주소 지정, 타이밍 및 제어를 위한 파이프 역할을 포함한다. 버스의 작동(연산) 과정을 요약하면 다음과 같다.

먼저 데이터를 다른 모듈로 보내려면
- 버스의 사용 승인을 얻고
- 버스를 통해 데이터를 전송

그리고 한 모듈이 다른 모듈의 데이터를 요청하려면
- 버스의 사용 승인을 얻고
- 적절한 제어 및 주소 라인을 통해 다른 모듈로 요청을 전송한 후 두 번째 모듈이 데이터를 전송할 때까지 기다린다.

따라서 원활한 연산을 위해 모든 사용자(구성 요소)가 사용하는 프로토콜이 필요하며 특히 적절하게 설계되고 사용되지 않으면 심각한 병목 현상이 될 수 있으므로 시스템의 발전 분야 방법을 제공한다. 물론 시스템의 성능 향상에 따라 계층적으로 발전해야 한다.

1) 기능

대부분의 컴퓨터는 시스템의 다른 부분으로 데이터를 전송하는 여러 버스가 있다. 각 버스는 32비트 또는 64비트의 일정한 크기를 가지며, 한 번에 버스를 통해 전송할 데이터를 결정한다. 버스의 전송속도는 메가헤르츠(MHz, megahertz) 단위로 측정하고 있다. 이러한 버스의 기능은 다음과 같이 요약 될 수 있다.

- 데이터 공유
  컴퓨터의 모든 버스는 연결된 컴퓨터 주변 장치 간에 데이터를 전송할 수 있어야 하며 데이터는 직렬 또는 병렬로 전송되므로 한 번에 1, 2, 4 또는 8바이트의 데이터를 교환할 수 있다. 버스는 동시에 이동할 수 있는 비트 수에 따라 분류되므로 8비트, 16비트, 32비트 또는 64비트 버스가 있음을 의미한다. .
- 주소
  버스에는 프로세서의 주소와 일치하는 주소 행이 있으므로 이를 통해 특정 메모리 위치로 또는 특정 메모리 위치에서 데이터를 전송할 수 있다.
- 전원
  버스에 연결된 여러 주변 장치에 전원을 공급한다.
- 타이밍
  버스는 시스템의 나머지 부분에 연결된 주변 장치를 동기화하기 위해 시스템 클록 신호를 제공한다. 확장 버스는, 예를 들어 TV 카드나 사운드 카드 부착에 따른 컴퓨터 장치와 더 많은 구성 요소와의 연결을 용이하게 한다.

2) 제어

버스 제어 기능은 버스 인터페이스 장치 또는 논리 회로와 유사하게 수행된다. 입출력 제어가 없는 컴퓨터는 프로세서가 버스 라인을 제어하며 입출력 제어가 있는 컴퓨터에서는 프로세서가 명령 및 오퍼랜드 버스를 제어하고 입출력 제어가 메모리 버스를 제어한다. 버스 제어는 컴퓨터에서 매우 짧은 시간에 발생하는 많은 수의 버스 트랜잭션을 처리하는 데 필요하다. 특정 요청은 데이터의 출처와 목적지를 식별하며 제어 버스는 지속적이고 반복적으로 버스 신호 라인에서 요청을 확인한다. 요청을 받으면 전송을 시작하는 데 필요한 제어 신호를 제공한다. 대부분의 전송은 메모리를 다루게 되므로 각 전송은 주소 교환과 별도의 데이터 교환으로 구성된다.

이러한 버스 구성은 다음과 같은 두 가지 주요 이점이 있다.
- 다양성을 통해 새로운 장치를 쉽게 추가 할 수 있으며 또한, 장치가 동일한 표준 버스를 사용하는 컴퓨터 시스템 간에 이동(호환)할 수 있다.
- 공유된 단일 라인의 버스 구성으로 비용이 적게 든다.

그러나 통신 병목 현상이 발생한다는 문제점이 있으므로 입출력이 단일 버스를 통과해야하는 경우 해당 버스의 대역폭은 최대 입출력 처리량을 제한 할 수 있고 최대 버스 속도 또한 다음과 같이 제한된다.

- 버스의 길이.
- 버스에 있는 입출력 장치의 수.
- 다양한 대기 시간과 데이터 전송 속도로 다양한 장치를 지원해야 할 경우

3) 버스의 장점과 단점

■ 장점
- 새로운 장치를 쉽게 추가 할 수 있다.
- 동일한 버스 표준을 사용하는 컴퓨터 시스템 간에 주변 장치를 이동할 수 있다.
- 저렴한 비용

■ 단점
- 통신 병목 현상이 발생한다.
- 해당 버스의 대역폭은 최대 입출력 처리량을 제한 할 수 있다.
- 최대 버스 속도는 버스의 길이, 버스에 있는 장치의 수에 따라 제한된다.

쉬어가는 코너

버스 속도

경로 따라 이동되는 데이터 양 즉, 초당 송수신되는 데이터 패킷의 수(Hz)로 정의되며 MHz(MegaHertz)로 측정된다.
밴드 폭(band width)=버스 폭(bus width)×버스 속도
버스 폭 : 4비트, 8비트, 12비트, 16비트, 24비트, 32비트, 64비트, 80비트, 96비트 그리고 128비트 등이 있다.
[예]
버스 폭=4바이트(32bits)
버스속도=33.3 MHz=33,300,000 CPI (Cycle per Second) 인 경우
4 × 33,300,000 약 133 MB
따라서 32비트의 밴드 폭과 33MHz의 버스 속도를 갖는 경우 약 133MB/sce 전송량이 된다.

2. 버스 계층

네트워크에서 버스 시스템은 버스들의 집합으로 컴퓨터 시스템에서 여러 시스템 요소들을 연결시켜 주며 또한 가끔 컴퓨터 시스템의 백본(backbone)으로 취급된다. 잘 설계된 버스 시스템은 빠르고 유연성이 있으며 프로세서의 구조로부터 최상의 성능을 유지하고 완전한 시스템의 일반성을 향상시킨다. 버스 시스템은 다음과 같은 수준의 계층적 구조로 되어 있다.

1) 백플레인(Backplane)

프로세서와 메모리 또는 입출력 모듈사이 즉 시스템 요소사이의 통신 경로를 제공하여 각 장치의 신호를 전달하기 위한 물리적 패키지를 의미하며 시스템 버스 또는 외부 버스로도 불린다. 컴퓨터에서는 일반적으로 마더보드(motherboard)의 한 부분으로 구성되거나 마더보드 그 자체로 볼 수도 있다.

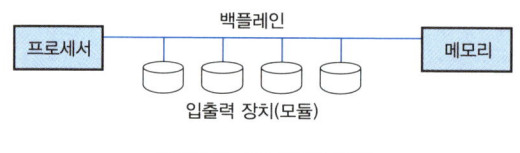

[그림 5-19] 백플레인

2) 마더보드

프로세서와 주변장치를 연결할 수 있도록 회로와 패키지를 구성한 PCB(Printed circuit bus)이다. 로컬버스 또는 메인보드(mainboard)라고도 불린다.

3) 인터페이스(interface)

서로 다른 버스를 연결시켜주는 장치로 입출력 장치(디스크, 프린트, 카드판독기 등)와 나머지 장치와의 일반적인 통신 경로를 제공한다. 예를 들면 소형 컴퓨터의 SCSI이다.

SCSI (Small Computer System Interface)

스카시(scuzzy)방식이라고 하며 여러 개의 주변장치를 하나의 인터페이스로 동시에 제어하기 위해 개발되었다. 주변장치를 제어하는 기능이 호스트에 있는 것이 아니라 주변장치 자체에 들어 있어서 SCSI를 사용하는 주변장치들은 모두 호스트 어댑터를 통해 직접 통신할 수 있다. 주변기기의 번호만 각각 지정해 주면 자료의 충돌 제를 걱정하지 않고도 주변기기를 제어할 수 있다. 전송속도가 빠르고, 장치의 연결과 분리가 매우 쉽다.

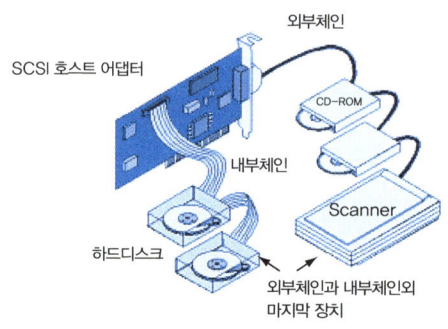

[그림 5-20] SCSI 인터페이스

3. 버스 전송과 제어

버스 전송(통신)이란 버스를 통하여 정보를 전송하는 것을 의미하며 정보는 데이터, 주소 또는 복잡한 명령으로 구성 될 수 있다. 버스 전송에는 주소를 전송하고 데이터를 전송 또는 수신하는 부분이 포함된다. 버스 전송에서 고려해야 할 기본적인 요소로 전송 우선순위와 전송되는 데이터의 출처(source) 및 목적지이다.

버스 전송의 우선순위는 즉 요청 부분의 결정은 프로세서, 입출력 제어기에 의해 이루어질 수 있다. 컴퓨터가 처리해야하는 우선순위의 예는 다음을 포함한다.

- 메모리에서 프로세서로의 전송은 명령 및 오퍼랜드 실행 및 수정을 위해 이동한다.
- 프로세서에서 메모리로의 전송
- 입출력에 의한 메모리 안팎의 전송

각 시스템의 장치는 대부분 그들의 데이터 전송을 위하여 표준적 방법을 사용하나 버스 전송 형태는 각각 다르고 차이가 있다. 이러한 각각의 형태를 버스 사이클(bus cycle)이라고 부른다. 일반적인 버스 사이클은 메모리 읽기, 메모리 쓰기, 입출력과 인터럽트(interrupt) 등으로 구성되며 버스에 따라 다르다. 버스 사이클은 명확하게 순차 처리된 버스 상태로 구성되어 클록이 버스 상태를 제어한다. 확장 로컬 버스인 경우 프로세서는 클록을 발생시켜 버스를 제어하고 시스템 버스인 경우 버스 제어기가 자체의 클록을 사용하거나 시스템 전체 클록을 사용하기도 한다. 장치는 프로세서와 입출력 인터페이스라고 불리는 버스 마스터(bus master)을 통하여 시스템 또는 확장 로컬 버스에서 사용된다.

이와 같이 읽기 또는 쓰기를 수행하는 데 필요한 버스 전체 동작 순서를 버스 전송이라고 하며 대부분의 버스 전송에는 두 개의 장치가 관련된다. 주소를 전송하여 버스 통신(작업)을 시작하는 장치를 마스터(송신자)라고 하며 마스터가 데이터를 요청하면 마스터에게 데이터를 전송하여 마스터에 응답하는 다른 장치 즉, 버스 마스터가 액세스하는 시스템을 슬레이브(bus slave) 즉 응답자라고 한다.

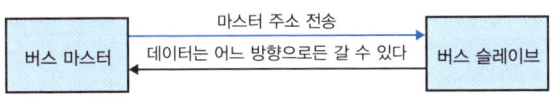

[그림 5-21] 버스 마스터와 슬레이브

버스 마스터는 입출력 제어기에 있는 프로그램으로 데이터 전송을 초기화 할 장치 즉, 버스를 소유하여 통신을 연결시키고 제어하는 장치이다. 컴퓨터 버스 또는 입출력 회로상의 데이터 흐름을 관리하며 버스 회로 상에 있는 주소와 제어신호 흐름 등을 제어 한다. 물론 가장 간단한 시스템에서, 프로세서는 유일한 버스 마스터(버스 제어기)이고 모든 버스 요청은 프로세서에 의해 제어된다. 버스는 여러 개의 통신을 동시에 지원할 수 없기 때문에 하나의 활성 버스 마스터가 있으며 버스 마스터가 여러 슬레이브에 정보를 전달하는 경우, 버스는 여러 버스 슬레이브를 동시에 지원할 수 있다. 그러나 PCI 버스 경우에는 두 개 이상의 버스 마스터가 데이터 전송 중에 활성화되어(분할 전송) 데이터 전송이 중복 될 수는 있으나 이때도 두 버스 마스터가 같은 순간에 버스를 운영할 수는 없다.

메모리 같은 다른 장치는 버스 마스터로부터 응답을 받고 전송한다. 이러한 관계를 주종 관계라고 한다. 버스 마스터는 "master"이고, 버스 상의 입출력 장치는 "slave"인 주종 관계이다. 이 경우 프로세서가 모든 버스 전송에 관여해야 하고 너무 많은 프로세서 사이클을 소모할 수 있다는 단점이 있다. 따라서 동시에 버스를 사용하여 메모리에 액세스하려고 하면 충돌이 발생할 수 있으므로 이 문제를 해결하려면 버스에서 중재 절차가 필요하다.

버스 중재란 동시에 버스에 대한 경쟁 요청 중에서 결정하기 위한 선택 메커니즘으로 자세한 내용은 9장을 참고한다.

쉬어가는 코너

master	slave	예
프로세서	메모리	명령어 및 데이터 가져 오기
프로세서	입출력 장치	데이터 전송 시작
프로세서	Coprocessor	Coprocessor로 명령을 전달하는 프로세서
입출력	메모리	DMA

4. 버스 시스템의 구분

1) 전용과 공용 버스

버스는 전용 또는 비전용 버스로 나누며 전용 버스(dedicated bus)는 하나의 기능을 수행한다. 예를 들면 입출력 버스는 입출력 시스템과 프로세서와의 연결이다. 즉, 입출력 버스가 모든 입출력 모듈을 연결한다.

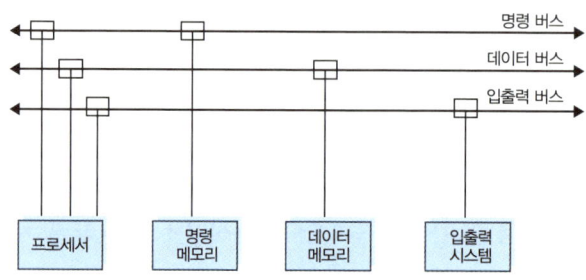

[그림 5-22] 전용 버스

[그림 5-22]에서와 같이 특별히 수행해야 할 기능(함수)들은 그들의 버스에 의해 프로세서와 연결된다. 컴퓨터 시스템에서 전용 기능은 다른 전용 버스와 구별이 필요하기 때문이다. 이러한 전용버스의 장점은 처리율을 높여 주나 많은 버스를 구성해야 하므로 비용이 비싸다. 따라서 소형 컴퓨터에서는 자주 사용되지 않는다.

비전용 버스(Multiple-Bus)는 여러 기능으로 분할된다. 이때 기능은 하나 또는 여러 개의 보드로 구성된다. 그러므로 각 장치는 공유된 버스에 의해 참조된다.

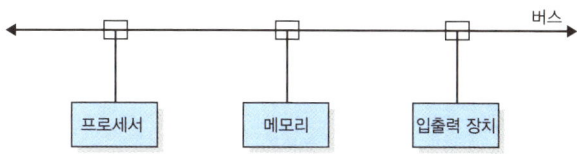

[그림 5-23] 비전용 버스

[그림 5-23]과 같이 분할된 버스처럼 참조되고 프로세서는 공유된 버스 신호에 의해 다른 기능과 연결된다. 공유된 버스는 전용 버스와 비교하면 버스로 사용되는 선의 수가 적기 때문에 공간과 비용을 절감할 수 있으며 버스 이용률을 향상시킬 수 있다. 그러나 버스는 주소와 데이터 모두에 사용될 수 있으므로 데이터가 주소인지 또는 데이터인지를 결정하기 위해 확실한 제어 라인이 필요하여 제어 회로가 복잡하다. 또한 시분할 다중화(time multiplexing) 방식으로 인한 데이터 전송량이 떨어지는 성능 저하 단점이 있다.

다음은 주소 및 데이터 라인이 있는 전용 버스의 쓰기(WRITE) 연산(작업)과 시분할 다중화 방식에서 주소 및 데이터 라인이 있는 버스에서 쓰기 즉, 비전용 버스에서의 쓰기 작업의 타이밍 다이어그램이다.

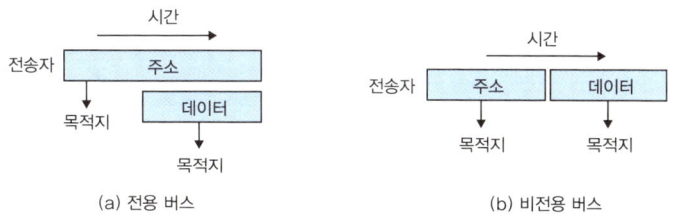

[그림 5-24] 전용 및 비전용 버스의 쓰기(WRITE) 연산(작업)

2) 분할에 따른 버스 분류

공유 버스는 보드에 의해 분할된 시스템의 기능에 따라 나누어질 수 있다. 분할 기준은 자원 형태 또는 수행되는 기능에 따른다.

가. 자원 분할 버스

자원은 메모리와 같이 패키지 되어 버스에 의해 연결된다.

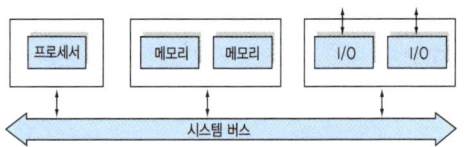

[그림 5-25] 자원 분할 버스

버스는 기본적으로 모든 자원을 연결하는 형태의 프로세서-메모리-입출력 버스이다. 입출력도 프로세서의 제어를 받는다.

[특성]
- 하나의 프로세서를 지향
- 메모리 버스 지향 : 프로세서-메모리 전송량이 버스의 사용률이 된다.
  - 하나의 데이터 전송
  - 짧은 버스 사이클 시간
- 프로세서와 버스 신호의 최적 결합

3) 기능별 분할 버스

기능별 분할 버스는 일부 독립적인 기능으로 구성된 보드를 연결한다.

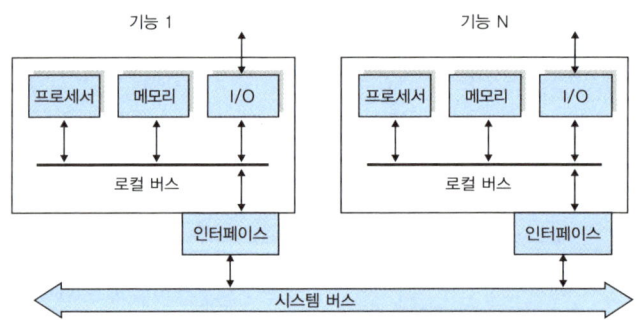

[그림 5-26] 기능별 분할 버스

각각의 기능은 지역적인 처리, 메모리, 입출력을 지원하기 위하여 로컬 버스를 이용하여 연결된다. 이러한 분류에는 IEEE-1986(Future bus), Intel 1984(Multibus Ⅱ)가 해당된다.

[특성]
- 다중 프로세서 지향
- 메시지 지향 : 장치별 통신은 메시지 형식
  - 블록 데이터 전송
  - 처리율 향상

- 프로세서와 버스 신호의 분리(uncoupling)

> **쉬어가는 코너**
>
> Future bus는 분산 제어 메커니즘을 갖춘 32비트 멀티플렉스 비동기 버스이다. 엔디안이 아닌 즉, 워드 내의 바이트 주소 순서를 지정하지 않고 바이트 주소 지정 기능을 제공한다. 단일 처리량이 약 25MB, 블록이 44개, 최대 처리량이 약 95MB이다. 백플레인 당 21개의 모듈을 지원한다.
> Multibus-II는 32비트 멀티플렉스 10MHz 동기 버스의 리틀 엔디언(Little-endian)으로 단일 또는 블록 전송에 약 20 Mbytes, 40 Mbytes 속도 그리고 20개의 모듈을 지원한다.

5. 버스 형태

버스란 앞에서도 설명하였듯이 컴퓨터의 한 부분(장치)으로부터 다른 부분으로 데이터를 전송하기 위한 라인(line) 또는 전선(wires)의 집합체이다. 개인 컴퓨터에서 버스는 보통 내부 버스를 지칭하며 프로세서와 메모리를 포함한 내부 컴퓨터 장치들을 모두 연결하는 장치이다. 물론 프로세서와 메모리를 액세스하는 확장 보드의 확장 버스도 있다. 버스 위치에 따라 내부 버스, 외부 버스로 구분하며 기능에 따라 주소, 데이터, 제어 버스로 나눈다.

1) 위치에 따른 구분

버스의 위치에 따른 분류로는 프로세서 내부에서 레지스터들을 연결하는 내부 버스와 프로세서와 장치 간 연결하는 외부 버스가 있다.

가) 내부 버스(Internal bus)

프로세서 내부에서 레지스터, 산술 논리 연산 장치, 기억 장치 인터페이스 등을 연결하는 버스로 일반적으로 프로세서 버스 또는 전면 버스, 내부 데이터 버스라고도 하며 컴퓨터의 모든 내부 구성 요소를 마더보드(motherboard)에 연결한다. 역할에 따라 로컬 장치에 연결하기 위해 로컬 버스(local bus)로 불린다. 프로세서와 메모리 또는 주변 버스 사이에 전송 경로를 통하여 병렬 데이터를 제공한다.

- 프로세서 버스

프로세서 내부에서 레지스터와 산술 논리 연산 장치, 레지스터와 레지스터 사이의 데이터와 제어 신호를 주고받는데 사용된다. 프로세서 버스의 크기는 프로세서가 사용하는 데이터 워드의 크기와 일치한다. 프로세서 버스는 단일(1개) 버스 또는 다중(2개 이상) 버스 시스템으로 구분된다. 단일 프로세서 버스 시스템은 모든 정보가 하나의 프로세서 버스로 이동되나 두 개의 프로세서 버스 시스템은 원시 데이터의 이동에 사용되는 원시 버스와 결과 전용으로 사용되는 목적 버스로 구분된다. 자세한 내용은 9장을 참고한다.

다음 [그림 5-27]은 단일 내부 버스 구조이다.

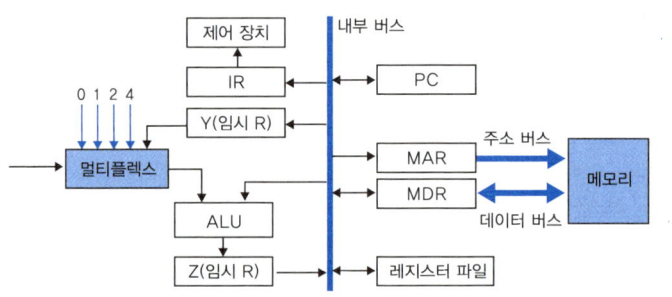

[그림 5-27] 단일 내부(프로세서) 버스

ALU는 하나의 버스로 32개의 레지스터로 구성된 레지스터 파일과 연결되며 연산에 필요한 Y와 Z라는 두 개의 새로운 레지스터가 추가되었다. 2개의 오퍼랜드를 포함하는 연산이 수행 될 때, 하나는 내부 버스로부터 얻을 수 있지만 다른 하나는 다른 출처에서 얻어야한다. 레지스터 Y는 다른 입력에 대한 임시 저장소를 제공한다. ALU는 내부 저장 장치가 없으므로 제어 신호가 ALU 기능을 활성화하면 ALU에 대한 입력이 출력으로 변환되고 이 출력은 입력에 피드백을 주기 때문에 버스에 직접 연결될 수 없다. 레지스터 Z는 임시 출력을 저장하도록 제공한다.

- 로컬 버스

프로세서, 메모리와 주변장치사이의 전송 경로로 장치와 장치 사이 부분으로 사용되고 제어하는 가장 단순한 버스 형태이다. 특히 메모리 버스와 입출력 시스템 버스의 속도 차이를 해결하기 위하여 구성한 버스이다. 시스템 버스의 일부를 변형하여 프로세서와 대량의 데이터를 고속으로 전송이 필요한 경우 시스템 버스를 거치지 않고 직접 프로세서를 통해 연결되도록 설정한 버스 형태이다. 프로세서 내에서 로컬 버스는 주소, 데이터, 제어 버스로 구분된다. VESA 버스가 로컬 버스의 한 예이다.

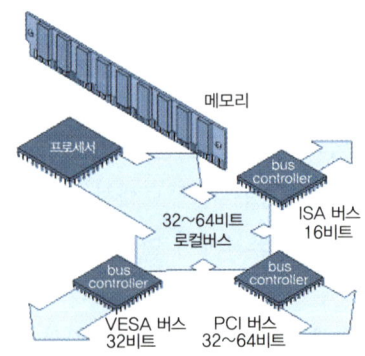

[그림 5-28] 로컬버스

나) 외부 버스

외부 버스는 프로세서와 메모리(RAM) 또는 프로세서와 입출력 장치 그리고 입출력 장치들 사이를 연결하는 버스로 일반적으로 시스템 버스라고 부른다. 시스템 버스는 독립된 기능을 갖는 장치이며 각 시스템 버스는 버스 제어기라고 불리는 제어 회로를 갖고 있다. 각 제어 회로는 중계기를 포함하고 있으며 프로세서는 버스를 사용하도록 요구한다 [그림 5-29].

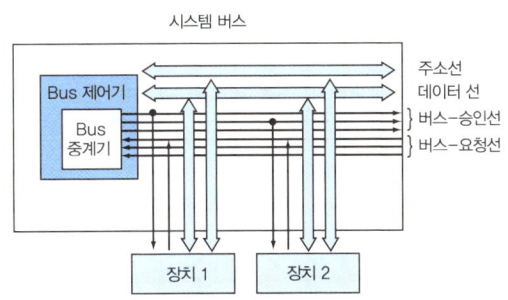

[그림 5-29] 버스 제어기와 중계기가 추가된 시스템 버스

버스 제어기는 버스를 사용하는 장치 사이를 분산시키며 버스 중계기는 시스템 버스를 사용하여 실행 승인 및 요청을 한다. 설계자들은 가끔 입출력 장치와 메모리 사이에 데이터 전송에 시스템 버스를 최적화하려고 노력한다. 이때 프로세서-메모리 전송량은 로컬 버스의 영향을 받는다. 따라서 시스템 버스는 단순히 기능 사이의 통신에 사용된다. 시스템 버스는 다음과 같이 메모리 버스와 입출력 버스로 구분할 수 있다.

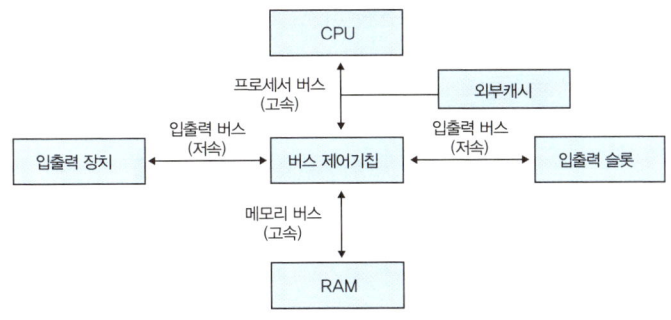

[그림 5-30] 시스템 버스

■ 메모리 버스

프로세서와 메모리 또는 캐시 메모리를 연결하여 자료를 교환하는 버스로 프로세서 입출력 버스와 동일한 속도로 실행된다. 메모리 버스는 백사이드 버스(backside bus)와 프론트사이드 버스(frontside bus)로 구분된다. 백사이드 버스는 프로세서와 캐시 메모리간

의 전용 채널로 매우 빨라 프로세서와 동일한 속도로 데이터를 전송하며 프론트사이드 버스는 프로세서와 메모리간의 데이터를 전송하며 백사이드 버스에 비해 속도가 느리다.

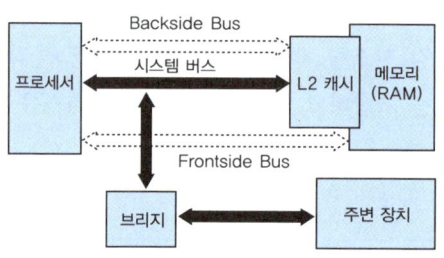

[그림 5-31] 메모리 버스

- 입출력 버스

주변 버스(peripheral bus)라고도 하며 프로세서와 주변 장치(입출력 장치)를 연결하여 데이터를 전송한다. 주변 장치는 메모리와 직접 연결되지 않고 프로세서(칩)에 구현된 브리지(bridge)를 통해 시스템 버스에 연결된다. 입출력 버스의 다른 이름으로는 확장 버스, 외부 버스 또는 호스트 버스가 있다.

2) 기능에 따른 버스 분류

모든 컴퓨터는 데이터, 주소 및 제어라는 세 가지 다른 조건을 수행해야 한다.
- 데이터는 어딘가에 있거나 뭔가를 해야 하는 실제 디지털 정보이다.
- 주소 정보는 데이터가 있는 위치와 연산(작업) 중에 이동해야하는 위치를 나타낸다.
- 제어는 주소 및 데이터 정보의 흐름을 관리한다.

이러한 세 가지 유형의 정보 때문에 시스템 버스는 실제로 세 개의 버스로 구성된다.

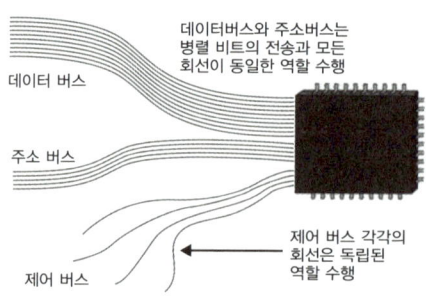

[그림 5-32] 기능에 따른 시스템 버스

가) 데이터 버스

컴퓨터 시스템에서 자료, 명령어 등 정보를 교환하기 위한 버스로 프로세서에서 메모리나 입출력 장치로 데이터를 출력하거나 반대로 메모리나 입출력 장치로 부터 데이터를 입력할 때 이들 데이터의 전송로로 사용되는 양방향 버스이다. 데이터 버스는 실행을 위해 메모리에서 프로세서로 명령을 전송하고 명령의 요구대로 프로세서와 메모리 간에 데이터(오퍼랜드)를 전달한다. 물론 입출력 연산(동작) 중에 메모리와 입출력 장치 사이에 데이터를 전송하는데도 사용된다.

일반적으로 데이터 버스 신호선의 수는 그 프로세서의 워드 길이와 같으므로 프로세서의 성능을 결정하는 요소가 된다. 일반적인 데이터 버스는 8, 16, 32 또는 64비트 폭이다. 컴퓨터의 워드 크기가 32이지만 16비트 데이터 버스 경우 데이터 버스는 메모리에서 두 번 워드를 가져와야 한다.

나) 주소 버스

주소 버스는 모듈 메모리의 경우 모듈 내의 가능한 메모리 주소 위치 중 하나 또는 컴퓨터에서 가능한 메모리 주소 위치 중 하나를 정의하는 데 필요한 모든 신호들로 구성된다. 주소는 정보를 저장하는 위치나 레지스터를 지정하는 데 사용되는 레이블, 기호 또는 기타 문자로 정의된다. 데이터 또는 명령은 프로세서 또는 입출력 장치에 의해 메모리에서 읽어오거나 메모리에 기록하기 전에 주소는 주소 버스를 통해 메모리에 전송해야 한다. 주소 버스는 하나의 시스템 장치 예를 들면 프로그램 카운터, 스택 레지스터 또는 주소 관련 회로로부터 메모리로 주소 자료를 전송하는 단방향 버스이다. 따라서 주소 버스 신호선의 수는 최대로 사용 가능한 메모리의 용량이나 입출력 장치의 수를 결정한다. 예를 들면 8088 프로세서는 20 주소 선을 갖고 있으므로 $1,048,576(1MB=2^{20})$바이트의 주소를 지정할 수 있으며 68020은 32 주소 선으로 $4GB(2^{32})$의 주소를 지정한다.

다) 제어 버스

제어 버스는 프로세서가 기억 장치나 입출력 장치와 데이터 전송을 할 때나 현재 수행중인 연산(작업)의 종류나 상태를 다른 장치에게 알릴 때 또는 프로세서에게 어떤 동작을 요청하는 입력 신호등으로 구성되는 단방향 버스이다. 읽기, 쓰기, 인터럽트, 승인 등 필요한 컴퓨터의 동작을 제어하고 조정하기 위해 각각의 다양한 신호를 전송하기 위해 프로세서에 의해 사용된다. 예를 들면 메모리에 쓰기 또는 읽기, 입출력 포트에 쓰기 또는 읽기, 데이터 버스 요청 또는 승인, 인터럽트 요청 또는 확인 및 모든 구성 요소를 재설정(초기화) 한다.

3) 확장 로컬 버스

대부분 마이크로 컴퓨터 시스템에서 확장 로컬 버스는 프로세서 외부에서 사용되는 특별히 확대된 로컬 버스를 포함한다. 프로세서 클록과 타이밍(timing) 회로로 버스들을 조절한다. 프로세서는 버스 제어기에게 실행하기 위한 버스 사이클 형태의 상태 신호들을 보낸다. 이러한 확장 로컬 버스는 유연한 연산과 시스템 확장을 제공한다.

예를 들면 IBM PC 입출력 채널 버스와 IBM 마이크로 채널 구조(MCA : Micro Channel Architecture)들이 해당된다. 다음은 2개의 장치와 연결된 시스템 버스를 보여주고 있다.

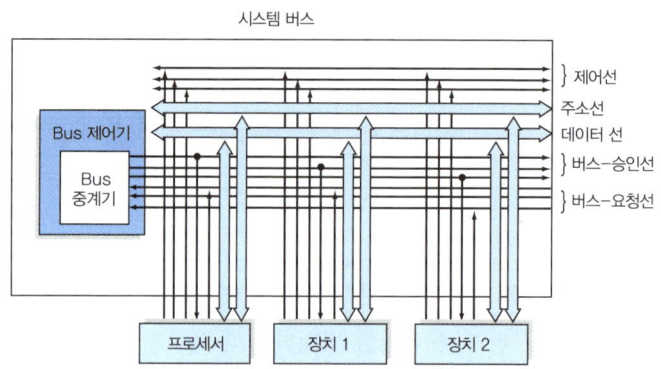

[그림 5-33] 프로세서 버스와 확장 로컬 버스

프로세서는 상태 신호를 버스-제어 장치로 보낸다. 그러면 버스-제어 신호가 발생된다. 버스-제어 장치는 역시 주소와 데이터를 보관한다. 장치는 버스 요청 신호를 버스-요청선 이라고 불리는 제어선에 실려 버스 중계기로 보낸다. 이때 시스템 버스 또는 확장 로컬 버스를 사용하여 요청하게 된다. 만약 중계기가 요청을 허락하면 버스 승인선으로 불리는 두 번째 제공된 제어선을 통하여 장치에 승인 신호가 되돌아온다. 한번 버스 중계기가 장치의 버스 사용을 승인하면 선택된 장치는 한 번의 버스 사이클 동안 버스 마스터가 되며 그 사이클 동안 버스는 제어된다.

Section 02 프로세서 기능

프로세서의 ALU, 제어 장치 및 레지스터 등 3개의 주요 장치는 서로 연결되어 프로세서의 주요 기본 기능인 컴퓨터 프로그램(메모리에 저장된 다양한 명령)을 실행한다. 이것이 프로세서가 컴퓨터의 기본 계산을 수행하는 "두뇌"로 알려져 있는 이유이다. 여기서는 이러한 명령어 처리 과정을 중심으로 제어 장치에 대해 살펴보자.

2-1 프로그램 실행과 제어 장치

프로그램 실행 즉, 명령의 실행에는 일반적으로 마이크로 연산(micro-operations)이라고 하는 보다 기본적인 연산 순서로 구성되며 프로세서의 제어 장치는 적절한 순서로 마이크로 연산을 단계별로 수행되도록 제어 신호를 생성한다. 제어 장치에 의해 생성된 제어 신호는 논리 게이트를 조정(회로 연결)하여 레지스터와의 데이터 전송 및 ALU의 동작을 제어하여 명령어의 순차적 수행을 실행한다.

1. 프로그램 실행

컴퓨터에 일을 시키기 위해서 즉, 다양한 작업을 수행하려면 그 일의 순서를 미리 하나도 빠짐없이 자세하게, 단계적으로 컴퓨터에 전달해야 한다. 컴퓨터 프로그램은 이러한 절차와 순서를 기술한 명령문으로 컴퓨터가 지시된 동작을 수행하도록 작성되는 특정 리스트(목록)로 앞서 설명한 바와 같이 명령들로 구성되어 프로세서에 의해 실행되도록 이진 코드로 메모리에 저장된다. 따라서 프로그램 실행은 디스크 장치로부터 메모리로 복사되어 이동된 이진 파일을 실행하게 되므로 프로그램 실행 과정은 메모리로부터 데이터와 명령어의 복구이면서 다양한 연산의 실행이라고 할 수 있다.

노이만형 컴퓨터의 메모리에서의 프로그램 실행 과정을 살펴보면 다음과 같다.

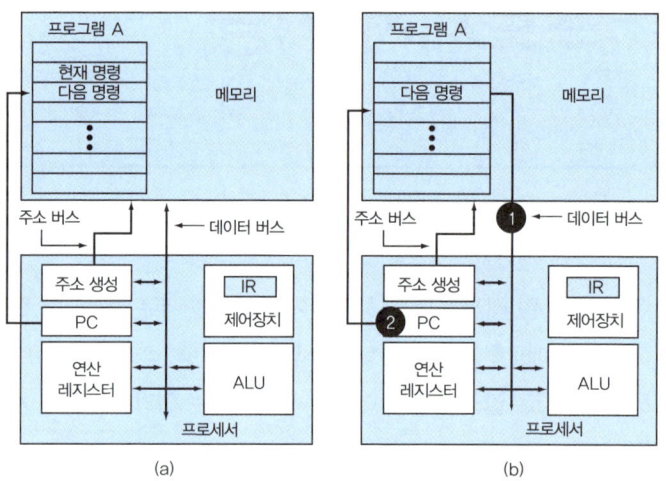

[그림 5-34] 프로그램 실행 과정

위 그림에서
(a) 프로세서가 현재 명령어를 실행하고 있는 동안 프로그램 카운터(PC)는 다음 수행할 명령어를 가리키고 있다.
(b) 인출(가져오기) 사이클 동안 프로세서는 프로그램 카운터 ①에 의해 지시된 명령어를 인출하고 다음에 프로그램 카운터 ②를 증가시킨다.

일반적으로 프로세서가 현재의 명령어를 실행하고 있는 동안 프로그램 카운터는 다음에 실행할 명령어를 지정(주소 보관)한다. 제어 장치의 역할은 이러한 사이클 즉, 일반적으로 다음과 같은 노이만 기계 사이클이라고 불리는 사이클을 제어한다. 다음은 이러한 간단한 컴퓨터의 연산 과정이다.
- [그림 (b)의 1단계]
  실행할 다음 명령어를 메모리로부터 인출하여 명령 레지스터에 보관한다.
  [그림 (b)의 2단계]
  메모리에서 다음 명령어를 지시하기 위하여 프로그램 카운터를 증가 시킨다
- 방금 인출한 명령을 해석하고 실행한다.

이와 같이 명령 처리는 우선 프로세서는 하나씩 메모리에서 명령을 읽고(인출) 이어 읽어 들인 각 명령을 차례로 실행하는 두 단계로 구분할 수 있다. 이와 관련된 자세한 내용은 다음 절에서 다룬다.

2. 제어 장치의 동작

명령어 실행을 위한 제어 장치의 동작에 대해 살펴보자. 앞서 살펴본 바와 같이 제어 장치는 각각의 장치를 조정하기 위하여 전용 제어 회선을 이용하여 마이크로오더(microorders) 즉, 제어 장치에 의해 생성된 제어 신호를 보낸다. 이러한 제어 신호는 명령 실행에 참여하고 제어하는 컴퓨터의 모든 요소에 제어 버스를 통해 전송(분산)된다. 예를 들면 상태 플래그를 지우는(clears) 제어 신호로 "CLEAR CARRY" 명령어를 구현하여 실행한다. 이때 제어 장치는 개개의 마이크로오더를 발생시키는 것보다 병렬적으로 마이크로오더를 생성하는 것이 더 일상적이다. 다음 [그림 5-35]는 데이터 버스를 사용하여 레지스터 A에서 레지스터 X로 데이터를 이동하는 'MOVE A TO X' 명령어를 실행하는 제어 장치를 보여주고 있다. 제어 장치는 데이터 버스에 레지스터 A의 내용을 실어 보낼 수 있도록 마이크로오더를 생성한다. 잠시 후에 데이터는 안착되고 데이터 버스로부터 데이터를 읽도록 레지스터 X에게 지시하는 두 번째 마이크로오더를 생성한다. 이러한 신호는 거의 동시에 발생한다.

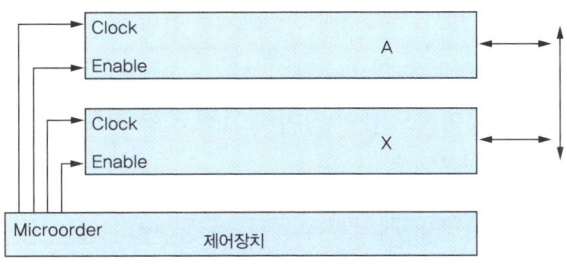

[그림 5-35] 제어 장치의 마이크로오더 발생 과정

제어 장치는 2개의 마이크로오더(ENABLE → A 와 클록 → X)를 발생하고 레지스터 A에서 레지스터 X 로 데이터를 전송한다. 여기서 ENABLE 이란 버스에 레지스터 내용을 대치하라는 마이크로명령이며 반면 'CLOCK TO X'는 버스로부터 새로운 값을 레지스터 X 로 받아들이라는 마이크로명령이다. 이와 같이 마이크로명령으로 구성되어 명령어를 올바르게 실행하는 데 필요한 모든 제어 신호를 순차적 단계로 생성하도록 메모리에 저장된 프로그램을 마이크로프로그램이라 한다. 예를 들면 누산기가 ADD 명령을 실행할 때 제어 장치는 메모리 오퍼랜드의 주소를 계산하기 위하여 마이크로명령을 발생시키고 저장 시스템으로부터 ALU로 오퍼랜드를 전송하고 그리고 2개의 값을 더한 다음 ALU에서 누산기로 그 연산 결과를 전송한다.

3. 제어 장치의 구현

프로세서의 일부인 제어 장치는 앞서 간략하게 살펴본 바와 같이 컴퓨터 작동을 위한 타이밍 및 제어 신호를 생성하여 ALU 및 메모리와 통신(ALU에 데이터에 대해 수행해야하는 연산을 지시)하며 또한 프로세서, 메모리 및 다양한 주변 장치 간의 전송을 제어한다. 제어 장치는 프로그램의 내부 명령을 메모리로부터 프로세서 명령 레지스터로 인출하고, 레지스터 내용에 기초하여 이들 명령의 실행을 감독하는 적절한 순서로 필요한 제어 신호를 두 가지 방법 즉, 마이크로프로그램 형태와 논리 회로 즉 하드와이어드(hard-wired) 형태로 구현하여 생성한다.

1) 하드와이어드 제어 장치

하드와이어드 제어 장치는 게이트, 플립플롭, 디코더 등의 도움으로 고정 논리 회로를 사용하여 명령을 해석하고 제어 회로에서 제어 신호를 생성한다. 즉, 현재 상태 및 실행중인 사용자 명령의 opcode와 같은 특정 변수를 기반으로 각 제어 기능을 생성하는 조합 회로가 있는 상태 기계로 명령 레지스터의 내용, 조건 코드 및 외부 입력에 따라 매 클록 주기마다 한 상태에서 다른 상태로 변경되는 상태 기계라 할 수 있다. 이와 같이 제어 장치에 대한 입력은 명령 레지스터, 플래그, 타이밍 신호 등으로 구현되며 입력 논리 신호는 제어 신호인 출력 논리 신호 셋으로 변환된다. 물론 수행되는 연산의 순서는 논리 요소에 의해 결정되므로 이러한 구성은 제어 장치를 크게 해야 하는 경우 설계를 수정(변경), 즉 모든 조합 회로를 수정해야 하므로 매우 복잡하다. 유연성은 없으나 제어기는 고속으로 작동 할 수 있다.

다음 [그림 5-36]은 하드와이어드 제어 장치의 고정 조합 회로, 즉 인코더 및 디코더를 보여주고 있다.

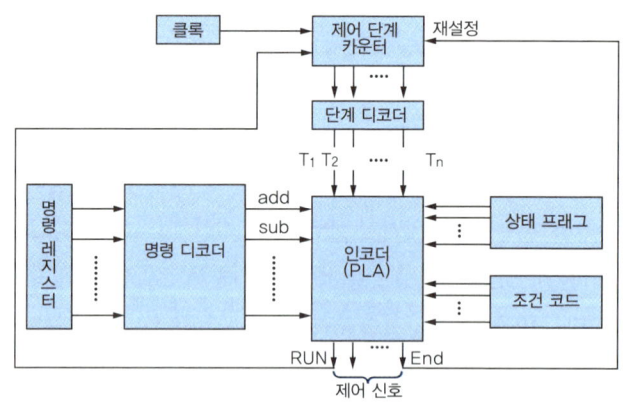

[그림 5-36] 하드와이어드 제어 장치

클록은 반복적인 펄스를 발생하여 마이크로 연산의 지속 시간을 측정하는 데 유용하므로 클록 펄스의 주기는 데이터 경로와 프로세서 회로를 통해 신호를 전파 할 수 있을 만큼 충분히 길어야 한다. 그러나 제어 장치는 단일 명령 사이클 내에서 서로 다른 시간 단위로 다른 제어 신호를 방출하므로 T_1, T_2 등의 다른 제어 신호를 사용하여 제어 장치에 대한 입력으로 카운터 된다. 따라서 명령 사이클이 끝나면 제어 장치는 카운터에 다시 피드백하여 T_1에서 다시 초기화해야 한다. 디코더는 IR(opcode와 주소)에 적재 된 명령을 해독하므로 디코더의 출력선의 수는 IR의 크기에 의존한다. 예를 들어, IR이 10비트이면, 디코더의 출력선의 수는 각각의 가능한 명령에 대해 2^{10} 또는 1024의 선을 가질 것이다. IR의 코드에 따르면 1024 행 중 하나만 1로 설정되고 다른 모든 행은 0으로 설정된다. 카운터는 제어 단계를 추적하는 데 사용되고 카운터의 각 상태는 하나의 제어 단계에 해당되므로 단계 디코더는 제어 순서의 각 단계 또는 시간 슬롯에 대해 별도의 신호 라인을 제공한다.

인코더는 명령 디코더, 단계 디코더, 외부 입력 및 조건 코드로부터 입력을 받으므로 필요한 제어 신호는 다음과 같이 결정된다.
- 제어 단계 카운터의 내용
- 명령 레지스터의 내용
- 조건 코드 플래그의 내용

외부 입력 신호는 외부 인터럽트 또는 외부 버스에 대한 액세스를 요청하는 장치에서 발생할 수 있으며 조건 코드는 이전 명령에서 설정된 조건 및 상태 플래그와 같다.

각 명령 실행 후 종료(End) 제어 신호가 생성되면 제어 단계 카운터가 재설정되고 다음 명령에 대한 제어 단계 생성 준비가 완료된다. 마찬가지로 RUN과 같은 다른 제어 신호는 먼저 논리적 기능으로 표현되어 1로 설정하면 RUN은 매 클록 사이클이 끝날 때마다 카운터를 1씩 증가시킨다. RUN이 0이면 카운터는 카운트를 멈추고 프로세서가 메모리에서 응답을 기다린다. 따라서 하드와이어드 제어 장치는 명령 레지스터의 내용, 조건 코드 및 외부 입력에 따라 매 클록 사이클마다 한 상태에서 다른 상태로 변경되는 상태 시스템이라고 할 수 있다. 물론 상태 시스템의 출력은 제어 신호로 수행되어야 할 기능(Add와 같은), 저장 장치 선택 및 데이터 경로 선택을 표시한다.

하드와이어드 제어 장치의 장점
- 명령어 당 필요한 평균 클록 사이클 수를 최소화하여 빠른 연산 형태를 생성
- 프로세서 칩의 작은 영역(일반적으로 10 %) 차지
- 마이크로프로그램 제어 장치보다 빠르다.
- 회로 비용을 최소화
- 하드와이어드 제어 장치의 단점
- 복잡한 순서 및 마이크로 연산 논리 즉, 각 명령의 실행과 일치하는 완전한 타이밍을 생성하는 회로 구성으로 설계 및 테스트에 많은 시간과 비용이 소요된다.
- 유연하지 못한 디자인 즉, 하드웨어 회로에서 와이어를 재배열해야 하므로 제어 신호의 변경은 매우 어렵다.
- 새로운 명령(기능) 추가가 어렵다.

2) 마이크로프로그램 제어 장치

마이크로프로그램(Microprogrammed) 제어 장치는 프로그래밍 방식을 사용하여 구현되며 메모리에 저장된 이진 제어 값을 가진 제어 장치로 마이크로 연산의 순서는 마이크로프로그램을 실행함으로써 수행된다. 이 구조에서는 프로그래머가 제어 메모리의 마이크로프로그램을 갱신하여 수정(변경) 수행 할 수 있다. 우리가 앞서 살펴본 것과 같이 간단한 하드와이어드 제어 장치에 직접 연결된 제어는 매우 복잡한 제어 논리로 이어진다. 따라서 대다수의 CISC는 제한된 범위 내에서 제어 복잡성을 유지하는 수단으로 마이크로 프로그래밍을 사용한다.

다음 [그림 5-37]은 이러한 마이크로프로그램 제어 장치의 개념도이다.

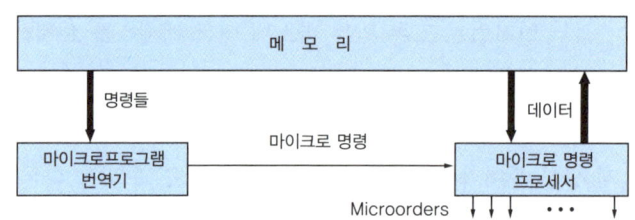

[그림 5-37] 마이크로프로그램 제어 장치의 모델

마이크로프로그램 번역기는 메모리에서 명령을 인출하여 마이크로프로그램 번역기를 사용하여 테이블을 조사하고 명령의 연산 코드를 마이크로명령(주소)들로 번역(변환)한다. 마이크로명령은 1 클록 사이클에 필요한 모든 제어 정보를 포함하는 제어 워드(필드)와 순서 워드(다음 마이크로 명령 주소를 결정하는 데 필요한 정보)를 포함하는 하나 이상의 마이크로 연산 집합이다. 마이크로명령 프로세서는 메모리에서 마이크로명령의 순서 중 첫 번째를 인출한 후 제어 버스를 통하여 적절한 마이크로오더를 보내는 구조이다. 이러한 마이크로프로그램 제어 장치는 연산과 관련된 즉, 프로그램에 의해 생성된 제어 신호를 프로그래머가 제어 워드로 액세스할 수 없는 특수 메모리 장치에 저장된다. 이러한 마이크로프로그램 제어 구조와 하드와이어드 제어 구조 사이의 기본적인 차이점은 명령 실행에 필수인 해독된 제어 신호를 포함하는 워드를 저장하는 데 사용되는 제어 저장소의 존재이다. 마이크로프로그램 제어 장치에서, 다음 명령 워드는 정상적인 방법으로 명령 레지스터(IR)로 인출된다. 그러나 각 명령의 연산 코드는 직접 제어 신호 생성을 가능하도록 해독되지 않지만 제어 저장소에 포함된 마이크로프로그램의 초기 주소를 포함한다. 따라서 마이크로프로그램 제어 장치는 제어 메모리에서 마이크로명령어를 가져 오는 시간 때문에 속도가 느려진다.

다음 [그림 5-38]은 마이크로프로그램 제어 장치의 제어 저장소와 마이크로명령 주소 생성 장치(다음 주소 생성 회로)를 보여주고 있다.

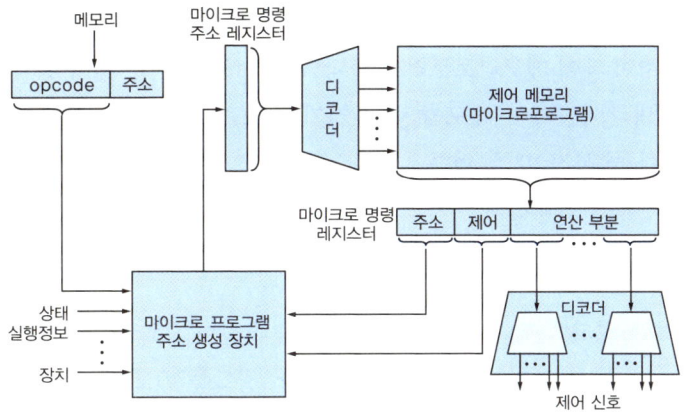

[그림 5-38] 마이크로프로그램 제어 장치

명령 레지스터의 연산 코드(opcode)는 마이크로프로그램 주소 생성 장치에 의해 다음에 실행될 마이크로명령의 주소를 마이크로명령 주소 레지스터로 전송된다. 제어 메모리는 메인 메모리 부분이 아닌 일반적으로 마이크로프로그램을 포함하는 ROM으로 구현된다. 마이크로 명령은 디코더에 의해 연산 부분(코드)과 부호화된 제어 신호를 포함 제어 메모리에 저장된다. 제어 장치는 제어 메모리에서 마이크로 명령을 재 호출하고 마이크로명령 레지스터(버퍼)에 배치하며 실행동안 그것들을 보관한다. 디코더는 실행되고 있는 마이크로 명령의 연산 코드(마이크로 연산을 지정하는 제어 워드)에 기반을 둔 제어 신호(마이크로오더)를 생성한다. 또한 부호화된 제어 신호 즉, 제어 필드는 주어진 마이크로프로그램의 다음 마이크로 명령의 주소 및 마이크로프로그램 주소 생성 장치의 활동을 제어한다.

이 구조에서 주소 생성 장치는 제어 장치의 활동과 동시에 작동(진행)한다. 마이크로 연산이 실행되는 동안, 다음 주소 생성 회로에서 다음 주소가 계산되고, 다음 마이크로 명령을 판독하기 위해 마이크로명령 주소 레지스터로 전달된다. 따라서 마이크로프로그램 주소 생성 장치는 제어 메모리에서 읽는 주소 순서를 결정하기 때문에 종종 마이크로프로그램 순서기라고 한다.

마이크로프로그램 제어 장치의 장점
- 상대적으로 낮은 비용과 오류 발생이 적으며 새로운 명령 추가가 쉽다(유연성).
- 마이크로 코드를 작성하여 고급 언어(LISP, Pascal)를 직접 실행할 수 있다.
- 더 쉬운 디코딩과 순서가 가능하여 기존 시스템에 쓰기 가능한 제어 메모리를 사용하여 새로운 구조의 성능을 시험해 볼 수 있다.
- 복잡한 명령어를 쉽게 처리 할 수 있다.
- 칩 면적이 적다.

- 마이크로프로그램 제어 장치의 단점
- 마이크로 명령이 제어 메모리로부터 인출되므로 하드와이어드 제어 장치보다 느리다.
- 간단한 기계의 경우, 제어 메모리 및 순서기에 필요한 추가 하드웨어로 하드와이어드 제어 장치보다 더 복잡 할 수 있다.
- 명령들의 번역 및 실행 장치들 간의 마이크로 명령의 스케줄링 관리를 위해 제어 장치가 필요하다.

따라서 마이크로프로그램 제어 장치의 기능을 다음과 같이 요약할 수 있다.
- 제어 장치는 대응하는 마이크로프로그램의 제어 워드를 메모리로부터 순차적으로 판독(READ)하여 임의의 명령에 대한 제어 신호를 생성한다.
- 제어 메모리로부터 제어 워드를 순차적으로 판독할 수 있는 마이크로프로그램 카운터가 필요하다.
- 시작 주소 블록은 적재를 담당하고 마이크로프로그램의 PC 시작 주소는 IR에 적재되는 새로운 명령을 제공하므로 PC는 클록에 의해 자동으로 증가되고 메모리에서 연속적인 마이크로 명령어를 읽는다.
- 각 마이크로명령은 제어 신호를 제공하고 마이크로프로그램 카운터는 제어 신호가 올바른 순서로 프로세서의 여러 부분에 전달되도록 한다.

3) 하드와이어드 제어와 마이크로프로그램 제어의 차이점

구분	하드와이어드 제어 장치	마이크로프로그램 제어 장치
기술	회로(circuit)	소프트웨어
구현	플립플롭, 게이트, 디코더 등	명령 실행을 제어하는 신호 생성을 위해 제어 메모리와 마이크로 명령 포함
명령 형식	고정	가변(명령 당 16-64비트)
명령어	레지스터 기반	레지스터 기반 아님
메모리	ROM 사용 않음	ROM 사용
응용 프로그램	RISC에서 사용	CISC에서 사용
속도(해독)	빠르다	느리다
수정	수정 불가	쉽게 수정
칩	칩 면적 적다	칩 면적 크다

4. 제어 메모리의 마이크로프로그램

마이크로프로그램은 데이터 경로 프로세서의 동작(연산)을 제어하는 간단한 마이크로명령으로 구성되며 매우 구체적이다. 일반적으로 프로그램은 메모리에 저장되나 메모리에서 마이크로 명령을 가져 오는 것이 너무 느리기 때문에 마이크로프로그램은 메모리에 저장하지 않는다. 몇 단계로 구성된 어셈블러 명령 실행 주기의 수행 단계를 프로세서에 지시하면 되므로 프로세서 내부(제어 메모리)에 저장된다. 이와 같이 마이크로명령으로 구성되어 명령어를 올바르게 실행하는 데 필요한 모든 제어 신호를 순차적 단계로 생성하도록 메모리에 저장된 프로그램을 마이크로프로그램이라 한다. 이러한 마이크로프로그램은 프로세서가 항상 같은 일(명령어 실행)을 하기 때문에 변경할 필요가 없으므로 한 번 쓰고 변경할 수 없는 ROM(read-only memory)에 저장되며 이를 MIR(Micro-Instruction ROM)이라고도 한다. 마이크로 연산을 지정하는 제어 함수는 2진 변수의 활성 상태(1 또는 0)에서 마이크로 연산이 실행되며 순서를 제어하는 제어 변수의 문자열을 제어 워드(Control word)라 하며 지정된 마이크로 연산을 마이크로명령이라고 한다. 제어 워드는 명령 실행의 각 단계에 설정된 제어 신호에 해당하는 모든 비트를 포함한다. 이때 제어 신호에 해당하는 비트는 모두 1로 설정되고 다른 모든 비트는 0(수평 구조)으로 설정된다. 제어 메모리에 마이크로프로그램을 구성 조직하는 여러 방법 중 다음 [그림 5-39]는 마이크로명령들이 순차적으로 메모리에 저장(위치)되는 하나의 방법을 보여주고 있다.

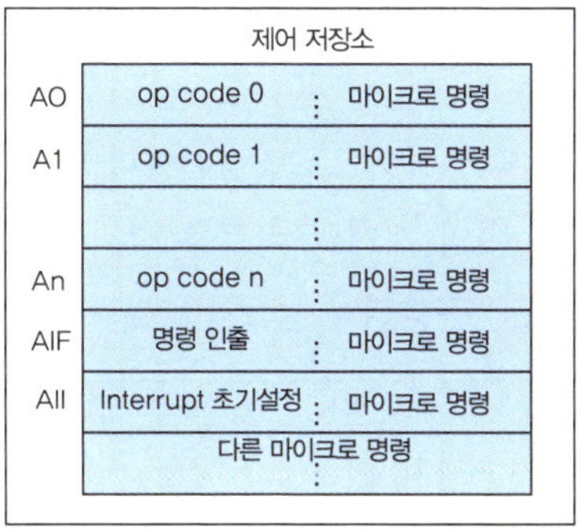

```
                    제어 저장소
        ┌─────────────────────────────┐
   A0   │ op code 0    :  마이크로 명령 │
   A1   │ op code 1    :  마이크로 명령 │
        │      :                       │
   An   │ op code n    :  마이크로 명령 │
   AIF  │ 명령 인출    :  마이크로 명령 │
   AII  │ Interrupt 초기설정 : 마이크로 명령 │
        │ 다른 마이크로 명령           │
        └─────────────────────────────┘
```

[그림 5-39] 제어 메모리의 마이크로프로그램 구성

각각의 컴퓨터 명령은 제어 메모리에서 그들만의 마이크로명령 순서를 갖고 있으며 또한 제어 메모리는 명령 인출 및 인터럽트를 설정하고 다른 활동을 제어한다. 따라서 제어 장치는 메인 메모리로부터 컴퓨터 명령을 인출한 후에 명령 레지스터에 저장하고 연산 코드를 위한 진입주소(entry-point address)를 생성해야 한다. 그것은 마이크로프로그램의 첫 번째 마이크로명령의 주소이다. 예를 들면 제어 장치가 연산 코드(op code)1과 함께 마이크로명령을 인출하면 [그림 5-39]와 같이 주소 A1을 생성한다. 이와 같이 진입주소 생성은 마이크로명령 주소 생성 장치(다음 주소 생성 회로)의 역할중 하나이다. 제어 메모리의 주소 AIF는 분기 주소이다.

제어 장치는 진입주소를 생성한 후 다음 실행할 마이크로명령의 주소를 획득하기 위하여 마이크로프로그램 카운터를 증가시킨다.

2-2 마이크로명령어와 실행

마이크로프로그램을 구성하는 마이크로명령어는 제어 메모리에 저장된 명령어로 분기, 조건 분기 등이 포함되며 제어 신호 발생과 관련된 정보 필드와 명령어의 수행 순서를 나타내는 주소 필드로 나누어진다. 마이크로연산은 특정 마이크로명령을 실행한다.

1. 마이크로명령어 제어

마이크로명령어는 하드웨어와 가장 가까운 가장 낮은 수준의 작은 명령어로 구성된 계층이다. 하나 이상의 마이크로 연산을 수행하는 다중 마이크로명령어와 하위 수준 또는 회로 기반 연산을 수행하고 하드웨어 자원을 관리하는 제어 수준 레지스터 연산이 있다. 마이크로명령어 연산에는 산술 논리 장치를 사용하여 다른 레지스터를 연결하고, 수학적 계산을 수행하고 결과를 레지스터에 저장하는 연산이 포함된다. 프로세서는 수백 개의 제어 신호를 필요로 하므로 제어 워드의 구성에 따라 다음과 같이 구분된다.

1) 수평 제어 마이크로명령어

수평 제어는 일반적으로 수직 제어 마이크로명령어보다 많은 제어 비트로 구성되어 프로세서 제어 신호와 마이크로명령어 속의 개개의 비트를 각각의 마이크로오더에 대응되며 제어 신호, 조건 분기, 주소 등의 필드로 구분된다.

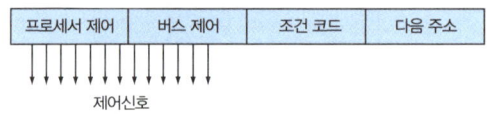

[그림 5-40] 수평 제어 마이크로명령어

제어 메모리로부터 발생된 임의의 마이크로명령어들은 on(1) 혹은 off(0)의 제어 신호를 발생하며 한 개의 비트가 하나의 마이크로연산을 나타낸다. 따라서 n개의 제어 신호가 필요하면 n비트의 제어 신호 필드가 필요하므로 제어 비트를 저장하기 위해 각 제어 워드의 길이가 길어지므로 제어 저장소의 크기가 커진다. 이러한 필드의 독립성은 일반적으로 개개의 마이크로명령어에 대한 풍부한 제어 옵션과 단일 마이크로명령어에서 둘 이상의 동시 연산을 지정할 수 있는 기능(제어 신호가 동시에 생성되어 여러 개의 하드웨어 구성 요소가 동시에 동작)을 제공한다. 따라서 마이크로 명령어 당 여러 개의 병렬 연산을 수행할 수 있기 때문에 동작 속도(적은 단계)가 빠르고 하드웨어를 효율적으로 사용할 수 있다. 또한 수직 제어에 요구되는 것보다 특정 작업을 구현하는 마이크로명령어의 수가 훨씬 적다. 조건 분기 필드는 분기에 사용될 조건을 나타내며 주소 필드는 분기 발생 시 다음에 실행될 마이크로명령어를 갖고 있다. 반면 제어 필드는 마이크로연산에 따라 비트 수요가 필요하므로 경우에 따라 제어 비트수가 늘어나므로 비용이 증가(공간 낭비) 할 수 있다.

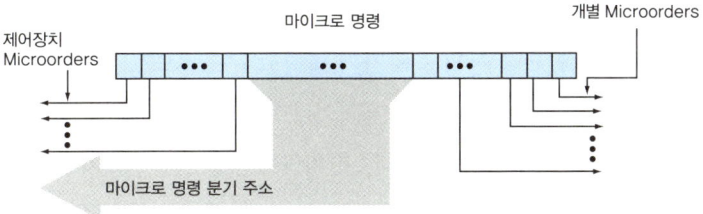

[그림 5-41] 수평 제어 마이크로명령어 조직

각 비트는 직접적으로 하나의 버스를 제어하거나 컴퓨터의 회로를 제어하기 때문에 마이크로명령어 디코더가 필요 없다.

2) 수직제어

수직 제어 마이크로명령어는 제어 비트를 제공하기 위해 기능 코드와 분기 조건 비트와 하나의 분기 주소를 갖는다.

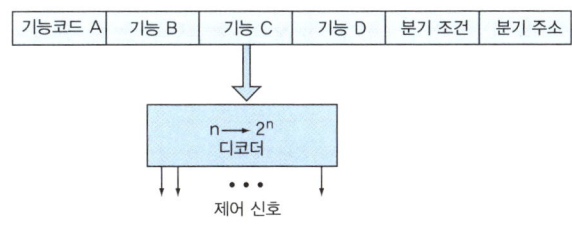

[그림 5-42] 수직 제어 마이크로명령어

수직 제어 마이크로명령어는 제어 워드의 길이를 줄이기 위해 상호 배타적인 제어 신호 그룹 즉, 하나의 명령어는 한 개의 마이크로연산을 수행하는 기능 코드로 해독되어 비트 필드는 일반적으로 중간 조합 논리를 통과하여 내부 프로세서 요소(ALU, 레지스터 등)에 대한 실제 제어 및 순차 신호를 생성한다. 이것은 비트 필드 자체가 직접 제어 및 순차 신호를 생성하거나 최소로 해독되는 수평 제어 마이크로명령어와는 대조적이다. 예를 들어 8개의 신호 그룹 중 1개만 언제든지 필요하면 8비트 대신 3비트의 필드로 인코딩 할 수 있다.

[그림 5-43] 제어 워드 구성

결과적으로 수직 제어 마이크로명령어는 제어 워드 폭을 줄이기 위해 추가 디코더를 사용하여 n비트 제어 워드에서 2^n비트 신호 값을 가질 수 있다. 수직 제어는 상대적으로 짧은 워드로 명령을 수행할 수는 있으나 논리 회로가 복잡하고 구조적으로 병렬성이 떨어진다. 수평 제어 보다 적은 수의 비트를 사용하므로 경제적이나 반면 인코딩 된 필드를 해독하는 시간이 필요하므로 프로세서 클록 속도가 느려진다. 마이크로명령어의 필드가 대부분 상호 의존적이며 하나의 마이크로연산을 수행하기 위해 결합한다. 일반적으로 특정 작업을 구현하기 위해 더 많은 마이크로명령어를 생성하며 마이크로명령어당 단일 마이크로명령어를 수행(단일 데이터 경로 연산)한다는 점에서 기계 명령과 유사하다. 물론 분기에 대한 별도의 마이크로명령어와 더 작은 제어 워드로 인해 마이크로명령어당 더 많은 단계를 실행하고 프로그램이 복잡하여 유연성이 떨어진다. 그러므로 디코더 회로를 통해 제어 신호를 발생하므로 서로 배타적인 값을 갖는 비트들을 묶어 하나의 필드로 만들어 제어 필드의 길이를 줄인다. 마이크로연산을 그룹으로 나누고 마이크로 명령어의 집합을 부호화하기 위하여 몇 개의 비트를 할당한다. 할당된 명령어는 디코더의 입력으로 이용되고 출력에서는 단지 1개의 라인을 이용하여 1개의 마이크로연산을 실행한다. 마이크로오더는 일반적으로 정의된 필드 마이크로명령어 비트 속에 코드화 된다 [그림 5-44].

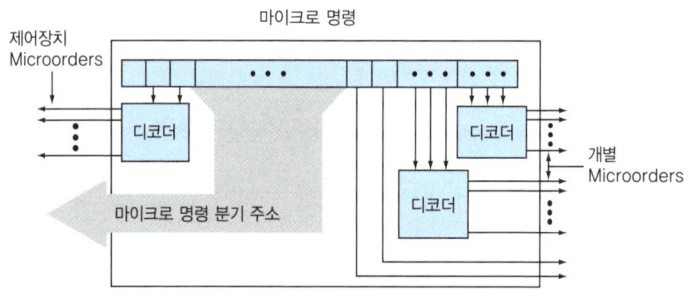

[그림 5-44] 디코더 사용 수직 제어

예를 들면 마이크로명령어는 16개의 ALU 연산 중 하나를 제어하기 위해 4비트 필드를 사용하거나 32 레지스터 중 1개를 선택하기위하여 5비트 필드를 사용한다. 마이크로명령어 디코더(프로세서 내 디코더)들은 각각의 마이크로오더를 생성하기 위해 이러한 필드의 비트들을 해석한다. 물론 다른 수직 제어 방법으로 디멀티플랙서를 사용하기도 하고 다음 [그림 5-45]와 같이 ROM을 사용하여 해결한다. 일반적으로 수직 제어 마이크로명령어들은 몇 개의 비트(수준)를 사용한다. 예를 들면 명령어속의 한 개의 필드 또는 마이크로명령어 속의 1개의 필드는 마이크로오더를 보관하고 있는 두 번째 제어 ROM의 주소를 보관한다.

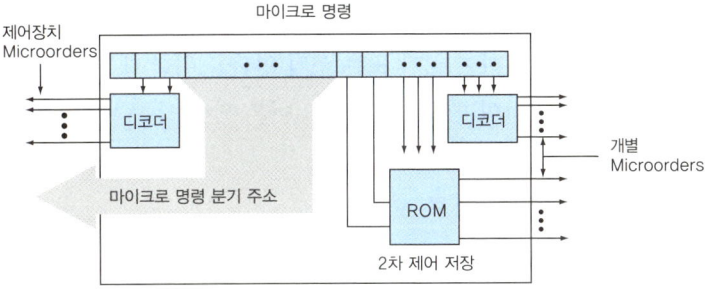

[그림 5-45] ROM 사용 수직 제어

두 번째 제어 저장소 ROM은 예외 분기 주소와 같은 거대한 주소를 보관할 수 있다. 따라서 마이크로프로그램 제어 저장소의 구조와 절충을 고려해야 한다. 수평 제어는 빠르나 많은 명령 워드가 요구되고 수직 제어는 더 짧은 제어 워드와 더 적은 ROM에 대한 제어이기 때문에 마이크로 오더를 생성하기 위한 디코더나 디멀티플렉서가 필요하다.

2. 마이크로 연산

마이크로 연산이란 레지스터에 저장된 데이터에 대해 시스템이 수행 할 수 있는 기본 연산이다. 컴퓨터가 기계어 명령을 수행하기 위해 프로세서 각 장치(부분)에 대하여 가장 낮은 수준의 상태 변환을 일으키는 동작(연산)을 의미하며 제어 신호로 실행된다. 다시 말해 하드웨어 요소들이 명령에 나타난 연산 작업을 수행할 때 실행되는 동작(연산)을 마이크로 연산이라고 하며 제어 장치는 마이크로 연산이 계속적으로 수행되도록 제어 신호를 발생하여 하드웨어 요소에 전달한다. 이러한 마이크로 연산의 유형은 레지스터 사이 데이터 전송, 레지스터에서 외부 버스로 데이터 전송, 외부 버스에서 레지스터로 데이터 전송 및 산술 또는 논리 연산 수행 등으로 구분한다.

제어 장치는 이러한 마이크로 연산의 수행을 위해 필요한 기계 사이클을 클록에 따라 여러 개의 제어 신호를 발생시켜 각 장치에 제어 신호를 보낸다. 예를 들면 레지스터의 내용을 프로세서 버스에 싣는 과정, 논리 연산 장치에 연산 명령을 전송하는 과정, 메모리에 읽기 신호나 쓰기 신호를 주는 과정 등이다.

[예]
가. 전송신호 : 레지스터 R0 → R1
나. 덧셈신호 : Y + RD → Z
다. 읽기신호 : R3 → MAR

다음은 명령 실행에 필요한 프로세서 레지스터와 동작이다.
- MAR : 데이터 버스를 연결하여 읽기 또는 쓰기 연산을 위한 메모리 주소를 지정한다.
- MBR : 주소 버스를 연결하여 메모리로부터 읽어온 최종 값 또는 메모리에 저장되는 값으로 보관한다.
- PC : 다음에 인출할 명령의 주소를 보관한다.
- IR : 최종 명령의 연산 코드를 저장하는데 사용된다.

[산술 마이크로 연산]

예	의미
R3 ← R1 + R2	더하기
R3 ← R1 − R2 (R1 + R2' + 1)	빼기
R2 ← R2'	보수
R2 ← −R2 (R2' + 1)	부정
R1 ← R1 + 1	증가
R1 ← R1 − 1	감소

3. 명령어 실행 주기

명령어 실행 주기(fetch-and-execute cycle, fetch-decode-execute cycle 또는 FDX)는 컴퓨터의 기본 연산 주기로 컴퓨터가 메모리에서 프로그램 명령어를 검색하고 명령어가 요구하는 연산(동작)을 결정하며 해당 연산을 수행하는 프로세스이다. 물론 이러한 주기는 컴퓨터가 종료될 때까지 프로세서(CPU)에 의해 연속적으로 반복된다. 프로세서의 제어 장치에 의해 수행되는 명령어 실행은 한번에 1개씩 메모리에 저장된 명령을 가져 와서(인출 사이클) 실행하는 과정(실행 사이클)으로 명령어 실행 단계를 구체적으로 살펴보면 다음과 같은 과정으로 진행된다.

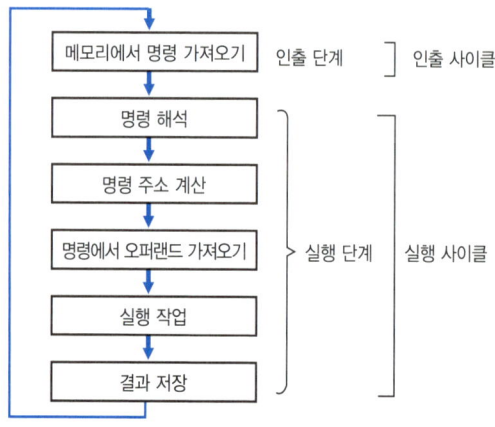

[그림 5-46] 명령 실행 과정과 명령 실행 주기

1 단계 : 메모리에서 명령 가져 오기
메모리에서 명령을 읽어 명령 레지스터(IR)에 이동(인출)한다.

2 단계 : 명령 해석
방금 인출한 명령(opcode)을 해석하여(Decode) 그 기능을 파악한 후 명령 실행 방법을 결정한다. 다음 명령을 지정하기 위하여 프로그램 카운터를 변경한다.

3 단계 : 명령 주소 계산
메모리 액세스가 필요한 명령 즉 연산이 메모리의 오퍼랜드 참조를 포함하거나 입출력을 통해 사용 가능한 경우 오퍼랜드가 들어있는 레지스터 또는 메모리 주소를 결정한다.

4 단계 : 메모리에서 오퍼랜드 가져 오기
필요한 경우 메모리에서 오퍼랜드를 가져온다. 오퍼랜드가 레지스터가 아닌 메모리에 있는 경우(오퍼랜드가 메모리 주소) 메모리 읽기 사이클을 시작하여 이를 레지스터로 이동한다. 물론 프로세서는 메모리보다 훨씬 빠르기 때문에 오퍼랜드를 가져 오는 데 보통 여러 프로세서 클록 사이클이 소요된다.

5 단계 : 실행 작업
명령의 연산 기능을 수행한다. 산술 또는 논리 명령의 경우 ALU를 사용하여 레지스터의 데이터에 연산을 수행한다. 물론 실행중인 명령의 유형에 따라 다르다. 실행 단계 수행 자체가 오버 헤드이므로 오버 헤드를 제거하고 이 과정을 어떻게 달성되는지에 대한 세부 사항은 컴퓨터 구조의 하드웨어 중심 코스에 대한 주제이며 프로세서 설계의 주요 목표 중 하나이다.

6 단계 : 결과 저장
결과의 목적지가 메모리 주소인 경우, 메모리 쓰기 사이클을 시작하여 프로세서에서 메모리로 결과를 전송한다. 상황에 따라 프로세서는 이 작업이 완료될 때까지 기다릴 수도 있고 하지 않을 수도 있다. 즉, 다음 명령이 결과가 저장된 메모리에 액세스할 필요가 없으면 메모리 장치가 쓰기 작업을 수행하는 동안 다음 명령으로 진행할 수 있다.

프로그램, 명령을 실행하는 컴퓨터의 동작(명령 사이클)은 하나의 기계어(machine language) 명령어를 실행하게 되는데 이때 실행되는 명령어들은 실행 시간 순서에 따라 실행된다. 이와 같이 메모리로부터 명령을 인출하고 해석하여 연산이 끝나는 시기까지의 간격을 인출-해석-실행 사이클 또는 인출-실행 사이클이라고 부르며 간단히 명령어 실행 주기(machine cycle)라고 한다. 따라서 명령어 실행은 인출과 실행 사이클의 반복된 처리로 이루어지며 구체적으로 각 명령어 사이클은 여러 개의 작은 단위 즉 인출 사이클, 간접 사이클,

실행 사이클, 인터럽트 사이클로 구성된다 [그림 5-47].

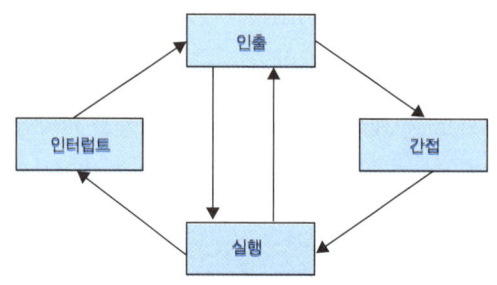

[그림 5-47] 명령어 사이클

이러한 서브 사이클은 명령어의 특성(여러 연산을 포함 할 수 있으므로)에 따라 실행 순서가 달라질 수 있다. 다음 그림은 마이크로 연산과 명령의 실행 사이클을 나타내고 있다.

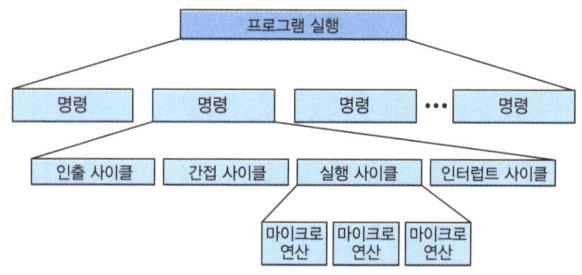

[그림 5-48] 명령 실행 사이클

4. 인출 사이클

인출 사이클은 프로그램 카운터(PC)에 저장된 주소(실행될 명령어(명령)가 저장된 메모리의 유효한 주소)를 검색한다. 이때 주소가 존재하지 않으면 인터럽트를 일으킨다. 프로세서는 이 주소에 저장된 명령을 메모리에서 가져 와서 이 명령을 명령 레지스터(IR)로 전송한다. 이어 프로그램 카운터는 새 명령어가 인출될 다음 주소를 가리키도록 증가된다. 이와 같은 인출 사이클을 실행하기 위해 우선 프로세서는 메모리 시스템에서 다음 명령을 인출하기 위해서 타이밍 신호를 생성한다. 이때 메모리에서 명령을 읽어 명령 레지스터에 저장하기까지의 소비되는 시간을 명령 인출 시간이라고 한다.

인출 사이클의 시작은 우선 프로그램 카운터에 저장된 주소가 MAR에 전송된다. 프로세서는 MAR에 저장된 주소의 명령을 프로세서와 메모리를 연결하고 있는 데이터 버스를 통하여 MBR로 전송한다. 이때 제어 장치는 메모리에서 프로세서로 이러한 전송을 조정한다. 즉, READ 명령(command)을 발생하고 결과(메모리의 데이터)가 데이터 버스에 나타난다. 데이터 버스의 데이터는 MBR에 복사 된다. 사이클 종료는 새로운 명령이 인출되어 IR에 전송된다. 제어 장치는 메모리에서 다음 주소를 가리키도록 프로그램 카운터를 증가시킨다. 이때 프로그램 카운터 증가(PC + 1)는 메모리에서 데이터를 가져 오는 것과 병행 처리된다.

이러한 단계를 수행되는 마이크로 연산으로 요약하면 다음과 같다.

여기서 Tn 은 시간 단위/클록 사이클이다.

[과정]

T1: MAR ← PC : 프로그램 카운터의 내용 → MAR

T2 : MBR ← Memory(MAR) : MAR의 값에 의해 주어진 메모리 주소의 내용을 MBR에 저장

T2(T3) : PC ← PC + 1 : 프로그램 카운터의 값 증가

T3 : IR ← MBR(Op_Code) : MBR의 내용을 명령 레지스터로 이동

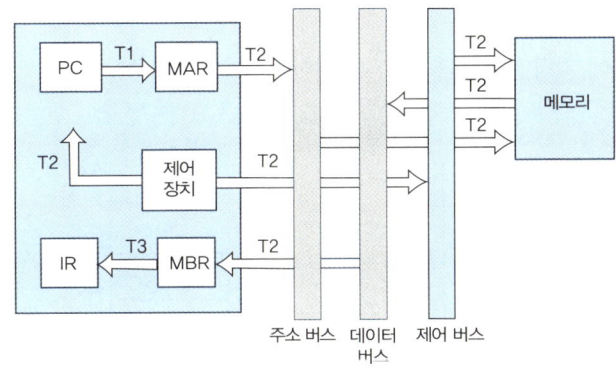

[그림 5-49] 인출 사이클 데이터 흐름

[규칙]
- 인출 사이클에서 동시에 같은 레지스터가 읽기와 쓰기 연산은 불가능
- MBR ← 메모리, IR ← MBR 에 대한 연산은 같은 사이클에서 실행 불가능

따라서 PC ← PC + 1 인 경우 논리 연산 장치를 사용하며 추가로 마이크로 연산이 필요

쉬어가는 코너

어떤 연산 코드는 하나의 메모리 주소가 아닌 더 많은 주소에 저장될 수도 있으므로 몇 번의 인출 과정이 발생될 수도 있다. 또한 앞서 살펴본 'PC ← PC + 1'의 경우 ALU의 종류에 따라 추가적인 마이크로 연산이 필요할 수 있으므로 T2에서 사용하는 것이 더 나을 수 있다.

다음은 "10110001=ADD R1, R2"의 명령어 인출 과정을 단계별로 나타내고 있다.

1 단계 : MAR ← PC

PC에 저장된 다음 명령어(이번에 실행될 명령어임)의 주소는 4003이다.

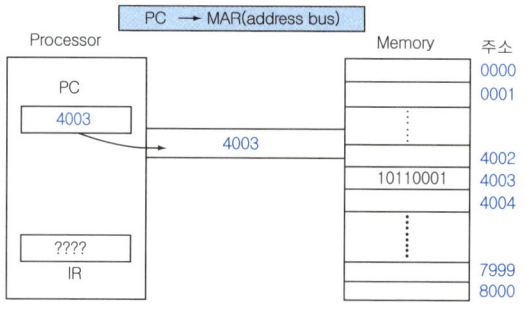

[그림 5-50] 인출 사이클 1단계

2 단계 : READ 신호 발생

프로세서는 메모리에 저장된 내용을 읽도록 제어 신호를 발생시킨다.

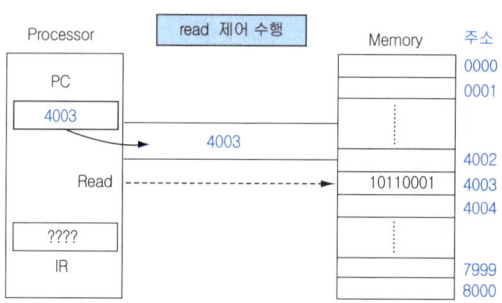

[그림 5-51] 인출 사이클 2단계

3 단계 : MBR ← Memory(MAR)

메모리 위치 '4003'에 저장된 내용을 데이터 버스(MBR)에 싣는다.

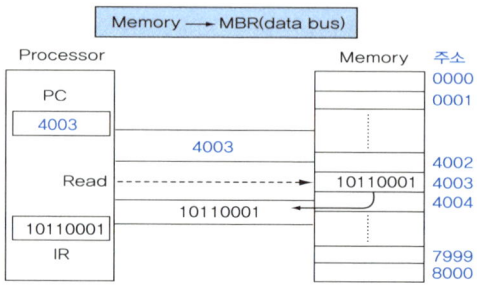

[그림 5-52] 인출 사이클 3단계

4 단계 : IR ← MBR(Op_Code)

명령어를 IR로 이동하여 해석한다.

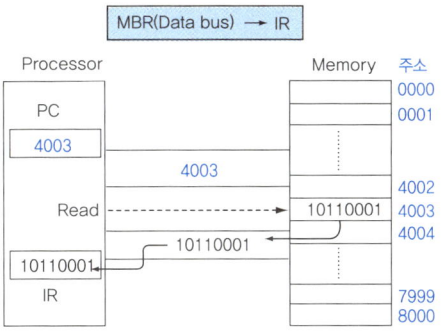

[그림 5-53] 인출 사이클 4단계

이러한 인출 과정이 종료되면 다음과 같이 다음 명령 인출을 위하여 프로그램 카운터는 증가된다.

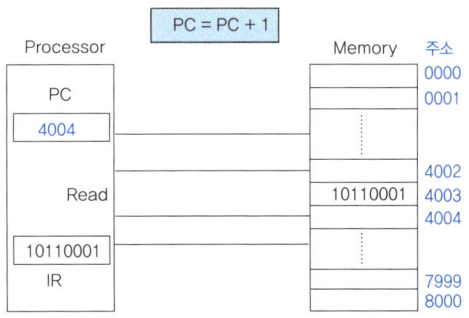

[그림 5-54] 인출 사이클 5단계

프로세서가 명령을 인출한 후 제어 장치는 IR 내용을 조사하고, 실행 형태를 결정하여 다음 과정을 수행한다. 이러한 과정을 해석 과정으로 부르며 간접 주소인 경우 간접 사이클로 진행되고 아니면 실행 사이클로 진행된다.

5. 간접 사이클

인출 사이클이 끝나면(명령어 인출) 제어 장치는 소스(source) 오퍼랜드를 가져와야 하므로 IR의 내용을 검사하여 전송된 주소 필드(Operand)의 주소를 읽어 직접 주소와 간접 주소 지정 여부를 확인하므로 해석 사이클이라고 한다. 만약 명령의 요청이라면 명령에 의해 요청된 모든 오퍼랜드를 갖고 있어야 하고 명령의 실행을 위하여 명령의 오퍼랜드를 메모리에서 가져와야 한다. 예를 들면 'MOV AX, 0' 명령은 프로세서가 AX 레지스터의 값을 상수 값 0 으로 하는 경우이다. 프로세서는 MOV AX 명령을 갖고 있으나 현재 명령을 실행하기 전에 명령을 종료하는 상수값 0을 필요로 한다. 이런 경우 프로세서는 다음 메모리 위치(명령 다음에 있는 위치)로부터 0값을 인출할 것이다. 명령에 따라 몇 개의 메모리 셋을 포함하는 몇 개의 오퍼랜드를 갖고 있다. 이때 데이터를 메모리에서 검색하기 위하여 간접 주소(변수)인 경우 직접 주소로 변환하는 단계를 간접 사이클에서 수행된다. 기본적으로 이 단계는 간접 주소를 지정한 경우 데이터를 찾기 위하여 메모리에서 정확한 위치를 지적하는 직접 주소로 변환하는 것을 포함한다. 간략하게 말하면 각각의 오퍼랜드는 해석이 필요하므로 각각의 마이크로 명령의 오퍼랜드는 다음과 같은 해석이 필요하다.

- 메모리 읽기 수행(인출 사이클에서와 같은 형태)
- 간접 주소를 직접 주소로 대치

간접 사이클 과정을 마이크로 연산으로 요약하면 다음과 같다.

[과정]

T1 : MAR ← IR(Address) : IR의 주소 필드를 MAR로 전송

T2 : MBR ← Memory(MAR) : 메모리의 MAR 위치의 값을 MBR에 전송(MBR은 주소 포함)
    오퍼랜드의 주소를 읽는다.

T3 : IR(Address) ← MBR(Address)

이때 IR은 직접 주소형태가 사용한 것과 같은 상태가 된다.

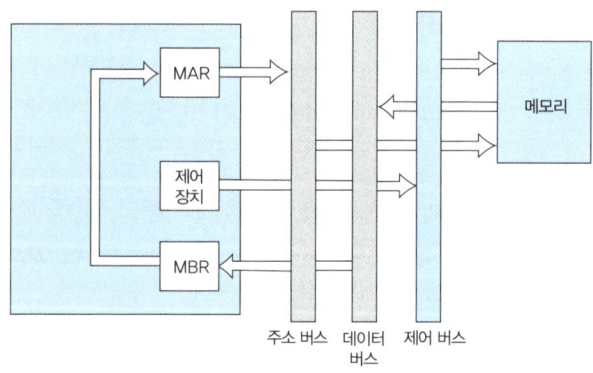

[그림 5-55] 간접 사이클 데이터 흐름

6. 실행 사이클

명령 레지스터의 명령을 해석하고 필요한 신호를 발생시켜 실제로 명령을 처리하는 단계로 간단하면서 고정된 마이크로 연산이 반복되는 인출, 간접 및 인터럽트 사이클과는 다르게 실행 사이클은 다양한 연산 코드(opcode) 때문에 다양한 마이크로 연산이 발생한다. 여기에 소비되는 시간을 실행 시간이라고 하며 실행 사이클은 다음 네 개 부분으로 설명될 수 있다.

- 프로세서 – 메모리

    데이터가 메모리에서 프로세서로 전송되거나 프로세서에서 메모리로 전송된다.

- 프로세서 – 입출력

    데이터가 입출력 모듈에서 프로세서로 전송되거나 프로세서에서 입출력 모듈로 전송된다.

- 데이터 처리

    프로세서는 산술 논리 장치를 이용하여 산술과 논리 연산을 수행한다.

- 제어

    명령은 연산의 순서를 변경하도록 지정할 수 있다. 예를 들면 프로그램 카운터는 새로운 위치에 있는 데이터를 읽기 위하여 다음 명령의 위치를 나타내는 새로운 메모리 주소로 수정된다.

명령 레지스터에 적재된 명령은 제어 장치에 의해 조사되고 해석되어 요구된 연산 과정이 결정되고 실행 사이클이 시작된다. 각각의 연산 코드는 마이크로 연산의 특별한 순서에 의해 수행되어진다. 물론 이러한 순서는 연산 코드마다 다르다.

예를 들면, 'ADD R1, X'의 연산 코드인 경우, 명령 적재로 인출 사이클과 간접 사이클 과정을 거쳤고 X의 주소를 직접 주소(필요하면)로 변환하였으므로 다음 ADD 명령의 마이크로 코드가 수행된다. ADD 실행 사이클 과정을 마이크로 연산으로 요약하면 다음과 같다.

ADD R1, X : X 위치의 값과 R1의 내용을 더하여 그 결과를 R1에 저장

[과정]

T1 : MAR ← IR(address) : X의 주소를 MAR로 이동

T2 : MBR ← Memory(MAR) : 메모리에서 MAR 값을 읽고, MBR에 저장

T3 : R1 ← R1 + MBR : MBR 내용과 R1값을 더하고, 그 결과를 R1 에 저장

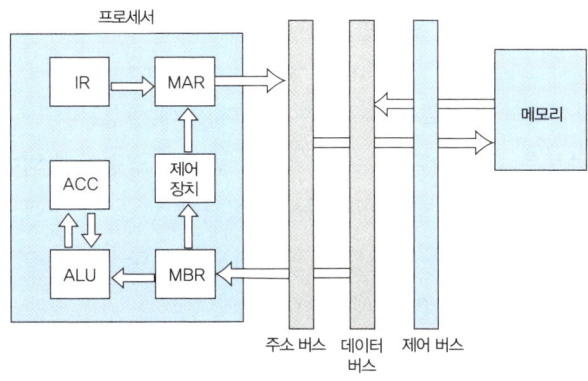

[그림 5-56] ADD 실행 과정

[예] LOAD 실행 과정

LOAD ACC, memory → 명령어에 지정된 메모리 위치의 데이터를 누산기(ACC)에 적재

[과정]

T1 : MAR ← IR(address) : 주소 부분을 IR에서 MAR로 이동

T2 : MBR ← Memory(MAR) : 프로세서와 메모리를 연결하는 데이터 회선을 통하여 MAR에 저장된 주소에 있는 내용을 MBR로 전송

T3 : ACC ← MBR : 인출된 데이터가 누산기에 전송하고 사이클의 종료

메모리에서 프로세서로 전송되는 과정은 제어 장치에 의해 조정된다.

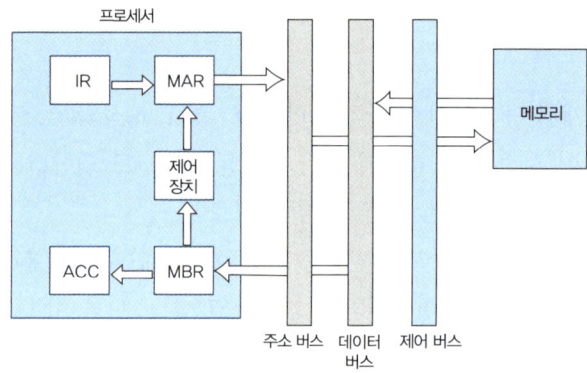

[그림 5-57] LOAD 실행 과정

7. 인터럽트 사이클

실행 사이클 후에 종료되나 프로세서의 정상적인 순차 제어에서 벗어나는 경우에 인터럽트 사이클이 발생한다. 이러한 인터럽트에 대한 설명은 7장에서 다루기로 하고, 여기서는 간략하게 명령어 실행되는 과정을 중심으로 살펴보기로 한다.

다음은 프로세서가 받는 일반적인 인터럽트이다.

- 프로그램 : 명령실행의 결과로서 발생하는 조건에 의해 생성된다.
  [예] 산술 오버플로우, 0에 의한 나누기, 잘못된 범주의 명령어에 의한 실행 등
- 타이머(Timer) : 프로세서의 타이머에 의해 생성된다.
  이런 경우 운영체제가 어떤 함수(기능)를 수행하도록 한다.
- 입출력(I/O) : 입출력 제어에 의해 생성된다.
  1개 연산의 정상적인 종료 신호 또는 다양한 오류 조건의 신호
- 하드웨어 잘못 : 전기 정전이나 메모리 패리티 오류로 인한 문제로 생성된다.

인터럽트 사이클은 다음과 같은 과정으로 수행된다.

[과정]

T1 : MBR ← PC : 프로그램 카운터의 현재 내용을 MBR로 이동

T2 : MAR ← Save_Address : 프로그램 카운터에 저장된 주소를 MAR로 이동

T2 : PC ← IntRoutine_Address : 인터럽트 루틴주소를 프로그램 카운터로 이동

T3 : Memory(MAR) ← MBR : MBR의 주소에 있는 내용을 지시된 메모리 셀로 이동

인터럽트 사이클은 주소를 얻기 위하여 추가로 마이크로 연산이 필요하며 저장된 마이크로 연산이 아니라 인터럽트 처리루틴에 의해 수행된다. 물론 인터럽트 루틴에 있는 명령 사이클을 계속 수행할 수 있으며 인터럽트 루틴 종료 후에 프로그램 카운터에 저장된 주소는 프로그램 카운터의 값을 리셋 시키고 프로그램은 계속 실행된다.

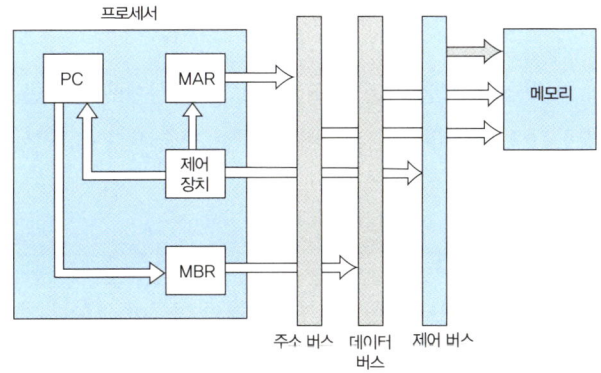

[그림 5-58] 인터럽트 사이클 데이터 흐름

요 약

1. 프로세서

프로세서는 컴퓨터의 각 부분의 동작을 제어하여 프로그램 명령을 가져오고, 가져온 각 명령을 해독하고, 올바른 데이터를 사용하여 지정된 연산을 수행하는 핵심 부분으로서 레지스터, 논리 연산 장치(ALU), 제어 장치와 이러한 각 장치를 연결해주는 버스 등으로 구성된다.

- 기능 요소
  - 데이터 요소의 데이터 경로(data paths)
  - 연산 작업을 수행하기 위해 상호 작용하는 제어 요소의 제어 장치(control unit)

2. ALU와 레지스터

- ALU

제어 장치의 지시에 따라 논리 및 산술 연산을 수행하는 산술 및 논리 연산 장치 또는 실행 장치 (Execution unit)

- 레지스터

컴퓨터 시스템에서 주소, 프로그램 카운터 또는 프로그램 실행에 필요한 데이터와 같은 다양한 2진 데이터를 저장하는 하드웨어 장치로 데이터 저장, 산술 및 논리 연산 처리, 시프트, 순환 (Rotate) 연산 동작을 수행한다.

3. 제어 장치(CU)

모든 입력 및 출력 흐름을 지시하고 마이크로프로그램의 명령어 코드를 가져오고 제어 및 타이밍 신호를 제공하여 다른 장치를 제어 및 지시하는 장치로 메모리에서 명령어를 하나씩 가져 와서 (인출-Fetch) 해독(Decode)하고 실행 처리 및 결과 저장과 같은 여러 작업을 처리한다.

4. 버스(bus)

컴퓨터 구성 요소를 연결하고 컴퓨터 구성 요소 간에 데이터 이동 및 신호를 전달하기 위한 선들의 모임 즉 공통된 통신 채널(channel)을 의미하는 하위시스템(subsystem)이다. 버스 시스템은 하나의 기능을 수행하는 전용 버스와 여러 기능으로 분할되는 비전용(공용) 버스로 나누며 위치에 따라 프로세서 내부에서 레지스터들을 연결하는 내부 버스와 프로세서와 장치 간 연결하는 외부 버스가 있다. 또한 기능에 따라 데이터, 주소 및 제어 버스가 있다.

5. 프로세서

프로그램을 수행하는 프로세서는 데이터를 읽어 계산하고, 계산된 데이터의 입출력, 그리고 시스템 조정이라는 세 가지 역할을 수행하며 명령 실행은 메모리에서 명령 가져 오기(1 단계), 명령 해석(2 단계), 명령 주소 계산(3 단계), 메모리에서 오퍼랜드 가져 오기(4 단계), 실행 작업(5 단계), 결과 저장(6 단계)의 과정(명령 실행 주기)으로 진행된다.

6. 마이크로 연산

컴퓨터가 기계어 명령을 수행하기 위하여 프로세서 각 장치(부분)에 대하여 가장 낮은 수준의 상태 변환을 일으키는 동작(연산)을 의미하며 레지스터 사이 데이터 전송, 레지스터에서 외부 버스로 데이터 전송, 외부 버스에서 레지스터로 데이터 전송 및 산술 또는 논리 연산 수행 등으로 구분한다. 제어 장치는 마이크로 연산이 계속적으로 수행되도록 제어 신호를 발생하여 하드웨어 요소에 전달한다.

7. 명령어 실행 사이클

- 인출 사이클
  - T1: MAR ← PC : 프로그램 카운터의 내용 → MAR
  - T2: MBR ← Memory(MAR) : MAR의 값에 의해 주어진 메모리 주소 내용 MBR에 저장
  - T2(T3): PC ← PC + 1 : 프로그램 카운터의 값 증가
  - T3: IR ← MBR(Op_Code) : MBR의 내용을 명령 레지스터로 이동
- 간접 사이클
  - T1: MAR ← IR(Address) : IR의 주소 필드를 MAR로 전송
  - T2: MBR ← Memory(MAR) : 메모리의 MAR 위치의 값을 MBR에 전송

오퍼랜드의 주소를 읽는다.

  - T3: IR(Address) ← MBR(Address)
- 실행 사이클
  - T1: MAR ← IR(address) : X의 주소를 MAR로 이동
  - T2: MBR ← Memory(MAR) : 메모리에서 MAR 값을 읽고, MBR에 저장
  - T3: R1 ← R1 + MBR : MBR 내용과 R1값을 더하고, 그 결과를 R1 에 저장
- 인터럽트 사이클
  - T1: MBR ← PC : 프로그램 카운터의 현재 내용을 MBR로 이동
  - T2: MAR ← Save_Address : 프로그램 카운터에 저장된 주소를 MAR로 이동
  - T2: PC ← IntRoutine_Address : 인터럽트 루틴주소를 프로그램 카운터로 이동
  - T3: Memory(MAR) ← MBR : MBR의 주소에 있는 내용을 지시된 메모리 셀로 이동

제5장 연습문제

주관식

1. 프로세서 구성(조직)에 대해 설명하시오.

2. 사용자-가시 레지스터에서 일반적으로 지원되는 데이터의 범주는?

3. 조건 코드의 기능은?

4. 프로그램 상태 워드(PSW; Program Status Word)란?

5. 명령 실행에 필요한 프로세서 레지스터와 동작은?

6. 버스의 기능은?

7. 컴퓨터의 상호 연결 구조(버스)는 지원하는 전송의 종류는?

8. 제어 장치의 기능은?

9. 인터페이스 회로의 입력 상태 비트는 입력 데이터 레지스터를 읽자마자 지워지는 이유는?

제5장 연습문제

객관식

1. 인출 사이클(fetch cycle)의 첫 마이크로 오퍼레이션은?

    ① MAR←PC   ② AC←AC+MBR   ③ MAR←MBR   ④ IR←MBR

2. 프로그램 상태 워드(program status word)에 대한 설명으로 가장 타당한 것은?

    ① 시스템의 동작은 CPU 안에 있는 program counter에 의해 제어된다.
    ② interrupt 레지스터는 PSW의 일종이다.
    ③ CPU의 상태를 나타내는 정보를 가지고, 독립된 레지스터로 구성된다.
    ④ PSW는 8bit의 크기이다.

3. 제어 장치의 기능에 대한 설명으로 가장 옳지 않은 것은?

    ① 입력장치의 내용을 기억 장치에 기록한다.   ② 기억 장치의 내용을 연산장치에 옮긴다.
    ③ 가상메모리에 있는 프로그램을 해독한다.   ④ 기억 장치의 내용을 출력장치에 옮긴다.

4. 다음의 마이크로 오퍼레이션과 가장 관련 있는 것은?(단, EAC:끝자리 올림과 누산기를 의미)

    > MAR ← MBR(ADDR)
    > MBR ← M(MAR)
    > EAC ← AC + MBR

    ① AND   ② ADD   ③ JMP   ④ BSA

5. 컴퓨터에서 사용하는 마이크로명령어를 기능별로 분류할 때 동일한 분류에 포함되지 않는 것은?

    ① JMP(Jump 명령)   ② ADD(Addition 명령)
    ③ ROL(Rotate Left 명령)   ④ CLC(Clear Carry 명령)

6. 인스트럭션 수행을 위한 메이저 상태를 설명한 것으로 가장 옳은 것은?

    ① execute 상태는 간접주소지정 방식의 경우에만 수행된다.
    ② 명령어를 기억 장치 내에서 가져오기 위한 동작을 fetch라 한다.
    ③ CPU의 현재 상태를 보관하기 위한 기억 장치접근을 indirect 상태라 한다.
    ④ 명령어 종류를 판별하는 것을 indirect 상태라 한다.

7. 다음 마이크로 연산들은 명령어 사이클 중 어디에 해당하는가?

```
MAR ← 1R(addr)
MBR ← memory or register
1R ← MBR(ad dr)
```

① 인출 사이클　　② 간접 사이클　　③ 실행 사이클　　④ 인터럽트 사이클

8. 마이크로오퍼레이션이 실행될 때의 기준이 되는 것으로 가장 옳은 것은?

① Flag　　② Clock　　③ Memory　　④ RAM

9. 다음 중 전달기능의 인스트럭션 사용빈도가 매우 낮은 인스트럭션 형식은?

① 메모리-메모리 인스트럭션 형식　　② 레지스터-레지스터 인스트럭션 형식
③ 레지스터-메모리 인스트럭션 형식　　④ 스택 인스트럭션 형식

10. 중앙처리장치의 구성요소 중 플립플롭이나 래치(Latch)들을 병렬로 연결하여 구성하는 것은?

① 가산기　　② 곱셈기　　③ 디코더　　④ 레지스터

11. 마이크로오퍼레이션(micro-operation)에 관한 설명으로 가장 옳지 않은 것은?

① 레지스터에 저장된 데이터에 의해 이루어지는 동작이다.
② 한 개의 클록(clock)펄스 동안 실행되는 기본동작이다.
③ 한 개의 Instruction은 여러 개의 마이크로오퍼레이션이 동작되어 실행된다.
④ 현재 실행 중인 프로그램이다.

12. 다음 ADD 명령어의 마이크로 오퍼레이션에서 t2시간에 수행되어야 할 가장 적합한 동작 (A)는? (단, MAR : Memory Address Register, MBR : Memory Buffer Register, M(addr) : Memory, AC : 누산기이다.)

```
to : MAR ← MBR(ad dr)
t1 : MBR ← M (MAR)
t2 :      〈 A 〉
```

① AC-MBR　　② MBR-AC　　③ M(MBR)-MBR　　④ AC-AC + MBR

13. 다음 중 일반 응용프로그램이 직접 접근할 수 없는 레지스터는?

① 범용 레지스터　　② 플래그 레지스터　　③ 인덱스 레지스터　　④ 세그먼트 레지스터

14. 다음 마이크로명령어 형식에 관한 설명으로 가장 옳지 않은 것은?

① 조건 필드는 분기에 사용될 제어신호들을 발생시킨다.
② 연산 필드가 2개인 경우 2개의 마이크로 연산이 동시에 수행된다.
③ 주소 필드는 분기가 발생할 경우 목적지 마이크로명령어 주소로 사용된다.
④ 분기 필드는 분기의 종류와 다음에 실행할 마이크로명령어의 주소를 결정하는 방법을 명시한다.

15. 다음 중 1주소 명령어 형식을 따르는 마이크로명령어 MUL A를 가장 바르게 표현한 것은? (단, 보기의 M[A]는 기억 장치 A번지의 내용을 의미한다.)

① AC–AC×M[A]　　② R1–R2×M[A]　　③ AC– M[A]　　④ M[A]–AC

16. 일반적인 제어 장치 모델에서 제어 장치로 입력되는 항목이 아닌 것은?

① CPU 내의 제어 신호　　② 클록　　③ 명령어 레지스터　　④ 플래그

17. Interrupt cycle에 대한 마이크로 오퍼레이션(micro-operation) 중에서 가장 관계가 없는 것은? (단, MAR : Memory Address Register, PC : Program Counter, M : memory, MBR : Memory Buffer Register, IEN : Interrupt Enable 이며, Interrupt Handler는 0번지에 저장 되어있다고 가정한다.)

① MAR ← PC, PC ← PC + 1　　② MBR ← MAR, PC ← 0
③ M ← MBR, IEN ← 0　　④ GO TO fetch cycle

18. 다음 중 프로그램 카운터(PC)에 대한 설명으로 가장 옳은 것은?

① 곱셈과 나눗셈 명령어를 위한 누산기로 사용된다.
② 다음에 인출할 명령어의 메모리 주소를 가지고 있다.
③ 고속 메모리 전송명령을 위해 사용된다.
④ CPU의 동작을 제어하는 플래그를 가지고 있다.

19. 명령을 수행하기 위해 CPU 내의 레지스터와 플래그의 상태 변환을 일으키는 작업은 무엇인가?

① Common operation　　② Axis operation　　③ Micro operation　　④ Count operation

20. CPU 내부의 레지스터 중 프로그램 제어와 관계가 있는 것은?

① memory address register ② index register ③ accumulator ④ status register

21. 누산기(accumulator)에 대한 설명으로 가장 옳은 것은?

① 연산장치에 있는 레지스터(register)의 하나로 연산 결과를 일시적으로 기억하는 장치이다.
② 주기억 장치 내에 존재하는 회로로 가감승제 계산 및 논리 연산을 행하는 장치이다.
③ 일정한 입력 숫자들을 더하여 그 누계를 항상 보관하는 장치이다.
④ 정밀 계산을 위해 특별히 만들어 두어 유효 숫자의 개수를 늘리기 위한 것이다.

22. 마이크로프로그램 제어기가 다음에 수행할 마이크로 인스트럭션의 주소를 결정하는데 사용하는 정보가 아닌 것은?

① 인스트럭션 레지스터(IR)   ② 타이밍 신호
③ CPU의 상태 레지스터   ④ 마이크로 인스트럭션에 나타난 주소

23. 메모리로부터 읽혀진 명령어의 오퍼레이션 코드(OP-code)는 CPU의 어느 레지스터에 들어가는가?

① 누산기   ② 임시 레지스터   ③ 연산 논리장치   ④ 인스트럭션 레지스터

24. 인스트럭션 세트의 효율성을 높이기 위하여 고려할 사항이 아닌 것은?

① 기억공간   ② 사용빈도   ③ 레지스터의 종류   ④ 주기억 장치 밴드폭 이용

25. 간접 상태(Indirect state) 동안에 수행되는 것은?

① 명령어를 읽는다.   ② 오퍼랜드의 주소를 읽는다.
③ 오퍼랜드를 읽는다.   ④ 인터럽트를 처리한다.

26. Instruction을 수행하기 위한 Major State에 관한 설명으로 가장 옳은 것은?

① 명령어를 가져오기 위해 기억 장치에 접근하는 것을 Fetch 상태라 한다.
② Execute 상태는 간접주소 지정방식의 경우만 수행된다.
③ CPU의 현재 상태를 보관하기 위한 기억 장치 접근을 Indirect 상태라 한다.
④ 명령어 종류를 판별하는 것을 Indirect 상태라 한다.

27. 제어 장치를 구현하는 제어 방식이 아닌 것은?

① 상태 플립플롭 제어 방식   ② RAM(random access memory) 제어 방식
③ 마이크로프로그램 제어 방식   ④ PLA(programmable logic array) 제어 방식

28. FETCH 메이저 상태에서 수행되는 마이크로오퍼레이션이 아닌 것은?

　① MAR ← PC : PC의 값은 MAR로 이동
　② PC ← PC+b : PC의 값을 인스트럭션의 바이트 수 b만큼 증가
　③ IR ← MBR(OP) : MBR에서 연산(operation) 부분을 인스트럭션 레지스터로 옮김
　④ IEN ← 0 : 인터럽트를 disable 시킴

29. 컴퓨터의 중앙처리장치(CPU)는 4가지 단계를 반복적으로 거치면서 동작한다. 4가지 단계에 속하지 않는 것은?

　① fetch cycle　　② branch cycle　　③ interrupt cycle　　④ execute cycle

30. 다음 명령 중에서 주소 필드(address field)가 필요 없는 명령은?

　① 데이터 전송 명령　② 산술 명령　③ Skip 명령　④ 서브루틴 Call 명령

31. 인스트럭션은 중앙처리장치를 이용하여 수행되는데 다음 중 명령을 읽어내는 사이클(cycle)은?

　① fetch　　② execute　　③ indirect　　④ timing

32. 한 개의 마이크로 오퍼레이션 수행에 필요한 시간을 무엇이라 하는가?

　① access time　　② micro cycle time　　③ seek time　　④ search time

33. 컴퓨터 실행 중 특수한 상태가 발생할 때 제어 장치의 조정에 의해 특수한 상태를 처리한 후 먼저 수행하는 프로그램으로 되돌아가는 조작은?

　① Interrupt　　② Controlling　　③ Trapping　　④ Deadlock

34. 인터럽트의 발생 원인으로 틀린 것은?

　① 부프로그램 호출　　　　　② supervisor call
　③ 정전　　　　　　　　　　④ 불법적인 인스트럭션 수행

35. 다음 설명 중 틀린 것은?

　① 중앙처리장치에서 연산한 결과 등을 일시적으로 저장해 두는 레지스터를 누산기라 한다.
　② 입출력장치는 주변장치에 해당된다.
　③ 레지스터에서 기억 장치로 정보를 옮기는 것을 로드(load)라 한다.
　④ 기억 장치내의 데이터를 다른 기억 장치로 옮기는 것을 전송이라 한다.

36. 기억 장치로부터 명령이나 데이터를 읽을 때 제일 먼저 하는 동작은?

　① 명령어 해독　　② 명령어 실행　　③ 어드레스 증가　　④ 어드레스 지정

37. 일반적인 컴퓨터의 CPU 구조 가운데 수식을 계산할 때 수식을 미리 처리되는 순서인 역 polish(또는 postfix) 형식으로 바꾸어야 하는 CPU 구조는?

　① 단일 누산기 구조 CPU　　　② 범용 레지스터 구조 CPU
　③ 스택 구조 CPU　　　　　　④ 모든 CPU 구조

38. 다음의 실행 주기(execution cycle)는 어떤 명령을 나타내는 것인가?

```
MAR ← MBR(AD)
MBR ← M
MBR ← MBR +1
M ← MBR, iF(MBR=0) than (PC ← PC +1)
```

　① JMP　　　　② AND　　　　③ ISZ　　　　④ BSA

39. 명령어 실행 과정에서 명령어가 지정한 번지를 수정하기 위한 레지스터는?

　① 명령 레지스터　　　　　② 프로그램 카운터
　③ 베이스 레지스터　　　　④ 인덱스 레지스터

40. 인출(fetch) 명령 사이클 상태를 나타낸 것으로 가장 적합하지 않은 것은?

　① ADD X : MBR(OP) → IR　　② AND X : MBR(OP) → IR
　③ ADD X : MBR+AC → AC　　④ JMP X : MBR(PC) → IR

41. 누산기 Acc에 적재되어 있는 값이 16진수 B6, 레지스터 B의 값이 16진수 3C일 때, "Acc AND B" 명령을 실행하고 난 후의 Acc 의 최종 값은?

　① 4B　　　　② 23　　　　③ 34　　　　④ 37

42. 메모리로부터 fetch한 데이터는 어떤 레지스터로 전송하는가?

　① MBR(memory buffer register)　　② MAR(memory address register)
　③ PC(program counter)　　　　　　④ IR(instruction register)

43. 마이크로프로세서 명령 집합에서 데이터 전송 동작이 아닌 것은?

　① Shift　　　　② Load　　　　③ Store　　　　④ Move

44. 인터럽트 처리 시 현재의 명령어 실행을 끝낸 즉시 PC에 저장되어 있는 다음에 실행할 명령어의 주소를 저장하는 곳은?

① Queue ② Dequeue ③ Stack ④ Buffer

45. 인덱스 레지스터의 사용목적이 아닌 것은?

① 서브루틴 연결 ② 어드레스 수정 ③ 반복계산 수행 ④ 입·출력

46. 연산한 결과를 기억 장치로 보내기 전에 잠시 보관하는 레지스터는?

① Adder ② Accumulator ③ Index Register ④ Core Memory

47. 인출(FETCH) 사이클에서 사용되는 레지스터가 아닌 것은?

① PC(Program Counter) ② IR(Instruction Register)
③ MAR(Memory Address Register) ④ BR(Binary Register)

48. 마이크로오퍼레이션에서 명령(instruction)이 실행되기 위해 가장 먼저 이루어지는 동작은?

① 유효 주소 계산 ② 명령어 페치(unstruction fetch)
③ 오퍼랜드 페치(operand fetch) ④ 주소 페치(Address fetch)

49. 하드와이어드(hard-wired) 방식이 마이크로 프로그래밍 방식보다 좋은 점은?

① 다양한 어드레스 모드를 갖는다.
② 인스트럭션 세트를 변경하기가 쉽다.
③ 컴퓨터의 속도가 향상된다.
④ 비교적 복잡한 명령 세트를 가진 시스템에 적합하다.

50. 제어 장치의 구성 요소가 아닌 것은?

① 명령어 인출기 ② 명령어 해독기 ③ 제어 메모리 ④ 순서 제어 논리장치

51. 다음 마이크로 연산에 대한 설명으로 옳은 것은?

A+B : R1← R2+R3

① A와 B의 값을 덧셈한 결과가 0이 아니면 R2와 R3의 값을 덧셈하여 그 결과를 R1에 전송한다.
② A 또는 B가 참이면 R2와 R3의 값을 덧셈하여 그 결과를 R1에 전송한다.
③ A와 B의 값을 덧셈하여 플래그를 변경시키는 것과 동시에 R2와 R3의 값을 덧셈하여 그 결과를 R1에 전송한다.
④ A 또는 B를 연산할 때 오류가 없으면 R2와 R3의 값을 덧셈하여 그 결과를 R1에 전송한다.

52. 인터럽트 처리 루틴에서 반드시 사용되는 레지스터는?
    ① Index Register
    ② Accumulator
    ③ Program Counte
    ④ MAR

53. 차기 인스트럭션(Next instruction)의 번지를 지시하는 것은?
    ① Data register
    ② Program counter
    ③ Memory address register
    ④ Instruction register

54. 제어장치의 구성요소 중에서 산술 연산을 할 때 필요한 자료나 연산 결과를 저장하는 레지스터는 무엇이며, 이 레지스터가 산술논리 연산장치와 연결에 대해 바르게 설명한 것은?
    ① 데이터 레지스터이며, 산술논리 연산장치와는 양방향 전송을 한다.
    ② 데이터 레지스터이며, 산술논리 연산장치와 데이터를 단방향 전송을 한다.
    ③ 누산기이며, 산술논리 연산장치와 데이터를 양방향 전송을 한다.
    ④ 누산기이며, 산술논리 연산장치와 데이터를 단방향 전송을 한다.

55. 중앙처리장치가 모든 명령어(instruction)의 종류에 관계없이 반드시 거쳐야 하는 상태는?
    ① 간접 사이클(indirect cycle)
    ② 인출 사이클(fetch cycle)
    ③ 직접 사이클(direct cycle)
    ④ 인터럽트 사이클(interrupt cycle)

56. 다음 ( ) 안에 알맞은 단어로 이루어진 것은?

    > (A)는 여러 가지 형태에 따른 기본적이 마이크로 동작을 수행하도록 설계하며, (B)는 기본적인 연산이 아닌 다른 연산을 하는데 필요한 마이크로 동작들의 순서를 발생하도록 설계한다.

    ① A: 제어 장치, B: 연산장치
    ② A: 연산장치, B: 제어 장치
    ③ A: 입력장치, B: 연산장치
    ④ A: 제어 장치, B: 레지스터

57. indirect cycle 동안에 컴퓨터는 무엇을 하는가?
    ① 명령을 읽는다.
    ② 오퍼랜드(operand)를 읽는다.
    ③ 인터럽트(interrupt)를 처리한다.
    ④ 오퍼랜드(operand)의 유효주소(address)를 읽는다.

58. 인스트럭션 실행과정에서 한 단계식 이루어지는 동작은?
　① micro operation　② fetch　③ control routine　④ automation

59. 어떤 프로그램이 수행 중 인터럽트 요인이 발생했을 때 CPU가 확인할 사항에 속하지 않은 것은?
　① 프로그램 카운터의 내용　② 모든 레지스터의 내용
　③ 상태조건의 내용　④ 주기억 장치의 내용

60. 인스트럭션의 설계 과정에서 고려해야 할 사항이 아닌 것은?
　① Interrupt 종류　② 연산자의 수와 종류　③ 데이터 구조　④ 주소지정 방식

61. 컴퓨터의 내부 상태를 나타내는 레지스터(register)는?
　① 버퍼 레지스터(buffer register)　② 스테이터스 레지스터(status register)
　③ 인덱스 레지스터(index register)　④ 명령 레지스터(instruction register)

62. 명령 코드가 명령을 수행할 수 있게 필요한 제어 기능을 제공해 주는 것은?
　① 레지스터　② 누산기　③ 스택　④ CPU에 있는 제어 장치

63. 마이크로 동작(Micro – operation)에 대한 정의로서 옳은 것은?
　① 레지스터에 저장된 데이터에 의해시 이루어지는 동작
　② 컴퓨터의 빠른 계산 동작
　③ 플립플롭 내에서 기억되는 동작
　④ 2진수 계산에 쓰이는 동작

64. 주기억 장치에 기억된 명령을 꺼내서 해독하고, 시스템 전체에 지시 신호를 내는 것은?
　① 채널(Channel)　② 제어 장치(control unit)
　③ 연산 논리 기구(ALU)　④ 입·출력 장치(I/O unit)

65. 명령을 수행하기 위해 CPU내의 레지스터와 플래그의 상태 변환을 일으키는 작업을 무엇이라 하는가?
　① fetch　② program operation
　③ micro operation　④ count operation

66. 인스트럭션 수행 시 유효 주소를 구하기 위한 메이저 상태를 무엇이라 하는가?
   ① FETCH 메이저 상태
   ② EXECUTE 메이저 상태
   ③ INDIRECT 메이저 상태
   ④ INTERRUPT 메이저 상태

67. 메모리로부터 방금 호출한 명령의 다음 명령이 들어있는 메모리의 번지를 지시하는 레지스터는?
   ① index register
   ② stack pointer
   ③ program counte
   ④ flag register

68. 마이크로프로그램(micro program)에 대한 설명 중 옳지 않은 것은?
   ① 마이크로프로그램은 보통 RAM에 저장한다.
   ② 마이크로프로그램은 각종 제어신호를 발생시킨다.
   ③ 마이크로프로그램은 마이크로 명령으로 형성되어 있다.
   ④ 마이크로프로그램은 CPU내의 제어 장치를 설계하는 프로그램이다.

69. 다음과 같은 마이크로 오퍼레이션이 일어나는 상태는?
   1. MBR(AD) ← PC , PC ← 0
   2. MAR ← PC , PC ← PC+1
   3. M ← MBR , IEN ← 0
   4. F ← 0 , R ← 0

   ① Fetch   ② Indirect   ③ Interrupt   ④ execute

70. 중앙연산 처리장치에서 micro-operation이 순서적으로 일어나게 하려면 무엇이 필요한가?
   ① 스위치(switch)
   ② 레지스터(register)
   ③ 누산기(accumulator)
   ④ 제어신호(control signal)

71. 중앙처리장치에서 사용하고 있는 버스(BUS)의 형태에 속하지 않는 것은?
   ① Address Bus   ② Control Bus   ③ Data Bus   ④ System Bus

72. 프로그램 실행 도중 분기가 발생하면 CPU 내의 어떤 장치의 내용을 먼저 변화시켜야 하는가?
   ① MAR(Memory Address Register)
   ② PC(Program Counter)
   ③ MBR(Memory Buffer Register)
   ④ IR(Instruction Register)

73. 중앙처리장치에서 사용되는 레지스터(register)의 종류가 아닌 것은?
   ① Accumulator　　　　　　　② Program Counter
   ③ Instruction Register　　　　④ Full Adder

74. 다음의 메이저 스테이트 중 하드웨어로 실현되는 서브루틴의 호출이라고 볼 수 있는 것은?
   ① Fetch 스테이트　　　　　② Indirect 스테이트
   ③ Execute 스테이트　　　　④ Interrupt 스테이트

75. CPU의 Hardware 요소들을 기능별로 분류할 때 포함되지 않는 것은?
   ① 연산 기능　　② 제어 기능　　③ 입, 출력 기능　　④ 전달 기능

76. 다음의 레지스터 중에서 2배 길이 레지스터(double-length register)라고도 불리워지는 것은?
   ① 시프트 레지스터(shift register)　　② 어드레스 레지스터(address register)
   ③ A 레지스터(Accumulator)　　　　④ 버퍼 레지스터(buffer register)

77. 어떤 명령을 수행할 수 있도록 된 일련의 제어 워드가 특수한 기억 장치 속에 저장된 것을 무엇이라 하는가?
   ① 제어 메모리　　　　　② 제어 데이터
   ③ 마이크로프로그램　　④ 고정배선제어

78. 마이크로 사이클에 대한 내용 중 가장 관계가 적은 것은?
   ① 마이크로 오퍼레이션 수행에 필요한 시간을 마이크로 사이클 타임이라 한다.
   ② 마이크로 오퍼레이션 중에서 수행 시간이 가장 긴 것을 정의한 방식이 동기 고정식이다.
   ③ 마이크로 오퍼레이션에 따라서 수행 시간을 다르게 하는 것을 동기 가변식이라 한다.
   ④ 마이크로 오퍼레이션 중에서 수행시간의 차이가 큰 것을 약 30개로 구분해서 사용한다.

79. 한 명령의 execute cycle 중에 interrupt 요청이 있어 interrupt를 처리한 후 전산기가 맞이하는 다음 사이클은?
   ① fetch cycle　　② indirect cycle　　③ execute cycle　　④ direct cycle

80. M비트 크기를 갖는 N개의 레지스터간에 직접자료 전달을 위해서 접점끼리 연결했을 경우 선의 수와 버스를 사용했을 때 선의 수의 차이는?
   ① N(N-1)　　② MN(N-1)개　　③ M개　　④ M(N2-N-1)개

81. 전자계산기의 중앙처리장치(CPU)는 4가지 단계를 반복적으로 거치면서 동작을 행한다. 4가지 단계에 속하지 않는 것은?

　① Fetch cycle　　② Branch cycle　　③ Interrupt cycle　　④ Execute cycle

82. 기억 장치에 접근을 위하여 판독신호를 내고 나서 다음 판독신호를 낼 수 있을 때까지의 시간을 무엇이라 하는가?

　① 탐색시간(seek time)　　　　② 전송시간(transfer time)
　③ 접근시간(access time)　　　④ 사이클 시간(cycle time)

83. 컴퓨터 시스템에서 시스템 내부의 순간순간의 상태를 기록하고 있는 정보를 무엇이라고 하는가?

　① 수퍼바이저 콜(supervisor call)　② 인터럽트 워드
　③ PSW(Program Status Word)　　④ 제어 라이브러리

84. I/O bus에 연결될 수 있는 다음 4개의선 중에서 양방향성인 것은?

　① interrupt sense line　　　② data line
　③ function line　　　　　　④ device address line

85. 명령레지스터에 호출된 OP Code를 해독하여 그 명령을 수행시키는데 필요한 각종 제어신호를 만들어 내는 장치는?

　① Instruction Decoder　　　② Instruction Encoder
　③ Instruction Counter　　　④ Instruction Multiplexer

86. 다음 일련의 마이크로 오퍼레이션은 어느 사이클인가?

```
T1 : MAR ← PC
T2 : MBR ← M, PC ← PC+1
T3 : OPR ← MBR(OP), I ← MBR(I)
```

　① FETCH CYCLE　　　　　② EXECUTE CYCLE
　③ INDIRECT CYCLE　　　　④ INTERRUPT CYCLE

87. CPU가 인스트럭션을 수행하는 순서는?

ⓐ 인터럽트 조사   ⓑ 인스트럭션 디코딩   ⓒ 인스트럭션 fetch
ⓓ operand fetch   ⓔ execution

① ⓒ-ⓐ-ⓑ-ⓓ-ⓔ
② ⓒ-ⓑ-ⓓ-ⓔ-ⓐ
③ ⓑ-ⓒ-ⓓ-ⓔ-ⓐ
④ ⓓ-ⓒ-ⓑ-ⓔ-ⓐ

제5장 객관식 답

1.①	2.③	3.③	4.②	5.①	6.②	7.②	8.②	9.①	10.④
11.④	12.④	13.④	14.①	15.①	16.①	17.③	18.②	19.③	20.④
21.①	22.②	23.④	24.③	25.②	26.①	27.②	28.④	29.②	30.③
31.①	32.②	33.①	34.①	35.③	36.④	37.③	38.②	39.④	40.③
41.③	42.①	43.①	44.③	45.④	46.②	47.④	48.②	49.③	50.①
51.②	52.③	53.②	54.③	55.②	56.②	57.④	58.①	59.②	60.①
61.②	62.④	63.①	64.②	65.③	66.③	67.③	68.①	69.③	70.④
71.④	72.②	73.④	74.④	75.④	76.①	77.③	78.④	79.①	80.④
81.②	82.④	83.③	84.②	85.①	86.①	87.②			

메모리 제6장

학·습·목·표

- 메모리의 기능과 지역성을 이해한다.
- 메모리와 프로세서 인터페이스를 이해한다.
- 메모리 보호와 인터리빙을 이해한다.
- 캐시 구조(요소)와 주소 변환 과정을 이해한다.
- 메모리 관리 장치와 페이징 시스템을 이해한다.

Section

01. 메모리 개요
02. 내부 메모리
03. 캐시 메모리
04. 가상 메모리

들·어·가·기

프로그램이 수행되는 동안 프로그램과 데이터는 메모리에 적재되므로 명령어의 수행 속도는 메모리의 데이터 전송 속도와 큰 연관이 있다. 따라서 메모리는 컴퓨터 개발에 있어 중요한 주제이다. 현재의 컴퓨터 시스템들은 대부분 프로세서가 사용할 수 있는 주소 공간에 해당되는 메모리를 갖고 있지 않기 때문에 수행되지 않는 일부의 프로그램은 디스크와 같은 외부 메모리에 저장된다. 물론 프로그램의 모든 부분은 수행에 앞서 먼저 메모리로 저장되어야 한다.

이번 장에서는 이러한 메모리의 유형과 운영기법에 대해서 살펴본다.

Section 01 메모리 개요

메모리는 인간의 뇌와 같다. 메모리에는 데이터(정수, 실수, 텍스트), 프로세서 명령 즉 컴퓨터 프로그램(수행 할 작업) 및 메모리 주소(데이터 또는 명령어에 대한 포인터) 등의 정보를 저장한다. 물론 새로운 정보(비트 패턴)로 덮어 쓰지 않는 한 메모리의 내용은 변경되지 않으며 일부 메모리는 메모리 전원이 꺼지면 내용이 손실되기도 한다. 또한 컴퓨터는 데이터 및 프로그램을 저장하기 위해 다양한 종류의 메모리(반도체 메모리, 자기 디스크 및 테이프, CD-ROM 등)를 사용한다.

1-1 메모리 시스템 특성과 구성

컴퓨터 메모리는 데이터가 처리되고 처리에 필요한 명령이 저장되는 컴퓨터의 저장 공간으로 일시적으로 저장하는 RAM과 영구적으로 저장할 수 있는 ROM과 같은 물리적 장치가 있다. 메모리 장치는 집적 회로를 사용하며 운영 체제, 소프트웨어 및 하드웨어에 사용된다.

1. 메모리 개요

컴퓨터의 발전은 사용된 메모리의 발전과 관련이 크다. 최초의 상업용 컴퓨터 UNIVAC의 프로세서는 진공관을 사용하여 10진수 산술 연산을 수행하였으며 1000워드 메인메모리를 가졌다. 각 워드는 60비트, 12개의 5비트 문자를 보관하였다. 이러한 메모리 산업은 꾸준히 발전하여 1960년대 메인메모리 산업의 지배적인 기술은 자기코어(Magnetic-core memory) 메모리와 반도체 메모리 기술이다. 1960년대까지만 하더라도 비휘발성 메모리 자기코어를 중심으로 구성된 기억 장치를 사용하였으나 1970년대 이후 반도체 기술의 눈부신 발전으로 가격이 싸면서 동작 속도가 빠른 RAM등의 메모리로 교체되었다. 현재 대부분의 컴퓨터의 메모리 소자로 정적 또는 동적 RAM을 이용하고 있다. 이와 같이 최근 컴퓨터에는 여러 다양한 메모리 유형이 사용되고 있으며 기능에 맞는 속도와 용량을 제공한다. 예를 들면 매우 빠른 프로세서 레지스터와 캐시 메모리 RAM(메인 메모리), 하드 드라이브, 일반적으로 무제한 확장 가능한 테이프(magnetic), 광디스크 등 오프라인 백업 저장 메모리가 있다.

다음 [그림 6-1]은 16비트(2바이트) 워드 크기를 갖는 컴퓨터 메모리의 단순한 구조를 보여주고 있다.

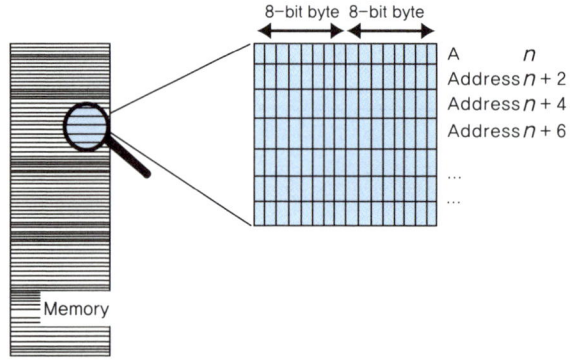

[그림 6-1] 워드(2바이트) 구조 메모리

2. 메모리 특성

메모리 시스템은 매우 간단한 시스템이지만 다양한 기술과 유형을 보여준다. 컴퓨터 시스템의 기본 목적이 계산 속도를 높이는 것이라면, 메모리 시스템의 기본 목표 역시 프로세서가 메모리에 신속하고 중단 없는 액세스를 제공하여 프로세서가 작동 할 것으로 예상되는 속도로 작동하도록 해야 한다. 따라서 메모리는 다음과 같은 특성이 있다.

1) 위치

이 특성은 메모리 위치가 컴퓨터 외부, 내부 또는 프로세서 내 인지 여부를 나타낸다.
- 외부 메모리 : 디스크 및 USB(Universal Serial Bus) 메모리나 CD-ROM 같은 별도의 저장 장치로 입출력 컨트롤러를 통해 프로세서에서 액세스한다.
- 내부 메모리(메인) : 대부분 컴퓨터 내에 내장되어 있는 RAM 또는 ROM과 같은 메인 메모리를 의미하며 프로세서는 메인 메모리에 직접 액세스 할 수 있다.
- 프로세서 : 레지스터와 소량의 캐시 형태이다.

2) 용량(메모리 크기)

메모리 시스템의 가장 중요한 특징으로 외부 및 내부 메모리에 따라 다르다. 물론 워드 크기, 주소 지정 가능 단위 또는 전송 단위에 따라 다르나 일반적으로 다음과 같다.
- 내부 메모리 : 바이트(1바이트=8비트) 또는 워드로 표시되며 워드 크기는 1바이트(8비트), 2바이트(16비트) 및 4바이트(32비트)이다.
- 외부 메모리 : 바이트 단위로 측정된다.

3) 전송 단위
이 특성은 메모리 안팎으로의 데이터 전송률을 나타내며 한 번에 메모리에 읽거나 쓸 수 있는 최대 비트 수이다.
- 외부 메모리 : 전송 단위는 단어 크기에 제한되지 않으며 데이터는 단어보다 훨씬 큰 단위로 전송되는 경우가 많으며 이를 블록이라고 한다.
- 내부 메모리 : 한 번에 읽거나 메모리에 기록되는 비트 수로, 워드 크기와 거의 같다.
- 일반적으로 데이터 버스 너비로 관리된다.

4) 액세스 방법
메모리 시스템의 기본적인 특성으로 메모리에 액세스 할 수 있는 방법으로 세 가지 유형이 있다.

가. 순차(연속; Sequential) 액세스
메모리는 레코드라는 데이터 단위로 구성되며 데이터에 대한 액세스가 처음부터 시작하여 순서대로 하나씩 처리된다. 예를 들면 프로세서가 주소 N을 액세스한 후 주소 N+1을 액세스하는 방식을 의미한다. 그러므로 액세스 시간은 데이터 위치 및 현재 위치에 따라 다르다. 읽기-쓰기(read-write) 헤드가 사용되며 파일에 기록 된 마지막 레코드가 항상 파일의 마지막 레코드이다. 만약 요구된 데이터가 마지막 레코드에 위치하고 읽기-쓰기 헤드가 시작점에 있다면, 사용자는 원하는 데이터를 획득하기 위하여 모든 레코드를 조사할 때까지 기다려야 한다.

[예] 자기 테이프, CD-ROM

나. 직접(Direct) 액세스
파일은 고정 길이의 논리적 레코드로 구성되어 모든 블록 또는 레코드마다 고유한 주소가 있다. 이러한 주소를 사용하여 레코드를 임의의 순서로 특정 순서 없이 레코드를 빠르게 읽고 쓸 수 있다. 예를 들면 레코드 번호 47을 먼저 쓰고 레코드 번호 13을 쓸 수 있다. 순차 액세스와 마찬가지로 읽기-쓰기 헤드가 사용되며 각 트랙을 임의로 액세스 할 수 있지만 각 트랙 내의 액세스는 순서 액세스로 제한된다. 액세스 시간은 위치 및 이전 위치에 따라 다르다.

[예] 하드 디스크

다. 임의(Random) 액세스
메모리 블록의 저장 위치를 임의의 순서로 액세스 할 수 있고 임의 위치에 저장된 파일의 문자를 읽고 수정할 수 있다. 주어진 위치에 액세스하는 시간은 직접 및 순차 액세스와 달리 위치 또는 이전 액세스와 독립적이며 일정하다. 따라서 임의의 위치를 임의로 선택하여 직접 주소를 지정하고 액세스 할 수 있다.

[예] RAM(Random Access Memory)

라. 연관(Associative) 액세스

주소 데이터를 기반으로 하지 않고 내용의 일부를 기반으로 검색한다. 워드 내의 원하는 비트 위치를 비교하고 일치하면(데이터가 발견되면) 모든 워드에 대해 동시에 수행(병렬) 할 수 있게 한다. 검색 시간은 위치 또는 이전 액세스 패턴과 관계없이 일정하며 데이터 액세스가 매우 빠르다.

[예] 캐시(Cache) 메모리

5) 성능

메모리 시스템의 가장 중요한 특징은 액세스 속도이다. 단위 시간당 얼마나 많은 데이터를 메모리로부터 읽고 쓸 수 있는가를 나타낸다. 세 가지 매개 변수를 고려할 수 있다.

가. 액세스 시간

주소를 제시하고 유효한 데이터를 가져 오는 사이의 시간, 즉 명령 발생 후부터 목표의 번지를 검색하여 데이터의 기록(판독)을 종료할 때까지의 시간이다. 임의 액세스 메모리의 경우 주소가 메모리로 전송되는 순간부터 읽기/쓰기 작업을 완료하는 데 걸리는 시간이다. 다른 메모리의 경우 판독 헤드를 원하는 위치에 이동하는데 걸리는 시간으로 다음과 같이 요약할 수 있다.

액세스 시간= 탐색 시간 + 전송 시간

  탐색 시간(seek time) : read-write head가 해당 위치까지 이동 시간

  전송 시간(transfer time) : 탐색이 완료된 상태에서, 데이터를 주고받는데 걸리는 시간

나. 메모리 사이클(Cycle) 시간

임의 액세스 메모리에만 정의되며 액세스 시간과 두 번째 액세스가 시작되기까지 필요한 추가 시간, 즉 두 번의 연속적인 메모리 동작 사이에 필요한 최소 지연 시간의 합계이다. 메모리 사이클 시간은 시스템 버스와 관련이 있다.

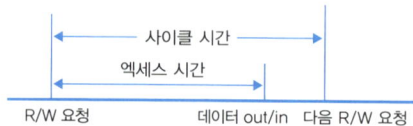

[그림 6-2] 액세스 시간과 사이클 시간

다. 전송률(Transfer Rate)

데이터가 메모리로 전송되거나 전송 될 수 있는(데이터 이동) 속도이다.

    RAM : TR=1 / (사이클 시간)

    다른 메모리 : Tn=Ta + (n/r)

        Tn=n비트를 읽거나 쓰는 평균 시간

        Ta=평균 액세스 시간

        n=비트 수

        r=전송 속도 (비트 / 초)

이외 다른 특징으로는 다음 두 가지가 있다.

- 물리적 유형

반도체 메모리(RAM), 자기 표면 메모리(하드 디스크) 또는 광학메모리(CD & DVD) 등이 있다.

- 물리적 특성

메모리의 정보가 자연스럽게 소멸되거나 전원이 꺼지면 정보가 손실되는 휘발성 또는 기록 된 정보는 의도적으로 변경 할 때까지 변화 없이 남아 있게 되는 (지울 수 없는) 비휘발성 메모리 등이다.

3. 주소 영역

메모리는 다수의 셀(cells)로 구성되며 각각의 셀은 몇 개의 비트로 구성된다. 예를 들면 K비트라면 2^K 값을 보관한다. 이러한 셀은 주소에 의해 참조되며 참조 범위는 n비트 주소로 나타낸다면 $0 \sim 2^n -1$이다. 메모리 주소(이진 주소)는 데이터 탐색을 위해 프로세서에서 사용되는 고유한 식별자로 프로세서가 각 메모리 바이트의 위치를 탐색할 수 있게 한다.

컴퓨터에서 사용 가능한 메인 메모리의 최대 크기는 주소 지정 방식과 크기에 따라 결정된다. 예를 들면, 16비트 주소를 생성하는 16비트 컴퓨터는 2^{16}(64KB; $64 \times 1024=65,536$) 크기의 기억장소의 주소(0에서 65535)를 지정할 수 있으며, 32비트 주소를 사용하는 기계는 2^{32}(4GB; $4 \times 1024 \times 1024 \times 1024=4,294,967,296$) 크기의 기억장소 공간을 가지는 메모리를 사용할 수 있다.

N	주소 공간(bytes)	크기	N	주소 공간(bytes)	크기
16	65,536	64 KB	28	268,435,456	256 MB
20	1,048,576	1 MB	30	1,073,741,824	1GB
22	4,194,304	4 MB	32	4,294,967,296	4GB
24	16,777,216	16 MB	40	1,099,511,627,776	1TB
26	67,108,864	64 MB			

[표 6-1] N(비트)에 대한 주소 공간

대부분의 경우에 컴퓨터의 주소 지정이 가능한 가장 작은 정보의 단위는 워드 또는 바이트이다. 워드 단위로 주소를 지정 할 수 있는 컴퓨터를 워드-주소 지정 컴퓨터라 하고 바이트 단위로 주소를 지정할 수 있는 컴퓨터를 바이트-주소 지정 컴퓨터라 한다. 바이트 단위 컴퓨터에서 워드는 각각의 주소를 지정할 수 있는 하나 이상의 바이트로 구성된다.
[그림 6-3]은 이 경우에 가능한 메모리의 주소 지정을 보여준다.

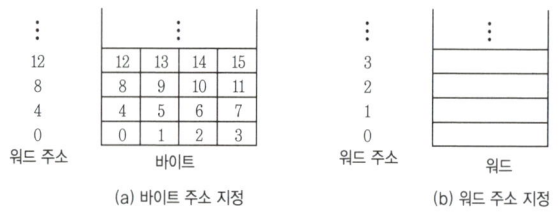

[그림 6-3] 메모리의 주소

바이트-주소 지정을 사용할 경우 각 바이트(8비트 그룹)는 자체 주소를 나타내지만 워드-주소 지정을 사용하면 각 워드는 자체 주소를 갖는다. 데이터는 1개의 메모리 셀에 저장되며 큰 데이터는 여러 개의 셀에 교차하여 저장된다. 각각의 셀은 개별적으로 읽거나 기록된다. 위 그림에서 바이트 주소 지정 32비트 컴퓨터에서 각 워드는 4바이트로 구성되어 있다. 그러므로 워드의 주소는 상위 바이트의 주소가 된다. 즉, 워드 주소는 항상 4의 배수이다. 따라서 메모리는 보통 워드 단위로 데이터를 저장하고 검색하도록 설계된다. 컴퓨터의 워드 크기는 보통 한 번의 메인 메모리 액세스로 저장되거나 검색되는 비트의 수로 정해진다. 오늘날 메모리 셀은 8비트(바이트)로 구성되고 대부분 명령어들은 워드 단위로 동작된다. 이때 저장되는 방법은 앞서 설명한 바와 같이 빅 엔디안과 리틀 엔디안(그림 4-21 참조)으로 구분된다.

3. 메모리의 논리적 구조 특성

컴퓨터가 데이터를 저장하거나 검색하는 데 사용할 수 있는 주소의 논리적 구조의 특성은 다음과 같다.

1) 주소 지정 메모리(Addressed Memory)

주소 지정 메모리 즉, 주소가 지정된 메모리는 읽기 또는 쓰기 셀을 선택하기 위하여 주소를 사용한다. 주소는 앞서 설명한 바와 같이 컴퓨터의 각 바이트에 할당되는 번호로, 프로세서가 메모리(RAM)에서 데이터와 명령이 저장되는 위치를 탐색하는 데 사용된다. 각 바이트에는 데이터 저장 여부와 관계없이 메모리 주소가 할당된다. 프로세서는 주소 버스(MAR)를 사용하여 액세스하려는 메모리 주소를 알려주고, 메모리 제어기는 주소를 읽은 다음 해당 메모리 주소에 저장된 데이터를 프로세서가 사용할 주소 버스(MDR)에 다시 저장한다. 그러므로 장치는 메모리를 액세스 할 때 메모리 시스템에 주소와 전송 방향(읽기 또는 쓰기)을 제공해야 한다. 이는 RAM과 ROM을 포함한 대부분의 모든 메모리 형태이다. 특히 RAM과 ROM은 기본적으로 같은 시간에 모든 워드를 액세스 할 수 있다.

디스크나 마그네틱 버블 메모리(magnetic bubble memory) 같은 일부 주소 지정 메모리들은 주소 지정 메모리지만 같은 시간에 모든 워드를 액세스 할 수는 없다. 연상 메모리(associative memory)와 순차-액세스 메모리는 예외이다.

2) 연상 메모리

연상 메모리는 읽기나 쓰기 셀을 선택하기 위하여 주소를 사용하지 않고 메모리 워드의 일부인 내용을 사용하기 때문에 CAM(contents-addressable memories)으로 불린다. 즉, 전통적인 컴퓨터 메모리 시스템의 명시적인 주소와 대조적으로, 그 내용에 의해 메모리가 액세스되는 메모리 조직을 의미한다. 메모리에 저장된 워드의 일부는 나머지 워드에 액세스하는데 사용되는 검색 가능한 태그(필드)이다. 각 주소의 내용을 이용하여 부분 또는 전부로 탐색하기(병렬 검색) 때문에 빠를 수 있다. 예를 들면 상위 비트 내용이 1101_2이라면 일치(match)되는 첫 번째 워드에 있는 값이 반환된다.

다음 [그림 6-4]는 워드 당 n비트를 갖는 m 개의 워드(m 워드 단위로 n비트 씩 저장)에 대한 메모리 배열과 논리를 포함한 연관 메모리의 구성을 보여준다. 데이터를 검색하려면 검색 값이 인수(Argument) 레지스터에 적재된다. 인수 레지스터와 키(key) 레지스터는 모두 n비트로, 키 레지스터는 인수 워드의 어느 부분이 메모리의 워드와 비교되어야 하는지 지정한다. 즉, 키 레지스터는 인수 단어의 특정 키 또는 필드를 선택하기위한 마스크를 제공하여 수행한다. 비트를 검색하려면 값이 1인지 0인지 여부에 관계없이 해당 키 값이 1로 설정된다. 키 레지스터의 모든 비트가 1이면 전체 단어를 비교해야하나 그렇지 않으면 k비트가 1로 설정된 비트 만 비교된다. 일치(match) 레지스터는 m비트 폭으로 메모리의 각 워드 대해 1비트로 나타내며 검색 결과(출력)를 얻는다. 메모리 워드가 인수 및 키와 일치하면 일치 레지스터의 해당 비트가 1로 설정되고 일치하는 값을 메모리에서 읽는다. 둘 이상의 워드가 일치하면 워드를 순차적으로 읽을 수 있다.

숫자로 설명하기 위해 상위 4비트, 즉 0010 XXXX에 기초하여 검색하여 보자.

인수 레지스터와 키 레지스터는 아래에 표시된 비트 구성을 가지고 있다.

인수 레지스터 : 0010 0111
키 레지스터 : 1111 0000
  워드 1 : 1011 0111 → 불일치(M=0)
  워드 2 : 0010 0000 → 일치(M=1)

워드 2는 인수와 워드의 상위 4비트가 일치한다.

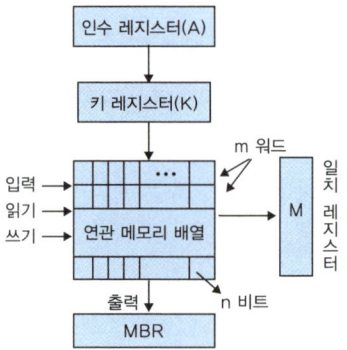

[그림 6-4] 연관 메모리의 내부 구성

그리고 메모리 버퍼 레지스터는 방금 재호출한 값이나 저장된 값을 보관한다. 연상 메모리는 활동적인 메모리이다. 각각 저장 장소(셀)는 보관하고 있는 위치의 값과 인수(매개 변수)를 비교하는 회로를 갖고 있으며 성공적인 탐색을 지시하는 회로를 갖고 있다. 추가로 메모리 시스템은 충돌(불일치) 해결(적어도 발견)을 수행하는 회로를 갖고 있다. 따라서 RAM보다 비싸므로 가상 메모리와 캐시 메모리 시스템의 하드웨어 제어에 사용된다.

1-2 메모리 지역성

현재 컴퓨터 시스템에서 프로세서와 메모리 속도의 차이는 점차 커지고 있다. 메모리에서 검색/기록 될 수 있는 속도에 의해 병목 현상이 발생하여 점점 더 많은 응용 프로그램이 제한되고 있다. 이러한 과제를 해결하기 위하여 메모리 시스템 모델과 프로그램 최적화가 제안되었다. 액세스 유형에 따라 동일한 값 또는 관련 저장 위치가 자주 액세스되는 참조의 지역성(locality of references)을 활용하여 메모리 계층을 구현함으로써(캐시 메모리 사용) 시스템의 성능을 향상시키고 있다.

1. 메모리 계층 구조

메모리 시스템은 간단한 시스템이지만 다양한 기술과 유형으로 구분됨을 살펴보았다. 컴퓨터 시스템의 기본 목적이 계산 속도를 증가시켜 신속히 처리하는 것 이라면, 메모리 시스템의 기본 목표는 프로세서가 메모리에 신속하고 중단 없는 액세스를 제공하여 프로세서의 지연 없이 예상되는 속도로 작동할 수 있도록 구성하는 것이다. 사용자는 일반적으로 크고 빠르고 비용이 저렴한 메모리를 원하지만 빠른 장치는 가격이 비싸다. 액세스 시간이 짧아지면 메모리 비트당 비용이 높아지고 또한 이러한 메모리는 일반적으로 정보가 저장될 필요가 있을 때까지 전원 공급을 필요로 한다. 한편 더 적은 비용으로 메모리를 사용하면 액세스 시간이 매우 길어지기 때문에 프로세서가 더 느리게 작동한다. 다시 말하면 액세스가 빠를수록 비트당 비용은 증가하고 용량이 커질수록 비트당 비용은 감소하면서 액세스 시간은 늦어진다.

메모리 유형	액세스 시간	비용/MB
레지스터	1ns	높음
캐시	5~20ns	$100
메모리	60~80ns	$1.10
디스크	10ms	$0.05

[표 6-2] 메모리 유형별 비용과 성능

따라서 프로세서와 메모리 사이에 속도 차이가 있으므로 컴퓨터의 메모리를 지역성(locality)을 이용한 메모리 계층을 구현함으로써 해결하고 있다. 메모리 계층을 이용하면 이러한 문제를 해결하고 빠르게 데이터 전송을 할 수 있다. 이와 같이 여러 수준의 메모리가 연결되어 비용, 속도, 용량, 액세스 시간 등을 상호 보완한 계층적 기억 장치 구조를 메모리 계층 구조라고 한다. 이러한 계층은 비용, 속도와 크기(용량)에 따라 컴퓨터의 메모리 활용성이 다르기 때문에 효과적인 메모리 계층의 운영으로 시스템의 성능을 향상시키는 데 목적이 있다.

크고, 느리고, 싼 메모리 앞에 작고 빠른 메모리를 배치함으로써 메모리 시스템의 성능은 합리적인 비용으로 완벽한 메모리 시스템의 성능에 액세스 할 수 있다. 현대 범용 컴퓨터의 메모리 계층은 일반적으로 상위에 위치한다. 즉 프로세서와 비슷한 속도의 레지스터를 포함한다. 이는 캐시 메모리, 메모리(반도체 메모리) 및 보조 메모리(자기 또는 광학 디스크)의 수준이다. 이러한 계층 구조 수준의 크기, 매개 변수 및 구성은 시간이 지남에 따라 변하지만 메모리 계층 구조의 개념은 근본적이며 항상 유지된다.

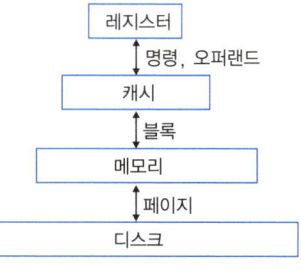

[그림 6-5] 메모리 계층

2. 메모리 참조

메모리 계층 구조를 이용할 수 있는 이유는 메모리 참조 경향이 임의(random)가 아니라 지역성(국부성)을 갖고 있기 때문이다.

지역성이란 지역의 원칙으로도 알려져 있으며 실행중인 프로세스에 의해 나타나는 특성으로 프로세스들은 실행 기간 동안 메모리의 정보를 균일하게 액세스 하는 것이 아니라 블록 중 일부를 선호하여 지역적인 부분(페이지)만을 집중적으로 참조하는 현상이다. 이와 같은 지역성은 다음과 같은 이유로 설명될 수 있다.

- 프로그램은 순차적으로 명령어를 실행하는 경향이 있으므로 명령어들은 메모리에 인접해 있다.
- 프로그램은 순환(loops) – 단일 순환, 중첩된 순환 등의 반복으로 메모리 참조 영역이 일부 영역에 국한된다.
- 대부분의 컴파일러들은 메모리 위치를 인접한 블록 즉, 배열로 저장하므로 프로그램 들은 순차적으로 배열 원소를 자주 액세스하게 되며 배열 액세스는 지역적인 경향을 보인다.
- 컴파일러들은 서로 관련이 없는 데이터를 세그먼트 단위로 대치하게 되므로 역시 세그먼트 내 지역성 경향을 갖는 액세스가 된다. 이런 형식은 지역 변수와 관련 있다.

지역성은 다음과 같이 구분할 수 있다.

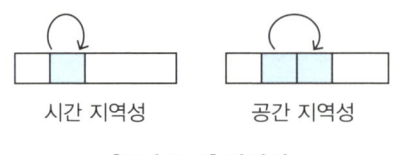

[그림 6-6] 지역성

가. 시간 지역성(temporal locality)

- 시간 지역성은 특정 자원들이 상대적으로 짧은 시간 내 재사용됨을 의미한다. 한 순간 한 지점에서 특정 메모리 위치를 참조하는 경우, 같은 위치가 가까운 미래에 다시 참조될 가능성이 높다. 최근에 액세스한 항목을 오래 지나지 않아 다시 액세스할 가능성이 있다는 것이다. 그러므로 동일한 메모리 위치에 인접한 참조 사이에 시간적 근접성이 있다. 미래의 위치가 현재 위치와 동일하다면 시간 지역성은 공간 지역성의 매우 특별한 경우가 된다.

[예] 순환(루프), 서브 프로그램, 스택, 계산이나 합계에 사용되는 변수

나. 공간 지역성(spacial locality)

- 공간 지역성은 프로세스가 메모리의 어떤 위치를 참조하면, 그 근처를 이후에도 계속

참조할 가능성이 높다는 것이다. 상대적으로 가까운 위치에서 데이터 요소를 사용함을 의미하며 메모리 특정 위치가 특정 시간에 참조되는 경우, 가까운 미래에 가까운 메모리 위치를 참조될 가능성이 높다. 데이터 정렬과 1차원 배열의 요소 탐색과 같이 선형 액세스 할 때 순차적 지역성이라 하며 이는 공간 지역성의 특수한 경우이다.

[예] 배열 액세스(순회), 순차적 코드의 실행, 근처에 관련 변수 선언

예를 들면 함수가 호출되면 새로운 지역이 정의된다. 여기서는 메모리 참조가 서브루틴의 명령들이나 지역변수, 전역변수들에 의해서 참조가 이루어지고 함수의 실행이 종료되면 프로세스는 이 지역을 떠나게 된다. 왜냐하면 언제 다시 사용될지도 모르기 때문이다. 따라서 지역은 프로그램에 따라 정의된다고 볼 수 있다. 이러한 지역성은 3 절에서 다룰 캐시의 효율성을 높일 수 있는 액세스 패턴이다.

Section 02 내부 메모리

내부 메모리(메인 메모리)는 현재 다양한 기술로 생산하고 있다. 기술의 양상은 운영(동작) 특성 뿐 아니라 처리능력, 크기, 속도, 비용도 포함된다. 여기서는 현재 사용 중인 중요한 메모리 형태와 운영에 대해 살펴보기로 한다.

2-1 반도체 메모리

프로세서가 대중화되면서 반도체 메모리에 대한 요구가 증가함에 따라 여러 가지 기술 및 유형의 메모리가 등장하고 있다. 이러한 반도체 메모리 이전 초기 컴퓨터에서 사용된 메모리에 대해 살펴본 후 다양한 반도체 메모리에 대해 알아본다.

1. 자기 코어 메모리

초기 컴퓨터 메모리 유형 중 하나는 자기 코어 메모리(magnetic core memory)이다. 자기 코어 메모리는 MIT Servomechanisms Laboratory의 Whirlwind에서 근무하던 Jay Forrester에 의해 1940년대 말과 1950년대 초에 개발되었으며 자기 코어 메모리를 사용하는 최초의 비 군사 시스템인 IBM 704가 1955년에 출시되었다. 자기 코어는 1974년까지 거의 모든 컴퓨터에서 사용되었으며 이후 반도체 집적 회로 메모리에 의해 대체된다. 자기 코어 메모리는 자기장을 유지하는 페라이트(Ferrite)로 만들어진 링(고리)의 배열로 구성된다.

각 코어는 1비트의 정보(0 또는 1)를 저장하는 데 사용되며 3개의 와이어가 통과하여 각 비트의 내용을 선택하고 감지하는 수단을 제공하였다. 초기 코어 메모리는 큰 코어와 4개의 와이어 즉, X, Y, 감지선 및 금지선을 사용했다. 각 코어는 수평(Y 주소선) 및 수직(X 주소선) 구동선(와이어)으로 위치에 고정되며 세 번째 감지/금지 와이어는 각각 대각선으로 통과하여 메모리 위치의 내용을 변경하거나 감지하는 데 사용된다.

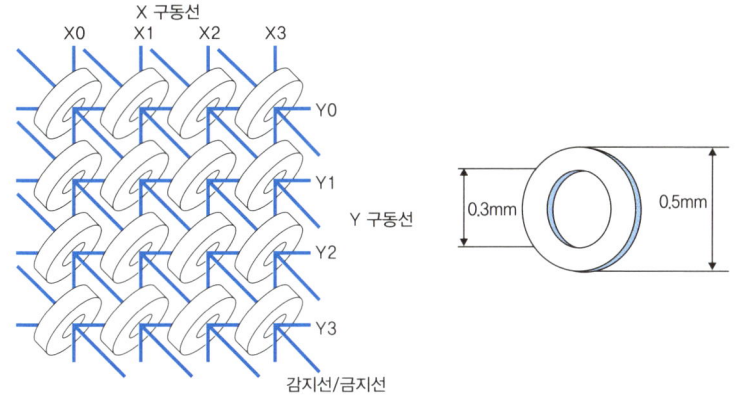

[그림 6-7] 자기 코어 배열과 코어

각 코어는 시계 방향 및 반 시계 방향으로 자화되어 한 방향은 이진수 1(시계 방향)로 간주되고 다른 한 방향(반 시계 방향)은 이진수 0으로 간주된다. 메모리 위치를 선택하기 위해 X 및 Y 라인 중 하나가 이 변경을 일으키는 데 필요한 전류의 절반으로 구동되어, 구동 된 X 및 Y 라인의 교점에서 생성 된 결합 코어만이 비트의 상태를 변경하여 X열과 Y행(주소)을 읽음으로써 데이터의 단일 비트를 검색한다(감지선). 자화된 코어는 전류가 멈춰도 자화 상태를 유지하기 때문에 비휘발성 메모리에 속한다. 코어는 기술이 발전함에 따라 코어는 1950년대 초의 2mm 직경에서 1970년대 초반의 0.4mm로 축소되었으며 액세스 속도는 약 200kHz에서 1MHz 이상으로 상승했다. 코어 메모리 모듈은 50 만 개 이상의 코어로 제조되었다.

2. 반도체 메모리 분류

반도체 메모리는 메모리 기능 및 저장 체계에 따라 다음과 같이 분류할 수 있다.

1) 휘발성과 비 휘발성

메모리 칩 분류의 일반적인 방법은 휘발성(Volatile) 여부이다. 휘발성이라고 하는 것은 칩 내부에 저장된 데이터가 전원 공급을 끊은 이후에 데이터가 지워지는 메모리로 SRAM, DRAM 등이 있다. 반면 전원 공급이 차단된 뒤에도 계속 데이터가 유지되면 비 휘발성 메모리(NVM; Non-volatile Memory)라고 하며 자기 코어를 비롯하여 플래시, EEPROM, EPROM, ROM 등이 해당된다.

2) 파괴-읽기와 비파괴-읽기 메모리

데이터를 읽은 후에 메모리로 부터 제거(파괴) 즉, 손실 여부이다. 파괴-읽기 메모리는 데이터가 메모리로부터 판독 될 때, 저장된 데이터는 메모리로부터 제거(지워짐)되고, 처리 중에는 데이터가 소스에서 지워지므로 데이터를 복원하려면 읽은 후에 워드를 다시 써야한다.

따라서 메모리는 데이터를 보관하기 위하여 메모리 제거와 재저장(refresh) 절차를 통하여 정보를 유지한다. 파괴-읽기 메모리는 읽기(read) 및 저장(restore) 사이클 등 2단계 동작을 수행한다. 코어 메모리와 같은 읽기/쓰기 메모리 그리고 현재의 DRAM이 해당된다.

비파괴-읽기 메모리는 읽은 후에도 데이터가 그대로 보관 유지되는 메모리로 데이터를 다시 쓰지 않고 반복해서 읽을 수 있다. 플립플롭은 비파괴-읽기의 한 예로 현재의 SRAM과 ROM이다.

3) 이동과 영구메모리

이동 메모리는 시스템 하드웨어로부터 다른 메모리로 이동하는 형태로 플로피디스크와 CD-ROM, USB 메모리가 해당된다. 반면 영구 메모리는 물리적으로 이동할 수 없는 형태의 메모리로 RAM, 하드디스크가 해당된다.

3. 읽기 전용 메모리(Read Only Memory; ROM)

ROM은 비 휘발성 메모리(NVM; Non-volatile Memory)로 저장된 내용을 읽기만 할 수 있는 메모리로 메인 메모리의 일부로 사용된다. ROM은 한 번만 데이터를 저장할 수 있으므로 다시 프로그래밍 할 필요가 없는 항목에 사용된다. 저장된 데이터와 프로그램은 전기가 공급되지 않더라도 내용이 보존되는 영구적인 성격을 갖고 있기 때문에 이를 바꾸는 유일한 방법은 메인보드에서 ROM 칩을 제거하고 다른 칩 셋으로 대체하는 방법뿐이다. 이러한 읽기 전용 메모리는 디지털 시스템에서 상수, 제어 정보 및 프로그램 명령 등 항상 같은 정보를 보관(저장)할 필요가 있는 부분에 사용된다.

1) Mask ROM

메이커 측에서 제작 시 회로 구성(프로그래밍)을 저장(기억)시키는 ROM으로 내용 변경이 불가능하다. 사용자가 코드를 직접 다시 프로그래밍 할 수 없으므로 코드가 매우 안정적이어야 하며 버그 없이 작동해야 한다. 이 ROM을 사용자 정의(Custom masked) ROM이라고 한다. 단일 제품의 대량 생산에 사용된다.

2) PROM(Programmable ROM)

기본적으로 ROM 과 같으나, 사용자가 특수한 기기인 PROM 기록기(Writer)라고 불리는 특별한 장치를 사용하여 직접 원하는 논리 기능을 수정할 수 있는 ROM이다. PROM은 사용자가 한 번만 수정할 수 있는 읽기 전용 메모리로 빈 PROM을 구입하여 원하는 내용을 입력한다. PROM 칩 내부에는 프로그래밍 중에 태워지는 작은 퓨즈를 메모리에 굽는 것으로 프로그램 되므로 이는 한 번만 프로그래밍 할 수 있으며 지우지 못한다. 따라서 PROM에 처음 프로그래밍 된 내용은 메모리에 영구 저장된다.

휴대 전화 및 RFID 태그와 같은 소형 전자 장치에 사용되는 ROM 유형이다.

3) EPROM(Erasable PROM)

기본적으로 PROM 과 같으나 기억된 자료, 즉 논리 기능(프로그램)을 지우고 재사용할 수 있는 ROM이다. 자외선에 노출 될 때까지 그 내용을 유지하며 자외선은 내용을 지우고 메모리를 다시 프로그래밍 할 수 있다. EPROM은 PROM이 한 번만 기록 될 수 있고 삭제 될 수 없다는 점에서 PROM과 다르다. 특정 파장의 자외선을 쬐는 경우, 퓨즈가 모든 메모리 비트가 1로 돌아가도록 재구성되므로 기억된 자료, 즉 논리 기능을 지울 수 있다. 소거 과정은 느리며 프로그래밍은 5~10 μs/워드 정도 소요된다. EPROM 셀은 매우 간단하고 밀도가 높기 때문에 저렴한 비용으로 큰 메모리를 제작할 수 있는 반면 제한된 내구성과 신뢰성 문제로 인해 플래시(flash) 메모리로 대체되었다.

4) EEPROM(Electrically Erasable PROM, Flash ROM)

전기적으로 소거 가능한 프로그램 가능 읽기 전용 메모리(EEPROM)은 PROM이나 EPROM들과 달리, EEPROM은 컴퓨터의 위치에 있는 경우 수정하기 위해 컴퓨터에서 빼낼 필요 없이 소거될 수 있다. 간단한 전류(더 높은 전압을 이용)에 의해 반복적으로 지우거나, 다시 프로그램(기록)할 수 있다. 그러나 EEPROM 칩은 일부 내용을 선택적으로 수정할 수 없으며 전체 내용을 지우고 다시 프로그램 해야만 한다. 물론 EEPROM 역시 전원이 꺼진 경우에도 내용을 유지하며 다른 유형의 ROM과 마찬가지로 RAM만큼 빠르지 않다. EEPROM은 플래시 메모리(플래시 EEPROM이라고도 함)와 유사하다.
모뎀이나 비디오카드, SCSI 컨트롤러 등에서 사용된다.

5) 플래시 메모리(Flash Memory)

반도체 기반의 비 휘발성 메모리로 재기록이 가능한 컴퓨터 메모리(RAM과 ROM의 장점을 한 데 묶었다)이다. 기계가 꺼질 때 데이터가 삭제되지 않은 것을 제외하고는 RAM과 같은 많은 특성을 갖는다. 또한 EEPROM의 특별한 유형으로 일반적인 EEPROM(바이트 단위)과는 달리 섹터 또는 블록 단위로 다시 프로그래밍 할 수 있으며, 바이오스(BIOS; Basic Input/Output System)에 주로 사용하기 때문에 플래시 바이오스라고도 한다.

높은 속도, 내구성 및 낮은 에너지 소비의 플래시 메모리는 디지털 카메라, 휴대 전화, 프린터, PDA와 랩톱 컴퓨터 및 MP3 플레이어와 같은 기록 및 사운드를 재생할 수 있는 장치 등 많은 응용에 적합하다. 플래시 메모리는 모뎀 제조업체가 표준화 될 때 새로운 프로토콜을 지원할 수 있기 때문에 모뎀에서도 널리 사용된다. 무엇보다, 매우 강한 충격방지와 이동 부분이 없는 특징이 있다.

6) PLA(Programmable Logic Array)

프로그램 가능 논리 배열(PLA)은 조합 논리 회로를 구현하는 데 사용되는 프로그램 가능 논리 소자의 일종으로 프로그램이 가능하도록 AND 와 OR 게이트로 구성한 ROM이다. 그러므로 PLA는 조건부로 출력을 생성하기 위하여 보충 될 수 있는 프로그램 가능 OR 게이트 평면들의 셋(집합)을 연결하는 프로그램 가능 AND 게이트 평면들의 집합을 갖는다.

4. 읽기/쓰기 메모리(Random Access Memory; RAM)

RAM(임의 액세스 메모리)은 매체로부터 읽고 쓰는 것이 자유로우며 기억 장소 위치에 관계없이 특정 위치에 직접적으로 데이터 검색과 저장이 가능한 방식으로 구성되고 제어된다. 또한 휘발성 메모리로 전원이 나가면 내용이 모두 지워지는 특성이 있다. 현재 컴퓨터에서 실행되는 프로그램(운영체제, 애플리케이션 프로그램)의 정보 즉, 현재 사용 중인 데이터의 프로세서에서 처리 후에 발생되는 데이터의 신속한 저장을 위해 사용된다. 메인 메모리에 널리 사용되는 RAM은 데이터를 저장하는 기술에 따라 다음과 같이 구분한다.

1) 정적 RAM(SRAM; Static Random Access Memory)

DRAM을 개선한 정적(Static)램은 플립플롭(flip/flop) 방식의 메모리 셀로 저장된 정보(데이터)는 안정적이며 이를 유지하기 위해 재충전(Refresh) 사이클을 필요로 하지 않는다. 또한 전원이 켜져 있는 한 무기한으로 계속 내용을 유지하므로 1bit 당 소비 전력이 크고 동작 속도가 DRAM 보다 빠르다. 이유는 전류를 한 방향 또는 다른 방향 (0 또는 1 상태)으로 유지하는 6개의 트랜지스터 구성이다.

데이터 저장 셀, 즉 SRAM 배열 내의 1비트 메모리 셀은 2개의 인버터가 교차 연결된 래치 회로로 구성하여 2개의 인버터를 보완(보수)적인 비트 라인(bit line)에 연결하는 2개의 액세스 트랜지스터로 구성된다[그림 6-8(a)]. 2개의 인버터 래치 회로의 보존 상태에 따라, 메모리 셀에 유지되는 데이터는 논리 '0' 또는 논리 '1'로 해석된다. 비트 라인을 통해 메모리 셀에 포함 된 데이터에 액세스하려면 적어도 하나의 스위치(트랜지스터)가 필요하며, 이 스위치는 해당 워드 라인(word line)에 의해 제어된다. 워드 라인에 논리 1을 적용하면 내부 값이 비트 라인 C에서 나타난다. 비트 라인 C는 셀의 값을 가지며, 비트 라인 $\overline{C}$는 보수 값을 가질 것이다. 따라서 판독(read) 동작(연산) 동안 워드 라인은 스위치(T1 및 T2)를 닫기 위해 활성화하여 된다. 셀의 상태가 1이면, 비트 라인(C)의 신호는 높고 비트 라인($\overline{C}$)의 신호는 낮다. 반면 셀의 상태가 0이면 반대가 되어 C와 $\overline{C}$는 항상 서로의 보수이다.

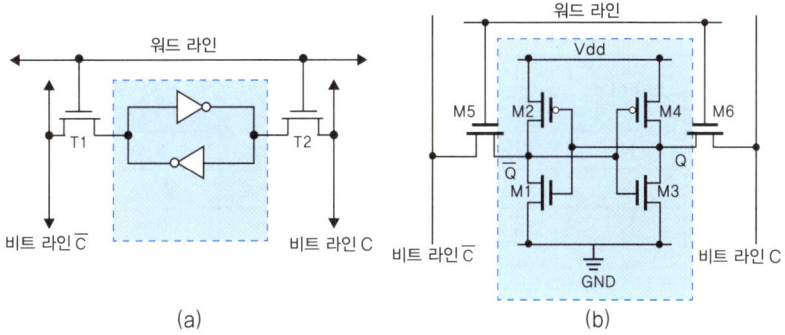

[그림 6-8] 2개의 인버터 래치 회로(a)와 6-트랜지스터 CMOS SRAM(b) 셀 구조

앞서 살펴본 2개의 인버터는 4개의 트랜지스터(M1, M2, M3, M4)로 구성되어 1비트 메모리 셀은 일반적으로 여섯 개의 트랜지스터를 필요로 한다[그림 6-8(b)]. 대기 상태인 경우 워드 라인 이 단절되면, 액세스 트랜지스터(M5 및 M6)는 비트 라인으로부터 셀을 분리한다. 판독(Reading) 과정에서 메모리 Q에 1이 저장된 경우, 비트 라인(C와 $\overline{C}$을 논리 1로 충전한 다음, 워드 라인을 선택하여 양쪽 액세스 트랜지스터를 활성화한다.

Q 및 $\overline{Q}$에 저장된 값은 비트 라인 C를 충전된 값으로 남겨두고 비트 라인으로 전달되고 비트 라인 $\overline{C}$는 M1 및 M5를 논리 0으로 방전시킨다. 결국 Q가 논리적으로 1로 설정되기 때문에 트랜지스터(M1)가 켜지면서 트랜지스터(M1)를 통해 방전된다. 비트 라인 C에서, 트랜지스터(M4 및 M6)는 비트 라인을 Vdd쪽으로 끌어당기고, 논리 1이 된다. 결과적으로 $\overline{Q}$이 논리적으로 0으로 설정되기 때문에 트랜지스터 M4가 켜짐에 따라 충전된다.

이러한 SRAM은 컴퓨터의 캐시 메모리와 비디오카드의 RAMDAC의 일부로 사용된다.

2) 동적 RAM(DRAM; Dynamic Random Access Memory)

SRAM의 F/F 저장 방식과는 다르게 DRAM은 정보를 축전기(capacitor)에 의해 충전되어 저장되며 충전된 데이터가 계속 콘덴서에 머무르는 것이 아니고 시간이 지나면 조금씩 방전되므로 주기적인(2ms) 충전이 필요하다. 이러한 방식을 재생(refresh)이라고 한다. 가격이 싸고, 또한 소비전력이 적고 동작 속도가 빠르며 집적도가 높아 대용량 메모리에 적합하여 가장 일반적인 종류의 RAM이다.

SRAM이 F/F 순환회로에 의해서 저장하는 방식과는 다르게 DRAM은 정보를 축전기(capacitor)에 의해 충전되어 저장되며 충전된 데이터가 계속 콘덴서에 머무르는 것이 아니고 시간이 지나면 조금씩 방전되므로 주기적인(2ms) 충전이 필요하다. 이러한 방식을 재생(refresh)이라고 한다. 그러나 가격이 싸고, 또한 소비전력이 적고 동작 속도가 빠르며 집적도가 높아 대용량 메모리에 적합하여 PC나 워크스테이션에 사용되는 가장 일반적인 종류의 램이다.

다음 표는 물리적 특성과 메모리 장치의 형태에 따른 비교이다.

메모리형태	파괴여부	데이터생존	쓰기시간	읽기시간	쓰기사이클 허용수	휘발성
ROM	N	영구	1번	100ns	1	N
PROM	N	수년	수시간	100ns	많이	N
EPROM	N	수년	ms	100ns	1000s	N
SRAM	N	전원시	10ns	10ns	유한	모두
DRAM	N	4ms	100ns	200ns	유한	10%
자기코어	Y	영구	1~2ms	0.5~1ms	유한	N

[표 6-3] 반도체 메모리의 물리적 특성

2-2 메인 메모리 시스템

컴퓨터의 메인(main) 메모리는 RAM으로도 알려져 있으며 컴퓨터 내부의 실제 메모리를 나타낸다. 메인이라는 의미는 디스크 드라이브와 같은 외부 대용량 저장 장치와 구별하기 위해 사용된다. 이러한 메인 메모리는 프로세서가 적극적으로 사용하는 프로그램과 데이터가 저장되는 장소로 컴퓨터는 메인 메모리에 있는 데이터만 조작(연산) 할 수 있다. 따라서 프로그램과 데이터가 활성화되면(실행하는 모든 프로그램) 보조 메모리(디스크)에서 프로세서가 상호 작용할 수 있는 메인 메모리로 복사되며 이때 복사본은 보조 메모리에 남아 있다. 따라서 메인 메모리는 프로세서와 긴밀하게 연결되기 때문에 프로세서와 명령 및 데이터를 주고받는 속도가 매우 빠르다. 앞으로 서술되는 메모리는 메인 메모리임을 밝혀둔다.

1. 메모리 구조와 동작

메모리는 모든 컴퓨팅 시스템의 핵심 구성 요소(서버, 모바일, 임베디드, 데스크 탑)로 일반적으로 정적 또는 동적 RAM으로 구성된다. 컴퓨터 내부에 있기 때문에 내부 메모리라고도 하며 프로세서와 직접 데이터를 주고받는다. 메모리 시스템은 성능 증가와 기술 확장 효과를 유지하기 위해 용량(크기), 기술, 효율성, 비용 및 관리 알고리즘을 확장해야 한다. 그러나 컴퓨터 기능이 향상되고 응용 분야가 넓어지면서 메모리에 대한 요구가 점점 확대되고 있다. 물론 다중 프로그래밍은 프로세서 이용률을 높이는 중요한 방법이며 가상 메모리 출현 전 까지 오랫동안 개발하였다. 특히 최근의 시스템 설계, 응용 프로그램 및 기술 동향은 메모리 시스템에서 더 많은 용량(capacity), 대역폭(bandwidth), 효율성(efficiency)을 필요로 하기 때문에 시스템 병목 현상을 훨씬 더 심각하게 만들고 있다. 특히 메모리에는 영구적인 데이터가 저장되지 않으며 데이터는 필요한 경우에만 몇 초 동안 메모리에 저장되는 특성(전력을 필요로 하므로 전원이 끊어지면 정보도 손실)이 있다. 따라서 메모리는 외부 메모리에 비해 비용이 많이 들기 때문에 용량이 제한적이다. 이러한 메모리에 대용량 데이터 구조를 어떻게 나타낼 수 있는지 살펴보기 위하여 컴퓨터 메모리에 대한 몇 가지 기본 사실을 이해해야 한다.

1) 메모리 셀

메모리는 명령과 데이터를 저장하는 곳으로 번호(주소)가 매겨진 "셀(Cell)"의 배열로 구성되며 각 셀에는 비트 블록이 들어 있다. 일반적으로 8비트가 사용된다. 메모리 셀은 단일 작업으로 변경할 수 있는 컴퓨터 메모리의 가장 작은 부분으로 주소라고 불리는 식별 번호를 갖는다. 메모리 주소(번호)는 고정 된 크기의 부호 없는 정수로 항상 0에서 시작하며 마지막 메모리 주소는 컴퓨터 시스템에 설치된 메모리의 양에 따라 다르다.

다음 [그림 6-9]에서 셀의 주소는 셀 0, 셀 1, 셀 2, ..이다. 우리는 이 메모리 셀을 각 상자에 주소가 붙은 긴 행의 상자로 생각할 수 있다.

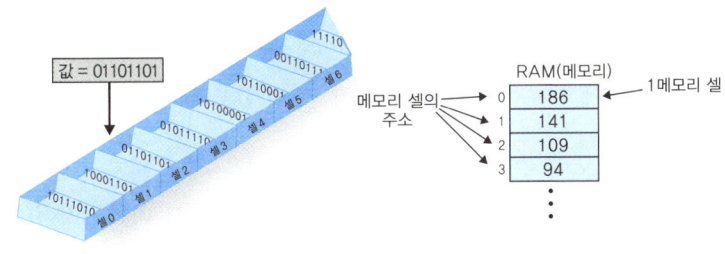

[그림 6-9] 메모리 셀

메모리 셀은 2진수로 기록 된 숫자를 기록하며 이 숫자를 메모리 셀의 내용이라 한다. 위 그림에서 셀 2의 내용은 01101101_2이며 16진수 6D이다. 물론 새로운 숫자(데이터)가 RAM 메모리 셀에 기록 될 때, 그 이전의 숫자는 영원히 손실된다. 메모리 셀에 기록된 모든 숫자는 항상 동일한 비트 수를 갖는다. 따라서 메모리 셀이 8비트(바이트) 내용을 갖는다면 값 0~255(2^8=256 값)을 저장할 수 있다.

컴퓨터의 주소가 n비트 인 경우 컴퓨터는 가능한 2^n개의 고유한 주소를 참조 할 수 있으며 이것이 컴퓨터의 주소 공간이다. 다음 [그림 6-10]은 각 셀이 W 비트를 보유하는 2^n개의 메모리 셀이 있는 RAM이다. 최신 컴퓨터는 모두 8비트의 셀 너비 W를 사용하며 각 셀에 저장된 8비트 값을 바이트라고 한다.

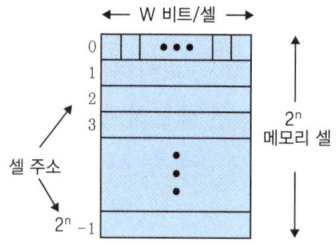

[그림 6-10] 메모리 공간(2^N 주소)

물론 주소 공간은 셀 당 비트 수인 메모리 너비와 다르다. 셀에 w 비트가 있으면 2^w 값을 저장할 수 있으며 메모리에 n비트 주소가 있으면 2^n개의 w 비트 셀을 저장할 수 있다. 예를 들어 w=8, n=16 인 메모리는 각각 2^8=256 값의 2^{16}=65536 셀을 저장할 수 있다.

2) 메모리 동작

메모리는 두 가지 주요 연산(작업) 즉 읽기 및 쓰기라는 기본 동작을 지원한다.
- 읽기 : 이전에 저장된 데이터를 가져오기(주소) 하여 값을 반환한다. 물론 가져오기는 해당 주소에 저장된 값을 변경하지 않고 지정된 주소에서 값의 복사본을 읽는다.
- 쓰기(주소, 값) : 셀에 새로운 값을 쓰고(저장) 이전 값을 대체한다.

이러한 연산은 모두 메모리 주소가 필요하며 읽기 연산은 해당 위치의 내용을 손상시키지 않고 원하는 만큼 여러 번 메모리 위치를 읽을 수 있다는 점에서 비파괴적이나 쓰기 연산은 파괴적이다. 위치에 값을 쓰면 해당 메모리 위치의 이전 내용이 파괴된다. 이때 프로세서는 메모리 주소 레지스터(MAR)를 사용하여 원하는 주소를 표시하고 메모리 데이터 레지스터(MDR)는 해당 주소에서 값을 가져 오거나 넣는다. 이때 MAR은 메모리 셀의 N비트 주소를 보유하고 MDR은 해당 셀에서 가져 오는 데이터 또는 해당 셀에 저장되는 데이터를 보유한다. MDR의 크기는 W 비트의 배수이고 보통 프로세서의 크기와 일치한다. 예를 들어, 32비트 프로세서는 한 번에 32 메모리 비트를 인출하거나 저장할 수 있으므로 MDR은 4바이트를 유지한다.

메모리 셀의 내부 구성, 기능 및 타이밍에 대한 세부 사항은 컴퓨터 구조 설계(Computer Architecture & Design)를 참고한다.

3) 메모리 구조

컴퓨터 메모리는 앞서 설명한 바와 같이 내부 및 외부의 정보를 변환하는 데 필요한 관련 회로와 수백만 개의 비트 매트릭스로 구성되어 있다고 상상할 수 있다. 저장 셀의 크기는 컴퓨터의 워드 크기라 하며 컴퓨터에 따라 1, 2, 4 또는 8바이트이다. 메인 메모리의 각 저장 셀은 컴퓨터가 데이터를 저장하거나 검색하는 데 사용할 수 있는 특정 주소를 가지고 있다.

초기의 컴퓨터에서는 프로세서와 메모리 장치 사이에서 주소 디코더가 주소 버스의 비트를 해석하고 RAM의 특정 주소를 지정하였다. 그러나 현대적인 컴퓨터는 개별 비트의 그리드(grid)로 구성된 RAM 셀로 메모리를 구성하고 각 배열에는 메모리 칩이 독립적으로 활성화 할 수 있는 다수의 행 및 열 라인이 있다. 이 배열의 인덱스를 주소라 하며 행(워드 라인)과 열(비트 라인)로 주소를 나누고 이러한 배열의 개별 비트는 행 주소(워드 라인)를 생성하는 행 디코더와 일치하는 열 주소(비트 라인)를 생성하는 열 디코더로부터 지정 될 수 있다.

따라서 하나의 메모리 행은 데이터 블록을 보유하므로 열 주소는 해당 블록에서 요청 된 비트 또는 워드를 선택한다. 일반적으로 메모리는 2^N 행의 배열이고 각 행은 2^M 저장 셀로 구성된다. N 행과 M 열이 있는 경우 액세스 할 수 있는 비트 수는 2^{n+m}이다. 프로세서에 따라 주소는 32비트 길이(최대 4GB의 주소 지정 가능) 또는 64비트가 될 수 있으며 각 행(row)은 메모리 위치를 나타낸다.

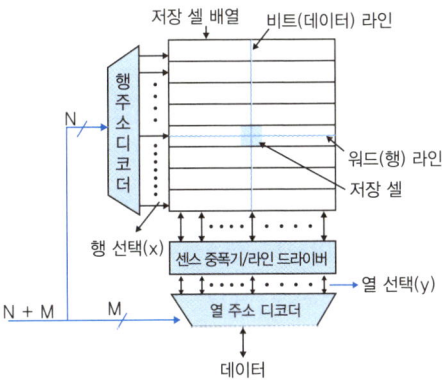

[그림 6-11] 메모리 구조

일반적으로 행 수는 열 수보다 크며 즉, 각 행의 길이(비트 라인)는 각 열의 길이(워드 라인)보다 훨씬 작다. 예를 들어, 각 행은 1바이트(8비트), 4바이트(32비트) 또는 16바이트(128비트) 일 수 있으며 각 열의 길이(즉, 열의 수)는 예를 들어, 2^{14}, 2^{16}, 2^{20}이다.

MAR에 저장된 주소 워드는 열 주소(N)와 행 주소(M)로 분할되며 행 주소는 읽기/쓰기를 위해 메모리의 한 행을 활성화하는 반면 열 주소는 선택된 행에서 하나의 특정 워드를 선택한다. 센스 증폭기를 사용하여 메모리 셀의 값을 읽고 라인 드라이버를 사용하여 그것들에 "쓰기" 한다.

2. 프로세서-메모리 인터페이스
모든 컴퓨팅 시스템에서 가장 중요한 인터페이스는 메모리와 프로세서간의 연결이다. 이 인터페이스가 제대로 동작하지 않으면 명령을 검색 할 수 없으므로 프로세서가 동작할 수 없다.

일반적으로 프로세서의 인터페이스를 나타내는 데 "외부 버스"라는 용어가 사용된다. 버스는 앞서 살펴본 대로 물리적으로 모든 장치에 직접 연결된 전선 세트(통로)이다.

다음 [그림 6-12]는 전형적인 RAM 칩의 중요한 외부 연결을 보여주고 있다. 이러한 RAM 칩을 이용하여 메모리를 구성한다.

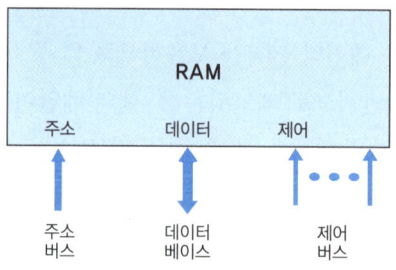

[그림 6-12] RAM 칩의 외부 연결

데이터 버스는 데이터를 위한 입력과 출력 버스를 지원하고 있으며 어떤 칩은 입력과 출력 버스를 분리하고 있다. 주소 버스는 RAM 칩에 주소를 운송하고 있으며 제어 버스는 연산을 제어한다. 인터페이스는 메모리 읽기 및 쓰기와 적재(loads) 및 저장을 지원해야하며 또한 다른 데이터 형태 즉 바이트(8비트), 2바이트 또는 4바이트의 읽기 및 쓰기를 지원한다.

메모리와 프로세서간의 자료 전송 즉 프로세서와 메모리의 인터페이스의 역할은 메모리 주소 레지스터(MAR)와 메모리 데이터 레지스터(MDR)라 불리는 두 프로세서 레지스터를 통해서 이루어진다. 메모리 데이터 레지스터는 일부 컴퓨터 제조업체에서 메모리 버퍼 레지스터라고도 한다.

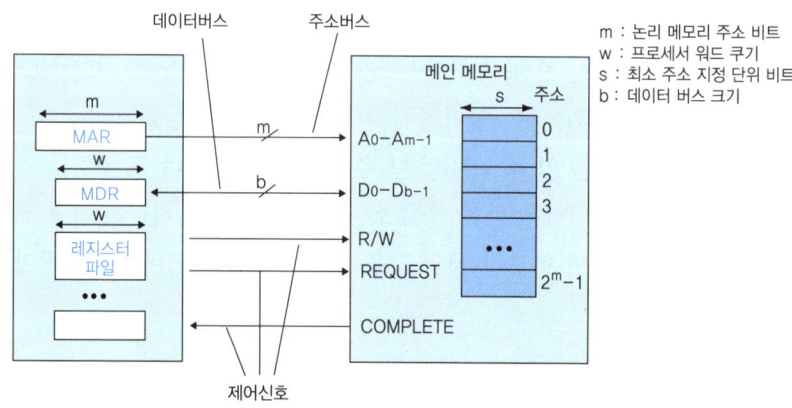

[그림 6-13] 메모리와 프로세서간의 자료 전송

메모리 주소 레지스터(MAR)는 m비트 폭이며 m비트 폭 주소 버스에 직접 연결된 프로세서에 의해 생성 된 메모리 주소를 포함한다.

메모리 데이터 레지스터(MDR)는 w 비트 폭이며 b 비트 폭 데이터 버스에 직접 연결된 데이터 워드를 포함한다. 레지스터 파일은 메모리와 프로세서 간의 데이터 전송에 사용되는 32비트 폭 레지스터의 모음(set)이다. 이때 메모리 주소 범위는 $0 \sim 2^{m-1}$, 메모리 비트 용량은 $2^m \times s$이다. 3개의 제어 신호 즉, $R\overline{W}$, REQUEST 와 COMPLETE가 있다.

$R\overline{W}$신호가 높을 때(1), 이는 프로세서로의 입력 데이터 및 메모리로부터의 출력을 갖는 것과 동일한 읽기 연산에 해당한다. 이 신호가 낮으면(0) 쓰기 연산이 되고 데이터는 프로세서에서 출력되어 메모리의 한 부분에 기록된다. 이 경우 프로세서에서 오는 REQUEST 신호는 프로세서와 메모리 간에 상호 작용이 필요하다는 것을 메모리에 알려준다. 이 요청(읽기/쓰기 중 하나)의 결과로 제어 신호와 주소 버스의 주소와 함께 읽기 연산을 위해 데이터 버스에 해당 데이터가 있을 수 있으며 연산이 완료된 후 메모리는 COMPLETE에 해당하는 제어 신호를 발생한다.

진행과정을 요약하면 다음과 같다.
- 읽기(READ)
  ① 프로세서는 메모리 주소 레지스터에 주소를 복사, 적재하고 읽기 신호를 발생하여 데이터를 요청한다.
  ② 메모리는 해당 워드를 메모리 데이터 레지스터에 전송한다.
  ③ 메모리 완료 표시(COMPLETE)
- 쓰기(WRITE)]
  ① 프로세서는 메모리 주소 레지스터와 메모리 데이터 레지스터에 주소와 내용을 적재하고 쓰기 신호를 발생하여 요청한다.
  ② 메모리 데이터 레지스터에 있는 내용은 메모리 주소 레지스터에 저장되어 있는 주소 위치에 복사 저장 된다.
  ③ 메모리 완료 표시(COMPLETE)

최근 컴퓨터에서는 프로세서와 메모리 간의 메모리 액세스 속도를 높이기 위해 한 번에 8바이트를 처리하는 것이 일반적이다.

메모리 주소 레지스터의 크기가 k비트이고 메모리 데이터 레지스터가 n비트라면, 메모리는 2^k 주소 공간을 가질 수 있다. "메모리 사이클" 동안에 메모리와 프로세서에 n비트의 데이터가 전송된다. 이 전송은 k개의 주소 회선과 n개의 데이터 회선으로 구성된 프로세서 버스를 통해 일어난다. 특히 프로세서의 명령어와 데이터의 처리 속도는 메모리 속도보다 더 빠르므로 메모리 사이클 시간은 시스템의 병목이 된다. 메모리 사이클 시간을 줄일 수 있는 즉 메리의 성능을 향상시킬 수 있는 방법으로 데이터 경로 폭(bandwidth) 확대와 캐시 메모리 사용, 메모리 인터리빙(memory interleaving) 등이 있다.

3. 메모리 관리

앞서 살펴본 바와 같이 프로세서는 메모리에서 처리할 내용을 가져오고 처리 결과를 저장한다. 모든 프로그램과 데이터는 우선 메모리에 적재되어야 실행이 가능하므로 메모리는 중요한 작업 공간이다. 다중 프로그래밍 환경에서는 한정된 메모리를 여러 프로그램(프로세스)들이 함께 사용하므로 이를 효율적으로 관리하는 방법이 필요하다. 이와 같이 여러 프로세스들을 위해 컴퓨터의 메모리를 할당하고 실행이 완료된 프로세스의 메모리 제거 및 실행중인 프로세스 메모리를 보호하는 활동을 메모리 관리라 한다.

단순하게 프로세스 요구로 프로그램 메모리의 일부를 할당하는 방법을 제공하고 더 이상 필요 없는 경우 자유로이 재사용 할 수 있도록 한다. 따라서 메모리의 관리는 컴퓨터 시스템에 중요하다. 메모리 관리는 운영체제(OS: Operation System)의 핵심 과제이므로 여기서는 간략하게 살펴보자.

다음 세 가지 측면으로 구분할 수 있다.

- 적재 시기 : 디스크에서 메모리로 프로세스를 반입할 시기 결정
- 배치 위치 : 디스크에서 반입한 프로세스를 메모리 어느 위치에 저장할 것인가를 결정
- 대치(재배치) 결정 : 메모리에 충분한 공간이 없을 때 다른 프로세스의 반입을 위해 현재 메모리에 할당되어 있는 어떤 프로세스를 제거(희생)할 것인가를 결정

쉬어가는 코너

프로세스(process)

프로세스는 1960년대 멀틱스(multics) 운영체제에서 처음 사용되었으며 다양하게 정의할 수 있는데 가장 일반적인 것은 '실행 중인 프로그램'이다. 프로그램은 컴파일 된 코드와 초기화 전역 변수, 문자열 및 문자열 상수 등의 정적 데이터를 포함하는 정적인 개체이다. 프로세스는 스택, 힙 데이터와 코드 영역으로 이루어지는 메모리 구조와 프로그램 카운터나 레지스터와 같이 현재 사용되는 자원에 대한 정보를 가지는 능동적 개체이다.

4. 메모리에 대한 두 가지 관점

명령어가 실행되는 과정에서 주소의 연속인 메모리는 두 가지 관점으로 해석할 수 있다. 프로그래머가 프로그래밍에 사용하는 공간인 논리적 관점의 논리적 주소와 실제 데이터나 프로그램이 저장되는 공간으로 물리적 관점의 물리적 주소이다. 논리적 주소는 가상 주소라고도 하는데 목적 코드(Object Code)가 저장된 공간과 프로그램에서 사용하는 자료 구조 등이 이

에 해당된다. 반면, 물리적 주소는 논리적 주소에 대응하여 적재되는 실제 주소로, 메모리 칩이나 디스크 공간에서 만들어진다. 이때 사용되는 단위는 바이트다.

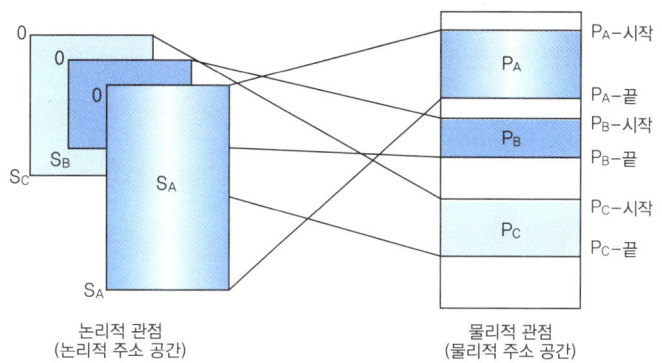

[그림 6-14] 메모리 해석에 대한 두 가지 관점

이와 같이 논리적 주소와 물리적 주소의 실시간 연결(변환)은 메모리 매핑(Memory Mapping)을 통해서 이루어지며 프로세서의 메모리 관리 장치(MMU, Memory Management Unit)로 알려진 하드웨어에서 실행된다[그림 6-15].

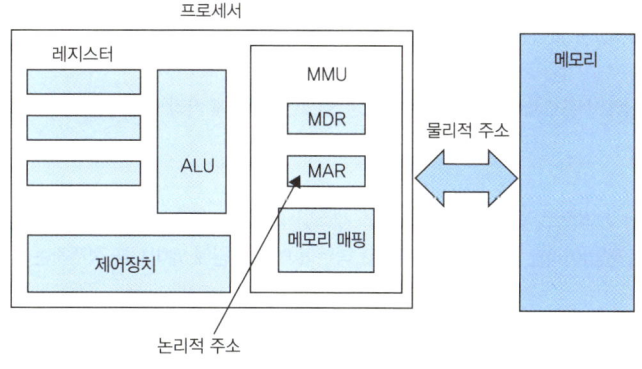

[그림 6-15] 메모리 관리 장치

메모리 관리 장치는 프로세서와 메모리 장치 사이에 위치하면서 프로세서가 메모리에 액세스하려고 할 때마다 즉, 명령을 적재하거나 데이터 저장 또는 적재하는 경우, 원하는 메모리 주소를 메모리 관리 장치로 전송한다. 프로세서의 제어 장치에 의해 액세스되는 두 개의 특수 레지스터가 있다. 메모리로 전송하거나 메모리에서 검색할 수 있는 데이터는 메모리 데이터 레지스터(MDR)에 저장되어 있다. 원하는 논리 메모리 주소는 메모리 어드레스 레지스터(MAR)에 저장된다. 논리적 주소에 대응하는 물리적 주소를 알아야 하는데 두 주소를 연결, 즉 매핑(mapping)시켜 주는 작업을 바인딩(Binding)이라 한다. 논리적 주소(프로세서에 의해 생성 된 가상 주소)가 시스템 버스에 적재하기 전에 논리적 주소는 메모리 관리 장치에 의해 물리적 주소로 변환된다. 이러한 메모리 관리 장치는 메모리 관리 방식에 따라 다음 [그림 6-16]과 같이 여러 형태의 메모리 매핑 방법이 있다.

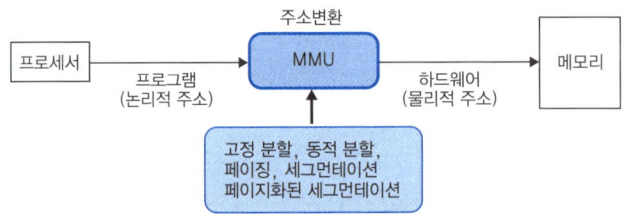

[그림 6-16] MMU의 주소 변환(논리적 주소 → 물리적 주소)

이러한 매핑 방법에 대한 자세한 내용은 운영체제를 참고한다.

메모리 매핑 방법

- 고정 분할

연속 메모리 할당에서 메모리를 여러 개의 고정된 크기로 분할하고 분할된 각 메모리를 하나의 프로세스, 즉 하나의 작업(Job)을 실행하는 방식

- 동적 분할

연속 메모리 할당에서 프로세스의 크기(프로세스가 필요한 만큼)에 따라 메모리를 동적으로 분할하여 할당하는 방식

- 페이징

분산 메모리 할당 기법으로 처리할 작업, 즉 프로세스를 페이지라 불리는 동일한 크기로 나누고 메모리도 프레임(페이지 프레임)이라는 고정 크기 블록으로 나누어 이 프레임에 페이지를 적재하는 방식

- 세그먼테이션

분산 메모리 할당 기법으로 메모리를 프로세스 관점으로 지원하는 메모리 관리 기법이다. 프로그램을 구성하는 서브루틴, 프로시저, 함수 또는 모듈 등으로 크기가 변할 수 있는 세그먼트로 나누고 각 세그먼트를 연관된 기능을 수행하는 하나의 모듈 프로그램으로 처리한다.

- 페이지화된 세그먼테이션

페이징과 세그먼테이션 기법의 장단점을 취합한 방식으로 세그먼트를 페이징하여 외부 단편화를 제거하는 방식.

5. 메모리 보호

보호의 가장 중요한 측면은 각 프로세스는 다른 프로세스에 의해 우발적 또는 의도적으로 원치 않는 간섭(무단으로 읽기 또는 기록)으로부터 보호되어야 한다. 한 프로세스가 다른 프로세스의 주소 공간(프로세스의 메모리 위치 참조)을 볼 수 없어야 한다.

다중 프로그래밍 환경에서 연속 메모리 할당을 지원하는 고정 분할 방식과 동적 분할 방식에서 메모리 보호 방법은 기준 레지스터와 경계(한계) 레지스터를 사용해 보호한다.

반면 분산(비연속) 메모리 할당을 지원하는 페이징 시스템에서 메모리 보호는 각 페이지와 연관된 페이지 테이블(페이지 테이블 항목) 속에 있는 보호용 비트에 의해 수행된다.
대부분 페이징에서 메모리에 대한 액세스는 페이지 테이블을 먼저 실행하여 프레임 번호를 찾는다.
일반적으로 페이지 테이블 항목(PTE)에는 시스템에 따라 다르지만 일반적으로 다음과 같은 중요한 정보가 포함된다.

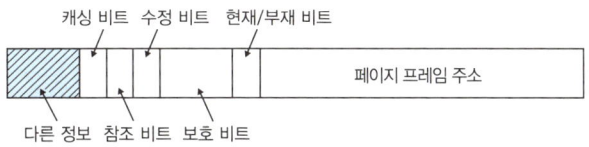

[그림 6-17] 페이지 보호 비트와 다른 정보

- 페이지 프레임 주소 : 실제 메모리 주소의 최상위 비트
- 캐싱 비트(caching bit) : 캐시 메모리에 해당 페이지가 활성화되어 있는지 여부 표시
- 수정 비트 : 페이지가 기록되었는지 여부 표시
- 참조 비트 : 페이지가 참조(읽기/쓰기)될 때마다 설정, 페이지 교체 알고리즘에 사용
- 보호 비트 : 페이지와 관련된 읽기/쓰기/실행 권한 표시
- 현재/부재 비트 : 1이면 페이지가 메모리에 있고, 0이면 디스크에 있다는 표시
- 프로그램에서 하나의 프로세스가 무단으로 읽기 또는 기록(쓰기)을 위해 다른 프로세스의 데이터 영역에 액세스 할 수 없다. 또한 나른 페이지는 서로 다른 액세스 권한을 부여할 수 있으므로 페이지 보호를 위해 보호용 비트에 의해 수행되도록 페이지 테이블 항목에 보호 비트를 추가하여 메모리를 보호하는 과정이다.

예를 들어, 페이지 2는 물리적 메모리에서 찾을 수 없어 액세스가 불가능하므로 보호용 비트가 0000로 표시되었다.

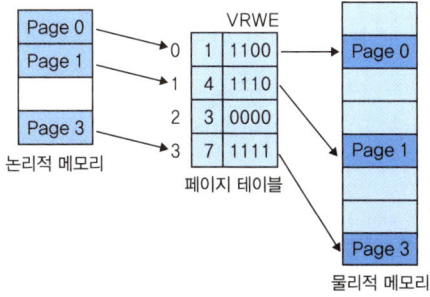

[그림 6-18] 페이지 보호 비트

- 타당/비타당(V) 비트 : 현재 물리적 메모리의 적재 여부
- 읽기(R) 비트 : 읽을 수 있는가 여부
- 쓰기(W) 비트 : 수정 여부
- 실행(E) 비트 : 실행 여부

또는 페이지 테이블 항목(PTE)에 보호용 비트 1개를 설정하고 액세스의 종류에 따라 타당(1)/비타당(0) 여부를 확인하여, 불법적인 시도를 예방 할 수 있다.

6. 메모리 인터리빙

시스템 설계자들은 메모리의 액세스 속도를 높이고 시스템을 보다 효율적이고 신속하며 신뢰할 수 있게 만들기 위하여 인터리빙(interleaving) 기법을 사용한다. 메모리는 액세스 지연(대기) 시간이 길고 액세스하는 데 다수의 프로세서 사이클이 필요한 경우가 있다. 또한 하나의 메모리 연산이 미해결 상태 일 때 다른 연산은 이 연산이 완료될 때까지 기다려야만 시작할 수 있다. 물리적 메모리는 일반적으로 둘 이상의 RAM 칩으로 구성(그룹화)하여 메모리 모듈(뱅크)을 형성 할 수 있다. 메모리 인터리빙은 메모리를 여러 개의 모듈로 나누고 주소 공간의 연속적인 워드가 서로 다른 모듈에 있도록 배열(불연속 방식으로 데이터를 배열)하는 방법으로 인접한 메모리 위치를 서로 다른 모듈에 둠으로써 동시에 여러 곳을 액세스할 수 있게 한다. 메모리를 여러 부분으로 나눌 때 연속되는 메모리 영역을 서로 다른 모듈에 할당(메모리 주소를 균등하게 분산)하게 되므로 만약 메모리에 대한 액세스 요청이 연속적인 주소에 걸쳐 일어난다면 각 모듈에 병렬 액세스가 가능하므로 즉, 연속적인 메모리 읽기 및 쓰기가 차례로 각 메모리 모듈을 사용하므로 메모리로부터 워드를 인출하는 평균 속도가 빨라질 수 있다. 물론 여러 개의 메모리 모듈은 각각 다른 모듈과 독립적으로 요청을 처리 할 수 있다.

이러한 메모리 인터리빙은 블록 단위 전송이 가능하게 하므로 캐시나 메모리와 주변 장치 사이의 빠른 데이터 전송을 위한 DMA(Direct Memory Access)에서 많이 사용한다.

1) 구성

인터리빙은 메모리에 대한 액세스 요청이 연속적인 주소에 걸쳐 일어난다면 각 모듈에 병렬 액세스가 가능하므로, 메모리로부터 워드를 인출하는 평균 속도가 빨라질 수 있다. 이러한 인터리빙은 상위(high-order) 인터리빙과 하위(low-order) 인터리빙 방식으로 구분할 수 있다. 하위 인터리빙의 경우 모듈을 은행(bank)이라고도 한다. 예를 들면 다음과 같이 2개의 메모리 칩을 이용하여 메모리 인터리빙을 실행한다면 칩을 선택하는데 1비트가 필요하다. 하위 인터리빙을 위한 하위 비트와 상위 인터리빙을 위한 상위 비트를 다음과 같이 구성할 수 있다.

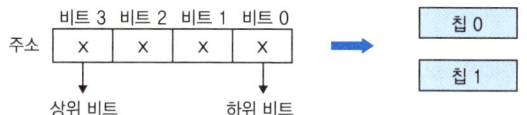

[그림 6-19] 메모리 인터리빙 비트 구조

- 상위 인터리빙

  0000, 0001, ... 0111 → 칩 0

  1000, 1001, ... 1111 → 칩 1

- 하위 인터리빙

  0000 → 칩 0, 0001 → 칩 1, 0010 → 칩 0, 0011 → 칩 1

인터리빙 메모리는 n개의 모듈이 있고 메모리 위치 i가 뱅크 i mod n에 있을 때 n-웨이(way) 인터리빙 된다고 한다. 따라서 메모리가 4-웨이 인터리브인 경우 0에서 3까지 번호가 지정된 4개의 모듈을 사용하며 8-웨이 인터리브이면 0에서 7까지 번호가 지정된 8개의 모듈을 사용하여 구현된다.

- 상위 인터리빙

상위 주소 비트는 메모리 모듈(뱅크)을 활성화(지정)하고 하위 비트는 모듈에서 워드를 선택(모듈 내 위치)한다. 따라서 연속된 워드는 하나의 모듈에 있도록 순차적으로 지정하는 방식이다. 일반적으로 연속된 워드가 하나의 모듈에 있고, 여러 개의 모듈로 구성된 상위 인터리빙 구현은 연속적인 워드가 필요할 경우 도움이 되지 않는다. 즉, 동시 액세스를 통한 성능향상이 어렵다.

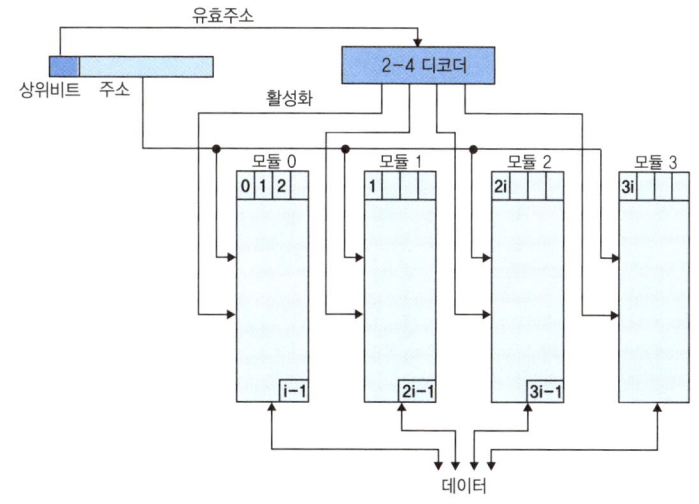

[그림 6-20] 상위 인터리빙

■ 하위 인터리빙

연속적인 주소가 연속적인 모듈 내에 위치하도록 주소를 분배는 방식으로 하위 주소 비트가 메모리 모듈을 활성화하고 상위 비트는 모듈에서 워드를 선택한다. 따라서 메모리의 연속 주소가 다른 메모리 모듈(뱅크)에서 발견된다. 모듈을 쉽게 결합하여 더 넓은 데이터 폭을 만들 수 있으며 모든 모듈은 R/W 사용 가능하며 연속된 워드가 다른 모듈에 있고 동시에 불러올 수 있기 때문에 메모리 처리량이 높아진다.

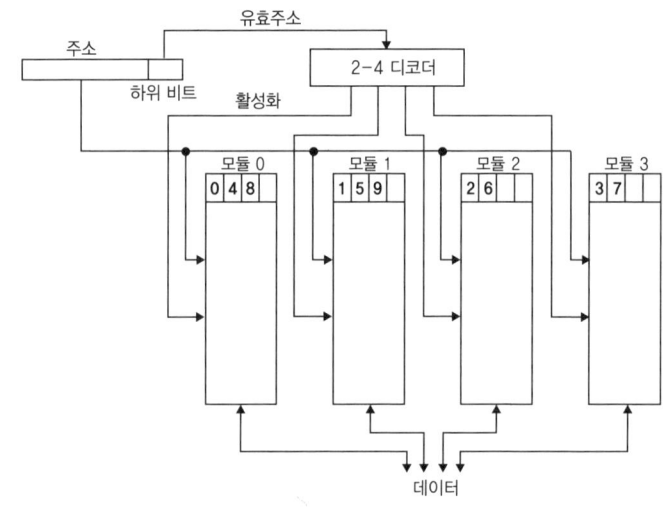

[그림 6-21] 하위 인터리빙

일반적으로 인터리빙은 많은 정보를 신속하게 처리해야하는 서버(데이터베이스)에 가장 유용하다. SIMM/DIMM은 하위 인터리빙, 마더 보드 메모리 뱅크는 상위 인터리빙으로 구성한다.

Section 03 캐시메모리

일반적으로 비싼 메모리라도 가장 느린 프로세서 보다 늦다. 시스템 성능은 빠른 장치가 데이터를 액세스하기 위해 메모리 시스템을 기다릴 때 떨어진다. 장치는 입출력장치나 프로세서가 될 수 있으며 메모리 시스템은 메모리 또는 외부 저장 장치일 수도 있다.

컴퓨터는 항상 대용량의 메모리를 사용하고 설계자들은 조심스럽게 메모리 가격과 성능 사이의 절충을 해야 하기 때문이다. 느린 메모리에 의해 발생하는 성능 저하를 감소시킬 수 있는 하나의 방법은 메모리 시스템에 캐시 메모리를 결합하는 것이다.

3-1 캐시 메모리 시스템

1. 캐시 구조(계층)

캐시 메모리는 빠른 속도로 처리되는 프로세서와 상대적으로 느린 속도로 처리되는 메모리 사이에서 자료나 정보를 저장하는 고속 버퍼로, 프로세서 내부(또는 프로세서 가까이)에 있는 매우 빠른 SRAM으로 구성되며 메모리에 사용되는 DRAM보다 빠르지만 더 비싸다.

메모리의 데이터는 캐시를 통해 이동하여 레지스터에 저장된다. 캐시는 다시 사용될 가능성이 있는 데이터 즉, 자주 사용되는 일부 주소(메모리)의 데이터를 임시로 저장하며 또한 현재 실행중인 프로그램에서 많이 사용하는 메모리의 블록(섹션)을 복제한다. 따라서 데이터 항목을 메모리에서 가져와야하는 경우보다 훨씬 빨리 액세스 할 수 있다.

최근 캐시 구조(서버)는 일반적으로 세 가지 서로 다른 계층(수준)으로 구현된다[그림 6-22].

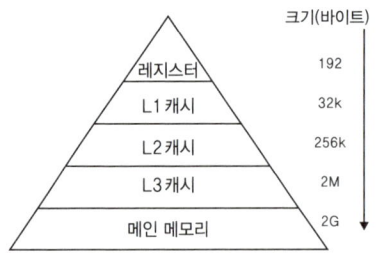 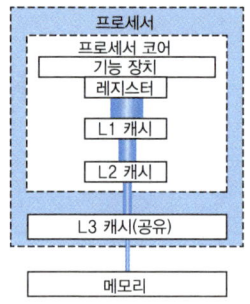

[그림 6-22] 캐시 계층 구조

가장 간단한 구조는 내부 캐시를 L1(Level 1)로 지정하고 외부 캐시를 L2(Level 2)로 지정한 2 계층 캐시이다. 현재는 L2 캐시를 프로세서 칩으로 옮기고 L3 캐시를 추가한 3 계층 구조가 사용된다. 프로세서에 가장 가까운 L1 캐시는 크기가 수십 Kbyte(대부분의 시스템은 약 32KB)의 확장 불가능한 메모리로 프로세서에서 자주 사용하는 데이터를 저장하는 데 사용된다. 대부분 몇 사이클 만에 액세스 할 수 있는 매우 빠른 메모리로 레지스터보다 훨씬 저렴하다. 메모리 액세스를 필요로 하는 명령은 실행에 필요한 데이터 항목을 L1 캐시에서 먼저 검색한다. 만약 발견되지 않으면 캐시 컨트롤러에 의해 L2 캐시에서 검색된다. L2 캐시는 선택적 메모리 계층으로 크기가 커서 L1 캐시보다 속도가 느리고 대기 시간이 비교적 길기 때문에 L1 캐시보다 저렴하다. 또한 액세스 시간은 더 길지만 용량은 더 큰 L3(level 3) 캐시가 있을 수 있다. L3 캐시는 메모리 액세스를 요구하기 전의 캐시로 L1 및 L2 캐시가 각 코어에 고유(on-chip)한 반면 L3 캐시는 모든 코어에서 공유되는 오프 칩(off-chip)이다. L2 및 L3 캐시의 대역폭은 일반적으로 L1과 동일하다. 프로세서는 캐시 메모리에서 데이터를 가져 오거나 저장하기 위해 시스템 버스를 사용할 필요가 없다.

캐시는 저장된 데이터 유형에 따라 명령 저장 전용으로 구현되는 명령어(instruction) 캐시 (L1 I)와 명령 실행 중에 사용되는 데이터만 저장하는 데이터(data) 캐시(L1 D)가 있다. 프로세서가 명령을 인출하려면 먼저 L1 I 캐시를 참조하고 프로세서가 메모리에서 데이터를 인출하려면 먼저 L1 D 캐시를 참조한다. 데이터와 명령어를 모두 저장하는 통합된 캐시 구현이 있을 수 있지만 일반적으로 L1 캐시를 L1 D와 L1 I로 분리된 구현이 명령 인출/해독 장치와 실행 장치 간의 캐시에 대한 경합을 제거하므로 더욱 효과적이다. 그러나 통합 캐시는 명령과 데이터 인출 사이의 적재 균형을 자동으로 조정하므로 분할 캐시보다 높은 적중률을 갖는 장점이 있다. 물론 L2 또는 L3에서는 분리 되지 않은 통합 캐시이다.

2. 멀티 코어 프로세서

초기의 모든 프로세서는 코어가 하나 뿐인 단일 코어(Uni-core) 프로세서로 구현되었으나 현재는 성능 향상 즉, 프로그램 실행의 전체 속도를 증가시키고, 동시에 여러 명령을 실행(병렬 처리)할 수 있는 멀티 코어(multi-core) 시스템 구조이다. 멀티 코어 시스템은 단일 컴퓨팅 구성 요소로 각각 코어라고 불리는 서로 독립적인 두 개 이상의 프로세서를 가지고 있으며 각 코어는 별도로 프로그램 명령어를 읽고 실행(동작)한다. 따라서 멀티 코어 프로세서는 더 효율적으로 응용 프로그램을 실행할 수 있으므로 사용자는 보다 많은 작업을 병렬 처리할 수 있고 동시에 대부분의 프로세서 집약적인 작업을 백그라운드에서 실행할 수 있다.

다음 [그림 6-23]은 각각 하나의 코어(단일 코어)와 두 개의 코어(멀티 코어)가 있는 프로세싱 시스템의 구조(L1 I, L1 D)를 보여준다.

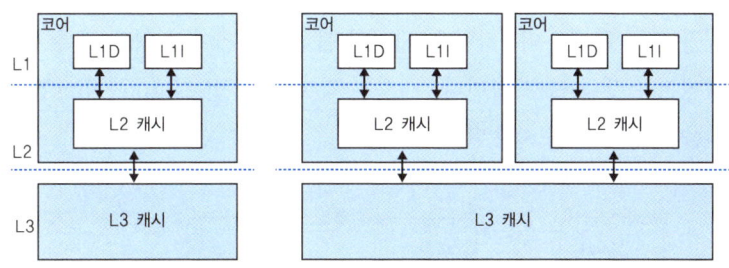

[그림 6-23] 단일 코어와 이중 코어 시스템

멀티 코어 프로세서는 2개 이상의 코어를 가진 프로세서로 두 개의 독립적인 프로세서가 있는 멀티 코어 프로세서를 듀얼 고이(dual-core) 프로세서라고 하며 4개의 독립석인 프로세서가 있는 멀티 코어 프로세서를 쿼드 코어(quad core) 프로세서, 6개의 경우 헥사 코어(hexa-core), 8개의 경우 옥타 코어(octa-core) 프로세서라고 한다. 듀얼 코어 프로세서는 동일한 칩에 두 개의 개별 코어와 각각 자체 캐시가 있는 프로세서이므로 마이크로프로세서를 2 대 얻는 것과 같다. 코어는 캐시를 공유하거나 공유하지 않을 수 있으며 메모리 전달 또는 공유 메모리간 통신을 실행할 수도 있다.

이러한 멀티 코어 프로세서는 일관되게 반복되는 동일한 코어로 구현된 동종(Homogeneous) 멀티 코어 시스템과 코어가 동일하지 않은 여러 코어를 혼합하여 사용하는 이기종(Heterogeneous) 멀티 코어 시스템으로 구분할 수 있다. 이기종 멀티 코어 시스템은 분할이 정적(고정)으로 유지되고 응용 프로그램 요구 사항에 대략적으로 부합하는 고정 이기종 구조와 프로그래머의 도움 없이 스스로를 재구성하고 애플리케이션 요구 사항에 맞출 수 있는 동적 이기종 구조로 나눈다.

멀티 코어 프로세서는 싱글 코어 프로세서와 달리 대규모의 멀티 태스킹, 멀티 스레딩(Multithreading)이라는 기술을 사용한 응용 프로그램을 지원한다. 따라서 전력을 절약하기 위해 애플리케이션 요구가 낮을 때 코어 중 하나를 끌 수 있다. 또한 오프 칩(off-chip)이 아니므로 배선이 더 짧아 코어 간 지연을 줄이는 이점 등의 장점이 있다. 그러나 처리 시스템의 코어를 증가시키지 않는 응용 프로그램의 경우 오히려 멀티 코어 프로세서에서 느리게 실행되거나 코어 수가 증가함에 따라, 특히 메모리에서 멀티 코어 칩을 통해 데이터를 이동해야 하는 경우, 상호 연결(wire) 지연이 발생하는 단점이 있다.

3. 캐시 요소

일반적으로 캐시 메모리는 8~64바이트 정도의 블록(메모리와 같은 내용 및 크기)들로 구성된 라인(행)으로 분할되며 각 라인은 라인이 복사 된 메모리의 주소를 나타내는 태그가 있다. 캐시에 저장되는 각 블록의 주소(번호)를 태그(tag)로 저장한다. 블록(캐시 라인)은 캐시와 메모리 사이의 전송 단위이면서 캐시 저장을 위한 기본 단위이므로 캐시 메모리를 캐시 라인이라고 하는 저장 위치로 나눈다. 라인은 데이터 블록 즉, 데이터 워드(블록 길이)와 태그 및 제어 비트(그림에서는 생략)를 포함한다. 캐시는 각 라인에 번호(Line-Number)를 부여하여 특정 캐시 라인을 지정하는 데 사용된다.

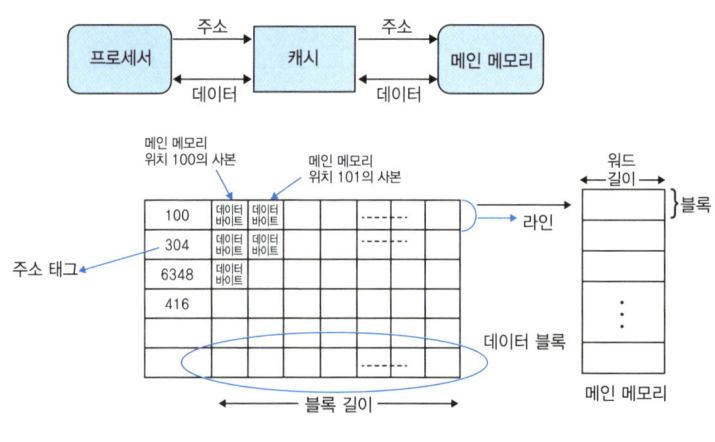

[그림 6-24] 캐시 내부

캐시는 다음과 같이 다수의 캐시 블록 프레임으로 구성된다.

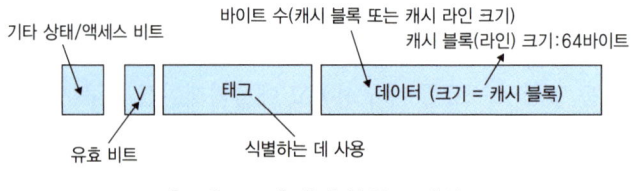

[그림 6-25] 캐시 블록 프레임

- 기타 상태/액세스 비트 : 데이터 블록의 수정 여부 및 읽기/쓰기 액세스 등에 대한 정보를 나타낸다.
- 유효 비트(V) : 캐시 블록 프레임이 유효한 데이터를 포함하는지 여부(1 또는 0)를 나타낸다.
- 태그 : 데이터 그룹의 고유 식별자로 캐시 라인(블록)과 연관된 블록을 추적한다.
- 서로 다른 영역의 메모리가 하나의 블록에 매핑될 수 있기 때문에 태그를 사용하여 서로 구별한다. 태그(태그 값)는 색인과 태그로 나누어 상위 비트는 태그, 하위 비트는 색인으로 구분한다.

주소(32 비트) | 태그 | 색인 |

- 데이터 : 바이트 수는 캐시 블록(캐시 라인) 크기로 명령어 또는 데이터가 저장된다.

4. 데이터 블록 적재

메모리의 주소(32비트)에 저장된 데이터 블록(데이터의 복사본)을 캐시에 적재하기 위해 주소 부분과 데이터 부분으로 나누어 적재 과정을 살펴보자.

1) 주소 적재

우리는 메모리의 주소를 살펴보면 데이터(블록)가 캐시 메모리 어디에 있는지(위치)를 결정할 수 있다.

- 주소의 하위 비트(k비트) : 캐시 블록(캐시 라인) 지정.
- 주소의 상위 비트(m비트) : 블록의 태그 필드에 저장.
- 메모리의 데이터 : 블록의 데이터 필드에 저장.
- 유효 비트(V) : 1로 설정.

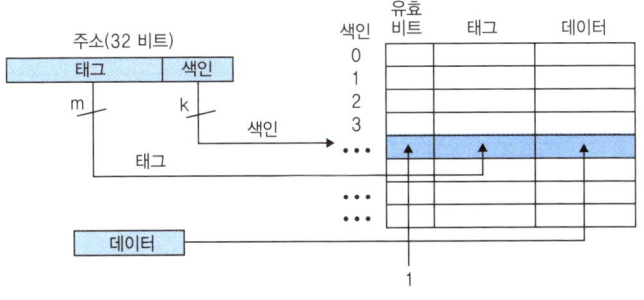

[그림 6-26] 주소 적재

2) 데이터 적재

블록 내의 데이터 배치를 살펴보면 메모리의 1바이트 데이터에 액세스 할 때, 공간 블록을 활용하기 위해 전체 블록을 캐시에 복사한다. 따라서 블록 크기가 증가하면 캐시 라인에 더 많은 워드를 적재할 수 있기 때문에 공간 지역성을 이용하여 캐시 적중률이 증가할 수 있다. 그러나 블록 크기가 증가하면 캐시에 들어가는 블록 수가 줄어들어 적중률이 오히려 감소 할 수도 있다.

위 그림에서 32비트의 주소 체계는 다음과 같이 캐시 메모리 주소와 연결된다.

	(32-k-n) 비트	k비트	n비트
주소(32비트)	태그	색인	2^n 바이트

색인 프레임(k비트)의 하위 비트(n비트)를 데이터 위치 즉, 하나의 데이터 블록(캐시 라인)이 여러 개의 워드 또는 바이트로 구성되므로 블록 내의 상대적인 위치를 블록 오프셋(각 워드, 바이트 주소)을 통하여 나타낸다. 예를 들어 2^k 블록을 가진 캐시를 가지고 있고, 각각 2^n 바이트를 포함한다고 가정하자. k비트의 주소는 2^k 개의 캐시 블록(캐시 라인) 중 하나를 선택하며 n비트는 이제 캐시 데이터 블록의 2^n 바이트 중에서 데이터를 저장할 블록 오프셋을 결정한다.

다음 그림은 32비트 주소(0000 0000 0000 0000 0000 0000 0000 1110)로 구현된 캐시 구조로 1024(2^{10}) 프레임(캐시 라인)으로 구성된 4KB 크기의 캐시이다. 데이터 블록은 4(2^2) 바이트 크기이다.

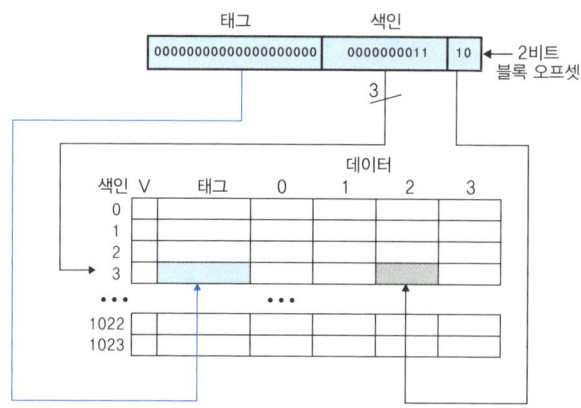

[그림 6-27] 32비트 주소로 구현된 캐시 구조

색인(0000000011^2)은 캐시 라인 위치(3)를 지정하고 주소의 최하위 비트(2비트)는 캐시 블록(4바이트 프레임) 내에서 2(3 번째) 바이트를 선택한다.

5. 캐시 동작

프로세서는 메모리 액세스가 필요하면 우선 캐시를 조사한다. 프로세서가 메모리를 액세스할 때마다 메모리 시스템은 캐시 제어기(제어 회로)에게 물리적 주소를 보낸다. 캐시 제어기는 명령어의 주소(태그는 주소의 상위 비트)를 이용하여 캐시 라인과 메모리 맵의 어떤 블록과 연관되는지를 결정한다. 따라서 만약 보관(전송되어 저장)된 블록의 자료를 복사하려면 캐시는 모든 주소 태그(tag)와 물리적 주소와 비교하여 원하는 블록을 찾는다. 물론 캐시가 프로세서로부터 받는 기본 요청(동작)은 단순한 메모리 읽기 및 메모리 쓰기이다. 프로세서에 의해 수행되는 메모리 읽기는 메모리 위치의 주소를 캐시로 전송하고 캐시는 프로세서에 의해 요청 된 데이터 항목을 찾으면 데이터를 반환한다. 메모리 쓰기의 경우, 프로세서는 주소와 그 주소에 쓰여 져야하는 새로운 데이터를 캐시로 보낸다.

예를 들면 연산이 읽기 액세스이고 캐시가 자료를 보관하고 있으면 (블록이 유효하고 태그와 주소가 일치하면) 캐시는 요청된 데이터를 프로세서로 보낸다[그림 6-28]. 이러한 현상을 캐시 적중(cache hit)이라고 하며 메모리에서 직접 동일한 데이터를 읽어오는 것보다 훨씬 빠르다. 만약 원하는 주소의 블록이 캐시에 없다면 캐시 실패(cache miss)가 발생하며 캐시 제어기는 메모리에서 그 주소를 포함하는 블록을 읽어서 캐시에 넣고 프로세서로 전송한다. 이 때 캐시에 대응된 주소 태그와 함께 내용을 저장한다. 메모리 주소는 태그(상위 비트)와 색인(하위 비트)로 구분되어 데이터를 저장한다. 다음은 32비트 메모리 주소(태그 22비트, 색인 10비트) 즉, 2^{10}바이트(1 K) 구조의 캐시 적중 동작을 보여준다.

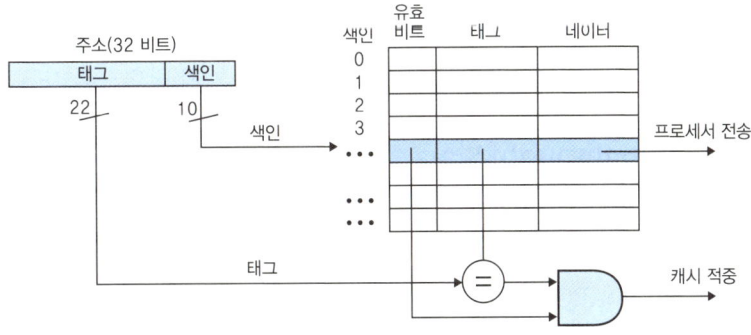

[그림 6-28] 캐시 동작(캐시 적중)

프로세서가 명령어 또는 프로세스 데이터를 실행하는 동안 캐시는 병렬적으로 메모리 셀 가까이에 있는 데이터를 추가로 읽고 주소 태그에 저장한다.

캐시는 프로세서와 병렬적인 연산을 하기 때문에 캐시 실패 후에 추가적인 워드의 적재는 프로세서 성능을 떨어뜨리지 않는다. 이러한 새로운 데이터는 캐시 속도와 같이 프로세서가 직접적으로 사용 가능하며 참조의 지역성 때문에 프로세서는 이러한 새로운 데이터를 요청한다.

캐시의 성공 여부는 요청 된 데이터가 캐시에서 얼마나 자주 발견되는지에 따라 달라지므로 컴퓨터 프로그램 수행 시에 나타나는 참조 지역성(국부성) 즉, 현재 인출/실행중인 명령이 다음에 인출/실행될 명령과 매우 비슷하다는 원리를 이용한다. 이러한 원리는 메모리에 액세스(읽기/쓰기) 된 데이터 값에 적용된다.

캐시가 꽉 차 있고 캐시에 없는 워드(명령어 또는 데이터)가 참조될 때, 그 참조된 워드를 포함하는 블록을 위한 공간을 만들기 위해 어느 블록을 제거할 것인가를 결정해야 한다. 이것을 교체(replacement)라 하는데, 가상 메모리에서 페이지 대치와 매우 유사하므로 이와 관련된 내용은 가상 메모리를 참고한다. 최근 캐시의 블록 대치에서는 최소 사용 방법과 비슷한 알고리즘이 주로 사용된다.

6. 쓰기 체계

앞서 살펴 본 바와 같이 프로세서는 캐시에 대한 별도의 지시(명령) 없이 단지 메모리의 워드를 지정하는 주소를 발생하여 읽기와 쓰기(기록)요청을 한다. 캐시 제어기는 요청된 워드가 현재 캐시에 있는가를 판단(결정)하여 만약 있다면 읽기나 쓰기 연산(동작)은 캐시에서 수행된다. 읽기 연산의 경우 메모리는 관여하지 않으나 쓰기 연산의 경우 두 가지 경우를 예상할 수 있다. 캐시의 이전 블록(데이터)이 변경되지 않은 경우 새 블록으로 덮어 쓸 수 있다. 그러나 캐시의 해당 행에 있는 워드에 대해 적어도 하나의 쓰기 작업이 수행 된 경우 새 블록을 가져 오기 전에 캐시 블록(캐시 라인)을 메모리 블록에 기록하여 메모리를 업데이트해야 한다. 아니면 데이터의 일관성 문제가 발생하므로 시스템은 두 가지 방법으로 사용한다.

1) 바로 쓰기(write-through) 방식

가장 간단하고 일반적인 방법으로 쓰기 연산이 이루어질 때마다 동시에 캐시 메모리와 메인 메모리를 갱신(update)하여 일관성(불일치) 문제를 해결한다. 다음은 주소 214(11010110_2)에 데이터(ABC)를 쓰기(기록)하는 과정이다.

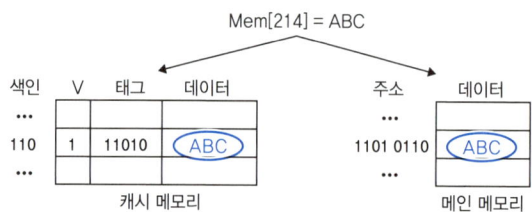

[그림 6-29] 바로 쓰기

이때 이러한 연산(작업)을 처리하기 위하여 캐시와 메모리 사이에 쓰기 버퍼(Write Buffer)를 이용한다.

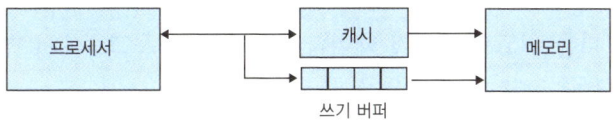

[그림 6-30] 바로 쓰기 방식

프로세서는 데이터를 캐시와 쓰기 버퍼에 기록하며 메모리 제어기는 버퍼의 내용을 메모리에 저장한다. 이 때 쓰기 버퍼는 FIFO(first-in first-out) 알고리즘에 의해 처리된다.

이 방식은 캐시에 있는 내용과 메모리에 있는 내용이 항상 일치하므로 간단하고 일관성이 있으나, 쓰기 액세스에서는 캐시의 빠른 속도에서 이득을 볼 수 없으므로 효율은 떨어진다 (병목 현상). 이러한 특성은 DMA 전송을 가진 시스템에서 매우 중요하다. 메모리에 있는 데이터는 항상 유효하기 때문에 DMA를 통하여 통신하는 입출력 장치는 가장 최근에 갱신된 데이터를 받게 된다.

2) 쓰기 지연(write-back) 방식

쓰기 연산 동안 캐시의 내용만 표시하였다가 나중에 블록이 다른 블록으로 대체 될 때 메모리에 쓰기(기록) 복사하는 방법이다. 이 방식은 속도를 높일 수 있으나, 캐시 블록의 내용이 메모리 블록의 내용과 다르게 될 수 있다. 이러한 불일치를 나타내기 위해 1비트(Dirty bit)를 추가하여 캐시 블록에 1 또는 0으로 표시하여 불필요한 쓰기를 방지할 수 있다. 물론 동일한 메모리 주소에 대한 다음 읽기는 업데이트 된 올바른 데이터가 들어있는 캐시에 의해 처리된다.

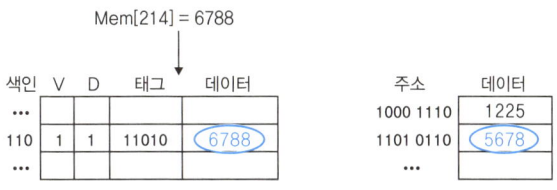

[그림 6-31] 캐시와 메모리 불일치 표시

이러한 방법은 모든 쓰기 연산이 바로 쓰기 방식과 마찬가지로 메모리에 액세스해야 하는 것은 아니다. 단일 주소가 자주 쓰기 연산이 발생하는 경우 즉, 동일한 캐시 블록 내의 여러 바이트가 수정되면 그 주소를 메모리에 계속 쓰기 연산을 하지 않으므로 효율적인 장점이 있다. 그러나 워드가 캐시에 있는 동안 여러번 갱신될 수 있기 때문에 DMA를 이용하는 경우,

또는 다중처리기 시스템의 경우 캐시의 내용과 메모리의 데이터가 다르므로 매우 위험하다.

물론 워드가 캐시에 남아 있다면 메모리로 복사가 늦어지는 것은 별로 문제가 안된다. 왜냐하면 워드를 액세스하려는 프로세스는 우선 캐시를 검색하기 때문이다. 메모리로 복사가 필요할 때는 워드가 다른 워드로 교체될 때이다. 전형적인 프로그램에서 메모리 쓰기 빈도는 메모리 액세스 수의 10~30%이다.

3-2 캐시 액세스와 주소 변환

앞서 살펴본바와 같이 캐시 메모리의 목적은 최근에 사용한 데이터를 메모리에 저장하는 대신 프로세서에 더 가깝게 저장하여 액세스 속도를 높이기 위함이다. 물론 캐시는 메모리보다 훨씬 작지만 액세스 시간은 매우 짧다. 특히 주소로 액세스되는 메모리와 달리 캐시는 일반적으로 내용에 의해 액세스되어 검색 시간 때문에 하나의 큰 캐시 메모리가 항상 바람직한 것은 아니다. 여기서는 이러한 주소 변환과 관련된 세 가지 기술에 대해 살펴본다.

1. 사상 함수

메모리와 캐시의 블록 크기는 모두 같고 일반적으로 n 워드로 이루어지면서 n은 2의 제곱으로 캐시 라인은 보통 4~64바이트이다. 캐시 메모리는 이러한 블록이 여러 개 있을 수 있으며 메모리 블록과 캐시블록의 대응관계는 사상 함수(mapping function)에 의해 지정된다. 따라서 메모리 블록의 수보다 캐시 라인의 수가 적기 때문에 메모리 블록을 캐시 라인에 사상(mapping)하기 위한 알고리즘이 필요하다. 캐시 성능은 프로그램에서 보여준 공간 지역성이 얼마나 잘 활용되었는지를 직접 반영하기 때문에 데이터 블록을 캐시의 어느 위치에 있느냐에 따라 영향을 크게 받는다. 또한, 어느 메모리 블록이 현재 캐시 라인을 차지하고 있는지를 결정하기위한 수단이 필요하다. 따라서 매핑 기능의 선택은 캐시 구성 방법을 결정한다.

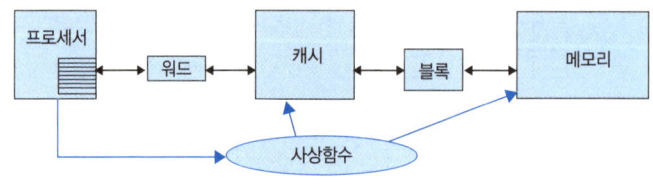

[그림 6-32] 캐시의 사상 함수

캐시 사상함수는 모든 캐시 연산을 담당한다. 예를 들면 삽입되는 블록의 위치 선정, 캐시 실패 발생 시 이루어지는 교체 전략 그리고 읽기와 쓰기 정책 등 따라서 사상 함수는 하드웨어로 구현해야 한다. 캐시 메모리의 기본적인 특성은 빠른 액세스 시간이므로 메모리에서 캐시 메모리로 데이터를 전송하는 과정을 매핑 프로세스(mapping process)라고 하며 다음과 같은 4 가지 방법이 소개되고 있다.

2. 직접 맵 캐시

직접 사상(mapping) 캐시에서 메모리의 각 블록은 하나의 캐시 위치에 해당 주소를 기반으로 할당되므로 '1 방향(단방향) 집합 연관(one-way set associative)' 또는 캐시의 한 특정 위치에 메모리의 모든 블록에 대한 직접 매핑이 있기 때문에 직접 맵(Direct-mapped) 캐시라고도 한다.

직접 맵 캐시의 기본적인 개념은 모든 메모리 블록들이 그룹 번호에 따라 캐시의 지정 위치(캐시 라인)에 저장될 수 있다는 것이다. 매핑은 다음과 같이 표현한다.

n(캐시 라인 번호)= i (메모리 블록 번호) mod 2^k (캐시 라인 수)

특정 메모리 주소가 어느 캐시 블록으로 이동해야하는지 파악하는 한 가지 방법은 mod (나머지) 연산자의 사용이다. 캐시에 2^k 블록이 포함되어 있으면 메모리 주소 i의 데이터가 캐시 블록 색인으로 이동한다. 예를 들어, 4 블록 캐시를 사용하는 경우 메모리 주소 14는 캐시 블록(캐시 라인) 2에 매핑된다(14 mod 4=2). [그림 6-33]에서 16바이트의 메모리와 4바이트 캐시 (1바이트 블록 4개)의 경우, 메모리 위치(주소) 0, 4, 8 및 12 모두 캐시 블록 0에 매핑되며, 주소 1, 5, 9 및 13 은 캐시 블록 1에 매핑된다.

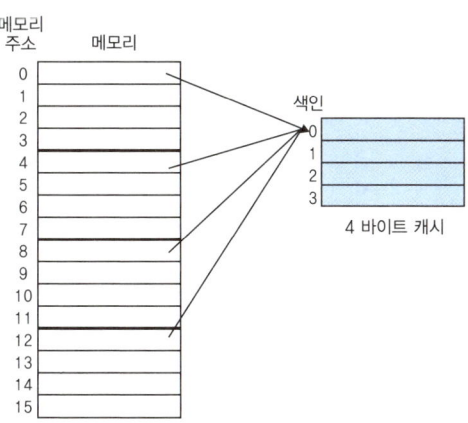

[그림 6-33] 메모리 블록과 캐시 블록 매핑

직접 맵 캐시의 경우 추가 하드웨어 없이 메모리 주소를 사용하여 쉽게 캐시에서 블록 배치가 이루어지나 제한적이다. 결국, 작은 캐시 메모리가 가득 차면 메모리에서 새로운 블록을 적재하기 위해 캐시에 있는 기존 블록 중 하나를 교체해야 한다. 직접 맵은 주소 계산이 매우 신속하게 수행되어 대기 시간이 짧기 때문에 매우 효율적이지만 실제 응용에서는 문제가 있다. 이러한 과정을 살펴보자.

각 캐시 블록은 하위 주소 비트를 사용하여 직접 액세스 할 수 있다. 캐시 액세스를 위해 메모리 주소는 세 개의 필드로 구성되어 있다.

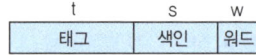

가장 작은 워드(w 비트) 필드는 메모리 블록 내에서 고유한 워드(바이트)를 구별하며, 색인(s 비트) 필드는 메모리의 2^s 블록(캐시 라인) 중 하나를 지정한다. 각각의 캐시 위치는 앞서 설명한 바와 같이 다수의 다른 메모리 위치의 내용을 포함 할 수 있기 때문에, 캐시 내의 워드가 요구 된 워드와 대응하는지 여부를 식별하는데 필요한 주소 정보를 포함하는 태그(t 필드) 필드가 있다. 또한 캐시 블록이 유효한 정보를 갖는지를 확인하기 위해, 캐시 항목이 유효한지를 나타내는 유효 비트(Valid bit)가 각 블록에 부가된다. 예를 들어, 메모리 주소가 32비트(4G 바이트의 크기)의 경우, 캐시가 8K 워드(64K 바이트)를 가지며 주소 지정에 16비트가 필요하다면 메모리 주소에서 하위 비트(16비트)를 캐시의 데이터 항목 주소로 사용한다.

[그림 6-34] 캐시 메모리 주소 비트

다음은 태그 필드 5비트의 2^5=32개의 열, 색인 필드 8비트, 2^8=256개의 그룹(행)으로 구성된 직접-맵 캐시 구조이다.

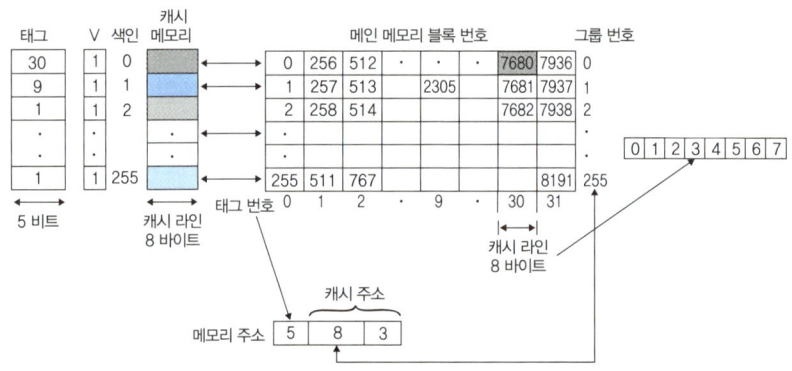

[그림 6-35] 직접-맵 캐시 조직의 예

위 [그림 6-35]에서 메모리 주소는 3필드로 구분되어 메모리 주소의 상위 5비트는 캐시에 부착된 태그 메모리에 저장되며 열의 위치를 나타내며, 8비트의 그룹(색인) 필드는 캐시 블록 필드로 그 블록이 저장될 캐시 위치(캐시 라인)를 나타낸다. 메모리 주소의 최하위 3비트 워드 번호(블록 오프셋)는 해당 캐시 라인의 8바이트 중 하나를 선택하는 데 사용된다.
예를 들면 16비트 메모리 주소가 11110 00000000 001 일 때

　태그 번호 : 11110_2 → 10진수 30

　색인 : 00000000_2 → 10진수 0 따라서 색인 번호 0

　워드 : 001_2 → 10진수 1 따라서 데이터 블록 중 두 번째 바이트

그러므로 그림에서 태그 번호 30, 색인 0에 데이터 블록(7680)이 있으므로 유효 비트 1로 표시되어 있다. 이어서 태그 번호 1, 색인 1에 데이터 블록(257), 태그 번호 9, 색인 2에 데이터 블록(2306)도 있으므로 유효 비트 1로 표시된다. 프로세서가 요청한 워드는 태그 항목의 태그와 그 주소의 태그 필드와 비교하여 만약 같다면 캐시 적중, 없다면 요청된 워드를 포함한 블록을 메모리로부터 읽어서 캐시에 적재한다. 이 방법은 구현이 쉬운 특징이 있으나 만약 같은 그룹에서 두개의 블록이 자주 참조 된다면 캐시는 충돌(thrash) 될 수 있다. 다시 말하면 특정 그룹의 모든 메모리 블록은 색인(그룹) 번호에 해당하는 캐시의 한 위치에만 이동할 수 있다. 이제 캐시는 참조가 지정하는 하나의 그룹만 검색(비교)하면 되나 두개의 경쟁하는 블록을 적재하거나 제거해야 하는 과정을 반복하게 된다면 성능(적중률)의 감소로 나타날 수 있다. 이때 물론, 블록의 교체 전략은 큰 영향이 없다. 따라서 각각의 그룹에 몇 개의 캐시 블록을 허용하여 해결하도록 제안된 방법이 셋(set)-연상 캐시이다 .

3. 연관 캐시

연관(Associative mapping) 캐시는 메모리 블록을 모든 임의의 캐시 블록에 적재할 수 있도록 허용하여 가장 빠르고 융통성 있는 캐시 구조이다. 즉, 메모리에서 데이터를 가져오면 캐시의 사용되지 않은 블록에 데이터를 저장할 수 있다. 때문에 블록 배치가 매우 유연하여 단일 캐시 블록에 매핑되는 두 개 이상의 메모리 주소 간 충돌이 발생하지 않는다. 연관 캐시에서 주어진 블록을 찾으려면 캐시에 저장된 모든 항목을 검색해야 하므로 추가 하드웨어 회로(비교기)를 필요로 한다. 연상 메모리를 사용하는 캐시는 모든 비교가 동시에 일어나므로(병렬 수행) 처리 속도는 빠르다. 따라서 대규모 시스템에서는 비용이 크다.

직접 맵 캐시와 달리 연관 캐시의 메모리 주소는 캐시 블록이 캐시의 어느 곳으로나 이동할 수 있기 때문에 인덱스가 필요하지 않아 다음과 같이 구성한다.

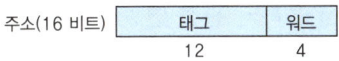

여기서, 태그 필드는 2^{12}=4096 메모리 라인 중 하나를 식별한다. 모든 캐시 태그와 비교하여 메모리 태그 필드가 캐시 태그 중 하나와 일치하는지 여부를 찾는다. 만약 찾는다면 캐시적

중 아니면 캐시 라인을 읽거나 캐시에 쓰기 전에 캐시 라인 중 하나를 이 라인으로 대체한다. 워드 필드는 라인 내의 16개의 주소 지정 가능 워드(바이트) 중에서 하나를 다시 선택한다. 검색을 수행하려면 비교가 각 연관된 캐시 항목과 병렬로 수행되어야 한다. 그 결과 더 많은 비교기가 사용되므로 하드웨어 비용이 상당히 많이 들기 때문에 작은 블록이 있는 캐시에 대해서만 완전 연관 배치를 효과적으로 수행 할 수 있다.

다음[그림 6-36]은 8바이트 256블록으로 구성된 2K(2048) 캐시를 이용하고 메모리 주소는 16비트, 64KB인 캐시메모리 구성을 보여주고 있다.

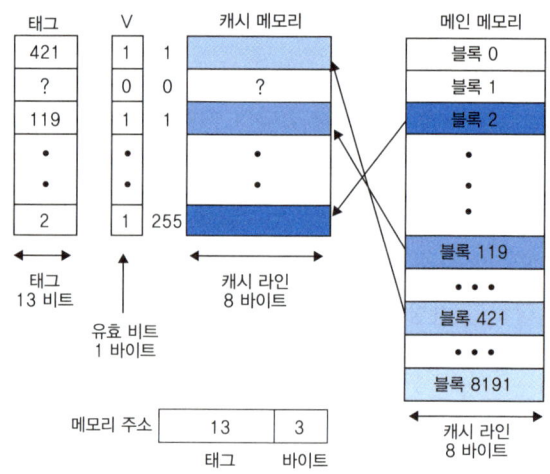

[그림 6-36] 캐시 이용 메모리 구성

이 경우 캐시에 적재된 메인 메모리 블록들을 구분하기 위해 13비트(2^{13}=8K)의 태그가 필요하다. 원하는 블록이 캐시에 있는지 알기 위해 프로세서가 생성한 주소의 태그 비트와 캐시의 각 블록의 태그 비트를 비교한다. 바이트 영역의 3비트는 블록내 위치로 2^3=8바이트 위치를 나타내고 있다. 블록 위치 설정에 제한이 없으므로 다수의 교체 알고리즘을 적용할 수 있다. 만약 캐시가 꽉 차면 캐시에 새로운 워드를 저장하기 위해 한 쌍의 주소와 데이터가 대치되어야 한다. 이때 교체 알고리즘이 필요하다.

4. 셋(Set)-연관 캐시

셋-연관 캐시는 연상과 직접-맵 구조를 결합한 방법으로 메모리의 블록을 특정 그룹의 임의의 블록에 사상하는 방법으로 m 블록의 완전 연관 캐시는 m 방향 셋-연관 캐시이다. 캐시 블록을 다수의 그룹(셋)으로 나누고 각 셋은 여러 캐시 라인(행)으로 구성된다. 셋의 라인(행) 수는 2에서 16까지 다양하다.

예를 들면

- 1-way 셋 연관 : (직접 맵핑) 셋 당 1 블록 프레임
- 2-way 셋 연관 : 셋 당 2 블록의 프레임
- 4-way 셋 연관 : 셋 당 4개의 블록 프레임

다음은 이러한 셋 구조를 보여 주고 있다.

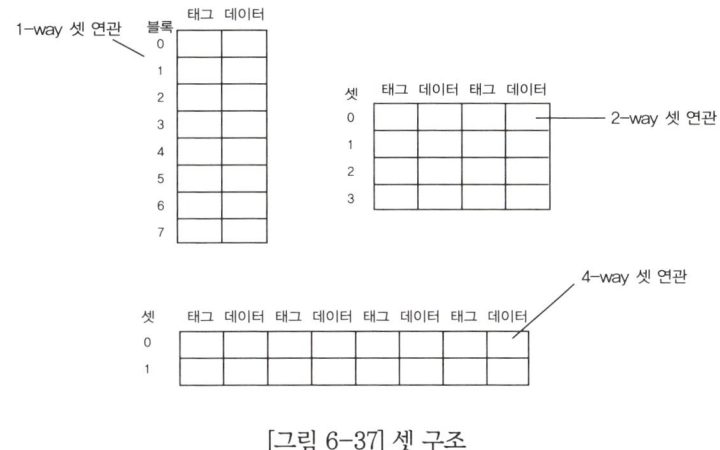

[그림 6-37] 셋 구조

주소의 일부는 주소를 보유 할 셋을 지정하는 데 사용된다. 2^k 셋과 각 블록에 2^n 바이트가 있으면 메모리 주소를 다음과 같이 분할 할 수 있다.

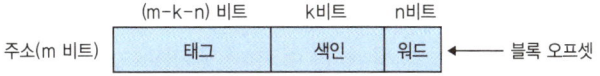

직접 맵 캐시와 마찬가지로 워드 필드는 캐시 블록 내의 워드를 선택하고 태그 필드는 메모리 주소를 고유하게 식별한다. 색인 필드는 메모리 블록이 매핑되는 셋을 결정하므로 k비트는 메모리의 2^k 블록 중 하나를 지정한다. 개별 블록 대신 캐시에서 셋을 선택하기 위해 다음과 같이 계산한다.

　블록 크기(라인 크기) : 2^n 바이트(워드)
　캐시의 라인 수=셋 수×각 셋(집합)의 라인(행) 수
　캐시 셋 번호=메모리 블록 번호 mod 셋 수
　블록 오프셋=메모리 주소 mod 2^n
　블록 주소=메모리 주소 / 2^n
　셋 색인=블록 주소 mod 2^k

다음[그림 6-38]은 메모리 주소 16비트를 세 필드로 나누어 상위 7비트는 태그, 색인(셋)은 5비트 및 워드는 4비트로 나눈 예이다.

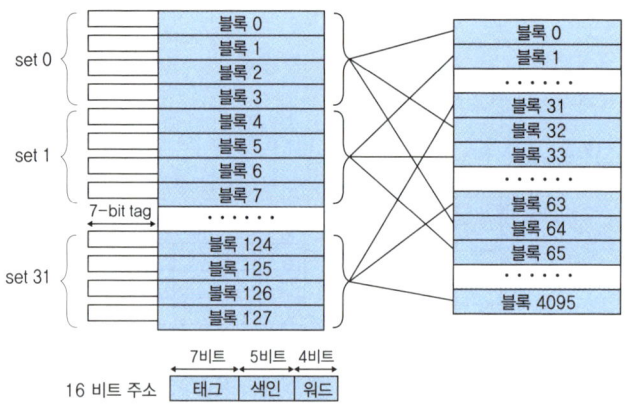

[그림 6-38] 셋 연관 매핑 구조

16비트 주소 : $A5B2_{16}$=1010010110110010_2
색인 비트 : 11011 → 셋 번호 27
태그 비트 : 1010010 → 셋 내의 4개 블록 태그와 비교하여 일치하는 것이 발견되면
워드 비트 : 0010) → 데이터 블록에서 워드 2(3번째)를 선택한다.

각 메모리 주소는 캐시에서 정확히 하나의 셋으로 매핑되지만 데이터는 셋의 임의의 라인 즉, 셋 내의 모든 블록에 배치되어 저장된다. 이러한 셋 연관 캐시는 직접 매핑 캐시에서 발생할 수 있는 동일한 캐시 블록 프레임에 매핑된 블록 간의 충돌을 줄임으로써 캐시 실패가 감소하지만, 직접 맵 캐시보다 구축하는 데 비용이 많이 들고 사용이 훨씬 느리다. 이러한 이유로 가장 보편적인 해결은 k-way 연관 캐시를 만드는 것으로 여기서 k는 2 이상이다. 이 경우 데각 메모리 주소(?)는 캐시에서 정확히 하나의 셋으로 매핑되지만 데이터는 셋의 임의의 라인 즉, 셋 내의 모든 블록에 배치되어 저장된다. 이터(?) 항목은 k개의 캐시 위치 중 하나로 이동할 수 있다.

앞서 색인(셋) 비트가 11011인 경우를 살펴보자
1-way 캐시의 경우 5비트(11011)가 셋 색인이며, 2-way 캐시는 4비트(1011), 4-way 캐시는 3비트(011)가 셋 색인된다. 다음 [그림 6-39]은 간략하게 8 블록 캐시의 경우로 색인(셋) 필드(011)의 1-way(011), 2-way(11), 3-way(1)의 과정이다.

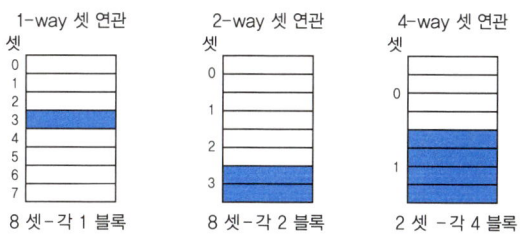

[그림 6-39] 셋 연관 캐시의 구성 예

이때 데이터는 올바른 셋 범위에서 진한 부분(녹색)으로 표시된 모든 블록으로 이동할 수 있다. 다음 [그림 6-40]은 2-way 연관 캐시의 보기이다.

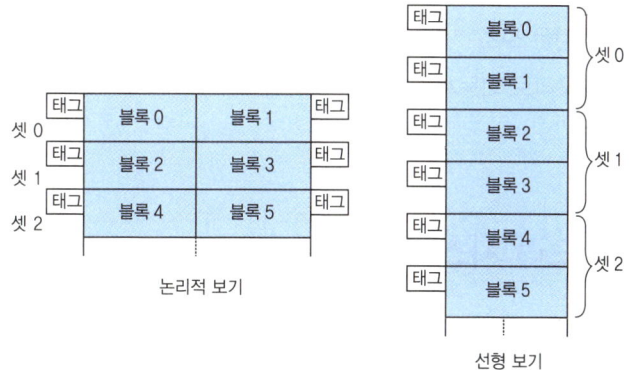

[그림 6-40] 2-way 연관 캐시의 보기

5. 캐시 성능 평가

캐시 메모리의 성능은 적중률(hit ratio)로 나타낸다. 적중률은 프로세서가 수행한 모든 메모리 액세스 횟수 중에서 캐시에 그 내용이 있어 성공한 횟수의 비율이다. 캐시에서 찾지 못하고 메모리에 있을 때 실패라 한다. 오늘날의 실용적인 캐시 메모리는 적중률이 90~99% 정도이다. 컴퓨터 시스템의 평균 액세스 시간은 캐시 메모리를 사용함으로서 상당한 향상을 가져온다. 한편 캐시를 이용할 경우에 프로세서의 유효 메모리 액세스 시간은 다음과 같이 계산할 수 있다.

  h=적중률
  유효 액세스 시간=(h×캐시 액세스 시간) + ((1 - h)× 메모리 액세스 시간)

예를 들면 캐시 액세스 시간 30ns, 메모리 액세스 시간 100ns, 적중률 90%인 경우 평균 액세스 시간은 다음과 같다.

  (0.9×30) + (0.1×100) → 37ns

캐시 메모리를 사용함으로써 얻는 이득은 적중률이라는 수치로 나타낼 수 있다.
오늘날의 실용적인 캐시 메모리들은 액세스 시간이 0.5~5ns인 SRAM을 이용한다.

Section 04 가상 메모리

가상 메모리는 메모리의 유효 크기를 증가시키기 위하여 사용된다. 현재 실행중인 프로그램과 데이터는 물리적인 메모리 영역에 전부 저장되어야 하나 메모리의 공간 부족으로 저장할 수 없는 시스템의 경우 자기 디스크 같은 보조 기억 장치에 나머지 부분을 저장하게 된다. 이때 실행에 필요한 프로그램과 데이터를 메모리로 이동시키는 기술을 가상 메모리(virtual-memory) 기술이라 한다.

4-1 가상 메모리 시스템

컴퓨터 시스템에서 중요한 과제는 저렴한 비용으로 크고 빠른 메모리 시스템을 제공하여 메모리 시스템의 효율적인 속도와 크기의 증가이다. 앞서 살펴본 캐시 메모리는 메모리 시스템의 유효 속도를 높이기 위해 (프로세서와 메모리 간의 속도 차이를 줄이기 위해) 하드웨어로 구현되었다면 가상 메모리는 메모리 시스템의 유효 크기를 늘리기 위해(메모리와 보조 기억 장치 사이의 속도 차이를 줄이기 위해) 부분적으로 소프트웨어로 구현된다. 여기서는 하드웨어를 중심으로 살펴본다.

1. 가상 메모리의 개념

사용자 논리 메모리를 실제(물리적) 메모리와 구분하여, 프로그래머에게 메모리 용량을 초과한 프로세스의 주소 지정이 가능하도록 함으로써 메모리를 제한 없이 사용할 수 있는 기법이다. 프로그램 전체가 동시에 실행되지 않기 때문에 요구한 메모리 전체가 저장(적재)되어 있지 않아도 (부분적인 적재만으로도) 프로그램 수행이 가능하기 때문이다. 활동 영역(프로세스 코드와 데이터 즉, 페이지)을 메모리에 유지하면서 필요시 디스크와 메모리 사이에 자동으로 전송하는 스왑-인, 스왑-아웃 과정을 통해 프로세스 재할당을 허용하여, 보다 효율적인 프로세스 생성을 허용한다. 따라서 여러 프로세스가 주소 공간을 공유할 수 있게 하고 디스크에 저장된 주소 공간을 캐시로 처리하여 효율적으로 메모리를 사용한다.

다음 [그림 6-41] 은 가상 메모리를 물리적 메모리로 사상하는 과정이다. 논리적 프로그램은 연속된 가상 주소를 보여주고 있으며(왼쪽) 4 페이지(A, B, C, D)로 구성되어 있다. 3개 페이지(블록)의 실제적 위치는 메모리에 있고 다른 1 페이지(D)는 디스크에 있다.

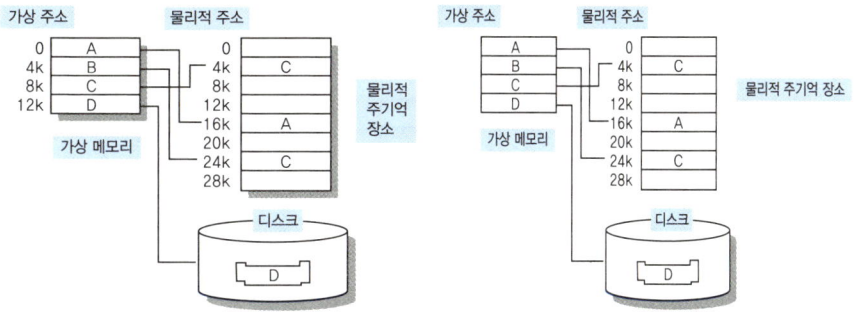

[그림 6-41] 가상 메모리를 물리적 메모리로 사상

이와 같이 가상 메모리는 공간이 부족해도 부분 적재가 가능하여 많은 작업을 실행할 수 있기 때문에 프로세서의 이용률과 처리율은 향상될 수 있으나 이에 따른 문제점도 많다. 예를 들어, 메모리와 디스크 공간 사이의 이동량 증가에 따른 교체 공간의 확보, 어느 시기에 어느 페이지를 적재하고 다시 복귀시킬 것인가에 대한 페이징(블록) 알고리즘의 결정, 요구된 프로세스의 페이지가 없을 때, 즉 페이지 부재에 대한 처리 방안 등에 대해서 적절한 소프트웨어적인 해결 방법이 요구된다.

쉬어가는 코너

교환(swapping)

스왑(swap) 메커니즘이란 사용되지 않는 메모리 페이지(프로세서 할당이 끝나고 수행이 완료된 프로세스)를 디스크로 보내고(스왑 - 아웃) 새롭게 시작되는 프로세스를 불러오는(스왑-인) 기법으로 디스크(2차 메모리)를 사용하여 부족한 메모리를 보충하려는 초기 기법이다. 최신 운영 체제는 가상 메모리를 사용한다. 특히 한 번에 전체 프로세스를 디스크로부터 메모리로 적재하고 실행하고 종료하므로 속도가 느리다. 또한 크고 오래 사용하는 프로세스의 경우, 모든 영역이 필요하지 않을 수도 있으므로 낭비일수도 있다.

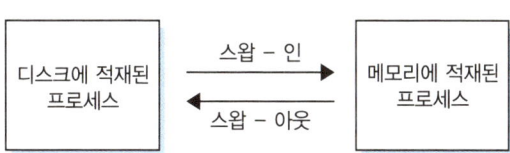

2. 논리적 주소와 물리적 주소 영역

가상 메모리의 특징을 성공적으로 이끌기 위해서는 실행 중인 프로세스의 참조 주소와 메모리에서 사용하는 주소가 분리되어 있어야 한다. 일반적으로 수행 중인 프로세스가 참조하는 주소를 가상 주소(논리적 주소, 프로그램 주소)라 하는데, 이러한 가상 주소는 실제 물리적 주소로 변환해야 한다. 물리 주소로 변환하는 과정을 사상(Mapping) 또는 메모리 맵(memory map)이라고 한다. 이러한 사상은 가능한 빨리 이루어져야 하는데, 그렇지 않으면 시스템 성능이 떨어지고 가상 메모리를 사용하는 효과가 없어진다.

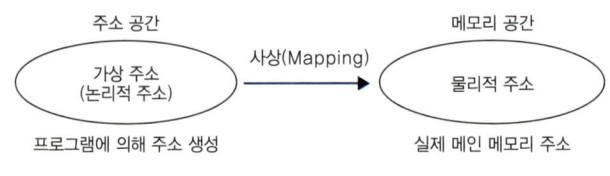

[그림 6-42] 메모리 맵

가상 메모리는 사용자의 논리적 주소 공간과 컴퓨터의 실제 메모리(물리적 주소 공간)를 분리하여 메모리에 대한 제한을 하지 않는다. 메모리 용량보다 훨씬 큰 기억용량의 주소 지정이 가능하기 때문에 부분적인 적재로 프로그램을 실행시킬 수 있다. 대부분의 컴퓨터들은 메모리 이외의 다른 기억 장치(2차 기억 장치)를 제공한다. 디스크는 가격이 싸기 때문에 가장 일반적인 장치로 프로그램들은 이러한 2차 기억 장치에 저장되며 프로그램의 크기는 메모리 크기보다는 컴퓨터의 논리적 주소 영역의 크기에 제한을 받는다. 사실 많은 컴퓨터의 논리적 주소 영역은 물리적 주소 영역보다 더 크다. 예를 들면 만약 바이트-주소 컴퓨터가 32비트를 사용하면 논리적 주소 영역은 2^{32} 메모리 장소로 4GB이다.

1980년대 대부분의 컴퓨터들은 32비트 주소를 사용함에도 충분한 물리적 메모리를 확보하지 못하였다. 가상 메모리 출현 전까지 운영체제가 물리적 메모리 크기에 맞춰 프로그램 크기를 제한하거나 또는 프로그래머가 프로그램의 최대 물리적 크기를 줄이기 위해 중복 기법을 사용하였다. 메모리 맵은 만약 참조한 부분이 메모리에 활성 되었는가 알아보기 위하여 조사한다. 만약 활성화 되어 있다면 메모리 맵은 프로세서 유효 주소를 적당한 물리적 주소로 변환하고 프로그램은 가상 메모리 시스템이 없는 것과 같이 바로 실행된다. 그럼에도 만약 요청된 블록(워드)이 메모리에 없다면 메모리 맵은 프로세서를 인터럽트 하게한 후 운영체제는 프로그램의 요구된 부분을 메모리로 적재하고 메모리 맵을 수정한다. 그리고 첫 번째 부재를 일으킨 명령으로 제어를 반환한다. 그러나 이에 따른 문제점도 많다. 예를 들면 메모리와 디스크 공간 사이의 이동량 증가에 따른 교체 공간 확보, 어느 시기에 어느 페이지를 적재하고 다시 복귀시킬 것인가에 대한 페이징 알고리즘 결정, 요구된 프로세스의 페이지가 없을 때 즉 페이지 폴트에 대한 처리 방안 등에 대해서 적절한 해결 방법이 요구된다.

3. 메모리 관리 장치

프로그램내의 주소 즉 논리적 주소(logical address)를 실제적인 메모리 즉 물리적 주소(physical address)로 변환하는 메카니즘을 메모리 관리 장치(MMU; Memory Management

Unit)라 하며 하드웨어와 소프트웨어의 조합으로 구현된다.

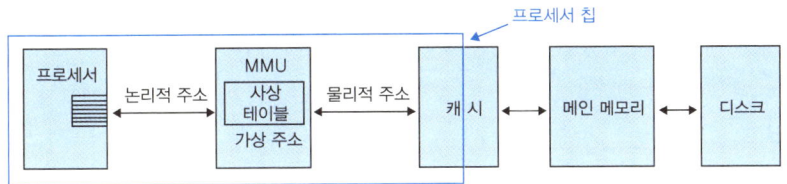

[그림 6-43] 메모리 관리 장치

가상 메모리 시스템은 일반적으로 유효 주소(논리적 주소)를 물리적 주소로 블록 단위로 사상하는 페이징(paging)과 세그먼테이션(segmentation) 두 가지 기술 중 하나 또는 모두 사용하지만 대부분 단순히 가상 메모리로 참조한다고 표현한다. 따라서 정확히 표현하면 운영체제가 페이지 또는 세그먼트 단위로 적재하기 때문에 요구 페이지와 요구 세그먼트 가상 메모리를 구별해야 한다. 다음 [그림 6-44]는 가상 주소를 실제 주소로 변환하는 과정이다.

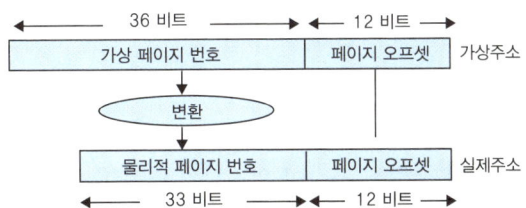

[그림 6-44] 가상 주소를 실제 주소로 변환하는 과정

가상 페이지는 물리적 페이지로 변환하는 과정에서 캐시 메모리와 유사하게 페이지 유효성을 나타내는 유효 비트(V), 페이지가 메모리에서 상주하는 동안 수정되었는지 여부를 나타내는 수정 비트(M) 그리고 기타 제어 비트를 포함한다. 여기서 블록이란 가상 메모리에 대한 분할 단위로 블록의 크기가 일정하면 페이지라고 하여 페이징 기법이라고 부르며 다른 크기이면 세그먼트라 하여 세그먼테이션 기법이라고 한다. 페이지는 전형적으로 4096~65536바이트로 고정된 크기를 갖고 있는 반면 세그먼트는 다양한 크기이다. 가장 큰 세그먼트는 2^{16}~2^{32} 바이트 크기를 제공하고 있다. 다음 [그림 6-45]은 이러한 페이지와 세그먼트가 데이터와 코드를 어떻게 분할하는가를 보여주고 있다.

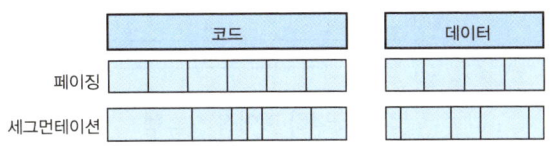

[그림 6-45] 데이터와 코드의 분할

만약 가상 주소가 현재 물리적인 메모리에 있는 프로그램이나 데이터 영역 일부를 참조한다면, 메모리의 주소(블록) 영역을 바로 액세스한다. 그러나 참조된 주소가 메모리에 없으면 보조 메모리에서 메모리의 적당한 위치로 그 내용을 가져와야만 한다.

4. 페이징

프로그램이 실제로 가상 메모리 내에서 데이터에 액세스하고 조작할 수 없으므로 가상 메모리에서 실제로 데이터를 전송하는 두 가지 방법으로 페이징과 세그먼테이션이 있다. 여기서는 페이징 시스템에 대해 간략하게 살펴보자.

1) 페이징 시스템

페이징은 물리적 메모리를 관리하는 하드웨어 기술로 작은 물리적 공간을 큰 프로그램이 실행될 수 있도록 소개한 방법이다. 모든 프로그램과 데이터가 일정한(고정) 크기의 페이지(page)라는 단위로 구성되어 있다고 가정하고 이러한 페이지는 메모리 또는 보조 메모리에서 연속적인 위치를 차지하는 워드 블록으로 구성된다. 페이지 크기는 1K에서 8K 크기로 메모리와 보조 메모리를 오가는 정보의 기본 단위가 된다.

일반적으로 컴퓨터는 메모리에 현재 실행에 필요한 프로그램의 부분을 적재하고 나머지 프로그램 부분은 필요할 때까지 외부 메모리에 저장한다. 페이징은 프로그램의 논리적 구조와 관계가 없으며 프로세스의 실제 주소 공간이 인접하지 않을 수 있다. 물론 이때 시스템은 메모리에 페이지에 대한 정보를 포함하는 페이지 테이블을 유지한다. 페이징 시스템에서 가상 메모리 하드웨어는 n비트 논리적 주소(가상 주소)를 두 부분으로 분할하여 상위(n – p) 비트들은 가상 페이지 번호(VPN; virtual page number) 즉, 페이지 번호와 하위(p) 비트들은 페이지 오프셋(PO; page offset) 즉, 워드(word) 오프셋으로 구분한다.

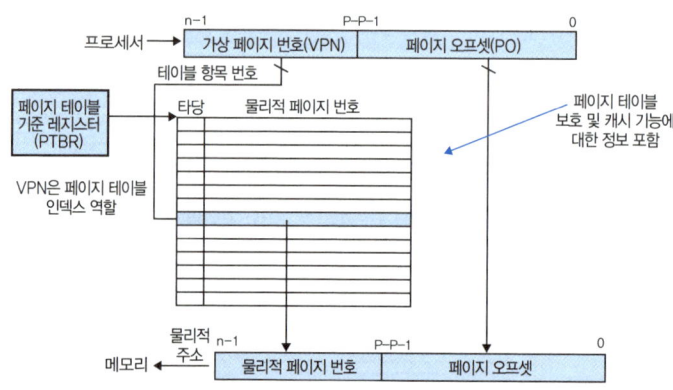

[그림 6-46] 페이징 시스템

위 [그림 6-46]은 MMU가 페이지 테이블을 사용하여 사상(매핑)을 수행하는 과정이다. 페이지 테이블을 지정하기 위하여 프로세서의 제어 레지스터인 페이지 테이블 기준 레지스터(PTBR; page table base register)는 현재 페이지 테이블을 가리킨다. 페이지 테이블은 프로그램 페이지에 대한 다양한 정보를 보관한다.

2) 페이지 테이블

페이지 테이블은 페이지 테이블 항목 번호로 구성되고 각각의 페이지 테이블 항목(PTE; page table entry)은 특별 지정 페이지에 대한 정보를 보관한다.

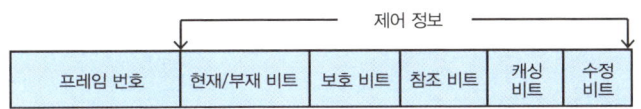

[그림 6-47] 페이지 테이블 항목(PTE)

전형적인 페이지 테이블 항목은 메모리에 페이지 존재 위치(가상 주소를 실제 주소로 변환)를 위한 페이지 프레임 번호와 메모리에 페이지 존재 여부를 알려주는 타당(현재/부재) 비트 또는 유효 비트를 포함하여 또한 페이지의 수정 여부를 나타내는 수정(dirty) 비트, 하드웨어가 페이지를 읽거나 쓸 때 설정하는 참조 비트, 페이지에 대한 캐싱 활성화 여부의 캐싱 비트 그리고 페이지를 오직 읽거나 읽기와 쓰기를 위하여 액세스 할 수 있는 사용자를 지시하는 보호 비트 등의 제어 정보로 구성된다. 페이지 테이블 항목의 필요한 비트 수는 프레임 수에 따라 다르다. MMU는 VPN을 사용하여 적절한 PTE를 선택한다. 예를 들어, VPN 0은 PTE 0을 선택하고 VPN 1은 PTE 1을 선택한다. 해당 물리적 주소는 페이지 테이블 항목의 물리적 페이지 번호(PPN)와 가상 주소의 PO를 연결한다. 물리적 페이지 오프셋과 가상 페이지 오프셋이 모두 P 바이트이기 때문에 물리적 페이지 오프셋(PPO)은 VPO와 동일하다. 페이지 테이블 기준 레지스터는 현재 프로세스의 페이지 테이블에 대한 기준 주소를 보유하며 운영체제에서 관리하는 프로세서 레지스터이다.

3) 페이지 적중과 실패

프로세서가 페이지에 액세스하려고 할 때 메모리에서 필요한 페이지를 찾으면 페이지 적중(page hit), 필요한 페이지를 찾지 못하면 페이지 실패(page fault)라고 한다. 즉, 페이지 테이블 항목이 존재하면 적중이라고 하며, 프레임 번호가 검색되고 실제(물리적) 주소가 형성된다. 그렇지 않다면 하드웨어는 페이지 실패(page fault)라고 불리는 트랩(trap)을 설정하고 운영체제는 메모리에서 요구 페이지를 적재하기 위해 조정하고 페이지 테이블을 갱신한다.

다음 [그림 6-48]은 페이지 적중과 실패가 있을 때 프로세서 하드웨어가 수행하는 단계를 보여준다.

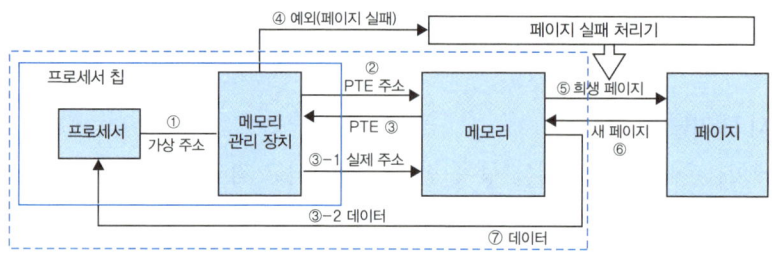

[그림 6-48] 페이지 적중 및 페이지 실패 운영 구조

가. 페이지 적중(점선 내부)

실제 메모리에 있는 VM 주소 참조 (RAM 히트)

CPU가 캐시를 참조할 때 원하는 데이터가 이미 캐시에 있는 상태를 캐시 적중(cache hit)이라고 하고

① 프로세서가 가상 주소를 생성하여 MMU로 전송하여 데이터를 요청한다.
② MMU가 PTE 주소를 생성하고 메모리(페이지 테이블에서 페이지 테이블 항목 조회)에 요청한다. 이때 현재 프로세스의 페이지 테이블 시작을 찾기 위해 PTBR을 사용한다.
③ 메모리가 PTE를 MMU로 반환한다.
③-1 MMU는 항목에서 실제 주소를 얻고 메모리를 검색한다.
③-2 메모리는 요청된 데이터(워드)를 프로세서로 반환한다.

나. 페이지 실패

하드웨어에 의해 완전히 처리되는 페이지 적중과는 다르게 페이지 실패를 처리하려면 하드웨어와 운영체제(커널) 간의 협력이 필요하다.

1~3 단계(①, ②, ③)는 페이지 적중 단계와 동일하다.

④ 실제 메모리에 없는 페이지 즉, 페이지 실패(PTE의 타당(유효) 비트가 0)이므로 MMU가 운영체제(커널)의 페이지 실패 처리기로 프로세서의 제어를 전송한다.
⑤ 페이지 실패 처리기는 실제 메모리에서 대상(희생) 페이지를 식별하고 해당 페이지가 수정된 경우 페이지를 디스크로 페이징한다.
⑥ 페이지 실패 처리기는 새 페이지를 메모리로 보내고 메모리의 PTE를 갱신한다.
⑦ MMU는 모든 단계를 수행 한 후 메모리는 요청된 데이터(워드)를 프로세서에 반환한다. 실패 처리기는 원래 프로세스로 돌아가 실패 발생 명령을 다시 시작한다.

페이지 실패는 프로그램이 메모리에 없는 페이지를 액세스할 때 발생하는 현상으로 가상 주소가 참조되며 데이터가 메모리 대신 디스크(2차) 메모리에 있으므로 필요한 페이지를 메모리에 적재해야 하므로 두 번의 메모리 액세스가 필요하다. 물론 페이지의 전송에는 긴 시간 지연이 발생하기 때문에 운영체제는 메모리에 프로그램과 데이터가 이미 적재되어 있는 다른 태스크(task)들을 실행 할 수도 있다. 따라서 성능의 감소 즉 실행 속도를 반으로 감소시키게 되므로 대부분의 시스템에서는 주소 변환을 캐시 메모리에 저장해서 변환 과정의 속도를 높이는 방법을 사용하고 있다. 물론 참조의 지역성 때문에 대부분의 프로그램들은 메모리 액세스가 이미 메모리에 있는 페이지를 참조하려는 경향이 있으므로 페이지 실패는 아주 드문 현상이지만 이 현상의 해결이 액세스 성능을 향상시키는 성공적인 페이징 시스템의 중요한 요소이다.

4) TLB

페이지 테이블이 메모리(메인)에 있는 경우 메모리 액세스는 추가 메모리 참조로 인해 보조 메모리 액세스의 오버헤드(overhead)가 발생할 가능성이 있다. 주소 변환 하드웨어는 참조할 페이지 프레임 번호를 얻기 위하여 페이지 테이블을 조사해야 한다. 추가적인 부담을 피하기 위해서 페이지 맵의 부분으로 TLB(translation lookaside buffer)라고 불리는 작은 캐시(버퍼)를 유지한다(고속 캐시에 페이지 테이블 항목 설정). TLB는 가장 최근에 페이지 테이블 항목 즉, 기본적으로 페이지 테이블과 같은 정보(변환 테이블 항목 중 일부 저장)를 보관하므로 사용된 작업 처리를 추적할 수 있는 특별한 캐시이다. 매우 빠르지만 적은 수의 항목만 기억한다. 또한 추가로 가상 페이지 번호를 페이지 프레임 번호로 사상할 수 있는 페이지를 보관하며 메모리에 있는 데이터의 정확한 복사 이미지의 페이지로 타당한 페이지를 보관한다. 각 TLB 항목에는 가상 페이지 번호(TLB 태그)와 해당 PTE가 포함된다.

TLB 시스템은 가상 주소가 주어지면 프로세서는 TLB를 검사한다. 페이지 테이블 항목이 있는 경우(TLB 적중) 프레임 번호가 검색되고 실제 주소가 형성되지만 페이지 테이블 항목(PPE)이 TLB에서 발견되지 않으면 즉, TLB 내부에서 페이지 프레임 번호를 찾지 못하면 TLB 실패라 하며 페이지 테이블로 이동하여 해당 페이지 프레임 번호를 찾는다. 이때 페이지 번호는 프로세스 페이지 테이블을 색인하는데 사용된다. 물론 TLB에서 페이지 프레임 번호를 찾으면 TLB가 호출되고 페이지 테이블로 이동할 필요가 없다. 다음 [그림 6-49]는 TLB에 의한 가상 - 물리적 주소 변환 과정의 페이징 시스템의 구조를 보여주고 있다.

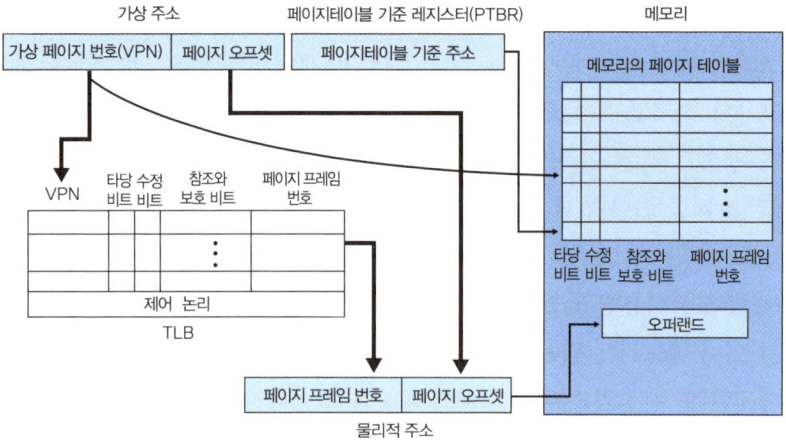

[그림 6-49] TLB 페이징 시스템의 구조

페이지 시스템에서 프로세서가 유효(가상) 주소를 생성할 때마다 프로세서가 이를 TLB에 보낸다. 페이지 프레임 번호가 만들어지면 페이지 항목에 보관한다. 만약 TLB에 항목이 없다면 하드웨어는 페이지 테이블 오프셋으로 페이지 번호를 사용하여 메모리에서 페이지 테이블을 조사한다. 만약 타당 비트가 지시한 페이지가 메모리에 있다면 하드웨어는 메모리를 액세스하기 위하여 페이지 프레임 번호를 사용하고 동시에 페이지 테이블 TLB로 복사한다.

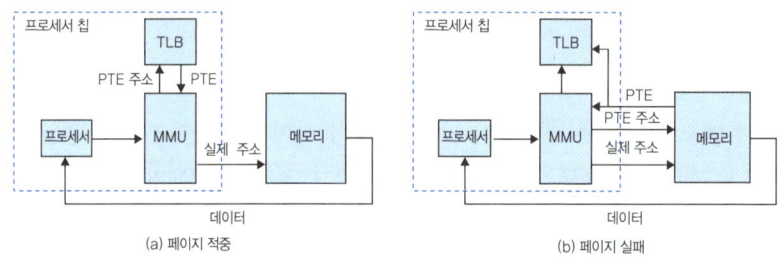

[그림 6-50] TLB 페이지 적중(a)과 실패(b) 실행 과정

페이지 실패가 발생하면 메모리에 저장되어 있으면서 사용되지 않는 페이지를 제거하고 새로운 페이지로 바꾸며, 이를 페이지 대치라고 한다. 교체할 페이지의 선정은 중요한 문제이며, 또한 프로그램의 지역성을 고려해야 한다. 특히 메모리는 캐시 메모리보다 훨씬 더 크므로, 메모리 안에 프로그램의 비교적 큰 부분을 적재하는 것이 가능하다. 이것은 보조 메모리와의 전송 빈도를 줄일 수 있다. 이러한 페이지 대치 알고리즘은 운영체제를 참고한다.

요 약

1. 메모리 특성
- 위치 : 컴퓨터 외부, 내부 또는 프로세서내
- 용량(메모리 크기) : 내부 메모리(바이트 또는 워드 단위), 외부 메모리(바이트 단위)
- 전송 단위 : 외부 메모리(블록), 내부 메모리(워드 크기)
- 액세스 방법 : 순차(연속; Sequential) 액세스, 직접(Direct) 액세스, 임의(Random) 액세스, 연관(Associative) 액세스
- 성능
  - 액세스 시간=탐색 시간 + 전송 시간
  - 메모리 사이클(Cycle) 시간은 액세스 시간과 두 번째 액세스가 시작되기까지 필요한 추가 시간
  - 전송률(Transfer rate)은 데이터가 메모리로 전송되거나 전송 될 수 있는(데이터 이동) 속도

2. 메모리 계층 구조
여러 수준의 메모리가 연결되어 비용, 속도, 용량, 액세스 시간 등을 상호 보완한 계층적 기억장치 구조로, 상위에 프로세서와 비슷한 속도의 레지스터를 포함하며 캐시 메모리, 메모리(반도체 메모리) 그리고 하위에 보조 메모리(자기 또는 광학 디스크)의 수순으로 구성된다.

3. 메모리 구조와 동작
1) 메모리 셀 : 메모리는 명령과 데이터를 저장하는 곳으로 번호(주소)가 매겨진 "셀(Cell)"의 배열로 구성되며 각 셀에는 비트 블록이 들어 있다.
2) 메모리 동작

   메모리는 두 가지 주요 연산(작업) 즉 읽기 및 쓰기라는 기본 동작을 지원한다.
3) 메모리 구조

메모리는 내부 및 외부의 정보를 변환에 필요한 관련 회로와 수백만 개의 비트 매트릭스로 구성되며 각 배열에는 다수의 행(워드 라인)과 열(비트 라인)로 주소를 나눈다. 메모리는 2^N 행의 배열이고 각 행은 2^M 저장 셀로 구성된다. N 행과 M 열이 있는 경우 액세스 할 수 있는 비트 수는 2^{n+m}이다. 프로세서에 따라 주소는 32비트(최대 4GB의 주소 지정 가능) 또는 64비트가 될 수 있으며 각 행(row)은 메모리 위치를 나타낸다.

4. 메모리의 두 가지 관점
프로그래머가 프로그래밍에 사용하는 공간인 논리적 관점의 논리적 주소(가상 주소)와 실제 데이터나 프로그램이 저장되는 공간으로 물리적 관점의 물리적 주소이다. 논리적 주소와 물리적 주소의 실시간 연결(매핑)은 프로세서의 메모리 관리 장치(MMU)에서 실행된다.

5. 메모리 인터리빙(interleaving)
메모리의 액세스 속도를 높이고 효율적이면서 신뢰할 수 있게 만들기 위하여, 메모리를 여러 개의 모듈로 나누고 주소 공간의 연속적인 워드가 서로 다른 모듈에 있도록 배열(불연속 방식으로

데이터를 배열)하는 방법이다. 인접한 메모리 위치를 서로 다른 모듈에 둠으로써 동시에 여러 곳을 액세스할 수 있는 기법으로 캐시나 DMA에서 많이 사용한다.

6. 캐시 메모리

빠른 속도로 처리되는 프로세서와 상대적으로 느린 속도로 처리되는 메모리 사이에서 자료나 정보를 저장하는 고속 버퍼이다. 내부 캐시를 L1(Level 1)로 지정하고 외부 캐시를 L2(Level 2)로 지정한 것을 2 계층 캐시라고 하며 현재 사용되는 구조는 L2 캐시를 프로세서 칩으로 옮기고 L3 캐시를 추가한 3 계층 구조이다.

7. 캐시 액세스와 주소 변환

1) 직접-맵(Direct-mapped) 캐시

각 블록은 하나의 캐시 위치에 해당 주소를 기반으로 할당되는 1 방향(단방향) 집합 연관 캐시로 모든 메모리 블록들은 그룹 번호에 따라 캐시의 지정 위치(캐시 라인)에 저장된다. 캐시 액세스를 위해 메모리 주소는 워드 필드, 색인 필드, 태그 필드 구성되어 있다.

2) 연관(Associative Mapping) 캐시

메모리 블록을 모든 임의의 캐시 블록에 적재할 수 있도록 허용하여 가장 빠르고 융통성 있는 캐시 구조로 추가 하드웨어 회로(비교기)를 필요로 한다. 연상 메모리를 사용하는 캐시는 모든 비교가 동시에 일어나므로(병렬 수행) 처리 속도는 빠르다. 따라서 대규모 시스템에서는 비용이 크다. 메모리 주소는 워드 필드, 태그 필드 구성되어 있다.

3) 셋(Set)-연관 캐시

연상과 직접-맵 구조를 결합한 방법으로 메모리의 블록을 특정 그룹의 임의의 블록에 사상한다. m 블록의 완전 연관 캐시는 m 방향 셋-연관 캐시이다. 캐시 블록을 다수의 그룹(셋)으로 나누고 각 셋은 여러 캐시 라인(행)으로 구성된다. 셋의 라인(행) 수는 2에서 16까지 다양하다. 메모리 주소는 워드 필드, 색인 필드, 태그 필드 구성되어 있다.

8. 가상 메모리

메모리 시스템의 유효 크기를 늘리기 위하여 소프트웨어 구현을 통해 사용자 논리 메모리를 실제(물리적) 메모리와 구분하고 프로그래머에게 메모리 용량을 초과한 프로세스의 주소 지정이 가능하게 함으로써 메모리를 제한 없이 사용할 수 있는 기법이다.

9. 페이징 시스템

물리적 메모리를 관리하는 하드웨어 기술로, 작은 물리적 공간을 큰 프로그램이 실행될 수 있도록 메모리 또는 보조 메모리에서 연속적인 위치의 블록으로 구성된다. 이 때 일정한(고정) 크기의 이 블록을 페이지(page)라 한다. n비트 논리적 주소(가상 주소)를 두 부분으로 분할하여 상위($n - p$) 비트들은 가상 페이지 번호(VPN) 즉, 페이지 번호와 하위(p) 비트들은 페이지 오프셋(PO) 즉, 워드(word) 오프셋으로 구분한다.

제6장 연습문제

주관식

1. 캐시 시스템에서 직접 맵, 연관 맵 및 셋-연관 맵 간의 차이점은?

2. 응용, 속도, 크기 및 비용과 같은 특성면에서 DRAM과 SRAM의 차이점은?

3. 직접 맵 캐시에서 메인 메모리 주소는 세 필드로 구성되는데 각각 의미는?

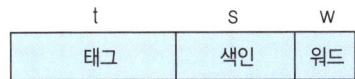

4. 블록 셋-연관 캐시는 총 64개의 블록으로 구성되며 4개의 블록 셋으로 나눈다. 메인 메모리는 4096개의 블록을 포함하며, 각각 32 워드로 구성되고 32 비트 바이트 주소 지정이 가능하다고 가정하면,

5. 연관 캐시에서 메인 메모리 주소는 두 필드로 구성되는데 각각 의미는?

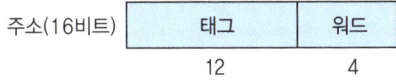

6. 바이트 주소 지정이 가능한 기본 메모리가 2^{16} 바이트이고 블록 크기가 8 바이트인 시스템으로 32개의 행(라인)으로 구성된 직접 사상된 캐시가 사용된다고 가정한다.
   1) 16 비트 메모리 주소를 태그(T), 행(S) 번호 및 바이트(W) 수로 나누어 표시하시오.
   2) 캐시에 저장할 수 있는 총 바이트는?
   3) 태그가 캐시에 저장되는 이유는?

7. 캐시 메모리는?

8. 캐시 계층 구조란?

9. 가상 메모리란?

10. 페이징 의미와 사용되는 이유는?

제6장 연습문제

객관식

1. 캐시의 쓰기 정책 중 write-through 방식의 단점은?
   ① 쓰기 동작에 걸리는 시간이 길다.   ② 읽기 동작에 걸리는 시간이 길다.
   ③ 하드웨어가 복잡하다.   ④ 주기억장치의 내용이 무효상태인 경우가 있다

2. 가상기억장치에 대한 설명으로 틀린 것은?
   ① 가상기억장치의 목적은 보조기억장치를 주기억장치처럼 사용하는 것이다.
   ② 처리속도가 CPU 속도와 비슷하다.
   ③ 소프트웨어적인 방법이다.
   ④ 주기억장치의 이용률과 다중 프로그래밍의 효율을 높일 수 있다.

3. 4×2 RAM을 이용하여 16×4 메모리를 구성하고자 할 경우에 필요한 4×2 RAM의 수는?
   ① 4개   ② 8개   ③ 16개   ④ 32개

4. 64Kbyte인 주소 공간(address space)과 4Kbyte인 기억 공간(memory space)을 가진 컴퓨터의 경우 한 페이지(page)가 512Kbyte로 구성되었다면 페이지와 블록 수는 각각 얼마인가?
   ① 16페이지, 12블록   ② 128페이지, 8블록
   ③ 256페이지, 16블록   ④ 64페이지, 4블록

5. 복수 모듈 기억장치의 특징으로 옳지 않은 것은?
   ① 주기억장치와 CPU의 속도차의 문제점을 개선한다.
   ② 기억장치의 버스를 시분할하여 사용한다.
   ③ 병렬 판독 논리회로를 가지고 있기 때문에 하드웨어 비용이 증가한다.
   ④ 기억장소의 접근을 보다 빠르게 한다.

6. 기억장치 중 CAM(Content Addressable Memory)이라고 하는 것은?
   ① cache 기억장치   ② associative 기억장치
   ③ 가상기억장치   ④ 주기억장치

7. 동적 램(RAM) 에 관한 설명 중 옳지 않은 것은?
   ① SRAM에 비해 기억 용량이 크다.   ② 쌍안정 논리 회로의 성질을 응용한다.
   ③ 주기억 장치 구성에 사용된다.   ④ SRAM에 비해 속도가 느리다.

8. RAM에 관한 설명 중 틀린 것은?
   ① DRAM은 캐패시터에 전하를 저장하는 방식으로 데이터를 저장한다.
   ② SRAM은 플립플롭을 사용해 데이터를 저장하기 때문에 방전 현상이 나타난다.
   ③ DRAM은 상대적으로 소비전력이 적으며 대용량 메모리 제조에 적합하다.
   ④ SRAM은 컴퓨터에서 캐시 메모리로 주로 사용된다.

9. 1011인 매크로 동작(Macro-operation)을 0101100인 마이크로 명령어(micro-instruction) 주소로 변환하고자 할 때 사용되는 기법을 무엇이라 하는가?
   ① Carry-look-ahead   ② time-sharing
   ③ multiprogramming   ④ mapping

10. 65536 워드(word)의 메모리 용량을 갖는 컴퓨터가 있다. 프로그램 카운터(PC)는 몇 비트인가?
    ① 8   ② 16   ③ 32   ④ 64

11. 전체 기억장치 액세스 횟수가 50 이고, 원하는 데이터가 캐시에 있는 횟수가 45 라고 할 때, 캐시의 미스율(miss ratio)은?
    ① 0.1   ② 0.2   ③ 0.8   ④ 0.9

12. 하드웨어의 특성상 주기억장치가 제공할 수 있는 정보 전달의 능력 한계를 무엇이라 하는가?
    ① 주기억장치 대역폭   ② 주기억장치 접근률
    ③ 주기억장치 지연율   ④ 주기억장치 사용률

13. 캐시 교체 알고리즘에서 최근에 가장 적게 사용된 페이지들을 교체하는 방법은?
    ① FIFO   ② LRU   ③ NRU   ④ Random

14. 기억장치의 계층 구조 상 접근 속도가 가장 빠른 것은?
    ① Static RAM   ② Register   ③ Dynamic RAM   ④ SSD

15. 한 단어가 25비트로 이루어지고 총 32768개의 단어를 가진 기억장치가 있다. 이 기억장치를 사용하는 컴퓨터 시스템의 MBR(memory buffer register), MAB(memory address register), PC(program counter)에 필요한 각각의 비트 수는?

① 15, 15, 25   ② 25, 15, 25   ③ 25, 25, 15   ④ 25, 15, 15

16. 메모리에 관한 설명 중 옳지 않은 것은?

① RAM : 모든 번지에 대한 액세스 시간이 같다.
② Non-Volatile 메모리 : 정전 시 내용을 상실한다.
③ Non-destructive 메모리 : READ 시 내용이 상실되지 않는다.
④ Mask ROM : Write 할 수 없다.

17. 어떤 제어 기억장치의 단어 길이가 32비트, 마이크로명령어 형식의 연산필드는 12비트 조건을 결정하는 플래그의 수는 4개일 때, 제어기억장치의 최대 용량은 약 얼마인가? (단, 분기필드는 필요하지 않다고 가정한다.)

① 1MB   ② 2MB   ③ 4MB   ④ 8MB

18. 다음 중 Associative 기억장치의 특징으로 옳은 것은?

① 일반적으로 DRAM보다 값이 싸다.
② 구조 및 동작이 간단하다.
③ 명령어를 순서대로 기억시킨다.
④ 저장된 정보에 대해서 주소보다 내용에 의해 검색한다.

19. 컴퓨터에서 사용되는 associative 기억 장치의 특징이 아닌 것은?

① 가격이 고가이다.
② 컴퓨터의 처리 성능을 향상시킨다.
③ 가상기억장치, 캐시기억장치의 주소변환 테이블에 사용된다.
④ 기억장치 내에 있는 주소를 이용하여 데이터를 직렬로 찾으므로 속도가 빠르다.

20. 주기억장치로부터 캐시 메모리로 데이터를 전송하는 매핑 프로세스 방법이 아닌 것은?

① associative mapping   ② direct mapping
③ set-associative mapping   ④ virtual mapping

21. 미소의 콘덴서에 전하를 충전하는 원리를 이용하는 메모리로, 재충전(Refresh)이 필요한 메모리는?

　① SRAM　　② DRAM　　③ PROM　　④ EPROM

22. 캐시와 주기억장치로 구성된 컴퓨터에서 주기억장치의 접근 시간이 200ns, 캐시 적중률이 0.9, 평균 접근시간이 30ns일 때 캐시 메모리의 접근 시간은?

　① 9ns　　② 10ns　　③ 11ns　　④ 12ns

23. 메모리 관리 하드웨어(MMU)의 기본적인 역할에 대한 설명으로 옳지 않은 것은?

　① 논리 주소를 물리 주소로 변환
　② 허용되지 않는 메모리 접근을 방지
　③ 메모리 동적 재배치
　④ 가상 주소 공간을 물리 주소 공간으로 압축

24. 기억장치에 기억된 정보를 액세스하기 위하여 주소를 사용하는 것이 아니라 기억된 정보의 일부분을 이용하여 원하는 정보를 찾는 것은?

　① Random Access Memory　　② Associative Memory
　③ Read Only Memory　　④ Virtual Memory

25. 컴퓨터 기억장치의 주소설계 시 고려사항으로 옳지 않은 것은?

　① 주소를 효율적으로 나타내야 한다.
　② 주소 표시는 16진법으로 표기해야 한다.
　③ 사용자에게 편리하도록 해야 한다.
　④ 주소공간과 기억공간을 독립시킬 수 있어야 한다.

26. 중앙처리장치의 기억 모듈에 중복적인 데이터 접근을 방지하기 위해서 연속된 데이터 또는 명령어들을 기억장치모듈에 순차적으로 번갈아 가면서 처리하는 방식은?

　① 복수 모듈　　② 인터리빙　　③ 멀티플렉서　　④ 셀렉터

27. 캐시 메모리의 기록 정책 가운데 쓰기(write) 동작이 이루어질 때마다 캐시 메모리와 주기억장치의 내용을 동시에 갱신하는 방식은?

　① write-through　　② write-back　　③ write-once　　④ write-all

28. cache memory에 대한 설명과 가장 관계가 깊은 것은?
   ① 내용에 의해서 access되는 memory unit이다.
   ② 대형 computer system에서만 사용되는 개념이다.
   ③ 중앙처리장치가 자주 접근하거나 최근에 접근한 메모리 블록을 저장하는 초고속 기억장치이다.
   ④ memory에 접근을 각 module별로 액세스 하도록 하는 기억장치이다.

29. CPU에 의해 참조되는 각 주소는 가상주소를 주기억장치의 실제주소로 변환하여야 한다. 이것을 무엇이라 하는가?
   ① mapping   ② blocking   ③ buffering   ④ interleaving

30. 가상기억장치에서 주기억장치로 자료의 페이지를 옮길 때 주소를 조정해 주어야 하는데 이것을 무엇이라 하는가?
   ① spooling   ② blocking   ③ mapping   ④ buffering

31. 8 비트 데이터 라인을 가진 4GB 메모리의 어드레스 라인 수는?
   ① 32   ② 64   ③ 22   ④ 12)

32. 어느 컴퓨터의 기억 용량이 1M byte이다. 이때 필요한 주소선의 수는?
   ① 8개   ② 16개   ③ 20개   ④ 24개

33. SRAM과 DRAM을 설명한 것으로 옳은 것은?
   ① SRAM은 재충전이 필요없는 메모리이다.
   ② DRAM은 SRAM에 비해 속도가 빠르다.
   ③ SRAM의 소비전력이 DRAM 보다 낮다.
   ④ DRAM의 Memory Cell은 Flip Flop으로 구성되어 있다.

34. 컴퓨터의 성능을 높이기 위하여 명령의 처리속도를 CPU의 속도와 같도록 하기 위해서 기억 장치와 CPU 사이에 사용하는 기억장치는?
   ① ROM   ② virtual memory   ③ DRAM   ④ cache memory

35. "Instruction의 빠른 처리속도를 위해 중앙처리장치의 속도와 기억장치의 속도를 유효 Cycle동안 병행 실행 한다"와 관련 있는 것은?
   ① Handshaking   ② DMA   ③ Interleaving   ④ Associative Memory

36. 메모리 인터리빙(interleaving)의 설명이 아닌 것은?

① 저속의 블록 단위 전송이 가능하다.
② 캐시 기억장치, 고속 DMA전송 등에서 많이 사용된다.
③ 기억장치의 접근시간을 효율적으로 높일 수 있다.
④ 각 모듈을 번갈아가면서 접근(access)할 수 있다.

37. 기억장치의 자료처리 속도를 나타내는 밴드 폭(band width)이란?

① 계속적으로 기억장치에서 데이터를 읽거나 기억시킬 때 1초 동안에 사용되는 비트 수
② 필요에 따라 주기억장치에 사용되는 바이트의 사용량
③ 1초 동안에 사용되는 워드(word)의 사용량
④ 계속적으로 사용되는 데이터의 사용량을 1분 동안에 사용하는 바이트의 수를 표시

38. 가상 기억체제에서 번지 공간이 1024k이고 기억공간은 32k라고 가정할 때 주기억장치의 주소 레지스터는 몇 비트로 구성되는가?

① 12　　　　② 13　　　　③ 14　　　　④ 15

39. Associative 기억장치에 사용되는 기본요소가 아닌 것은?

① 일치 지시기　② 마스크 레지스터　③ 인덱스 레지스터　④ 검색 데이터 레지스터

40. 메인 메모리의 용량이 1024K× 24bit 일 때 MAR와 MBR 길이는 몇 비트인가?

① MAR=20, MBR=20　　② MAR=20, MBR=24
③ MAR=24, MBR=20　　④ MAR=24, MBR=24

41. 어떤 컴퓨터의 기억장치 용량이 4096워드이다. 각 32비트라 하면 MAR(Memory Address Register)와 MBR(Memory Buffer Regisger)의 각 구성 비트수는?

① MAR:12, MBR:32　　② MAR:5, MBR:12
③ MAR:12, MBR:5　　④ MAR:32, MBR:12

42. 컴퓨터의 주기억장치 용량이 8192비트이고, 워드 길이가 16비트일때 PC(Program Counter), AR(Address Register)와 DR(Data Register)의 크기는?

　　PC AR DR　　　PC AR DR　　　PC AR DR　　　PC AR DR
① 8, 9, 16　　② 9, 9, 16　　③ 16, 16, 16　　④ 8, 16, 16

43. 어소시에이티브(Associative) 기억장치에 대한 설명으로 옳지 않은 것은?
   ① 기억된 여러 개의 자료 중에서 주어진 특성을 가진 자료를 신속히 찾을 수 있다.
   ② 중앙처리장치와 주기억장치의 속도 차가 현저할 때 사용된다.
   ③ 비파괴적으로 읽을 수 있어야 한다.
   ④ 병렬판독회로가 있어야하므로 하드웨어 비용이 크다.

44. 가상 기억체제에서 page fault가 발생하면 희생 페이지를 결정해서 보조기억장치의 이전 위치에 기억시키고 새로운 페이지를 이전 희생된 페이지가 있던 곳에 위치시키는 것을 무엇이라 하는가?
   ① thrashing   ② staging   ③ miss   ④ throughput

45. 입력 번지 선이 8개, 출력 데이터 선이 8개인 ROM의 기억 용량은?
   ① 64 바이트   ② 256 바이트   ③ 512 바이트   ④ 1024 바이트

46. 대용량 메모리를 내장한 제품 중 프로그램 되어 있는 ROM은?
   ① PROM   ② Mask ROM   ③ EPROM   ④ EAROM

47. 메모리 인터리빙(interleaving) 방법의 사용 목적이 되는 것은?
   ① 메모리 액세스의 효율 증대
   ② 기억 용량의 증대
   ③ 입·출력 장치의 증설
   ④ 전력 소모 감소

48. 반도체 기억소자로서 이미 기억된 내용을 자외선을 이용하여 지우고 다시 사용할 수 있는 메모리 소자는?
   ① static RAM   ② dynamic RAM   ③ EPROM   ④ PROM

49. ROM IC의 특징을 설명한 것 중 옳지 않은 것은?
   ① Mask ROM :반도체 공장에서 내용이 기입된다.
   ② PROM :PROM writer로 기입되고 내용을 지울 수 없다.
   ③ EPROM :자외선을 조사하면 내용을 지울 수 있다.
   ④ EAROM :refresh 회로가 필요하다.

50. 가상 기억장치(virtual memory)의 가장 큰 목적은?
   ① 접근시간의 단축
   ② 용량의 확대
   ③ 동시에 여러 단어의 탐색
   ④ 주소지정 방식의 탈피

51. 마이크로컴퓨터 내에는 동작에 항상 필요한 모니터 프로그램이 있다. 이러한 모니터 프로그램이 기억되기에 적당한 장소는?

　① RAM　　　② I/P port　　　③ ROM　　　④ CPU

52. 다음 중 잘못 연결한 것은?

　① Associative Memory-Memory Access 속도　② Virtual Memory-Memory 공간확대
　③ Cache Memory-Memory Access 속도　④ Memory Interleaving-Memory 공간확대

53. Paging system 이란?

　① 보조기억장치를 여러 개의 page로 구분한다.
　② 기억 장치에 추가하여 page로 된 기억 장치를 연결한다.
　③ 주로 기억 장치의 기억 장소를 여러 개의 block으로 구성한다.
　④ 보조기억장치의 주기억장치 모두를 page로 구분한다.

54. 캐시(cache) 메모리에서 특정 내용을 찾는 방식 중 매핑 방식에 주로 사용되는 메모리는?

　① Nano memory　　② Associative memory　　③ Virtual memory　　④ Stack memory

55. 메모리 계층 시스템에서 보조기억 장치의 내용을 주기억 장치로 옮기는 데 필요한 것은?

　① 메모리 어드레스 mapping table　　② DMA　　③ 캐시 메모리　　④ 인터럽트

56. 자기 디스크에서 데이터를 액세스하는데 걸리는 시간에 포함되지 않는 것은?

　① ROTATIONAL DELAY　　　　② SEEK TIME
　③ READING TIME　　　　　　④ TRANSMISSION TIME

57. 기억장치에 접근을 위하여 판독신호를 내고 나서 다음 판독신호를 낼 수 있을 때까지의 시간을 무엇이라 하는가?

　① 탐색시간(seek time)　　　　② 전송시간(transfer time)
　③ 접근시간(access time)　　　④ 사이클시간(cycle time)

58. 명령어가 오퍼레이션 코드(OP code) 6비트, 어드레스 필드 16비트로 되어 있다. 이 명령어를 쓰는 컴퓨터의 최대 메모리 용량은?

　① 16K word　　② 32K word　　③ 64K word　　④ 1M word

59. 주기억장치에 사용되는 양극 소자나 MOS형 기억 소자는 보조기억장치와 비교하여 어떠한 특성을 가지는가?

① 동작속도가 빠르고, 가격은 비슷하다.　② 동작속도가 일정하나 가격이 저렴하다.
③ 동작속도가 빠르고, 가격이 저렴하다.　④ 동작속도가 빠르고, 가격이 비싸다.

60. 메인 메모리는 각각 ( ) 이라는 자체 주소 레지스터를 가진 모듈로 구성된다. ( )에 맞는 내용은?

① ABR　　　② TLB　　　③ PC　　　④ IR

설명 : ABR은 주소 버퍼 레지스터를 나타낸다.

61. 메모리 계층 구조를 갖는 주된 목적은?

① 액세스 시간 단축　② 대용량 제공　③ 전달 시간 감소　④ 액세스 시간 단축 및 대용량 제공

62. 연관 매핑된 가상 메모리는 ( )을 사용하다. ( )에 맞는 내용은?

① TLB　②페이지 테이블　③ 프레임 테이블　④ 언급 된 것 중 어느 것도 해당되지 않음

63. 논리 주소를 실제 주소로 변환을 무엇이라 하는가?

① MMU　　　② 번역사　　　③ 컴파일러　　　④ 링커

64. 데이터 또는 명령으로 나타나는 이진 주소는?

①물리적 주소　② 위치　③ 변동 가능 주소　④ 논리적 주소

65. 프로그램 블록을 실제 메모리로 이동하거나 이동시키는 기술은?

① 페이징　② 가상 메모리 구성　③ 오버레이　④ 프레이밍

제6장 객관식 답

1.①	2.②	3.②	4.②	5.③	6.②	7.②	8.②	9.④	10.②
11.①	12.①	13.②	14.②	15.④	16.②	17.①	18.④	19.④	20.④
21.②	22.②	23.④	14.②	25.②	26.②	27.①	28.③	29.①	30.③
31.①	32.③	33.①	34.④	35.③	36.①	37.①	38.④	39.③	40.②
41.①	42.①	43.②	44.②	45.②	46.②	47.①	48.③	49.④	50.②
51.③	52.④	53.①	54.②	55.①	56.③	57.④	58.③	59.④	60.①
61.④	62.①	63.①	64.④	65.②					

외부 메모리와 입출력 시스템

제7장

학·습·목·표

- 자기 디스크의 주요 특성을 이해한다.
- RAID의 개념을 이해하고 다양한 계층을 비교할 수 있다.
- CD-ROM 및 플래시 메모리에 대해 이해한다.
- 입출력 모듈의 역할과 기능에 대해 이해한다.
- 입출력 모듈의 프로세서의 역할에 따른 입출력 방법을 알아본다.
- 인터럽트에 대해 알아본다.

Section

01. 외부 메모리
02. 입출력 시스템

들·어·가·기

이 장에서는 다양한 외부 메모리 장치 및 입출력 시스템을 살펴본다. 먼저 가장 중요한 장치 인 자기 디스크는 사실상 모든 컴퓨터 시스템에서 외부 메모리를 기반으로 한다. 이어 디스크 배열을 사용하여 성능을 높이는 RAID (Redundant Array of Independent Disks)에 대해 살펴보고 최근 많은 컴퓨터 시스템에서 점차 중요한 구성 요소의 CD-ROM, 플래시 메모리에 대해 알아본다. 그리고 입출력 시스템에 대해 살펴본다. 입출력 장치, 보조 기억 장치, 네트워크 관련 장치 등을 주변 장치 등에 대하여 알아보고 입출력(I/O) 장치를 프로세서에 직접 연결(시스템 버스에 연결)되지 않고 입출력 모듈을 통해서 연결되는 이유 및 입출력 방법을 살펴보고 인터럽트에 대해 알아본다.

Section 01 외부 메모리

프로그램을 수행하려면 프로그램이 수행되는 동안 프로그램이 액세스하려는 데이터가 메인 메모리에 적재되어야 한다. 그러나 앞서 살펴보았듯이 메인 메모리의 용량과 특히 전원이 나갈 때 저장된 정보가 상실되는 휘발성 저장 장치의 문제점을 해결할 수 있는 방법이 외부 메모리 즉, 보조 기억(저장) 장치 이용이다. 프로세서와 직접 정보를 교환할 수 없고, 메인 메모리를 통해서만 정보의 교환이 가능한 메모리이다. 메인 메모리보다는 다소 속도가 느리더라도 같은 비용으로 많은 기억 용량을 제공할 수 있으며 비소멸성 메모리로 모든 컴퓨터 시스템의 중요한 저장기술로 이용되고 있다.

1-1 외부 메모리의 이해와 평가

외부 메모리 즉, 보조 기억 장치(auxiliary storage units)는 두 가지 목적을 수행한다. 메인 메모리의 확장 측면과 영구적 정보 보관 매체로서의 역할이다. 컴퓨터는 사용자의 제어를 받지 않고 자체 목적을 위해 메모리 확장으로서 사용할 수 있다. 가상 메모리로 알려진 이 개념은 사용자에게 거의 무한한 정보를 유지할 수 있다.

1. 외부 메모리

외부 메모리는 입/출력 채널을 통해 시스템에서 사용할 수 있는 모든 저장 장치를 의미하며 시스템 메모리(RAM) 내에 있지 않은 모든 주소 공간을 참조한다. 메모리에서 현재 사용하지 않는 모든 주소와 데이터를 저장하므로 외부(외장형) 메모리 또는 보조 저장 장치라고 한다. 이러한 외부 메모리는 메인 메모리보다 느리지만 컴퓨터가 전원에 연결되지 않은 경우에도 데이터를 저장하고 유지하므로 데이터와 프로그램을 나중에 사용할 수 있도록 보관한다. 또한 요구 될 때마다 사용하는 문서, 멀티미디어 및 프로그램과 같은 중요하지 않은 시스템 데이터를 저장한다.

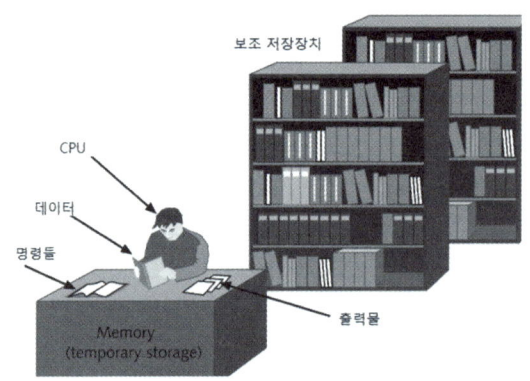

[그림 7-1] 외부 메모리

외부 메모리는 다른 입/출력 장치들과 유사한 특성과 방식으로 동작하지만, 사용자가 직접적으로 외부 메모리와 상호 작용할 수 없다. 만약 사용자가 컴퓨터 내부를 직접 배치 할 수 있다면 사용자는 다양한 종류의 입/출력 장치를 구별 할 수 없다. 물론 다른 입/출력 장치들보다 훨씬 빠르나 프로세서 내부 속도보다는 여전히 훨씬 느린 데이터 전송 속도를 가지고 있다. 이러한 이유로 버퍼링과 같은 많은 아이디어가 외부 메모리에 적용된다.

외부 메모리의 좋은 예는 CD, DVD 및 블루 레이(u-ray)와 같은 광학 기억 매체와 하드 디스크 그리고 플래시 드라이브와 메모리 카드 형태의 다른 주변 장치를 들 수 있다.

이러한 외부 메모리는 실제적 단일 메모리에 수 GB(Gigabyte)에서 수 TB(Terabyte) 저장 공간에 이르는 상당한 저장 용량을 가지고 있다.

2. 평가

외부 메모리를 평가하는 기준은 다음과 같다.

1) 저장 장치 용량

고용량 저장 장치는 복잡한 프로그램과 하드웨어적인 기술이 필요하므로 용량이 커지면 가격도 높아진다. 일반적으로 하드디스크는 디스켓보다 많은 양의 정보를 저장할 수 있으며 광학 디스크는 하드디스크보다 많은 양의 정보를 저장할 수 있다.

2) 접근 속도

컴퓨터에서 메모리나 자기디스크 등의 기억 장치에 대해 데이터의 쓰기나 읽기를 하는데 걸리는 평균시간을 의미하며 접근 속도는 ms(1초의 천 분의 일)로 측정된다.

3) 전송률

데이터가 보조 저장 장치에서 메인 메모리(주기억 장치)로 전송되는 데 걸리는 시간으로 초당 메가바이트 수로 측정된다.

4) 기타
크기(휴대 가능성)와 분리 가능성으로 구분할 수 있다.

1-2 자기 디스크

직접 액세스가 가능한 기억 장치(DASD)로 디스크 드라이브, 하드 드라이브 또는 하드 디스크 드라이브(HDD) 등의 이름으로 부르고 있다. 하드 디스크 원판(hard disk platter)은 자기 산화물로 코팅된 편편하고 딱딱한 알루미늄이나 유리 소재로 되어 있다. 하드 디스크 저장 장치는 플로피나 집(zip) 디스크 드라이브보다 접근속도가 훨씬 빠르므로 대부분의 컴퓨터에서 주 저장 장치로 사용한다.

1. 발전과정

하드 디스크 드라이브는 IBM의 실시간 트랜잭션 처리 시스템에 대한 데이터 저장 장치, 범용 메인 프레임과 미니 컴퓨터와 함께 사용하기 위해 1956년에 개발되었다.

첫 번째 IBM 드라이브는 350 RAMAC(Random Access Method of Accounting and Control)으로 냉장고의 약 2배 크기(캐비닛 규모)와 50 디스크의 스택에 저장된 500만 6비트 문자(3.75 MB)이었으며 표면은 100 트랙의 직경 610 MM(24 인치), 1,200 RPM(Revolutions Per Minute), 데이터 전송 속도는 초당 8,800 자였다. 그 후 꾸준한 기술적인 발전을 거쳐 1980년 처음으로 GB 바이트(2.52 GB) 수준이 개발되고, 1980년대 후반에 들어오면서 하드 디스크는 PC의 필수 장치가 되었다. 2000년대 중반부터는 하드 디스크를 USB나 IEEE 1394를 이용해 외부 장치처럼 이용할 수 있는 외장 하드 디스크가 등장하였다. 또한 2007년 TB(테라 바이트) 하드 디스크, 2012년 하나의 3.5 인치 플래터에 2 TB 용량을 갖는 하드 디스크 드라이브가 개발되었다.

[그림 7-2] 하드 디스크 드라이브

2. 구성

하드 디스크(hard disk)는 한 개 또는 몇 개의 원판(platter)과 그에 대응되는 읽기-쓰기 헤드를 움직이는 엑세스 암과 회전 축(Spindle)으로 구성되어 있다. 마이크로컴퓨터 하드 디스크 원판의 크기는 플로피 디스크와 마찬가지로 지름이 3.5인치이다. 플로피 디스크는 데이터에 액세스 요청이 있을 때만 원판을 회전시키지만, 하드 디스크는 계속적으로 원판을 회전시키기 때문에 가속하는데 걸리는 지연 시간은 없다. 그래서 하드 디스크의 액세스 시간이 플로피 디스크의 액세스 시간보다 빠르다. 하드 드라이브는 1분에 4,500번에서 7,200번 정도의 속도(RPM)로 고속 회전하며, 디스크 액세스 시간은 1/1000초 단위로 측정된다.

디스크 위에는 "트랙"이라 불리는 동심원들이 있으며 그 안에 데이터가 전자기적으로 기록되도록 고안돼 있다. 헤드는 트랙에 정보를 기록하거나 읽어낸다. 디스크의 각 면에 있는 두 개의 헤드는 디스크의 회전으로 데이터를 읽거나 기록하게 된다.

1) 트랙과 실린더

디스크는 그림과 같이 여러 개의 동심원으로 나누어지는데, 이것을 트랙(track) 이라고 부르며, 디스크 상에 데이터가 기록될 수 있는 고리 모양의 영역(line)이다. 이와 같이, 각 원판 즉, 플래터들은 트랙으로 나뉘는데 이때 플래터(각 플래터의 앞/뒷면 모두)들에 걸쳐있는 하나의 트랙 위치를 실린더(Cylinder)라고 부른다. 하드 디스크는 수천 개의 실린더를 가진다. 트랙의 밀도는 TPI(tracks per inch)로 나타내며 각 트랙은 헤드와 동일한 너비이다.

2) 섹터(sector)

섹터는 트랙을 몇 개의 구역(블록)으로 할당한 것으로 컴퓨터가 주소 지정을 할 수 있는 최소의 단위 저장 공간이다. 컴퓨터는 섹터 단위로 데이터를 읽거나 기록하며 디스크 드라이브의 섹터 크기는 32~4,096바이트이며 트랙당 4~32섹터가 있고 디스크 표면당 20~1,500트랙으로 구성된다. 그러므로 데이터가 저장되어 있는 섹터 번호와 그 섹터가 포함되어 있는 트랙(실린더) 번호를 통하여 데이터를 검색한다.

3) 헤드(head)

여러 개의 원판(플래터)으로 구성된 디스크 팩 구조에서는 각 원판의 트랙을 담당하는 읽기-쓰기 헤드(Read-write heads)를 갖고 있다.

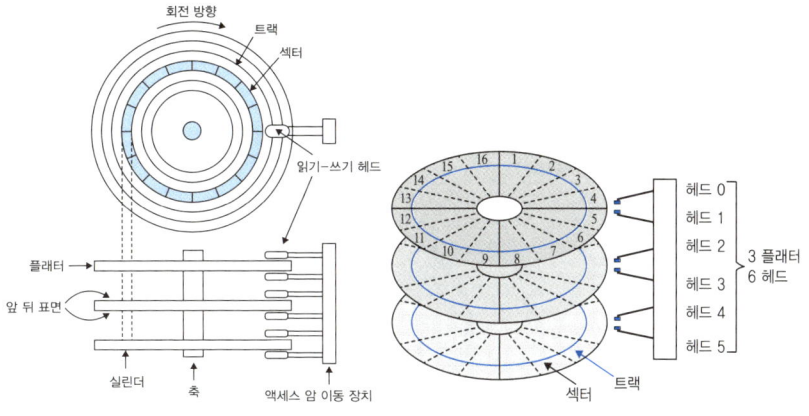

[그림 7-3] 실린더(트랙), 섹터 및 헤드

하드 디스크의 읽기-쓰기 헤드는 디스크 표면을 미세하게 움직인다. 읽기-쓰기 헤드가 플래터 표면에 가까울수록 자화된 점(spot)이 작아지고 간격이 작을수록 비트의 기록 밀도가 높아진다. 그래서 만약 읽기-쓰기 헤드가 디스크 위를 움직일 때 먼지 입자나 오염 물질과 부딪히면 헤드 손상(head crash)을 입는다. 헤드가 손상되면 디스크에 저장되어 있는 데이터가 훼손된다. 헤드 손상을 일으키는 오염 물질이 디스크 원판에 부착되는 것을 방지하기 위해 하드 디스크를 케이스로 완전히 봉한다.

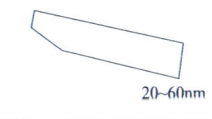

[그림 7-4] 디스크와 헤드의 간격

위 그림과 같이 디스크와 헤드의 간격은 20~50nm, 사람의 머리카락의 평균 굵기 80 μm(18~180 μm), 담배 연기는 평균 0.2 μm(0.1~0.5 μm)이다.

4) 클러스터

파일은 트랙과 섹터의 물리적인 저장 주소로 유지되어도, 실제적으로 클러스터로 저장된다. 클러스터(cluster)는 인접 섹터의 모임(그룹)으로 컴퓨터가 액세스할 수 있는 가장 작은 저장 단위이므로 파일 할당에 대한 최소 단위로 모든 파일은 클러스터 크기의 배수로 나타낸다. 물론 하드 디스크 그 자체에 만들어지는 물리적인 단위가 아닌 논리적인 단위이기 때문에, 경우에 따라 클러스터의 크기(운영 체제에 의해 결정)를 다양하게 설정할 수 있다. 예를 들어 IBM 호환 마이크로컴퓨터에서 360K 용량 디스크는 2 섹터이며, 1 GB 디스크에서는

32 섹터이다. 각 클러스터는 번호가 붙어 있고, 그 클러스터에 속하는 섹터가 무엇인지는 운영체제가 유지 관리한다.

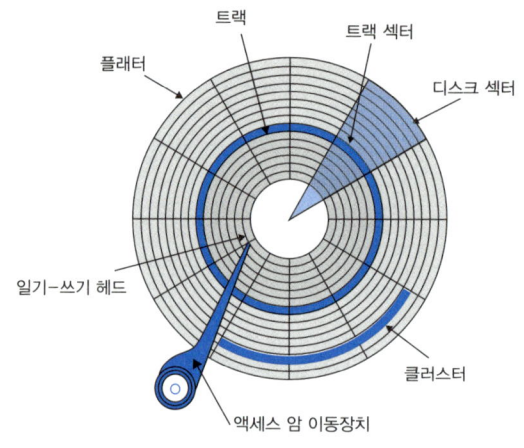

[그림 7-5] 클러스터와 섹터

운영체제(Microsoft Windows 시스템)는 파일 할당표(FAT; file allocation table)를 보고 어느 클러스터가 비어있는지를 판단하여 빈 클러스터에 파일 데이터를 저장하고, FAT에는 그 클러스터의 번호를 기록한다. 디렉터리는 새로운 파일 이름과 데이터를 포함하고 있는 첫 클러스터의 번호를 기록한다. 참고로 Unix는 클러스터를 사용하지 않고 블록(섹터)을 최소 단위로 inodes라고 하는 특정 디스크 블록에서 파일 구성에 대한 정보를 유지 관리한다.

대부분 파일이 한 클러스터에 저장할 수 없을 정도로 크면 이웃하는 클러스터에 연속적으로 저장하거나, 만약 이웃 클러스터에 데이터가 존재하면 운영체제는 비어있는 다른 클러스터를 찾아 그곳에 파일을 저장하고 포인터로 연결한다.

3. 액세스 시간

액세스 시간(access time)이란 디스크 성능을 나타내는 전체적인 통합 시간 개념으로, 메모리에서 데이터를 읽어 오거나 쓰는데 걸리는 시간이며 다음과 같은 요소로 구성된다.

- 탐색 시간(seek time)

현재 트랙 위치로부터 목표 섹터가 포함된 실린더(트랙)까지 헤드가 찾아가는데(헤드를 위치시키는데) 걸리는 시간으로 이미 원하는 목표 트랙에 있거나 근처(인접한) 트랙에 있으면 탐색 시간이 훨씬 적다(최소 탐색 시간). 이때 지역성이 중요하다. 물론 외부 트랙에서 내부 트랙으로 또는 그 반대로 이동(최대 탐색 시간)할 수 있어 디스크 작동 전에 R/W 헤드의 위치를 알 수 없기 때문에 대부분 탐색 시간은 비 결정적 즉, 평균 읽기 및 쓰기 검색 시간(4~10ms)을 제공한다.

- 회전 지연 시간(latency time)

해당 섹터로 헤드가 이동하는데 걸리는 시간이다. 해당 섹터의 첫 번째 비트가 r/w 헤드를 통과 할 때까지 대기하는 시간으로 회전 지연은 부분적으로 디스크 플래터가 회전하는 속도를 기반으로 생성된다. 최대 대기 시간은 완전 회전 시간(방금 통과)으로 초 / 회전으로 나타낸다. 최소 대기 시간은 연속 섹터를 읽는 상태를 나타내므로 평균적으로, 임의 읽기 / 쓰기의 경우 디스크가 평균적으로 절반으로 돌아간다고 가정할 수 있다. 따라서 평균 대기 시간=½ 회전 시간=½ 최대 대기 시간이다.

디스크 회전 속도는 분당 회전 수(RPM; Revolutions Per Minute)로 측정된다.

예를 들어, 7,200 RPM 디스크의 평균 회전 지연 시간은 다음과 같다.

최대 대기 시간=1 분 / 7,200 회전=1 초 / 120 회전=8.3 ms / 회전

평균 대기 시간=8.3ms / 2=4.15ms

- 전송시간(transfer time)

데이터를 전송하는데 소요되는 시간 즉, 해당 섹터의 비트를 읽는(쓰는) 시간으로 회전 속도, 트랙의 데이터 밀도, 전송할 데이터의 양에 따라 결정된다.

전송 시간=전송할 바이트 수 / (트랙의 바이트 수 * RPM)

예를 들면 전송 속도가 100MB 이면 1 섹터(512바이트)를 전송하는 데 걸리는 시간은 512바이트 / (100MBps)=5us이다.

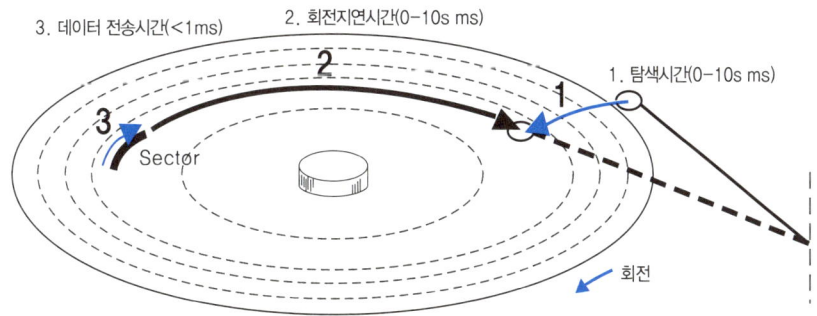

[그림 7-6] 디스크 액세스 시간

이와 같이 디스크 성능(디스크 액세스 시간)은 탐색 시간, 회전 지연 시간, 전송 시간에 의해 결정되므로 가능한 한 적은 수의 트랙에 파일의 모든 섹터를 유지(참조의 지역성)하는 것이 바람직하다. 고정 헤드 디스크는 각 트랙에 읽기, 쓰기 헤드를 가지고 있기 때문에 탐색 시간이 필요 없다. 그러므로 이동 디스크의 데이터 액세스 시간은 '탐색 시간 + 회전 지연 시간 + 전송 시간'으로 나타나며, 고정 헤드 디스크 시스템은 탐색시간이 없으므로 '회전 지연

시간 + 전송 시간'으로 표시된다. 예를 들면 다음과 같다.

회전 속도=7,200 RPM
평균 탐색 시간=5ms
평균 트랙당 섹터 수=1000 일 때 평균 회전 지연 및 전송 시간은 다음과 같다.

- 평균 회전 지연 시간
  = 1/2 x (60 초 / 7,200 RPM)=4 ms
- 평균 회전 지연 시간
  = 60 초 / 7,200 RPM x 1/1,000 섹터/트랙=0.008 ms(섹터 판독 시간)

그러므로 이동 디스크의 데이터 액세스 시간과 고정 헤드의 데이터 액세스 시간은 다음과 같다.

4. 주소 지정

데이터가 저장되어 있는 물리적인 위치는 실린더, 트랙, 그리고 섹터의 위치에 의해 식별될 수 있지만, 최근의 하드 디스크들은 더 넓은 주소 범위에서 동작하는 논리적 블록 주소(LBA)에 매핑하는 방법을 사용한다. 메모리와 디스크 사이에 입출력 전송은 하나 또는 여러 개의 섹터 단위로 이루어지므로 특정 섹터의 주소를 만들기 위해서는 트랙 지정(또는 실린더), 표면 지정(head 지정), 섹터 지정 등이 필요하다. 그래서 디스크는 섹터들의 3차원 배열로 볼 수 있다. 트랙당 섹터들의 개수를 s로 표시하고 실린더 당 트랙들의 개수를 t로 표시할 때, 실린더 번호 i, 표면 번호 j, 섹터 번호 k인 디스크 주소는 1차원 블록 수 b로 표시할 수 있다.

$$b = k + s \times (j + i \times t)$$

이러한 사상(Mapping)에서 블록 b+1을 액세스할 때, b가 실린더의 마지막 블록이 된다. 따라서 b+1 블록(실린더)에 대한 탐색이 필요한데, 이럴 경우 헤드가 한 트랙만 옮기면 된다. 일반적으로 디스크는 디스크 내에 어떤 파일이 있는지를 표시하는 장치 디렉터리를 가지고 있다. 장치 디렉터리는 파일 이름으로 목록을 나타내며 파일이 디스크 어디에 있는지에 대한 정보 즉, 파일의 길이, 종류, 소유주, 생성된 날짜, 마지막으로 사용된 시간, 그리고 부호 등에 대한 정보를 포함한다.

1-3 RAID

RAID(Redundant Array of Inexpensive 또는 Independent Disk)는 데이터 신뢰성 향상 및 입/출력 성능 향상의 목적을 위해 여러 개의 물리적 디스크 드라이브 구성 요소를 하나의 논리적 단위로 결합하여 저장하는 디스크의 중복 배열 기술로 1987년 버클리 캘리포니아 대학의 데이비드(David), 패터슨(Patterson), 거스(Garth), 깁슨(Gibson), 랜디 카츠(Randy Katz)에 의해 정의되었다. 이러한 결과로 다수의 디스크 드라이브를 독립적이며 병렬적으로 작동하는 디스크 배열이 개발되어 성능을 더 향상시킬 수 있게 되었으며 이러한 RAID의 제안은 데이터 중복에 대한 필요성을 효과적으로 해결하는 데 큰 도움이 되었다.

1. RAID 구현

디스크 드라이브의 성능 즉, 속도는 메모리 또는 프로세서의 성능만큼 빠르게 향상되지 않지만 매우 저렴한 가격으로 인해 성능 향상에 여러 개의 디스크 드라이브가 사용되었다.

RAID 장치는 RAID 제어기와 같은 특수한 RAID 소프트웨어 또는 하드웨어를 사용하여 대형 단일 논리 드라이브처럼 작동하도록 구성하며, 여러 디스크 드라이브와 운영 체제 사이의 중개를 통하여 모든 드라이브에 대한 동시 읽기/쓰기를 허용한다. 때때로 입출력 요청에 대한 메모리 버퍼링을 사용하기 때문에 읽기/쓰기 작업에 대한 입출력 성능이 전반적으로 증가한다. 따라서 RAID 기술은

- 여러 개의 HDD를 하나의 가상 디스크로 구성하므로 대용량 저장 장치 구축 가능
- 다수의 HDD에 데이터를 체계적으로 분할(분산 배치)하여 병렬 전송함으로써 전송 속도 향상
- 중복 저장(이중화)을 통한 안정성 확보로 시스템 가동 중 디스크 모듈 고장에도 시스템 정지 없이 새 디스크로 교체하여 데이터 자동 복구(데이터 훼손 방지)로 디스크 장애를 최소화 한다.

특히 일부 시스템 관리자는 RAID를 구현해야 하는 가장 중요한 이유로 시스템 중단으로 인한 비용 절감(시스템 중단의 거의 절반은 디스크와 관련된 장애로 인해 발생) 효과를 꼽는다. RAID는 디스크 미러링(Mirroring) 또는 디스크 스트라이핑(striping) 기술을 사용하여 초기 6개의 계층(RAID 0~RAID 5)으로 구분되었으나 RAID 6, RAID 7, RAID 0+1, RAID 50, RAID 53 등 지속적으로 새로운 방식이 개발되었다. 기본적으로 RAID는 작고 값싼 드라이브들을 연결해서 크고 비싼 드라이브 하나(SLED: Single Large Expansive Disk)를 대체하자는 의미이다.

2. RAID 0(스트라이핑)

RAID 0은 일련의 데이터(파일)를 하나의 논리적 디스크 배열에 일정한 크기로 나누어 순서대로 분산 저장하는 기법으로 사용자는 하나의 논리 디스크 상에 저장되어 있는 것으로 인식한다. 디스크는 스트립(Strip)이라는 일정한 크기의 섹터 또는 물리적 블록 단위로 나누어 연속적인 배열 첨자(구성 요소)와 대응되도록 순환 할당 된다. 예를 들어, n-디스크 배열에서 첫 번째 n개의 논리 스트립들은 디스크 n개의 각각 첫 번째 스트립으로 저장되며, 두 번째 n개의 스트립들은 각 디스크의 두 번째 스트립들로 분산 저장된다. 예를 들면 네 개의 디스크가 있는 경우 'A B C D E, …'라는 데이터가 입력되면 각각의 하드 디스크에 즉 디스크 0에 'A', 디스크 1에 'B', 디스크 2에 'C', 디스크 3에 'D', 그리고 디스크 0에 E 등으로 분산 저장되며, 데이터를 읽을 때는 여러 하드 디스크에 분산된 데이터를 동시에 읽어 온다.
[그림 7-7]는 하드 디스크 4개로 구성된 RAID 0 계층을 보여주고 있다.

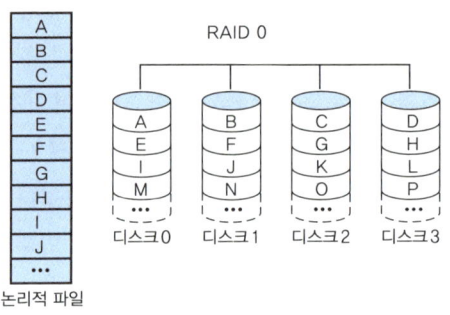

[그림 7-7] RAID 0(스트라이핑)

이와 같이 하나의 스트립들과 각 배열의 구성 요소가 대응하는 논리적으로 연속적인 스트립들의 집합을 스트라이프(Stripe)라고 한다. 이 방식은 동일한 하드 디스크 여러 대를 병렬 방식으로 구성하여 다수의 입출력 요구들을 병렬적으로 처리하여 입출력 전송 시간을 상당히 감소시킬 수 있다. 물론 각 디스크는 컨트롤러와 컨트롤러에서 시스템 버스, 메모리까지 자체 데이터 라인을 가져야한다. 그러나 데이터를 중복해서 기록하지 않으므로 장애 발생에 대비한 여분의 저장 공간을 가지고 있지 않아, 어느 한 드라이브에서 장애가 발생하면 데이터 보호/복구 기능이 없어 데이터가 손실된다. 따라서 본질적으로는 안정성을 추구하는 RAID 시스템에 부합되지는 않는다고 할 수 있다. 물론 저장 용량은 하드웨어 RAID의 배열 디스크의 전체 용량과 같다. RAID 0 방식은 데이터를 입출력할 때, RAID 컨트롤러에서 여러 개의 하드 디스크로 나눠서 쓰고 읽어 들이므로 중요하지 않은 데이터에 대한 **빠른** 데이터 입출력 성능이 요구되는 동영상 편집 등에 적합하다.

3. RAID 1(미러링)

RAID 1은 RAID 0과 같이 데이터 스트라이핑을 사용하면서 배열 내의 모든 디스크가 동일한 데이터를 가지는 미러 디스크(Mirror Disk)를 가지는 단순한 구조로 많이 사용되지는 않는다. 각 논리적 스트립은 두 개의 별도 디스크에 대응되므로 미러링(Mirroring)이라고도 하는데, 중복(동일 데이터) 저장된 데이터를 가진 적어도 두 개의 드라이브로 구성된다.

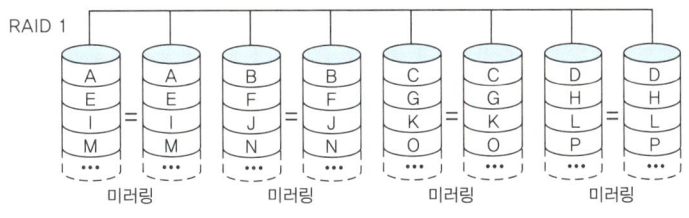

[그림 7-8] RAID 1(미러링)

읽기 요구는 요구 데이터를 가지고 있는 두 개의 디스크 중 어떤 디스크에서도 서비스를 받을 수 있기 때문에 성능이 향상될 수 있다. 그러나 데이터를 분할 저장하지 않기 때문에 두 스트립이 갱신되어야 하며, 쓰기 요구는 단일 디스크 드라이브의 경우와 같다. 물론 이 때에도 병렬적으로 갱신된다. 드라이브에 장애가 발생하거나 데이터의 손상이 일어나도 즉시 두 번째 디스크를 통해 액세스할 수 있다. 즉, 데이터를 간단히 복제 할 수 있으므로 복구 절차가 단순하다. 그러나 전체 용량의 절반이 여분의 데이터를 기록하기 위해 사용되기 때문에, 다시 말해 지원하는 논리적 디스크 공간의 두 배가 필요하므로 비용이 증가한다.

일반적인 응용에서 읽기 요구가 많은 경우 높은 입출력 요청을 달성할 수 있으나(이 경우 RAID 0보다 2배 증가) 쓰기 요구가 많은 경우 RAID 1의 성능은 RAID 0의 성능과 비슷하다. 시스템 드라이브와 같은 중요한 파일에 적합하다.

4. RAID 2(허밍코드를 통한 중복)

디스크들 간에 데이터 스트라이핑을 사용하고 데이터를 중복 저장하여 오류를 발견 할 수 있을 뿐만 아니라 오류를 수정할 수 있다. 오류 검출 능력이 없는 드라이브를 위해 허밍(Hamming) 코드 기법을 사용하여 몇몇 디스크들은 오류를 감지하고 수정하는 데 사용되는 오류 정정 코드(ECC, Error Correcting Code) 정보가 저장되어 있다. 허밍 오류 정정 코드는 패리티 비트를 사용해 디스크로부터 전송된 데이터에 오류가 있는지 확인하고, 또한 오류를 정정하기도 한다. 오류 정정 코드는 각 데이터 디스크의 대응되는 비트들을 계산한다. 만약 4개의 데이터 디스크가 있는 경우 3개의 패리티 디스크가 추가로 필요하여 총 7개로 구성된다. 예를 들면, A라는 데이터는 A0, A1, A2, A3비트로 분할하여 기록하고 이에 대한 패리티 비트(허밍 코드)들은 다수의 패리티 디스크의 대응되는 비트 위치(A p1, p2, p3)에 저장된다. 각 데이터는 [그림 7-9] 우측의 패리티 디스크에 저장된 허밍 코드를 이용하여 오류를 검출하고 정정한다.

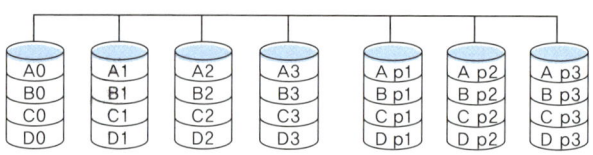

[그림 7-9] RAID 2(허밍코드를 통한 중복)

RAID 2는 실시간 오류수정이 가능하다는 장점이 있지만, 현재의 SCSI(Small Computer System Interface) 드라이브들이 자체 오류 검출 능력을 갖고 있기 때문에 별로 쓰이지 않고 있다. 디스크 오류 발생이 많은 경우 효과적이지만 디스크의 신뢰성이 높으면 낭비가 크므로 구현 자체가 제외된 경우가 많다. RAID 3보다 이점이 없고 상업적으로 구현 된 RAID 계층이 아니므로 더 이상 사용되지 않는다.

쉬어가는 코너

허밍코드

패리티 비트를 필요한 수만큼 정해진 위치에 두어 에러가 발생했을 때 에러 발생 비트를 알아내어 정정이 가능하도록 한다.
- 허밍코드의 비트 수

정보 비트의 수가 m이면 패리티 비트 수 p는 '2p >= m + p + 1'다.
- 패리티 비트의 위치

허밍 코드의 왼쪽부터 1, 2, 4, 8, 2n-1에 위치한다.

[예] 정보(데이터) 비트=4, 패리티 비트 수=3
P1 P2 D1 P3 D2 D3 D4 (1, 2, 4번 자리에 패리티 비트 위치)

5. RAID 3(비트 인터리브된 패리티)

데이터를 분산 저장을 위해 앞서 설명한 RAID 0과 같이 스트라이프를 사용하며, 오류 검출과 수정을 위해 별도의 드라이브 한 개를 패리티 드라이브로 사용한다. 일반적으로 스트립은 1바이트 단위로 매우 작아 파일의 연속 바이트는 연속적인 디스크에 저장된다. 각각의 데이터 디스크에 데이터를 비트 단위로 스트라이핑하여 기록하며 디스크에 입출력할 데이터의 크기가 K 바이트일 경우, N개의 디스크에 나누어져(K/N) 분산 저장되고 N+1 디스크에는 패리티 비트가 저장된다. 따라서 바이트 단위의 분산 저장을 경제적으로 수행하기 위해서는 하드웨어적인 지원이 필요하다. 내장된 오류 정정 코드 정보는 오류를 감지하는 데 사용하며, 데이터 복구는 다른 드라이브에 기록된 정보 XOR을 계산하여 수행한다.

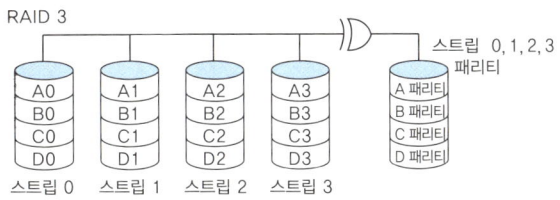

[그림 7-10] RAID 3(비트 인터리브된 패리티)

예를 들면 위 그림과 같이 시스템에 데이터용 디스크 4개와 패리티용 디스크 1개 등 총 5개가 있다고 가정한다. 스트립은 1바이트 너비로. 아래 표는 4비트, 8비트 바이트와 패리티 디스크의 값을 보여준다. 열은 서로 다른 디스크를 나타내므로 5개의 열과 바이트를 나타내는 8행이 있다.

```
0 1 0 1 0
1 1 1 1 0
0 1 1 1 1
0 0 0 0 0
1 0 0 0 1
0 0 1 1 0
0 1 0 0 1
1 0 0 1 0
```

따라서 첫 번째 디스크에는 01001001바이트가 있고 두 번째 디스크에는 11100010바이트, 세 번째 디스크에는 01100100바이트, 네 번째 디스크에는 11100101 값이 있다. 일반적으로 파일의 4바이트 연속이며 패리티 디스크의 값은 4비트 값에 XOR 연산을 수행 한 결과이다.

이때 만약 첫 번째 디스크의 오류 발생 시 패리티 비트 때문에 이 디스크의 모든 데이터를 재구성 할 수 있다. 맨 위의 행을 보면 3개의 데이터 비트 1, 0 및 1 이 있고 패리티 비트가 0이라는 것을 알기 때문에 누락 된 값은 0이다. RAID 3은 데이터는 스트립들로 나누어지므로 높은 데이터 전송률을 제공하나(병렬적 데이터 전송 가능) 입출력 작업이 모든 드라이브에서 이루어지므로 파일 서버(File Server) 등의 입출력이 빈번한 곳에서의 사용은 부적합하다. 입출력 요청은 한 번에 한 요청만 실행되기 때문이다. 그렇지만 대형 레코드가 많이 사용되는 단일 사용자 시스템과 다량의 데이터 전송이 요구되는 CAD나 이미지 작업에 적합하다.

6. RAID 4(블록 인터리브된 패리티)

RAID 4는 독립된 액세스 기법을 사용하며 데이터를 보호하기 위해 패리티 드라이브를 사용한다는 점에서 RAID 3과 유사하지만, 각 드라이브에 데이터를 블록(섹터) 단위로 분산 저장한다는 점에서 다르다. 데이터는 분산 저장을 위해 스트라이핑된다. 특히 독립된 액세스 기법을 사용하여 디스크의 각 멤버는 독립적으로 동작하고 각각 분리된 입출력 요구들을 병렬로 처리 가능하여 많은 입출력 요청이 필요한 업무에 적합하다. 하지만 높은 데이터 전송률을 필요로 하는 업무(대용량 파일 전송)에는 성능이 떨어진다.

RAID 4는 크기가 작은 입출력이 요청될 때 쓰기 성능이 저하된다. 쓰기 요청이 있을 때마다 사용자 데이터와 함께 패리티 정보를 갱신해야 하기 때문에 추가시간이 소요(입출력의 병목 현상)되기 때문이다. 예를 들면 4개의 데이터 디스크와 패리티 디스크가 있는 시스템의 경우, 디스크 1에 있는 단일 바이트를 쓰려면 시스템은 먼저 디스크 1의 이전 데이터와 디스크 5의 해당 패리티 바이트를 읽어야한다. 그런 다음 패리티 비트의 값을 다시 계산하고 데이터 및 패리티 바이트 기록한다. 따라서, 하나의 논리적 쓰기 동작은 2 회의 읽기 동작과 2 회의 쓰기 동작을 포함한다. 그러나 데이터 읽기 요청은 RAID 0과 비슷한 성능을 보인다. 여러 드라이브 중에서 한 대의 드라이브만이 여분의 패리티 정보를 기록하는데 사용되기 때문에 용량 당 비용은 그리 높지 않다. 따라서 저렴한 가격으로 장애 복구 능력이 요구되거나 빠른 판독 속도가 필요한 경우에 사용된다.

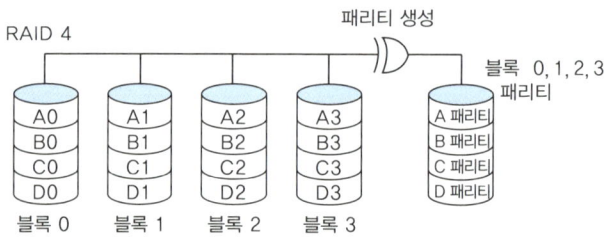

[그림 7-11] RAID 4(블록 인터리브된 패리티)

7. RAID 5(블록 인터리브된 분산 패리티 블록)

현재 가장 널리 사용되는 RAID 5는 RAID 4 구성과 유사하여 독립된 액세스 기법을 사용하며 별도의 패리티 드라이브 대신 모든 드라이브에 패리티 정보를 나누어 저장한다. 때문에 패리티를 담당하는 디스크의 병목 현상을 일으키지 않는다. 다중 프로세스 시스템에서와 같이 작고 잦은 데이터 기록이 있을 경우 더 빠르다. 그러나 읽기 요청의 경우 각 드라이브에서 패리티 정보를 건너뛰어야 하기 때문에 RAID 4보다 느리다. 최소한 3대, 일반적으로는 5대 이상의 드라이브가 필요하며 데이터는 각 데이터 영역에 블록 단위로 스트라이핑하여 저장되고 패리티 정보는 배열의 모든 드라이브 간에 순환된다. 또한 하나의 디스크가 완전히 고장

나면 모든 내용을 데이터 손실 없이 자동으로 재구성 할 수 있도록 중복 기능이 내장되어 있으나 두 개의 디스크가 동시에 실패하면 모든 데이터가 손실된다.

병렬 입출력이 가능하기 때문에 기록과 읽기가 동시에 가능하며 데이터 입출력 성능이 아주 빠르면서도 안전성 또한 높은 편으로 파일 서버 등의 입출력이 빈번한 업무(대용량 파일과 관련된 작업)에 매우 효율적이다.

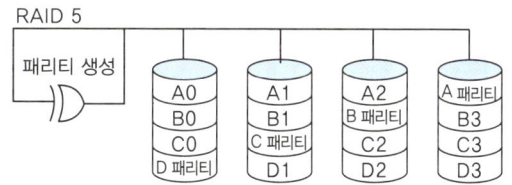

[그림 7-12] RAID 5(블록 인터리브된 분산 패리티 블록)

8. RAID Level 0+1

스트라이핑 방식(RAID 0의 빠른 속도)과 미러링 방식(RAID 1의 안정적인 복구 기능)을 혼합한 형태로 각각의 장점을 살린 시스템이다. 미러링은 반드시 똑같은 수의 디스크를 필요로 하기 때문에, 디스크 두 개를 사용하여 스트라이핑하려면 최소 네 대의 디스크가 필요하다.

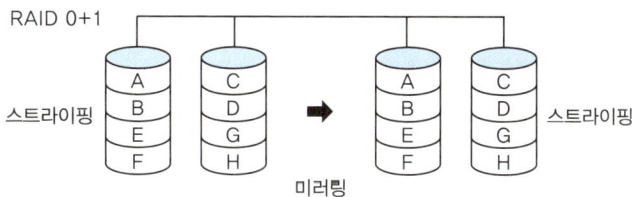

[그림 7-13] RAID Level 0+1

예를 들어, 네 개의 하드 디스크로 구성된 RAID 시스템에 'ABCD'라는 데이터가 입력되면 두 개의 디스크에 'AB' 그리고 'CD'라는 데이터가 나눠서 입력되며 나머지 두 개의 디스크에도 똑같이 'AB', 'CD'가 나눠서 저장된다. 또한 쓰기 속도는 디스크 두 개로 스트라이핑할 때와 같으며 디스크 네 개에서 나눠서 읽어오기 때문에 읽기 속도는 빠르다. 물론, 미러링으로 같은 디스크 복사본을 가지고 있기 때문에 디스크의 오류 발생 시 복구가 가능하다. 디스크가 다수 필요하기 때문에 안정성과 빠른 속도가 모두 필요한 중대형 서버에 많이 사용한다.

1-4 CD-ROM

CD-ROM(Compact Disc Read-Only Memory or Media)은 음악 CD 기술에 기반을 두고 있는 컴팩트 디스크 읽기 전용 메모리로 광학 드라이브를 이용해서 읽을 수 있는, 지름이 12 cm인 소형 디스크 위에 정보를 기록, 저장 및 검색할 수 있는 형식의 시스템이다.

1. CD-ROM 드라이브

CD-ROM은 데이터를 포함하는 광학 컴팩트 디스크로 "컴팩트 디스크 읽기 전용 메모리"의 약자이다. 컴퓨터는 CD-ROM을 읽을 수 있지만 쓰기 또는 지울 수 없어 CD-ROM에 기록할 수 없다. 2000년대 중반까지, CD-ROM은 컴퓨터 및 비디오 게임 콘솔 용 소프트웨어를 배포하는 데 널리 사용하였다. 표준 데이터 형식은 1983년 필립스와 소니에 의해 정의된 Yellow Book이다. CD-ROM의 형식은 오디오 CD와 동일하다. CD-ROM은 두께는 약 1.2 mm(1/25 인치)의 기판과 반사층(은색의 알루미늄), 이들을 보호해주는 보호층, 타이틀의 제목을 기록하는 인쇄층으로 구성된다.

- 투명 기판 – 재료는 폴리카보네이트(Polycabonate)이고, 내구성과 투명도가 높다.
- 반사층 – 알루미늄을 사용하며 레이저 빔을 반사해 내는 부분이다.
- 보호층 – 흠집이 생기지 않도록 막아준다.
- 인쇄층 – CD의 제목이나 회사의 로고 등을 찍는다.

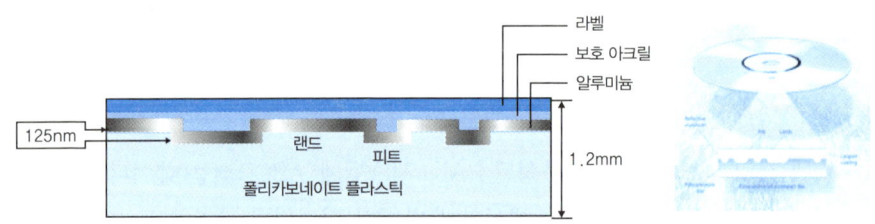

[그림 7-14] CD-ROM의 단면 구조

이러한 CD-ROM 디스크는 CD-ROM 드라이브를 사용하여 읽을 수 있다. CD-ROM 드라이브는 IDE(ATA), SCSI, SATA, 파이어 와이어(FireWire), 또는 USB 인터페이스 또는 전용 인터페이스를 통해 컴퓨터에 접속 될 수 있다. CD-ROM 드라이브는 음악, 오디오 디스크를 읽을 수 있지만, CD 플레이어는 CD-ROM 디스크를 읽을 수 없다. 특히 CD에 데이터를 기록할 수 있는 CD-R(Compact Disc-Recordable) 기술이 개발되었으며 이렇게 기록된 CD-R은 CD-ROM드라이브에서 읽을 수도 있다.

2. 기록과 판독

CD-ROM 디스크는 표면에 다양한 패턴의 홈(조그만 구멍을 만들어)들이 데이터를 표현한다. 오목한 홈을 피트(pit)라고 하며 피트와 피트사이를 랜드(land)라 하며 이러한 피트와 랜드의 조합으로 자료를 표현한다. 트랙을 구성하는 나선형 경로 홈(bumps)은 폭 약 0.5microns, 각 트랙은 1.6microns으로 분리되고 길이는 0.5~0.83microns, 높이 125 nanometers이다. 다음은 데이터가 저장되고 있는 polycarbonate 계층(layer)의 홈(bumps) 모습이다.

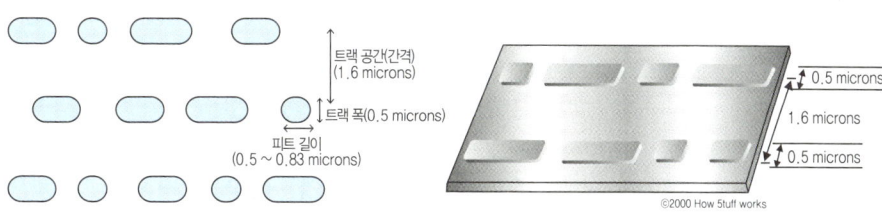

[그림 7-15] CD-ROM 홈(bumps) - 피트와 랜드

쉬어가는 코너

nanometer : 1/10억(10^{-9}) 미터
micron : 1/백만(10^{-6}) 미터

CD-ROM과 하드디스크는 그 위에 파일을 기록하는 방식에 있어서도 다르다. 하드디스크는 여러 개의 트랙으로 나누고 각각의 트랙은 일정한 수의 섹터를 가지고 있으나 CD-ROM 디스크는 단지 하나의 트랙이 나선형으로 만들어지면서 그 위에 모든 섹터가 차례로 정렬되어 있다. 따라서 각각의 섹터의 길이는 일정하게 된다.

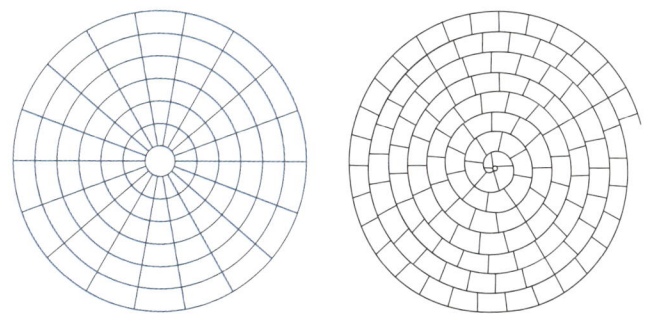

디스크의 트랙(왼쪽) 과 CD-ROM 트랙(오른쪽)

3. 데이터 섹터

데이터가 저장되는 블록(섹터)은 98개의 프레임 그룹으로 구성되며 섹터의 크기는 2352 byte(98 * 24 bytes)이다. 다음은 CD 섹터에 대한 규격이다.

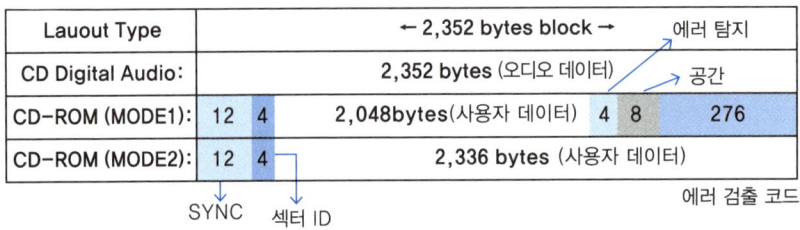

[그림 7-16] CD 블록(섹터)에 대한 규격(형식)

섹터의 내용 중에서 동기화(Sync) 필드(12바이트) 정보는 CD-ROM 드라이브에게 한 섹터가 시작됨을 알리기 위해 있는 것이고 섹터 ID 필드(4바이트)는 섹터에 관한 정보(주소 필드 + 블럭 모드 필드)를 나타내며 각 모드 내용은 다음과 같다.

모드 0 : 빈 데이터 필드
모드 1 : 2048바이트 데이터 + 288바이트의 에러 정정 코드
모드 2 : 에러 검출을 필요로 하지 않는 용도에 사용되는 섹터의 경우 에러 정정 코드 없이 2336바이트의 사용자 데이터

보조 필드(288바이트)는 에러 탐지 코드(EDC; Error Detection Code) 4바이트, 빈 공간 8바이트, 에러검출 코드(ECC; Error Correction Code) 276바이트로 구성된다.
이와 같이 구성되는 CD-ROM 드라이브의 총 용량은 데이터의 종류와 저장 방식에 따라서 대략 540MB에서 710MB까지의 크기를 가진다. 에러 검출 코드를 사용하면 CD-ROM의 각 섹터에는 각각 2,048바이트의 데이터가 기록된다. 이때 트랙의 밀도는 16,000 TPI(tracks per inch)으로 대략 1 Mb/mm2이며 길이는 약 3miles(4.8km) 정도이다.
디스크의 표면은 데이터를 보호하고 변경되지 않도록 하기 위해 플라스틱 판의 표면은 반사되는 얇은 알루미늄 층으로 덮여있고, 표면 보호를 위해 라커(lacquer)로 코팅 처리되어 있다.
데이터를 읽기 위해 광학 읽기 헤드는 디스크 표면에 바이트를 나타내는 패어진 구멍의 조합들을 비춘다. 다음은 전자현미경으로 광학 저장 디스크의 표면을 관찰한 것이다.

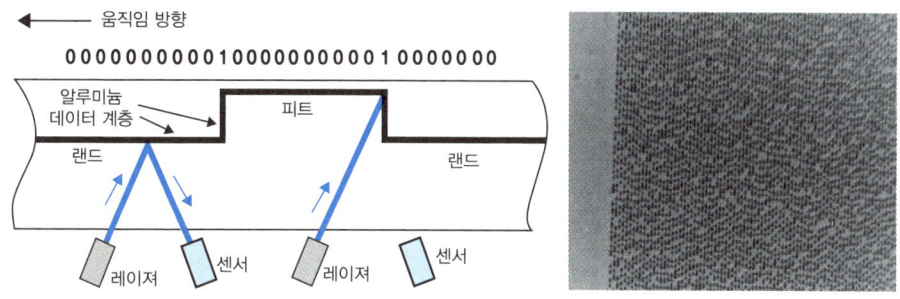

[그림 7-17] 읽기 헤드와 디스크의 표면(CD data zone)

4. 데이터 전송률

CD-ROM은 650MB를 저장할 수 있는 용량 때문에 CD-ROM 드라이브는 얼마나 빠르게 읽어 들이냐에 따라 성능을 구분한다. 읽어 들이는 최대 속도가 초당 150 KB인 것을 기준으로 몇 배속이냐로 속도를 측정한다. 배속에 대한 숫자가 높을수록 그만큼 전송 속도가 빠르다. 2배속은 300 KB/s이고 24배속은 3,600 KB/s의 데이터를 전송한다.

평균 접근 속도는 CD-ROM드라이브가 데이터를 찾는데 걸리는 시간으로 4배속의 경우 150ms이고 24배속의 경우 90ms이다.

5. 용도

가늘고 정확한 레이저 광선으로 데이터를 읽어 들이기 때문에 플로피와 같은 자기적인 저장매체보다 훨씬 많은 양의 데이터를 저장할 수 있고 또한 오류가 거의 없다. 또한 제작 단가가 저렴하고 큰 프로그램이나 데이터를 저장할 수 있어 대량 복사가 가능하며 특히, 특히 사운드, 비디오, 그래픽 파일과 같은 큰 용량을 필요로 하는 멀티미디어 응용에 적합하다. 또한 광학매체는 내구성이 우수하여 CD-ROM의 수명은 500년 이상이며 특히, 습기, 지문, 먼지, 자석 등에도 큰 영향을 받지 않는다. 그러나 디스크에 비해 접근시간이 길다.

쉬어가는 코너

DVD(Digital Video Disk)

광디스크 속에 동화상을 포함하는 수기가 바이트 용량의 데이터를 저장할 수 있는 대용량 매체로 일반 CD와 같은 규격을 가진다. CD의 경우 피트의 최소 크기가 0.83μm인데 반해 DVD경우는 최소 크기가 0.4μm 이므로 보다 많은 데이터를 저장할 수 있는 것이다. DVD는 고품질의 화질과 음질을 제공하며 16:9 면 비율을 가진 와이드 TV를 지원한다.

1-5 플래시 메모리

플래시 메모리(Flash Memory)는 반도체 기반의 비 휘발성, 재기록 가능한 컴퓨터 메모리(RAM과 ROM의 장점을 한 데 묶어)로 읽기(페이지 단위), 쓰기 및 삭제의 세 가지 주요 작업을 지원한다. 기계의 전원이 꺼질 때 데이터가 삭제되지 않은 것을 제외하고는 RAM과 같은 많은 특성을 갖는다.

1. 플래시 메모리 개요

플래시 메모리는 전형적인 EPROM과 E2PROM의 조합으로 탄생 한 비 휘발성 메모리의 한 형태이다. 각 메모리 셀을 구성하는 데 필요한 구성 요소가 거의 없으므로 고밀도 메모리를 제공 할 수 있으며 실제로 메모리 셀의 구조는 EPROM과 매우 유사하다. EPROM과 비교했을 때 플래시 메모리의 주요 이점 중 하나는 전기적으로 소거되고(지워지는) 재 프로그래밍 될 수 있는 전자(고체 상태) 비 휘발성 컴퓨터 저장 매체이다. 다시 말하면 여러 번 데이터를 쓰고 지울 수 있으며 전원이 꺼지더라도 저장된 데이터가 손실되지 않는 특징을 갖고 있다.

플래시 메모리는 모바일 전자 장치 및 기타 사용자 애플리케이션에 널리 사용되는 강력하면서 비용이 저렴하여 효율적인 SSD(Solid State Drive) 저장 기술로 발전하였다. SSD는 하드 드라이브(HDD)에 비해 조용하고 작으며 액세스 시간이 빠르고 대기 시간이 짧고 전력 소모는 적다. 플래시 드라이브는 USB 포트를 통해 컴퓨터에 직접 연결되나 플래시 드라이브는 내부에 움직이는 부품이 없다는 점(회전 디스크 및 이동식 읽기/쓰기 헤드가 없다)에서 하드 드라이브와 다르다. 대신, 전원이 공급되지 않는 경우에도 저장되어 있는 내용을 유지하는 플래시 메모리라는 특별한 종류의 메모리를 가지고 있다. 플래시 드라이브는 일반적으로 USB 드라이브라고도 하며 모든 유형의 데이터를 저장할 수 있으므로 파일을 백업하는 이상적인 방법이다.

2. NAND 및 NOR 플래시 메모리 구조

플래시 메모리에는 NOR와 NAND의 두 가지 유형이 있다. NOR 플래시 메모리는 내부 회로 구성에서 개별 메모리 셀은 병렬로 연결되므로 비트 단위의 임의 액세스를 지원하며 주로 읽기 전용, 저밀도, 고속 읽기 애플리케이션에 이상적이며 휴대 전화 및 PDA와 같은 휴대용 전자 기기의 코드 저장 및 직접 실행에 사용된다.

NAND 플래시 메모리는 저장된 데이터의 비트당 비용을 낮추기 위해 매우 작은 셀 크기로 보다 밀도가 높은 데이터 저장을 위하여 임의 액세스를 포기하고 칩 크기를 줄이고 비트당 비용이 낮아지도록 설계되었으며 블록(섹터) 단위로만 액세스 할 수 있다. NAND 플래시는 저비용, 고밀도, 데이터 저장 애플리케이션 – 고속 프로그램 및 삭제 애플리케이션에 이상적이다. 이러한 과정은 직렬로 연결된 8개의 메모리 트랜지스터 배열을 생성함으로써 달성되었다.

따라서 대부분의 SSD(Solid State Drive)는 NAND 플래시 메모리를 기반으로 한다. 이러한 NAND 플래시 메모리는 주로 디지털 카메라 및 USB와 같은 사용자 장치용 고밀도 데이터 저장 매체로 사용되었다. 그러나 최근에는 두 유형의 플래시 메모리를 구별하지 않고 NAND 플래시를 NOR 플래시의 대안으로 추가하거나 새로운 기능을 추가하여 NAND를 광범위한 응용 프로그램에 사용할 수 있도록 만들었다. 또한 카메라, 음악, 비디오, 게임 등 기능이 통합된 휴대폰이 늘어남에 따라 휴대 전화의 데이터 저장 용량 및 성능 요구 사항이 크게 증가하면서 NAND 플래시는 성능(고속) 및 비트당 비용이 낮기 때문에 오늘날 휴대 전화의 데이터 저장 측면에서 대안이 되고 있다.

NAND 플래시 메모리는 제어 게이트와 CMOS 트랜지스터 채널 사이의 플로팅 게이트에 전하가 트랩되어 데이터를 저장하는데 각 게이트는 SLC(Single-Level Cell) 또는 MLC(Multi-Level Cell) NAND에 따라 두 유형으로 나눌 수 있다. SLC 플래시 메모리 셀은 단지 하나의 비트만을 저장하는 반면, MLC 플래시 메모리 셀은 2비트 또는 그 이상의 메모리를 저장할 수 있다. MLC와 비교할 때 SLC NAND는 일반적으로 수명이 10배 길고 액세스 지연이 낮다[표 7-1]. 그러나 비용과 용량을 고려할 때 대부분의 로우 엔드 및 중간 수준 SSD는 고밀도 MLC NAND를 사용하여 생산 비용을 줄이는 경향이 있다. 높은 속도, 내구성 및 낮은 에너지 소비의 플래시 메모리는 디지털 카메라, 휴대 전화, 프린터, PDA와 랩톱 컴퓨터 및 MP3 플레이어와 같은 기록 및 사운드를 재생할 수 있는 장치 등 많은 응용에 적합하다. 무엇보다, 이러한 메모리의 유형은 매우 강한 충격방지와 이동 부분이 없는 특징이 있다.

	SLC NAND 플래시 (x8)	MLC NAND 플래시 (x8)	MLC NOR 플래시(x16)
밀도	512 Mbits ~ 4 Gbits	1Gbit ~ 16Gbit	16Mbit ~ 1Gbit
읽기 속도	24 MB/s	18.6 MB/s	103MB/s
쓰기 속도	8.0 MB/s	2.4 MB/s	0.47 MB/s
삭제 시간	2.0 mSec	2.0mSec	900mSec
인터페이스	입출력 간접 액세스	입출력 간접 액세스	임의 액세스
애플리케이션	프로그램/데이터 대용량	Program/Data mass storage	eXecute In Place

[표 7-1] NAND 및 NOR 플래시 동작 사양

Section 02 입출력 시스템

입출력 시스템은 컴퓨터 시스템의 입출력 장치(물리적 입출력 장치 포함)와 입출력 모듈(입출력 인터페이스 장치)로 구성된다. 여기서 물리적 입출력 장치는 프린터 콘솔 등 실제로 입출력을 수행하는 장치이며 입출력 모듈은 메모리나 프로세서, 레지스터 등 내부 저장 장치와 물리적(외부) 입출력 장치 사이의 이진 정보를 전송하기 위한 방법을 제공한다. 특히 입출력 모듈은 입출력 장치의 물리적 특성으로부터 프로세서를 독립시키고 물리적 입출력 장치를 제어한다.

2-1 입출력 장치

입출력 장치(I/O; Input/Output Unit)는 마이크로프로세서가 처리할 데이터를 모으거나, 처리결과를 화면 출력이나 인쇄 또는 저장 장치로 전송하는 장치이다. 컴퓨터 시스템은 연산과 제어를 수행하는 프로세서와 입출력을 수행하는 주변 장치로 나눌 수 있는데 프로세서와 메인 메모리를 제외한 모든 입출력 장치, 보조 기억 장치, 네트워크 관련 장치 등을 주변 장치라 한다. 이러한 주변장치는 컴퓨터 본체와 케이블로 연결하거나 시스템의 메인보드에 있는 확장 슬롯에 연결하여 프로세서와 주변장치간의 입출력(I/O)이 수행된다.

1. 입력 장치

컴퓨터 외부에 존재하는 데이터를 컴퓨터가 이해할 수 있는 코드 형태로 변환하여 메모리로 보내는 장치로 다음과 같다.

- 키보드(Keyboard)
  문자 데이터를 입력시킬 수 있는 워드프로세서의 가장 대표적인 입력 장치
- 광학적 입력 장치
  광학적 원리를 이용하여 빛을 문자에 쪼여서 반사되는 빛의 강약을 디지털 전자 신호로 변환한 후에 특징을 추출하여 인식하는 형태(문자, 기호) 인식 입력 장치

[예] 바코드 판독기(Barcode Reader)
광학 마크 판독기(OMR ; Optical Mark Reader)
광학 문자 판독기(OCR ; Optical Character Reader)
자기 잉크 문자 판독 장치(MICR : Magnetic Ink Character Reader)

- 지시장치
CRT화면에 나타난 정보에 의하여 입력시키거나 또는 화면에서 포인터나 커서의 위치를 조절하여 입력 코드로 변환해주는 장치

[예] 마우스(mouse), 디지타이저(Digitiger)
터치 스크린(touch screen), 라이트 펜(light pen)

- 음성 및 영상 인식 입력 장치로 스캐너(Scanner)와 디지털 카메라(Digital Camera)

2. 출력 장치

컴퓨터 내부에 존재하는 정보를 사람이 이용하는 언어 혹은 컴퓨터가 연결되어 있는 다른 기계가 사용하는 신호로 변환하는 장치로 컴퓨터 내부에서 처리되어진 결과를 외부로 표현하는 장치이다. 가장 대표적인 장치로는 모니터(Monitor), 프린터(Printer)가 있으며, 이를 표준 출력 장치라고 부른다. 이외 도형 출력 장치 - XY 플로터(XY Plotter), 음성 출력 장치(스피커), 컴퓨터에서 처리된 자료를 사람이 해독 가능한 형태인 문자나 도형으로 변환하며 마이크로 필름에 기록하는 장치로 COM(Computer Output Micro Film) 등이 있다.

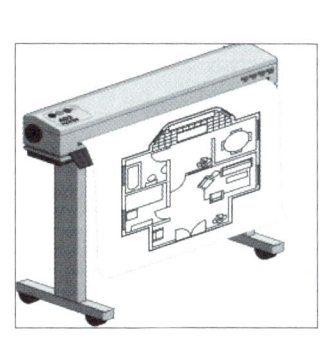 

[그림 7-18] XY 플로터, Microfilm

3. 통신 장치(주변 장치)

주변 장치(입출력 장치)는 컴퓨터 기능을 향상시키기 위해 컴퓨터 시스템에 연결된 장치이므로 프로세서, RAM 및 기타 구성 요소를 연결하는 마더 보드의 통신 채널 즉, 데이터 버스

에 액세스 할 수 있어야 한다. 주변 장치가 컴퓨터에 연결되려면 입/출력을 위한 입출력 포트(port) 또는 커넥터(connectors)를 필요로 한다.

1) 확장 슬롯

컴퓨터 내에서 슬롯(slot) 또는 확장 슬롯은 핀 홀 접속의 형태로 컴퓨터에 기능을 추가하기 위해 설계된 기술로 카드 형태로 된 주변 장치를 시스템의 메인보드에 장착시키기 위한 확장용 소켓이다. 예를 들면 그래픽 카드, 모뎀, 사운드 카드, 디스크 드라이브 제어 등 일부 특화된 기능을 제공하는 확장 카드를 끼우기 위한 장소로 다양한 주변장치를 연결하는 방법을 제공한다.

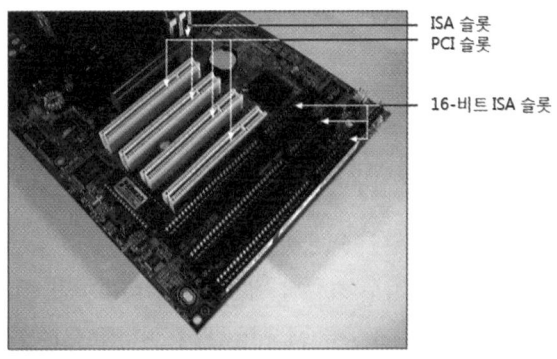

[그림 7-19] 확장 슬롯(Expansion slot)

2) 확장 카드

확장 카드(expansion card)는 확장 보드(expansion board) 또는 제어기 카드(controller card)라고도 하며 확장 슬롯에 꽂는 회로판이다. 확장 카드는 주변 장치를 위한 입출력 회로 소자를 제공하며 때로는 확장 장치를 내장하기도 한다. 예를 들어, 사운드 기능을 추가하고 싶으면 사운드 카드라고 하는 확장카드를 설치해야 한다. 사운드카드에는 컴퓨터에서 오는 디지털 신호를 소리로 바꿔 스피커를 통해 내보내는 회로가 있다. 일단 확장슬롯에 사운드카드를 끼우면 스피커나 헤드폰을 연결할 수 있다.

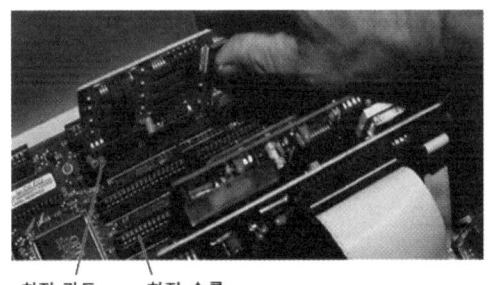

[그림 7-20] 확장 카드와 확장 슬롯

3) 포트

컴퓨터와 외부 장치 사이에 데이터가 이동되는 통로를 말하는데 컴퓨터와 주변 장치를 접속하기 위해 사용하는 연결 부분을 의미하며 데이터가 이동되는 방식에 따라 병렬 포트(Parallel Port)와 직렬 포트(Serial Port)로 구분되며. PC 주변장치 포트로 플러그 앤 플레이(PnP)를 발전시키기 위해 개발된 USB(Universal Serial Bus) 포트 등이 있다.

2-2 입출력 모듈

입출력I/O) 장치를 프로세서에 직접 연결(시스템 버스에 연결)되지 않고 입출력 모듈을 통해서 연결되는 이유는 입출력 장치에 따라 제어 방법과 운용 방식이 서로 다르기 때문이다. 각 입출력 장치에 대한 요구 사항과 주소 지정, 동기화, 상태 및 외부 제어 기능을 필요에 따라 각 장치에 고유한 특수 인터페이스를 제공해야 한다. 그러므로 입출력 장치는 일종의 입출력 모듈을 통해 프로세서에 연결된다.

1. 입출력 모듈의 역할

입출력 장치들은 동시에 입출력을 수행하기 때문에 각 장치는 프로세서와 연결하는 데 사용되는 고유한 특수 인터페이스가 있다. 이러한 인터페이스를 인터페이스 모듈 또는 입출력 모듈 또는 장치 제어기라고 한다. 이때 장치 제어기는 단일 유형의 장치를 제어하는 입출력 모듈을 의미한다. 예를 들어 디스크를 제어하는 입출력 모듈을 디스크 세어기라 한다.

입출력 모듈은 프로세서와 입출력 장치간의 조정자로 시스템 버스와 입출력 장치 사이의 직접 인터페이스 역할을 한다. 입출력 장치들이 직접 시스템 버스에 연결되지 않고 입출력 모듈을 통해서 연결되는 이유는 입출력 장치에 따라 제어 방법과 운용 방식이 서로 다르기 때문이다. 프로세서와 입출력 장치는 실행 속도가 다르므로 각 입출력 장치의 실행 속도를 맞추는 과정이 필요하다. 예를 들어, 저속 장치인 키보드와 중속 장치인 프린터 그리고 고속 장치인 디스크를 함께 사용하려면 장치들의 속도를 동기화시키는 작업이 필요하다. 만약, 장치들을 동기화 시키지 못하면 실행속도가 다르기 때문에 데이터의 손실이 발생할 수 있다. 또한 정보의 단위와 처리량도 동기화해야 한다. 일반적으로 컴퓨터 내부의 정보 단위는 워드이며 입출력 장치는 문자이나 워드 단위의 데이터 전송이 가능하다. 디스크는 데이터의 저장량이 크고 고속의 데이터 입출력이 가능하여 블록 단위의 데이터 전송이 가능하지만 프로세서보다 입출력 처리 속도가 느리다. 따라서 일반적으로 입출력 장치는 입출력 모듈을 통해 프로세서에 연결된다.

[그림 7-21]과 같이 다양한 입출력 장치(주변 장치)는 입출력 제어기(모듈)을 통해 시스템 버스에 연결된다.

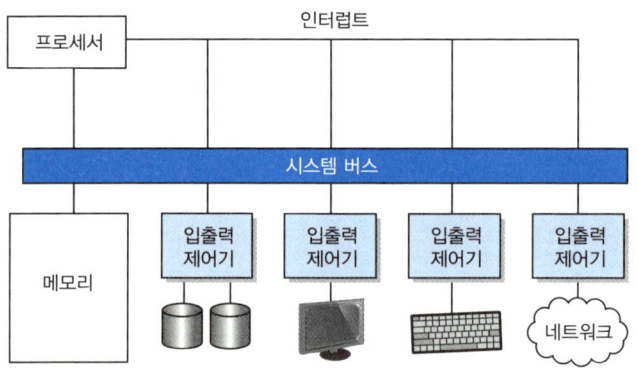

[그림 7-21] 하드웨어 구성과 입출력 제어기

입출력 모듈이 프로세서를 대신하여 입출력과 관련된 복잡한 일을 처리하면 입출력 채널(Channel) 또는 입출력 프로세서라 한다. 반대로 입출력 모듈이 단순히 프로세서의 입출력과 관련된 일을 담당(프로세서로 세부적인 제어가 필요)하면 입출력 제어기(Controller) 또는 장치 제어기라 한다. 입출력 모듈은 장치 이름이 장치 제어기 이름(예, 디스크 제어기), 또는 장치 자체(예 : 프린터)의 일부일 수도 있다. 일반적으로 입출력 제어기는 입출력 작업이 단일 용도의 작업으로 제한되는 마이크로컴퓨터에서 사용되는 반면 입출력 프로세서는 다양하고 매우 많은 양의 입출력을 처리하는 메인 프레임에 사용된다. 입출력 모듈은 장치 이름이 장치 제어기 이름(예, 디스크 제어기), 또는 장치 자체(예 : 프린터)의 일부일 수도 있다.

이러한 입출력 모듈에는 적절한 버퍼링(입출력 장치들의 동기화를 위해서)을 통한 블록 전송 기능과 프로세서에 대한 표준화 된 간단한 인터페이스를 포함하여 우리가 설정한 모든 입출력 요구 사항을 충족시키는 데 필요한 특수 하드웨어 회로가 포함된다. 다른 인터페이스에서 입출력 모듈은 특정 장치를 제어 할 수 있는 기능을 갖는다. 또한 입출력 모듈들은 프로세서와 주변장치의 인터페이스를 간단하게 만들도록 구성하여 프로세서가 수행하여야할 작업을 경감시키고 프로세서가 간단한 입출력 명령어로 주변 장치를 제어하도록 하고 있다. 특히 입출력 처리가 수행되는 동안 프로세서가 다른 처리를 수행할 수 있도록 지원하며 주변장치들을 연결하는 인터페이스 회로를 제공한다.

이와 같이 입출력 모듈은 하나 이상의 주변 장치를 제어하므로 입출력 모듈의 필요성을 정리하면 다음과 같다.

- 입출력 장치의 다양성은 모든 주변 장치 논리 – 제어 명령, 데이터 형식 등을 프로세서에 통합하는 것을 어렵게 만들뿐 아니라 새로운 개발의 적용(유연성 감소)을 어렵게 한다.
- 입출력 장치는 일반적으로 메모리 및 프로세서보다 느리므로 시스템 버스에서 통신 목적으로 직접 사용하지 않는 것이 좋다.
- 주변 장치가 사용하는 데이터 형식과 워드 길이는 프로세서의 데이터 형식과 워드 길이와 완전히 다를 수 있다.

2. 입출력 모듈의 구성과 기능

1) 입출력 모듈 구조

입출력 모듈은 모두 논리 회로로 구성되어 있으며 프로세서와 특정 입출력 장치 사이의 인터페이스(시스템 버스 및 외부 장치 인터페이스)를 담당하며 제어 장치들의 수와 구조에 따라 구성이 다양하나 일반적으로 [그림 7-22]와 같은 구조로 표현할 수 있다.

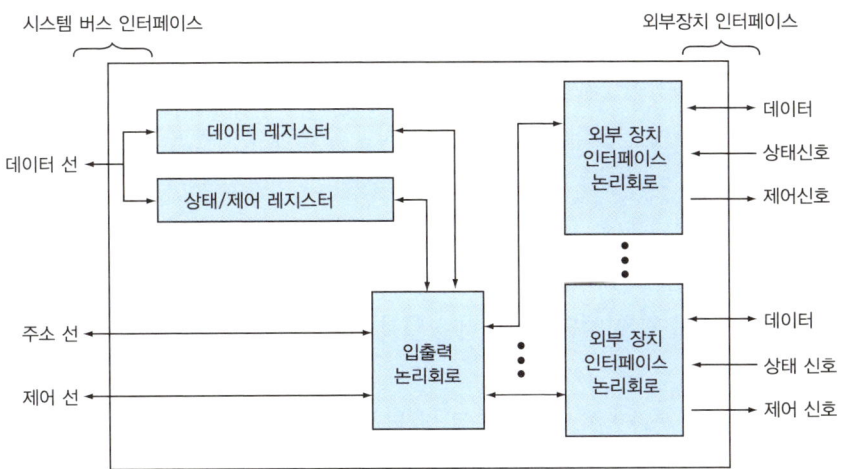

[그림 7-22] 입출력 모듈의 구조

입출력 모듈은 신호선(시스템 버스선)을 통해 컴퓨터 내의 다른 부분들과 연결되며, 모듈 내의 입출력 논리 회로는 제어선을 프로세서가 입출력 모듈로 명령을 보내는 데 사용한다. 입출력 모듈을 통과하는 데이터는 일시적으로 데이터 레지스터에 저장된다. 현재의 상태 정보를 저장하는 상태 레지스터는 프로세서에서 보내는 제어 정보를 받기위해 제어 레지스터로 동작한다. 제어 레지스터는 프로세서로부터 받은 명령에 따라 입출력 모듈을 제어하는 입출력 논리 회로를 가지고 있다. 물론 이 논리 회로는 제어 레지스터가 제어하는 장치의 주소(연결되어 있는 장치를 구분하기 위한)를 인식할 수 있어야 하고 주소를 발생할 수도 있어야 한다. 이때 연결되어 있는 각 장치와 인터페이스를 제어하기 위한 장치 인터페이스를 포함한다.

2) 입출력 모듈 기능

입출력 모듈은 프로세서의 지시를 받아서 여러 입출력 장치를 제어하며 다음과 같은 기능을 수행한다.

- ■ 입출력 장치의 제어

프로세서로부터 수행해야 할 명령어를 전달 받고 장치에 대한 입출력 작업을 제어하고 또한 다양한 연산을 조정하기 위한 제어와 타이밍 기능을 제공한다. 입출력 모듈이 외부장치의 타이밍과 데이터 형식, 기계적인 세부 사항들을 처리해주기 때문에, 프로세서는 단순히 파일 열기(Open)나 파일 닫기(Close) 명령만을 이용하여 장치들을 제어할 수 있다.

- ■ 프로세서와의 통신

프로세서로부터 수행해야 할 명령어를 해독하고 장치로부터 관련된 메시지를 인식하기 위한 다음과 같은 과정을 거친다.

- 명령 해독 : 프로세서로부터 명령들을 받아 해독한다.
- 데이터 교환 : 데이터 버스를 통하여 프로세서와 데이터 교환을 수행한다.
- 상태 보고 : 저속 주변 장치들에 대한 상태를 확인하여 프로세서에 보고한다.
- 주소 인식 : 모듈에 연결되어 있는 여러 장치를 구분하기 위한 주소를 인식한다.

- ■ 데이터 버퍼링

메모리나 프로세서의 고속 데이터 전송률과 입출력 장치의 저속 전송률의 원활한 데이터 전송을 위해 필요한 레지스터들을 제공하며 메모리(프로세서) 등이 입출력 장치의 느린 전송률에 의해 영향을 받지 않도록 데이터를 일시 저장 및 전송을 위한 버퍼를 제공한다.

- ■ 오류 검출

오류는 종이 걸림, 불량 디스크 트랙으로 발생되는 기계적 오류와 데이터 전송 중에 발생되는 전송 오류 등이 있다. 전송 오류를 검출하기 위해 오류 검출 코드를 사용하는데, 패리티 비트가 일반적인 예다.

- ■ 인터럽트 생성

프로세서에게 데이터 전송 완료 또는 입출력 오류를 통보하기 위하여 인터럽트를 생성한다.

이와 같이 입출력 모듈은 물리적으로 장치를 연결하는 것은 물론 데이터 교환을 제어하고 프로세서와 주변 장치를 조정하며 데이터 전송 시 오류를 감지한다.

3. 입출력 모듈의 입출력 방법

입출력 장치들은 프로세서와 직접 연결되지 않고 입출력 모듈을 통해서 연결되므로 블록 단위 전송, 버퍼링 등 모든 요구사항을 만족하는 회로를 포함해야 한다. 이때 입출력 모듈들은 하나의 장치만을 제어하거나 여러 개의 장치들을 제어하도록 구성될 수 있는 데 프로세서의 역할에 따라 입출력 방법을 다음과 같이 크게 세 가지로 구분할 수 있다.

프로세서 제어 입출력
- 프로그램 제어 입출력
- 인터럽트 기반 입출력 – 외부 입력 제어
  - DMA 입출력
  - 채널 입출력

4. 프로세서 제어 입출력

초기 컴퓨터는 입출력 처리에 별로 주의를 하지 않고 프로세서가 간단한 입출력 명령을 사용하여 입출력 장치를 직접 제어 하였다. 예를 들면 'WRITE A TO DEVICE N' 또는 'READ A FROM DEVICE N' 등이다. 이런 명령어는 A(레지스터), N(장치번호; 카드판독기 2, 프린터 5 등이다)의 내용이다.

이러한 명령어는 1바이트 또는 1워드 단위로 전송되므로 느리고 전송되는 데이터 양이 적다. 컴퓨터는 한 번에 1개의 프로그램을 실행하고 각 프로그램은 입력과 출력을 표현한 명령어를 실행한다. 프로세서에 의한 입출력 제어에서 인터럽트 기반 입출력에 대한 내용은 다음절에서 다룬다.

1) 프로그램 제어 입출력

프로그램 제어 입출력 방식은 프로세서 내부에 있는 입출력 데이터와 주소 레지스터를 입출력 모듈(인터페이스)과 연결한 형태로 주소 레지스터와 버스 사이에서 데이터를 직접 전송할 수 있는 가장 간단한 형태다. 입출력 장치로부터 데이터 입력 과정을 살펴보면 입력된 데이터는 입출력 모듈을 거쳐 한 번에 한 워드씩 입출력 데이터 레지스터로 전송되고 입출력 데이터 레지스터에서는 프로그램에 의해서 데이터를 논리 연산 장치(누산기)로 전송한다. 물론 출력의 경우 반대로 논리 연산 장치에서 입출력 데이터 레지스터로 이동되고 프로그램에 의해서 입출력 모듈로 전송된다. 모든 데이터 전달은 프로세서의 입출력 명령어에 따르며, 입출력 장치는 메모리를 직접 액세스할 수 없다. 따라서 입출력 장치에서 메모리까지 데이터를 전달하려면 프로세서 명령어가 필요하고 명령어 수행에 따른 프로세서의 역할이 요구되어 프로세서의 부담이 크다. 이와 같이 명령어에 의해 하나의 입력 과정을 통해 하나의 출력

과정으로 이루어지는 방식을 프로그램 제어 입출력이라고 하며 프로세서에 여러 개의 장치가 연결된 형태와 비슷하다.

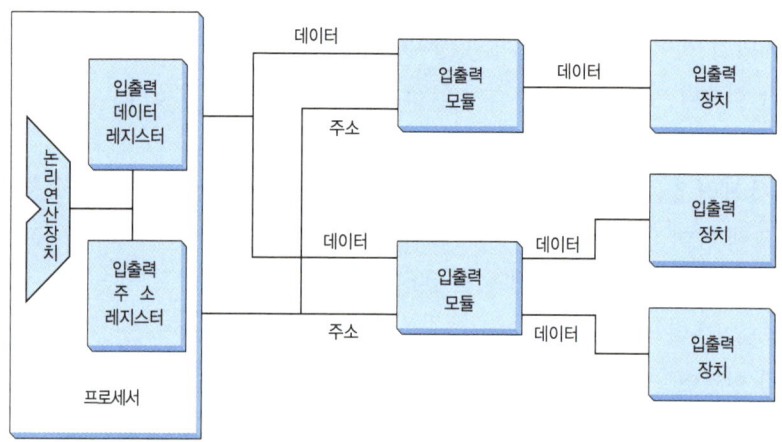

[그림 7-23] 입출력 모듈 구조

이때 각 장치들은 개별적으로 구성되어야 하므로 입출력 명령을 수행 할 때 각 장치의 주소 정보가 반드시 필요하므로 입출력 명령어의 주소 필드가 사용된다. 프로세서 내부의 입출력 레지스터는 버스로 전송하는 주소 정보를 보관한다. 이 구조에서 입출력 모듈은 입출력 장치들을 구분하기 위하여 주소 지정해야 한다. 하위 모듈은 주소로 구분되며 입출력 장치들을 각각 연결하게 된다. 여기서 입출력 데이터 레지스터와 입출력 주소 레지스터는 메모리 데이터 레지스터(MDR) 또는 메모리 주소 레지스터(MAR)의 동작과 유사하며 때로는 동일한 버스에 연결되어 사용되기도 한다.

프로그램 제어 입출력 시스템은 고속 데이터 전송에 부적합하다. 외부 장치와 메모리 사이에 전송되는 각 데이터 워드에 대해서 다수의 프로그램 명령어들을 실행해야 하기 때문에 프로그램 제어 입출력에서는 상당한 오버헤드가 발생한다. 왜냐하면 명령어 인출과 실행 사이 클이 반드시 모든 데이터의 입출력이 종료된 후에 실행되기 때문이다. 또한 대다수의 고속 주변 장치들은 동기식 모드를 갖는다. 즉, 데이터 전송은 프로세서와는 무관한 고정된 주파수를 갖는 클록에 의해서 제어되므로 키보드, 문자 모드의 프린터와 스크린 등 저속 장치에 적합하다.

5. DMA 입출력

프로그램 제어 입출력과 인터럽트 기반 입출력 방식은 데이터 전송과 관리를 프로세서가 담당하기 때문에 프로세서 부담이 크다. 이와 달리 프로세서의 부담을 줄이기 위해, 프로세서의 도움 없이 메모리를 직접 제어하여 데이터 전송이 이루어지는 형태를 DMA(Direct Memory Access, 직접 메모리 액세스)라고 한다. DMA 제어기는 프로세서를 대체하고 빠른 데이터 전송을 위해 입출력 장치와 메모리 모두의 액세스를 처리하며 빠른 데이터 전송 속도를 얻을 수 있다. DMA 제어기는 프로세서 인터럽트 없이 직접 메모리에 쓰고 읽으며 op-code 인출 및 디코딩과 관련된 타이밍을 저장한다. 프로세서는 읽기 및 쓰기 정보를 비롯한 입출력 주소와 메모리 주소 그리고 길이(바이트 수)를 DMA 제어기에 전달해주면(입출력 요청) DMA 제어기는 버스 관리자(Master)로서 직접 작업을 처리한다. [그림 7-24]는 DMA 입출력 과정으로 프로세서의 도움 없이 디스크에서 메모리로 데이터가 전송되는 과정을 보여주고 있다.

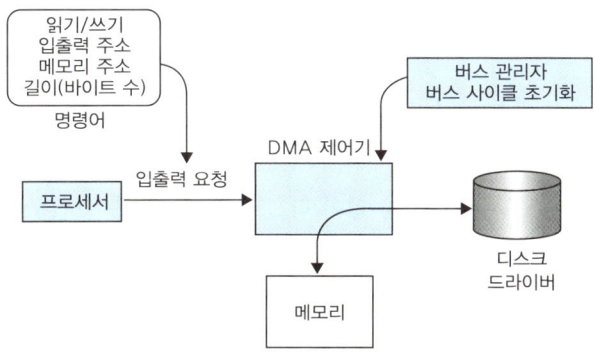

[그림 7-24] 디스크에서 메모리로 데이터 전송

프로세서에서 입출력 장치로 데이터를 블록 단위로 전송할 수 있는데 제어는 입출력 모듈에서 담당하고 전송은 프로그램 제어 입출력이 담당하므로 프로세서는 입출력 모듈과 메모리 사이의 데이터 전송과는 관련이 없다. 전송이 완료되면 출력 모듈은 프로세서에 인터럽트를 발생하여 종료를 통보하고 데이터를 메모리에 보관한다. 그리고 프로그램은 메모리의 데이터를 사용한다.

이러한 DMA 구현을 위한 조건을 살펴보면 다음과 같다.

- 입출력 인터페이스와 메모리 연결 방법
- 각각 입출력 장치들에 연결된 입출력 모듈은 메모리를 읽고 쓰는 능력 보유
- 프로세서 입출력 장치들과의 충돌 방지 방법 제공

다음 [그림 7-25]는 DMA 전송 동작을 보여주고 있다.

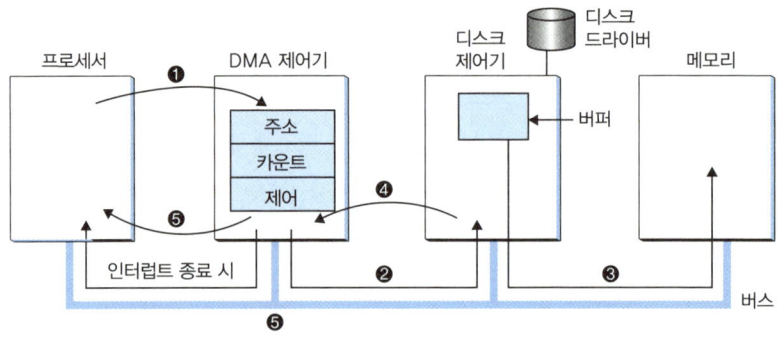

[그림 7-25] DMA 전송 동작

❶ 프로세서는 전송 방향(입력 또는 출력), 전송 바이트 수, 데이터 블록의 메모리 주소 등을 DMA 제어기에 보낸다.
❷ DMA 제어기는 프로세서의 도움 없이 디스크 제어기에 데이터를 메모리로 전송할 것을 요청한다.
❸ 디스크 제어기는 메모리에 데이터 전송을 수행한다.
❹ 전송이 완료되면 디스크 제어기는 DMA 제어기에 완료 메시지를 전달한다.
❺ DMA 제어기는 프로세서에 인터럽트 신호를 보낸다.

결국 프로세서는 데이터의 전송 시작과 종료할 때만 관계한다. 이와 같이 프로세서는 입출력 전송에 참여하지 않아도 되므로 프로세서 성능을 향상시키므로 고속디스크에서의 데이터 전송에 적합하다.
단일 버스 시스템(Bus System)인 마이크로컴퓨터에서 DMA 제어기는 입출력이 진행되는 동안 모든 버스 제어 신호를 생성하고 전송하는 버스 마스터 역할을 한다. DMA 제어기가 프로세서보다 우선순위가 높기 때문에, 프로세서는 DMA 제어기가 버스를 사용하지 않을 때 버스를 사용할 수 있다. 이렇게 프로세서가 버스를 사용하기 위해 기다리는 현상을 "DMA 제어기는 프로세서로부터 버스 사이클을 스틸(Steal)한다"라고 한다. 즉, 프로세서와 DMA 제어기가 입출력을 위해 동시에 메모리를 액세스하는 경우, DMA 제어기가 우선적으로 메모리 참조 사이클을 수행하여 입출력을 수행한다. DMA 제어기가 데이터를 전송하는 동안, 프로세서는 다른 작업을 수행할 수 있다. 이러한 사이클 스틸링(Cycle Stealing)은 입출력 장치가 시스템 버스 또는 저장 시스템과 같은 분할 자원을 독점적으로 액세스하려고 하기 때문에 생기는 현상이다.

 쉬어가는 코너

사이클 스틸링(Cycle stealing) : 프로세서의 도움 없이 RAM에 액세스하는 방법

사이클 스틸링은 프로세서의 속도를 떨어뜨리지만 입출력 작업을 DMA에 전담시킴으로써 시스템 전체 성능은 향상된다. 경우에 따라 물리 주소를 사용하지 않고 직접 가상 주소 액세스(DVMA, Direct Virtual-Memory Access)를 사용하기도 한다. 이때 프로세서나 메모리의 도움 없이도 가상 주소를 이용하여 두 개의 메모리 맵 장치 간에 데이터를 전송할 수 있다.

IBM에서 제작된 컴퓨터들에서는 이러한 기능을 갖는 입출력 처리기를 입출력 채널이라고 부른다. IBM 컴퓨터는 채널(Channel)이라고 부르는 단순한 입출력 프로세서를 사용하며, 채널 프로그램이라고 불리는 아주 단순한 프로그램의 제어를 통해서 DMA 입출력을 수행한다.

6. 채널 입출력

지금까지 입출력 데이터 전달을 구현하는 두 가지 방법, 즉, 프로그램-제어 입출력과 DMA에 대해 살펴보았다. 이들 두 방법의 주된 특징을 요약하면 다음과 같다.

- 프로그램 제어 입출력 : 프로세서가 계속 제어하므로, 주변 장치와 컴퓨터의 연결에
- 최소한의 하드웨어만 있으면 된다.
- DMA : 매개 변수의 초기화를 제외하고 프로세서를 모든 입출력 연산과 분리시키므로 데이터 전달을 제어하기 위해 외부 제어기가 필요하다.

이 두 가지 방법은 대부분의 시스템에서 입출력 성능을 충족시키지만 저속 장치는 프로그램 제어 입출력을 사용하고 고속 창치는 DMA를 사용한다. 그러나 대형 컴퓨터에서는 프로세서를 좀 더 효율적으로 이용하기 위하여 다수의 장치를 공유할 수 있는 입출력 전용 처리기로 입출력 채널(I/O channel)이 등장하였다. 입출력 모듈은 입출력 동작 명령어를 가진 프로세서를 포함하여 다른 프로세서의 도움 없이 입출력 프로그램의 입출력 동작을 지시한다. 입출력 채널은 모든 입출력 동작이 완료된 시점에서 인터럽트 받는, 즉 프로세서와 메인 메모리를 입출력장치에 결합하여 프로세서의 명령으로 입출력을 제어하는 장치다. 입출력 모듈이 지역 메모리(Local Memory)를 가지게 되면서 사실상 하나의 컴퓨터가 되었다. 또한 프로세서의 개입이 최소화된 상태에서 많은 입출력 장치를 제어하게 되어 입출력 프로세서로 불리게 되었다.

다음 [그림 7-26]은 입출력 채널을 사용하는 컴퓨터 구조의 예이다. 채널 서브시스템은 여러 개로 구성할 수 있으며 프로세서와 메인 메모리의 액세스를 조정한다.

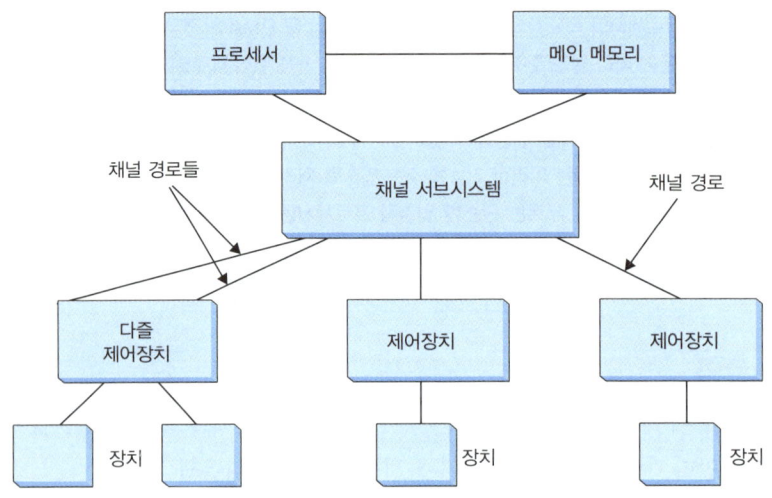

[그림 7-26] 입출력 채널 구조

채널은 사이클 스틸을 사용하여 메모리에 직접 액세스하며, 각 입출력장치는 제어 장치를 통해 채널과 연결된다. 제어 장치는 채널과의 통신 및 장치에 대한 제어기능을 수행한다. 다수의 유사한 장치들에 대해 하나의 제어 장치가 사용되는데, 한 순간에 한 장치만 활성화된다. 초기 채널의 채널 메모리는 입출력 버퍼와 레지스터 제어에 제한적이었다. 채널은 메인 메모리로 전송하기 전에 입력 데이터의 번역(assembling)에 사용되거나, 출력장치로 전송하기 위하여 준비하는 출력 데이터의 보관에 사용되었다.

1) 입출력 채널의 특성

입출력 채널은 DMA 개념을 확장하여 입출력 명령어들을 실행할 수 있는 능력을 가지므로 입출력 동작들에 대하여 완전한 제어권을 가진다. 따라서 컴퓨터 시스템에서는 프로세서가 입출력 명령어들을 실행하지 않아도 입출력 데이터가 메인 메모리에 저장된다. 이러한 과정은 입출력 채널 내에 있는 특수 목적용 제어기(프로세서)에 의해서 실행된다. 프로세서는 입출력 채널이 메인 메모리에 있는 프로그램을 실행하도록 지시하여 입출력 전송을 실행한다. 입출력 채널은 메인 메모리에 저장된 명령어들을 실행하면서 데이터 전송을 제어한다. 채널은 프로세서와 연결하기 위하여 조건 코드(CC), 인터럽트 요청(INT) 회선을 사용한다. 채널은 INT 신호를 보내어 입출력 인터럽트 요청을 하면서 조건 코드 회선으로 송신하는 값에 의해 프로세서에게 상태 정보를 보낸다. 이와 같이 프로세서와 채널은 메모리 위치에 있는 모든 다른 정보를 전송하지만 프로세서와 채널은 둘 다 독립적으로 동작(연산)한다. 그럼에도 불구하고 프로세서는 채널을 정지할 수 있고 진행을 조사 할 수 있다. 반면 채널은 프로세서에 인터럽트를 발생시켜 서비스를 요청할 수 있다. 예를 들면 입출력 오류가 감지되거나 프로세서가 요청한 일 들이 종료된 경우이다. 각 채널은 채널 커맨드(commands) 라고 불리는 실행 명령어에 의해 부착된 입출력 장치와 자신을 제어한다.

2) 채널 하드웨어

살펴본 바와 같이 각각의 채널은 그들의 레지스터로 구성된 제어 장치(제어기)를 갖고 있다. 레지스터는 프로그램 카운터와 명령 레지스터를 포함하여 1개 이상의 카운터, 데이터-주소 레지스터, 데이터를 보관하는 버퍼, 메모리 보호 또는 다른 서비스를 위한 추가 제어 레지스터 등이다. 다음 그림은 프로그램카운터 대신 커맨드-주소 레지스터, 명령레지스터 대신 커맨드-코드 레지스터 등과 같은 여러 이름 밑의 채널 레지스터들이다.

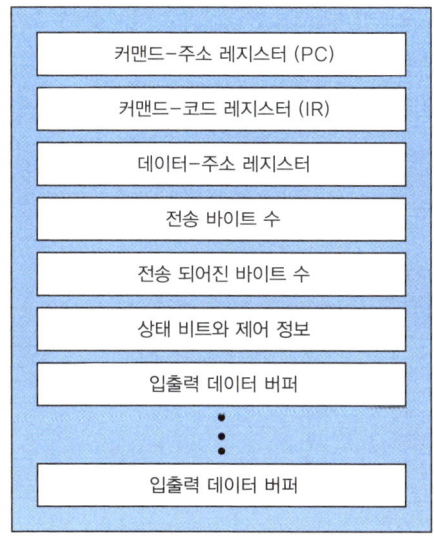

[그림 7-27] 일반적인 채널 하드웨어(레지스터)

데이터-주소 레지스터는 전송될 바이트 또는 워드의 메인 메모리 주소를 보관한다. 카운터들은 채널로 전송될 바이트의 합계, 이미 전송된 바이트의 수 그리고 버퍼들을 보관하고, 채널은 변환(assemble)하거나 변환하지 않은 데이터를 보관한다. 예를 들면 만약 저장 시스템은 2배 워드로 처리되고 입출력 장치는 바이트로 처리된다면 채널은 입력을 위하여 8바이트로 변환할 필요는 없으며 채널 연산(동작)의 원리는 프로세서 연산과 같다.
채널이 어떻게 입출력 과정을 수행하는지 살펴보자.
프로그램이 디스크 장치 D에서 데이터 200바이트, 메모리의 주소 A에서 시작한다고 가정하자. 운영체제는 입력을 요구하면서 다음과 같은 정보를 포함하여 요청한다.

- 장치이름(디스크 장치 D)
- 바이트 계산(200)
- 전송 방향(입력)
- 데이터가 있는 메모리 주소(A)에서 시작

프로그램은 이러한 정보를 미리 할당된 장소(스택)에 대치한 후 운영체제를 호출하거나 'SUPERVISOR CALL' 같은 초기 트랩에 의해 채널 프로그램을 생성하고 채널 프로그램을 메모리의 주소(P)에 대치한다. 그러면 채널은 'START I/O' 명령에 의해 시작됨을 나타내고 채널 프로그램을 메모리에서 찾은 후 프로세서 조정 없이 채널 프로그램을 실행한다. 채널이 하나의 커맨드로 실행되면 메모리에서 다음 커맨드가 인출되고 프로그램 카운터(PC)를 증가시키는 등의 과정이 진행된다. 이러한 과정은 채널 프로그램 실행이 종료되거나 또는 비정상 조건이 감지되는 등의 상황이 발생될 때까지 계속된다. 채널 프로그램의 마지막 커맨드는 'END I/O'이다. 채널은 이러한 사실을 프로세서에게 알려주기 위하여 입출력 인터럽트를 발생시킨다.

다음은 이러한 입출력 전송을 위한 채널 신호 체계를 보여 주고 있다.

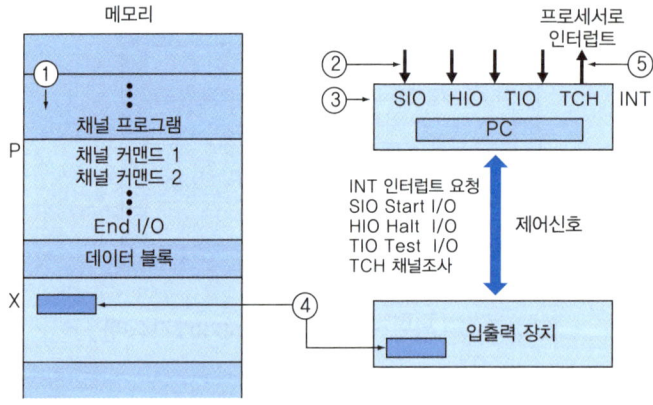

[그림 7-28] 입출력 전송을 위한 채널 신호 체계

① 프로세서(운영체제)는 채널 프로그램을 생성하고 메모리 주소 P에 적재
② 그러면 채널에 'START I/O' 명령이 발생하고 그것을 채널 프로그램 주소 P에 전송, 프로세서는 이제 5단계까지 채널 프로그램과 관련 없는 다른 작업에 참여 가능
③ 채널은 PC에 적재된 P 값과 함께 프로세서 도움 없이 채널 프로그램 실행
④ 채널(프로그램)은 입출력 장치를 제어하고 디스크에서 메모리로 요청된 데이터 전송

⑤ 끝나면 채널은 채널 프로그램의 종료를 통보하기 위해 프로세서를 인터럽트

프로세서는 이제 채널에게 새로운 업무(task)를 할당하고 첫 번째 위치에 있는 입출력 연산이 요청되어진 프로그램을 다시 시작한다.

3) 채널의 종류

채널은 제어방식(동기화 및 데이터의 분해/조립 기능)에 따라 다음과 같이 구분할 수 있다.

가. 셀렉터 채널(Selector Channel)

어떤 장치에 대한 입출력이 종료할 때까지 다른 장치를 실행하지 않는다. 디스크와 같은 고속 장치들은 멀티플렉서 채널을 사용해 고속으로 데이터를 전송하기 때문에 다른 장치들과 다중화가 쉽지 않다. 이런 경우, 한 번에 하나씩 처리하는 전용 채널을 이용해 다중화 할 수 있다. 어느 한 순간에 입출력 장치 중의 한 장치와의 데이터 전송만 제어하므로 입출력 채널은 한 개의 장치를 선택하여 데이터를 전송한다.

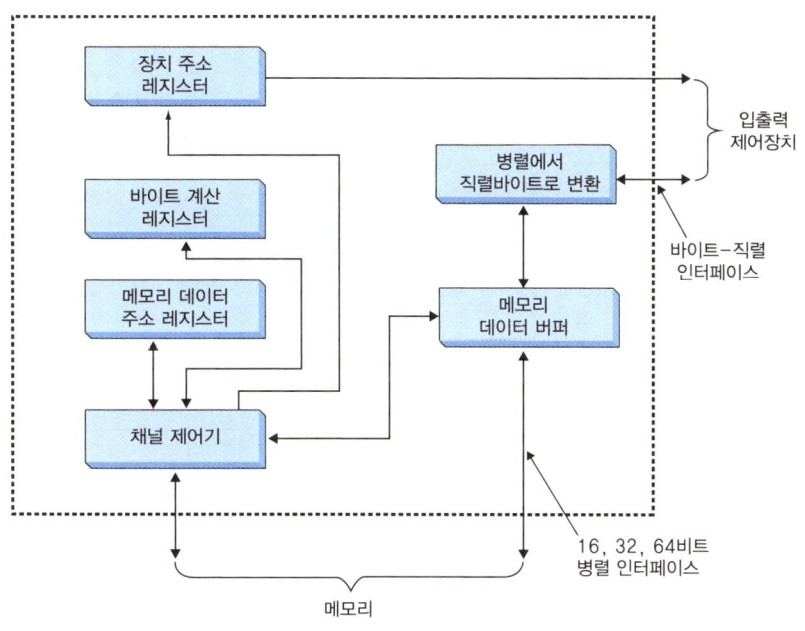

[그림 7-29] 셀렉터 채널

나. 멀티플렉서 채널(Multiplexer Channel)

바이트 단위로 시분할하여 여러 장치의 출력을 처리하므로 바이트 멀티플렉서 채널이라고도 한다. 다수의 저속/중속 장치(카드 리더, 프린터)들을 연결할 때 사용한다. 채널-메모리 링크는 장치와 채널 사이의 데이터 전달 속도보다 더 빠른 속도로 데이터를 전달할 수 있기 때문에 속도가 느린 다수의 입출력 장치를 동시에 동작시킬 수 있다.

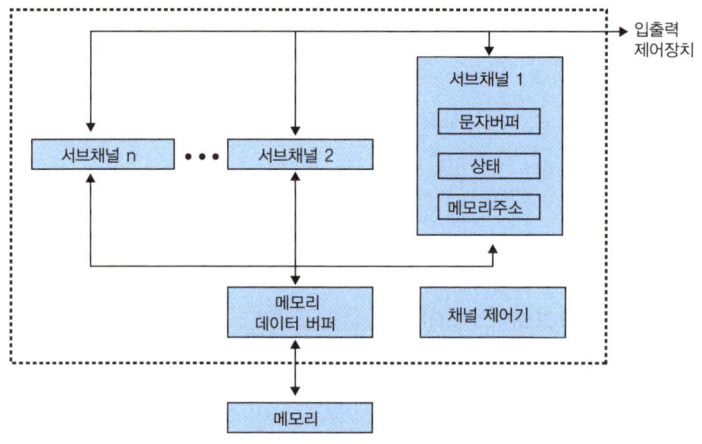

[그림 7-30] 멀티플렉서 채널

다. 블록 멀티플렉서 채널(Block Multiplexer Channel)

셀렉터 채널과 멀티플렉서 채널의 장점을 결합시킨 채널로 여러 대의 고속 입출력 장치들을 블록 단위로 처리한다. 동일한 채널에서 여러 고속 장치가 활성화할 수 있다. 채널 명령어는 하나의 장치와 입출력 명령어를 수행한 후 별도의 지시가 없어도 자동으로 다른 장치와 명령을 수행하도록 변환되는 특징이 있다. 따라서 한 채널이 복수의 입출력 장치에 의해 시분할 방식으로 사용될 수 있지만 어떤 경우에는 하나의 장치에만 서비스하므로 셀렉터 채널과 유사하다. 그러나 멀티플렉서 채널과 같이 다른 장치에 대한 서비스를 완료할 때까지 기다릴 필요가 없다.

다음 [그림 7-31]은 널리 사용되고 있는 입출력 채널의 세 가지 형태를 보여주고 있다.

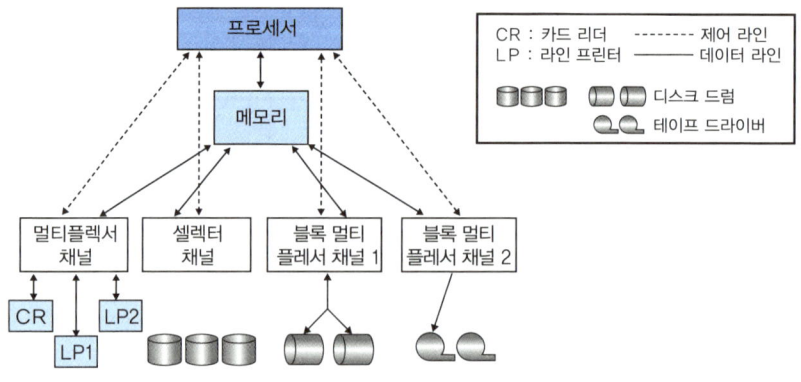

[그림 7-31] 입출력 채널의 여러 형태

지금까지 입출력 모듈을 중심으로 프로세서와 장치 제어기 또는 장치 간의 간단한 제어와 데이터 전송에 대해 살펴보았다. 그러나 매우 다양한 입출력 장치들과 날마다 새로운 장치들이 개발되는 상황에서 운영체제는 어떻게 장치를 추가하고 사용할 수 있을까? 물론 이러한 기능들에 대한 정의와 방법들은 여러 형태로 설명할 수 있다. 여기서는 어떻게 입출력 인터페이스를 제공하는지 커널을 중심으로 살펴보자.

2-3 인터럽트

인터럽트는 컴퓨터에 설정된 장치 예를 들면 입출력 장치나 컴퓨터 내의 프로그램으로부터 프로세서에게 보내는 하드웨어 신호로서 컴퓨터는 이때 실행중인 일을 멈추고 다음에 다른 프로그램의 실행을 시작한다. 기본적으로 단일 컴퓨터는 오직 한 번에 한 개의 컴퓨터 명령어만을 수행할 수 있으나 인터럽트 신호가 있기 때문에 다른 프로그램이나 명령문을 수행할 수 있는 순서를 가질 수 있다. 특히 시스템이 예측하지 못한 사용자 입력의 발생, 갑작스런 정전, 컴퓨터 시스템으로부터의 긴급처리 요청, 잘못된 명령 수행, 입출력 작업의 완료 등 여러 종류의 긴급 상황에 대한 적절한 처리를 위하여 인터럽트를 사용하여야 한다. 여기서는 입출력 중심의 인터럽트에 대하여 살펴보기로 한다.

1. 인터럽트 개요

인터럽트란 현재 실행중인 프로그램의 수행을 연기하고 다른 프로그램의 수행을 요구하는 사건이다. 다음 [그림 7-32]는 인터럽트를 이용한 제어 이동과정을 보여주고 있다.

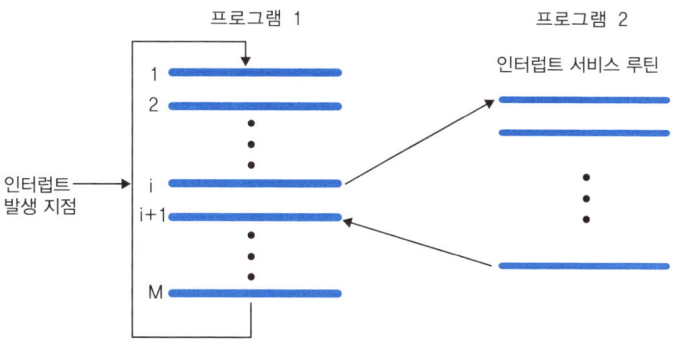

[그림 7-32] 인터럽트를 이용한 제어 이동

위 [그림 7-32]에서 명령어 i의 수행 중에 인터럽트 요청 신호가 도착했다면 프로세서는 우선 명령어 의 수행을 완료한 후 프로그램 카운터에 인터럽트 서비스 루틴의 첫 번째 명령어

제7장 외부 메모리와 입출력 시스템 - 393

의 주소를 적재한다. 인터럽트 서비스 루틴의 수행 후 명령어 i+1 부터 수행을 재개해야 하므로 인터럽트가 발생했을 때, 명령어 i+1 의 주소, 즉 프로그램 카운터의 내용을 임시 기억 장소에 보관해야 한다. 대부분의 경우 복귀 주소는 스택에 저장한다. 컴퓨터는 외부 장치의 동작과 자신의 동작을 조정할 수 있는 수단으로 인터럽트를 사용한다. 예를 들어, 다중 사용자 시스템에서 수많은 키보드가 연결되어 있는 경우 각각의 키보드에서 입력되어지는 문자를 구분 처리하여야 하고 동시에 여러 개의 키보드로부터 입력되는 같은 문자뿐 만 아니라 키보드로부터 문자를 입력받는 시간도 구분해야 데이터의 손실을 방지할 수 있다. 물론 출력할 때에도 프린터가 문자를 출력할 준비가 되어야 컴퓨터는 프린터로 문자를 전송할 수 있다.

이와 같이 프로세서는 연결된 각 입출력 장치의 현재 상태를 파악하고 있어야 한다. 이때 이러한 상태를 나타내려면 한 비트 이상의 정보로 표현된 준비 비트 또는 상태 비트가 필요하다. 예를 들면 입출력 장치가 새로운 입출력 연산을 수행 할 수 있을 때, 1로 설정될 수 있다면 프로세서에서는 데이터를 전송하는 입출력 연산을 수행하기 전에 폴링(polling)을 통해 각 장치의 상태 비트를 검사하는 과정이 필요하다. 이때 프로그램은 장치의 상태를 계속적으로 점검하는 과정(wait loop)이 필요하기 때문에 프로세서는 다른 연산을 수행할 수 없으므로 수행시간의 낭비를 가져온다. 이때 인터럽트를 사용하여 입출력 상태가 준비 상태가 될 때까지 프로세서가 다른 작업을 수행할 수 있도록 한다. 입출력 장치가 준비 상태가 되었을 때 프로세서에게 인터럽트 하드웨어 신호를 보냄으로써 이루어진다. 버스 제어선 중 하나를 이런 목적으로 사용하는데 이것을 인터럽트 요청 회선(IRQ; Interrupt Request Line)이라 하며 프로세서에 전달된다. 입출력 장치가 상태 레지스터의 준비 비트를 설정하면, 이 회선이 활성화된다. 따라서 인터럽트를 사용하면 키보드에서 입력이 발생하였을 때만 프로세서에 통보되고 처리되므로 프로세서가 일일이 이벤트 발생 여부를 감시 또는 조사하지 않아도 된다. 또한 프로세서가 직접 외부 장치의 상태를 점검 할 필요가 없으므로, 이 기간 동안 다른 유용한 연산을 수행하여 프로세서의 효율을 높일 수 있다.

2. 인터럽트 처리

인터럽트를 수행하기 위하여 컴퓨터에서는 인터럽트 제어선(예를 들면 'IRQ')를 제공하여 인터럽트 발생과 더불어 적절한 처리를 한다. 인터럽트 체제는 인터럽트 요청과 인터럽트 서비스 루틴으로 구별된다. 인터럽트 요청 신호에 의해 수행되는 루틴을 인터럽트 처리 프로그램 즉 인터럽트 서비스 루틴(interrupt service routine)이라고 하며 인터럽트 발생 원인에 따라 적절한 처리 루틴을 수행하게 된다.

1) 인터럽트 요청 회선의 연결

인터럽트 요청 회선의 연결 방법은 다음과 같다.

- **단일 회선**
  인터럽트 요청이 가능한 모든 장치를 공통으로 프로세서에 연결하는 방법으로 이때 1개의 회선에 여러 개의 장치 인터페이스가 연결되어 있기 때문에 어느 장치가 인터럽트를 요청하였는지를 판별하는 기능이 필요하다.

- **다중 회선**
  모든 장치들이 서로 다른 고유 회선으로 프로세서와 연결되어 인터럽트 요청 신호를 발생하기 때문에 어느 장치가 인터럽트를 요청했는지를 바로 판별할 수 있다.

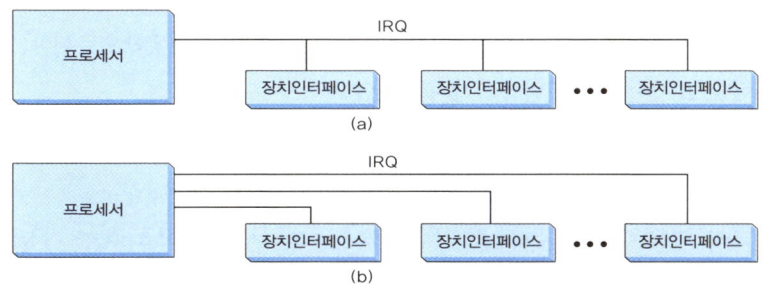

[그림 7-33] 단일 회선(a)과 다중 회선(b) 연결 방법

2) 인터럽트 처리

인터럽트는 서브루틴 호출과 매우 유사하다. 인터럽트 요청 신호가 발생되면 대부분의 컴퓨터들은 정보를 단일 명령어로 저장할 수 있으므로 실행중인 프로그램을 메모리에 저장하고 인터럽트 서비스 프로그램으로 분기하게 된다. 인터럽트 루틴이 수행을 완료하면 인터럽트를 발생한 프로그램으로 제어를 되돌려 준다. 다음 그림은 이러한 인터럽트의 처리 과정을 보여주고 있다.

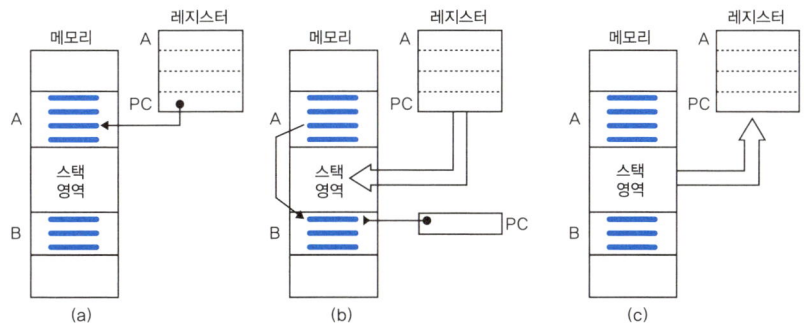

[그림 7-34] 인터럽트 프로시저

[그림 7-34(a)]에서 인터럽트 신호가 도달하기 전에 프로그램 A가 실행되고 있다. 프로그램카운터는 현재 명령어를 가리키고 있다. [그림 7-34(b)]에서 인터럽트 신호가 프로세서에 도달하면 현재 명령어는 종료된다. 모든 레지스터들의 내용은 스택 영역 또는 프로그램의 PCB(Process Control Block)로 알려진 특별 영역으로 보낸다. 프로그램 카운터는 프로그램 B 즉 인터럽트 처리 프로그램의 시작위치를 적재한다. 따라서 프로그램 B로 점프하고 실행 프로그램이 된다. [그림 7-34(c)]에서 인터럽트 루틴이 종료되면 레지스터들은 재저장되고 프로그램 카운터를 포함하여 원래의 프로그램은 중단되었던 지점에서 다시 시작한다.

프로세서가 인터럽트 요청을 승인하면 승인된 장치는 인터럽트 승인 신호(INTA; INTerrupt-Acknowledge)를 전송하여 인터럽트 요청 신호를 제거하거나 프로세서와 입출력 인터페이스 사이의 데이터 전송 기능을 이용하여 즉 입출력 장치 인터페이스의 상태 레지스터나 데이터 레지스터에 액세스하는 인터럽트 서비스 루틴을 수행함으로써 묵시적으로 장치에게 인터럽트 요청이 승인되었음을 알릴 수 있다.

인터럽트 서비스 루틴과 서브루틴의 차이는 다음과 같다.
서브루틴은 프로그램 명령어에 의해 호출되며 호출 프로그램이 필요로 하는 기능을 수행하지만 인터럽트 서비스 루틴은 인터럽트가 발생했을 때(입력 연산 또는 하드웨어 오류) 수행중인 프로그램과는 전혀 관련이 없을 수도 있으므로, 인터럽트 서비스 루틴 수행 시작 전에 프로세서는 중단된 프로그램의 복귀 후 그 수행에 영향을 미칠 수 있는 정보들(프로그램 카운터의 내용을 포함해서)을 저장해야 한다. 특히, 프로세서는 인터럽트 발생 시의 상태 코드(상태 워드)를 저장해야 한다. 인터럽트 서비스 루틴으로부터 복귀했을 때, 프로세서는 임시 기억 장소에 저장했던 상태 워드를 재적재해야 한다. 이러한 과정으로 원래의 프로그램은 인터럽트의 영향을 받지 않고 수행을 재개할 수 있다.

3. 인터럽트 우선순위

두 개 이상의 장치가 동시에 인터럽트를 요청하는 경우 프로세서는 그 중 하나만 승인하고 나머지는 지연시키거나 무시해야 한다. 다음 [그림 7-35]는 이러한 인터럽트 우선순위 체계를 보여 주고 있다. 각 장치에 대해 독립적인 인터럽트 요청 회선과 인터럽트 승인 회선을 사용하여 쉽게 구현할 수 있다. 각 인터럽트 요청 회선들에 서로 다른 우선순위가 할당되고, 이 회선들을 통한 인터럽트 요청은 프로세서에 있는 우선순위 조정 회로에 보내져서, 현재 프로세서의 우선순위 단계보다 높은 우선순위를 갖는 인터럽트 요청만이 승인된다. 따라서 프로세서는 가장 큰 우선순위를 갖는 인터럽트만을 승인하면 된다.

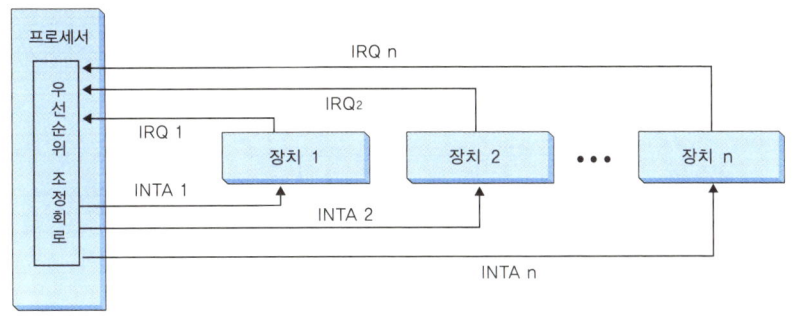

[그림 7-35] 인터럽트 요청 회선과 인터럽트 승인 회선을 사용한 인터럽트 우선순위

그러나 여러 장치가 하나의 인터럽트 요청 회선을 공유하는 경우 즉 인터럽트를 발생하는 다수의 장치가 프로세서에 연결되어 있는 경우 장치들은 독립적으로 동작한다. 때문에 각 장치들이 인터럽트를 발생하는 순서를 예측할 수 없을 뿐 아니라 동시 발생으로 인터럽트 서비스 루틴이 충돌할 수도 있다. 따라서 각 장치들에 상대적인 우선순위를 할당할 수 있는 어떤 방법이 있어야한다.

1) 폴링

인터럽트를 요청한 장치를 식별하기 위해 차례대로 확인하는 과정의 폴링을 사용하는 경우, 우선순위는 자동적으로 장치가 폴링 되는 순서에 의해 결정되므로 동시에 발생하는 인터럽트들이 더 이상 문제 되지 않는다.

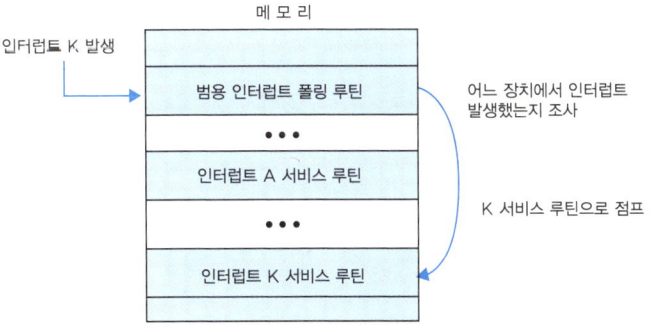

[그림 7-36] 폴링 인터럽트 처리

폴링은 매우 간단하면서 구현이 용이한 반면 가장 큰 단점은 인터럽트를 요청하지 않은 장치들의 상태 레지스터들을 조사하는 데 낭비되는 시간이다.

해결 방법으로 다음에 설명할 벡터 인터럽트를 사용하는 방법이 있다.

2) 데이지 체인(daisy chain)
널리 사용되는 한 방법으로 하드웨어에 의한 우선순위 설정이다.

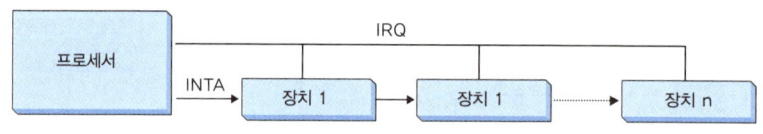

[그림 7-37] 데이지 체인(daisy chain)

위 [그림 7-37]과 같이 연결하는 방법으로 인터럽트 요청 회선은 모든 장치에 의해 공유된다. 그러나 인터럽트 승인 회선(INTA)은 데이지 체인 방식으로 연결되어 있어서 승인 신호가 장치들 사이에 순차적으로 전파된다. 다수의 장치들의 인터럽트에 의해 IRQ 회선이 활성화되면, 프로세서는 약간의 지연 후에 INTA 회선을 1로 설정한다. 이 신호를 장치 1이 받아서 장치 1이 요청을 하지 않은 경우에 장치 2로 신호를 전파한다. 장치 1이 인터럽트 요청을 했다면, 장치 1은 인터럽트 승인 신호가 더 이상 전파되는 것을 막고 데이터 회선에 자신의 식별 코드를 싣는다. 결국, 데이지 체인에서는 프로세서에 가까운 장치가 더 높은 우선순위를 갖게 된다. 또한 아래와 같은 구조의 인터럽트 우선순위 체계에서는 한 장치가 다수의 우선순위 단계들에 연결될 수 있음을 보여주고 있다. 임의의 시간에 장치는 수행되어야 할 기능의 긴급성에 의거하여 적절한 우선순위를 갖는 인터럽트를 요구할 수 있다. 이것은 상당한 유연성을 제공하는 방법이지만, 대신에 장치 인터페이스의 제어 회로가 복잡해진다.

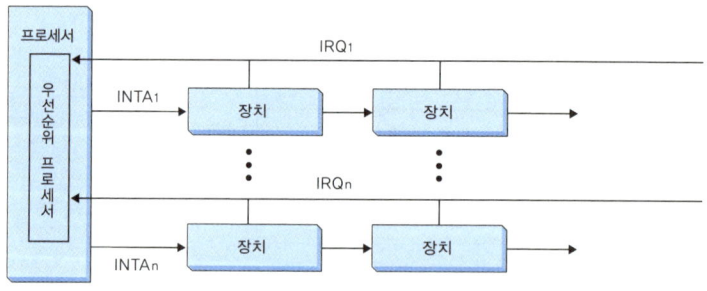

[그림 7-38] 우선순위 그룹에 의한 정렬 체계

3) 벡터 인터럽트
폴링의 단점을 해결하기 위해, 인터럽트를 요청한 장치가 프로세서에 직접 자신을 알려 프로세서가 즉시 해당 인터럽트 서비스 루틴을 실행할 수 있는 방법을 벡터 인터럽트(vectored interrupt)라 부른다. 다시 말하면 인터럽트 서비스 루틴의 시작 주소를 구하는 방법으로 인터럽트 벡터 표를 작성하여 메모리에 다음과 같이 구현할 수 있다. 이때 장치의 우선순위는 그 장치가 프로세서에 연결된 방식에 의해 결정된다.

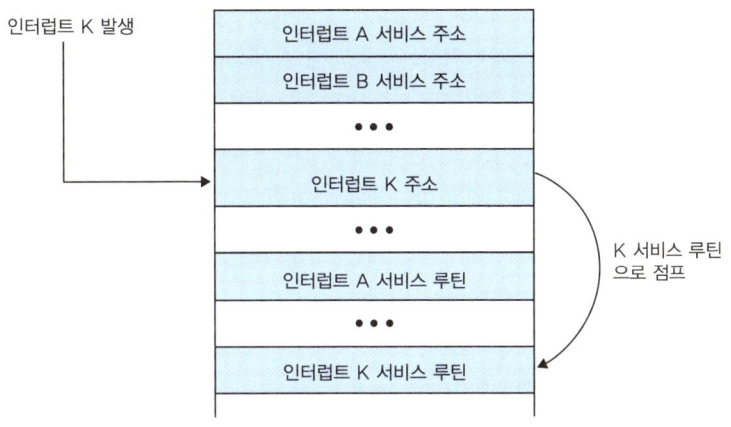

[그림 7-39] 벡터 인터럽트 표

인터럽트를 요청한 장치는 버스를 통해 프로세서에게 특정한 코드를 보내는데, 프로세서는 이 코드로 장치들을 식별한다. 여러 장치들이 한 인터럽트 요청 회선을 공유하고 있는 경우에도 장치들을 식별할 수 있다. 장치들이 보내는 이러한 특수 코드는 대개 해당 장치의 인터럽트 서비스 루틴의 시작 주소를 나타낸다. 인터럽트 서비스 루틴들의 시작 주소의 대부분을 고정시키고 일부 비트들만 다르게 설계하면 입출력 장치가 전송해야 하는 비트 수를 줄일 수 있고 인터페이스 회로가 간단해지므로 소형 컴퓨터에서 주로 사용된다.

이러한 경우에 프로세서가 식별할 수 있는 장치의 수는 코드의 길이(비트 수)에 의해 제한된다. 예를 들어, 코드의 길이가 4비트라면, 프로세서는 16개의 장치들만을 식별할 수 있으나 다수의 장치들을 하나의 그룹으로 묶어서 동일 그룹 내의 모든 장치들이 동일한 식별 코드를 사용하면 쉽게 해결할 수 있다. 이때 인터럽트 서비스 루틴은 그룹 내의 장치들을 폴링하여 그룹 내의 어떤 장치가 인터럽트를 요청했는지 식별한다.

4. 인터럽트 유형과 사용

인터럽트는 입출력 장치의 요청에 의해, 버스에 하드웨어 신호를 발생함으로써 일어난다고 가정하였다. 그러나 인터럽트는 단순히 입출력 전송 제어 뿐 아니라 외부 이벤트에 의해 수행중인 프로그램에서 다른 프로그램으로 제어를 이동시킬 수 있는 방법을 제공하기도 하며 프로그램들이 프로세서 처리 시산을 공유할 수 있는 기회를 제공하기도 한다. 따라서 인터럽트는 운영체제나 제한된 시간 내에 수행이 이루어져야 하는 루틴을 포함한 제어 응용 프로그램 즉 실시간 처리에 유용하게 사용할 수 있다. 인터럽트는 다음과 같이 구분할 수 있으며 여러 가지 목적으로 사용된다.

1) 외부 인터럽트

정전이 발생한 경우 또는 입출력 장치가 데이터 전송을 요청할 때 그리고 프로그램에 할당된 시간의 초과(타이밍 장치) 등 외부적 요인에 의해 발생되는 경우이다.

예를 들어 키보드에서 데이터를 입력하면 현재 수행중인 프로그램을 중단하고 레지스터들을 저장한 후 프로그램 수행을 키보드 인터럽트 서비스 루틴으로 이동한다. 그러면 입력된 문자를 검출하여 적절한 처리를 실행한다. 만약 입력된 문자들이 데이터라면 프로그램에 전달하여 처리되면서 메모리에 보관한다. 화면에 데이터를 유지하는 의미라면 화면을 계속 유지하고, 실행을 중지하라는 의미이면 프로그램을 중단한다.

또한 프로세서를 공유하는 프로그램들에 프로세서의 수행 시간을 할당하는 수단으로 사용된다. 프로세서는 한 순간에 하나의 프로그램을 수행할 수 있기 때문에 여러 개의 프로그램이 동일한 시간에 수행되기 위해서는 반드시 작은 시간 단위로 프로세서 수행 시간을 할당해야하기 때문이다.

2) 내부 인터럽트

불법적인 명령어나 데이터 사용, 또는 존재하지 않는 명령어를 요구하는 경우, 데이터 오류 등 정상적인 처리를 수행할 수 없는 경우와 특권명령어(halt 등)를 사용하는 경우이다. 컴퓨터는 내부의 모든 하드웨어 구성 요소들이 제대로 동작하도록 하기 위해 여러 가지 방법들을 사용한다. 예를 들어, 대부분의 컴퓨터들은 저장된 데이터에 오류가 있는지를 검사하기 위해 메모리에 패리티 검사 코드를 포함하고 있다. 만일 오류가 존재하면, 제어 장치가 이를 발견하여 인터럽트를 발생시켜 프로세서에 알린다.

프로세서는 프로그램 수행 도중 오류나 비정상적인 상황을 발견하면 프로그램을 중단시킨다, 명령어의 명령 코드 부분이 합당한 명령어가 아닌 경우, 오버플로 발생, 또는 0으로 나누는 명령어의 수행, 메모리의 불법적인 액세스 등이 해당된다. 오류가 발생하면 정상적인 프로그램을 완료할 수 없으므로 이 때 시스템은 오류를 수정하려고 할 것이고 통보된 인터럽트를 처리하고 다른 작업은 처리하지 않게 된다. 이때 한 사용자의 오류 때문에 다른 사용자에게 영향을 주어서는 안되므로 인터럽트 서비스 루틴은 오류를 사용자에게 알리고 현재 수행 중인 프로그램이 갖고 있는 프로세서 제어를 운영체제에게 넘긴다. 이런 현상을 트랩이라고 한다.

인터럽트는 프로그램을 디버깅할 때에도 유용하게 사용할 수 있다. 특권 명령어는 메모리 외부의 영역에 접근하거나 컴퓨터 동작이 중단되는 현상, 다중 프로그램이나 사용자로부터 공유된 입출력 자원을 직접 액세스하려는 경우 등 애플리케이션에 영향을 줄 수 있는 각종 처리로부터 애플리케이션을 보호하고 시스템의 보안을 제공한다.

3) 소프트웨어 인터럽트

위 하드웨어적인 인터럽트와 비슷한 역할을 수행하는 프로세서 명령어 실행에 의해 발생하는 경우로 예를 들면 IBM 계열의 Call과 인텔의 X86 계열의 INT(interrupt) 명령어가 있다. 이러한 소프트웨어 인터럽트가 발생되면 레지스터 값을 스택에 저장하고 제어를 인터럽트 서비스 루틴으로 이동한다. 소프트웨어 인터럽트는 프로그램에 의해서 사용될 수 있는 인터럽트 서비스 루틴을 만든다. 따라서 소프트웨어 인터럽트는 고정된 위치로 제어가 이동되는 무조건 분기와 비슷하다. 소프트웨어 인터럽트 응용은 입출력을 프로세서에서 처리하는 역할을 수행하며 애플리케이션 즉 여러 프로그램을 동시에 프린터로 출력하고자 할 때 프린터 장치는 입출력이 한 방향으로만 제공되도록 한다.

요 약

1. 입출력 시스템
입출력 시스템은 컴퓨터 시스템의 입출력 장치와 입출력 모듈을 포함한다. 물리적 입출력 장치는 실제 입출력을 수행하며, 입출력 모듈은 메모리나 프로세서, 레지스터 등 내부 저장 장치와 물리적 입출력 장시 사이의 이진 정보를 제공하기 위한 방법을 제공한다.

2. 디스크 시스템
디스크 시스템은 입출력 장치로 디스크 구동기는 구동 모터, 액세스 암 이동 장치와 입출력 헤드 부분의 기계적인 부분을 담당하며, 디스크 제어기는 데이터의 위치(디스크 주소)와 버퍼 및 판독/기록 관리 등 디스크 드라이버의 인터페이스 역할 담당한다.

3. 데이터 액세스 시간
이동 디스크의 데이터 액세스 시간은 '탐색시간 + 회전지연시간 + 전송시간'으로 나타나며, 고정 헤드 디스크 시스템은 탐색시간이 없으므로 '회전지연시간 + 전송시간'으로 표시한다.

4. 탐색시간
디스크 상의 원하는 섹터에 액세스하려면 시스템은 먼저 해당 트랙 또는 실린더에 헤드를 이동하여 위치시키는 동작을 탐색이라 하며 걸리는 시간을 탐색시간(Seek Time)이라 한다.

5. RAID
여러 개의 하드 디스크를 하나의 논리적 가상 디스크로 구성하여 하나의 논리적 대용량 저장장치로 사용할 수 있는 기법으로 데이터를 여러 개의 하드 디스크에 분할, 저장하여 전송 속도를 향상시키며 시스템 가동 중 생길 수 있는 디스크의 오류를 시스템 정지 없이 교체 가능하다. 6개의 계층으로 분류되며 서로 다른 용도로 사용된다.

6. CD-ROM(Compact Disc Read-Only Memory or Media)
음악 CD 기술에 기반을 두고 있는 컴팩트 디스크 읽기 전용 메모리로 텍스트 및 그래픽뿐만 아니라 사운드 등의 데이터를 기록, 저장 및 검색할 수 있는 형식의 시스템이다.

7. 플래시 메모리(Flash Memory)
반도체 기반의 비 휘발성, 재기록 가능한 컴퓨터 메모리(RAM과 ROM의 장점을 한 대 묶어)로 기계가 꺼질 때 데이터가 삭제되지 않은 것을 제외하고는 RAM과 같은 특성을 갖는다.
비용이 저렴하면서 효율적인 SSD(Solid State Drive) 저장 기술로 발전하였다.

8. 입출력 시스템
입출력 장치(물리적 입출력 장치 포함)와 입출력 모듈(입출력 인터페이스 장치)로 구성된다.

9. 입출력 모듈

입출력 장치에 따라 제어 방법과 운용 방식이 서로 다르기 때문에 프로세서와 연결하는 데 사용되는 고유한 특수 인터페이스를 인터페이스 모듈 또는 입출력 모듈 또는 장치 제어기라고 한다.

- 기능
  - 입출력 장치의 제어
  - 프로세서와의 통신
  - 데이터 버퍼링
  - 오류 검출
  - 인터럽트 생성
- 입출력 방법
  - 프로세서 제어 입출력 : 프로그램 제어 입출력, 인터럽트 기반 입출력
  - DMA 입출력
  - 채널 입출력

12. 인터럽트

컴퓨터에 설정된 입출력 장치나 컴퓨터 내의 프로그램으로부터 프로세서에게 보내는 하드웨어 신호로 컴퓨터는 이때 실행중인 일을 멈추고 다음에 다른 프로그램의 실행을 시작한다.

제7장 연습문제

주관식

1. 메모리 맵 입출력이란?

2. DMA가 프로그래밍 입출력보다 개선 된 이유는?

3. 어떨 때 DMA 전송이 좋지 않은 선택일까?

4. 단일 버스를 메모리, 프로세서 및 입출력 장치 간의 공유 통신 링크로 사용하면 얻는 장단점은?

5. 다음 매개 변수를 사용하여 자기 디스크(IBM Microdrive와 유사)가 있다고 가정한다.

평균 탐색 시간	12 ms
회전율	3600 RPM
전송률	3.5 MB/second
트랙 당 섹터 수	64
섹터 크기	512 bytes
제어기 오버 헤드	5.5 ms

   (1) 단일 섹터를 읽는 평균 시간은?

   (2) 동일한 실린더의 16 연속 섹터에서 8KB를 읽는 평균 시간은?

6. 평균 탐색 시간은 8ms, 전송 속도는 20MB/초, 제어기 오버 헤드는 2ms, 대기 시간이 없도록 디스크가 유휴 상태라고 가정하자. 7,200 RPM으로 회전하는 일반 디스크의 경우 512바이트 섹터를 읽거나 쓰는 평균 시간은?

7. 디스크 장치에는 24개의 기록 표면과 총 14,000 실린더, 트랙 당 평균 400개의 섹터가 있다. 각 섹터에는 512바이트의 데이터가 들어 있다고 하자.
   (1) 기기에 저장할 수 있는 최대 바이트 수는?
   (2) 7,200 rpm의 회전 속도에서 데이터 전송 속도(당 바이트 수)는?
   (3) 32비트 워드를 사용하여 디스크 주소를 지정하는 체계는?

8. 자기 디스크는 대부분의 가상 메모리 시스템에서 프로그램 및 데이터 파일의 보조 저장 장치로 사용된다. 어떤 디스크 매개 변수가 페이지 크기 선택에 영향을 주는가?

9. 입출력 장치를 시스템 버스에 직접 연결할 수없는 이유는?

10. 포트 의미와 사용할 수 있는 포트 유형은?

11. 서브루틴과 인터럽트 서비스 루틴의 차이점은?

12. 블록 입출력 전송 명령어가 있는 마이크로프로세서에서 명령을 실행 후, 다음 명령은 재실행하기 위해 5 클록 사이클이 소요된다. 그러나 비 블로킹 입출력 명령어를 사용했을 때 인출 및 실행에 총 20 클록 사이클이 소요된다면 128바이트 블록을 전송할 때 블록 입출력 명령의 속도 증가는?

13. 벡터 인터럽트란 그리고 소프트웨어 및 하드웨어의 어떤 지원이 필요한가?

제7장 연습문제

객관식

1. 인터럽트 벡터에 필수적인 것은?

    ① 분기번지   ② 메모리   ③ 제어규칙   ④ 누산기

2. 인터럽트의 발생 원인으로 가장 옳지 않은 것은?

    ① 일방적인 인스트럭션 수행   ② 수퍼바이저 콜
    ③ 정전이나 자료 전달의 오류 발생   ④ 전압의 변화나 온도 변화

3. 하드웨어 신호에 의하여 특정번지의 서브루틴을 수행하는 것은?

    ① vectored interrupt   ② handshaking mode
    ③ subroutine call   ④ DMA 방식

4. 인터럽트의 요청이 있을 경우에 처리하는 내용 중 가장 관계없는 것은?

    ① 중앙처리장치는 인터럽트를 요구한 장치를 확인하기 위하여 입출력장치를 폴링한다.
    ② PSW(Program Status Word)에 현재의 상태를 보관한다.
    ③ 인터럽트 서비스 프로그램은 실행하는 중간에는 다른 인터럽트를 처리할 수 없다.
    ④ 인터럽트를 요구한 장치를 위한 인터럽트 서비스 프로그램을 실행한다.

5. 다음 인터럽트에 관한 설명 중 가장 옳은 것은?

    ① 인터럽트가 발생했을 때 CPU의 상태는 보존하지 않아도 된다.
    ② 인터럽트가 발생하게 되면 CPU는 인터럽트 사이클이 끝날 때까지 동작을 멈춘다.
    ③ 인터럽트 서비스 루틴을 실행할 때 인터럽트 플래그(IF)를 0으로 하면 인터럽트 발생을 방지할 수 있다.
    ④ 인터럽트 서비스 루틴 처리를 수행한 후 이전에 수행 중이던 프로그램의 처음상태로 복귀한다.

6. 인터럽트 서비스 루틴의 기능이 아닌 것은?

    ① 처리기 상태 복구   ② 인터럽트 원인 결정
    ③ 처리기 레지스터의 상태 보존   ④ 상대적으로 높은 레벨의 마스크 레지스터 클리어

7. 인터럽트 우선순위를 결정하는 Polling 방식에 대한 설명으로 옳지 않은 것은?
   ① 많은 인터럽트 발생 시 처리시간 및 반응시간이 매우 빠르다.
   ② S/W 적으로 CPU가 각 장치 하나하나를 차례로 조사하는 방식이다.
   ③ 조사순위가 우선순위가 된다.
   ④ 모든 인터럽트를 위한 공통의 서비스루틴을 갖고 있다.

8. 사이클 스틸과 인터럽트의 차이를 옳게 설명한 것은?
   ① 사이클 스틸은 주기억 장치의 사이클 타임을 중앙처리장치로부터 DMA가 일시적으로 빼앗는 것으로 중앙처리장치는 주기억 장치에 접근할 수 없다.
   ② 사이클 스틸은 중앙처리장치의 상태보존이 필요하다.
   ③ 인터럽트는 중앙처리장치의 상태보존이 필요 없다.
   ④ 인터럽트는 정전의 경우와는 관계없다.

9. DMA 제어기의 한계를 극복하기 위하여 사용하는 방식은?
   ① 다중 인터럽트   ② 프로그램 된 I/O   ③ I/O 프로세서   ④ 멀티플렉싱

10. 입출력이 실제로 일어나고 있을 때는 채널 제어기가 임의의 시점에서 볼 때 마치 어느 한 입출력 장치의 전용인 것처럼 운용되는 채널은?
    ① Interlock channel   ② Crossbar channel
    ③ Selector channel   ④ I/O channel

11. 다음 중 채널 명령어(CCW)로 알 수 있는 내용이 아닌 것은?
    ① 명령코드   ② 데이터 주소   ③ 데이터 전송속도   ④ 데이터 크기

12. 자기 테이프에 대한 설명 중 옳지 않은 것은?
    ① Direct access가 가능하다.   ② 각 블럭 사이에 간격(gab)이 존재한다.
    ③ 7-9 bit가 동시에 수록되고 전달된다.   ④ Sequential access가 가능하다.

13. 자기 디스크에 헤드가 가까울수록 불순물이나 결함에 의한 오류 발생의 위험이 더 크다. 이러한 문제점을 해결한 것은?
    ① 윈체스터 디스크   ② Solid State Disk   ③ 플래시 메모리   ④ 콤팩트디스크

14. 입·출력 제어 방식에서 다음의 방식은 무엇인가?

    > 단계1 : 상태 레지스터 읽기
    > 단계2 : 상태 레지스터의 값이 set 상태이면 단계3으로, 그렇지 않으면 단계1로
    > 단계3 : 데이터 레지스터 읽기

    ① 프로그램에 의한 I/O(programmed I/O)   ② 인터럽트에 의한 I/O(interrupt I/O)
    ③ DMA에 의한 I/O   ④ IOP(I/O 프로세서)

15. SSD(Solid State Drive)에서 하나의 셀에 3비트의 정보를 저장하는 방식은?

    ① ALC   ② MLC   ③ SLC   ④ TLC

16. 직접메모리액세스(DMA) 장치에 내장된 레지스터가 아닌 것은?

    ① Program counter   ② Data register   ③ Address register   ④ Data count register

17. 인터럽트와 비교하여 DMA 방식에 의한 사이클 스틸의 가장 특징적인 차이점은?

    ① 프로그램을 영원히 정지   ② 실행 중인 프로그램 정지
    ③ 프로그램 실행의 다시 시작   ④ 주기억 장치 사이클의 한 주기만 정지

18. CPU에 의해서 입출력이 일어나지 않고 별도의 입출력 제어기에 의해서 일어나는 입출력은?

    ① 프로그램에 의한 I/O   ② 인터럽트에 의한 I/O
    ③ DMA 제어기에 의한 I/O   ④ subroutine에 의한 I/O

19. 채널(Channel)에 대한 설명으로 옳지 않은 것은?

    ① DMA 와 달리 여러 개의 블록을 입출력 할 수 있다.
    ② 시스템의 입출력 처리 능력을 향상시키는 기능을 한다.
    ③ 멀티플렉서 채널은 저속인 여러 장치를 동시에 제어하는데 적합하다.
    ④ 입출력 동작을 수행하는데 있어서 CPU의 지속적인 개입이 필요하다.

20. 데이지체인(daisy-chain)에 대한 설명으로 가장 옳은 것은?

    ① 소프트웨어적으로 가장 높은 순위의 인터럽트 소스부터 차례로 검사하여 그 중 가장 높은 우선순위 소스를 찾아낸다.
    ② 인터럽트를 발생하는 모든 장치들을 직렬로 연결한다.
    ③ 각 장치의 인터럽트 요청에 따라 각 비트가 개별적으로 세트될 수 있는 레지스터를 사용한다.
    ④ CPU에서 멀수록 우선순위가 높다.

21. 입출력장치의 인터럽트 우선순위를 하드웨어적으로 결정하는 방식은?
    ① Daisy Chain   ② Handshake   ③ Polling   ④ Strobe

22. DMA에 대한 설명으로 가장 옳은 것은?
    ① 인코더와 같은 기능을 수행한다.
    ② inDirect Memory Acknowledge의 약자이다.
    ③ CPU와 메모리 사이의 속도차이를 해결하기 위한 장치이다.
    ④ 메모리와 입출력 디바이스 사이에 데이터의 주고받음이 직접 행해지는 기법이다.

23. 인터럽트의 우선순위결정과 가장 관계없는 것은?
    ① 트랩 방식   ② 폴링 방식   ③ 벡터 방식   ④ 데이지 체인 방식

24. 다음 중 비교적 속도가 빠른 자기디스크에 연결하는 채널은?
    ① 바이트 채널   ② 셀렉터 채널   ③ 서브 채널   ④ 멀티플렉서 채널

25. 일반적으로 CPU가 DMA 제어기로 보내는 정보가 아닌 것은?
    ① I/O 장치의 주소   ② 연산(쓰기 혹은 읽기)지정자
    ③ COU 제조 고유 번호   ④ 전송될 데이터 단어들의 수

26. 인터럽트 백터에 필수적이 것은?
    ① 분기 번지   ② 메모리   ③ 제어규칙   ④ 누산기

27. 입·출력 제어 장치의 종류가 아닌 것은?
    ① DMA   ② 채널   ③ 데이터 버스   ④ 입출력 프로세서

28. 데이터 입출력 전송이 CPU를 통하지 않고 직접 주기억 장치와 주변장치 사이에서 수행되는 방식은?
    ① Bus   ② DMA   ③ Cache   ④ Interleaving

29. 채널 명령어의 구성 요소가 아닌 것은?
    ① data address   ② flag   ③ operation code   ④ I/O device 처리 속도

30. 버스 중재에 있어서 소프트웨어 폴링 방식에 대한 설명으로 틀린 것은?

① 비교적 큰 정보를 교환하는 시스템에 적합하다.   ② 융통성이 있다.
③ 반응속도가 느리다.   ④ 우선순위를 변경하기 어렵다.

31. 채널에 대한 설명으로 옳은 것은?

① 가변 채널은 채널 제어기가 특정한 I/O 장치들에 전용인 전송통로를 지닌 형태를 말하며 구성은 간단하지만 고정 채널에 비해 효율이 낮은 단점을 가지고 있다.
② 버스트 모드는 여러 개의 I/O 장치가 채널의 기능을 공유하여 시분할적으로 데이터를 전송하는 형태로 비교적 저속의 I/O 장치 여러 개를 동시에 동작시키는데 적합하다.
③ 멀티플렉서 모드는 하나의 I/O 장치가 데이터 전송을 행하고 있는 동안에는 채널의 기능을 완전히 독점하여 사용하므로 대량의 데이터를 고속으로 전송하는데 적합하다.
④ 블록 멀티플렉서 채널은 하나의 데이터 경로를 경유한다는 점과 고속의 입출력 장치를 취급한다는 점에서 바이트 멀티플렉서 채널과 selector 채널을 결합한 형태의 채널이다.

32. 인터럽트 요청신호 플래그(Flag)를 차례로 검사하여 인터럽트의 원인을 판별하는 방식은?

① 스트로브 방식   ② 데이지 체인 방식   ③ 폴링 방식   ④ 하드웨어 방식

33. CPU가 어떤 명령과 다음 명령을 수행하는 사이를 이용하여 하나의 데이터 워드를 직접 전송하는 DMA 방식을 무엇이라고 하는가?

① word stealing   ② word transfer   ③ cycle stealing   ④ cycle transfer

34. interleaved memory에 대한 설명과 가장 관계가 없는 것은?

① 중앙처리장치의 쉬는 시간을 줄일 수 있다.
② 단위시간당 수행할 수 있는 명령어의 수를 증가시킬 수 있다.
③ 이 기억 장치를 구성하는 모듈의 수만큼의 단어들에 동시 접근이 가능하다.
④ 주메모리의 데이터의 저장 공간을 가상기억공간에 매핑하여 확장하기 위한 방법이다.

35. 다음 중 채널 명령어(CCW)로 알 수 있는 내용이 아닌 것은?

① 명령 코드   ② 데이터 전송속도   ③ 데이터 주소   ④ 플래그

36. 인터럽트 처리에서 I/O 장치들의 우선순위를 지정하는 가장 큰 이유는?

① 인터럽트 발생 빈도를 확인하기 위해서
② CPU가 하나 이상의 인터럽트를 처리하지 못하게 하기 위해서
③ 여러 개의 인터럽트 요구들이 동시에 들어올 때 그들 중의 하나를 선택하기 위해서
④ 인터럽트 처리 루틴의 주소를 알기 위해서

37. 다음 Interrupt 중 우선순위가 가장 높은 것은?

　① Program Interrupt　　　　　② I/O Interrupt
　③ Paging Interrupt　　　　　　④ Power Failure Interrupt

38. 소프트웨어의 의한 인터럽트(interrupt) 우선순위 체제의 특징으로 볼 수 없는 것은?

　① 우선순위 등급이 높은 장치가 인터럽트 요청을 할 때 등급이 낮은 장치로 부터는 요청을 할 수 없게 된다.
　② 우선순위는 프로그램 상에서 결정하므로 융통성이 있다.
　③ 우선순위의 설정을 위한 하드웨어가 별도로 필요 없으므로 경제적이다.
　④ 인터럽트 반응 속도가 느리다.

39. 내부 인터럽트와 가장 관련이 없는 것은?

　① 오버플로우　　② 트랩　　③ 불법적 명령　　④ 타이밍 장치

40. 주변장치와 기억 장치 사이에서 중앙처리장치의 지시를 받아 정보를 이송하는 기능을 가진 것은?

　① 기록장치　　② 채널　　③ 연산 장치　　④ 보조기억 장치

41. 인터럽트가 발생 되는 원인으로 가장 옳지 않은 것은?

　① 정전이나 기계적인 문제 발생　　② SVC(Supervisor Call) 명령 수행
　③ 불법적인 명령 수행　　　　　　　④ 부프로그램 호출

42. 다음 중 인터럽트가 사용되는 것은?

　① CPU의 동작상태　　　　　　② 메모리 용량 체크
　③ CPU와 I/O 간의 정보전달　　④ CPU의 속도 개선

43. DMA제어기가 한 번에 한 데이터 워드를 전송하고 버스의 제어를 CPU에게 반환하는 방법은?

　① DMA 대량 전송　　② 데이지체인　　③ 핸드셰이킹　　④ 사이클 스틸링

44. 타이머에 의해 발생되는 인터럽트에 해당하는 것은?

　① Program Interrupt　　　　　② External Interrupt
　③ I/O Interrupt　　　　　　　　④ Machine Check Interrupt

45. Interrupt 발생 시 복귀 주소를 기억시키는 데 사용되는 것은?
   ① Stack   ② PC   ③ IR   ④ MAR

46. 인터럽트 발생 시 프로세스의 상태 보존의 필요성을 가장 옳게 설명한 것은?
   ① 인터럽트를 요청한 해당 장치에 대한 인터럽트 서비스를 완료하고 원래 수행 중이던 프로그램으로 복귀하기 위해
   ② 인터럽트 처리 속도를 향상시키기 위해
   ③ 인터럽트 발생 횟수를 카운트하고 일정 횟수 이상이 되면 시스템을 정지시키기 위해
   ④ 인터럽트 요청 장치와 그 장치의 우선순위를 파악하기 위해

47. 하나의 프로그램 실행을 하드웨어적 수단으로 중단하고, 나중에 재개할 수 있도록 다른 프로그램의 실행으로 옮기는 기능은?
   ① subroutine   ② channel   ③ interrupt   ④ interface

48. 채널(channel)을 설명한 것으로 틀린 것은?
   ① CPU의 idle time을 줄인다.   ② I/O 속도를 향상시킨다.
   ③ MODEM의 기능을 갖는다.   ④ 고속 방식과 저속 방식의 채널이 있다.

49. 하드웨어 우선순위 인터럽트의 특징이 아닌 것은?
   ① 가격이 비싸다.   ② 유연성이 있다.
   ③ 응답속도가 빠르다.   ④ 하드웨어로 우선순위를 결정한다.

50. 인터럽트 발생 시에 반드시 보존되어야 하는 레지스터는?
   ① MAR   ② 누산기   ③ PC   ④ MBR

51. 채널 명령어인 CCW(Channel Command Word)의 구성 요소가 아닌 것은?
   ① 상태 필드(Flag Field)   ② 데이터 필드(Data Field)
   ③ 주소 필드(Address Field)   ④ 명령 필드(Command Field)

52. 인터럽트 처리에 대한 설명 중 틀린 것은?
   ① 인터럽트의 원인에 따라 해당 인터럽트 처리루틴이 실행된다.
   ② 인터럽트가 발생하면 레지스터의 상태를 보관해야 한다.
   ③ 인터럽트 요청은 중앙처리장치로부터 시작된다.
   ④ 인터럽트 처리 중 우선순위가 높은 인터럽트 처리도 가능하다.

53. 비동기 데이터전송방식의 하나로서 데이터 전송 시 송신측과 수신측에서 송신과 수신의 제어신호를 사용하여 서로의 동작을 확인하면서 데이터를 전송하는 방식은?
    ① IOP   ② DMA
    ③ 스트로브(storbe) 제어   ④ Handshaking

54. 인터럽트에 대한 설명으로 옳지 않은 것은?
    ① 인터럽트란 컴퓨터가 정상적인 작업을 수행하는 도중에 발생하는 예기치 않은 일들에 대한 서비스를 수행하는 기능이다.
    ② 온라인 실시간 처리를 위해 인터럽트 기능은 필수적이다.
    ③ 입·출력 인터럽트를 이용하면 중앙처리장치와 주변장치 간의 극심한 속도 차이 문제를 해결하여 컴퓨터의 효율을 증대시킬 수 있다.
    ④ 인터럽트는 모두 에러(error)에 대한 복구기능만을 가지고 있다.

55. 내부 인터럽트의 원인이 아닌 것은?
    ① 정전   ② overflow 또는 0(zero)으로 나누는 경우
    ③ 불법적인 명령의 실행   ④ 보호 영역내의 메모리 주소를 access 하는 경우

56. 채널 명령어의 구성 요소가 아닌 것은?
    ① 명령   ② 채널 주소   ③ 블록의 위치   ④ 블록의 크기

57. 고속의 입·출력 장치에 사용되는 데이터 전송 방식은?
    ① 데이터 채널   ② I/O 채널   ③ selector 채널   ④ multiplexer 채널

58. 사이클 스틸과 인터럽트에 관한 설명으로 옳은 것은?
    ① 사이클 스틸은 주기억 장치의 사이클 타임을 중앙처리장치로부터 DMA가 일시적으로 빼앗는 것으로 중앙처리장치는 주기억 장치에 접근할 수 없다.
    ② 사이클 스틸은 중앙처리장치의 상태보존이 필요하다.
    ③ 인터럽트는 중앙처리장치의 상태보존이 필요하다.
    ④ 인터럽트는 정전의 경우와는 관계없다.

59. 인터럽트의 발생 원인으로 적당하지 않은 것은?
    ① Supervisor Call   ② 정전   ③ 분기 명령의 실행   ④ 데이터 에러

60. I/O 장치 인터페이스와 컴퓨터 시스템 사이에 데이터의 이동을 제어하는 장치는?
    ① I/O 장치 인터페이스   ② I/O 버스   ③ I/O 제어기   ④ I/O 장치

61. 인터럽트 서비스 루틴을 수행하기 위해 반드시 사용되는 레지스터는?
   ① PC(program counter)　　　　　② AC(accumulator)
   ③ MBR(memory buffer register)　④ MAR(memory address register)

62. 타이머(timer)에 의하여 발생되는 인터럽트(interrupt)는 어디에 해당되는가?
   ① I/O 인터럽트　　　　　　　　② 프로그램 인터럽트
   ③ 외부(external) 인터럽트　　　 ④ 기계 착오(machine check) 인터럽트

63. 입출력 장치와 기억 장치의 데이터 전송을 위하여 입출력 제어기가 필요한 가장 중요한 이유는?
   ① 동작 속도　　② 인터럽트　　③ 정보의 단위　　④ 메모리의 관리

64. 컴퓨터가 인터럽트 루틴을 수행한 후에 처리하는 것은?
   ① PC 비롯한 각종 레지스터의 내용을 스택에 보존한다.
   ② 인터럽트 처리 루틴의 주소를 인터럽트 벡터에서 복구시킨다.
   ③ 인터럽트 벡터 정보를 메모리에 적재한다.
   ④ 인터럽트 처리 시 보존한 PC, PSW 등을 복구한다.

65. 프로그램을 통한 입출력 방식에서 입출력장치 인터페이스에 포함되어야 하는 하드웨어가 아닌 것은?
   ① 데이터 레지스터　　　　　　　② 장치의 동작 상태를 나타내는 플래그(flag)
   ③ 단어 계수기　　　　　　　　　④ 장치 번호 디코더

66. 양면 저장을 할 수 있는 2장의 디스크로 구성된 디스크 드라이브에 실린더(cylinder)가 8개이고, 각 트랙당 16섹터이며, 섹터당 512 byte를 저장할 수 있다면 이 디스크 드라이브에 저장할 수 있는 총 용량은?
   ① 64 KB　　② 128 KB　　③ 256 KB　　④ 512 KB

제7장 객관식 답

1.① 2.④ 3.① 4.③ 5.③ 6.④ 7.① 8.① 9.③ 10.③
11.③ 12.① 13.① 14.① 15.④ 16.① 17.④ 18.③ 19.④ 20.②
21.① 22.④ 23.① 24.② 25.③ 26.① 27.③ 28.② 29.④ 30.④
31.④ 32.③ 33.③ 34.④ 35.② 36.① 37.④ 38.① 39.④ 40.②
41.④ 42.③ 43.④ 44.② 45.① 46.① 47.③ 48.③ 49.② 50.③
51.② 52.③ 53.④ 54.④ 55.① 56.② 57.③ 58.① 59.③ 60.③
61.① 62.③ 63.① 64.④ 65.③ 66.③

RISC 구조 및 파이프라인

제8장

학·습·목·표
- RISC 시스템의 주요 특징을 이해한다.
- RISC와 CISC 프로세서들을 비교하고 특징을 이해한다.
- 명령어 파이프라이닝의 개념을 이해한다.
- 슈퍼스칼라 프로세스와 VLIW에 대하여 이해한다.

Section

01. CISC와 RISC 구조
02. 파이프라이닝

들·어·가·기

앞서 우리는 4장에서 명령어 구조, 5장에서 기본적인 프로세서의 구조와 레지스터를 중심으로 컴퓨터가 구축되는 구성 요소, 즉 컴퓨터 구성을 중심으로 살펴보았다. 컴퓨터 구조는 이러한 구성 요소를 통합하여 일정 수준의 기능과 성능을 달성하는 분야이다. 여기서는 컴퓨터 성능 향상과 프로세서의 처리 능력을 향상시키기 위한 기술의 변천 과정을 설명한다. 또한 프로세서의 처리 능력을 향상시키는 방법과 더불어 명령어를 좀 더 효율적으로 빠르게 수행시키기 위한 기술에 대해 살펴보기로 한다. 특히 이러한 구성 요소를 하나로 통합하고 범용 프로세서의 구조를 완성하기 위한 몇 가지 새로운 기능과 함께 성능 향상을 위한 고급 구조 항목을 검토하고 수정하는 방법에 대해 설명한다.

Section 01 CISC와 RISC 구조

현대의 컴퓨터들은 다양한 형태의 명령어와 주소 지정 방법을 통하여 유연성을 높이고 수행능력의 향상을 가져오고 있다. 이러한 구조적 구분은 복합형 명령어 세트 컴퓨터(CISC; Complex Instruction Set Computer)와 축소형 명령어 세트 컴퓨터(RISC; Reduced Instruction Set Computer)로 나누어지는데 모두 폰 노이만(J.von Neumann)형 컴퓨터 구조 형태이다.

1-1 CISC

복합형 명령어 세트 컴퓨터(CISC; Complex Instruction Set Computer)들은 마이크로프로세서 설계의 한 유형으로 가장 효율적인 방법으로 필요한 기능을 제공하기위한 일련의 컴퓨터 명령으로 설계된 컴퓨터를 의미한다. CISC 구조는 프로그래밍하기 쉽고 메모리를 효율적으로 사용하도록 매우 단순한 명령어에서 매우 복잡하고 특수화 된 명령어들로 구성되어 있다.

1. 프로세서 설계 변천 과정

1950년대 초기의 컴퓨터는 하나의 컴퓨터를 위해 작성된 프로그램은 다른 컴퓨터에서 실행될 수 없었고 또한 같은 회사의 다른 컴퓨터에도 대부분 실행될 수 없었다. 각각의 컴퓨터 구조는 그들이 지원하는 명령의 형태와 구별되었으며 아주 소수의 컴퓨터에서만 다른 목적으로 사용되었다. 초기 하드웨어의 특징은 광범위하게 사용될 수 있는 공장형 컴퓨터 형태의 개발로 대표적인 예가 IBM650이다. IBM650은 드럼 메모리를 사용하였으며 프로그램은 종이 테이프와 펀치 카드를 사용 적재되었다. 어떤 고성능 컴퓨터는 코어 메모리를 사용하며 빠른 속도를 제공하였고 디스크 역시 일반화되었다. 소프트웨어 측면에서 살펴보면 10진수 체계를 사용하였다. 컴퓨터는 자동 계산기이므로 숫자 체계는 프로세스 처리에 영향을 준다. 1970년 후반까지 C언어와 같은 주요한 컴퓨터 언어들은 10진수 사용으로 산술 처리가 표준화 되지 못하였다. 2진수 시스템 사용은 현재 사용하는 2의 보수 연산보다 부호화 절대값 연산 방법을 사용하였다. 또한 대부분 컴퓨터들은 6비트 문자 세트를 사용하였으며 12, 24, 36비트 데이터 워드를 사용하였다. 이와 같이 초기 컴퓨터들이 갖고 있었던 중요한 문제는 하나의 컴퓨터 기계에 적용된 프로그램이 다른 컴퓨터에서는 사용되지 못한다는 사실이다. 컴퓨터의 빠른 변화로 회사들은 사용자들에 대해 별다른 방법을 제시하지 못하였다. 또한 사용자들도 오직 가격과 성능만이 중요한 관심사였다.

이때 제안된 새로운 개념이 계열(family)이다. IBM이 System/360을 1964년에 도입 한 직후에 DEC에서 PDP-8을 발표했는데 기계의 구조(architecture)를 구현과 분리하여 다른 가격 대비 성능을 가진 동일한 구조의 컴퓨터가 사용자에게 제공된다. 이러한 가격과 성능의 차이는 동일한 구조의 다른 구현 때문이다. 특히 IBM System/360은 1951년 윌크스 (Wilkes)가 제안한 마이크로 프로그래밍은 제어 장치의 설계 및 구현 작업을 용이하게 하고 계열 개념을 지원하였다. 이어 1968년 IBM S/360 Model 85에서 처음 소개된 캐시 메모리는 성능을 크게 향상시켰다.

1962년 IBM사는 새로운 방법으로 컴퓨터를 설계하였다. 완전한 계열 조직으로 같은 소프트웨어로 실행되지만 성능이나 가격을 다르게 만들었다. 그 당시 사용자들의 요구는 더 큰 컴퓨터에 관심이 있었고 또한 프로그램, 데이터와 저장 매체 등에 대한 관심이 컸다. 이러한 설계를 위해 만들어진 컴퓨터는 System/360 모델로 가상 컴퓨터였고 참조 명령어들과 용량은 같은 계열의 다른 모든 컴퓨터 기계들을 지원할 수 있었다. IBM은 참조 명령어들을 복잡하게 그러나 쉽게 이용이 가능하도록 만들었다. 컴퓨터가 복잡함에도 불구하고 제어 저장소에 저장된 마이크로프로그램은 생각보다 작고 아주 빠른 메모리를 제공하였다. 또 하나의 장점은 1개의 명령을 이용하여 아주 복잡한 연속적인 연산을 실행할 수 있었다.
이와 같이 컴퓨터는 메모리로부터 더 많은 명령을 인출할 수 있고 속도와 가격 조절로 적은 비용으로 처리할 수 있었다. S/360의 다양한 특징으로 우선 명령어 설계가 수학적 계산보다 자료 처리에 중점을 두어 단순한 정수, 문자, 그리고 과학적 부동소수점 그리고 회계 시스템에서 필요한 10진수를 사용 조정하도록 설계되었다. 또한 BCD 코드를 사용한 첫 번째 컴퓨터이면서 신기술 중 하나인 CISC 구조이다.

다음 [그림8-1]은 이러한 프로세서의 발전 과정이다.

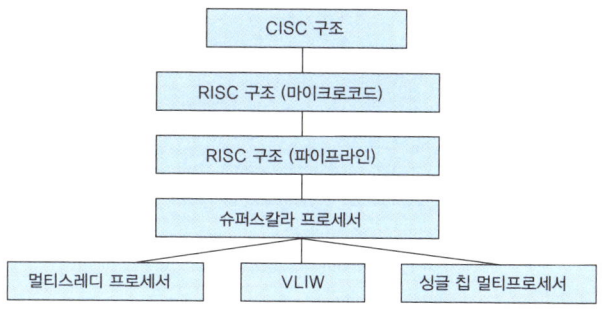

[그림 8-1] 프로세서 설계 변천사

CISC는 각각의 명령이 메모리로부터 적재하는 낮은 수준의 연산을 지시하고 하나의 산술 연산과 한 번에 메모리에 저장하는 등 모든 명령이 하나의 명령으로 구성된 명령어 세트 구조이다. CISC에서 명령들은 여러 가지 방법으로 레지스터 또는 메모리를 이용하여 액세스 할 수 있도록 하였다. 이러한 방법은 CISC의 프로그래머들이 30~100개의 명령만을 기억하고 수천 개의 다른 명령들 보다 3~10개의 주소방식으로 해결할 수 있었기 때문에 프로그램을 쉽게 사용할 수 있었다. 이러한 형태를 직교 명령어 세트(Orthogonal Instruction Set)이라고 하며 PDP-11, M68000 등이 그 예이다. 1970년대부터 논리 회로에 고밀도 집적 회로(LSI)가 사용되면서 [표 8-1]과 같이 크기와 속도 면에서 비약적인 발전이 시작되었다.

	1970-1980	1980-1990	1990-2000	2000-2010
트랜지스터수	2K-100K	100K-1M	1M-100M	100M-1B
클럭주파수	0.1-3MHz	3-30MHzz	30M-1GH	1-15GHz
사이클당명령어	〈 0.1	0.1-0.9	0.9-1.9	1.9-2.9

[표 8-1] 고밀도 직접회로의 크기와 속도

그 결과로 프로세서가 하나의 칩에 완전히 구현되면서 16비트 워드와 4K~6K 메모리 규모를 갖는 미니컴퓨터가 출현되었다. CISC 명령 체제는 마이크로 코드가 작고 고성능 메모리에 저장될 수 있었기 때문에 가장 강력한 형태의 컴퓨터로 인식되었으며 의미 갭(Semantic Gap)을 주소 지정하였다. 의미 갭은 [그림 8-2]와 같이 고급언어와 컴퓨터 연산의 차이 즉, 기계어와 사용자들이 컴퓨터 프로그램을 작성하는데 사용하는 프로그래밍 언어(HLL; High-Level Language)와의 차이를 의미한다. 예를 들어, 고급 언어로 행렬 연산을 기술하더라도 실제로 컴퓨터에서는 선형 계산을 차례대로 수행한다. 이처럼 고급언어로 표현한 것과 실제로 수행한 연산이 상반되는데 이를 의미 갭이라고 한다.

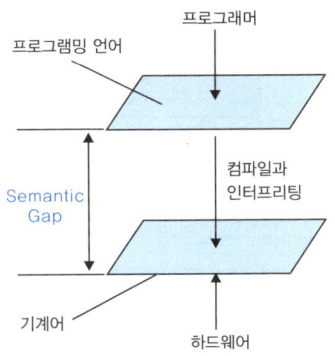

[그림 8-2] 의미 갭(Semantic Gap)

이러한 의미는 컴파일러가 더 많은 작업을 하려면 더 많은 명령어가 필요하다는 뜻으로 IBM은 계속해서 크고 빠른 컴퓨터를 만들었으며, S/370은 S/360의 확장 버전으로 가상 계산 환경을 실현시켰다. 프로세서는 하나의 명령으로 복잡한 처리가 가능하지만 회로 설계가 복잡해지는 경향이 있다. 그러나 명령어들이 더 복합적이면 실행 시간과 칩(Silicon) 영역에서 주어진 어떤 명령의 해석 오버헤드가 증가한다. 따라서 간단한 명령어 형태로 프로세서 성능을 높이려고 개발한 형태가 RISC 구조이다. 이어서 파이프라인(다음 절에서 설명됨) 기법이 소개되고 1990년대는 여러 개의 명령어를 아주 긴 하나로 복합하여 병렬 고속 처리하는 방식의 VLIW(Very Long Instruction Word)구조가 개발되어 3차원 그래픽 처리나 멀티미디어 등 비교적 단순한 자료의 처리가 반복되는 경우에 유용하게 이용되고 있다.

2. 프로그램 수행

앞서 4장에서 살펴보았듯이 프로세서는 순차적인 여러 단계의 마이크로 연산들의 수행을 통해 명령어들을 실행하고 있다. 그러므로 주어진 작업을 수행하는데 있어서 필요로 하는 시간은 다음과 같은 형태로 표현될 수 있다.

$$실행\ 시간 = IC \times CPI \times CT$$

여기서 IC(Instruction Count)는 프로그램의 총 명령어 실행 수를 나타낸다. 순환(loops)과 재귀와 같은 반복적인 연산이 대부분이며 명령어 성능에 영향을 받는다. 물론 컴퓨터 설계자는 명령어에 더 강력한 명령어를 추가하여 명령어 수를 줄일 수 있으나 이로 인해 CPI 또는 CT, 또는 모두 증가시킬 수 있다. CPI(Clocks Per Instruction)는 각 명령어의 평균 연산 단계의 수, 즉 각 명령어의 평균 클록 펄스의 수를 나타내며 명령어 수준의 병렬 처리 및 명령어 복잡도에 의해 영향을 받는다.(자세한 내용은 후술하는 파이프라이닝 참조) CT(Clock Times)는 하나의 연산 단계를 수행하는데 걸리는 시간으로 클록 펄스의 사이클 시간을 나타낸다. 즉, 프로세서의 회로를 동기화하는 클록의 주기로 클록 주파수의 역수이다. CT는 회로 기술과 단일 클록에서 수행되는 연산(작업)의 복잡성에 영향을 받는다.

예를 들어 1GHz 프로세서의 사이클 시간은 1.0ns 이고 4GHz 프로세서의 사이클 시간은 0.25ns이다. 따라서 프로그램 고속 수행을 위해서는 IC, CPI 및 CT의 세 변수 중 어느 한 가지 혹은 모두를 감소시키면 된다.

다음의 예를 살펴보자.

[예]

프로그램(프로그램 연산)이 2GHz의 프로세서에서 실행될 때 10억개의 명령어를 사용한다고 가정하자. 명령어의 50%가 3클록 사이클, 30%가 4클록 사이클, 20%가 5클록 사이클에서 실행된다면 프로그램 실행 시간은?

명령 수 : 10^9 명령, 클록 속도 : 0.5×10^{-9} 초

따라서

값	빈도	산출량
3	0.5	1.5
4	0.3	1.2
5	0.2	1.0
CPI		3.7

실행 시간 = $1.0 \times 10^9 \times 3.7 \times 0.5 \times 10^{-9}$ 초 = 1.85초.

일반적으로 CISC 프로세서는 그 기본 설계 개념이 IC 감소가 목적이라면 RISC 프로세서는 CPI와 CT를 감소하는데 목적을 갖고 있다. 이때 CPI의 유효 값은 효율적인 파이프라인 기술을 사용하면 거의 1에 가깝게 최적화 시킬 수가 있다. 다른 말로 표현하면 대부분의 명령어들을 한 개의 프로세서 클록으로 실행 완료됨을 의미한다. 또한 CT를 줄인다는 것은 결국 명령어를 디코딩하여 여러 가지 제어 신호들을 발생시키는 하드웨어 즉 프로세서 내부의 제어 장치 설계를 최소화 시켜야 한다는 것을 의미한다. 따라서 이러한 결과를 얻으려면 명령어 자체가 단순해야 하며 명령어 수도 적어야 한다는 것을 뜻한다.

3. CISC 구조

CISC 구조는 복합적이며 고기능의 명령어들을 가진 컴퓨터로 많은 명령어 수, 다양한 종류의 명령어 그리고 단일 명령어가 여러 하위 수준의 연산(예 : 메모리로부터 적재, 산술 연산 및 메모리 저장)을 실행할 수 있거나 또는 단일 명령어로 다단계 연산(프로세스) 또는 주소 지정 모드를 수행 할 수 있는 컴퓨터이다. 특히 복합 명령어 의미처럼 단일 명령어로 다단계 연산(작업) 또는 다양한 주소 지정 형태, 가변 길이의 명령어 형식으로 구성되므로 명령어를 실행할 때 여러 클록 사이클이 필요하다.

현대의 컴퓨터들은 보통 두 가지의 방식 중 한 가지에 바탕을 두고 발전되었다. 첫 번째 방식은 다수의 명령어들을 가지고 있는 컴퓨터 형태이다. 이러한 컴퓨터들은 많은 종류의 명령어들을 가지고 있으며, 또한 그 각각의 명령어는 복잡한 작업을 수행할 수 있도록 설계되어 있는 것이 특징이다. 모든 고급 언어 명령어들에 대해 각각 하나의 기계어 명령어가 일대일로 대응되게 하여 컴파일 동작을 간소화 시켜 전반적인 컴퓨터의 성능을 향상시키려고 노력하였다. 예를 들면 M68000, DEC의 VAX 그리고 IBM 370과 같은 컴퓨터들이 해당된다.

이러한 방식을 따르는 컴퓨터들을 총칭하여 CISC라고 하며 특히 컴퓨터 계열에서는 상위 방향으로의 호환성이 요구되기 때문에 기능의 확장은 새로운 명령의 추가로 이어지고 프로그램 언어에서 요구되는 기능과 명령어들과의 의미 갭(semantic gap)을 해소하기 위해 새로운 고기능의 명령이 첨가되어 명령어 구조는 복잡화되어 가는 경향이 있다. 이것은 초기 컴퓨터 설계자들이 프로시저 호출, 루프 제어 및 복잡한 주소 지정 모드와 같은 고급 프로그래밍 구조를 직접 지원하는 단일 명령어로 결합하여 데이터 구조 및 배열 액세스를 허용하는 의미적 갭(Semantic Gap)을 연결하려고 시도했기 때문이다.

CISC 구조에서 소프트웨어 제어 장치는 마이크로 프로그래밍 된 제어 메모리로 구성된다. 다음 그림은 마이크로 프로그래밍 된 제어 메모리와 명령과 데이터를 모두 보관할 수 있는 통합 캐시 버퍼가 있는 CISC 구조로 공통 경로를 공유한다. 마이크로프로그램 된 제어 장치는 CISC 프로세서를 사용하지만 최신 CISC 프로세서는 하드와이어드 제어 장치를 사용할 수도 있다.

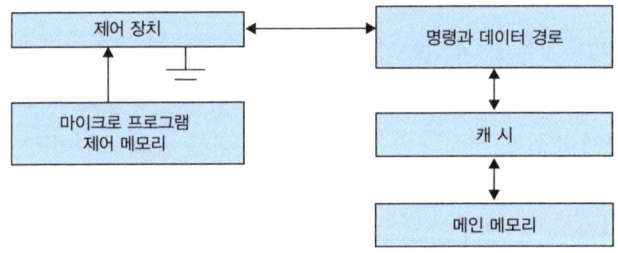

[그림 8-3] CISC 구조

대부분의 CISC 구조의 공통적인 특징은 메모리에서 직접 작동 할 수 있는 명령어, 조건 레지스터라고도 하는 플래그 레지스터, 스택 포인터, 인터럽트 처리 등과 같은 여러 가지 특수 목적 레지스터로 인해 범용 레지스터가 적다.

4. CISC 설계 개념

1980년대 초반 첫 번째 RISC 프로세서가 설계되기 전 많은 컴퓨터 구조가들은 의미 갭을 해결하기 위하여 프로시저 호출과 반환과 같은 준비된 프로그래밍 명령에 의해 프로그래밍 언어를 지원하는 명령어, 그리고 감소와 조건 분기(If)와 같은 순환 명령어, 하나의 명령어로 자료구조와 배열을 액세스할 수 있는 복합 주소 방식 등을 지원하는 명령어를 설계하려고 노력하였다. 다시 말해서 CISC 명령어 구조의 특성은 작은 크기의 프로그램과 메인 메모리로의 액세스를 제한하여(횟수를 감소시켜) 그 당시 컴퓨터 비용을 줄이는 획기적인 역할을 하였다. 반면 이러한 구조는 적은 몇 개의 명령에 포함되는 프로그래밍 언어를 생성하여 만들어졌으나 성능 면에서 입증시키지 못하였다.

예를 들면, 하나의 프로세서가 프로시저 호출 명령을 사용하기보다는 단순 순차 명령을 사용하면 성능 향상이 가능하다고 생각하였다. 매크로 명령을 해석하기 위해 마이크로 코드를 사용하는 기법은 특별한 프로세서 구현이다. 다르게 말하면 프로세서 크기가 크고 복잡한 명령을 추가하는 것은 단순 명령의 실행을 늦춘다.

이러한 모든 복합 명령의 구현은 칩 설계 부분의 많은 작업과 그리고 많은 트랜지스터의 집적을 필요로 하였다. 따라서 내부 명령어가 많고 기능마다 하나의 명령어를 추가하기 때문에 좋을 것 같이 보이지만 실제로 프로그래밍을 하기 어렵고 많은 명령어로 인해 수행 시간이 길어지는 경우가 많다. 그러므로 CISC 프로세서의 설계 개념은 주어진 작업을 수행하는 데 필요한 명령어의 수를 최소화 하는데 그 기본 목적을 두고 있으며 작고 느린 메모리와 같은 제약 조건 하에서 컴파일러를 단순화하고 성능을 향상 시키도록 설계되어 프로그래밍하기 쉽고 메모리를 효율적으로 사용한다.

이러한 컴퓨터들은 주어진 작업의 주요 부분을 어셈블리 언어로 프로그램 하기가 용이하며, 또한 고급 언어 프로그램과 쉽게 대응 시킬 수 있는 장점들을 가지고 있다. 그러므로 CISC가 제공하고 있는 명령어들의 유용성 때문에 컴파일러 설계가 용이하며 컴퓨터의 총체적 성능이 개선될 수 있다.

5. CISC 구조 특징

CISC 프로세서는 매우 단순한 명령과 많은 수의 복작하고 특수화된 명령을 포함하고 있어 길이가 주소 지정 형태에 따라 가변 길이 명령어를 가지므로 실행 시간이 길다. 또한 명령어는 실행할 때 여러 단계로 보호되어 여러 클록 사이클(2~10 사이클)이 필요하다. 따라서 CISC에서는 명령 파이프라이닝이 쉽게 구현되지 않는다. CISC 프로세서의 구조 특징은 다음과 같이 요약할 수 있다.

- 컴퓨터 구조를 간소화하기 위해 즉, 데이터 경로 논리를 제어하기 위해 단순화된 마이크로 코드(micro code ; 프로세서를 제어하는 기계어와 관련된 프로그램) 명령을 사용하여 마이크로 프로그래밍을 지원하며 고급 언어를 쉽게 설계하고 구현할 수 있도록 사전 정의된 많은 명령어들이 있다. 마이크로 코드 구현으로 새로운 칩의 구현이 쉽고 마이크로 프로그래밍 된 디자인은 완전히 새로운 명령어를 신속하게 처리하도록 수정 될 수 있다.
- 많은 강력한(풍부한) 명령어와 각 명령어에 더 많은 기능을 추가 할 수 있어 프로그램을 구현하는 데 필요한 총 명령어 수를 줄였다. 또한 느린 메인 메모리를 보다 효율적으로

사용하면서도 어셈블리 언어 프로그래머의 작업을 훨씬 쉽게 할 수 있도록 기능 향상을 통해 문자열 연산, 특수 반복 구문 및 메모리의 테이블을 통한 색인 작성을 위한 특수 주소 지정 모드가 포함되었다.

- 특별한 명령어는 매우 드물게 사용되며 메모리의 오퍼랜드는 명령어로 조작된다.
- CISC의 복합 명령어는 많은 수의 명령어(100에서 250 사이)로 구성되어 파이프라이닝 기술의 구현이 매우 어렵고 다중 명령 모드를 지원하기 위해 단일 명령어가 필요하기 때문에 복잡한 명령어 디코딩 논리(logic)로 구현된다.
- 프로그램 메모리, 데이터 메모리, 입출력, 레지스터 등을 위한 동일한 버스로 구성된다.
- 메모리에서 직접 운영(작동) 할 수 있는 명령과 명령 디코딩, 실행 및 마이크로 코드 저장 전용이 아닌 제한된 양의 칩 공간을 갖는 직접적인 결과로 적은 수의 범용 레지스터와 많은 수의 주소 지정 레지스터(5~20)로 구성된다.
- 명령어 실행을 위한 다양한 사이클 시간(멀티 클록 사이클)을 필요로 한다.
- 스택 포인터, 인터럽트 처리 등에 대한 특수 레지스터를 따로 설정(특수 목적 레지스터)하여 명령어 세트를 더 복잡하게 만드는 대신 하드웨어 설계를 다소 간소화 할 수 있다.
- 명령의 부작용으로 설정된 조건 코드 레지스터는 마지막 연산의 결과가 0보다 작거나 같은지 또는 0보다 큰지 여부를 반영하고 특정 오류 조건이 발생하면 기록한다.

6. CISC 구조 장단점

CISC구조의 명령어들 중 상당수는 사용 빈도가 매우 낮으며 이러한 명령어들을 위한 하드웨어의 추가 및 복잡한 회로 구성으로 실행 속도가 현저하게 감소한다. 또한 명령어의 형태와 크기가 다양하여 실행 단계, 실행 시간도 다르게 나타나기 때문에 마이크로 연산의 제어가 쉽지 않다. 따라서 가능한 한 명령어의 길이를 줄여서 명령의 디코딩 속도를 높이고 최소의 메모리 구조를 갖도록 하였다. 하나의 프로세서가 명령어를 순차적으로 처리하기에는 무척 유용한 방법이며 또한 프로세서의 동작 속도가 높아짐에 따라 성능이 비례로 증가하기 때문에 아무런 문제없이 완벽한 하위 호환성을 유지할 수 있었다. 특히 마이크로 프로그래밍은 구현할 어셈블리 언어만큼 새 명령어를 마이크로 코딩하기 쉽기 때문에 설계자는 CISC 기계를 상위 호환 가능하게 만들 수 있었다. 따라서 이전 컴퓨터의 명령어를 포함하기 때문에 이전 컴퓨터와 동일한 프로그램을 실행할 수 있었고 각 명령어가 더 많은 기능을 수행 할 수 있게 되면 주어진 작업을 구현하는 데 사용할 수 있는 명령어가 줄어드는 결과를 가져왔다. 또한 마이크로프로그램 명령어는 고급 언어의 구조와 일치하도록 작성 될 수 있기 때문에 컴파일러는 복잡하지 않아도 되었다.

그러나 실제로 컴퓨터에서 사용되는 명령어들은 대부분 LOAD, STORE, IF(분기)등 가장 간단하면서 기초적인 명령어(약 20%)들이 약 80%의 사용 점유율을 나타내고 있지만 CISC 컴퓨터는 많은 특수화된 명령어(약 80%)들을 유지하고 있었다. 따라서 명령어를 해석하고 수행하는 절차가 너무 복잡하여 시간의 낭비를 가져왔고 복잡한 하드웨어로 실행 순서에 부작용이 나타났다. 또한 CISC 명령어에 의해 부작용으로 발생되는 조건 코드는 다음 명령어가 조건 코드 비트를 변경하므로 컴파일러는 이러한 상황이 발생하기 전에 조건 코드 비트를 검사해야 한다. 따라서 프로그램의 최적화가 어렵고 여러 종류의 고급 언어를 위해 특정한 명령어를 작성해야하는 어려움이 있었다. 또한 이전 컴퓨터(프로세서)는 대부분 새 버전에서 하위 세트로 포함되었으므로 명령어와 칩 하드웨어가 더욱 복잡해졌고 서로 다른 명령어(가변 길이)가 실행하는 데 소요되는 시간이 달라지므로 전체 성능이 느려지는 결과를 가져왔다.

일반적으로 CISC 구조의 명령어들은 파이프라인 구성이 어렵고 전체적인 프로그램의 실행속도를 떨어뜨리고 많은 하드웨어와 동작의 제어 어려움이 있으나 컴파일 과정이 쉽고 호환성이 좋은 장점으로 요약할 수 있다.

7. CISC 지원 기술

컴퓨터 설계를 지원하는 CAD(Computer Aided Design) 시스템 기술의 발전과 기계 명령어 기능의 추가 및 변경을 제어 메모리 내용의 변경만으로 가능하게 한 마이크로프로그래밍 기술이 있다. 고급 언어를 기계어로 변환해주는 컴파일러는 복잡한 명령어를 사용하여 메모리에 액세스하는 횟수를 줄일 필요가 있었다. 그래서 복잡한 명령어들이 프로세서로 적재되면 마이크로코드로 변환되고 이 마이크로코드를 처리하는 방법으로 마이크로프로그래밍이 사용되었다. 또한 프로그래머에게 좀 더 다양한 명령어, 즉 자연 언어와 가장 가까운 언어를 제공하는 것이 편리하게 프로그램을 작성할 수 있었기 때문에 80년대 중반까지 컴퓨터 구조의 표준 설계로 인식 되었다. 이러한 과정에서 명령어의 수는 급속히 증가하였고 고급 언어를 번역하는 컴파일러는 점점 어렵게 되었다. 특히 속도가 빠른 캐시 메모리의 등장으로 이제는 프로세서의 속도가 뒤떨어지게 됨으로써 CISC 지원 기술인 마이크로 프로그래밍 방법은 더 이상 효과적으로 응용되기에 부족하였다. 그래서 인텔에서 발표한 펜티엄 CISC 칩은 파이프라인 채용, 다중 함수 장치 채용, 그리고 성능 향상을 위한 큰 레지스터의 채용으로 RISC 칩에도 접근했다고 볼 수 있다. 이와 같이 최근의 CISC는 RISC의 장점을 보완하는 방향으로 가고 있다.

1-2 RISC

축소 명령 세트 컴퓨터(RISC; Reduced Instruction Set Computer)는 단일 명령을 사용하여 하나의 클록(CLK; Clock) 사이클 내에서 저 수준 연산을 수행하는 여러 명령어로 나눌 수 있는 컴퓨터이다. 작고 고도로 최적화된 명령어를 사용하는 마이크로 제어 구조의 RISC 구조는 LOAD/STORE 구조라고도 한다. Intel Pentium 프로세서는 주로 CISC 기반이며 일부 RISC 기능이 내장되어 있는 반면 가장 일반적인 RISC 기반 프로세서는 ARM, DEC Alpha, PA-RISC, SPARC, MIPS 및 IBM PowerPC이다.

1. RISC 출현 배경

1970년대 초에 시작한 어셈블리 언어와 고급언어의 명령어 사용 빈도에 대한 연구가 이루어져 IBM 연구소(T.J. Watson Research Center)의 John Cocke는 컴퓨터 내의 명령어들 중 불과 20% 정도의 명령어가 전체 80% 이상의 일을 처리한다는 것을 증명하여 1974년에 RISC에 관한 개념을 처음 제기하였다. 또한 CISC 명령어는 메모리에서 적재(load)와 해석(decode)하는 데 오랜 시간이 필요하고 가변 길이의 각 명령어는 실행되기 전에 부분적인 디코딩으로 모든 명령의 실행 속도를 감소시킨다. 물론 메모리-메모리 구조는 레지스터 기반 구조에 비해 비효율적인 측면도 있지만 특히 CISC 구조는 설계가 어렵고 검증 및 제조에 오랜 시간이 걸리므로 발전하는 최신 기술을 활용하도록 설계할 수 없었다. 이러한 CISC의 결함을 해결하기 위해 첫 번째로 적용된 컴퓨터가 1980년에 발표된 IBM PC의 XT 기종이다. RISC라는 용어는 버클리 대학의 데이비드 피터슨(David Patterson)에 의해 붙여진 이름이다. RISC 개념은 버클리 대학의 RISC-I, RISC-II 연구과제, 82년 스탠포드 대학의 MIPS(Microprocessor without Interlocked Pipeline Stages) 연구과제 등으로 학문적인 연구가 시작되었다. 위에서 얻은 결과를 요약하면 다음과 같다.

1) 고급 프로그래밍 언어 문장의 상대적인 동적 수행 빈도

명령어 수행 빈도와 수행 시간을 측정하기 위하여 다섯 가지 고급 프로그래밍 언어로 작성된 프로그램들을 수행하여 얻은 고급 프로그래밍 언어 문장의 유형별 상대적인 동적 사용 빈도이다.

연구	[HUCK83]	[KNUT71]	[PATT82a]		[TANE78]
언어	PSCAL	FORTRAN	PASCAL	C	SAL
작업	과학기술	학생	시스템	시스템	시스템
할당문	74	67	45	38	42
Loop	4	3	5	3	4
Call	1	3	15	12	12
If	20	11	29	43	36
Go	2	9	-	3	-
기타	-	7	6	1	6

[표 8-2] 고급 프로그래밍 언어 문장의 상대적인 동적 수행 빈도

[표 8-2]에서 알 수 있듯이 할당문(assignment), If 및 Loop의 수행 빈도를 합한 조건문의 수행 빈도가 가장 높음을 알 수 있다. 할당문은 변수에 어떤 값을 할당하는 명령어로 연산 장

치를 사용한 함수 연산, 메모리와 레지스터 사이의 정보 전달, 레지스터와 레지스터 사이의 정보 전달 등이 포함된다. 이것은 데이터의 단순한 이동이 매우 중요하다는 것을 암시한다. 조건문은 문장의 수행 순서를 전환하는 문장으로 기계어 명령어의 분기 또는 조건부 명령어로 나타내며 조건부 분기 명령어와 함수 연산 및 전달 기능의 명령어를 포함하기도 한다. 이는 명령어의 순차 제어 메커니즘이 중요함을 의미한다.

2) 명령어의 상대적인 동적 수행 빈도

다음은 고급 프로그래밍 언어(PASCAL과 C 언어)로 작성한 프로그램을 수행할 때 어느 유형의 명령어가 가장 많은 시간이 소요되는가를 나타낸다. 유형별로 수행한 명령어별 동적 수행 빈도와 오른쪽 두 열은 수행한 기계어 명령어의 평균과 명령어 당 메모리 참조 횟수의 평균을 나타낸다.

	동적 변환 빈도		기계어 명령어		메모리 참조	
	Pascal	C	Pascal	C	Pascal	C
할당문	45	38	13	13	14	15
Loop	5	3	42	32	33	26
Call	15	12	31	33	44	45
If	29	43	11	21	7	13
GoTo	–	3	–	–	–	–
기타	6	1	3	1	2	1

[표 8-3] 명령어(HLL)의 상대적인 동적 수행 빈도

[표 8-3]에서 알 수 있듯이 프로시저 호출문(Call)과 순환(Loop)을 만드는 문장을 수행할 때 가장 많은 수의 기계어 명령어를 수행하게 되는 것을 알 수 있다. 또한 프로시저 호출문을 수행할 때 가장 많은 수의 메모리 참조 횟수를 나타낸다. 따라서 고급 프로그래밍 언어 문장의 수행 시간은 그 문장의 수행을 위하여 수행되는 기계어 명령어의 수와 메모리 참조 횟수에 비례하여 길어짐을 알 수 있으며 프로시저 호출문의 수행 시간이 가장 길다.

3) 오퍼랜드

오퍼랜드 유형과 사용 빈도에 따라 오퍼랜드를 저장하기위한 메모리 구성과 액세스 할 수 있는 주소 지정 모드가 결정된다. 변수 클래스의 동적 발생 빈도에 대한 연구 결과는 Pascal과 C 프로그램 간에 일관성이 있었다[표 8-4].

	Pascal	C	평균
정상 상수	16	23	20
스칼라 변수	58	53	55
배열/구조	26	24	25

[표 8-4] HLL 오퍼랜드의 동적 백분율[PATT82a]

발생하는 오퍼랜드의 대부분의 참조가 한 번에 하나의 값만 저장할 수 있는 단순 스칼라(정수, 실수, 문자 등) 변수 예를 들면, 배열, 행렬, 레코드이며 그 중 80 %는 함수와 지역 변수로 연관된다. 또한 배열/구조에 대한 참조(액세스)는 색인(인덱스)이나 포인터에 대한 먼저 참조가 필요한데 이 또한 액세스를 위한 포인터 및 배열의 색인은 같은 종류의 지역 스칼라 변수이다. 따라서 대부분의 오퍼랜드는 레지스터에 저장 될 수 있는 스칼라 유형의 지역 변수로 지역성 높다. 물론 오퍼랜드 또는 지역 변수가 자주 수행되고 이러한 오퍼랜드에 빠르게 액세스해야 하므로 최적화를 위한 주요 요소는 지역 스칼라 변수를 저장하고 액세스하는 메커니즘이다.

쉬어가는 코너

RISC 칩
- 썬(SUN) 마이크로시스템 회사의 스파크(Sparc)칩,
- 밉스(MIPS) 컴퓨터 시스템 회사의 MIPS칩(R2000, R3000, R4000 등)
- AMD(Advanced Micro Devices)회사의 Am29000
- 인텔의 i860
- 모토롤러의 88000
- 휴렛팩커드(Hewlett-Packard)의 PA-RISC(Precision Architecture)
- DEC(Digital Equipment Corp.)의 알파(Alpha)
- IBM의 파워(Power)칩

2. RISC 명령어

CISC 구조가 매우 복잡하고 큰 명령어 형태로 작성되었다면, RISC 구조는 간단한 명령어 형태로 프로세서 성능을 높이려고 개발한 형태이다. 다시 말하면 작고 빠른 명령어들을 사용하여 효율적인 기계어 코드를 생성하고 처리를 단순화시켜 속도 향상을 꾀한다. RISC 구조의 출발은 고급 언어 컴파일러들이 컴퓨터의 명령어 셋을 어떻게 활용하고 있는가이다. 즉, 컴파일러 측면에서 명령어 셋을 설계한 컴퓨터로 복잡한 기능의 명령어들을 제거하고 컴파일러에 의해 쉽게 생성될 수 있으면서, 간단한 하드웨어로도 효율적으로 구현할 수 있는 명령어들로 구성한다. 복잡한 작업들을 여러 개의 단순한 동작들로 구현시키도록 컴파일러에게 맡기자는 것이다. 따라서 RISC 구조는 프로세서의 명령어들을 간단하게 만들어 동일한 형태와 동일한 크기로 작성하여 짧은 실행 시간과 하나의 실행주기에 끝마치도록 설계하도록 제안하였다. 우선 CISC 구조에서 자주 사용되지 않는 명령어를 제거하고 전체 프로그램의 실행 시간에 영향을 주는 부분을 최적화 시켜 프로세서 성능을 향상시키려고 하였다. 따라서 다음과 같은 두 가지 기본 원칙이 있다.

- 명령어 오퍼랜드는 단순하도록 적재/저장(LOAD/STORE) 구조이면서 간단한 메모리 주소 지정 모드(양식)로 구현하며
- 명령어 연산(조작)은 간단하도록 연산을 일련의 간단한 명령어로 분해 할 수 있다면 전체 성능을 향상시키는 경우에만 명령어로 추가한다.

다음 [그림 8-4]은 버클리 RISC 명령어의 형식을 보여주고 있다.

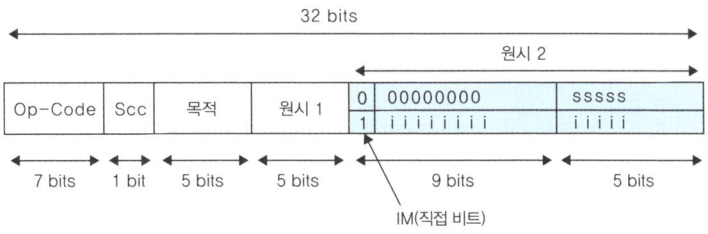

[그림 8-4] 버클리 RISC 명령어 형식

[그림 8-4]에서 5비트 오퍼랜드 필드(목적, 원시 1, 원시 2) 각각은 액세스되는 $32(2^5)$개의 내부 레지스터를 지정한다. Scc는 1개의 조건 코드 필드로 명령어 실행 후에 조건 코드 변경 여부를 결정한다. 14비트의 원시 2필드는 두 기능을 나타낸다. 만약 IM(직접 비트)이 0이면 원시 2필드는 32개의 레지스터 중 1개를 지정하고 만약 IM 비트가 1이면 원시 2필드는 13비트 문자(literal) 오퍼랜드를 제공한다. 특히 버클리 RISC는 138개의 사용자 사용이 가능한 범용 내부 레지스터를 갖고 있다. RISC는 단순 명령어 구조로 명령어의 실행 속도를 높이고 빠른 클록 속도로 동작시킬 수 있도록 하였으며 하드웨어 구조의 간단하고 단순한 형태로 특히 파이프라인 구성이 쉽도록 작성되었다고 요약할 수 있다.

3. RISC 구조 특성

1974년 IBM 엔지니어들이 전화 스위칭 네트워크를 관리하는 시스템은 호출 당 20,000개 이상의 명령어와 초당 300개의 호출을 실행할 수 있어야 했지만 당시에는 그러한 컴퓨터가 없었다. 따라서 메모리 버스가 엄청난 병목 현상을 일으켰다. RISC는 작업을 단순한 연산으로 축소하는 간단한 명령으로 구성하여 각각 동일한 시간이 소요되도록 즉, 명령어 세트를 줄이고 명령에 고정 길이를 사용하여 각 클록 사이클에서 연산 단위당 하나의 명령을 실행할 수 있었다. 결과적으로 프로세서가 명령어를 해석하기가 쉬우며 실행 속도가 빨라지고 프로세서 설계가 간소화되면서 간단한 명령어로 컴파일러는 코드를 보다 쉽게 최적화하여 프로세서를 완전히 활용할 수 있었다.

기본적으로 RISC는 제한된 간단한 명령어 세트, 온칩 캐시 메모리(또는 많은 수의 레지스터), 레지스터의 사용을 최대화하여 주 메모리 액세스를 최소화하는 컴파일러 및 명령어 파

이프라인 최적화에 중점을 두어 파이프라인을 통한 병렬 처리를 기반으로 하는 성능 중심 구조이다. [그림 8-5]에서 볼 수 있듯이 RISC 구조는 별도의 명령어 및 데이터 캐시를 사용하며 액세스 경로도 다르다. 하드와이어드(고정 배선) 제어는 대부분의 RISC 프로세서에서 볼 수 있다.

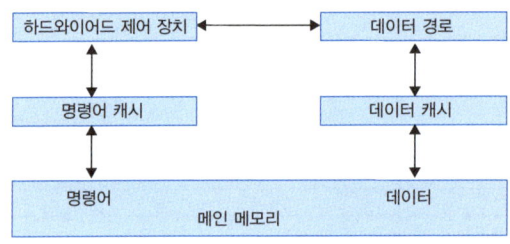

[그림 8-5] RISC 구조

이러한 RISC의 구조의 특징을 살펴보면 다음과 같다.

1) 간단한 명령어 구조

실행 시간을 줄이기 위해 많은 레지스터와 간단한 명령어들로 구성되며(4 바이트) 단순화된 명령어로 대부분의 연산이 등록된 적은 주소 지정 모드로 데이터를 메모리에 저장할 수 있다. 메모리에 있는 오퍼랜드의 주소를 가져 오기 위해 메모리 액세스가 필요한 간접 주소 지정이 없다. 작고 최적화 된 명령어는 빠른 속도와 컴파일러들이 사용하는 정확한 연산들이 이루어지도록 도움을 주지만 간단한 명령어로 인해 작업을 수행하는 데 많은 명령어가 필요하여 즉, 간단한 명령어들을 연속적으로 생성시켜야 하기 때문에 프로그램의 전체 크기가 크다.

2) 고정 명령어 형식

일반적으로 대부분의 RISC 시스템에서는 하나 또는 몇 가지 형식만 사용되므로 명령어 길이는 워드 경계에서 고정되어 정렬된다. 필드 위치, 특히 opcode는 고정되며 고정 된 수의 오퍼랜드를 사용한다. 또한 대부분의 연산이 레지스터 기반이므로 실행 속도가 빠르다. 이와 같이 고정 필드를 사용하면 opcode 디코딩과 레지스터 오퍼랜드 액세스가 동시에 발생할 수 있으므로 단순화 된 형식은 제어 장치를 단순화하여 하드와이어드 제어 장치로 디코딩 할 수 있다.

3) LOAD/STORE 명령어 구조

노이만 병목현상을 피하기 위해 메모리의 읽기 · 쓰기는 LOAD/STORE 명령어만으로 하고 그 밖의 명령어는 레지스터를 이용한다. 다시 말하면 LOAD/STORE 명령어는 프로세서 레지스터들과 메인 메모리 사이의 데이터 전달을 위하여 제공되고 있으며 그 외 모든 데이터 연산 명령어들의 연산(동작)을 프로세서 레지스터 혹은 명령어 워드 내부에 있는 오퍼랜드로 제한하고 있다. 또한 명령어에서 사용되는 주소 지정 모드들은 단지 한 번의 메인 메모리 액세스만을 요구하는 것들로 제한되고 있으며, 프로세서 내부에서 여러 번의 동작을 요구하는 주소 지정 모드는 피하고 있다. 특히 컴퓨터가 수행 할 수 있는 작업량은 LOAD/STORE 명령으로 분리하여 줄일 수 있으며(높은 수준의 동시성을 얻을 수 있음) 대부분의 연산이 레지스터 기반이므로 실행 속도가 빠르다. 물론 RISC는 자동 증가 주소 지정 양식을 제공하지 않는다. 데이터 오퍼랜드를 포함하고 있는 레지스터를 지적하는 데는 소수의 비트들만이 필요하므로 3-오퍼랜드 명령어를 사용할 수 있기 때문에 하나의 명령어로 이루어질 수 있다. 이러한 3-오퍼랜드 명령어들은 특히 컴파일러를 최적화 하는데 적절히 사용될 수 있다.

4) 파이프라인 하드웨어 구조 사용

대부분의 명령어는 1 사이클에서 완료되므로 단일 사이클 연산은 명령어가 신속하게 실행되도록 한다. 따라서 프로세서가 여러 명령어를 동시에 처리 할 수 있는 파이프라이닝 기술을 적용할 수 있어 즉, 파이프라인 실행을 통하여 성능 개선에 대한 최대 이득을 얻을 수 있다. 그러므로 주어진 작업을 수행하기 위해 필요한 단일 명령어의 수가 증가하여도 파이프라인화된 실행에 의해서 CISC 구조의 명령어를 사용하여 동일한 작업을 수행하는데 드는 시간 보다 더 빨리 해 낼 수 있는 것이다. 그러나 RISC 컴퓨터들은 대규모 프로그램을 수용하기 위해서 CISC보다 더 많은 용량의 메모리를 필요로 할 수 있다. 또한 고속의 수행과 이러한 구조의 효율적인 이용을 위해 좀 더 복잡한 컴파일러 기술을 필요로 한다. 따라서 컴파일러 최적화기술에 달려 있다.

쉬어가는 코너

파이프라이닝(pipelining)
명령의 부분 또는 단계를 동시에 실행하여 명령을 보다 효율적으로 처리 할 수 있는 기술로 한 번에 두 개 이상의 명령을 처리하고 다음 명령을 시작하기 전에 하나의 명령이 완료되기를 기다리지 않는다.

5) 대량의 레지스터와 메모리 계층의 다단계화

시스템의 계층적 설계로 각 계층은 최대의 동질성을 유지하면서 하위 계층은 가능한 단순하게 자주 사용되는 동작만을 지원하여 상위 계층의 작업을 효율적으로 처리한다. 대부분의 명령어가 1워드(4바이트) 길이로 짧고 파이프라이닝을 통해서 멀티태스킹이 가능하므로 CISC에 비해서 많은 레지스터를 필요로 한다. 일반적으로 컴퓨터에 많은 수의 레지스터를 포함시키는 것이 프로세서와 메인 메모리 사이의 잦은 데이터 이동 횟수를 줄일 수 있다. RISC 컴파일러들은 메인 메모리와 프로세서 사이의 데이터 이동을 최소화하고 빠른 이동을 위해 적은 수의 레지스터로는 주어진 작업을 구현하는데 필요한 LOAD/STORE 명령어의 증가를 가져오기 때문에, 더 많은 레지스터들을 제공함으로써 LOAD/STORE 명령어의 연산 횟수를 감소시켜 컴퓨터의 성능에 도움이 된다. 그러나 많은 수의 레지스터 제공에도 불구하고 컴파일러가 그들을 유효적절하게 사용할 수 없다면, 오히려 불필요하게 하드웨어 공간을 낭비할 수 있다. 그러므로 메인 메모리 사이와의 데이터 이동 횟수를 줄여야 하는 중요성 때문에 컴파일러가 프로세서 레지스터들을 좀 더 유효하게 이용할 수 있도록 하드웨어들이 고안되고 있다.

6) 캐시 메모리 역할 증대

컴퓨터에서 캐시 메모리의 중요성은 다른 구조에서도 매우 유용하지만 RISC 컴퓨터에서는 그 역할이 특히 중요하다. 왜냐하면 메모리 액세스 시간은 앞서 살펴 본바와 같이 CPI와 CT의 값에 직접적으로 영향을 미치고 있으므로 긴 액세스 시간은 각 메모리 액세스마다 긴 프로세서 클록 사이클 혹은 클록 사이클을 필요로 하게 되기 때문이다.

7) 부동 소수점 보조 프로세서(Floating-Point Coprocessor) 이용

대부분의 RISC 컴퓨터들은 부동 소수점 연산을 위한 특별한 명령어들과 이러한 연산들을 고속으로 수행할 수 있는 하드웨어를 가지고 있다. 정수 연산 명령어들과 동일한 시간에 부동 소수점 명령어들의 연산이 완료되도록 하드웨어를 배치하는 것은 매우 어렵기 때문에 두 종류의 연산 명령어를 단일 파이프라인 구조로 통합될 수 없다. 따라서 부동 소수점 하드웨어는 그 자체를 위한 내부 파이프라인 배열을 가지고 있는 독립적인 프로세서를 사용하여 구성하는 것을 부동 소수점 보조 프로세서라고 한다. 이때 프로세서 내부에 설치될 수도 있고 적절한 버스를 통하여 프로세서와 연결되는 독자적인 칩으로도 구현될 수 있다.

3. RISC 장단점

위에서 살펴본 RISC의 특징을 중심으로 장단점을 다음과 같이 요약할 수 있다.

1) RISC 구조의 장점

- 명령어가 적기 때문에 고급 언어 컴파일러가 보다 효율적인 코드를 생성 할 수 있으며 RISC 함수는 몇 개의 매개 변수만을 사용하고 RISC 프로세서는 호출 명령어를 사용할 수 없으므로 파이프라인을 쉽게 수행 할 수 있는 고정 길이 명령어를 사용한다.
- 명령어 세트의 단순성 때문에 칩(마이크로프로세서) 공간을 자유롭게 사용할 수 있으므로 메모리 관리 장치 또는 부동 소수점 연산 장치와 같은 추가 기능을 동일한 칩에 배치

할 수도 있다. 물론 칩 당 비용을 절감 할 수 있다.
- 스택을 사용하는 대신 인수를 전달하고 지역 변수를 보유하기 위해 레지스터를 사용한다.
- 연산(작업) 속도를 극대화하고 실행 시간을 최소화 할 수 있다.
- 매우 적은 수의 명령 형식(4개 미만), 몇 가지 명령어 수(약 150개) 및 몇 가지 주소 지정 모드(4개 미만)가 필요하다.
- 각 명령어는 실행하는 데 단지 하나의 클록 사이클로 수행되므로 전체 프로그램은 멀티 사이클 "MULT " 명령어와 거의 동일한 시간에 실행된다.
- RISC 프로세서는 해당 CISC 프로세서보다 간단하기 때문에 보다 신속하게 설계 할 수 있으며(짧은 설계 주기) 해당 CISC 설계보다 다른 기술 개발을 더 빨리 활용할 수 있어 세대 간 성능이 크게 향상된다.

2) RISC 구조의 단점
- 대부분 RISC 프로세서의 성능은 CISC 코드를 RISC 코드로 변경하는 동안 컴파일러에 대한 실제적 이해(지식)가 중요한 역할을 하기 때문에 생성 된 코드의 품질은 프로그래머 또는 컴파일러에 의존하므로 RISC 응용 프로그램의 성능은 컴파일러에서 생성된 코드의 품질에 크게 좌우된다.
- 코드 확장이란 CISC가 단일 명령어로 복잡한 동작을 수행하나 RISC 시스템은 동일한 연산 동작에 대해 여러 명령어가 필요할 수 있으므로 CISC 코드를 RISC 코드로 재배치 하는 동안 크기가 커지므로(프로그램) 문제가 될 수 있다. 이때 이 코드 확장의 품질은 컴파일러와 컴퓨터(기계)의 명령어 세트에 따라 달라진다.
- 명령어의 길이가 증가함에 따라, RISC 프로세서가 명령 낭 문자 사이클에 따라 실행하기 위해 복잡성이 증가한다.
- RISC 프로세서의 첫 번째 수준(level) 캐시는 RISC의 단점이기도하다. RISC는 이러한 프로세서가 칩 자체에 많은 메모리 캐시를 가지고 있다. 명령을 제공하기 위해서는 매우 빠른 메모리 시스템이 필요하다.

4. CISC와 RISC 비교

CISC 구조는 거의 사용하지 않는 많은 명령어가 있으며 이러한 명령어들 때문에 회로가 추가되어 하드웨어가 복잡해진다. 또한 복잡한 명령어를 디코딩하는데 실행하는데 많은 시간이 필요하므로 수행 속도가 감소된다. 반면 RISC 구조는 자주 사용되고 아주 짧은 실행 시간을 갖는 간단한 형태의 명령어들로 명령어 세트를 구성하였다. 또한 RISC는 마이크로 코드 변환 단계를 거치지 않기 때문에 빠르게 명령어를 실행한다. 따라서 RISC 컴파일러는 같은 처리 과정을 위하여 CISC 컴파일러 보다 더 많은 명령어를 생성한다.

다음 [그림8-6]은 이러한 과정을 보여 주고 있다.

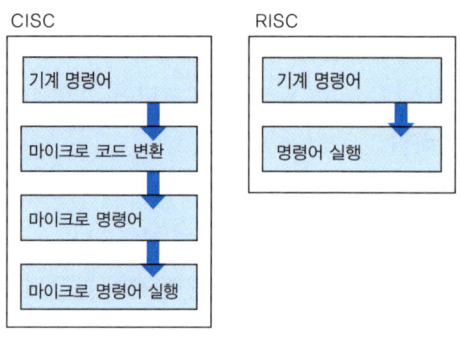

[그림8-6] CISC와 RICS의 명령어 실행

특히 CISC 명령어들은 형태와 크기가 다양하므로 하나의 명령어를 실행하기 위하여 여러 단계를 거치게 되고 실행 시간도 서로 다르다. 그러나 RISC 구조의 모든 명령어는 동일한 형태와 크기로 구성하고 있기 때문에 하나의 실행 주기 동안 하나의 명령어를 처리할 수 있다.
RISC와 CISC 프로세서들의 공통적인 특징들을 살펴보면 다음과 같이 요약될 수 있다.

- 단일 사이클 연산
  CISC는 한 명령어를 실행하기 위해서 다수의 클록 주기(CPI : 2~15)를 필요로 하나 RISC는 대부분 명령어의 실행이 즉 하나의 명령은 한 개의 클록 사이클(CPI : 1.5)에 이루어진다.
- 하드와이어드 제어장치 이용
  CISC는 마이크로 프로그래밍 제어 방식(마이크로 코드화)과 제어 메모리(ROM)를 사용하나 RISC는 하드웨어에 의한 명령어 해석 즉, 논리 회로를 이용하여 단일 사이클 시간 내에서 하나의 명령을 실행하기 위해 고정 배선 논리에 의한 제어를 통해 제어 논리를 단순화한다.
- 명령어 형태
  CISC는 다양한 데이터의 형태와 주소 기법 즉, 멀티 클록 12-24 주소 지정 모드를 채택하여 명령어의 크기가 크지만 RISC는 상대적으로 적은 수의 명령어(작은 크기)로 단일 클록과 제한된 주소 지정 모드(3-5)를 사용하여 명령 해석에 요구되는 시간을 단축시킨다.
- 명령어 형식 고정
  CISC는 명령어의 크기가 1바이트에서 17바이트 정도로 가변적이나(디코딩은 복잡) RISC는 명령어의 단순 해석을 위한 고정된 명령어 형식(4바이트)을 사용하여 디코딩의 간단 단순화를 도모한다.

- 통합 캐시 이용

  CISC는 최신 디자인에서도 분할 캐시를 사용하지만 데이터와 명령을 위해 통합 캐시를 사용하고 RISC는 데이터 및 명령어 캐시 설계를 분리했다.

- 메모리 장치

  CISC는 복잡한 명령어를 구현하는 메모리 장치가 있으나 RISC는 메모리 장치가 없고 명령을 구현하기 위해 별도의 하드웨어를 사용한다.

- 범용 레지스터

  CISC는 8~24 범용 레지스터(GPR)를 사용하나 RISC가 사용하는 범용 레지스터의 수는 32~192개다.

- 레지스터 - 레지스터 구조

  CISC는 연산을 수행하기 위해 메모리-메모리 구조와 통합된 LOAD 및 STORE 명령어를 사용하나 RISC는 대조적으로 레지스터-레지스터 메모리 구조의 독립적인 LOAD 및 STORE 명령을 사용한다.

- 외부 메모리

  CISC는 계산에 외부 메모리가 필요하며 디스크 공간이 낭비되나 RISC는 계산에 외부 메모리가 필요하지 않으며 디스크 공간이 절약된다.

- 응용 분야

  CISC는 보안 시스템, 가정 자동화 등과 같은 로우 엔드(low-end) 애플리케이션에 사용되나 RISC는 비디오 프로세싱, 통신 및 이미지 처리와 같은 하이 엔드(high-end) 애플리케이션에 사용된다.

다음 [표 8-5]는 CISC와 RISC의 구조상 특성을 요약한 표이다.

특 성	CISC			RISC		
	IBM 370/168	Vax 11/780	Intel 80486	버클리 RISC	MIPS	SPARC
개발 연도	1973	1978	1989	1981	1991	1987
명령어 개수	208	303	235	31	94	52
명령어크기(bits)	16-48	16-456	8-88	32	4	4
주소 모드	4	22	11	3	1	1
범용 레지스터 개수	16	16	8	138	32	40-520
제어 메모리 크기 (kbits)	420	480	246	-	-	-
캐시 크기 (kbits)	64	64	8	0	128	32

[표 8-5] RISC와 CISC의 구조상 특성

이어서 파이프라인(다음 절에서 설명됨) 기법이 소개되고 1990년대는 여러 개의 명령어를 아주 긴 하나로 복합하여 병렬 고속 처리하는 방식의 VLIW(Very Long Instruction Word)구조가 개발되어 3차원 그래픽 처리나 멀티미디어 등 비교적 단순한 자료의 처리가 반복되는 경우에 유용하게 이용되고 있다.

Section 02 파이프라이닝

우리는 프로세서의 성능을 향상시키기 위해서 여러 개의 프로세서를 이용하는 멀티프로세싱 (다중 처리)방식과 빠른 명령어 처리를 위한 RISC 다중 처리 프로세서 구조 방식을 채택하고 있다. 다중 처리 방식의 효과 및 기법은 9장을 참고하고 여기서는 시스템의 병렬 처리 수준을 향상시키려는 CISC와 RISC 구조의 관심 분야인 명령어 파이프라이닝(Pipelining)과 명령어 파이프라인의 처리 성능을 향상시키는 여러 방법에 대해 살펴보자.

2-1 파이프라이닝

RISC의 가장 중요한 단일 기능인 파이프라이닝은 파이프라인을 사용하여 실행 시 여러 명령어가 겹치는 구현 기술 즉, 명령어 수준 병렬 처리(ILP; Instruction-Level Parallelism)로 프로세서의 전반적인 처리 성능을 향상시키는 한 가지 방법이다. 물론 프로세서가 명령어 처리를 병렬로 처리할 수 있으면 추가 하드웨어 없이 성능 향상의 기회가 된다. 이때 병렬 처리 과정에서 유의해야 할 사항은 앞서 수행된 연산 결과를 뒤의 연산에 이용되는 경우 즉 뒤의 연산에 결과에 영향을 주는 인수 역할을 한다면 반드시 앞의 연산이 완료된 후 뒤의 연산이 이루어져야 한다는 사실이다. 이때 시스템의 병렬 처리 수준은 파이프라인의 깊이 즉, 파이프라인 단계의 수에 의해 결정된다.

1. 명령어 실행 주기

앞서 설명한 바와 같이 모든 명령어는 인출-실행의 과정을 반복하면서 순차적으로 실행되며 반드시 인출된 후 실행되는 단계를 거친다. 또한 프로그램의 실행 시간 단축은 CPI(Clocks Per Instruction) 또는 CT(Clock Times)를 감소시킴으로서 이루어지므로 이와 관련된 클록 펄스와 데이터 폭에 대해 살펴보자.

1) 클록 속도

명령어 실행주기의 각 단계가 빨리 실행되도록 프로세서의 동작이 보장되고 각 명령어의 실행순서를 제어하기 위하여 클록(clock)이라는 펄스(pulse) 즉 프로세서의 심장 박동을 사용한다. 클록은 명령어 실행 주기의 각 단계를 제어하는 역할을 수행하기 때문에 클록 펄스는 각 단계의 작업을 완전히 끝낼 수 있는 충분한 간격을 확보해야 한다. 만약 클록의 간격이 빨라 특정 명령어의 단계별 작업이 끝나지 않은 경우에는 특별히 다음 단계로 이동하기 전에 대기 상태(wait state)가 되도록 조치해야 한다. 이러한 경우 전체적인 동작 속도의 저하 현상을 가져올 수 있다. 명령어 실행 주기의 동작은 데이터 이동, 데이터 복사 등의 단순한 레지스터들 사이에서 발생하는 작업과 실제로 연산(덧셈, 곱셈 등)이 이루어지는 작업 등 다양하며 소요되는 시간도 다양하다. 특히, 메모리 액세스 소요 시간은 프로세서 동작 속도에 비해 현저하게 느리다. 그러므로 명령어 실행에 필요한 전체 클록 수를 줄일 수 있다면 컴퓨터의 성능을 향상시킬 수 있게 된다. 예를 들어 초기의 컴퓨터가 4.7MHz의 클록을 사용한 경우 1초에 약 470만개의 클록을 발생시킬 수 있으며 명령어의 단계가 10단계라면 1초에 약 47만개의 명령어를 처리할 수 있게 된다. 그러나 이때 8MHz로 동작하는 컴퓨터라면 약 두 배의 처리속도를 갖게 되며 현재의 개인 컴퓨터가 3.8GHz의 클록을 발생하는 경우 처리 속도는 수백 배 향상되었음을 보여준다.

2) 데이터 폭

명령어 실행 시간에 영향을 주는 또 다른 요소는 하드웨어 데이터 폭이다. 레지스터나, 메모리 액세스 데이터 폭이 32비트인가 아니면 64비트인가에 따라 액세스 시간이 다르다. 예를 들면 64비트 명령을 처리하는데 64비트 폭을 갖는 하드웨어에 비해 32비트 하드웨어로 구성된 컴퓨터의 실행 주기는 길어진다.

2. 파이프라인 구조와 유형

파이프라이닝은 하드웨어의 추가 부담을 최소화하면서 프로그램의 처리 속도를 높이고자 명령어의 실행 주기에서 서로 연관 관계가 없는 작업(연산)을 병렬로 처리하여(명령어 중첩) 성능을 향상시키려는 구조이다. 파이프라인은 명령어 실행 활동(연산)을 독립적으로 작동 할 수 있는 단계(step)를 의미하며 각 단계는 명령어의 일부를 병렬로 완료하며 파이프를 형성하기 위해 하나씩 연결된다. 따라서 각 명령어 단계는 단일 클럭 사이클 내 완료 될 수 있도록 충분히 단순해야한다. 아니면 특정 단계로 인해 파이프라인에 병목 현상이 발생할 수 있으며 이로 인해 파이프라인의 하나 이상의 단계가 일정 시간 유휴 상태로 유지된다. 따라서 이상적인 상황은 모든 파이프라인 단계가 동일한 시간에 완료됨이다. 이와 같이 파이프라이닝은 하나의 통합적이고 복잡한 작업을 몇 개의 소규모 작업 단계들로 분할하여, 작업의 수행 과정에서 병렬 효과를 나타내어 프로세서의 성능을 향상시키려는 하드웨어적인 기술이라고 할 수 있다.

이때 파이프 단계는 파이프라인을 형성하기 위해 하나씩 연결되고 [그림 8-7] 각 단계는 순서대로 수행되는 순차 프로그래밍의 기초라 할 수 있다. 각 단계(연산)는 별도의 프로세스 또는 프로세서에 의해 실행되며 이때 모든 단계가 동시에 진행할 준비가 되어 있어야 한다. 명령어는 한쪽 끝에 입력하고, 단계를 통해 진행하며, 다른 쪽 끝에서 종료한다.

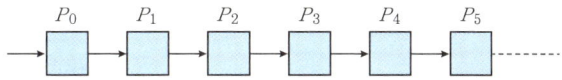

[그림 8-7] 파이프라인 프로세스

각 파이프라인은 클록으로 동기화되며 단일 파이프라인 단계를 완료하는 데 필요한 시간 즉, 명령어를 파이프라인에서 한 단계 더 전진시키는 데 필요한 시간을 기계 사이클(주기)이라고 하며 기계 사이클의 길이는 가장 느린 파이프 단계(가장 많은 시간을 요구하는 명령)에 필요한 시간(단일 사이클)으로 결정된다. 만약 파이프라이닝이 없는 경우 각 명령어는 작은 블록(명령어 당 여러 클록 사이클)으로 분할되어야한다.

아래 [그림 8-8]에서 볼 수 있듯이 파이프라인이 없는 실행은 3 사이클마다 하나의 명령어만 완료하나 파이프라인 실행은 하나의 명령어가 완료되는 3 번째 사이클 후에는 클록 당 1 명령이 완료되므로 처리량이 증가하면서 CPI(Clock per Instruction)가 3.0에서 1.0으로 줄어드는 성능 향상을 가져온다. 파이프라인에서 명령은 더 빠르게 실행되지 않고 처리량은 2배 증가한다.

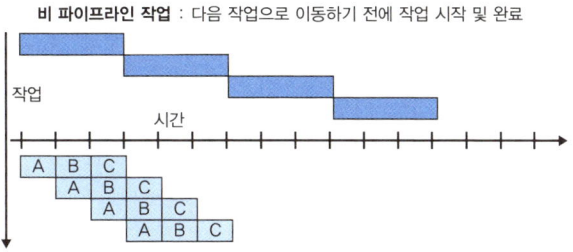

[그림 8-8] 파이프가 없는 실행과 파이프라인이 있는 실행

물론 개별 명령어의 실행 시간을 줄이지 않고 대신 명령어 처리량을 증가시키므로 여러 CISC 구조에서도 성능을 높이기 위하여 대부분 사용되고 있지만, RISC 구조 구현에 있어서는 빠질 수 없는 핵심적인 기술이다. 왜냐하면, RISC 프로세서에서는 동일 작업을 수행하는데 CISC 구조보다 많은 수의 명령어를 필요로 하기 때문에 명령어의 인출을 위한 추가 클록이

발생하지 않도록 하여야 하기 때문이다.

1) 파이프라인의 구조

파이프라인은 순차 프로세스를 단계 또는 세그먼트라고 하는 여러 하위 프로세스로 분해하여 구성되며 단계(세그먼트)는 특정 기능을 수행하고 중간 결과를 생성한다. 이러한 단계(파이프라인)는 [그림 8-9]와 같이 레지스터 또는 버퍼라고도하는 입력 래치(latch)와 처리 회로(조합 또는 순차 회로)로 구성된다. 이때 물론 주어진 단계의 처리 회로는 다음 단계의 입력 래치(레지스터)에 연결된다.

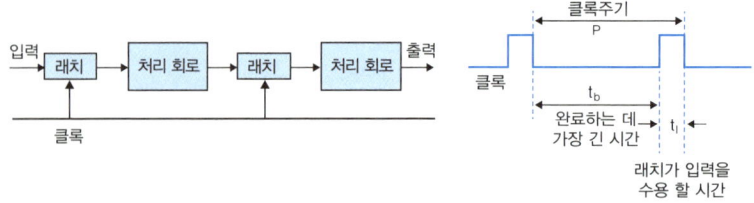

[그림 8-9] 파이프라인의 기본 구조

클록 신호는 각 입력 래치에 연결되고 각 클록 펄스에서 모든 단계는 중간 결과를 다음 단계의 입력 래치로 전송한다. 이와 같이 입력 데이터가 모든 파이프라인을 통과해야 최종 결과가 생성되면서 클록 당 1단계의 펄스가 완료된다. 따라서 파이프라인 구현의 가장 좋은 출발점은 단일 사이클이다. 이때 클록 펄스의 주기는 앞서 설명한 바와 같이 병목 현상 즉, 완료하는 데 가장 긴 시간을 필요로 하는 단계(가장 느린 단계)를 통과하는 신호에 충분한 시간을 제공하도록 길어야 한다. 또한 래치가 입력 신호를 저장할 충분한 시간이 있어야 한다.

물론 한 단계에서 생성 된 신호는 1 사이클 이상 유지될 수 없다. 클록의 주기 P가 $P = t_b + t_l$로 표현되면 t_b는 병목 단계의 최대 지연보다 커야하며 t_l은 데이터를 래치에 저장하기에 충분해야한다. 파이프라이닝 래치는 나중 단계에서 사용하기 위해 초기 단계에서 생성 된 데이터 및 제어 신호를 보유하며 단계에서 생성 된 신호는 두 번 이상 유지될 수 없다. 초기 단계에서 생성되고 몇 단계 후에 사용되는 신호는 모든 중간 파이프라인 레지스터를 통과해야한다.

예를 들어, 다음 [그림 8-10]과 같은 구조를 살펴보자.

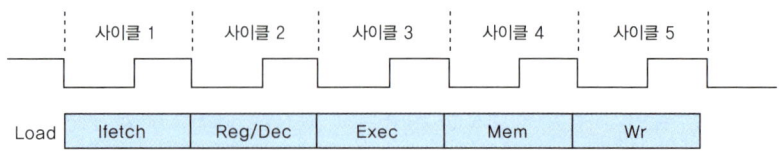

[그림 8-10] 5단계 명령어 파이프라인

Reg/Dec 단계에서 생성되고 Wr 단계에서 사용되는 제어 신호는 Reg/Dec / Exec 레지스터, Exec / Mem 레지스터 및 Mem / Wr 레지스터와 같은 3개의 파이프라이닝 레지스터를 통과해야한다.

파이프라인 구조를 간단하게 표현하면 실행중인 명령어가 완료되기 전에 사용되지 않는 다른 하드웨어로 다음 명령어를 처리하므로 첫 번째 명령어의 처리가 끝날 때 이미 다음 명령어는 인출이 끝나고 실행 준비 상태가 되도록 구성하는 절차이다.

2) 파이프라인 유형

파이프라인은 일반적으로 명령어가 프로세서를 통해 인출되고 이동되면서고 실행되는 단계를 나타내는 명령어 파이프라인과 부동 소수점 덧셈, 곱셈 및 나눗셈과 같은 복잡한 산술 연산을 구현하는 데 사용되는(산술 연산의 일부를 나타내는) 산술 파이프라인의 두 종류로 분류된다. 각각의 파이프라인은 정적 또는 동적의 두 가지 방식으로 구현된다. 정적 파이프라인은 한 번에 하나의 연산(예 ; 더하기 또는 곱하기)만 수행 할 수 있다. 정적 파이프라인의 연산은 파이프라인이 비어있는 즉, 마지막 입력 데이터가 파이프라인을 나간 후에 변경할 수 있다. 예를 들어, 덧셈과 곱셈을 수행하는 경우, 곱셈 연산에서 덧셈 연산으로 바뀔 때마다, 새로운 연산을 위해 파이프라인이 설정(set)되어야 하므로 정적 파이프라인의 성능은 연산(작업)이 자주 바뀔 때 심각하게 저하된다. 반면 동적 파이프라인은 한 번에 둘 이상의 연산을 수행 할 수 있다. 이때 입력 데이터에 대해 특정 연산을 수행하려면 데이터가 특정 단계의 순서를 거쳐야한다. 다음 [그림 8-11]은 동시에 다른 데이터에 대해 덧셈과 곱셈을 수행하는 3단계 동적 파이프라인을 보여준다.

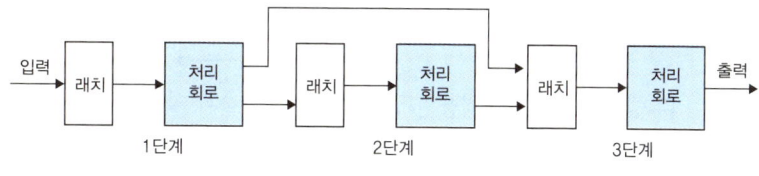

[그림 8-11] 3단계 동적 파이프라인.

곱하기를 수행하려면 입력 데이터가 1단계, 2단계 및 3단계를 거쳐야하나 덧셈의 경우 데이터는 1단계에서 3단계로 지나갈 수 있다. 따라서, 덧셈 프로세스의 첫 번째 단계는 1단계에서 입력 데이터 D1에 대해 수행될 수 있고, 동시에 곱셈 프로세스의 최종 단계는 다른 입력 데이터 D2로 수행된다. 물론 파이프라인에 대한 입력 D1과 D2의 시작 사이의 시간 간격은 동시에 3단계에 도달하지 않아야 충돌이 없다. 따라서 동적 파이프라인 구조에서 데이터 제공(입력) 시기를 제어하는 메커니즘이 정적 파이프라인보다 훨씬 복잡하다.

3. 명령어 파이프라인

가장 간단한 종류의 파이프라인은 2단계 구조이다. 한 명령어의 실행이 다음 명령어의 인출과 겹치게 되어 2개의 명령을 동시에 처리 할 수 있기 때문이다. 프로세서는 명령어의 인출과 실행을 차례로 반복하면서 프로그램을 수행한다. 따라서 명령어 Ii 에 대한 인출 단계와 실행 단계를 각각 Fi와 Ei라고 가정하자. 명령어 I_1, I_2 등의 인출과 실행 단계들은 순차적인 실행에 의해 다음 [그림 8-12]와 같이 이루어진다.

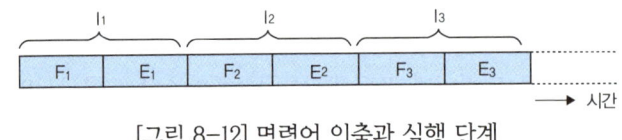

[그림 8-12] 명령어 인출과 실행 단계

그러나 컴퓨터의 모든 명령어에 대해 인출과 실행 단계가 모두 동일한 시간 즉 동일한 클록 사이클로 이루어지고 또한 인출과 실행을 위한 하드웨어가 별도로 분리된 두 개의 하드웨어 장치를 가지고 있다고 가정하면 명령어의 실행은 명령어 I_1이 인출(단계 F_1)된 후 이어서 실행 동작(단계 E_1)을 수행한다. 이때 명령어 I_1의 인출(단계 F_1)이 완료되는 시점에서 명령어 I2의 인출(단계 F_2)이 가능하다. 이러한 과정이 연속된다면 인출과 실행 장치 모두 항상 동작 중에 있게 된다. 다음 [그림 8-13]은 이러한 과정을 보여주고 있다.

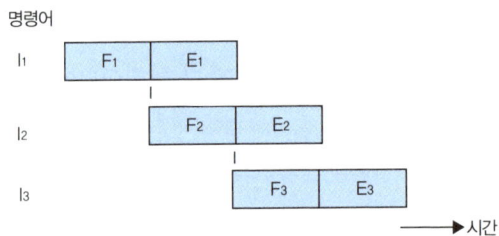

[그림 8-13] 항상 동작중인 명령어에 대한 인출과 실행 단계

클록의 속도는 인출과 실행의 동작이 각각 한 개의 클록 사이클 내에 완료될 수 있도록 가정하면 다음 [그림 8-14]와 같이 표현된다.

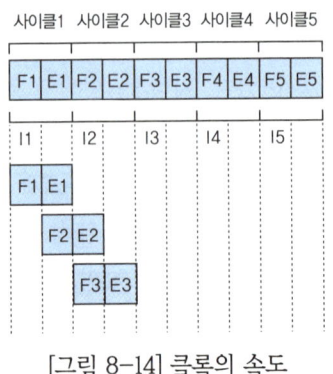

[그림 8-14] 클록의 속도

따라서 명령어 실행 속도는 위 순차 동작에 비해 두 배 빨라지게 된다. 물론 이러한 결과는 단순한 산술적인 의미를 갖고 있다.

파이프라인에서 중요한 것은 메모리 액세스 시간이다. 파이프라인은 서로 다른 단계에서 수행되고 있는 연산들이 모두 동일한 시간이면 최대의 효과를 발휘할 수 있다. 왜냐하면 어느 한 단계가 다른 단계들 보다 더 긴 수행 시간을 필요하다면 파이프라인의 각 단계들 사이의 논리적 연관 관계를 유지하기 위해서 연산 시간이 긴 단계의 수행시간으로 확장되어야 한다. 따라서 메모리 액세스 시간을 줄이는 것이 파이프라인 구조의 프로세서 성능을 향상시키는 중요한 요소이다. 이러한 관점에서 캐시 메모리의 역할이 증대되고 있으며 프로세서 측면에서 볼 때 평균 메모리 액세스 시간을 감소시킬 수 있는 유일한 방법이다. RISC 구조의 컴퓨터들은 이러한 이유로 내부 또는 외부에 두 종류의 캐시 메모리(명령어 캐시와 데이터 캐시)를 갖고 있다. 그러나 명령어의 수행이 두 단계로만 이루어지는 것은 아니다.

예를 들면 다음 [그림 8-15]와 같이 5단계로 구성된 Load 명령어를 살펴보자.

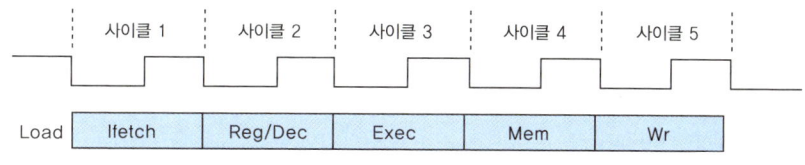

[그림 8-15] 5단계로 구성된 Load 명령어

여기서 각각의 단계는 다음과 같다.
- Ifetch(Instruction Fetch) : 명령이 저장된 메모리로부터 명령 인출 및 PC 증가 단계.
- 프로그램 카운터(PC)를 통해 메모리에서 명령어를 가져 오면 PC가 갱신된다.
- Reg/Dec(Register Decode) : 원시 오퍼랜드(레지스터 값) 인출과 명령어(제어 정보) 해석, 명령어에 저장된 레지스터 값을 레지스터 파일에서 읽고 명령어가 점프인 경우 PC 관련 오프셋(부호 확장)을 프로그램 카운터에 더(add)한다.
- Exec(Execute) : 산술 연산의 수행과 주소 계산, ALU 명령을 실행하거나 메모리 연산의 유효 주소를 생성한다. 이전 단계에서 읽은 레지스터 오퍼랜드를 ALU(산술/논리 장치)에 공급하고 결과를 생성한다. 분기의 경우 분기 대상을 비교하고 계산한다.
- Mem(Memory) : 메모리 연산(Load, Store) 즉 데이터 메모리로부터 데이터 읽어오기
- 메모리 액세스/분기 완료, 명령이 load/store인 경우 이전 단계에서 생성된 유효 주소를 통해 메모리에 액세스한다. 수행 된 분기의 경우 프로그램 카운터를 갱신한다.
- Wr(Writeback) : 수행 결과의 저장 단계로 레지스터 파일에 데이터 저장.
- Exec 또는 Mem 단계에서 생성된 값을 다시 레지스터 파일에 기록한다.

이 경우에 있어서도 파이프라인에 의한 수행 과정은 다음 [그림 8-16]과 같이 나타난다.

[그림 8-16] 파이프라인에 의한 수행 과정

[그림 8-16]과 같이 파이프라인 기법은 여러 개의 명령어들이(여기서는 3개의 명령어들이) 어느 주어진 시간에 제각기 서로 다른 단계에서 동시에 수행되는 연산의 병렬성을 보여주고 있다. 따라서 이론적으로 명령어가 실행되는 비율은 순차적으로 동작시킬 경우의 5배가 된다. 그러나 모든 명령어가 동일한 형태가 아니다.

다음 [그림 8-17]과 같이 4단계로 이루어진 R-형태의 명령어이다. 앞서 Load 명령어의 5단계에서 이루어진 수행 결과의 저장 단계 즉 레지스터 파일에 데이터 저장[Wr] 단계를 4단계에서 처리하는 명령어 형태이다.

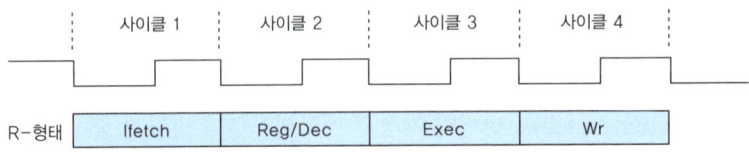

[그림 8-17] 4단계로 이루어진 R-형태의 명령어들

Ifetch : 명령어가 저장된 메모리로부터 명령어 인출
Reg/Dec : 원시 오퍼랜드 인출과 명령어 해석
Exec : 2개의 레지스터 오퍼랜드를 이용한 산술 연산의 수행과 프로그램 카운터 증가
Wr : 수행 결과의 저장 단계로 레지스터 파일에 데이터 저장

예를 들면 다음 [그림 8-18]과 같이 비 파이프라인 프로세서에서 3개의 명령어를 실행하는 경우와 파이프라인 처리 된 프로세서를 사용하여 3개의 명령어를 실행하기 위한 시간 순서를 보여준다.

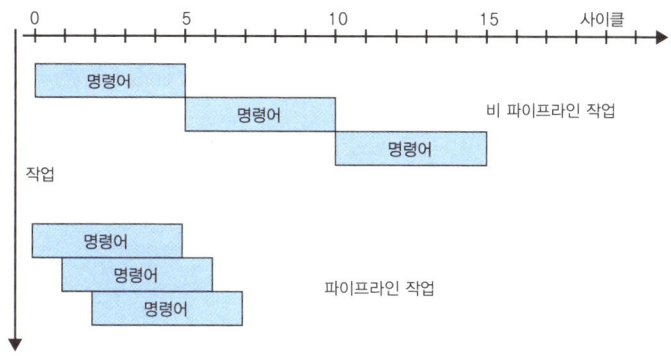

[그림 8-18] 비 파이프라인과 파이프라인 명령어 실행

사이클 수(비 파이프라인) = 3×1개 명령어 Cyle 수 = 15 사이클
사이클 수(파이프라인) = 2 + 1개 명령어 Cyle 수 = 7 사이클이므로 약 50 %를 절약 할 수 있다.
따라서 명령어 수가 증가함에 따라 파이프라인 구조에 필요한 사이클 수가 비 파이프라인 구조의 1/3에 접근한다.

[예]
50개의 명령어를 실행하는 데 필요한 사이클 수를 비교하면
사이클 수(비 파이프라인) = 3×1개 명령어 Cyle 수 = 150 사이클
사이클 수(파이프라인) = 2 + 1개 명령어 Cyle 수 = 52 사이클이므로 1/3에 접근한다.

4. 파이프라인의 문제

앞서 명령어 파이프라인에서 살펴본 바와 같이 5단계와 4단계로 구성된 파이프라인의 실행 경우 문제가 발생될 수 있다. 즉, 파이프라인의 작동(연산)을 방해하고 지정된 명령 사이클 동안 다음 명령이 실행되지 못하게 하는 상황을 나타낸다. 따라서 문제 요소는 파이프라이닝을 통해 얻을 수 있는 이론적인 속도 향상을 줄이는 경향이 있다. 물론 인터럽트나 분기가 발생할 때마다 파이프라인을 비우고 다시 채우는 데 걸리는 시간을 줄이고 많은 연산을 한 단계에 적용하면 그 단계에서 작업을 완료하는 데 걸리는 시간이 오래 걸리는 병목 현상 등 어떤 명령이 사용 가능하지만 어떤 이유로든 실행될 수없는 경우 해당 명령에 문제(장애) 요소가 존재한다. 이러한 문제는 명령어 실행을 방지하는데 세 가지 주요 유형의 문제 요소는 구조, 데이터 및 제어 문제이다.

1) 구조적 문제

두 개의 서로 다른 명령어가 동일한 사이클에서 동일한(한정된) 자원을 사용할 경우 충돌로 인해 발생한다. 예를 들면 데이터 인출과 명령 인출로 인한 메모리 충돌 또는 산술 연산과

PC 갱신으로 인한 데이터 경로 충돌 등이다. 앞서 살펴본 Load 명령어 다음에 R-형태의 명령어가 혼합된 경우를 살펴보자. 파이프라인으로 처리하면 다음 [그림 8-19]와 같이 [Wr] 단계가 겹치게 되어 문제가 발생한다.

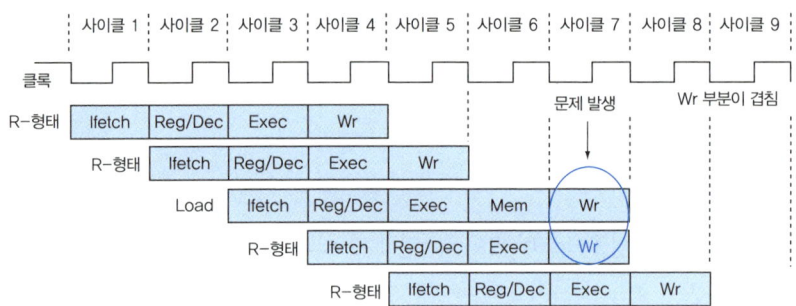

[그림 8-19] [Wr] 단계가 겹치게 되어 문제 발생

다음은 이러한 문제를 해결하는 과정이다.

우선 같은 사이클에서 2개의 [Wr] 단계 실행을 피하기 위해 'bubble'을 삽입한다. 다시 말하면 NOP(No OPeration)이라는 명령어를 삽입시키는 방법이다. 이러한 방법은 제어 회로를 복잡하게하고 아울러 명령어 인출과 수행 과정의 중지로 1개의 클록에 해당하는 시간을 손해 보게 된다. 물론 [그림 8-20]과 같이 사이클 6에서 명령어의 시작을 중단할 수도 있다.

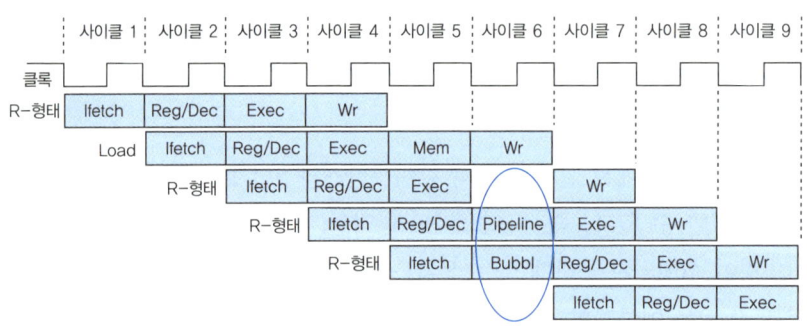

[그림 8-20] 사이클 6에서의 명령어의 중단

또 다른 방법으로 R-형태의 [Wr] 단계를 1 사이클 지연시키는 방법이다. 이 때 R-형태의 명령어를 다음 [그림 8-21]과 같이 5단계로 확장하여 5단계에서 레지스터 파일에 저장하도록 한다. 물론 4단계의 [Mem] 단계는 NOP이다.

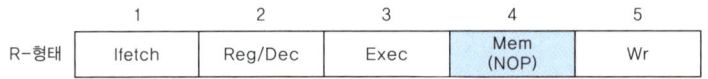

[그림 8-21] 5단계로 확장한 R-형태의 명령어들

이와 같이 구성된 R-형태의 파이프라인 수행 결과는 다음 [그림 8-22]와 같다.

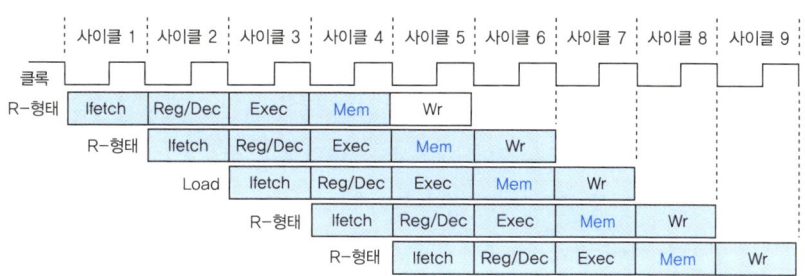

[그림 8-22] R-형태의 파이프라인 수행 결과

물론 구조적 문제를 하드웨어로 처리하려면 여러 실행 단위를 구현하고 여러 입/출력 포트가 있는 레지스터 파일을 사용하면 상당히 간단하게 줄일 수 있다.

2) 데이터 문제

비 파이프라인 프로세서에서는 명령이 하나씩 실행되고 다음 명령이 시작되기 전에 명령의 실행이 완료되며 프로그램과 동일한 순서로 실행된다. 그러나 명령 실행이 겹치는 파이프라인 프로세서에서는 명령은 이전 명령이 완료되기 전에 시작되고 완료 될 수 있다. 데이터 종속성 또는 의존성 문제라고도 하는 데이터 문제는 데이터 종속적인 명령어의 실행을 중첩(또는 순서를 변경)한 결과로 발생하며 이전 명령에서 아직 생성되지 않은 값이 필요하기 때문에 명령을 계속할 수 없다. 이러한 데이터 문제는 유효한 값을 생성하기 위해 유지되어야하는 명령의 실행 순서를 나타내는 RAW (쓴 후에 읽기), WAR (읽기 후 쓰기) 및 WAW (쓰기 후 쓰기)의 세 가지 주요 유형이 있다.

■ **RAW(Read after write)**

읽기가 일찍 이루어지고 쓰기가 늦을 때 발생한다. 즉, 명령어 i2가 명령어 i1이 쓰기(기록) 전에 레지스터를 읽으려고 시도하는 경우이다. 물론 읽기를 멈추면 피할 수 있지만 실행 시간은 길어진다. 이때 더 나은 액세스는 데이터 전달을 사용하여 해결할 수 있다.

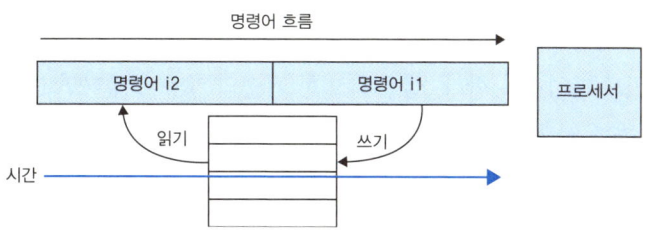

[그림 8-23] RAW(Read after write) 문제

이와 같이 하나의 명령어에 필요한 데이터가 이전 명령어에 의해 생성되거나 한 명령어에 필요한 데이터가 일부 자원이 종속 명령어의 체인을 통해 전달되는 과정을 데이터 종속성(Data Dependency)이라고 한다. 어떤 명령어가 앞에서 수행한 결과 데이터를 필요로 한다면 그 때마다 필요한 정확한 값이 사용될 수 있어야 하며 또한 그것이 사용된다는 확증이 필요하다. 2개 이상의 데이터의 인출 혹은 연산 동작들을 병렬로 수행시키려는 경우 뒤에서 설명할 분기에서도 데이터 의존 현상 즉 데이터 종속성이 나타날 수 있다. 이 경우에도 어떤 특정 연산 과정은 다른 연산 동작이 완료 될 때까지 진행될 수 없게 된다. 물론 이러한 종속성은 파이프라인 수행을 중단하는 결과를 가져온다. 그러므로 데이터 종속성으로 인해서 오히려 성능을 감소시키는 결과를 초래하게 될 수 있다. 예를 들어, 다음과 같은 명령어를 생각해 보자.

[예] X := (A + B) AND (A + B − C)
위 수식은 다음과 같은 과정으로 표시할 수 있다.
ADD A, B, T1 [T1] ← [A] + [B]
SUB T1, C, T2 [T2] ← [T1] − [C]
AND T1, T2 ,X [X] ← [T1] + [T2]

위 명령어를 파이프라인으로 처리하면 다음 [그림 8-24]와 같다. 이 때 분기 과정에서처럼 NOP 단계가 필요하게 된다. 명령어 i+1은 전 명령어(i) 오퍼랜드 인출동안 실행은 시작할 수 있으나 원시 오퍼랜드인 T1을 인출할 수 없기 때문에 계속 진행할 수가 없다.

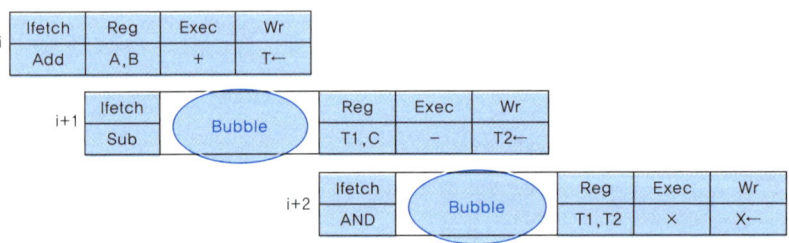

[그림 8-24] 파이프라인 수행결과

그러므로 프로세서 하드웨어는 i+1가 i의 결과 데이터에 의존한다는 것을 감지하여 갱신된 값을 사용할 수 있도록 하여야 한다. 물론 특별한 기술의 제공이 없다면 i+1의 원시 오퍼랜드 인출이 i 명령어 종료 이후로 연기될 수밖에 없으며 따라서 두 사이클 동안 파이프라인이 멈추게 된다. 결국 두 사이클의 시간 낭비를 초래하게 되는 것이다. 이러한 NOP 사이클들을 피하기 위하여 바로 다음 사이클에서 또 다른 산술 연산이 가능하도록 산술 연산의 출력 데이터를 입력 데이터로 변환시킬 수 있는 프로세서 하드웨어가 구성되어야 한다. 이러한 기술을 내부 또는 오퍼랜드 전달(operand forwarding)이라고 한다. 다음과 같은 명령어의 처리 과정을 살펴보자.

1. ADD R1, R2, R3 [R3] ← [R1] + [R2]
2. ADD R4, R5, R6 [R6] ← [R4] + [R5]
3. ADD R3, R4, R7 [R7] ← [R3] + [R4]
4. ADD R7, R1, R8 [R8] ← [R7] + [R1]

위 명령어의 파이프라인 수행 결과는 다음 [그림 8-25]와 같다

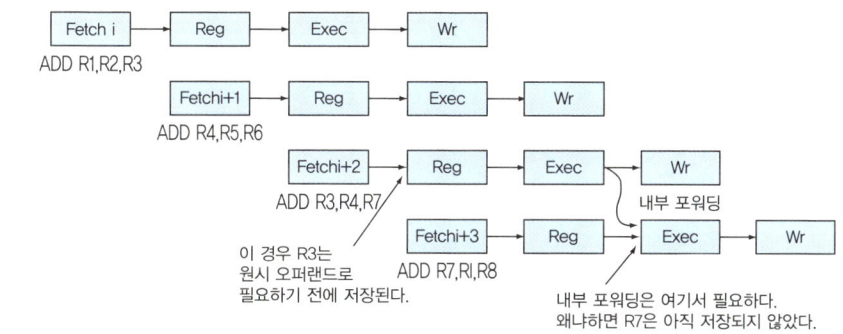

[그림 8-25] 파이프라인 수행결과

[그림 8-25]를 살펴보면 명령어 3 'ADD R3, R4, R7'은 명령어 1에 의해 생성된 목적 오퍼랜드(R3)을 사용한다. 명령어 1에 의해 생성된 목적 오퍼랜드는 명령어 3에 의해 원시 오퍼랜드로 읽혀지기 전 레지스터 파일에 저장할 시간이 있다. 그러나 명령어 3에 의해 생성될 목적 오퍼랜드 R7은 다음 명령어 4에 의해 원시 오퍼랜드로 요청되고 있다. 이때 만약 프로세서가 레지스터 파일로부터 명령어 4에 의해 요청된 원시 오퍼랜드를 읽어온다면 그 데이터는 R7의 오래된 데이터일 것이다. 이러한 경우 명령어 4의 원시 오퍼랜드가 명령어 3의 목적 오퍼랜드와 같다면 명령어 3의 실행 장치로부터 R7을 명령어 4의 실행 장치로 직접적으로 전송할 수 있도록 한다. 그러면 인터럽트 없이 즉 중간 NOP 사이클 없이 계속 진행될 수 있다.

■ WAR(write-after-read)

동시 실행 문제로 쓰기가 일찍 이루어지고 읽기가 늦을 때 발생하는 경우로 명령어 i2는 명령어 i1이 오퍼랜드를 읽기 전에 레지스터에 쓰기를 시도한다. 이 경우 명령어 i1은 새로운 (잘못된) 값을 사용하게 되는데 대부분의 파이프라인은 값을 일찍 읽고 결과를 늦게 기록하기 때문에 이러한 유형의 위험은 거의 발생하지 않는다. 그러나 복잡한 주소 지정 모드(자동증가)를 사용하는 프로세서에서 발생할 수 있다.

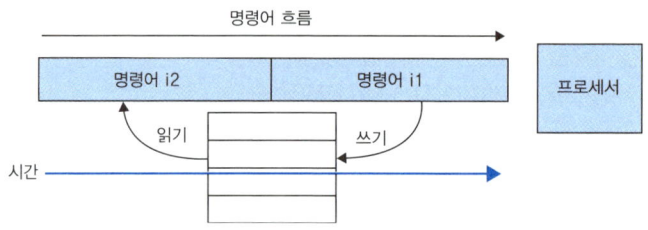

[그림 8-26] WAR(write-after-read) 문제

예를 들어, i2가 i1이 읽기 전에 그 위치에 쓰기를 하는 상황으로 순차 실행하는 경우, i2가 i1이 그것을 읽기 전에 R4에 쓰기를 하면 잘못된 결과가 생성 될 수 있다. 즉, 명령어 i1이 R4 의 잘못된 값을 사용할 수 있다.

　　i1: Add R2, R3, R4 ← R2 = R3 + R4
　　i2: Add R4, R5, R6 ← R4 = R5 + R6

■ WAW(write-after-write)

명령어 i2는 명령어 i1이 오퍼랜드에 쓰기(기록) 전에 오퍼랜드에 쓰기(기록)하려는 경우를 나타낸다. 명령어 i2가 실행 된 후에 레지스터의 값은 명령어 i2의 결과여야 하지만 대신 명령어 i1의 결과가 저장된다. 이러한 현상은 가변 길이 파이프라인(예 : FP(floating-point) 파이프라인)에서 값을 쓰는 파이프라인에서만 발생할 수 있다.

예를 들어, 다음 순서에서 R2의 값은 i2에 의해 다시 계산된다. 실행 순서가 역전 된 경우, 즉 i2가 i1에 쓰기 전에 i2가 R2에 쓴다면 R2에 잘못된 값이 생성될 수 있다.

　　i1: Add R2, R3, R4 ← R2 = R3 + R4
　　i2: Add R2, R5, R6 ← R2 = R5 + R6

3) 제어 문제

위에서 제기된 과정을 자세히 살펴보면 여러 문제점을 발견할 수 있는데 특히 병렬로 수행되고 있는 명령어의 어느 동작도 상호 의존적 즉, 종속성을 가져서는 안된다는 사실이다. 다시 말하면 [그림 8-13]의 파이프라인에서 F2단계는 E1에 의존적 즉 종속성을 가져서는 안 되며, F3는 E2에 의존적 상태가 되지 않도록 명령어 인출 동작은 앞의 명령어의 실행 단계와는 서로 무관해야 한다. 따라서 첫 번째로 제기될 수 있는 문제점이 분기와 관련된 처리 과정이다. 일반적으로 분기 혹은 점프 명령어의 경우 파이프라인 수행과정을 계속 유지할 수 없다. 왜냐하면 다음에 인출되어야 할 명령어의 주소가 해당 분기 명령어가 완료되어야 확실하게 알 수 있기 때문이다. 다음과 같은 명령어의 처리과정을 살펴보자.

[예]
ADD   R1,R2,R3   [R3] ← [R1] + [R2]
JMPX N   [PC] ← [N] : 주소 N으로 이동(Goto)
ADD   R2,R4,R5   [R5] ← [R2] + [R4] : 실행됨
ADD   R7,R8,R9   : 분기 발생으로 실행 안됨

프로세서는 위 명령어 수행 과정에서 R5 := R2 + R4 연산 과정은 분기 전에 계산될 수 있다. 그러나 이러한 수행 순서는 분기 후에 실행되는 명령어와는 익숙하지 않은 다르게 느껴지는 관례적인 어셈블리어 프로그래머에게는 매우 드문 현상이다. 다음 [그림 8-27]은 이러한 분기 과정을 보여 주고 있다.

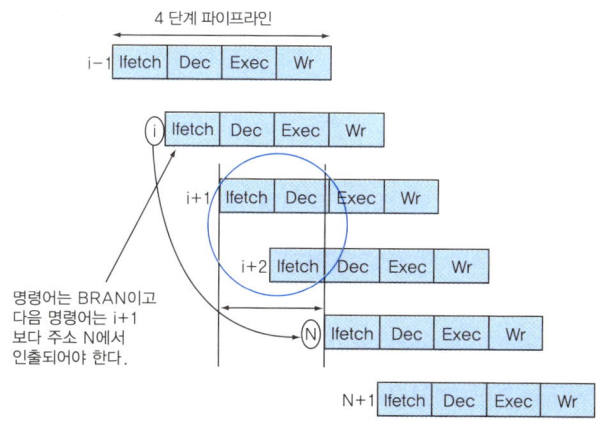

[그림 8-27] 분기과정

파이프라인 수행 순서를 생각해 보면 명령어 i-1, i, i+1 등은 연속적인 메모리 위치에 저장되어 있고, i를 분기 명령어(BRAN)라고 하고 분기해야 할 위치에 저장되어 있는 명령어를 N이라고 하자. 이때 분기 주소가 계산되고 있을 때 명령어 i+1은 이미 인출되어 있는 상태이다. 따라서 i+1 명령어는 수행되게 될 것이다. 그러나 이 시점에서 명령어 i+1의 수행은 이루어지지 않아야 하며 [그림 8-27]에서 보여준 바와 같이 명령어 N이 인출되어야 한다. 따라서 i+1단계로 진행될 수 없도록 알려 주어야 할 것이다. 물론 이러한 과정을 효과적으로 처리하기 위한 방법으로 앞서 설명한 바와 같이 명령어 i+1앞에 NOP 명령어를 삽입시키는 방법이 있다. 이러한 방법을 분기 페널티(branch penalty)라고 한다. 따라서 프로세서는 조건 분기의 최적화를 위해서 다양한 방법을 사용하고 있다.

예를 들면 분기 명령어 다음에 분기와 전혀 관련이 없는 무조건 실행 명령어를 사용 해결하거나 두개의 분리된 인출 파이프라인을 이용한다. 분기 발생의 경우나 미발생인 경우의 모든

명령어를 인출하고 분기 여부가 결정되면 정상적인 파이프라인을 선택하여 실행하는 방법으로 지연 분기(delayed branch)라고 한다.

다음 [그림 8-28]은 지연분기 과정을 RISC 프로세서에서 구현한 과정을 보여주고 있다.

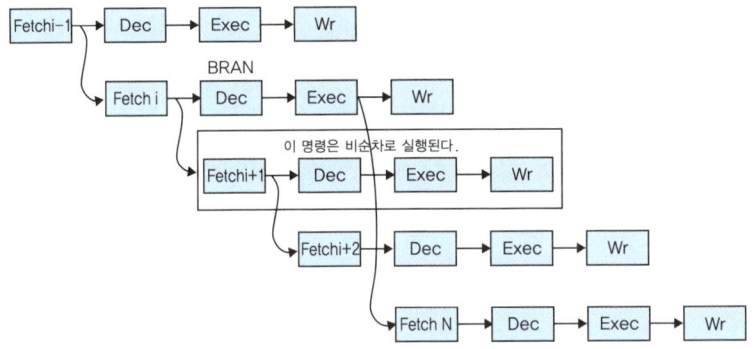

[그림 8-28] 지연분기 과정을 RISC 프로세서에서 구현한 과정

위 그림에서 i 명령어의 수행이 완료되고 분기가 결정되면 프로세서는 인출되었던 명령어 i+1을 버리고 분기 주소에 저장되어 있는 명령어 N을 인출한다. 이와 같은 경우 분기로 인해 버려질 명령어의 위치를 분기 지연 슬롯(slot)이라고 하고 지연 슬롯에 있는 명령어는 항상 인출될 것이고 최소한 부분적으로 수행되어야 할 명령어가 지연 슬롯에 들어가도록 프로그램 명령어들을 재배치한다는 점에 기본을 두고 있다. 또 다른 방법으로 분기 여부를 예측하여 확률이 높은 경우로 파이프라인을 구성하기도 한다.

5. 명령어와 데이터 경로 분리

파이프라인의 각 단계의 연산과정 도중에 발생되는 인터럽트를 최소화 할 수 있도록 명령어를 인출하기 위한 명령어 경로와 명령어의 수행에 관련된 데이터 경로는 서로 분리되어야 한다. 이러한 인터럽트 발생은 파이프라인 각 단계에서 실행되고 있는 연산들 중에서 병렬로 수행되고 있는 어떤 동작들이 동일한 하드웨어 장치를 필요로 할 때 발생하기 때문이다. 예를 들면 어떤 명령어의 실행 단계에서 메인메모리의 액세스를 필요로 하고 있는데 동시에 다음에 인출되어야 할 명령어가 같은 메모리에 저장되어 있는 경우이다. 따라서 대부분의 RISC 컴퓨터를 포함하는 많은 고성능 컴퓨터들은 메모리의 병렬 액세스를 위해서 명령어 인출과 데이터 액세스를 위한 두 개의 서로 다른 버스를 가지고 있다.

[그림 8-29]와 같은 모토롤라 88000 계열의 칩들은 이러한 개념으로 설계된 고성능 프로세서 예이다.

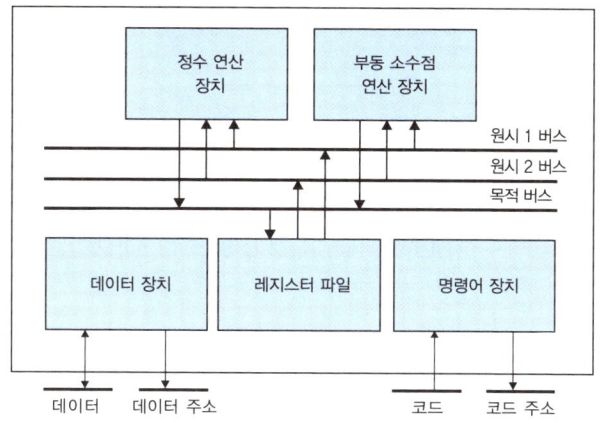

[그림 8-29] 모토롤라 88100 프로세서의 내부조직

위 [그림 8-29]와 같이 모토롤라 88100 프로세서는 5개의 기능 블록들로 구성되어 있다. 명령어 장치와 데이터 장치는 각각 명령어와 데이터를 메인메모리로부터 인출 및 저장하는 역할을 담당하고 있으며 2개의 실행 장치로, 정수 연산 장치와 부동 소수점 연산 장치가 있다. 정수 연산 장치는 대부분의 정수 계산을 담당하며 부동 소수점 연산 장치는 부동 소수점 연산과 정수 나눗셈의 연산을 담당하고 있다. 명령어 장치, 데이터 장치 그리고 실행 장치들은 32개의 레지스터들로 구성된 레지스터 파일을 통해 서로 정보 교환을 하게 된다. 그리고 내부와 외부의 모든 데이터 경로는 32비트 단위로 이루어진다.

2-2 파이프라인의 처리량 향상

명령어 파이프라인의 처리량(성능 향상)을 증가시키는 한 가지 방법은 명령어 수준의 병렬 처리(사이클 당 여러 명령어 처리) 이용이다. 병렬 처리를 수행하는 일반적인 방법은 여러 개의 스칼라 명령을 동시에(동적) 시작하고 독립적으로 실행할 수 있는 슈퍼스칼라(superscalar)와 각 사이클마다 정적으로 여러 명령어를 실행하는 VLIW(Very Long Instruction Word) 기법이다. 물론 파이프라인의 긴 대기 시간이 소요되는 단계, 예를 들면 메모리 액세스 단계를 몇 개의 더 짧은 단계로 나누어 성능을 향상 시키는 슈퍼파이프라이닝(Superpipelining) 방법도 있으나 여기서는 슈퍼스칼라와 VLIW에 대해 살펴보자.

1. 파이프라인 속도 향상
앞서 간단히 살펴보았지만 파이프라인이 없는 실행 보다 파이프라인 구조의 명령어 처리량이 증가하나 처리 속도는 동일하다.

다음 [그림 8-30]은 10 단계 명령어의 파이프라인 실행을 보여주고 있다.

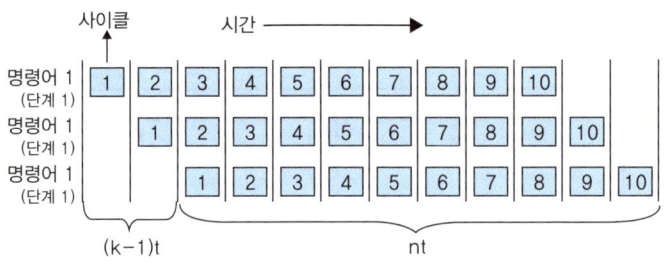

[그림 8-30] 파이프라인 실행 (k-1)t + nt

위 [그림 8-30]에서 k개의 단계가 있고, n개의 작업(연산)을 수행하고, t는 1개의 단계를 수행하는 데 걸린 시간이라고 가정하면 파이프라인이 없는 시스템에서 n개의 연산이 있고 각 연산에 kt가 걸리므로 필요한 총 시간은 nkt이다. 물론 일부 단계를 수행하는 데 시간이 덜 걸릴 수 있으므로 한 번의 연산의 경우 더 짧은 시간 내에 완료 될 수도 있다. 그러나 여러 개의 명령어를 수행하는 경우에는 파이프라인은 비 파이프라인 기술보다 성능이 월등히 뛰어나다.

예를 들면 k는 파이프라인의 단계 수, n은 입력 작업의 수, t는 1개의 단계를 수행하는 데 걸린 시간(클록 주기)라면 완료시간(T)은 다음과 같다.

$$T = (k-1)t + nt$$

여기서 n×t는 첫 번째 입력 작업이 파이프라인을 통과하는 데 필요한 시간이고, 나머지 (k − 1) 작업은 파이프라인에서 한 사이클에 하나씩 나타나므로 나머지 작업을 완료하는 총 시간은 (k-1)×t이다. 따라서 k 단계 파이프라인을 사용하여 n개의 작업을 완료하려면 다음과 같다

$$(n \times t) + (k-1) \times t = (n + k-1)t$$

보다 성능을 향상시키려면 사이클 시간을 줄여 프로그램의 실행 시간을 단축할 수 있다. 이것은 파이프라인 단계 당 시간을 단축하면 클록 사이클 시간을 단축할 수 있음을 의미하며 더 짧은 시간의 파이프 단계를 추가하여 작업을 수행 할 수도 있다. 다음의 예를 살펴보자.

5단계의 작업을 10 단계, 20 단계로 실행한다면
    10 단계 : 클록 사이클 시간이 절반으로 감소
    20 단계 : 클록 사이클 시간이 1/4로 감소함을 볼 수 있다.

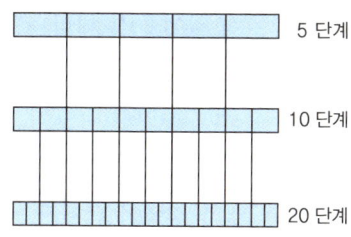

[그림 8-31] 파이프라이닝으로 인한 클록 사이클 변화

따라서 파이프라인과 비 파이프라인의 실행 시간을 비교하여 보자. 소요 시간은 $\frac{nkt}{(k-1)t+nt}$ 로 표현할 수 있으며 정리하면 $\frac{nkt}{(k-1)t+nt}$ 이다.

위 식을 살펴보면 n이 원하는 만큼 많은 명령어에 대해 어셈블리 라인을 실행할 수 있기 때문에 n이 매우 커질 수 있으나 k는 임의로 증가시킬 수는 없다. 왜냐하면 그것은 연산의 구조를 변경해야하기 때문이다. 따라서 n이 매우 커지면, k-1은 일정하게 유지되고 n에 비해 작아지므로 (k-1) + n은 n에 가깝다. 따라서 분모는 n에 가깝다. 따라서 n이 매우 커지면 이론적인 속도 향상은 수 k에 접근한다. 즉 n이 클 때, 파이프라인 처리 된 프로세서는 비 파이프라인 프로세서보다 대략 k 배 빠른 출력을 생성 할 수 있으므로 파이프라인의 이상적인 속도 향상은 파이프라인의 단계수와 같다.

[예]

5단계의 프로세서에서 다음과 같은 대기 시간과 각 파이프라인 단계 사이에 20ps의 추가 시간이 들 것이라고 가정한다. 비 파이프라인 프로세서와 파이프라인 프로세시의 각각 사이클 시간(CT), 명령의 지연 시간 및 처리량은?

Ifetch	Reg/Dec	Exec	Mem	Wr
300ps	400ps	350ps	550ps	100ps

1) 비 파이프라인 프로세서

CT는 명령이 한 사이클의 모든 단계(Ifetch - Wr)를 거쳐야 하므로
CT = 300 + 400 + 350 + 550 + 100 = 1,700 ps

대기 시간은 인출에서 쓰기 저장(Ifetch - Wr)이 끝날 때까지 명령을 1 사이클 수행하므로 CT와 같으므로 1,700 ps이다. 처리량은 1/CT 명령 s로 정의되므로 1/1,700 명령 ps이다.

2) 파이프라인 프로세서

가장 긴 단계(Mem) 길이와 레지스터 지연 시간(20ps)을 더하여 CT(사이클 시간)가 되므로
CT : 550 + 20 = 570 ps

대기 시간은 CT * N이다. N은 단계 수(1 사이클)를 나타내므로 5 * 570 = 2,850 ps, 처리량은 동일하게 유지되므로 1/570 명령 ps

2. 슈퍼스칼라

프로세서의 성능을 향상시키려면 여러 개의 명령어 단계가 동시에 수행되도록 명령어 실행 주기를 단계별로 나누어 파이프라인을 구성하면 가능하다는 사실에 대해 지금까지 설명하였다. 파이프라이닝을 사용하면 동시에 여러 명령어를 실행할 수 있지만 주어진 순간에는 서로 다른 파이프라인 단계에 있어야한다. 즉, 파이프라인에서 실행되는 각 명령어는 한 순간에 다른 단계의 구성 요소를 실행하게 되고 또한 명령어 실행 주기의 서로 다른 단계를 실행하므로 한 번에 하나의 명령어를 실행 완료하는 형태가 된다. 이와 같이 한 순간에 하나의 값만 처리되는 과정을 스칼라 프로세싱(scalar processing)이라고 한다. 파이프라인 방법은 전체적인 처리 시간을 감소시키기 위해 연속적인 명령어의 실행 주기를 중첩 사용하고 있으나 이 방법에는 제한이 있다. 앞서 설명한바와 같이 각 명령어들은 실행 주기가 모두 일정하지 않기 때문이다. 그러므로 실행 주기가 빠른 명령어는 실행 주기가 긴 명령어의 처리가 완료될 때까지 대기하여야 하고 특히 조건 분기 명령어의 경우 실행의 순서가 변경되기 때문에 이때 처리 과정이 복잡해 질 수 있다. 예를 들면 미리 인출된 명령어의 순서가 바뀌면 이때 파이프라인을 재구성하기 위한 지연 시간이 필요하게 된다. 그러므로 가능하면 명령어들은 프로그램에서 지정한 순서대로 실행되어야 한다. 또한 앞서 처리된 명령어의 결과에 영향을 받을 수도 있다. 우리는 이러한 문제에 대해서 분기 과정과 데이터 종속성에서 다루었다.

현대의 컴퓨터 시스템에서 가장 관심 있는 부분은 위에서 살펴본 바와 같이 명령어의 실행 주기를 짧게 구성하면서 각 단계별 병렬성을 높여 프로세서 명령어 처리 시간을 단축하는 과정이라고 할 수 있다. 이와 같이 한 클록에 하나 이상의 명령어를 처리(동일한 파이프라인 단계에서 여러 명령이 동시에 실행)하려는 프로세서의 구조를 슈퍼스칼라 프로세서(superscalar processor)라고 한다.

슈퍼스칼라 프로세싱은 동일한 클록 사이클 동안 여러 명령어를 초기화 할 수 있으며, 명령어 수준의 병렬 처리를 이용하여 클록 주기에서 둘 이상의 명령어를 실행할 수 있다. 프로세서의 역할을 인출 부분과 실행 부분으로 나누어 독립적으로 동작하여 최대의 성능을 얻도록 구성한다. 현대의 대부분의 컴퓨터는 이러한 구조를 갖게 된다. 이러한 관점에서 살펴보면 파이프라인과 슈퍼스칼라 구조에서 개별적인 명령어의 처리 시간에는 영향이 없다.

예를 들면 6단계의 명령어 처리 단계가 있다면 파이프라인이나 슈퍼스칼라 개념의 구조에서 인출되어 실행되는 과정의 차이는 동일하다. 그러나 슈퍼스칼라의 실행 장치가 병렬적으로 명령어를 처리할 수 있게 때문에 성능이 향상된다. 기본 파이프라인은 클록 사이클 당 하나의 명령어를 지원하고 클록 사이클 당 하나의 파이프라인 단계를 수행 할 수 있다.

다음 [그림 8-32]는 파이프라인(a)와 슈퍼스칼라(b)의 명령어 처리 과정을 보여주고 있다.

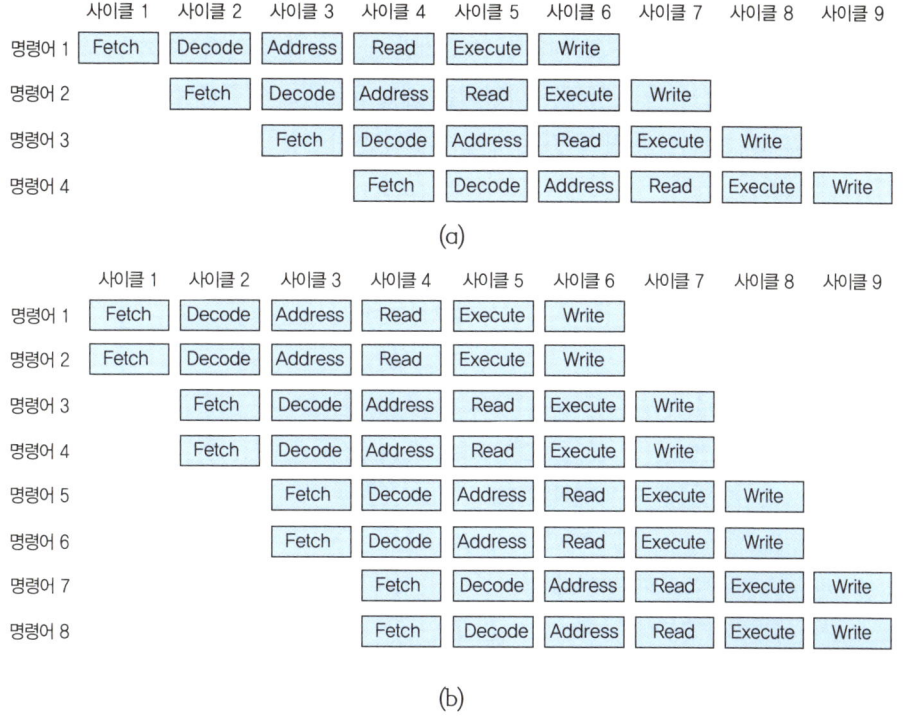

[그림 8-32] 파이프라인(a)과 슈퍼스칼라(b) 명령어 실행 과정

3. 슈퍼스칼라 구조

슈퍼스칼라 프로세서를 설계하는 것은 매우 어려움이 있다. 예를 들면 데이터의 종속성(dependency)을 유지하기 위한 명령어 처리 과정과 분기 명령에 의한 프로그램 및 흐름의 변화를 예측하고 일정한 순서로 진행되도록 구성하고 또한 여러 개의 명령어를 동시에 처리하기 위하여 발생될 수 있는 범용 레지스터와 프로세서 자원의 충돌에 대한 대책 등 여러 문제를 해결해야 한다. 그러면 이러한 개념의 슈퍼스칼라 프로세서를 구성하기 위한 구조도를 살펴보자. 우선 파이프라인과 슈퍼스칼라 프로세서 구조를 나타내기 위해 제어 장치는 명령어 실행 주기의 각 단계를 제어할 수 있도록 각각 분산되었다. 다음 [그림 8-33]은 전형적인 슈퍼스칼라 프로세서(RISC 또는 CISC) 구조로서 4개의 실행 장치로 구현한 프로세서 구조도이다.

명령어 분배기(dispatcher) 및 레지스터 파일의 오퍼랜드로부터 연산을 제공받는 실행 장치는 분기 명령 처리 장치, 정수 처리 장치(integer ALU), load/store 장치, 부동 소수점 처리 장치(floating-point ALU)로 구성된다. 시스템에 따라 LOAD/STORE 장치를 활용하여 각각의 실행 장치에 대한 연결 과정을 담당하기도 한다. 실행 장치는 공급받았으나 아직 실행되지 않은 대기 중인 연산을 버퍼링하는 예약 위치가 있다. 연산이 아직 사용 가능하지 않은 오퍼랜드에서 대기 중일 수 있다. 더 나은 성능을 위해서는 순서대로, 그리고 순서가 맞지 않고 실행 된 명령어의 결과를 저장하기 위해 재정렬 버퍼를 구현해야한다. 재정렬 버퍼에 저장된 정보는 명령이 올바른 것으로 알려진 경우에만 실제 상태를 업데이트하는 데 사용된다. 캐시 메모리 또는 메모리 관리 장치는 명령어를 메모리로부터 인출하여 명령어 장치로 이동(파이프라인) 된 후 각각 실행 장치 중 하나에서 실제로 실행된다.

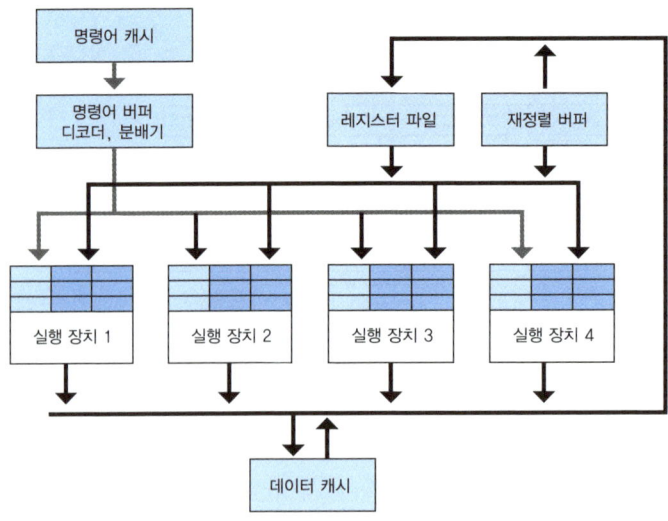

[그림 8-33] 4개의 실행 장치로 구성한 슈퍼스칼라 프로세서 구조도

명령어 장치는 파이프라인의 인출 기능을 담당하고 또한 실행 장치에서 처리되기 위하여 명령어의 전달 과정이 발생하기 전까지 명령어를 임시로 보관하는 역할을 수행한다. 물론 이때 병렬로 실행 장치가 선택 사용되므로 명령어의 실행순서가 바뀌어 정상적인 동작 발생이 중지 될 수도 있다.

4. VLIW

VLIW(Very Long Instruction Word)는 명령어의 실행 개수를 늘리는 기술, 즉 여러 연산으로 구성된 긴 명령어를 실행하여 높은 수준의 명령어 수준 병렬 처리(ILP; Instruction Level Parallelism)를 구현하는 프로세서 구조로 실제로 3차원 그래픽 가속기에서는 오래전부터 사용되던 기술이다. 그러나 최근에 프로세서와 같은 범용 프로세서에 도입 되면서 주목 받기 시작하였다. 슈퍼스칼라 프로세서 구조와 유사하지만, 슈퍼스칼라 프로세서가 하드웨어로 명령어들을 스케쥴링하는 반면 VLIW 구조는 컴파일러가 정적으로 ILP 검출을 위한 스케쥴링을 한다는 점이 다르다. 또한 CISC 구조의 수평(Horizontal) 마이크로 코드 프로세서의 개념을 확장 발전시킨 기법으로 다수의 중복된 기능 장치들의 동작이 하나의 긴 명령어의 고정된 필드에 의해 기술되어 병렬 처리된다.

VLIW 명령어는 명확하게 여러 가지 독립적인 연산(병렬 처리)을 지정하기 때문에 직렬(연속) 명령어 스트림에서 병렬성을 재구성하려고 시도하는 하드웨어를 디코딩하고 분배할 필요는 없다. VLIW 프로세서는 병렬 처리를 위해 하드웨어 대신 명시적으로 지정하기 위해 VLIW 코드를 생성하는 컴파일러에 의존한다. 따라서 VLIW 프로세서는 충분한 레지스터가 있으면 슈퍼스칼라 프로세서의 재정렬 버퍼 기능을 모방 할 수 있다. 슈퍼스칼라 프로세서에서 재정렬 버퍼는 명령어를 추측으로 실행하도록 허용한 다음 필요한 경우 추측 결과를 신속하게 폐기 할 수 있으므로 VLIW 프로세서는 충분한 레지스터가 있으면, 추측으로 실행 된 명령어의 결과를 임시 레지스터에 배치 할 수 있다. 컴파일러는 추측된 명령어 수를 알고 있으므로 추측된(예측된) 경로를 따라 임시 레지스터를 사용하고 분기가 잘못 예측된 경우 추측 경로를 따라 레지스터에 있는 값을 무시한다.

다음 [그림 8-34]는 복잡한 재정렬 버퍼와 명령 디코더 및 분배기 회로가 없는 VLIW 개념을 구현한 블록도이다.

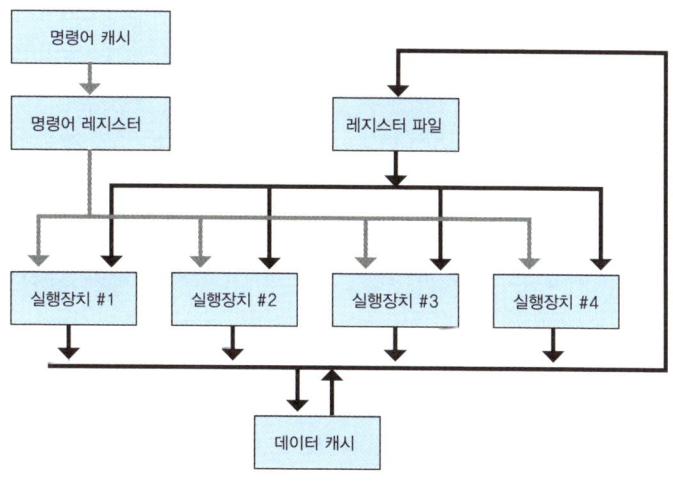

[그림 8-34] VLIW 프로세서를 구현한 블록도

이러한 VLIW 구조는 슈퍼스칼라 구현보다 하드웨어 복잡성을 줄이지만 훨씬 더 복잡한 컴파일러가 필요하므로 하드웨어에서 소프트웨어로 복잡성을 단순히 이동시키는 결과이다.

다행히도, 이러한 절충안은 이점이 있다. 복잡성은 일반적으로 하드웨어 설계보다 소프트웨어 설계에서 다루기가 더 쉽기 때문에 칩 설계 비용이 적게 들고 설계가 더 빠르며 디버깅이 덜 필요할 수 있으므로 설계 비용을 낮출 수 있다. 또한 칩을 제작 한 후에 컴파일러를 개선 할 수 있다. 반면 슈퍼스칼라 분배기 하드웨어의 개선은 마이크로프로세서에 대한 변경을 요구하며, 이는 자연적으로 칩 설계를 돌리는 데 드는 모든 비용을 증가시킨다.

앞서 우리는 컴퓨터가 한 번에 처리할 수 있는 비트 수가 많을수록 한 번에 많은 양의 자료를 처리할 수 있으므로 성능이 향상된다고 설명했다. 그러나 64비트 이상의 크기를 가지는 자료는 거의 없기 때문에 프로세서의 구조가 32비트에서 64비트로 바뀌어도 실제 성능이 눈에 띄게 달라지지는 않는다. VLIW 방식에서는 용어 그대로 명령어의 길이가 무척 긴 방식으로 일반적으로 128비트 또는 256비트 단위로 구성되어 있다. 경우에 따라서는 512비트까지도 사용된다. 즉, 동시에 여러 개의 명령어를 수행할 수 있는 것이다. 이렇게 하기 위해서는 명령어가 처리 방식에 따라서 구분되는 것이 아니라 명령어 필드의 비트가 구분되므로 명령어 자체의 처리 단위가 좀 더 복잡해진다. VLIW 방식에서 명령어의 실행 단위는 256비트라 하더라도 실제 연산 범위는 64비트가 일반적이기 때문에 64비트 컴퓨터로 구분하는 것이 옳다.

다음 [그림 8-35]는 클록당 8개의 연산을 실행하는 VLIW 프로세서를 보여주고 있다.

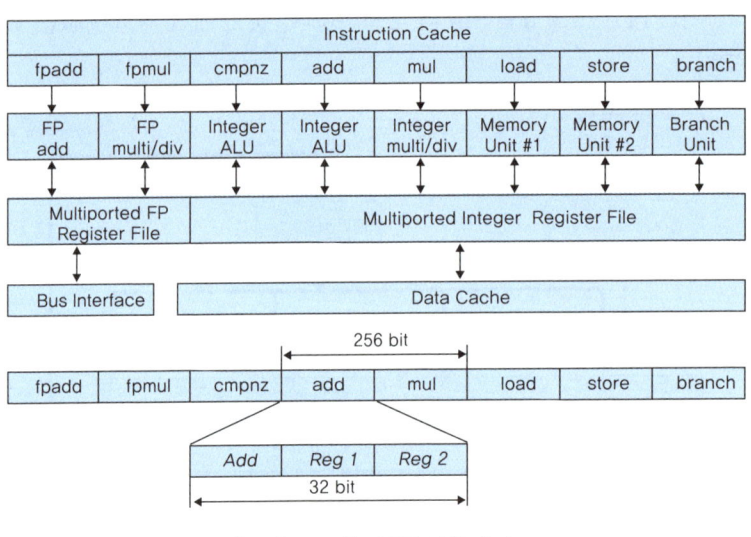

[그림 8-35] VLIW 프로세서

이러한 VLIW 구조는 다음과 같은 장점과 문제점을 갖는다.

■ **장점**
- 병렬 연산의 동기화가 컴파일 시간에 수행되므로 프로세서의 효율성이 향상된다.
- 프로그램의 길이가 짧아지게 되므로 실행 시간이 감소하게 된다.
- 명령어 병렬처리, 데이터 이동이 컴파일 시간에 완전히 명시되어 실시간 자원 스케줄링이 간단하다.

■ **문제점**
 - 지능적인 컴파일러가 없으면 불가능하다.
 - 모든 실행 장치를 모두 사용하지 않는 명령어의 경우 명령어 메모리 공간, 명령어 캐시 공간 및 버스 대역폭과 같은 귀중한 프로세서 자원을 낭비한다.
 - 새로운 컴파일러가 필요하다.

요약

1. 복합형 명령어 세트 컴퓨터(CISC)

CISC 구조는 복합적이며 고기능의 명령어들을 가진 컴퓨터로 많은 명령어 수, 다양한 종류의 명령어 그리고 단일 명령어가 여러 하위 수준의 연산(예 : 메모리로부터 적재, 산술 연산 및 메모리 저장)을 실행할 수 있거나 또는 단일 명령어로 다단계 연산(프로세스) 또는 주소 지정 모드를 수행 할 수 있는 컴퓨터이다.

2. 축소 명령 세트 컴퓨터(RISC)

간단한 명령어 형태 즉, 작고 빠른 명령어들을 사용하여 효율적인 기계어 코드를 생성하고 처리를 단순화시켜 프로세서 성능을 높여 속도 향상을 꾀한다.

- 구조의 특성

  간단한 명령어 구조, 고정 명령어 형식, LOAD/STORE 명령어 구조, 파이프라인 하드웨어 구조 사용, 대량의 레지스터와 메모리 계층의 다단계화, 캐시 메모리 역할 증대, 부동 소수점 보조 프로세서(Floating-Point Coprocessor) 이용

3. 파이프라이닝(Pipelining)

파이프라인을 사용하여 실행 시 여러 명령어가 겹치는 구현 기술 즉, 명령어 수준 병렬 처리(ILP)로 프로세서의 전반적인 처리 성능을 향상시키는 방법이다.

- 파이프라인의 구조

  파이프라인은 순차 프로세스를 단계 또는 세그먼트라고 하는 여러 하위 프로세스로 분해하여 구성되며 단계(세그먼트)는 특정 기능을 수행하고 중간 결과를 생성한다.

- 파이프라인 유형

  명령어 파이프라인과 산술 파이프라인으로 분류되며 각각의 파이프라인은 한 번에 하나의 연산(예 ; 더하기 또는 곱하기)만 수행 할 수 있는 정적 파이프라인 또는 한 번에 둘 이상의 연산을 수행 할 수 있는 동적 파이프라인으로 구현된다.

- 파이프라인의 문제

  파이프라인의 작동(연산)을 방해하고 지정된 명령 사이클 동안 다음 명령이 실행되지 못하게 하는 상황으로 두 개의 서로 다른 명령어가 동일한 사이클에서 동일한(한정된) 자원을 사용할 경우 충돌로 인해 발생하는 구조적 문제, 데이터 종속적인 명령어의 실행을 중첩(또는 순서를 변경)한 결과로 발생하는 데이터 문제, 병렬로 수행되고 있는 명령어의 어느 동작도 상호 의존적 즉, 종속성을 가져서는 안되므로 분기와 관련된 처리 과정과 관련된 제어 문제이다.

4. 파이프라인의 처리량(성능) 향상

명령어 수준의 병렬 처리(사이클 당 여러 명령어 처리) 이용

- 슈퍼스칼라(superscalar)

  한 순간에 하나의 값만 처리되는 과정을 스칼라 프로세싱(scalar processing)이라고 하며 한 클록에 하나 이상의 명령어를 처리(동일한 파이프라인 단계에서 여러 명령이 동시에 실행)하려는 프로세서의 구조를 슈퍼스칼라 프로세서(superscalar processor)라고 한다.

- VLIW(Very Long Instruction Word)

  명령어의 실행 개수를 늘리는 기술, 즉 여러 연산으로 구성된 긴 명령어를 실행하여 높은 수준의 명령어 수준 병렬 처리(ILP; Instruction Level Parallelism)를 구현하는 프로세서 구조로 슈퍼스칼라 프로세서가 하드웨어로 명령어들을 스케줄링하는 반면 VLIW 구조는 컴파일러가 정적으로 ILP 검출을 위한 스케줄링을 한다. 또한 CISC 구조의 수평(Horizontal) 마이크로코드 프로세서의 개념을 확장 발전시킨 기법이다.

제8장 연습문제

주관식

1. 5단계의 프로세서에서 다음과 같은 대기 시간과 각 파이프라인 단계 사이에 20ps의 추가 시간이 소요될 것이라고 가정한다. 비 파이프라인 프로세서와 파이프라인 프로세서의 각각 사이클 시간(CT), 명령의 대기 시간 및 처리량은?

Ifetch	Reg/Dec	Exec	Mem	Wr
200ps	150ps	100ps	190ps	140ps

2. RISC의 구조의 특징은?

3. 프로세서 X가 다음 4단계(파이프라인 없음)에서 명령을 빠르게 실행한다고 가정한다. 프로세서 X의 파이프라인 방식과 비 파이프라인 구현의 성능을 비교하시오.

4. 파이프라인의 MEM 및 IF 단계가 잠재적으로 구조적 위험을 가질 수 있는 이유와 대처 방법은?

5. 시스템 클럭이란?

6. RISC의 개발이 프로세서 성능에 미친 영향은?

7. RISC가 중요한 이유와 CISC와 다른 점은?

8. 파이프라인 방식의 프로세서에서 래치를 사용하는 목적은?

9. 명령 파이프라인과 산술 파이프라인의 구별은?

10 파이프 라이닝 속도가 제한되는 요인은?

제8장 연습문제

객관식

1. 일반적으로 명령어 파이프라인이 정상적인 동작에서 벗어나게 하는 원인으로 틀린 것은?

    ① 자원 충돌(resource conflict) ② 데이터 의존성(data dependency)
    ③ 분기 곤란(branch difficulty) ④ 지연된 분기(delayed branch)

2. 명령어 파이프라이닝을 사용하는 목적은?

    ① 기억용량 증대 ② 메모리 액세스의 효율 증대
    ③ CPU의 프로그램 처리속도 개선 ④ 입출력 장치의 증설

3. 다음 내용은 산술 파이프라인(arithmetic) 구조에서 정규화된 부동소수점 수의 연산을 할 때 실행되는 단계이다. 실행 순서가 옳은 것은?

    ㉮ 정규화   ㉯ 가수합산   ㉰ 가수조정   ㉱ 지수비교

    ① ㉮→㉯→㉰→㉱   ② ㉰→㉮→㉱→㉯   ③ ㉱→㉰→㉯→㉮   ④ ㉮→㉰→㉱→㉯

4. RISC(Reduced Instruction Set Computer)와 CISC(Complex Instruction Set Computer)에 대한 설명 중 옳지 않은 것은?

    ① RISC는 실행 빈도가 적은 하드웨어를 제거하여 자원 이용률을 높이는 장점이 있다.
    ② RISC는 프로그램의 길이가 길어지므로 수행 속도가 느린 단점이 있다.
    ③ CISC는 고급언어를 이용하여 알고리즘을 쉽게 표현 할 수 있는 장점이 있다.
    ④ CISC는 복잡한 명령어군을 제공하므로 컴퓨터 설계 및 구현 시 많은 시간을 필요로 하는 단점이 있다.

15. 입력태스크(task)를 일련의 서브태스크(sub task)로 나누어 각 서브태스크는 특별한 하드웨어를 통해 동시에 동작할 수 있도록 하여 현재 디지털 컴퓨터의 처리 능력을 크게 향상시키는데 기여한 기법은?

    ① pipeline   ② dataflow   ③ array processing   ④ memory hierarchy

6. RISC 프로세서의 설명으로 옳지 않은 것은?

   ① 인텔 계열의 거의 모든 프로세서에서 사용되고 있다.
   ② 축소 명령어 세트 컴퓨터의 약어이다.
   ③ 명령어 코드로 구성하기 위한 bit 수의 증가에 대한 보완으로 개발된 프로세서이다.
   ④ 명령어들의 사용빈도를 조사하여 사용 빈도가 높은 명령어만 사용하는 프로세서이다.

7. CISC 구조와 RISC구조를 비교하였을 때, RISC 구조의 특징으로 틀린 것은?

   ① 명령어가 복잡하다.   ② 프로그램 길이가 길다.
   ③ 레지스터 개수가 많다.   ④ 파이프라인 구현이 용이하다.

8. CISC(Complex Instruction Set Computer) 와 RISC(Reduced Instruction Set Computer)에 대한 비교 설명으로 옳지 않은 것은?

   ① CISC-명령어와 주소지정 방식을 보다 복잡하게 하여 풍부한 기능을 소유하도록 한다. RISC-아주 간단한 명령들만 가지고 매우 빠르게 동작하도록 한다.
   ② CISC-거의 모든 명령어가 레지스터를 대상으로 하며 메모리의 접근을 최소로 한다. RISC-처리 속도를 증가시키기 위해서 독특한 형태로 다기능을 지원하는 메모리와 레지스터를 대상으로 한다.
   ③ CISC-명령어의 수가 수 백 개에서 많게는 1,500여 개로 매우 다양하다. RISC-명령어의 수가 CISC에 비해서 약 30%정도며 명령어 형식도 최소한 줄였다.
   ④ CISC-데이터 경로가 메모리로부터 레지스터, ALU, 버스로 연결되는 등 다양하다. RISC-데이터 경로 사이클을 단일화하며 사이클 time을 최소화 한다.

9. 명령어 인출(IF), 명령어 해독(ID), 오퍼랜드인출(OF), 실행(EX)의 순서로 실행되고, 각 단계에 걸리는 시간이 같은 4단계 명령어 파이프라인에 인가되는 클록 주파수가 1GHz 일 때, 20개의 명령어를 실행하는데 걸리는 시간은?

   ① 20 ns   ② 21 ns   ③ 22 ns   ④ 23 ns

10. 부동 소수점 파이프라인의 비교기, 시프터, 가산-감산기, 인크리멘터, 디크리멘터가 모두 조합 회로로 구성된다고 가정할 때, 네 세그먼트의 시간 지연이 t_1=60ns, t_2=70ns, t_3=100ns, t_4=80ns이고, 중간 레지스터의 지연이 t_r=10ns라고 가정하면 비 파이프라인 구조에 비해 약 몇 배의 속도가 향상되는가?

    ① 0.6   ② 1.1   ③ 2.4   ④ 2.9

11. 세그먼트에서 부연산을 수행하는데 20 ns가 걸리고, 파이프라인은 4 세그먼트로 구성되어 있으며 100개의 테스크를 순차적으로 수행하는 파이프라인 시스템은 비파이프라인 시스템에 비해 약 몇 배의 속도 향상을 얻을 수 있는가?

   ① 2.81   ② 3.25   ③ 3.88   ④ 4.08

12. 명령어 파이프라인 단계 수가 4 이고 파이프라인 클럭(clock) 주파수가 1MHz일 때, 10개의 명령어들이 파이프라인 기법에서 실현될 경우 소요 시간으로 가장 적합한 것은?

   ① 4μs ② 8μs ③ 13μs ④ 40μs

13. 다음 중 CISC(Complex Instruction Set Computer)형 프로세서의 특징이 아닌 것은?

   ① 명령어의 길이가 일정하다.　　② 많은 수의 명령어를 갖는다.
   ③ 다양한 주소 모드를 지원한다.　④ 레지스터와 메모리의 다양한 명령어를 제공한다.

14. RISC(reduced instruction set computer)의 특징에 대한 설명 중 옳지 않은 것은?

   ① 주로 마이크로프로그램 제어방식 사용
   ② 명령어 숫자의 최소화
   ③ 각 명령어는 대부분 단일 사이클에 수행됨
   ④ 주소지정 방식의 최소화

15. 병렬처리 가운데 처리 단계를 stage라고 하는 몇 개의 단계로 나누고 각 stage 사이에는 latch라는 버퍼를 두고 프로그램 수행에 필요한 작업을 시간적으로 중첩하여 수행하는 처리기를 무엇이라 하는가?

   ① 파이프라인 처리기　　② 배열 처리기
   ③ 다중 처리기　　　　　④ VLSI 처리기

16. 병렬 처리기의 종류에 대한 설명으로 틀린 것은?

   ① 시간적 병렬성을 위해 중첩 처리를 행하는 파이프라인 처리기(Pipeline Processor)
   ② 공간적 병렬성을 위해 다수의 동기된 처리기를 사용하는 배열 처리기(Array Processor)
   ③ 기억 장치나 데이터베이스 등의 자원은 공유하며 상호 작용하는 처리기들을 통하여 비동기적 병렬성을 얻는 다중 처리기(Multi Processor)
   ④ 양방향 처리를 비동기적으로 수행하는 벡터처리기(Vector Processor)

17. RISC방식 컴퓨터의 특징으로 옳은 것은?

① 주소지정방식이 다양하다.
② 명령어 길이가 가변적이다.
③ 제어장치가 단순하고 속도가 빠르다.
④ CISC구조보다 레지스터 수가 적다.

18. 일반적으로 명령어 파이프라인이 정상적인 동작에서 벗어나게 하는 원인으로 틀린 것은?

① 자원 충돌(resource conflict)
② 데이터 의존성(data dependency)
③ 분기 곤란(branch difficulty)
④ 지연된 분기(delayed branch)

19. 명령어 파이프라이닝을 사용하는 목적은?

① 기억용량 증대
② 메모리 액세스의 효율증대
③ CPU의 프로그램 처리속도 개선
④ 입출력 장치의 증설

20. RISC(Reduced Instruction Set Computer) 와 CISC(Complex Instruction Set Computer)에 대한 설명 중 옳지 않은 것은?

① RISC는 실행 빈도가 적은 하드웨어를 제거하여 자원 이용률을 높이는 장점이 있다.
② RISC는 프로그램의 길이가 길어지므로 수행 속도가 느린 단점이 있다.
③ CISC는 고급언어를 이용하여 알고리즘을 쉽게 표현 할 수 있는 장점이 있다.
④ CISC는 복잡한 명령어군을 제공하므로 컴퓨터 설계 및 구현 시 많은 시간을 필요로 하는 단점이 있다.

21. 다음 내용은 산술 파이프라인(arithmetic) 구조에서 정규화된 부동소수점 수의 연산을 할 때 실행되는 단계이다. 실행 순서가 옳은 것은?

㉮ 정규화   ㉯ 가수합산   ㉰ 가수조정   ㉱ 지수비교

① ㉮→㉯→㉰→㉱   ② ㉰→㉮→㉱→㉯   ③ ㉱→㉰→㉯→㉮   ④ ㉮→㉰→㉱→㉯

22. 병렬컴퓨터에서 버스의 클럭 주기가 80ns이고, 데이터 버스의 폭이 8byte라고 할 때, 전송 할수 있는 데이터의 양은?

① 1 Mbytes/sec   ② 10 Mbytes/sec   ③ 100 Mbytes/sec   ④ 1000 Mbytes/sec

23. 다음 중 CISC 구조의 프로세서 특징으로 볼 수 없는 것은?

　　① 많은 명령어 수　　　　　　　② 다양한 주소모드
　　③ 가변길이의 명령어 형식　　　④ 많은 레지스터 필요

24. 다음 중 CISC 구조의 프로세서 장점을 기술한 것은 어느 것인가?

　　① 파이프라인 구성이 쉽다　　　② 하드웨어 동작 제어가 쉽다
　　③ 속도가 빠르다　　　　　　　④ 호환성 유지가 쉽다

25. 다음 중 RISC와 관련이 적은 것은?

　　① 단일 사이클 연산　　　　　　② LOAD/STORE 명령어 사용
　　③ 다수 명령어와 다양한 주소모드　④ 명령어 형식 고정

26. 다음 중 RISC의 특징으로 볼 수 없는 것은?

　　① 단순 명령어 구조　　　　　　② 캐시 메모리의 역할 증대
　　③ 마이크로 프로그래밍 제어방식　④ 파이프라인 수행 장치

27. 다음 중 CISC와 RISC 구조의 프로세서에 대한 설명으로 잘못된 것은?

　　① CISC 구조는 거의 사용하지 않는 명령어들이 있다.
　　② RISC 구조는 자주 사용되고 간단한 형태의 명령어들로 명령어 셋을 구성한다.
　　③ RISC는 마이크로 코드 변환 단계를 거치지 않고 명령어를 실행한다.
　　④ CISC 명령어들은 형태와 크기가 일정하며 명령어 실행 시간이 일정하다.

28. 현대의 컴퓨터 시스템에서 명령어의 실행주기를 짧게 구성하면서 각 단계별 병렬성을 높여 CPU 명령어 처리 시간을 단축하는 과정이라고 할 수 있다. 이와 같이 한 클럭에 하나 이상의 명령어를 처리하려는 프로세서의 구조는 다음 중 어느 것인가?

　　① 슈퍼스칼라 프로세서　　　　② 스칼라 프로세서
　　③ 스카랄 파이프라인　　　　　④ CISC 프로세서

29. 파이프 라이닝에서 메모리 액세스 속도를 높이기 위해 사용하는 것은?

　　① 특수 메모리 위치　② 특수 목적 레지스터　③ 캐시　④ 버퍼

30. 장치가 할당 된 시간 전에 작업을 완료하면 무엇을 하나?
    ① 남은 시간에 다른 작업을 수행한다.
    ② 시간이 다른 업무로 재할당된다.
    ③ 남은 시간 동안 유휴 상태로 유지된다.
    ④ 모두 해당되지 않는다.

31. VLIW의 병렬 실행은 무엇에 의해 결정된 일정에 따라 수행되는가?
    ① 작업 스케쥴러   ② 통역사   ③ 컴파일러   ④ 인코더

32. VLIW 아키텍처는 병렬 처리를 달성하기 위해 어떤 접근 방식을 따르는가?
    ① MISD   ② SISD   ③ SIMD   ④ MIMD

33. 명령어 실행 시간을 줄이기위한 컴퓨터 아키텍처는?
    ① RISC   ② CISC   ③ ISA   ④ IANA

34. 파이프 라이닝은 어떤 구조의 독특한 특징인가?
    ① RISC   ② CISC   ③ ISA   ④ IANA

35. 슈퍼 스칼라 프로세서의 경우 매우 중요한 역할을 하는 것은?
    ① 컴파일러   ② 마더보드(Motherboard)   ③ 메모리   ④ 주변 장치

36. 파이프 라이닝의 각 단계는 몇 사이클 이내에 완료되어야 하는가?
    ① 1   ② 2   ③ 3   ④ 4

37. 인출 및 실행주기는 무엇의 도움으로 인터리브되는가?
    ① 프로세서 구조의 수정   ② 클록   ③ 특수 장치   ④ 제어 장치

38. CISC 및 RISC 아키텍처는 모두 무엇을 줄이기 위해 개발되었는가?
    ① 비용   ② 시간 지연   ③ 시맨틱 갭   ④ 모두 해당된다.

39. VLIW의 중요한 특징은 ?
    ① ILP   ② 비용 효과   ③ 성능

40. VLIW 프로세서는 무엇을 필요로 하지 않으므로 훨씬 간단한가?

　① 계산 레지스터　　② 복잡한 논리 회로　　③ SSD 슬롯　　④ 하드웨어 스케줄링

41. 프로그램 내의 모든 인스트럭션이 그들의 수행에 필요한 피연산자들이 모두 준비되었을 때 그 인스트럭션을 수행하는 것으로 데이터 추진(data driven) 방식이라 할 수 있는 것은?

　① multiprocessor system　　　② vector processor
　③ pipeline processor　　　　　④ data flow machine

42. 두 개의 프로세서 A와 B는 각각 700 Mhz와 900 Mhz의 클록 주파수를 갖는다. A가 평균 3단계의 명령을 실행할 수 있고 B가 평균 5단계로 실행할 수 있다고 가정한다. 프로세서가 더 빠른 동일한 명령어를 실행하기 위해 어느 프로세서가 더 빠른가?

　① A　　② B　　③ 둘 다 같은 시간이 걸린다.　　④ 정보 부족

제8장 객관식 답

1.④　2.③　3.③　4.②　5.①　6.①　7.①　8.②　9.④　10.④
11.③　12.③　13.①　14.①　15.①　16.④　17.③　18.④　19.③　20.②
21.③　22.③　23.④　24.④　25.③　26.③　27.④　28.①　29.③　30.③
31.③　32.④　33.②　34.①　35.①　36.①　37.②　38.③　39.①　40.④
41.④　42.①

병렬 처리

제9장

학·습·목·표

- 버스 발전 과정과 버스 조직 및 버스 중재에 대해 이해한다.
- 병렬 컴퓨터를 위한 상호 연결 네트워크의 주요 구성 요소를 이해한다.
- 병렬 처리를 이해하고 병렬 컴퓨터의 발전 과정을 알아본다.
- 병렬 구조를 분류하여 병렬 컴퓨터의 유형과 처리 과정을 이해한다.

Section

01. 상호 연결 네트워크
02. 병렬 컴퓨터

> **들·어·가·기**
>
> 지금까지 우리는 일반적인 컴퓨터 시스템의 구조와 기능에 대해 살펴보았다. 컴퓨터 시스템 설계자들은 컴퓨터 성능을 향상시키기 위해 다양한 시스템 구조와 기술을 개발하려고 노력하고 있다. 특히 회로와 반도체 기술의 눈부신 발전은 컴퓨터 시스템을 구성하는 모든 장치의 성능을 최대로 발휘할 수 있도록 지원하고 있다. 컴퓨터 시스템 성능을 향상시킬 수 있는 요인은 여러 가지로 설명될 수 있다. 프로세서 수를 추가하여 실행 능력을 증가시키거나 클럭 속도를 높여 프로그램의 처리 속도를 향상시키는 방법이 있고, 메모리 용량 증가 및 처리속도를 높여 처리량을 증가하거나 명령어 크기를 늘릴 수 있고 데이터 경로 폭을 확대하여 성능을 향상시킬 수 있다. 이러한 내용을 중심으로 다중 프로세서 또는 병렬 처리 컴퓨터 시스템과 병렬 처리를 위한 상호 연결 네트워크에 대해 살펴보기로 한다.

Section 01 상호 연결 네트워크

상호 연결 네트워크는 다중 프로세서 시스템, 다중 프로세서-다중 메모리 시스템 그리고 배열 프로세서 등에서 프로세서 간 또는 프로세서와 메모리 모듈 간의 데이터를 전송(경로 제공)하는 하드웨어이다. 개별 장치를 통신 장치 공동체로 연결하는 방법과 버스에 대해 살펴보자.

1-1 버스 상호 연결 네트워크

앞서 5장에서 설명한 바와 같이 컴퓨터는 프로세서, 메모리 및 입출력 장치로 구성되며 이러한 구성 요소 간 데이터(정보) 이동 및 각종 신호 전달을 위해 상호 연결(버스)이 필요하다. 이와 같이 처리 요소(프로세서)와 통신 요소(버스)의 모음을 버스 상호 연결 네트워크라 한다.

1. 버스 발전 과정

일반적인 컴퓨터에서 둘 이상의 기능 장치가 데이터를 전송할 수 있는 디지털 상호 연결에 사용되는 버스를 시스템 버스라 하며 통신 채널(링크)을 제공하여 프로세서 간에 메시지를 교환한다. 시스템 버스는 데이터가 전송 또는 검색되는 메모리 위치를 설명하는 주소 지정 정보가 들어있는 여러 신호선이 포함된다. 버스 구조는 가장 간단한 상호 연결 방식으로서, 모든 시스템 요소들이 시스템 버스에 접속된다. 이때 프로세서, 메모리, 보조 메모리 및 입출력 장치에 직접 연결되지 않고 각 장치의 제어기에 연결된다. DMA는 장치가 아니라 디스크 및 CD와 같은 보조 메모리와의 전송에 참여하는 특별한 종류의 제어 장치(7장 참고)이다.

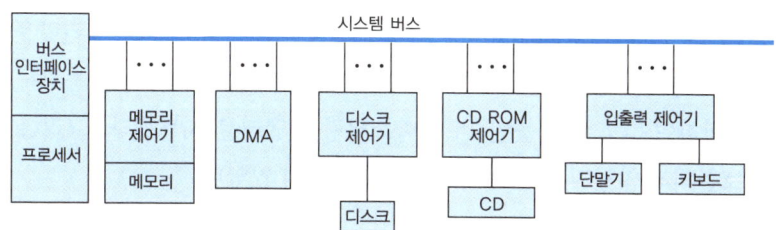

[그림 9-1] 시스템 버스

프로세서는 메시지를 생성 또는 소비하며 버스는 통신 채널(링크)을 제공하여 프로세서 간에 메시지를 교환한다. 버스 통신은 두 구성 요소 사이의 양방향 통신으로 구성되며, 버스 통신을 시작하는 구성 요소를 버스 마스터 또는 마스터라고 하며 다른 구성 요소인 응답자(slave)에 읽기 또는 쓰기와 같은 요청을 보낸다. 특정 버스는 항상 마스터와 응답자 간의 통신에 동일한 규칙(버스 프로토콜)을 사용하며 버스에 연결된 모든 장치는 이 규칙을 따라야 하며 SCSI (Small Computer System Interface), PCI (Peripheral Component Interconnect) 및 EISA (Extended Industry Standard Architecture)는 PC에서 볼 수 있는 일반적인 프로토콜로 발전 과정을 다음과 같이 요약할 수 있다.

1) ISA(Industry Standard Architecture) - 1981

IBM(Dr. Mark Dean)에서 1981년 초에 발표한 가장 초기의 버스 시스템 ISA는 XT(8088 기반) 개인용 플랫폼에서 사용되도록 설계(8비트 버전)된 확장 카드(확장 보드)로 모뎀, 사운드 카드, 그래픽 카드 및 네트워크 인터페이스 카드와 같은 장치를 컴퓨터에 연결하는 데 사용되는 추가 회로 보드이다. 16비트 버전이 출시된 1984년까지는 널리 사용되지 않았지만 패리티 보호 기능을 갖춘 8비트 데이터 폭과 62핀(62개의 신호선) 연결을 사용하며, 20개의 주소선(1 Mbytes의 주소 지정), 4.77 MHz의 속도(Intel 8088)로 실행되었다.

특히 설계의 단순성(예 : 매우 제한된 수의 인터럽트 및 DMA 채널, 제한된 주소 공간, 8비트 데이터 경로 및 마스터 지원 부족)으로 성능이 뛰어났다. 이후 IBM은 인텔의 80286(16비트 프로세서 탑재) AT(Advanced Technology) PC를 출시(1984년)하면서 이전에 출시 된 장치와 호환되는 새로운 확장 버스를 추가(8비트 카드 또는 16비트 카드 삽입)하여 표준 16비트 ISA 슬롯을 개발하였다. 새로운 16비트 버스는 최고 속도 8.33 MHz, 98핀을 사용하며 8개의 데이터선(16비트 데이터 전송 가능), 24개의 주소선(16 Mbyte의 주소 지정)과 64K 입출력 주소 공간을 포함하며 초당 최대 8 Mbps의 전송 속도로 작동을 지원했다.

2) MCA(Micro Channel Architecture) - 1987

IBM이 1987년에 출시한 MCA(마이크로 채널 구조 버스)는 PC 속도가 상승하면서 ISA 버스의 결함 - 프로세서 의존성 및 성능 부족(시스템의 병목 현상)을 해결하기 위해 IBM PS/2 컴퓨터용으로 개발된 32비트 및 16비트 독점 버스이다. MCA는 32비트 버스 폭과 8 MHz에서(최대 12 MHz) 작동하여 33 MB/s(최대 데이터 전송 속도는 40MB/s) 처리량을 제공한다. 또한 플러그 앤 플레이(PnP, plug and play) 자동 구성 카드와 비슷한 기능 제공과 적절한 버스 중재를 포함하여 효율성을 높인 버스 마스터링 어댑터를 지원했다. 그러나 이전 버전(ISA 버스)과 호환되지 않았기 때문에 급속도로 확장되지 않았다.

3) EISA(extended industry standard architecture) -1988

ISA 버스에서 그래픽 대역폭이 부족하다는 문제를 해결하기 위해 PC 제조업체 그룹(Gang of Nine; AST Research, Compaq, Epson, Hewlett-Packard, NEC, Olivetti, Tandy, Wyse, Zenith)에서 386DX 이상의 프로세서와 함께 사용하기 위해 개발한 EISA(확장 산업 표준 구조)는 기본적으로 ISA의 32비트 확장이며 완전한 하위 호환성을 유지하지만 기존 ISA 시스템에서는 작동하지 않으므로 널리 사용되지는 않았다. MCA와 마찬가지로 32비트 버스 폭, 8.33 MHz 그리고 4GB의 메모리를 처리하고 다중 버스 마스터를 제공하고 또한 데이터 전송 속도를 33MB/s까지 향상 시키고 버스 조정 및 효율성을 높이기 위해 버스 마스터링 어댑터를 지원한다. 물론 플러그 앤 플레이 표준과 유사한 어댑터 카드를 자동으로 구성한다. 다만 EISA 기반 시스템의 구축 비용이 많고 EISA 장치의 빈약한 가용성(EISA 카드는 ISA 슬롯에서 작동 안됨)으로 널리 사용되지는 않았다.

4) VL-BUS(VESA Local Bus) - 1992

1992년에 소개된 최초의 지역 버스인 VESA(Video Electronics Standards Association)는 그래픽 카드의 제한된 ISA 버스 대역폭(MCA 및 EISA 이후)을 해결하기 위한 세 번째 시도로 가정용 및 사무용 PC에서의 비디오 성능을 위해 개발되었다. 1993~1994년에 486 프로세서 시스템에서 널리 사용된 VLB는 외부 버스 주파수를 33 MHz로 유지하여 프로세서와 주변 장치(비디오, 디스크, 네트워크 등) 사이의 고속 데이터 경로를 프로세서 속도로 실행한다. 또한 버스 마스터링을 지원하고 32비트 데이터 전송 기능, 128 Mbps~132 Mbps의 최대 처리량 그리고 최대 40MHz의 속도로 실행되는 버스이다. 그러나 486 프로세서에서만 사용 가능하고 펜티엄의 속도를 위해 개발되지 않아 사용이 제한적이다. 또한 버스 마스터링의 불충분한 구현과 플러그 앤 플레이를 지원하지 않은 한계가 있었다.

5) PCI(Peripheral Component Interconnect) - 1992

PCI(주변 장치 구성 요소 상호 연결)는 시스템의 주변 구성 요소를 체계적이고 제어된 방식으로 함께 연결하는 방법을 설명하는 표준(시스템 구성 요소가 전기적으로 연결되는 방식과 작동 방식)으로 컴퓨터 마더보드(motherboard)에 주변 장치를 연결하는 데 사용되는 컴퓨터 버스로 오늘날 가장 많이 사용되는 지역 입출력 버스이다. PCI는 랩톱에서 메인 프레임까지 모든 컴퓨터 모델에서 프로세서와 주변 제어기 사이에 공유 데이터 경로를 제공하며 플러그 앤 플레이를 지원한다. 인텔사에 의해 개발된 PCI는 1990년에 PCI에 대한 작업을 시작하여 1992년 6월 22일에 PCI 1.0(단순한 구성 요소 수준의 사양)이 소개되고 1993년에 발표된 PCI 2.0은 커넥터 및 마더보드 슬롯에 대한 표준을 처음으로 제시, 1995년에는 PCI 2.1 버스로 확장, 1998년에는 PCI-X (주변 장치 구성 요소 상호 연결-확장), 2004년에는 PCI Express 등이 출시되어 현재(PCI Express 4.0)에 이르고 있다. 다양한 종류(5 또는 3.3 볼트, 32비트 64비트, 33MHz 또는 66MHz)와 32비트 및 33MHz로 구현 될 때의 처리 속도는 133MBps, 64비트 및 66MHz의 경우 524MBps 전송 속도를 지원한다.

　PCI는 동기식으로 주소와 데이터를 다중화하기 때문에 주소와 데이터에는 64개의 핀이 필요하여 124핀(32비트 버전) 또는 188핀 (64비트 버전)의 나머지는 전원, 접지 및 기타 보조 기능에 사용된다. 또한 모든 활성(활동중)인 경로를 사용하여 주소 및 데이터 신호를 전송하며, 하나의 클록 사이클에서 주소를 전송하고 다음 클록 사이클에서 데이터를 전송한다. 버스트(burst) 데이터(블록)는 첫 번째 사이클의 주소부터 시작하여 일정 수의 연속적인 사이클에서 일련의 데이터를 전송한다.

2. 버스 조직

버스는 컴퓨터 구성 요소 간에 데이터를 전송하는 하위 시스템이면서 다양한 하위 시스템을 상호 연결하는 공통 경로(장치 간에 정보가 흐르는 채널)로 대부분 양방향의 공유 통신 링크이다. 물론 새로운 장치를 쉽게 추가 할 수 있으며 다른 컴퓨터 시스템 간에 주변 장치의 이식성을 용이하게 한다. 컴퓨터의 다른 기능 장치가 체계적으로 연결된 경우에만 컴퓨터가 작업을 수행하므로 연결하는 데는 여러 가지 방법이 있다. 데이터가 장치 사이에서 전송되면 모든 비트가 병렬로 전송되므로 많은 수의 전선이 필요하다. 가장 널리 사용되는 공유 메모리 다중 프로세서 구조에서는 단일 공유 버스가 모든 프로세서, 메모리 및 입/출력 장치를 연결한다.

1) 단일 버스(Single Bus) 구조

　가장 간단하고 경제적으로 다수의 송신 장치와 수신 장치를 하나의 버스를 이용하여 연결하는 방법으로 오늘날 일반적으로 미니컴퓨터나 마이크로컴퓨터에 사용된다. 여러 장치(모듈)가 동일한 버스에 연결되어 통신(데이터 전송 요청과 응답)이 이루어지고 장치의 속도 및 시간이 같지 않아 버스 경합이 높아져서 지연 시간이 길어지는 병목 현상이 발생될 수 있다. 이에 따른 성능 저하를 보완 즉, 버스의 전송 속도를 높이기 위해 효율적인 버스 시스템을 갖추는 것이 필요하므로 레지스터(버퍼 레지스터)를 사용한다. 단일 버스의 경우 두 개의 레지스터 데이터를 내부(프로세서) 버스에서 동시에 사용할 수 없다. 따라서 요청된 데이터 전송 기간 동안 특정 출처(source)-목적지 장치 세트 즉, 한 번에 두 개의 장치만 능동적으로 데이터 전송(버스 사용)에 참여할 수 있기 때문에 중재 시스템(버스 제어선)이 필요하다.

　예를 들어, 프로세서가 버스에 대한 읽기 요청을 하면 프로세서는 메모리 모듈에서 원하는 데이터를 수신 할 때까지 버스를 유지해야 하므로 다른 모듈은 기다려야 한다. 특히 메모리 모듈은 데이터 버스에 액세스하는데 어느 정도의 시간이 필요하기 때문에 메모리가 데이터로 응답 할 준비가 될 때까지 버스는 비활성 상태이다. 그런 다음 데이터가 프로세서로 전송되고 이 전송이 완료되면 다른 요청을 처리하도록 버스를 할당 할 수 있다. 따라서 다수의 송신자들의 여러 요구가 동시에 발생했을 때 액세스 순서를 결정할 필요가 있다. 해결 방법으로 분할-사이클 기법을 이용하여 버스의 이용률을 높이고 대역폭을 증가 시킨다.

다음[그림 9-2]는 단일 내부(프로세서) 버스가 사용되는 SRC(Simple RISC Computer) 버스 구조이다.

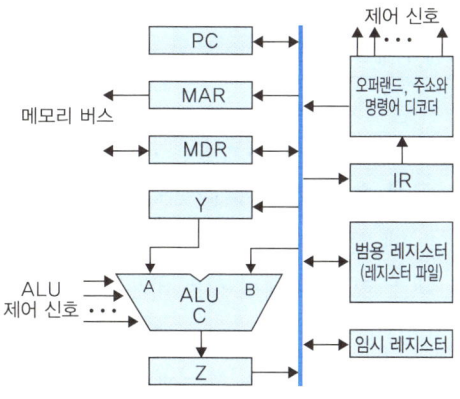

[그림 9-2] 단일 버스 구조

ALU는 32개의 레지스터로 구성된 레지스터 파일에 연결되며 하나의 오퍼랜드는 한 클록 사이클에서 임시 레지스터(Y)로 이동하여 ALU의 입력 A로, 다른 오퍼랜드는 다음 사이클에서 ALU에 입력 B로 이동 될 수 있고 결과(C)는 또 다른 임시 레지스터(Z)에 저장된다. 한 번 더 클록 주기를 사용하여 이동할 수 있다. 입출력 버스와 메모리는 메모리 버스를 통해 프로세서에 연결되지만 입출력 장치는 프로세서에 연결된다. 입출력 버스와 메모리 버스는 주소, 데이터 및 제어 버스로 구성되며 프로세서는 입출력 장치와 정보의 전송을 감독한다. 모든 정보는 먼저 프로세서로 전송되고 거기에서부터 메모리로 전달되는 형식으로 프로그램 제어 전송이라고 한다. 이러한 단일 버스 구조는 저렴한 비용과 주변 장치 부착에 매우 유연하지만 클록 주기에 버스를 통해 하나의 데이터 워드만 전송할 수 있으므로 명령 실행을 완료하는 데 필요한 단계가 늘어나 속도가 제한된다. 이에 따른 성능 저하를 보완하기 위하여 버스의 전송속도를 높이고 캐시 메모리를 사용하는 방법과 단계 수를 줄이기 위해 여러 개의 버스를 사용하여 다중 내부 경로를 제공한다.

2) 다중 버스 구조

다중 버스 구조는 여러 개로 상호 연결된 서비스 통합 버스를 가지며 다양한 장치가 여러 개(또는 2개)의 독립적인 버스를 통해 연결되는 단일 버스 분할-사이클 기법으로 하나의 버스가 하나의 버스에 연결되거나 더 적은 장치가 사용되는 방식이다. 각 장치가 자체 버스에 연결하게 되어 각 장치마다 자체 버스가 있음을 의미하므로 각 장치의 데이터 전송이 더 빨라진다. 많은 장치가 단일 버스에 연결되는 단일 버스 구조와 같이 데이터 전송이 중단되지 않아 데이터를 "큐"로 만들 수도 있다. 물론 다중 버스를 사용하면 속도가 향상되고 다른 명령어 실행시 프로세서 성능이 향상되나 많은 비용이 든다. 다중 버스는 최대 처리량을 유지하면서 다양한 전송 속도로 장치를 수용하는 비동기 버스이다. 단일 버스 구조와 비교할 때 더 빠른 속도가 필요하지는 않다. 따라서 충분한 메모리 대역폭을 얻을 수 없을 경우 연결 네트워크는 다수의 경로를 제공해야 한다. 다음은 두 개의 다른 내부 버스가 프로세서에서 사용되는 버스 구조이다.

다음 [그림 9-3]에서 구성 요소에 사용되는 데이터를 제공하는 모든 레지스터 입력은 B 버스(입력 버스)에 연결되고 구성 요소로부터 값을 판독(read)하기 위해 제공되는 모든 레지스터 출력은 A 버스(출력 버스)에 연결되는 구성이다. 한 버스에서 다른 버스로 데이터를 전송하는 특별한 배치(순서)로 버스 링크(두 개의 버스 바를 연결) G를 통해 연결된다. G를 사용하면 버스 A의 데이터가 버스 B로 전송되나 G가 비활성화되면 두 버스가 전기적으로 분리된다. ALU의 결과를 저장하기 위해 단일 버스 구조에서 사용되는 임시 레지스터(Z)는 필요하지 않다. 이제 입력 값 중 하나가 버스 A에 있기 때문에 결과를 버스 B로 직접 전송할 수 있으나 버스 링크를 사용할 수 없으면 결과를 목적지 레지스터로 직접 전송할 수 있다. 이 경우, 원시 레지스터와 목적지 레지스터는 달라야하는데, 이는 두 개의 연산이 함께 수행 될 수 없기 때문이다.

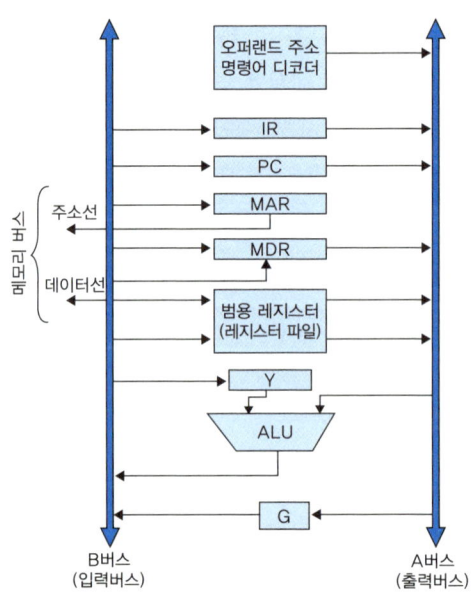

[그림 9-3] 2 버스 구조

송신 장치는 전송을 위해 버스 이용 요구를 중계 회로에 알리기 위한 버스 요구선과 중계 회로로부터 버스 사용을 허가하는 신호를 받기 위한 버스 허용 입력선을 가지고 있으나 향상된 성능을 얻기 위해선 복잡한 버스 구조가 필요하다. 가장 중요한 문제는 수신자 즉 메모리 모듈이 읽기 요구를 보낸 송신자 즉 프로세서를 알고 있어야 한다는 것이다. 이를 위해 요구를 보낼 때 송신자의 식별자를 같이 보내면 이 식별자를 이용하여 요구한 데이터를 송신자 측에 전송할 수 있다. 따라서 요구 데이터를 전송하기 위해 버스를 사용하게 되므로 버스의 복잡도는 더욱 증가하고 버스 중재기도 복잡해진다.

다음 [그림 9-4]는 3 버스(세 개의 내부 프로세서 버스) 구조가 사용되는 프로세서 구성이다. 모든 범용 레지스터는 레지스터 파일이라는 단일 블록으로 그룹화 되고 두 개의 버스(A와 B 버스)는 읽기를 위한 그리고 쓰기(기록)를 위한 버스(C 버스)가 이 구현의 일부이다. 따라서 범용 레지스터뿐만 아니라 모든 특수 목적 레지스터는 두 개의 읽기 포트와 하나의 쓰기 포트를 가지고 있다. 각 버스는 단 하나의 출력과 입력 수에 연결된다. 하나 이상의 출력을 동일한 버스에 연결해야 할 필요가 없어 버스 전송이 더 빨라지고 제어가 간단해진다. 인크리먼트는 PC를 4 씩 증가시키는 데 사용된다.

2 버스 구성과 다르게 2개의 개별 입력 데이터 버스를 유지하므로 하나는 외부 데이터 전송, 즉 메모리로부터의 검색을 위한 것이고, 다른 하나는 범용 레지스터로부터 프로세서 내의 다른 장치로 데이터를 전송하는 내부 데이터 전송을 위한 것이다. 두 버스 조직과 마찬가지로 버스 링크를 사용하여 입력 버스와 출력 버스를 연결할 수 있다. 버스 링크가 활성화되면 입력 버스에 있는 정보가 출력 버스로 직접 전송된다. 우리는 입력 데이터 버스와 ALU 출력 버스 사이에 하나의 버스 링크(G1)를 사용할 수 있으며 레지스터 데이터 버스와 ALU 출력 데이터 버스 사이에는 다른 버스 링크(G2)를 사용할 수 있다.

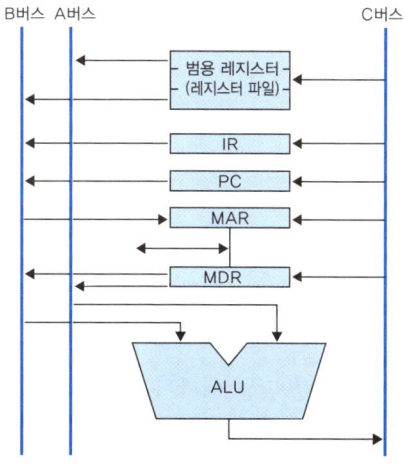

[그림 9-4] 3 버스 구조

3. 버스 중재

버스 중재(Bus arbitration)는 공유 버스의 제어를 위해 경쟁하는 연결된 장치들 사이를 선택하는 버스 통신의 절차로 여러 요청을 인식하고 그 중 하나에 우선 순위를 부여하는 프로세스를 중재라고 한다. 버스를 현재 제어하고 있는 장치 즉, 주어진 시간에 버스에서 데이터 전송을 초기화 할 수 있는 장치를 버스 마스터라고 하며 시스템 버스에 접속된 두 개 또는 그 이상의 버스 마스터(버스 경합)들이 동시에 버스를 사용하고자 할 때 순서대로(우선 순위) 하나의 마스터가 버스를 사용할 수 있게 해주는 동작(프로세스)이다. 일반적인 프로토콜은 언제든지 하나의 장치만 버스 마스터가 될 수 있고 다른 모든 장치는 현재 마스터가 버스 제어를 포기할 때 버스 제어권을 획득 할 수 있다. 따라서 현재 버스 마스터가 아닌 장치는 버스를 통한 데이터 전송을 시작하기 전에 버스 제어를 요청해야한다.

버스 중재 체계는 다음과 같이 두 결정 요소의 균형을 유지하도록 해야 한다.
- 버스 우선순위 : 우선 순위가 가장 높은 장치가 먼저 서비스되어야 한다.
- 공평성 : 가장 낮은 우선 순위의 장치도 버스에서 완전히 잠기지(기아 현상) 않아야 한다. 따라서 중재는 기아가 없는 중요한 데이터 전송을 보장하고 액세스의 자유를 보장하도록 마스터에 고정 값(우선 순위) 설정이 해결책이다.

버스 중재는 중앙 및 분산형의 두 가지 방법이 있다. 일반적으로 사용되는 중앙 중재에서는 단일 제어기라고 하는 단일 버스 중재자(별도의 모듈이거나 프로세서의 일부)가 필요한 중재를 수행하며 분산 중재에서는 모든 장치가 다음 버스 마스터 선택에 참여한다.

1) 중앙 중재

버스 조정자(제어기)는 항상 결정을 내리는 단일 구성 요소의 중재 회로가 경합하는 버스 마스터로부터 요청을 수신 한 다음 중 어느 것이 버스를 제어 할 것인지 결정하는 액세스 방식으로 다음과 같이 3 가지 형태로 구분할 수 있다.
- 데이지 체이닝 방법
- 폴링 방법
- 독립적인 요청 방법

가. 데이지 체이닝(Daisy chaining)

모든 마스터(장치)는 버스 요청에 대해 동일한 회선을 사용하며 버스 요청에 대한 응답으로 버스가 사용 가능한 경우 제어기는 버스 허가를 전송한다. 버스 승인 신호는 버스에 대한 액세스를 요청하는 첫 번째 신호를 만날 때까지 각 마스터를 통해 직렬로 전송(전파)된다. 시스템 버스를 필요로 하는 마스터는 버스 허가 신호의 전파를 차단하고 버스 사용 라인을 활성화하여 버스의 제어권을 얻는다. 반면 다른 요청 모듈은 승인 신호를 받지 못하므로 버스 액세스를 얻을 수 없다.

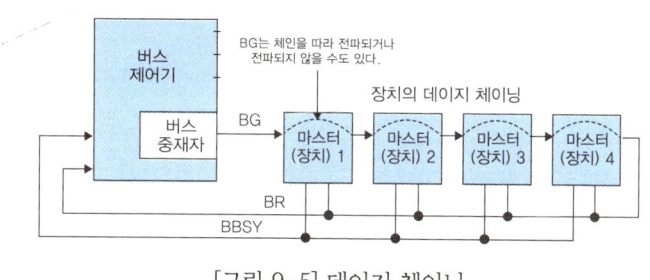

[그림 9-5] 데이지 체이닝

위 [그림 9-5]에서 보듯이 모든 장치는 버스 요청(BR; bus request)선과 버스 사용선(BBSY; bus busy)에 병렬로 연결되고 버스 허가(BG; bus grant)선에 직렬로 연결된다. 장치가 버스를 원할 경우 BR을 설정한 다음 기다린다. BGi가 제공되면(신호가 나타나면) BBSY를 확인한다. BBSY의 신호가 0이면 버스가 사용 중임을 나타내며 1이 될 때, BR을 표명 한 장치(마스터)는 버스 제어권을 획득 할 수 있다. 버스 요청선(BR)에 모든 장치의 직렬 연결을 데이지 체인(daisy chain)이라고 하며 체인의 각 장치는 버스를 요청하지 않는 한 BG 신호를 체인의 다음 장치로 전달한다. 데이지 체인에서 둘 이상의 장치가 동시에 버스를 요청한 경우 체인의 중재자와 가장 가까운 버스가 가장 높은 우선 순위를 가지며 버스를 가져온다(GR을 획득).

장점 : 간단하고 확장성이 좋으며(체인을 따라 특정 최대값까지 많은 장치 추가) 저렴하다.

단점 : 공정성을 보장하지 않으며(우선 순위가 낮은 장치에 대한 기아 현상), 버스 허가(BG)는 버스 속도를 제한(전달 지연)하거나 장치 중 하나의 오류가 전체 시스템에 영향을 준다.

나. 폴링(Polling) 방법

데이지 체이닝 방식의 버스 허가(BG)행을 버스의 모든 장치에 직접 연결된 일련의 폴링 행으로 대체하여(데이지 체이닝의 단점 보완) 버스 중재자는 버스 사용을 원하는 마스터에 대한 검사를 주기적으로 실행하여 BG를 결정하는 방식이다. 버스 제어기는 마스터에 대한 주소를 생성하는 데 사용되며 필요한 주소 행수는 시스템에 연결된 마스터의 수에 따라 다르다.

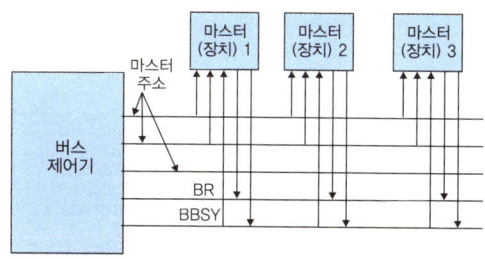

[그림 9-6] 폴링 방법

예를 들어 시스템에 8개의 마스터가 연결되어 있는 경우 2진 코드화된 폴링 주소를 이용하므로 최소한 3(2^3= 8) 개의 주소 행이 필요하다. 버스 요청에 응답하여, 제어기는 마스터 주소(이진 주소)를 생성하여(000, 001, …, 110, 111, 000, … 순차적으로 변경) 주소 행에 버스 마스터 주소를 전송함으로써 버스 마스터를 "폴링" 한다. 여기서 모든 버스 마스터는 버스 요청을 위해 동일한 공통선(BR)을 사용한다. 생성된 이진수가 n 인 경우 각 장치는 폴링 회선의 번호를 이미 할당 된 장치 주소와 비교한다. BR 신호가 수신되면 이진수 생성을 중지하고 BG를 전송한다. 그리고 해당 마스터는 BUSY를 활성화한다. BR이 비활성화 되면 BG와 BUSY도 비활성화 되면서 다시 제어기는 주소 생성을 시작한다.

장점 : 우선 순위의 유연성(동적 우선 순위) 즉, 현재 버스 마스터가 작업을 완료한 후 현재 버스 마스터 옆의 마스터가 버스에 액세스하는 데 가장 높은 우선 순위를 얻는다. 또한 하나의 모듈이 고장 나더라도 전체 시스템이 고장 나지 않는다.

단점 : 폴링 오버 헤드로 인해 많은 프로세서 시간이 소비 될 수 있다.

다. 독립적 요청 방법

동적 우선 순위가 가능한 가장 빠른 구조로 각 장치(마스터)는 중재기에 연결된 BR 및 BG 의 개별 쌍을 가지고 있으므로 n개의 장치에 대해 2n 이상의 제어선에 우선 순위가 할당 된다.

버스 제어기는 요청하는 모든 장치를 즉시 식별 할 수 있는 기능이 있으므로 장치가 버스 액세스를 요청하면(BR 전송) 버스 제어는 장치에 할당된(미리 지정된) 우선 순위에 따라 요청 장치 중 하나에 부여된다(BG). 이 우선 순위는 프로그래밍이 가능하다.

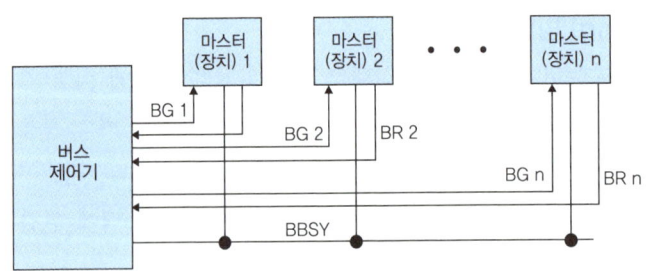

[그림 9-7] 독립적 요청 방법

위 [그림 9-7]에서 버스 마스터는 BR 신호를 BR1, BR2, …, BRn으로 분리하고 제어기의 BG 신호도 BG1, BG2, …, BGn로 분리한다. i 번째 마스터는 BRi(i 번째 버스 요청 신호)를 전송하고 BGi(i 번째 버스 허가 신호)를 받으면 버스를 사용하고 BBSY 신호가 활성화된다.

장점 : 별도의 BR 및 BG 쌍으로 중재가 빠르다. 특히 i 번째 마스터가 가장 높은 우선 순위를 갖도록 프로그래밍(동적 우선 순위 프로그래밍) 할 수 있다.

단점 : 필요한 제어선(BR 및 BG) 수가 많아 하드웨어 비용이 크다. 따라서 다수의 버스 마스터를 연결하는 것은 어렵다. 트래픽이 많을 때 중재자는 성능 병목 현상이 될 수 있다.

2) 분산 중재

중앙 제어기가 없이 모든 장치가 다음 버스 마스터 선택에 참여하며 각 장치(마스터)는 액세스 제어 논리가 포함된다. [그림 9-8]과 같이 공통된 4개의 BR(BR 0 ~ BR 3)선에 연결되어 각 장치는 4비트 식별 번호(ID)가 지정(할당)된다. 그러므로 모든 장치가 버스 제어 요청(BR)선을 모니터링 하고 다음 버스 마스터의 선택에 참여하며 또한 중재 프로세스를 수행하는 책임을 공유한다. 중재 회선(버스 제어 요청선)에 나타나는 패턴은 중재 회선에 연결(배치)된 모든 장치의 4비트 ID의 논리합이다. 따라서 모든 사용자(모듈)가 BR선을 통해 전송한 신호 간의 상호 작용의 결과로 선택되므로 요청 허가(BG)는 네 줄의 코드가 가장 높은 ID 번호를 가진 요청임을 나타낸다. 한 장치가 버스에 1을, 다른 장치가 동일한 버스에 0을 전송하면 버스 상태는 0이 된다.

장치는 반전 버퍼(inverters buffers)를 통해 모든 선의 상태를 판독하므로 장치는 버스 상태 0을 1로 읽는다. 각 장치는 중재 회선에 나타나는 패턴을 MSB로 시작하는 자체 ID와 비교하여 차이를 발견하면, 그 비트와 모든 하위 비트 위치에 대해 중재 라인에서 0을 전송한다. 가장 높은 ID 번호를 갖는 것이 가장 높은 우선 순위를 가진다.

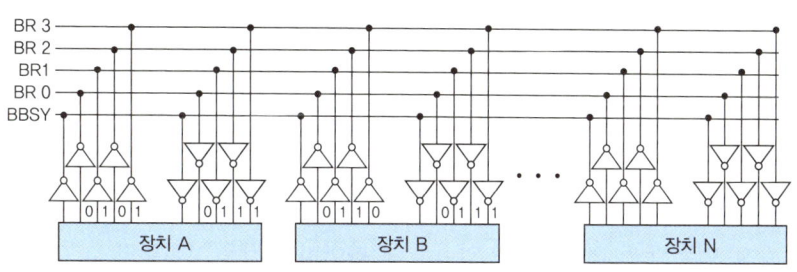

[그림 9-8] 분산 중재

예를 들어 A(ID= 5(0101)) 및 B(ID = 6(0110))가 버스를 요청한다고 가정하면 BR선에 0101, 0110을 전송한다. BR선에 나타나는 패턴은 논리적 OR이므로 0111이 BR선에 나타난다. 따라서 각 마스터(장치)는 GR선에 나타나는 패턴을 MSB로 시작하는 자체 ID와 비교하므로 마스터 A는 ID 5(0101)를 패턴 0111과 비교한다. 이때 마스터 A는 비트 위치 0(GR 2)에서 차이를 감지하고, 중재 회선(GR)에 패턴 0100을 전송한다. 중재 회선에 나타나는 패턴은 0100과 0110의 논리합(0110)이므로 B의 장치 ID와 동일하므로 B가 요청 허가(BG)를 획득하게 된다.

분산 중재는 버스 작동이 단일 장치(마스터)에 의존하지 않기 때문에 높은 신뢰성을 제공하며 SCSI 버스는 분산 중재의 예이다. 동기 버스의 모든 버스 활동은 버스 사이클이라고 불리는 이 사이클에 따라 실행되며 비동기 버스에는 마스터 클록이 없다. 버스 사이클은 필요한 만큼의 길이(범위)로 모든 장치 간 동일해야 할 필요는 없다.

4. 타이밍

버스를 통한 데이터 전송은 클록(clocking) 또는 타이밍(Timing)에 따라 동기 및 비동기 버스로 나눌 수 있다. 동기 버스의 모든 버스 활동은 버스 사이클이라고 불리는 이 사이클에 따라 실행되는 즉, 인터페이스의 레지스터가 프로세서 레지스터와 공통 클록을 공유하면 두 장치 간의 전송은 동기라고 한다. 반면 비동기 버스에는 마스터 클록 없이 각 장치의 내부 타이밍은 내부 레지스터에 대해 자체 클록을 사용한다는 점에서 다른 장치와는 독립적으로 실행될 때 두 장치는 서로 비동기라고 한다. 이때 버스 사이클은 필요한 만큼의 길이(범위)로 모든 장치 간 동일해야 할 필요는 없다. 입출력 버스는 너무 길어 동기식이 아니다.

1) 동기(synchronous) 버스

동기 버스는 클록에 의해 제어되며(제어선에 클록 포함) 클록과 관련된 프로토콜을 사용하므로 논리(logic)가 거의 필요하지 않다. 버스상의 모든 장치는 동일한 클록 속도를 가져야 하며 클록 왜곡 문제를 피하려면 반드시 짧아야 한다. 따라서 매우 효율적이며 보다 빠른 통신을 가능하게 한다. 모든 장치는 공통 클록 선(line)에서 타이밍 정보를 가져오며 이 선상에 동일하게 간격을 둔 펄스(1과 0이 교대로 반복되는 순서)는 동일한 시간 간격을 의미한다(클록 사이클 또는 버스 사이클). 가장 단순한 형태의 동기 버스에서, 이들 각각의 간격은 하나의 데이터 전송이 발생할 수 있는 버스 사이클을 구성할 수 있다. 따라서 모든 사건(events)은 클록 사이클의 시작 부분에서 시작된다.

다음 [그림 9-9]는 동기 버스에서의 입력 전송 타이밍 과정을 보여준다.

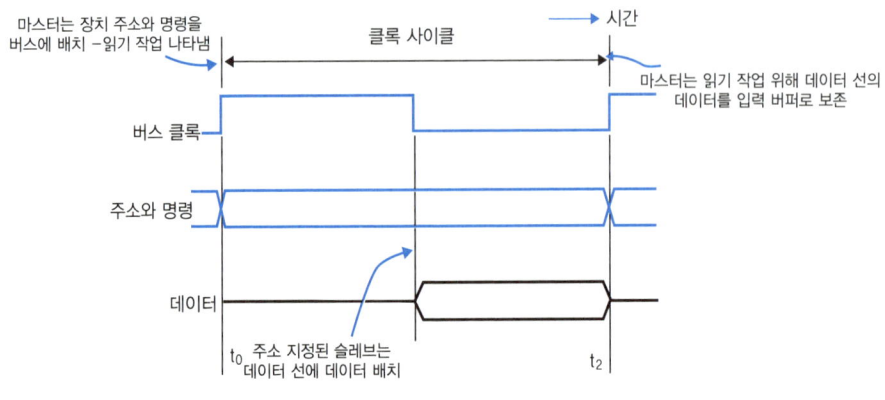

[그림 9-9] 동기 버스에서의 입력 전송 타이밍

입력(읽기) 동작(연산)을 살펴보면 시간 t0에서 마스터는 장치(슬레이브) 주소를 주소선에 배치하고 제어선에 적절한 명령을 전송한다. 이 경우 명령은 입력 동작을 표시하고 필요할 경우 오퍼랜드의 길이를 지정한다. 정보는 버스를 통해 이동하므로 클록 펄스 폭(t1 - t0)은 최대값 보다 커야 버스에 연결된 두 장치 간 또는 모든 장치가 주소 및 제어 신호를 해독하여 지정된 장치(슬레이브)가 t1에 응답 할 수 있다. 이때 슬레이브는 t1이전에 아무런 조치도 취하지 않거나 버스에 데이터를 저장하는 것이 중요하다. 왜냐하면 신호가 상태를 변경할 수 있기 때문이다. 버스의 정보는 t0에서 t1까지의 기간 동안 신뢰할 수 없다.

슬레이브는 요청 된 입력 데이터를 t1 시간에 데이터 선에 위치(배치)한다. 클록 사이클이 끝날 때(t2), 마스터는 데이터 선의 데이터를 입력 버퍼로 보존(strobes))하여 컴퓨터 기계어로 변환시키도록 한다. 앞서 설명한 바와 같이 전송은 1 클록 사이클 내에서 완료되어야하기 때문에 t2 - t0을 가장 긴 지연 시간으로 선택해야 하고 또한 프로세서는 주소가 지정된 장치가 실제로 응답했는지 여부를 판단 할 수 있도록 장치의 응답을 나타내는 제어 신호가 통합되어 있다.

다음은 이러한 액세스 예제이다.

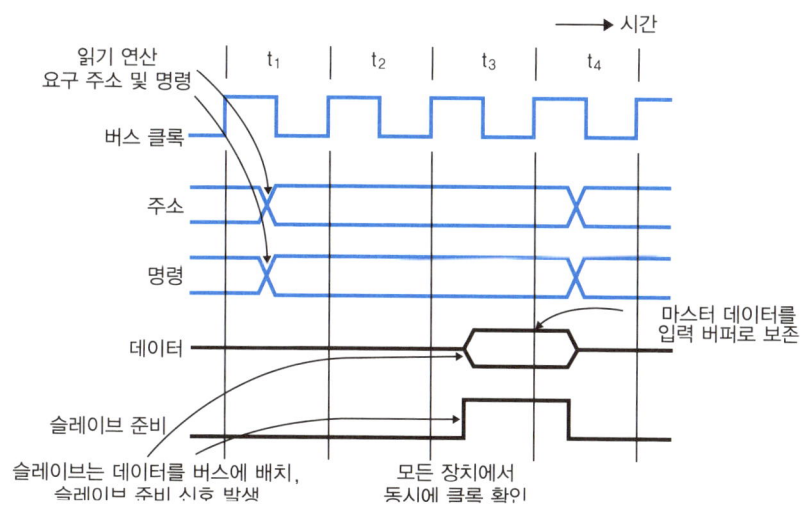

[그림 9-10] 여러 클록 사이클을 사용하는 입력 전송

1 클록 사이클(t1) 동안에 마스터는 버스에 주소 및 명령 정보를 전송하여 읽기(판독) 동작(연산)을 요청한다. 슬레이브는 주소/명령 정보를 수신하고 해독한다. 다음 클록 사이클(t2)의 시작 부분에서 응답을 결정하고 요청 된 데이터에 액세스하기 시작한다. 이때 데이터를 가져 오는 데 약간의 지연이 필요하다고 가정 했으므로 슬레이브는 즉시 응답 할 수 없다.

데이터가 준비되고 클록 사이클 3(t3)에서 버스에 배치된다. 동시에 슬레이브는 슬레이브 준비(slave-ready)라고 하는 제어 신호를 지정한다. 이 신호는 슬레이브에서 마스터에 대한 확인 응답으로서 유효한 데이터가 전송되었음을 확인한다. 마스터는 클럭 사이클 3(t3)의 끝에서 데이터를 입력 버퍼로 스트로브한다. 이제 버스 전송 작업이 완료되었다. 그리고 마스터는 클록 사이클 4(t4)에서 새 전송을 시작하기 위해 새 주소를 전송한다.

동기 버스는 구현 및 테스트가 더 간단하고 논리가 거의 필요 없어 매우 빠르게 실행할 수 있으므로 일반적으로 프로세서와 메인 메모리 사이에서 사용된다. 반면 동기 버스의 모든 장치가 고정 클록 속도로 연결되어 실행되기 때문에 비동기식 타이밍보다 유연성이 떨어지므로 시스템 성능이 향상되지 않는다.

2) 비동기(asynchronous) 버스

비동기 버스는 대부분의 컴퓨터 시스템에서 널리 사용되는 방식이다. 두 개의 독립적인 장치사이의 비동기적인 데이터 전송을 이루기 위해서는 데이터 전송 시각을 나타내기 위해 제어 신호를 서로 교환하여 송, 수신 상태를 서로 맞추어야 하는데, 그 방법으로 데이터 버스와 1개의 제어선을 이용하여 전송이 이루어져야 할 때 다른 장치에 지시하기 위해 하나의 장치가 제공(공급)하는 스트로브 펄스에 의해 상호 교환하는 스트로브 펄스(Strobe Pulse) 방식과 2~3개의 제어선을 이용하여 데이터가 있음을 나타내기 위해 전송을 시작한 장치에 응답하는 제2의 제어 신호를 전송함으로써 이루어지는(상호 교환) 핸드셰이킹(handshaking)에 의한 방식으로 구분할 수 있다. 물론 비동기 데이터 전송에서 송신기와 수신기 클록은 독립적이며 동기화되지 않는다. 사실, 연속적인 문자 또는 데이터(바이트) 사이에 타이밍 관계가 없어야한다. 여기서는 핸드셰이킹 방식에 대해 살펴보기로 한다.

핸드셰이킹 프로토콜은 발신자와 수신자가 확인 후에 만 다음 단계로 진행하므로 추가 제어선이 사용된다. 비동기 버스는 느리지만 더 멀리 떨어져있는 장치를 처리하여 일반적으로 입출력을 수행하는 데 사용된다. 핸드셰이킹은 클록 대신 프로토콜을 사용하여 서로 다른 속도로 작동하는 장치를 수용 할 수 있는 즉, 정상적인 통신이 시작되기 전에 서로 다른 두 장치 간의 통신 매개 변수를 설정하는 자동화 된 프로세스를 의미한다. 따라서 두 장치가 데이터를 공유하는 방식에 대한 기본 규칙 - 전송률, 알파벳 코딩, 패리티, 인터럽트 절차 등이 포함될 수 있다. 특히 컴퓨터가 모뎀, 서버 등과 같이 컴퓨터가 서로 외부인 경우에 특히 모뎀은 공급 업체, 모델 또는 하드웨어/소프트웨어 구성이 다르기 때문에 필요하다. 핸드셰이킹은 이러한 차이에도 불구하고 통신이 가능하도록 보장한다.

다음 [그림 9-11]은 핸드셰이크 프로토콜을 사용한 입력 데이터 전송의 타이밍 과정이다.

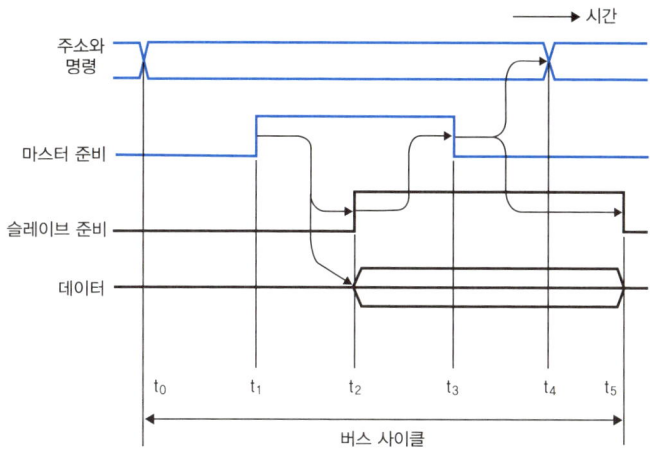

[그림 9-11] 핸드셰이크 제어에 의한 입력 연산 데이터 전송

t_0 - 마스터는 주소와 명령 정보를 버스에 배치한다.

t_1 - 마스터는 마스터 준비 선을 1로 설정하여 입출력 장치에 주소 및 명령 정보가 준비되었음을 알리고 버스의 모든 장치는 이 정보를 해독하기 시작한다. 지연(t_1-t_0) 간격은 버스에서 발생할 수 있는 클록 왜곡을 허용하기위한 조치이다. 한 발신자에서 동시에 전송 된 두 신호가 서로 다른 시간에 목적지(수신자)에 도달할 때 클록 왜곡(비뚤어 짐)이 발생한다. 이러한 현상은 버스의 여러 선(line)이 서로 다른 전파 속도를 가질 수 있기 때문에 발생하므로 마스터 준비 신호가 주소 및 명령 정보보다 먼저 어떤 장치에도 도달하지 않도록 보장하려면 지연(t_1-t_0)이 가능한 최대 버스 클록 왜곡(skew)보다 커야한다. 물론 (t_1-t_0)은 주소 정보를 해독하는 데 걸린 시간도 포함된다.

t_2 - 주소 및 명령 정보를 해독한 선택된 슬레이브는 데이터 레지스터의 데이터를 데이터 선에 배치하여 필요한 입력 작업을 수행한다. 지연(t_2-t_1)은 마스터와 슬레이브 간의 전파 지연과 슬레이브 인터페이스 회로의 지연에 따라 달라진다.

t_3 - 슬레이브 준비 신호가 마스터에 도착하여 입력 데이터가 버스에서 사용 가능함을 나타내며 마스터 준비 신호를 비활성화하여 데이터를 수신했음을 나타낸다.

t_4 - 마스터는 버스에서 주소 및 명령 정보를 제거한다. 시연(t_4-t_3)은 다시 버스 클록 왜곡을 허용하기 위한 것이다. 마스터 준비 신호가 0으로 설정되면 버스에서 주소 및 명령 정보가 제거되기 전에 모든 장치에 도달해야 한다.

t_5 - 장치 인터페이스가 마스터 준비 신호의 1에서 0으로의 전환을 수신하면 버스에서 데이터 및 슬레이브 준비 신호를 제거하면서 입력 전송이 완료된다.

이러한 비동기 버스는 이전 기술과 최신 기술을 사용하여 저속 및 고속 장치를 혼합하여 버스를 공유 할 수 있는 유연성과 데이터 전송의 성공적인 완료는 두 장치의 적극적인 참여 즉,

한 장치에 결함이 있으면 데이터 전송이 완료되지 않으므로 높은 안정성(신뢰성)을 제공한다. 특히 슬레이브 준비 신호를 사용하여 다양한 지연을 자동으로 수용 할 수 있다. 반면 동기식 버스가 단 한 번의 왕복 지연으로 데이터 전송이 이루어지나 비동기 버스(핸드셰이크)를 통한 데이터 전송 속도는 2 왕복 지연으로 제한되며 제어선의 추가로 복잡한 단점이 있다.

> **쉬어가는 코너**
> ---
> 버스 마스터링(Bus mastering)은 버스 구조에서 지원하는 기능으로, 버스에 연결된 장치가 통신 처리를 시작할 수 있게 도와준다.
> ---

1-2 상호 연결 네트워크

상호 연결 네트워크는 다중 프로세서(Multiprocessor) 시스템, 다중 프로세서-다중 메모리 시스템 그리고 배열 프로세서 등에서 중요한 역할을 담당하는 하드웨어로 처리기 즉 프로세서(내부 및 주변의 프로세서)들과 메모리 요소(전역 메모리 모듈)간의 연결(경로), 즉 캐시 또는 메인 메모리와 전역 메모리 모듈 사이의 전송을 담당한다. 컴퓨터의 성능 향상에 영향을 주는 요인으로 소프트웨어적인 기술도 있겠지만, 무엇보다 가장 직접적으로 영향을 주는 것은 프로세서들 사이의 통신 메커니즘 속도이다.

1. 상호 연결 네트워크

오늘날 대부분의 컴퓨터는 네트워크나 인터넷에 연결되어 있다. 컴퓨터 네트워크는 통신 및 자원 공유를 위해 다양한 방식으로 연결된 컴퓨팅 장치 모음이다. 응용 프로그램당 둘 이상의 프로세서를 사용하는 모든 병렬 시스템은 프로세서가 효율적으로 통신 할 수 있도록 구성되어야 병렬 처리의 이점이 나타나므로 병렬 시스템의 성능 향상에 상호 연결 네트워크는 매우 중요한 요소이다. 통신 서브넷(subnets) 또는 통신 서브 시스템이라고도 하는 상호 연결 네트워크(IN; Interconnection Network)는 다중 프로세서 시스템의 프로세서가 자체 또는 메모리 모듈 또는 I/O 장치와 통신 할 수 있도록 해주는 스위치와 링크의 복잡한 연결이다. 또한 공유 메모리 컴퓨터의 메모리에 액세스하거나 분산 메모리 환경에서 다른 프로세스와 통신하거나 I/O 장치를 사용하려면 데이터가 이동해야 하는 경로이다.

IN는 메모리 계층이 속도와 크기의 넓은 범위를 다루는 것처럼 응용 프로그램 영역의 넓은 범위를 포괄하며, 프로세서 칩과 시스템 내에 구현된 네트워크는 프로세서 및 메모리와 공통점이 많다. IN는 요구를 발생시키는 다수의 송신 장치 예를 들면 프로세서, 캐시, 지역 메모리 등과 요구를 처리하는 다수의 수신 장치 즉 전역 메모리 모듈 간의 양방향 전송을 담당한다. 여기서 송신과 수신은 요구와 관련된 사항으로 실제 데이터의 전송과 관련된 것은 아니다. 따라서 읽기 요구는 전역 메모리 모듈에서 프로세서 등으로 데이터가 전송된다. 다음 [그림 9-12]는 IN를 구성하는 다양한 요소 즉, 프로세서, 캐시, 공유 메모리를 포함하는 장치와 관련된 하드웨어 및 소프트웨어 인터페이스로 구성된 엔드(end) 노드, 엔드 노드에서 IN로의 링크 및 IN를 보여주고 있다.

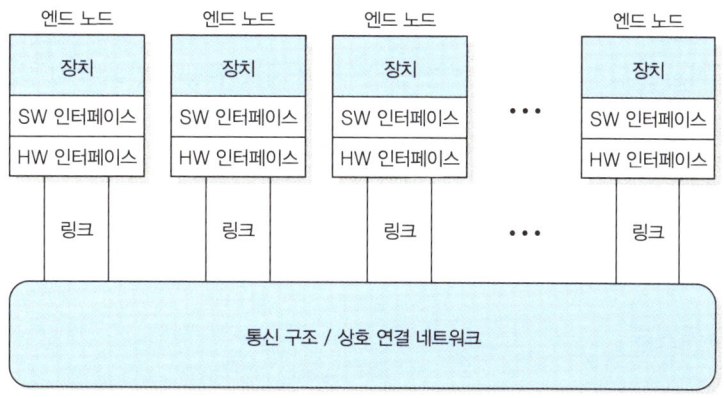

[그림 9-12] 상호 연결 네트워크

상호 연결 구조는 수동 링크로 연결된 활성 스위칭 소자(노드 또는 라우터)로 구성되며 특정 라우팅 기능을 구현하기 위해서는 모든 활성 구성 요소에 대해 일련의 제어 신호가 생성되어야 한다. 스위칭 소자는 다중 입력 및 다중 출력을 갖는 장치로 매우 작은 네트워크로 볼 수 있다. 제어 신호는 모든 연결에 대한 정보를 이용하여 단일 제어 장치에 의해 생성되는 중앙 집중식 제어와 단일 스위칭 노드 또는 스위칭 노드 그룹에 요구되는 입-출력 매핑에 관한 정보만을 사용하여 지역적으로 생성되는 제어 신호를 분산 제어라 한다. SIMD 시스템의 상호 연결 구조는 일반적으로 중앙 집중식 제어를 사용하는 반면 다중 프로세서 상호 연결 구조는 일반적으로 분산 제어를 통합한다.

IN는 다양한 형태와 토폴로지(topology)로 구성되고 있으나 기본적인 기능은 다음과 같다.

- 프로세서들 사이의 제어 신호 전송
- 서로 다른 메모리 뱅크를 갖고 있는 프로세서와 입출력 프로세서들 사이의 연결
  현대의 대부분의 대형 컴퓨터들은 고성능 다단계 크로스바 스위치 사용.
- 프로세서들 사이의 메시지 전송
- 전송을 위한 데이터 재조직

2. 상호 연결 네트워크의 설계 특성

IN은 컴퓨터 시스템 내의 구성 요소 간 온 칩(On-chip) 연결, 다중 프로세서 시스템에서 수천 개의 계산 노드 간 오프 칩(Off-chip) 연결에 이르기까지 다양한 용도로 사용된다. 데이터 센터나 수퍼 컴퓨터와 같은 다중 프로세서 시스템에서 외부 컴퓨터 시스템을 함께 연결하는 IN은 매우 중요하다. 이러한 IN의 성능은 다음과 같은 스위칭 방법론(기술), 연산(동작) 형태, 제어 전략 또는 토폴로지 구성에 크게 의존한다.

1) 스위칭 방법론
기본적으로 회로 스위칭과 패킷 스위칭이라는 두 가지 스위칭 방법론이 사용된다.

- 회로 스위칭(Circuit Switching) : 통신이 시작되기 전에 메시지의 출처와 목적지 사이의 완전한 물리적 경로가 설정되어야 하며 이 경로는 데이터 전송이 완료되지 않는 한 존재한다. 컴퓨터 간, 입출력 장치 간, 보드 간, 칩 간, 심지어 칩 내부의 모듈 간에도 일반적인 통신 수단으로 버스를 대체하고 있으며 대량 데이터 전송에 적합하다.

  [예] 전화 시스템

- 패킷 스위칭 (Packet Switching) : 패킷 스위칭 데이터는 패킷(서로 다른 크기)으로 분할되어 물리적 연결을 설정하지 않고 상호 연결 네트워크를 통해 개별적으로 라우팅된다. 물론 전송은 단계별로 설정되며 중간 노드 사이의 경로 만 통신의 각 단계에서 예약(설정)해야 한다. 패킷 스위칭은 회로 스위칭에 비해 네트워크 자원을 보다 효율적으로 사용하는 경향이 있지만 가변 패킷 지연이 발생한다. 짧은 메시지에 대해서는 패킷 교환이 더 효율적이다.

2) 연산(동작) 형태
연산 즉, 운영 형태에 따라 IN은 동기 대 비동기로 분류된다.

- 동기식 연산 : 전체 시스템이 잠금 단계 방식으로 작동하도록 시스템의 모든 구성 요소(스위칭 소자 및 I/O 노드의 연산)가 단일 전역 클록을 사용한다. 물론 비동기식 시스템에 비해 속도가 느려지는 경향이 있지만 경쟁 및 위험이 없으며 데이터 연산 또는 데이터 명령 방송에 유용하다. 따라서 핸드 쉐이킹 전략이 필요하다.
- 비동기식 연산 : 단일 전역 클록을 사용하지 않고 시스템 전체에 제어 기능을 분산 시키며 종종 타이밍을 위해 많은 개별 클록을 사용한다. 따라서 연산(동작)을 조정하기 위해 핸드 쉐이킹 신호가 대신 사용된다. 비동기식 시스템은 연결 요청이 동적으로 발행되는 다중 처리에 필요하다.

3) 제어 전략

일반적인 IN는 여러 스위칭 요소와 상호 연결로 구성되므로 상호 접속 기능은 스위칭 소자를 적절히 제어함으로써 실현된다. 제어 전략에 따라 IN은 회로 스위치 네트워크의 중앙 집중식 제어 또는 패킷 스위치 네트워크의 분산 제어로 분류 할 수 있다.

- 중앙 집중식 제어 : 단일 중앙 제어 장치를 사용하여 시스템 구성 요소의 작동을 감독하고 제어하므로 중앙 제어 장치의 기능과 신뢰성이 병목 현상이 될 수 있다.
- 분산 제어 : 제어 기능이 시스템의 여러 구성 요소에 분산되어 있다. 따라서 개별 스위칭 소자는 모든 제어 설정을 관리한다.

크로스바는 중앙 집중식 시스템이지만 다단계 상호 연결 네트워크는 분산되어 있다. 일부 네트워크들은 명확한 회로 스위치 네트워크로 중앙 제어를 사용하며 이때 프로세서들은 하나의 네트워크 제어기로부터 서비스를 요청받고 각각의 요청에 대한 우선 순위를 결정하여 최적의 경로를 선택한다. 일반적으로 버스들이 이러한 형태이다. [그림 9-13]은 이러한 중앙 제어의 버스와 단계 네트워크 구조를 보여주고 있다.

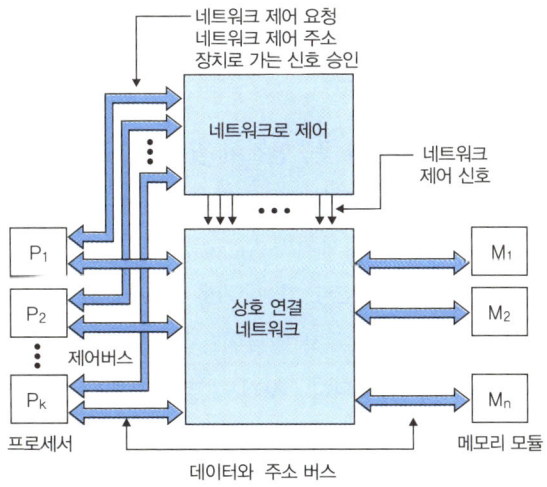

[그림 9-13] 중앙 제어의 상호 연결 네트워크 구조

배열 프로세서(다음 절 참고)는 일반적으로 중앙 제어 장치로부터 전송되어오는 제어와 함께 중앙 제어를 사용하며, 패킷 스위치 네트워크와 같은 일부 네트워크는 분산 제어를 사용한다. 이러한 패킷 스위치 네트워크에서 네트워크 안에 있는 각각의 노드는 사용에 따른 요청을 하나하나 독립적으로 처리하고 네트워크는 [그림 9-13]과 같이 중앙 제어 장치를 필요로 한다. 프로세서들 사이에 연결해주는 상호 연결 네트워크는 연결 목적과 동작 특성에 따라 여러 형태로 분류할 수 있다.

4) 네트워크 토폴로지

네트워크 토폴로지는 컴퓨터 네트워크 요소(프로세서, 메모리 및 기타 스위칭 요소)들의 물리적 연결 즉, 상호 연결을 설정하는 링크 및 스위치 상자의 배열(layouts)을 나타낸다. 예를 들어 완전히 연결된 토폴로지는 각 프로세서가 컴퓨터의 다른 모든 프로세서에 연결되고 링 토폴로지는 프로세서 k를 이웃 프로세서 인 프로세서 (k-1) 및 (k+1)에 연결된다. 링크는 전신(wires) 또는 채널을 의미하며 스위치 박스는 입력 링크를 출력 링크에 연결하는 장치이다. IN 토폴로지에는 아래 [그림 9-14]와 같이 정적(직접적인 네트워크) 및 동적(간접적인 네트워크)의 두 가지 유형이 있다.

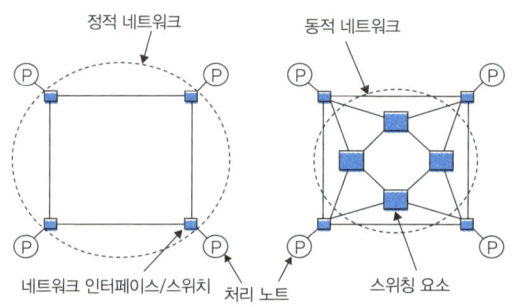

[그림 9-14] 정적 및 동적 상호 연결 네트워크

정적 네트워크는 노드 간 고정된 연결 즉, 연결이 필요할 때가 아니라 시스템이 설계 될 때 모든 연결이 형성되므로 정적 네트워크를 사용하면 노드 간 링크를 변경할 수 없으며 쉽게 재구성 할 수 없다. 동적 네트워크는 메시지가 링크를 따라 라우팅 될 때 두 개 이상의 노드 간에 즉석에서 연결을 설정하게 되어 노드 간 재구성 가능한 연결을 제공한다. 스위치 상자는 동적 네트워크의 기본 구성 요소로 동적 네트워크를 사용하는 경우 노드 간 연결은 상호 연결된 스위치 상자 설정에 의해 설정된다. 정적 네트워크에서 메시지 전송 경로는 라우팅 알고리즘에 의해 선택되며 스위칭 메커니즘은 입력이 노드의 출력에 연결되는 방법을 결정한다. 모든 스위칭 기술은 직접(정적) 네트워크에서 사용할 수 있다.

3. 정적 네트워크

정적 네트워크에서 처리 노드는 지점 간(point-to-point) 통신 링크(직접 네트워크)로 연결되며 재구성할 수 없으므로 주로 메시지 전달(message-passing) 컴퓨터에 사용된다. 다양한 유형의 정적 네트워크가 있으며, 모두 노드 연결 정도(node degree; 노드를 이웃 노드에 연결하는 링크의 수)로 표현되며 노드에 연결된 링크(edges)의 수이다. 가장 단순한 정적 네트워크는 버스이나 앞서 설명했듯이, 단순한 버스의 사용은 한 번에 하나의 메시지만 전송할 수 있다. 계층 버스와 같은 개선된 버스 아키텍처는 수용 할 수 있는 수준(대규모)의 병렬 처리를 제공 할 수 없으므로 병렬 컴퓨터에 실용적인 선택은 아니다. 이외 정적 네트워크는 다음과 같다.

1) 정도(node degree) 1 : 공유 버스

공통 버스라고도하는 공유 버스는 가장 단순한 유형의 정적 네트워크로 [그림 9-15]와 같이 모든 노드가 공통 통신 링크를 공유한다. 공유 버스는 가장 저렴한 네트워크이며 노드(장치)를 쉽게 추가하거나 삭제할 수 있다. 그러나 여러 노드가 동시에 버스를 요청할 때 충돌을 처리하기위한 메커니즘(선착순 방식 또는 우선 순위 방식) 즉, 버스 제어기(버스에 대한 액세스를 제공)를 통해 수행할 수 있다. 공유 버스는 각 노드가 공유 버스를 통해 다른 노드에 액세스 할 수 있으므로 직경 또는 지름(네트워크 내의 임의의 두 노드 간의 최단 경로 거리 중 가장 긴 거리)이 1이다.

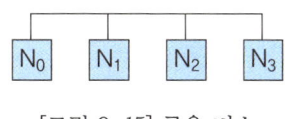

[그림 9-15] 공유 버스

- 정도(node degree) 2 : 선형 배열

N개의 노드들이 N-1개의 링크에 의하여 차례대로 연결된 구조이다. 각 노드가 두 개의 인접 노드(먼쪽 끝 노드 제외)와 [그림 9-16]과 같이 연결되며 첫 번째 노드와 마지막 노드가 연결되어 있지 않다. 선형 배열은 구조가 간단하지만, 원거리 노드 간의 통신 지연이 길어질 수 있다. 노드(프로세서)의 수의 증가에 따라 통신 시간이 증가하므로 즉, 한쪽 끝에서 네트워크로 들어오는 모든 데이터가 네트워크의 다른 쪽 끝으로 도달하기 위해 여러 노드를 통과해야하기 때문이다. N 노드가 있는 선형 배열의 직경은 N-1이다.

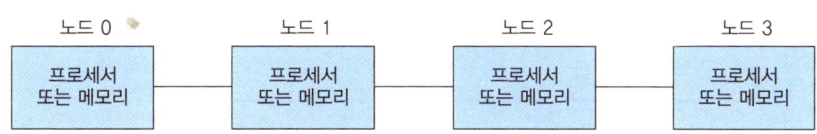

[그림 9-16] 선형 배열

- 정도(node degree) 2 : 링

선형 배열과 마찬가지로 각 노드는 이웃 노드 중 두 개에 연결되지만 첫 번째 노드와 마지막 노드도 연결되어 [그림 9-17]과 같이 링(Ring)을 형성한다. 링은 단방향 또는 양방향 일 수 있으며 단방향 링에서 데이터는 한 방향(시계 방향 또는 반 시계 방향)으로 만 이동할 수 있다. 이러한 링은 선형 배열과 마찬가지로 N-1의 직경을 갖는다. 그러나 데이터가 양방향으로 이동하는 양방향 링은 N이 짝수이면 직경을 2배 이하로 줄이므로 N개의 노드를 갖는 양방향 링은 [N / 2]의 직경을 갖는다. 물론 이 링의 직경은 선형 배열의 직경보다 개선되지만 그 배열은 큰 N에 대해 먼 노드들 사이에서 긴 통신 지연을 일으킬 수 있다.

선형 배열에 비해 양방향 링 네트워크는 신뢰성도 향상된다. 한 노드에서 장애가 발생하여 한 방향으로 연결을 효과적으로 차단하면 다른 방향을 사용하여 메시지 전송을 완료 할 수 있으나 인접한 두 노드 간에 연결이 끊어지면 링은 선형 배열이 된다.

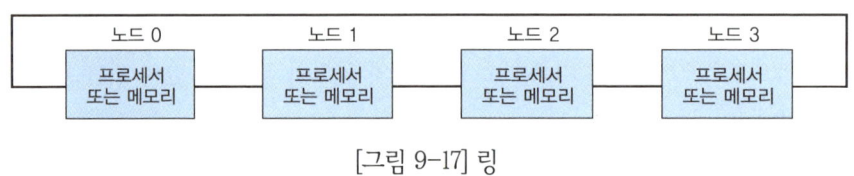

[그림 9-17] 링

- 정도(node degree) 3 : 트리(tree)

최근의 연구용 컴퓨터의 대부분은 트리 구조 또는 계층적 IN을 사용한다. 가장 낮은 부분에 정착 되어 있는 규모가 큰 멀티프로세서들 즉 프로세서들이 각각의 지역 그룹에 단 하나의 메모리로부터 크로스바 스위치까지 밀접하게 결합 되어 있다. 다음 [그림 9-18]은 7개의 노드가 있는 2진 트리 구조로 최상위 노드를 루트, 아래쪽에 네 개의 터미널 노드, 나머지 노드를 중간 노드라고 한다.

이 구조에서 각 중간 노드에는 두 개의 하위 노드가 있다. 루트는 노드 주소1이 있고, 하위 노드의 주소는 0과 1을 노드의 주소에 추가하여 얻는다. 즉, 노드 x의 자식에는 2x와 2x+1이다. N개의 노드를 가진 이진 트리는 직경 2(h-1)를 가지며, 여기서 h = [log2N]은 트리의 높이이다.

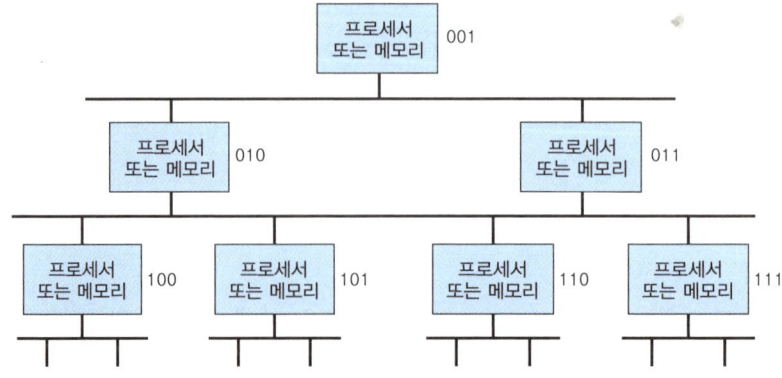

[그림 9-18] 2단계 노드와 지역 버스 시스템의 트리 구조의 상호 연결 네트워크

이 구조는 시스템 요소들의 수가 증가함에 따라 성능이 선형적으로 향상되는 구조로 네트워크 지름은 비교적 큰 편이나 확장이 가능하고 구현이 간단하다는 이점이 있다. 그러나 먼 터미널 노드들 사이에서 긴 통신 지연과 서로 멀리 떨어져있는 터미널 노드는 궁극적으로 루트(최상위 노드)를 통해 메시지를 전달해야 한다.

루트 액세스에 따라 트래픽이 증가하기 때문에 서로 멀리 떨어져있는 터미널 노드는 출발지에서 목적지까지 트리를 탐색하는 메시지를 기다리는 데 가장 많은 시간을 소비한다. 그래서 네트워크의 지름을 줄이기 위한 여러 가지 전략이 필요하므로 간단한 방식으로 노드들 간에 데이터가 라우팅 될 수 있는 간단한 라우팅 알고리즘이 있다. 각 패킷(노드가 다른 노드로 전송해야하는 정보 단위)에는 출처 주소 및 목적지 주소와 같은 라우팅 정보가 포함된 헤더가 있다. 패킷은 목적지 노드의 대상 또는 상위 노드에 도달 할 때까지 루트 노드를 향해 위쪽으로 라우팅되며 현재 노드가 목적지 노드의 조상(부)인 경우, 패킷은 목적지를 향하여 아래로 라우팅된다.

- 정도(node degree) 다양(n) : 하이퍼큐브(hypercube) 또는 n-큐브
  하이퍼 또는 n 큐브 네트워크는 N = 2r 노드로 구성되며 n을 n-큐브 네트워크의 차원이라고 한다. 노드 주소가 n차원 큐브의 모서리로 간주되면 네트워크는 각 노드를 n개의 이웃 노드에 연결한다. n큐브에서 개별 노드는 0에서 N-1까지의 n 비트 주소로 고유하게 식별된다. 이진 주소가 d인 노드가 주어지면 이 노드는 이진 주소가 정확히 1비트의 d와 다른 모든 노드에 연결된다. 예를 들어, 8개의 노드가 있는 3-큐브에서 노드 7(111)은 노드 6(110), 5(101) 및 3(011)에 연결된다.
  다음 [그림 9-19(a)]은 노드 간의 모든 연결을 보여준다.

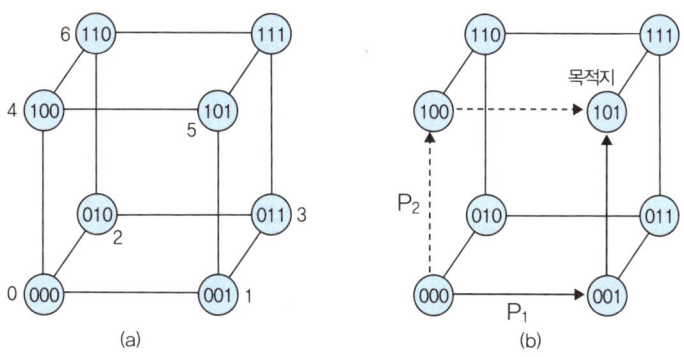

[그림 9-19] 3차원 큐브(a)와 노드 0에서 노드 5로 패킷 라우팅 경로(b)

노드 간의 최대 거리는 3으로 각 주소는 3비트로 구성되기 때문에 동일한 위치의 모든 비트가 다른 경우 두 주소 간의 차이가 최대 3이 될 수 있다. 일반적으로 n 큐브에서 노드 사이

의 최대 거리는 n이며, 직경은 n과 동일하다. n-큐브 네트워크는 병렬 계산에 몇 가지 기능을 가지고 있다. 모든 노드에서 동일하게 나타나며 특별한 처리가 필요한 노드가 없다. 또한 출처(source)와 목적지 사이에 분리된 경로를 제공한다. 출처 $S = (s_{n-1}s_{n-2} \ldots s_0)$ 와 목적지 $D = (d_{n-1}d_{n-2} \ldots d_0)$로 표현하면 최단 경로는 n = 3이므로 000에서 목적지 111까지 세 경로가 있는데 다음과 같다.

경로 1 : 000 → 001 → 011 → 111;
경로 2 : 000 → 010 → 110 → 111;
경로 3 : 000 → 100 → 101 → 111;

이진 주소가 1비트 씩 다를 경우 두 노드가 직접 연결된다. 이 연결 방법은 네트워크를 통한 데이터 라우팅을 간단한 방식으로 제어하는 데 사용된다. 예를 들어, [그림 9-19(b)]는 노드 0에서 노드 5로 패킷을 라우팅하려면 패킷이 두 개의 다른 경로인 P1과 P2를 통과 할 수 있다. 먼저 비트 t_0을 반영하고 다음에 t_2를 반영하면 패킷은 경로 P1을 통과하며, t_0 대신에 비트 t_2가 먼저 반영되면 패킷은 P2를 통과한다.

4. 동적 네트워크

동적 네트워크(간접 네트워크)의 토폴로지는 노드 간에 재구성 가능한 연결을 제공하는 물리적 구조 즉, 처리 노드와 메모리 뱅크 사이의 경로를 설정하기 위해 스위치 상자(동적 연결) 및 상호 연결 링크에 의해 연결(결정)되며 주로 공유 메모리 컴퓨터에 사용된다. 스위치 상자는 네트워크의 기본 구성 요소이므로 네트워크 비용은 필요한 스위치 상자의 수로 측정되어 네트워크의 토폴로지가 비용의 주요 결정 요인이다. 스위치 상자는 스위치 또는 스위칭 소자(switching element)를 나타내며 다중 입력 및 다중 출력을 갖는 장치이다. 따라서 스위칭 소자는 매우 작은 네트워크로 볼 수 있다.

다음 [그림 9-20]은 두 개의 입력(x 와 y)과 두 개의 출력(z_0 과 z_1)을 가진 간단한 스위치이다.

제어선(s)은 입력선이 직진 상태 또는 교환 상태의 출력선에 연결되어야 하는지 여부를 결정한다. 예를 들어, 제어선 s = 0 일 때 입력은 직선 상태의 출력에 연결되어 x는 z_0에 연결되고 y는 z_1에 연결된다. 제어선 s=1일 때, 입력은 교환 상태의 출력에 연결되어 x는 z_1에 연결되고 y는 z_0에 연결된다. 이러한 동적 네트워크는 단일 단계와 다중 단계로 구축할 수 있다.

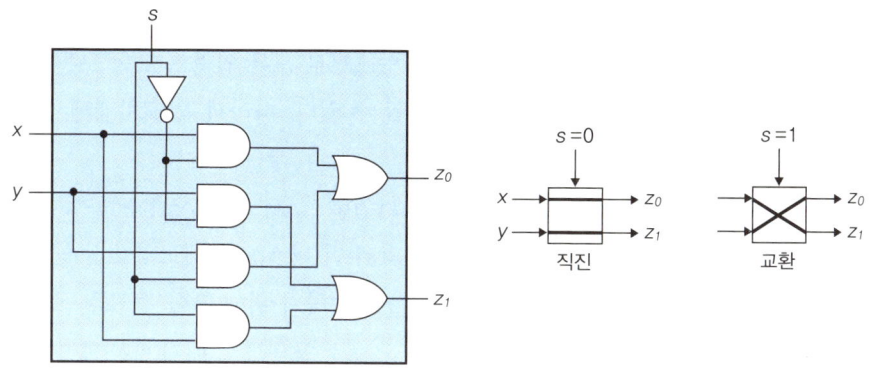

[그림 9-20] 간단한 2-입력 스위치

이러한 스위치를 사용하여 출처 x를 0~7개의 가능한 목적지 중 하나에 연결할 수 있는 네트워크 [그림 9-21]를 살펴보자.

3단계(열) 즉 단계 2, 1 및 0의 목적지 주소는 비트 단위 $d_2d_1d_0$으로 표시되어 단계 2의 스위치는 목적지 주소의 최상위 비트 즉, d_2의해 제어된다. 이 비트는 $d_2 = 0$일 때 출처 x가 목적지 0~3(000~011) 중 하나에 연결되거나 아니면 x는 목적지 4~7(100~111) 중 하나에 연결되며 단계 1과 0의 스위치는 각각 d_1과 d_0에 의해 제어된다.

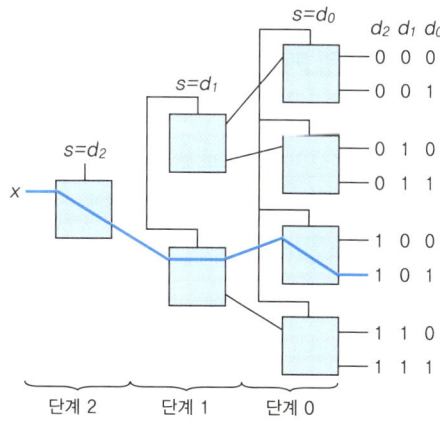

[그림 9-21] 1-8 상호 연결 네트워크

1) 크로스바(crossbar) 스위치

스위치를 제어하기위한 메커니즘이 있다고 가정하면 모든 단일 출처를 단일 목적지에 연결할 수 있으나 여러 출처와 여러 목적지를 특정적 연결로 설정할 수 없다. 이러한 다중 연결은 일부 스위치의 위치를 변경하여 해결할 수 있다. 버스의 수가 계속 늘어나 수신 장비의 수와

제9장 병렬 처리 - 499

같아진 경우 이를 크로스바(crossbar)라고 한다. 크로스바 스위치는 가능한 모든 순열을 제공하여 입력 노드 셋을 출력 노드 셋에 연결할 수 있으므로 모든 입력 노드를 모든 출력 노드에 연결(모든 배열 제공 즉, 1:1 또는 1:다수 연결)될 수 있다. 따라서 각 교차점에서 스위치로 연결된 여러 개의 수직 및 수평 링크로 볼 수 있다.

다음 [그림 9-22]는 N 노드를 N 노드에 연결하기위한 크로스바(crossbar)를 나타낸다. 크로스바는 n개의 수평 버스(행) – 프로세서와 n개의 수직 버스(열)–메모리로 구성된다. 수평 버스는 교차점에서 수직 버스와 교차하면서 연결을 형성하기 위해 닫힐 수 있는 스위치가 있다. 각 노드 쌍 사이의 연결은 교차점 스위치 즉, 크로스 포인트 스위치(N2))로 설정되며 애플리케이션 요구에 따라 켜거나 끌 수(0 또는 1 설정) 있으므로 모든 노드 간에 완벽한 연결을 제공한다.

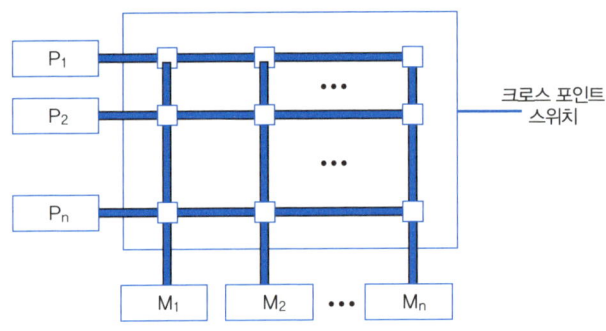

[그림 9-22] 크로스바 스위치

프로세서의 수가 많은 시스템(SIMD 배열 프로세서, 다중 프로세서 또는 다중 컴퓨터)에서는 모든 프로세서와 다수의 병렬 메모리 모듈에 동등한 액세스 권한을 부여하거나, 또는 프로세싱 요소들 사이에 데이터 통신 메커니즘을 제공하기 위해 즉, 버스 병목 현상을 줄이기 위하여 높은 연결성을 제공하는 IN 구조가 필요하다. SIMD 시스템에서 상호 연결 구조를 통한 데이터 이동은 프로그램 제어에 의해 이루어지므로 데이터 이동 명령어는 라우팅 기능(출처에서 목적지의 경로 설정)을 정의하여 네트워크 제어 신호를 생성한다. 이러한 크로스바 스위치는 프로세서들과 다른 메모리 모듈들 사이에 완전 연결성을 제공하여 작은 규모의 N에 이상적인 네트워크이나 큰 규모 N의 경우 교차 스위치로 구현하면 비용이 많이 들고 하드웨어가 복잡해지는 단점이 있다. 따라서 고속에도 불구하고, 그 사용은 일반적으로 복잡성의 증가 및 비용의 증가로 인해 32개 이하의 프로세서를 포함하는 시스템으로 제한된다. 송신 장비로부터의 요구가 모두 다른 수신 장비로 전달되어 모든 요구를 동시에 처리할 수 있으므로 크로스바 스위치를 비 차단(non-blocking)스위치라 한다.

2) 단일 단계 네트워크

단일 단계 상호 연결 네트워크(SIN; Single Stage Interconnection Networks)는 입력(출처)과 출력(목적지) 사이에는 하나의 연결 단계(스위칭 소자)로 구성되어 통신을 설정하려면 데이터가 네트워크를 통해 여러 번 순환(셔플 순열)되어야 하므로 재순환 네트워크라고도 한다.

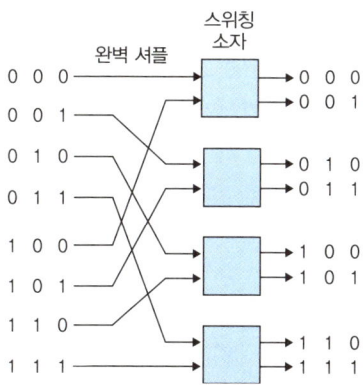

[그림 9-23] 단일 단계 네트워크

단 하나의 스위칭과 링크 단계로 구성되므로 다양한 연결과 배열(순열)을 구성 할 수 있도록 네트워크를 통해 데이터 흐름을 여러 번 유도하는 라우팅 알고리즘이 필요하다. SIN은 일반적으로 작은 크로스바 스위치(2×2 ~ 8×8 크로스바)를 사용하며 SIN 2x2 스위치의 가능한 설정은 네 가지이다.

- 직진; 상위 입력은 상위 출력으로 전송되고 하위 입력은 하위 출력으로 전송
- 교환; 상위 입력은 하위 출력으로 전송되고 하위 입력은 상위 출력으로 전송
- 상부 방송; 상위 입력은 상위 및 하위 출력으로 모두 전송(broadcast)
- 하부 방송; 하위 입력은 상위 및 하위 출력으로 모두 전송(broadcast)

SIN은 입력과 출력 사이에 있는 멀티 스위칭 즉, 회로 스위치와 패킷 스위치 둘 다 사용이 가능하다. 패킷 스위치 네트워크의 어떤 단계는 신호들을 다음 단계로 보내기위해 즉, 준비 또는 전송을 위해 패킷을 보관하는 래치(latch)를 갖고 있다. 이러한 형태의 네트워크들은 특별히 파이프라인 프로세서들에 유용하다.

다음 [그림 9-24]는 네 가지 상태를 나타내는 하나의 2×2 크로스바를 보여 주고 있다.

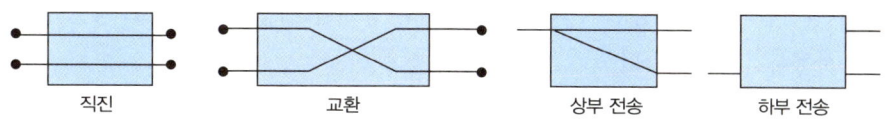

[그림 9-24] 2×2 크로스바(a)와 래치 포함 패킷 스위치(b)

셔플(shuffle) 순열

Harold Stone(1971)이 제안하였으며 IN의 출처에서 목적지까지의 다중 경로가 가능한 네트워크의 정보 교환 순열을 제공한다. n 비트 수로 표현되는 N개의 객체 X_{n-1}, X_{n-2}, X_0 (N은 $N = 2n$이 되도록 선택 됨)의 경우 N 객체의 셔플은 다음과 같이 표현된다.

X_{n-1}, X_{n-2}, X_0 = X_{n-2}, X_0, X_{n-1}

주소를 1비트 왼쪽으로 시프트(shift)하고 최상위 비트를 최하위 비트로 이동하는 순환 논리 왼쪽 시프트 형태이다. 예를 들면 001 → 010, 010 → 100, 010 → 100, 101 → 011 등의 완벽한 셔플을 얻을 수 있다. 또한 교환 작업을 통해 최하위 비트를 반전(예 : 101 → 100) 시킨다. 다음은 8개 개체에 대한 완벽한 셔플 연결을 보여 주고 있다.

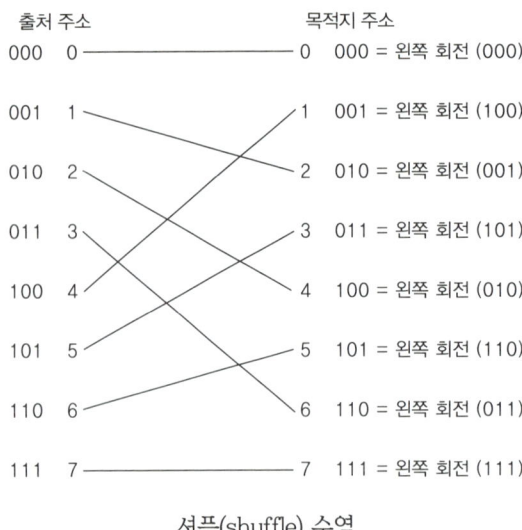

셔플(shuffle) 순열

3) 다단계(오메가) 네트워크

앞서 설명한 버스 시스템에서는 특정 버스에 액세스하기 위해 1단계의 스위칭이 필요하나 경우에 따라 연결을 위한 다단계의 스위칭이 필요하다. 이러한 연결 네트워크는 크로스바에 비해 비용이 적게 들면서도 송신(여기서는 프로세서)과 수신(여기서는 메모리 모듈) 사이에 충분한 병렬적인 경로를 제공하여 다중 프로세서 시스템의 성능에 중요한 역할을 한다. 다단계 IN은 프로세서(입력)가 자체 및 메모리 모듈(출력)과 통신할 수 있게 하는 시스템의 중요한 부분이면서 합리적인 비용으로 빠르고 효율적인 통신을 제공하여 대규모 병렬 컴퓨터 시스템에서 사용하기에 적합하다.

[그림 9-25]에서 8개의 프로세서(In)와 8개의 메모리 모듈(On) 사이를 연결하는 3단계 연결 네트워크를 보여주는데 사각형은 2×2 스위치이다. 이러한 연결을 오메가(omega) 네트

워크라 하며 셔플(shuffle) 순열(연산)에 의해 한 단계의 출력이 다음 단계의 입력에 연결되는 형태로 각 단계는 완벽한 셔플 및 4 스위치로 구성된다. 오메가 네트워크는 병렬 컴퓨팅 구조에서 자주 사용되며 완벽한 셔플 상호 연결 알고리즘을 사용하는 간접 토폴로지이다.

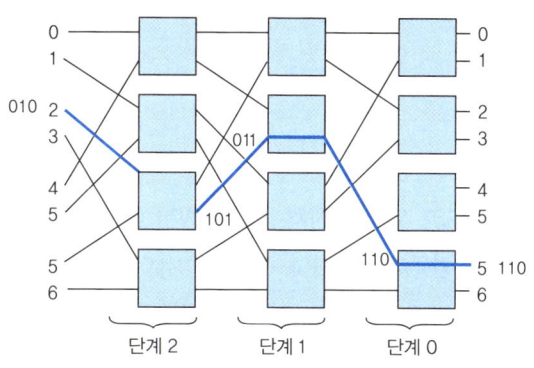

[그림 9-25] 8-입력 3단계 오메가 네트워크

각 입력은 양쪽 출력중 하나로 경로 배정 될 수 있다. 만일 두 입력이 서로 다른 출력을 요구하는 경우 두 입력은 평행 또는 교차된 형태로 출력에 연결될 수 있다. 그러나 같은 출력에 연결되어야 하는 경우 하나의 요구만 만족될 수 있다. 다른 입력은 처음 요구한 입력의 연결이 끝날 때까지 차단된다. 따라서 일부 순열은 네트워크에 의해 수립 될 수 없다. 예를 들어, 앞의 셔플순열에서 출처 3과 7이 목적지 1과 0에 각각 연결되도록 요구하는 배열을 설정할 수 없으나 네트워크를 통한 여러 단계에서 설정 될 수 있다. 즉, 패킷이 여러 스위치를 거쳐야하므로 특정 순열을 설정할 수 있다. 예를 들어, 노드 3이 노드 1에 연결되면 노드 7은 노드 4를 통해 노드 0에 연결될 수 있다. 즉, 노드 7은 패킷을 노드 4로 보내고 노드 4는 노드 0으로 패킷을 보낸다. 따라서 노드 3을 한 패스에서 노드 1에 연결하고 노드 7을 두 패스에서 노드 0에 연결할 수 있다. 일반적으로, N 노드를 갖는 단일 단계 셔플 교환 네트워크를 고려하면, 모든 임의 순열(배열)은 이 네트워크를 최대 $3(\log_2 N) - 1$ 회 통과함으로써 실현될 수 있다. 물론 1:1 연결뿐만 아니라 오메가 네트워크는 일부 스위치를 상부 방송 또는 하부 방송 상태로 설정하여 한 출처에서 많은 목적지로 데이터를 전송 사용할 수 있다.

오메가 네트워크는 행, 열, 대각선 및 행렬의 정사각형 블록에 충돌 없는 액세스를 허용하며 크로스바보다 오메가는 스위치가 더 적기 때문에 훨씬 저렴한 비용으로 필요한 배열을 제공한다. 이와 같은 형태의 연결 네트워크는 같은 수의 프로세서(Pn)와 메모리 모듈(Mn)이 있는 SIMD 구조의 융통성 있는 연결 네트워크를 제공하기 위해 개발되었다. 각 단계에는 여러 가지 연결 형태가 가능하다.

예를 들면 $P_0 \rightarrow M_4$, $P_1 \rightarrow M_1$, $P_5 \rightarrow M_5$로 연결이 가능하다.

Section 02 병렬 컴퓨터

병렬 컴퓨터란 프로세서와 메모리, 입출력 장치 등을 포함한 여러 개의 시스템들을 하나로 묶어서 한 시스템처럼 사용할 수 있는 컴퓨터를 말한다. 이러한 컴퓨터는 일기 예보, 대규모의 복잡한 물리적 시스템의 시뮬레이션, 고해상도의 그래픽을 이용하는 컴퓨터 이용 설계(CAD) 등과 같은 빠른 계산능력과 처리 능력이 필요한 영역에서 주로 사용되는 시스템이다. 앞서 1장에서 간략하게 병렬 프로세서의 유형 SIMD, MIMD(다중 프로세서) 그리고 대안 컴퓨터(데이터플로우 등)에 대하여 살펴보았다. 여기서는 이러한 시스템의 구조에 대해 살펴보기로 한다.

2-1 병렬 컴퓨터 개요

병렬(Parallel) 컴퓨팅은 많은 계산이 동시에 수행되는 계산의 한 형태로, 큰 과제(문제)를 작은 과제로 나누어 동시에(병렬로) 해결하는 것을 의미하며 비트 수준, 명령어 수준, 데이터 및 작업 병렬 처리와 같은 여러 가지 형태가 있다. 끊임없이 증가하는 데이터베이스의 크기와 새로운 문제의 복잡성은 초고속 최신 단일 프로세서 컴퓨터 시스템으로는 한계가 있다. 따라서 계산 능력이 수천 배까지 향상 될 수 있는 컴퓨팅 환경인 병렬로 작동하는 다중 프로세서, 즉 병렬 컴퓨팅이 등장하게 되었다. 병렬 컴퓨팅의 세부 사항에 들어가기 전에 병렬 컴퓨팅에서 자주 사용되는 몇 가지 기본 개념에 대해 살펴보자.

1. 병렬 처리와 동시성

일반적으로 컴퓨터 소프트웨어는 직렬 계산 즉, 문제 해결을 위한 알고리즘이 작성되고 순서대로 명령어 스트림으로 구현하는 형태로 제작된다. 물론 이 명령어는 컴퓨터의 처리기(CPU)에서 실행되며 한 번에 하나의 명령만 실행할 수 있고 명령이 완료되면 다음 명령이 실행된다. 그러나 병렬 컴퓨팅은 여러 처리 요소(PE; processing element)를 동시에 사용하여 문제를 해결한다. 각 처리 요소가 다른 알고리즘과 동시에 알고리즘의 일부를 실행할 수 있도록 문제를 독립 부분(모듈)으로 분리하여 수행된다. 따라서 처리 요소는 다양하다. 예를 들면 여러 프로세서가 있는 단일 컴퓨터, 여러 네트워크 컴퓨터, 특수 하드웨어 또는 이러한 자원이 함께 포함될 수 있다. 물론 프로그램의 실행 시간은 명령어 수에 명령어 당 평균 시간을 곱한 것과 같다. 다른 모든 조건이 일정하게 유지되면 클록 주파수를 높이면 명령을 실행하는 데 걸리는 평균 시간이 단축되므로 주파수(frequency)가 증가하면 모든 계산 중심 프로그램의 실행 시간이 단축된다. 따라서 병렬 컴퓨팅은 결과를 더 빨리 얻기 위해 여러 프로세서에서 하위 작업으로 분할 된 동일한 작업을 동시에 실행하는 의미이다.

병렬 처리(parallel processing)와 동시성(concurrency)은 동의어이나 약간 차이가 있다. 병렬은 많은 작업의 독립적인 활동을 동시에 수행하므로 처리 장치(CPU)가 여러 개인 하드웨어가 필요하다면 동시성은 적어도 두 개의 작업이 같은 시간대에 진행 중이며 반드시 동시는 아니며 직렬 또는 병렬로 실행될 수 있다. 병렬 컴퓨팅은 계산이 동시에 실행되는 여러 조각으로 나누어지는 컴퓨팅의 한 형태로 하나 이상의 문제를 해결하기 위해 두 개 이상의 프로세서(코어, 컴퓨터)를 조합하여 사용한다. 반면 동시 컴퓨팅은 계산이 상호 작용하는 프로세스의 모음으로 수행되는 컴퓨팅의 한 형태(프로그래밍 개념)로 단일 처리 장치에서 구현이 가능하다. 특히 동시성은 순차/병렬/분산 컴퓨팅 환경에서 중요한 역할을 한다. 다음은 동시 시스템을 위한 단일 프로세서 및 병렬 시스템을 위한 다중 프로세서의 예이다.

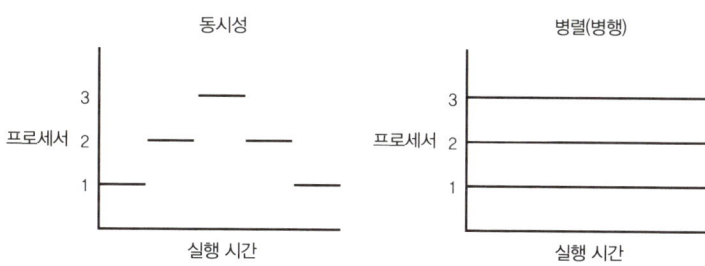

[그림 9-26] 병렬과 동시성의 실행 차이

2. 병렬 처리의 수준

병렬 처리는 큰 문제를 작은 문제로 나누어 동시에 여러 프로세서로 작은 문제들을 해결할 수 있다. 모든 병렬 처리가 동시적으로 이루어지지는 않지만 비트 수준 병렬 처리와 같은 일부 유형의 병렬 처리는 병렬로 수행된다. 현대 컴퓨터에서 병렬 처리는 여러 수준에서 나타난다.

1) 비트 수준 병렬 처리

비트 수준 병렬 처리(BLP; Bit level Parallelism)는 VLSI 기술에 따라 프로세서 워드 크기가 증가하는 것을 기반으로 하는 병렬 컴퓨팅의 한 형태로(1970~1985) 속도 향상은 컴퓨터 워드 크기(프로세서가 주기 당 처리 할 수 있는 정보의 양)를 두 배로 늘림으로써 이루어진다. 워드 크기를 늘리면 크기가 워드 길이보다 큰 변수에 대해 연산을 수행하기 위해 프로세서가 실행해야하는 명령어 수가 줄어든다.

8비트 프로세서에서 16비트 숫자에 대한 산술 연산을 수행하려면 연산을 두 개의 8비트 연산으로 나누어 수행한다. 예를 들어, 8비트 프로세서가 2개의 16비트 정수를 더하기(+) 하는 경우 프로세서는 먼저 각 정수에서 8비트의 하위 비트를 덧셈한 다음 8비트의 상위 비트를 더하기하지만 16비트 프로세서는 단일 명령으로 연산을 완료 할 수 있다. 이와 같이 큰 비트를 작은 비트로 나누는 비슷한 작업을 항상 포함하기 때문에 작업이 복잡하나 프로세서 수준에서 실행 중이고 프로그래밍 논리에서 고려할 필요가 없기 때문에 응용 프로그램과 독립적인 이점은 있으나 비트 수에 의해 제한되는 단점이 있다.

2) 명령어 수준 병렬 처리

명령어 수준 병렬 처리(ILP; Instruction level Parallelism)는 1985년부터 1990년대 중반까지 컴퓨터 구조를 지배하는 병렬 구조로 다른 기능 장치(예 :적재 장치, ALU, floating-point 곱셈기 등)가 필요한 명령어 순서를 활용한다. 컴퓨터 프로그램은 프로세서에 의해 실행되는 명령들의 흐름으로 이러한 명령어는 재정렬하여 그룹으로 결합한 다음 프로그램의 결과를 변경하지 않고 병렬로 실행할 수 있다. ILP를 더 잘 이해하기 위해서는 구체적으로 Flynn 분류에 의한 구조에서 MIMD 즉 슈퍼스칼라 프로세서와 VLIW 프로세서의 MISD에도 적용된다. 따라서 ILP는 주로 하드웨어 수준에서 수행되며 단일 프로세서 클록 주기에서 둘 이상의 명령어를 수행하는 모든 구조를 포함한다. 최신 프로세서로 다단계 명령 파이프라인이 있다. 파이프라인의 각 단계는 프로세서가 해당 단계에서 해당 명령에 대해 수행하는 다른 동작에 해당한다. N 단계 파이프라인을 갖는 프로세서는 완료의 다른 단계에서 최대 N개의 다른 명령을 가질 수 있다. 파이프라인 프로세서의 표준 예는 RISC 프로세서(5단계)이다. 파이프라이닝의 ILP 외에도 한 번에 두 개 이상의 명령을 실행할 수 있는 프로세서는 슈퍼스칼라 프로세서이다. 이와 같이 ILP는 동일한 명령어 스트림에서 여러 명령어를 동시에 실행할 수 있고 하드웨어(슈퍼스칼라) 또는 컴파일러(VLIW)에 의해 생성되고 관리되므로 병렬 실행을 위한 많은 가능성(전망)과 컴파일러는 병렬성을 발견하는 합리적인 작업을 할 수 있는 이점이 있으나 데이터와 제어 종속성에 의한 실제 제한이 있다.

3) 데이터 수준 병렬 처리

데이터 수준 병렬 처리(DLP; data level parallelism)는 ILP보다 특별한 경우로 동시에 여러 데이터에서 동일한 연산을 수행하는 즉, 여러 개의 데이터 단위 또는 동일한 연산을 적용하여 같은 시간에 배열을 실행한다. 단일 스트림의 명령이 여러 데이터에서 동시에 실행되며 비표준 데이터 연산 유형 및 메모리 대역폭에 의해 제한된다고전적인 DLP의 예는 각 픽셀을 처리하는 이미지 작업(예 : 밝기 조정)을 수행하는 것으로 동일한 수정 기능을 사용하여 동시에 여러 개의 픽셀을 수정하는 데 적합하다. DLP를 활용할 수 있는 다른 유형의 연산은 행렬, 배열 및 벡터 처리이다. DLP를 구현할 수 있는 구조는 SIMD이다.

4) 스레드 수준 병렬 처리

스레드 수준 병렬 처리(TLP; thread level parallelism)는 작업 수준 병렬 처리(TLP; task level parallelism)라고도 하며 단일 프로세스의 여러 실행 흐름을 동시에 실행하며 동시에 처리 될 프로세서 간에 작업이 분할되는 병렬 처리이다. 동일한 응용 프로그램에서 다중 스레드 또는 명령 시퀀스(sequences)를 동시에 실행할 수 있으며 컴파일러나 사용자에 의해 생성되고 컴파일러와 하드웨어에 의해 관리된다. 이러한 TLP는 관련이 없는 독립적인 작업(예를 들어 계산, 메모리 액세스 및 입출력)을 동시에 실행해야 하는 응용 프로그램에서 가장 자주 발견된다. 이러한 유형의 응용 프로그램은 웹 서버와 같이 작업량(workload)이 많은 시스템에서 자주 발견되며 통신 및 동기화 오버 헤드 및 알고리즘 특성에 따라 제한된다.
TLP는 다른 스레드가 실제로 병렬로 실행될 수 있게 해주는 다중 코어 및 다중 프로세서 시스템으로 현재 연구에 널리 사용된다.

3. 병렬 컴퓨터의 역사

컴퓨터는 클록 속도를 높이거나 향상된 VLSI 기술을 사용하여 더 빠르게 만들 수 있으나 실질적인 제한이 있다. 이론적으로 무제한 속도를 높일 수 있는 유일한 방법은 여러 모듈을 사용하여 원래의 문제를 독립 모듈로 분리하고 동시에 실행하는 즉, 동시 작업(연산)을 더 많이 수행하는 프로세서 수가 많을수록 속도가 빨라지는 병렬 처리이다. 대부분의 기본 병렬 처리는 단일 프로세서 시스템에서도 볼 수 있는데 간단한 병렬 처리는 컴퓨터의 한 모듈에서 다른 모듈로 데이터를 병렬로 전송하는 방법이다. 데이터를 비트 단위로 전송하는 대신 8/16/32비트가 버스를 통해 동시에 전송된다. 이러한 병렬 처리에 대한 연구와 구현의 시작은 1956년 IBM이 LANL(Los Alamos National Laboratory)의 슈퍼컴퓨터를 생산하기 위해 만든 7030 프로젝트(STRETCH)이다. 1959년에 개발된 IBM STRETCH(IBM 7030) 컴퓨터는 250,000개의 트랜지스터로 구성되었으며 처리 및 명령이 있는 I/O 중복 등 여러 가지 새로운 개념이 도입되었다. 1962년 CDC는 IBM 7090과 유사한 48비트 워드와 6 μs(10-6)의 메모리 사이클 시간을 갖는 CDC 1604를 제공한다. 이어 1964년 기술 및 상업적 성공을 거둔 최초의 슈퍼컴퓨터 CDC 6600이 생산되었으며 1968년 개발한 IBM 2938 배열 프로세서는 32비트 부동 소수점 연산에서 10 MFLOPS를 유지하는 상용 시스템이다. 그 후 1969년 컴퓨터 CDC 7600에 파이프 라이닝(산술 장치)의 개념이 적용되고 1976년 CRAY1은 벡터 레지스터 개발과 가상 메모리를 사용하지 않고 최적화된 파이프라인 연산 장치가 사용되었으며 클록 속도는 12.5 nsec(10-9)이다.

1981년에 제공된 메모리-메모리 구조의 Cyber 205 벡터 슈퍼컴퓨터의 클록 속도는 20 nsec 이었다. 1980년대 일본도 고성능 벡터 슈퍼컴퓨터를 생산하기 시작하여 Hitachi는 1982년에 S-810 / 210 및 S-810 / 10 벡터 슈퍼컴퓨터, NEC는 SX-1을 개발했으며 Fujitsu는 VP-200(최고 500 MFLOPS)을 개발했다. 특히 일본 통상 산업부(MITI)는 Prolog를 커널 언어로 사용하여 병렬 지식 기반 시스템을 구축하기 위해 5 세대 컴퓨터 시스템 프로젝트를 시작한다.

한편 Cray Research는 최대 4개의 프로세서를 지원하는 Cray X-MP(1984), 1985년에는 Fujitsu의 VP-400 벡터 슈퍼컴퓨터, IBM은 3090 벡터 프로세서를 소개하고 Cray Research는 4개의 백그라운드 프로세서와 단일 포어그라운드 프로세서 그리고 4.1 nsec 클록 사이클 및 256 Mword 메모리를 갖춘 CRAY-2를 생산한다. 1988년에 소개된 CRAY Y-MP는 8개의 프로세서로 1000x1000 LINPACK에서 2.1 GFLOPS를 달성한다. 16개의 프로세서를 장착 한 CRAY Y-MP C90(1992)은 100x100 LINPACK에서 479 MFLOPS를 달성하고 4개의 프로세서가 있는 NEC SX-3/44는 1000x1000 LINPACK에서 13.4 GFLOPS 달성하였으며 1996년 Hitachi의 SR2201은 빠른 3 차원 크로스바 네트워크를 통해 연결된 2048개의 프로세서를 사용하여 600 GFLOPS의 최고 성능을 달성했다. 2004년 일본 해양 과학 기술기구(JAMSTEC)에서 NEC가 구축 한 지구 시뮬레이터 슈퍼컴퓨터는 640 노드를 사용하여 35.9 TFLOPS(1012)에 이르렀는데 각각 8개의 독점적인 벡터 프로세서가 장착되었다. 또한 IBM의 Blue Gene은 저전력 소모로 PFLOPS(1015) 범위의 작동 속도에 도달 할 수 있는 슈퍼컴퓨터 개발을 위한 프로젝트로 3세대의 슈퍼컴퓨터 Blue Gene/L, Blue Gene/P 및 Blue Gene/Q를 만들었다.

2009년 Cray Jaguar(Cray XT5) 또는 OLCF-2는 1,750 TFLOPS(1.75 PFLOPS)의 성능을 나타내고 2012년 Cray XT5 Jaguar는 Gemini 네트워크 상호 연결을 추가한 Cray XK7 Titan 은 10 PFLOPS 이상을 수행하는 최초의 하이브리드 슈퍼컴퓨터이다. 2018년 Oak Ridge National Laboratory에서 사용하기 위해 개발한 IBM의 Summit 또는 OLCF-4는 200 PFLOPS을 지원하는 가장 빠른 슈퍼컴퓨터이다.

- **LINPACK**

컴퓨터에서 수치 선형 대수를 처리하기 위한 소프트웨어 라이브러리로 선형 방정식과 선형 최소 제곱 문제를 분석하고 해결하는 Fortran 서브루틴 모음이다. 패키지는 행렬이 일반, 줄무늬, 대칭 불명확, 대칭 포지티브 확정, 삼각형 및 삼중 대각선인 선형 시스템을 해결하며 컬럼 중심의 알고리즘을 사용하여 참조의 지역성을 보존함으로써 효율성을 높인다.

LINPACK은 1970~1980년대 초 사용 중인 슈퍼컴퓨터 용으로 설계되었으며 공유 메모리, 벡터 슈퍼컴퓨터에서 효율적으로 실행되도록 설계된 LAPACK에 의해 대체되었다.

- **플롭스(FLOPS, FLoating point OPerations per Second)**

컴퓨터의 성능을 수치로 나타낼 때 주로 사용되는 단위로 초당 부동소수점 연산이라는 의미로 컴퓨터가 1초 동안 수행할 수 있는 부동소수점 연산의 횟수를 기준으로 삼는다.

[예]
MFLOPS(megaFLOPS) : 10^6 GFLOPS(gigaFLOPS) : 10^9 TFLOPS(teraFLOPS) : 10^{12}
PF LOPS(petaFLOPS) : 10^{15}

4. 병렬 컴퓨터의 운영 모델

폰 노이만 병목 현상을 극복하는데 주로 관여하는 병렬 시스템은 단일 프로세서 시스템보다 뛰어난 가용성과 확장성을 제공해야 하므로 프로세서 수, 프로세서 속도, 메모리 시스템, 상호 연결 네트워크, 라우팅 알고리즘 및 제어 유형과 같은 다양한 요인을 고려하여 구현한다. 두 개 이상의 프로시시가 공동 메모리(RAM)에 대한 전체 액세스를 공유하는 대표적인 컴퓨터 시스템인 다중 프로세서와 다중 컴퓨터에 대해 알아보자.

두 유형은 다음 절에서 다루는 플린(Flynn)의 분류에 따르면 MIMD 범주에 속하는 병렬 컴퓨터이다.

다중 프로세서는 모든 프로세서가 공유하는 주 메모리 시스템(공유 주소 공간)을 갖춘 병렬 컴퓨터라면 다중 컴퓨터는 전용 네트워크를 통해 통신하는 다수의 독립적인 프로세서마다 자체 지역 메모리가 있는 병렬 컴퓨터로 볼 수 있다.

1) 다중 프로세서

다중 프로세서(Multiprocessor) 시스템은 두 개 이상의 프로세서와 메모리 및 입출력 장비의 상호 연결로 각 프로세서가 주소를 지정할 수 있는 메모리(공유) 시스템을 가지고 있으며 메모리 시스템은 모든 프로세서에 의해 주소 공간이 공유되는 하나 이상의 메모리 모듈로 구성된다. 따라서, 프로세서가 각각 서로 다른 프로그램을 실행하거나 서로 다른 프로그램을 동시에 실행하도록 설정할 수 있다.

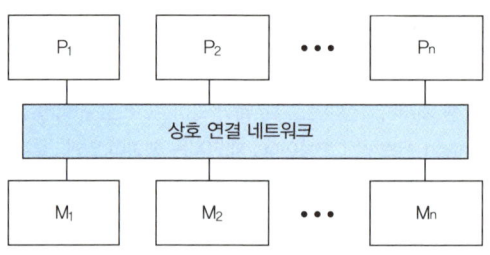

[그림 9-27] 다중 프로세서 구조

다중 프로세서는 일반적으로 n개의 프로세서 및 k 개의 메모리 모듈로 구성되며 프로세서는 P1, P2, … 및 Pn으로 표시되고 메모리 모듈은 M1, M2, … 및 Mk로 표시된다. 상호 연결 네트워크(IN)는 각 프로세서를 메모리 모듈의 일부 하위 셋에 연결하고 전송 명령은 각 프로세서에서 연결된 메모리로 데이터를 이동시킨다. 두 프로세서 간에 데이터를 전달하려면 중간 메모리 및 프로세서를 통해 데이터를 이동시키는 프로그래밍 된 데이터 전송 순서(sequence)를 실행한다.

모든 컴퓨터와 마찬가지로 다중 프로세서는 디스크, 네트워크 어댑터 및 기타 장비와 같은 입출력 장치가 있어야하며 일부 다중 프로세서 시스템은 특정 프로세서만 입출력 장치에 액세스 할 수 있는 특별한 입출력 기능이 있는 반면 다른 것들은 모든 프로세서가 모든 입출력 장치에 동등하게 액세스 한다. 모든 프로세서가 모든 메모리 모듈과 입출력 장치에 동등하게 액세스 할 수 있고 운영 체제에서 다른 프로세서와 상호 교환할 수 있도록 처리되는 시스템을 SMP(Symmetric MultiProcessor)라 한다.

다중 프로세서는 메모리 시스템의 구성에 따라 공유 메모리가 있는 단단히 결합된 강결합 시스템 또는 공유 메모리 프로세서라고 하며 느슨하게 결합된 약결합 시스템 또는 분산된 메모리 다중 프로세서로 나눌 수 있다.

가. 강결합(Tightly Coupled) 시스템

강결합 시스템에서는 프로세서들이 메모리와 클록(Clock)을 공유하며 통신은 공유된 메모리를 통하여 일어난다. 다시 말하면 여러 개의 프로세서가 하나의 메모리(공유 메모리 또는 전역 메모리)를 공유하는 시스템으로 하나의 큰 메모리 모듈로서 또는 상이한 프로세서에 의해 병렬로 액세스 될 수 있는 메모리 모듈 셋으로 구현된다. 따라서 모든 프로세스는 LOAD 또는 STORE 명령을 실행하여 메모리 워드를 읽거나 쓸 수 있다.

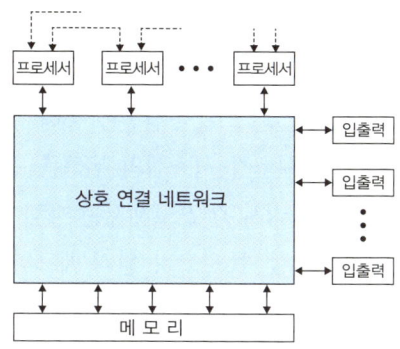

[그림 9-28] 강결합 시스템

프로세서 간의 통신은 공유 메모리를 통해 이루어지며 공유 메모리를 차지하려는 프로세서 간의 경쟁 최소화가 주요 고려 대상이다. 공유 메모리를 차지하려는 프로세서 간의 경쟁은 결합 교환(Combining Switch) 방법으로 해결한다. 즉, 하나의 공유 메모리를 차지하려는 여러 개의 프로세서 중 오직 하나의 프로세서만 액세스를 허용한다.

각 프로세서는 자체적으로 대규모 작업을 수행하며 모든 프로세서가 동일한 기능을 수행하는 경우의 동종과 프로세서가 다른 기능을 수행하는 경우의 이기종도 있다.

이러한 다중 프로세서 시스템의 장점은 다음과 같다.

- 프로세서의 중복성으로 안정성 증가
- 동일한 작업의 병렬 부분에서 여러 작업을 병렬로 실행하기 때문에 처리량이 증가

2) 약결합(Loosely Coupled) 시스템

약결합 다중 처리 시스템에서는 두 개 이상의 프로세서가 고속 통신 시스템(기가비트 이더넷이 일반적 임)을 통하여 연결되며 각 프로세서는 자신의 운영체제와 메모리, 프로세서, 입출력 장치(인터페이스)를 갖고 있다.

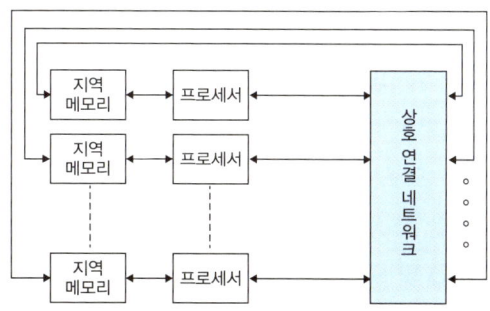

[그림 9-29] 약결합 시스템

독립적으로 운영되고 필요할 때 통신하는 분산(Distributed) 처리 시스템으로 알려져 있으며 클러스터라고도 한다. 특히 메모리 경합을 줄이기 위해 메모리 시스템이 프로세서 간에 분할되어(지역 메모리) 프로세서에 연결되므로 통신선을 통해 서로 다른 시스템(프로세서)의 파일을 참조할 수 있으며 어떤 경우에는 각 시스템의 부하를 조절하기 위하여 부하가 적은 프로세서에 작업을 보낼 수도 있다. 따라서 각 프로세서는 자체 지역 메모리 및 다른 모든 프로세서의 지역 메모리에 직접 액세스 할 수 있으나 원격 메모리에 대한 액세스 시간은 지역 메모리보다 훨씬 높다(메모리 액세스 지연 초래). 시스템에 장애가 발생하더라도 다른 프로세서는 독립적으로 작업을 수행할 수 있으므로 치명적인 시스템 장애는 발생하지 않는다. 이러한 약결합 시스템은 하드웨어와 소프트웨어가 상호 작용할 수 있지만 서로 의존하지는 않는다. 이것은 다른 구성 요소 및 모든 모듈에 영향을 주는 하나의 모듈 변경이 독립적이라는 것을 의미한다.

유형에 관계없이 다중 프로세서에는 모든 프로세서에서 사용되는 하나의 운영 체제로 프로세스(프로세서에서 실행될 수 있는 프로그램의 일부 즉, 실행 단위) 및 데이터 요소 수준에서 프로세서와 해당 작업 간의 상호 작용을 제공한다. 또한 프로세서 수가 증가하면 버스가 공유 자원이므로 경쟁을 해결하기 위한 메커니즘이 제공되어야 하기 때문에 버스 기반 시스템은 피해야 한다. 특히 프로세서 또는 메모리를 추가하여 시스템을 확장하면 버스 경합이 증가하여 시스템 처리량이 저하되고 논리 복잡성 및 비용이 증가한다. 시스템 내의 전체 전송 속도는 단일 버스의 대역폭과 속도로 제한되기 때문에 공유 메모리 모델을 지원하는 스위칭 네트워크를 사용하는 것이 좋다. 일반적으로 다중 프로세서는 다중 컴퓨터보다 프로그래밍이 쉬우므로 소규모 병렬 시스템에서 지배적인 구조되고 있다.

2) 다중 컴퓨터

다중 프로세서와 다중 컴퓨터 모두 동시 작업을 지원하지만 시스템 간에는 중요한 차이점이 있다. 둘 다 다중 처리 환경과 한 번에 둘 이상의 프로세서를 사용하지만 다중 프로세서 시스템은 다중 프로세서로 작동하는 단일 컴퓨터이나. 다중 컴퓨터 시스템은 단일 컴퓨터로 작동하는 컴퓨터의 클러스터로 통신 링크를 통해 필요한 경우 서로 통신하는 자체 운영 체제가 있는 여러 대의 컴퓨터로 구성된다. 이 의미는 각 프로세서가 공유 메모리가 있는 다중 프로세서가 아닌 자체 메모리(지역 메모리)를 갖는 구조를 나타내므로 때때로 분산 메모리 시스템이라고 한다. 반면 다중 프로세서 시스템은 공유 메모리 또는 프로세서 간 메시지를 통해 다양한 프로세서의 활동을 조정하는 단일 운영 체제에 의해 제어된다. 그러므로 다중 컴퓨터의 각 프로세서는 LOAD 및 STORE 명령어를 실행하여 액세스 할 수 있지만 다른 프로세서가 액세스 할 수 없는 자체 지역 메모리를 사용하므로 프로세서당 하나의 물리적 주소 공간을 가지는 반면 다중 프로세서는 모든 프로세서가 단일 물리적 주소 공간을 공유한다.

따라서 다중 코어 컴퓨터는 유사하지만 다중 코어가 공통 메모리를 공유하기 때문에 다중 컴퓨터가 아니다.

다중 컴퓨터 구조에서 지역 메모리(개별적인 메모리)는 각 프로세서에 연결되며 각 프로세서는 지역 메모리 및 입출력 포트와 함께 개별 PE(노드)를 구성한다. 즉, 각 프로세서는 지역 메모리에 저장된 데이터를 사용하여 수행하며 PE는 대부분 같은 유형이다.

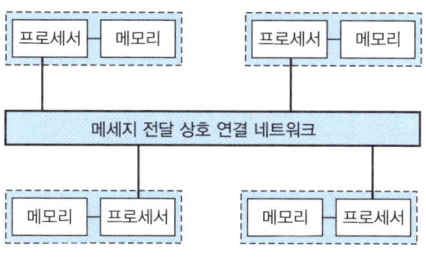

[그림 9-30] 다중 컴퓨터 구조

다중 컴퓨터에서 프로세서는 지역 메모리에만 직접 액세스 할 수 있고 원격 메모리에는 직접 액세스할 수 없으므로 통신 체계가 필요하다. 상호 연결 네트워크는 프로세서가 지역 메모리에 존재하지 않는 데이터에 액세스하거나 수정해야 하는 경우 메시지 전달 기법(패킷 교환 방식을 적용하여 데이터를 교환)으로 작업(연결)을 수행하며 또한 프로세서는 통신 채널(상호 연결 네트워크)을 통해 다른 모든 프로세서로 정보 블록을 전송(또는 수신) 할 수 있다. 통신 채널은 프로세서 간의 물리적(전기적) 연결이며 각 프로세서는 통신 인터페이스라고 하는 장치를 통해 통신 채널에 연결된다. 통신 인터페이스는 통신 채널을 통해 데이터를 송수신 할 수 있다. 그러나 다중 컴퓨터에서 하드웨어 공유 메모리가 없으면 소프트웨어 구조에 중요한 영향을 미친다. 모든 프로세스(모든 프로그램 실행 단위)가 LOAD 및 STORE 명령을 실행하여 모든 메모리를 읽고 쓸 수 있는 단일 가상 주소 공간을 갖는 것은 다중 컴퓨터에서 불가능하므로 다른 조치가 필요하다. 특히, 어떤 프로세서에 필요한 데이터가 있는지 여부와 해당 프로세서에 데이터 복사본을 요청하는 메시지 전송과 수신 과정을 제어해야 한다. 일반적으로 요청이 응답 될 때까지 차단되어야 한다. 따라서 다중 프로세서보다 소프트웨어가 훨씬 복잡하고 구조가 복잡할 뿐만 아니라 데이터를 올바르게 분할하고 최적의 위치에 배치하는 것이 다중 컴퓨터에서 주요 문제이다. 물론 다중 프로세서에서 성능에 영향을 줄 수 있지만 배치가 정확성이나 프로그램 가능성에 영향을 미치지 않으므로 문제가 되지 않는다. 다중 컴퓨터 프로그래밍은 다중 프로세서 프로그래밍보다 훨씬 어렵다.
이러한 다중 컴퓨터의 예로 IBM BlueGene/L, Red Storm 및 Google 클러스터가 있다.

위에서 간략하게 살펴보았지만 다중 프로세서는 구축이 어렵지만 프로그램하기 쉽고 다중 컴퓨터는 구축하기 쉽지만 프로그램하기가 쉽지 않으므로 상대적으로 구축하기 쉽고 프로그램하기가 쉬운 하이브리드(hybrid) 시스템을 구축하기 위해 많은 노력을 기울이고 있다.

2-2 병렬 컴퓨터 분류

병렬 컴퓨터에는 여러 유형이 있다. 수많은 병렬 구조 유형이 수년에 걸쳐 고안되었기 때문에 병렬 구조를 위한 간단한 분류 시스템을 개발하는 것은 쉽지 않다. 다양한 형태의 병렬구조는 서로 다른 범위에 겹치는 특성을 가지고 있으므로 모든 병렬 시스템을 포괄하는 만족스러운 분류 체계를 찾지 못했다. 그러나 Michael J. Flynn은 1966년 디지털 컴퓨터를 분류하는 방법인 Flynn 분류법을 제안했다. 이러한 분류는 모든 기계를 포함하지는 않지만 널리 사용된다.

1. 병렬 구조의 분류

큰 처리량과 시스템 성능을 향상시키려는 병렬 처리 시스템은 일반적으로 둘 이상의 프로세서를 포함하므로 다중 프로세서 시스템 내에서 프로세서와 메모리를 구성하는 방법에는 여러 가지가 있으나 크게 다음과 같은 두 가지 방법이 소개되고 있다. 먼저 고성능의 단일 프로세서를 이용하여 시스템을 구성하는 방법으로 빠른 회로를 이용한다. 수치계산을 위한 여러 개의 연산 장치와 파이프라인 기법, 큰 용량의 캐시, 명령어와 데이터 각각을 위한 분리된 버스 등을 사용하여 매우 큰 처리량을 달성할 수 있다. 물론 하드웨어 설계가 어렵고 유지 비용이 많이 들지만 단일 프로세서에 기초하여 설계가 이루어지므로 기존의 소프트웨어 기법이 모두 이용될 수 있어 소프트웨어 측면에서 보면 시스템이 상대적으로 간단해진다.

다른 방법은 일반적인 프로세서 즉 마이크로프로세서를 여러 개 사용하여 시스템을 구성하는 방법으로 각각의 프로세서가 복잡하거나 고성능일 필요가 없다. 이러한 시스템의 성능 향상은 많은 연산을 동시에 수행함으로써 얻어진다. 이러한 시스템은 각각의 프로세서에서 동시에 수행할 수 있는 작은 단위로 작업을 나누는 소프트웨어와 나누어진 작업을 알맞게 순서를 결정하고 여러 개의 프로세서에서 수행이 되도록 하는 정교한 소프트웨어 기술이 필요하다. 이와 같은 병렬 처리를 위하여 여러 종류의 하드웨어 구조가 이용된다. 이러한 병렬 구조의 다양한 형태는 다음과 같이 구분하고 있다.

- 플린(Flynn)은 시스템 내의 명령 스트림 및 데이터 스트림의 다양성에 의한 구분(1966)
- 펭(Feng's)은 컴퓨터 시스템의 직렬 및 병렬 처리 기반에 의한 구분(1972)
- 들러(Handler)는 파이프 라이닝 및 서브시스템 수준과 병렬 처리 수준에 따라 분류(1977)

물론 이러한 분류도 병렬 구조를 완벽하게 설명하지 않지만 플린의 분류가 가장 타당한 평가를 받고 있다. 여기서는 펭(Feng's), 쇼어(Shore)와 핸들러(Handler)에 의한 분류를 간략하게 살펴본 후 플린(Flynn)에 의한 분류를 중심으로 구체적으로 설명하기로 한다.

1) 펭(Feng's)의 분류

1972년 Tse-yun Feng은 다양한 컴퓨터 구조를 분류하기 위해 병렬성의 수준(정도)에 따라 즉, 비트와 워드 수준에서 직렬(순차)과 병렬 처리를 기반으로 분류했다. 시스템(직렬과 병렬 처리 컴퓨터)이 단위 시간마다 처리 할 수 있는 최대 비트 수를 '최대 병렬 처리 수준(degree of parallelism)' 이라 하며 비트 슬라이스는 동일한 수직 위치에 있는 각 단어의 비트 열이다. 최대 병렬 처리 수준은 산술 및 논리 장치의 구조에 따라 다르며 높은 병렬 처리 수준은 병렬 ALU 또는 처리 요소(PE)를 나타낸다. 평균 병렬 처리는 하드웨어 및 소프트웨어에 따라 다르며 동시 프로그램을 통해 더 높은 평균 병렬 처리를 달성 할 수 있다.

이러한 분류에는 다음과 같이 4가지 방법이 있다

- WSBS(Word Serial and Bit Serial : n=m=1) :
  한 번에 하나의 비트가 처리되기 때문에 비트 병렬 처리라 한다.
- WPBS(Word Parallel and Bit Serial : n=1, m>1)
  m 비트 세그먼트(slice)가 한 번에 처리되므로 비트 슬라이스 처리라 한다. 한 번에 모든 단어의 한 비트가 처리되므로 이를 고려할 수 있다. 워드 병렬은 모든 단어의 선택을 나타낸다.
- WSBP(Word Serial and Bit Parallel : n>1, m=1)
  대부분의 기존 컴퓨터에서 발견되며 한 번에 n 비트의 한 워드가 처리되므로 워드 슬라이스 단위로 호출되며 선택한 워드의 모든 비트가 한 번에 처리된다. 비트 병렬은 워드의 모든 비트를 의미한다.
- WPBP(Word Parallel and Bit Parallel : n>1, m>1)
  n x m 비트의 배열이 한 번에 처리되는 완전 병렬 처리로 알려져 있다. 따라서 최대 병렬 처리가 이루어진다.

이러한 펭(Feng's)의 분류는 파이프라인 설계로 동시성 처리를 고려하지 않기 때문에 파이프라인 프로세서에서 동시성 프로젝트에 실패한다.

2) 쇼어(Shore)의 분류

쇼어(Shore)는 1973년 컴퓨터의 구성 요소(기능 장치의 구조와 수)의 조직 기준으로 컴퓨터를 분류했다. Shore의 분류 체계에는 숫자로 지정된 여섯 개의 유형이 있다.

- 1 유형
  전통적인 폰 노이만(Von Neumann) 구조로 하나의 제어 장치(CU; Control Unit) 처리 장치(PU; Processing Unit), 명령 메모리(IM; Instruction Memory), 데이터 메모리(DM; Data Memory)로 구성된다. 플린의 분류 체계에서 SISD 범주에 해당한다. 단

하나의 제어 장치만 허용되지만, 여러 개의 기능 장치를 조정할 수 있다[그림 9-31(a)]. 워드 슬라이스(가로 슬라이스)인 DM 판독은 PU에 의해 병렬로 처리되며 임의의 워드의 모든 비트(워드 직렬)를 생성한다. PU는 파이프라인 여부와 관계없이 다수의 기능 장치를 포함 할 수 있다. 따라서 이 유형에는 스칼라 컴퓨터(예 : IBM 360/91, CDC 7600 등)와 파이프라인 된 벡터 컴퓨터(예 : Cray YMX, Cyber 205)가 모두 포함된다. 이 유형은 처리(processing)가 수평(워드로 병렬 비트의 수)으로 특징 지워진다.

- 2 유형

1 유형의 조직과 유사하지만 DM이 메모리의 모든 워드에서 비트 슬라이스를 인출하고 PU가 모든 워드에 대해 비트 직렬 방식으로 작업을 수행하도록 구성된다는 점이 다르다. 만약 메모리가 열(row) 당 하나의 워드가 저장된 비트의 2차원 배열로 간주되는 경우, 2 유형은 비트의 수직 슬라이스를 판독(읽기)하여 이를 처리하지만, 1 유형은 수평 슬라이스를 판독하고 처리한다. 예는 ICL DAP 및 Goodyear Aerospace STARAN 등이다.

- 3 유형

1 유형과 2 유형의 조합으로 3 유형은 수직 처리 장치와 수평 처리 장치 두 개의 처리 장치가 있다. 하나는 데이터 워드에서 작동하고 다른 하나는 데이터 슬라이스에서 작동한다. 메모리는 수평 및 수직 판독과 처리가 가능한 비트 배열로 특징 지을 수 있다. 예로 Sanders Associates의 OMENN 60이 있다.

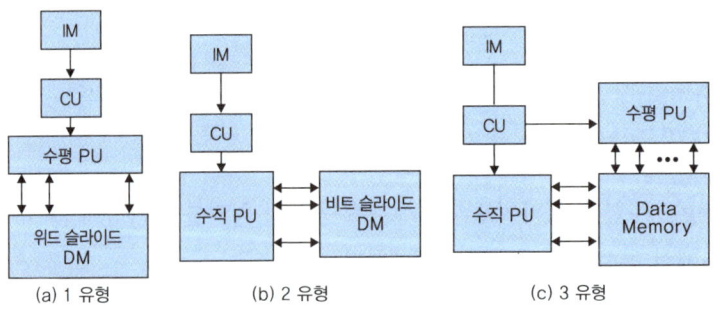

[그림 9-31] Shore의 분류(1, 2, 3 유형)

- 4 유형

4 유형은 1 유형의 PU와 DM을 복제하여 얻어진다. 다양한 처리 요소(PU, DM)들 간의 통신은 제어 장치를 통해서 이루어진다. 명령은 단일 제어 장치에 의해 PE에 제공되며 CU를 통하는 PE를 제외하고는 통신이 없다. 더 많은 처리 요소를 추가하여 장비를 쉽게 확장 할 수 있지만 모든 메시지가 중앙 제어 장치를 통과하면 통신 대역폭이 제한된

다. PE 간의 연결이 없으면 시스템의 적용 가능성이 제한된다.

예는 PEPE(Parallel Element Processing Ensemble)이다.

- 5 유형

  5 유형은 4 유형과 유사하며 [그림 9-32(e)]와 같이 프로세서가 선형 체인으로 배열되고 PE 간 통신이 추가된다. 모든 프로세서는 가장 가까운 이웃의 메모리를 처리 할 수 있고 데이터 메모리와 처리 장치(PU) 사이의 분리를 유지한다(1 유형~5 유형). 물론 일부 데이터 버스 또는 연결 장치는 이들 간의 통신을 제공한다. ILLIAC-IV, CM2 및 많은 SIMD 프로세서가 이 범주에 해당 된다.

- 6 유형

  앞서 살펴본 5가지 유형은 버스 또는 스위칭 네트워크로 상호 연결된 PU 및 메모리를 가지고 있으나 6 유형은 PU와 DM이 밀접하게 섞여 있으며 때때로 메모리(DM)에 논리 자체를 포함하는 LIMA(Logic In Memory Array)라고도 하며 연합 프로세서(Associative processor) 라고 불린다.

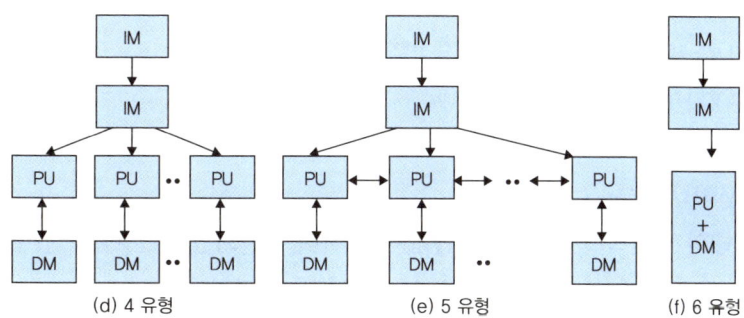

[그림 9-32] Shore의 분류(4, 5, 6 유형)

3) 핸들러(Handler)의 분류

1977년 볼프강 핸들러(Wolfgang Handler)는 컴퓨터 시스템의 하드웨어 구조에 내장된 다양한 서브시스템 수준(정도)에서의 병렬 처리 및 파이프라이닝 수준에 따라 컴퓨터를 다음 세 가지 수준에 따라 구분하기위한 분류 체계를 제안했다.

- 프로세서 제어 장치(PCU; Processor Control Unit)
- 산술 논리 장치(ALU; Arithmetic Logic Unit)
- 비트 수준 회로(BLC; Bit Level Circuit)

각 PCU는 하나의 프로세서(CPU)에 해당하며 ALU는 프로세서 요소(PE)와 동일하다. BLC는 ALU에서 1비트 연산을 수행하는 데 필요한 조합 논리 회로에 해당한다. 따라서 컴퓨터를 분류하기 위해 다음의 세 쌍의 정수를 사용하여 표현한다.

컴퓨터 = (p * p', a * a', b * b')

   p = PCU의 수, p' = 파이프라인 될 수 있는 PCU의 수

   a = 각 PCU에 의해 제어되는 ALU의 수,

   a' = 파이프라인 될 수 있는 ALU의 수

   b = ALU 또는 PE 워드의 비트 수,

   b' = 모든 ALU 또는 단일 PE의 파이프라인 세그먼트 수

'*' 연산자는 장치가 파이프라이닝 되어 모든 장치를 통해 실행되는 데이터 스트림을 표시하는데 사용된다.

예를 들어 10개의 I/O 프로세서가 지원되는 단일 메인 프로세서와 제어 장치는 ALU를 60비트 워드 길이로 조정하며 ALU는 파이프라인으로 구성 할 수 있는 10개의 기능(함수) 장치를 가지고 있다. 10개의 I/O 프로세서는 서로 병렬로 메인 프로세서와 작동 할 수 있다.

각 I/O 프로세서에는 하나의 12비트 ALU가 있는 CDC 6600 컴퓨터의 경우 :

- 메인 프로세서에 대한 설명은 다음과 같다.
  CDC 6600 main = (1, 1 * 10, 60)
- 10개의 I/O 프로세서에 대한 설명은 다음과 같다
  CDC 6600 I/O = (10, 1, 12)

2. 플린(Flynn) 분류

병렬 처리 형태의 일반적인 구분으로 Flynn에 의하여 제안되었다. 1장에서 간략하게 설명하였지만 Flynn의 분류에서는 프로세서의 수, 프로세서가 처리하는 프로그램의 수 그리고 메모리 구조를 포함한 다양한 특성에 의해 구분하고 있으며 특히 프로그램 실행 중에 프로세서가 수행하는 명령어 스트림(IS; Instruction streams) 및 데이터 스트림(DS; Data streams)은 프로그램 실행 중에 발생하는 두 가지 주요 단계이다.

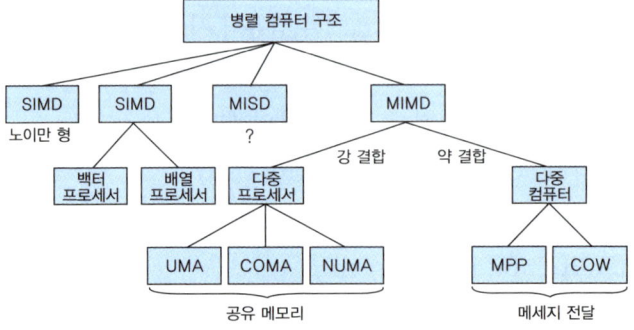

[그림 9-33] 병렬 컴퓨터 분류.

스트림은 하나의 프로세서에 의해 수행(처리)되며 연속적으로 이어지는 자료와 명령어를 의미한다. 명령 실행의 전체 사이클에서 메모리에서 프로세서로의 명령 흐름을 명령어 스트림이라고 하며 프로세서와 메모리 사이에 양방향의 오퍼랜드 흐름을 데이터 스트림이라고 한다[그림 9-34]. 따라서 프로세서에 의해 실행되는 명령은 데이터 스트림으로 부터 명령 실행에 필요한 명령 스트림 및 데이터 시퀀스(오퍼랜드)를 형성한다고 말할 수 있다.

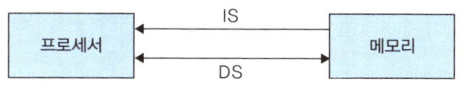

[그림 9-34] 명령어와 데이터 스트림

1) SISD(단일 명령어 스트림과 단일 데이터 스트림)

SISD(Single Instruction stream, Single Data stream)는 하나의 명령만 언제든지 실행되는 직렬 스칼라 컴퓨터의 노이만 구조의 컴퓨터로 제어 장치(CU), 처리 장치(PU), 메모리 장치를 가지는 단일 프로세서 컴퓨터이다. 프로세서가 수행하는 프로그램이 하나의 명령어 스트림을 구성하고 이 명령어가 순차적으로 이용(처리)하는 데이터들이 하나의 데이터 스트림을 형성하게 된다[그림 9-35].

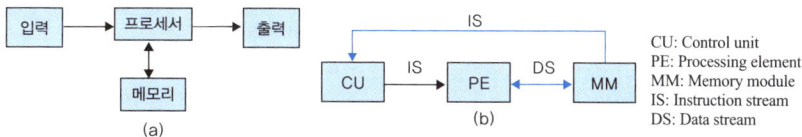

[그림 9-35] 노이만 구조(a)와 명령어와 데이터 흐름을 갖춘 SISD 구조(b)

모든 SISD 컴퓨터는 명령의 연속 실행을 강요하는 프로그램 카운터라고 하는 단일 레지스터를 사용한다. 각 명령이 메모리에서 가져오면 프로그램 카운터는 순차적으로 가져와 실행될 다음 명령의 주소를 포함하도록 갱신된다. 각 산술 명령은 데이터 요소의 단일 스트림에서 가져온 데이터 항목에 대한 작업(연산)을 시작한다. 명령은 순차적으로 실행되며 실행 단계에서 겹쳐 질 수 있다(파이프라이닝). 물론 모든 기능 장치는 하나의 제어 장치에 의해 동작한다. 순수 SISD 컴퓨터는 현재 상용 목적으로 제조되고 있다(워크스테이션, PC 등). 요즘 많은 대형 컴퓨터들이 두 개 이상의 프로세서를 사용하고 있지만 각각의 명령어 처리 스트림은 서로 연관이 없으므로 각자의 자료 공간에서 동작하는 SISD로 분류된다.

2) SIMD(단일 명령어 스트림과 다중 데이터 스트림)

일반적으로 배열 프로세서 즉 배열 처리기로 불리는 SIMD((Single Instruction stream, Multiple Data stream)는 하나의 명령어 스트림이 다수의 프로세서에 전달되는 경우로 각 프로세서는 자신이 가진 고유의 데이터를 이용하여 작업(연산)을 수행한다. 바꾸어 말하면,

이 구성에서, 단일 프로그램 제어 장치 또는 제어 프로세서는 다수의 실행 장치 또는 실행 프로세서를 제어한다. [그림 9-36]은 SISD와 SIMD 구조의 명령어 처리 과정이다.

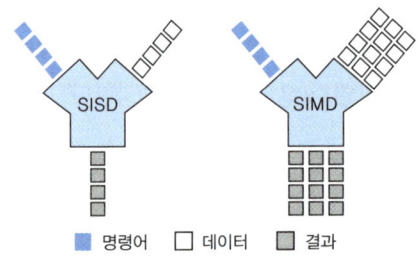

[그림 9-36] SISD와 SIMD 구조의 명령어 처리 과정

실행 프로세서는 필요할 때 서로 통신 할 수 있다. 따라서 모든 프로세서가 같은 프로그램을 수행하므로 단일 명령어 스트림이며, 다수 데이터 스트림은 각각의 프로세서가 자신의 메모리(지역 메모리)에 가지고 있는 데이터를 의미한다.

SIMD 구조는 이미지 처리와 같이 여러 가지 다른 객체에서 동일한 작업이 실행되는 응용 프로그램에 유용하며 행렬 작업 및 정렬이 포함된다. 프로그래밍은 매우 간단하고 직관적이다. 또한 PE 간의 상호 연결에 따라 두 개의 하위 클래스(벡터 및 배열 구조)로 나눌 수 있다. [그림 9-37]은 SIMD 구조의 명령어와 데이터 스트림을 나타내고 있다.

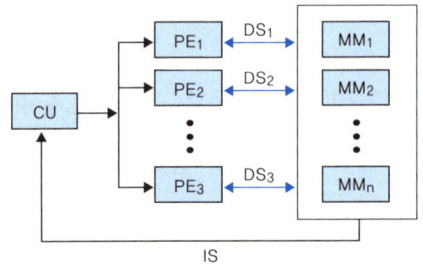

[그림 9-37] 일반적인 SIMD 컴퓨터 구조

SIMD 예는 ILLIAC-IV, PEPE, BSP, STARAN, MPP, DAP 및 연결 기계(CM-1)이다.

가. SIMD 구조

SIMD는 여러 개의 처리 장치(PE)들과 하나의 광범위한 시스템 제어 장치 즉 중앙 제어기와 상호 연결 네트워크를 갖고 있다. 중앙 제어기는 마치 다른 어떤 노이만 컴퓨터와 같이 하나의 명령어 스트림을 실행하고 처리 장치들을 위한 모든 제어 신호들을 생성하며 또한 모든 처리 장치들에게 신호들을 방송 즉 병렬로 보낸다. 여기서 처리 장치들은 잠금 연산과 그들의 자료만으로 같은 연산을 각각 수행한다. 다시 말하면 모든 처리 장치들은 중앙 제어기로부터 동일한 명령어를 받지만 명령어 실행 과정에서는 서로 다른 데이터들을 사용한다. [그림 9-38]은 이러한 과정을 보여주고 있다.

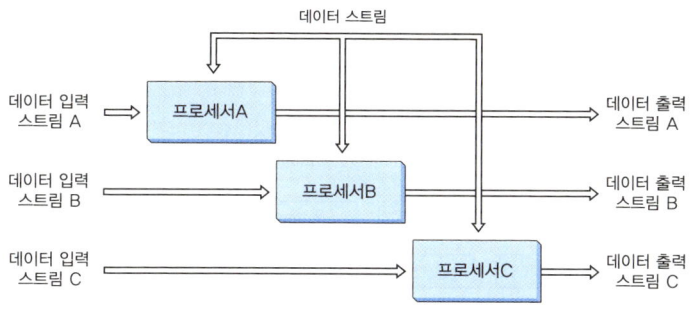

[그림 9-38] SIMD 명령어 실행 과정

예를 들면 공장에서 제품을 생산하는 과정을 살펴보면 SIMD 구조는 다양한 모든 사람들에게 동일한 기회를 제공하여 각자가 비슷한 제품을 생산한다면 일하는 사람들은 일의 진행자들 즉 프로세서이다. 100개의 순차 루프 반복(SISD)이 필요한 계산의 경우 SIMD 시스템에서의 이 계산은 동시에 100개의 다른 데이터 스트림(각각 하나의 작업자를 나타냄)에서 병렬로 동시에 수행될 수 있다. 이와 같은 과정은 하나의 활성화된 처리 장치와 중앙 제어기가 마치 하나의 노이만 컴퓨터가 된다. [그림 9-39]는 하나의 활성화된 처리 장치(PE)와 함께하는 제어 장치(점선 부분)의 구조를 보여 주고 있다.

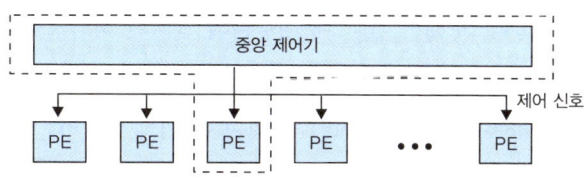

[그림 9-39] SIMD 제어 장치

쉬어가는 코너

잠금

컴퓨팅 환경 내의 특정 자원에 대한 무제한 액세스를 할 수 없도록 제한을 설정하여 여러 처리 스레드를 동기화하는데 사용되는 프리시저로 동시 제어 정책을 적용하여 액세스를 조정하는 방법이다.

나. SIMD 연산

연산 특성을 요약하면 다음과 같다.

- 하드웨어를 초과하는 양의 데이터를 분산처리
- 많은 다른 종류의 데이터를 병렬처리
- 모든 데이터의 요소들을 같은 계산으로 수행

다음은 이러한 SIMD의 병행 연산 과정을 나타내고 있다.

[그림 9-40] SIMD 연산

다. SIMD 구조의 종류

SIMD의 두 가지 주요 유형은 벡터 프로세서와 배열 프로세서이다.

① 벡터 프로세서

벡터 프로세서는 벡터라고 하는 1차원 데이터 배열에서 작동하는 명령을 포함하는 명령 셋을 구현하는 프로세서(CPU)로 스칼라 프로세서와 달리 단일 데이터 항목에 대한 명령을 처리한다. 이러한 벡터 시스템은 1970년대 초에 등장하여 90년대까지 슈퍼컴퓨터 디자인을 지배했으나 마이크로프로세서 가격 대 성능비의 급격한 하락으로 1990년대 후반 이후에는 벡터 슈퍼컴퓨터의 소멸로 이어진다. 대부분의 컴퓨터는 정수, 부울 및 부동 소수점 명령이 데이터에서 작동(조작)하며 현재 구축 된 모든 벡터 컴퓨터는 벡터 레지스터 구조로 모든 명령어는 적재 및 저장을 제외한 벡터 레지스터에서 오퍼랜드를 가져온다.

다음 [그림 9-41]은 벡터 프로세서의 VMIPS 구조이다.

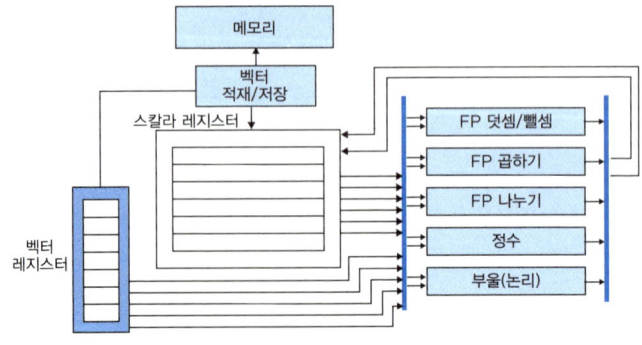

[그림 9-41] VMIPS의 주요 구성 요소

벡터 프로세서의 구성 요소는 다음과 같다.
- 벡터 레지스터 : VMIPS 구조의 경우 8개의 레지스터가 있고 각 레지스터는 64 요소, 각 레지스터에는 64개의 더블 워드(64비트)가 저장된다. 기능 장치에 데이터를 공급하고 중첩을 제공하기 위해 레지스터 파일에는 크로스바 스위치를 통해 기능 장치의 입력 또는 출력에 연결된 16개의 읽기 포트와 8개의 쓰기 포트가 있다.
- 벡터 기능 장치 : 각 장치는 완전히 파이프라인 방식으로 클록 사이클마다 새로운 작업(연산)을 시작할 수 있다. 제어 장치는 기능 장치 및 데이터 액세스에 대한 충돌을 감지하며 그림에 표시된 5개의 기능 장치가 있다.
- 벡터 적재/저장 장치 : 벡터 데이터를 메모리에서 적재하거나 메모리에 저장하는 벡터 메모리 장치이다. 초기 대기 시간 이후 클록 사이클 당 1 워드 대역폭의 파이프라인 장치로 스칼라 적재 및 저장을 처리한다.
- 스칼라 레지스터 : 벡터 기능 장치에 대한 입력을 전달할 수 있으며 벡터 적재/저장 연산의 주소도 계산할 수 있는 32개의 범용 및 32개의 부동 소수점 레지스터가 있다. 벡터 기능 장치의 한 입력은 스칼라 값이 스칼라 레지스터 파일로부터 판독 될 때 래치(latch)한다.

벡터 프로세서의 장점
- 각 결과는 이전 결과와 다르므로 빠른 클록 속도와 인출(fetches)과 분기(branches)가 적어 오류 예측이 적어 단일 벡터 명령은 많은 작업을 수행한다.
- 벡터 명령은 한 번에 한 블록 씩 메모리에 액세스하므로 메모리 대기 시간이 줄어들고 메모리 액세스가 적어 처리 시간이 빠르다.

벡터 프로세서의 단점
- 완전 병렬 방식의 데이터에 실행이 잘되고 메모리 액세스 속도의 증가로 효율적 운영을 위해 많은 양의 데이터 블록이 필요하다.
- 스칼라 데이터의 일반 프로세서와 비교하여 성능이 크게 떨어지고 데이터를 벡터화하는데 필요한 코드 복잡성이 증가한다.

오늘날 대부분의 범용 프로세서는 일반적으로 SIMD로 알려진 다중(벡터화 된) 데이터 셋에서 벡터 처리 형식에 대한 명령을 제공하는 구조를 구현한다.

SIMD 벡터 구조는 [그림 9-42]와 같이 PE는 특별한 데이터 링크를 통해 서로 연결되며 이동(shifts) 및 회전(rotations)과 같은 간단한 데이터 교환 작업(연산)을 수행하는데 사용된다. 이때 모든 PE는 실행될 명령을 얻기 위해 중앙 제어 프로세서에 연결된다.

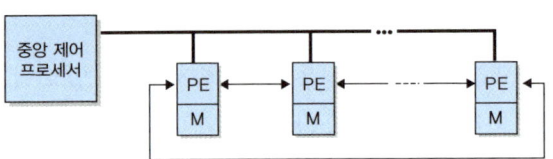

[그림 9-42] 벡터 구조

② 배열 프로세서

1960년대에 미국의 Illinois 대학에서 설계된 ILLIAC-IV는 SIMD 형태의 병렬처리 시스템 구조로는 가장 최초로 연구되고 구현된 배열 프로세서로 반복적인 작업을 처리하는 병렬 구조이다. 배열 프로세서는 범용 컴퓨터 보다 프로세서 기능과 일치하는 메모리 구조를 갖춘 병렬 구조의 매우 빠른 특수 프로세서이다. 배열 프로세서는 2차원의 데이터의 배열로 연산되며 두 가지의 형태로 구분되어진다. 하나는 비트 직렬 연산들을 수행하는 그리고 다른 하나는 병렬 연산들을 수행한다. 다양한 응용 프로그램과 함께 SIMD 컴퓨터는 종종 배열 구조의 동의어로 사용된다. 범용 컴퓨터에 비해 유연성이 낮고 적응성이 뛰어나지만 반복적인 계산 및 메모리 집약적 기능에 더 효과적이다. 벡터 구조와 달리 동기식 병렬 컴퓨팅 모델을 기반으로 하는 배열 구조는 여러 개의 PE로 구성되며 서로 다른 데이터에서 동일한 명령어를 실행한다.

[그림 9-43]은 일반적인 배열 구조로 2차원 격자(grid) 구조를 가지는 처리 장치(PE)들은 상호 접속(2차원) 즉, 상호 연결 네트워크로 연결되어 중앙 제어 프로세서에서 제공하는 명령어 흐름을 수행한다.

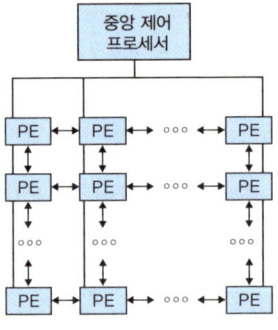

[그림 9-43] 배열 구조

각 PE는 네 개의 이웃(행과 열)에 연결되어 데이터와 값을 교환 할 수 있으며 몇 개의 레지스터와 일부 지역 메모리를 가지고 있어 데이터를 저장한다. 각 PE에는 네트워크 레지스터라고 하는 특수 레지스터가 있어 값 이동을 쉽게 한다. 각각의 PE는 또한 제어 프로세서에 의해 제공되는 산술 명령을 실행하는 ALU를 포함한다. 중앙 프로세서는 네트워크 레지스터의 값을 한 단계 위, 아래, 왼쪽 또는 오른쪽으로 이동(shift)하라는 명령을 전송 (broadcast) 할 수 있다. 명령어가 전달되면 각각의 PE들은 동시에 수행을 시작하고 각 PE는 인접한 4개의 PE들과 연결되어 서로 통신한다. 배열 프로세서의 처리 능력을 이해하기 위해 2차원 문제의 해답을 구하는 구체적인 계산 예를 살펴보자.

평면의 모서리가 일정한 온도를 가질 때, 각 PE가 담당하는 한 점의 온도는 다음과 같이 계산할 수 있다. 가장자리의 온도를 일정한 값으로 초기화 하고 내부의 온도는 임의의 값으로 설정한다. 각 PE는 인접한 4개의 인접 PE의 현재 값의 평균을 구하여 추정치를 계속 개선해가는 반복문을 병렬로 수행하여 연속된 추정치들의 차이가 미리 설정한 값보다 작아 질 때까지 계속한다. 이와 같은 과정은 매우 단순하다. 각 PE는 그림과 같이 연결된 경로에 따라 값을 서로 교환할 수 있고 PE들은 데이터 저장을 위한 몇 개의 레지스터와 메모리를 필요로 한다. 각 PE는 중앙 제어기가 방송하는 사칙 연산 명령어를 수행하기 위한 연산 장치를 갖고 있으므로 이러한 기본적인 장치를 통하여 반복 루프를 수행하기 위한 명령어 흐름을 각 PE에 전송할 수 있다. 이 때 중앙 제어기는 각각의 PE들이 요구되는 정확도에 맞추어 온도 계산을 완료하는 시점을 결정할 수 있어야 한다. 이를 위하여 각 PE는 완료를 지시하는 상태 비트를 1로 만드는데 중앙 제어기에는 모든 처리기의 반복 계산이 끝나 상태 비트의 값이 1이 되었는지 감지할 수 있는 장치가 있다.

라. 전송(broadcast) 과정

전송 과정을 간략하게 살펴보자. 첫째로 하나의 프로세서의 자료를 모든 프로세서에게 전송하는 절차이다.

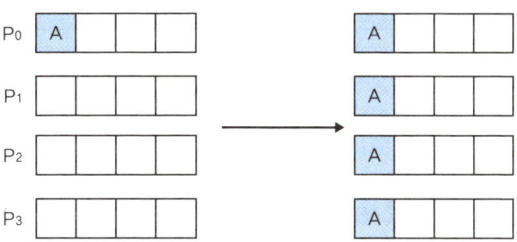

[그림 9-44] 전송 절차

다음은 각각의 프로세서 데이터를 다른 모든 프로세서에게 유일한 정보를 보내는 과정이다.

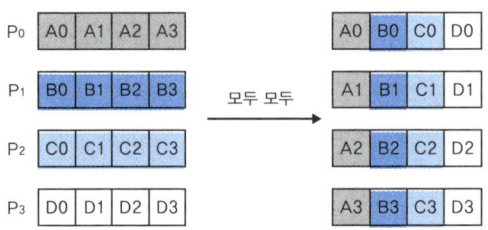

[그림 9-45] 모두-모두 전송 절차

마. 메모리 액세스 유형

모든 PE들은 메모리를 공유 즉 모든 PE가 동시에 메모리를 액세스하는 경우도 있고, 각각의 PE가 메모리 모듈을 독립적으로 갖는 경우도 있기 때문에 이때 공유 메모리 장치가 필요하다. 그러므로 SIMD 컴퓨터는 PE의 메모리 액세스 방법에 따라 두 유형으로 나눈다.

■ **전역 메모리(GM; Global Memory) SIMD**

하나의 전역 메모리 시스템은 모든 프로세서에게 공유된다. 현재의 고성능 컴퓨터 시스템 구조는 대부분 전역 메모리로 컴퓨터의 PE는 같은 저장 시스템을 나눈다. 일반적으로 공유 메모리로 불린다.

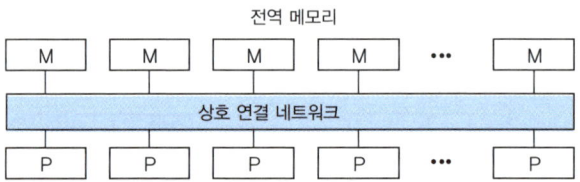

[그림 9-46] 전역 메모리 SIMD

■ **지역 메모리(LM; Local Memory) SIMD**

각각의 프로세서는 독립된 저장 시스템 즉 지역 메모리를 사용한다.

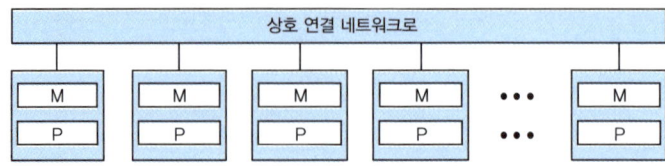

[그림 9-47] 지역 메모리 SIMD

[그림 9-48]은 배열 프로세서의 PE - 메모리의 구조로 컴퓨터마다 다양한 구조를 나타내고 있지만 대표적인 모형으로

(a) 제어 장치는 자신의 메모리와 각각의 PE는 하나의 개별 메모리를 갖고 있는 형태
(b) 제어 장치는 자신의 메모리와 몇 개의(또는 모두) PE 각각의 공유 메모리 보유
(c) 제어 장치는 PE와 메모리를 공유하지만 각각의 PE는 전역 메모리에서 자신의 영역만 액세스가 가능

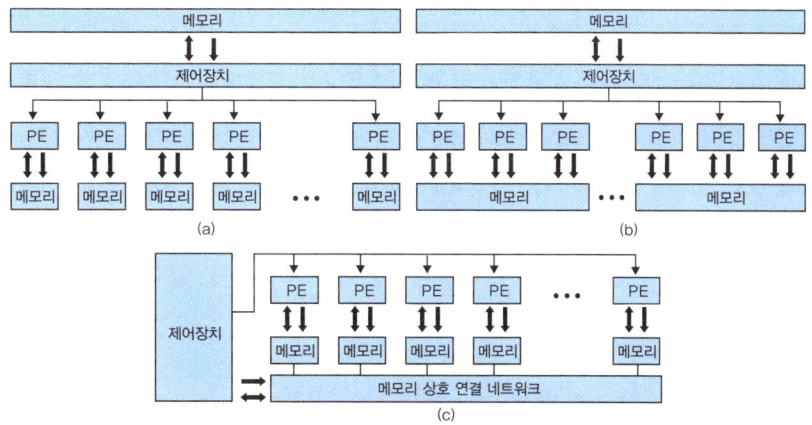

[그림 9-48] 3 형태 배열 프로세서

지금까지 간략하게 살펴본 SIMD 컴퓨터는 하드웨어의 유용성에 비례하여 잠재적으로 향상 되므로 하드웨어에 강한 구조라고 할 수 있다. 또한 배열 프로세서는 매우 특수화된 기계로 행렬(벡터)로 표현되는 계산에는 가장 적합하지만 일반적인 계산의 경우 비용만큼 효율성은 없다.

3) MISD(다중 명령어 스트림과 단일 데이터 스트림)

MISD(Multiple Instruction stream, Single Data stream) 구조는 여러 명령어가 단일 데이터에서 작동(연산)되는 시스템을 의미하며 각각의 프로세서가 공유 데이터 구조를 이용하지만 각 프로세서에서는 서로 다른 프로그램이 수행된다. 따라서 여러 개의 프로세서에서 수행되는 명령어는 서로 다르지만 전체적인 하나의 출력 즉 데이터 스트림으로 나타난다. 여러 제어 요소의 제어 하에 여러 PE가 구성되며 각 제어 장치는 하나의 명령 스트림을 처리하고 해당 PE를 통해 처리된다. 모든 프로세싱 요소는 [그림 9-49]와 같이 단일 데이터 스트림 구성을 위한 공통 공유 메모리와 상호 작용한다. 다음은 이러한 시스템의 제어 장치와 PE 및 메모리 모듈을 보여주고 있다.

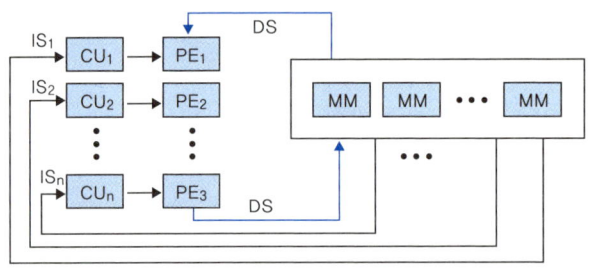

[그림 9-49] MISD구조

여기서 CU(Control Unit)는 프로그램의 명령어 인출과 디코딩 등 명령어를 수행하는 제어 장치를 의미하며 PE(Processing Elements)는 처리 장치로 연산 장치를 포함하며 때로는 지역 메모리를 갖고 있다. 그리고 DS(Data stream)는 데이터 스트림, IS(Instruction stream)는 명령어 스트림을 나타낸다. 이러한 형태의 계산은 실제 잘 일어나지 않으며 현재 이러한 구조의 컴퓨터는 만들어지지 않았다. 다음은 MISD의 이론적인 명령어와 데이터 스트림 구조이다.

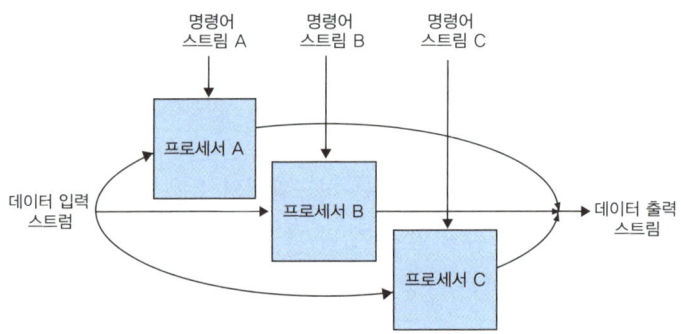

[그림 9-50] MISD 명령어와 데이터 스트림 구조

이외 또 다른 구조로 수축 배열 및 벡터 프로세서와 같이 파이프라인이 많은 구조는 MISD 시스템 유형으로 분류되는 경우가 많다. 이러한 구조가 MISD 시스템으로 분류되는 이유는 벡터 요소가 동일한 데이터 조각에 속하는 것으로 간주 될 수 있으며 모든 파이프라인 단계는 해당 벡터에 적용되는 여러 명령어를 나타내기 때문이다.

4) MIMD(다중 명령어 스트림과 다중 데이터 스트림)

다중 프로세서 즉 다중 처리기로 불리는 MIMD(Multiple Instruction stream, Multiple Data stream)는 MISD와 같이 여러 개의 PE와 CU로 구성되지만 차이는 여러 프로그램을 동시에 수행하는 능력을 가진 컴퓨터이다. 여러 개의 독립적인 프로세서(PE와 CU)가 서로 다른 프로그램을 또한 자신의 명령어 셋을 이용하여 자신이 가지고 있는 데이터를 이용하여 독립적으로 수행하는 다수 명령어 및 데이터 스트림 시스템이다. [그림 9-52]는 이러한 구조의 명령어와 데이터 스트림을 나타내고 있다.

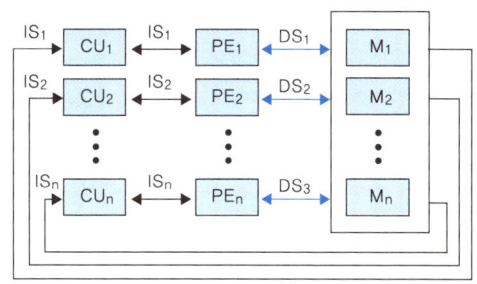

[그림 9-51] MIMD 구조의 명령어와 데이터 스트림

이러한 형태로 구성된 컴퓨터들은 공유하고 있는 메모리와 입출력 장치에 있는 같은 프로그램과 데이터를 액세스하며 프로그램을 분리하고 서로 다른 프로세서를 사용하여 동시에 수행할 수 있으므로 프로그램의 처리 시간을 단축하는 효과를 얻을 수 있다. 이때 처리가 준비된 프로세스는 어떤 프로세서에서도 수행(처리)이 가능하다. SIMD 컴퓨터처럼 잠금 단계가 아니지만 비동기로 실행된다. 예를 들면 MIMD 기계의 구조는 특별히 제안된 제품들을 개발하는 설계사들 아니면 작업자들이(service person) 여러 가지 설계 방침(명령들)대로 또 여러 가지 문제들을 해결하는 방법들과 동일하다고 볼 수 있다. 다음 [그림 9-52]는 이러한 명령어와 데이터의 처리 과정을 보여준다.

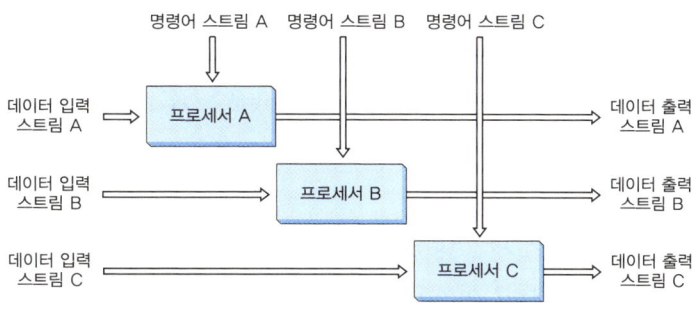

[그림 9-52] 명령어 실행과정

대부분의 상업용 병렬 프로세서(다중 프로세서와 다중 컴퓨터)는 대부분 MIMD 시스템에 해당된다. 배열 프로세서가 명확한 형태의 데이터 병렬성을 가지는 계산 문제를 위한 컴퓨터 시스템 설계라면 MIMD구조는 병렬성이 그렇게 분명하지 않은 일반적인 경우에 유용하다.

예를 들면 C.mmp, Burroughs D825, Cray-2, S1, Cray X-MP, HEP, Pluribus, IBM 370/168 MP, Univac 1100/80, Tandem / 16, IBM 3081/3084 등이 이 분류에 속한다.
다음 [그림 9-53]은 다중 프로세서라 불리는 일반적인 SIMD와 MIMD의 메모리 구조와 제어 관리 비교이다.

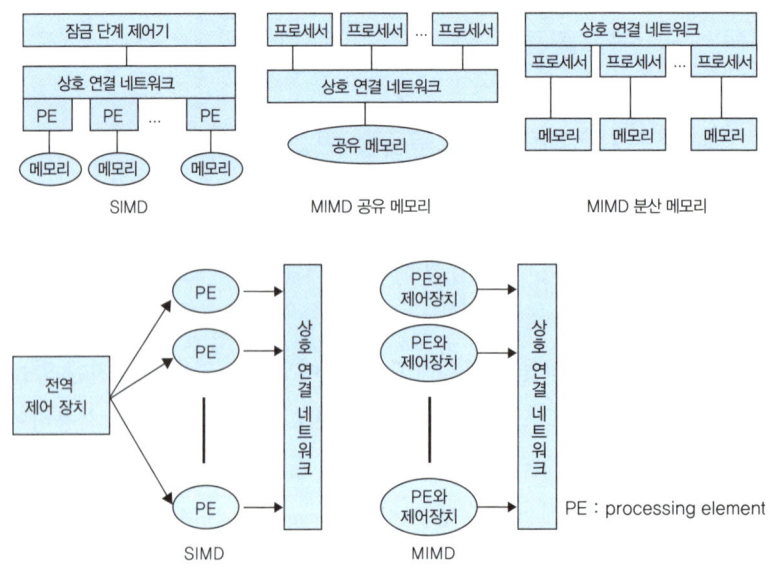

[그림 9-53] SIMD와 MIMD 메모리와 제어 구조

가. MIMD 프로세서의 실행

MIMD 구조는 지역 데이터를 이용하는 독립적인 명령어 스트림을 실행하는 여러 개의 프로세서를 가지고 있으며 다중 명령어들은 동시에 다른 데이터를 처리할 수 있다. 따라서 시스템은 대부분 복잡한 형태의 구조를 갖고 있으나 병행 처리 과정을 통하여 높은 효율성을 얻고 있다. 여기서 병행은 동시에 멀티프로세서 운영뿐만 아니라 동시에 멀티프로그램이 실행되는 과정까지 포함된다.

여러 개의 프로세서는 상호 연결 네트워크를 통해 여러 개의 모든 메모리에 액세스를 할 수 있으므로 프로세서와 메모리사이의 상호 연결 네트워크로 인한 지연 발생을 줄이기 위해서 각 프로세서에 지역 메모리를 부착하여 명령어와 데이터의 액세스 지연을 감소시켜 각 프로세서가 높은 계산 효율을 유지하도록 하고 있다. 이때 지역 메모리로 캐시를 사용한다. 이와 관련된 문제점은 뒤에서(캐시 응집) 다루기로 한다.

[그림 9-54]는 2개의 프로세서를 갖는 다중 프로세서 구조로 메인 메모리에 존재하는 3개의 프로그램에 대한 처리 과정을 보여주고 있다.

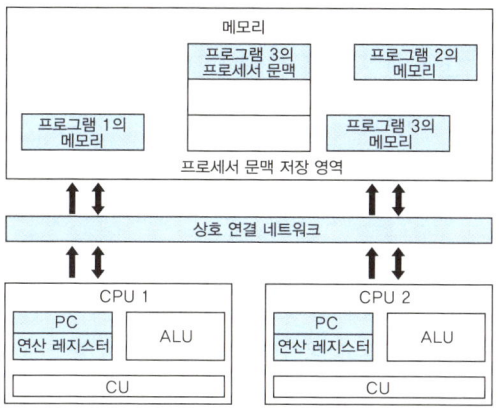

[그림 9-54] 이중 프로세서 다중프로그래밍 시스템

프로세서 1과 2는 프로그램 1과 2를 각각 수행하고 있다. 프로그램 3은 실행되고 있는 것은 아니나 메모리에 저장되어 있다. 프로그램 3의 프로세서 문맥은 역시 메모리에 있는 전용 저장 영역에 저장되어 있다. 프로그램 3을 실행하기 위하여 운영체제는 다른 프로그램 1개 예를 들면 프로그램 2를 인터럽트 해야 한다. 그리고 그것의 프로세서 문맥을 저장 영역에 저장해야한다. 그러면 운영체제는 프로그램 3의 프로세서 문맥을 이용할 수 있는 프로세서로 적재하고 그것을 실행한다.

나. MIMD 구조 종류

MIMD 병렬 구조는 비동기로 그리고 어떤 의존성 없이도 수행(작동)하는 다수의 프로세서와 메모리 모듈로 구성되며 임의의 시간 간격에서, 서로 다른 프로세서는 서로 다른 데이터 위치에서 서로 다른 명령을 실행한다. 상호 연결 네트워크를 통해 함께 연결되어 모든 PE가 메모리에 결합되는 방식(메모리에 액세스하는 방법)에 따라 공유 메모리 MIMD(다중 프로세서) 시스템과 메시지 전달 MIMD(다중 컴퓨터) 시스템으로 분류된다.

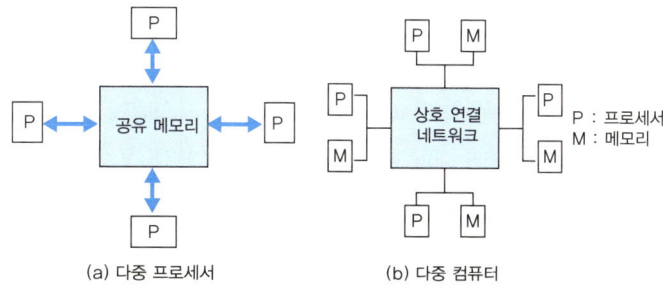

[그림 9-55] 다중 프로세서(a)와 다중 컴퓨터(b) 모델

① 공유 메모리 MIMD(다중 프로세서)

MIMD 구조에서 각 프로세서 사이에서 데이터의 상호 교환이 빈번할 경우에는 강 결합(tightly coupled)형의 MIMD 구조라 하며 개별 프로세서는 자신의 제어 장치와 프로그램을 갖고 고성능 회로 스위치 상호 연결 네트워크를 사용하여 하나의 전역 메모리(Global Memory)를 공유하는 메모리 형태를 공유 메모리(공유 메모리 주소 공간)라고 한다.

명령 및 산술 장치를 포함하여 메모리 시스템과 입출력 장치들을 공유하는 개별(독립)적 프로세서들은 상호 연결 네트워크를 통해 공유 메모리 주소 공간을 액세스(읽기 및 쓰기)하며 전역 메모리는 각 프로세서들에 의하여 수행되는 작업간의 상호 작용을 위한 공유 프로그램과 데이터가 저장되어 있다. 또한 임의의 한 프로세서가 설정한 메모리 위치의 변경은 다른 모든 프로세서에서 인지할 수 있다. 프로세서는 상호 연결 네트워크(링 또는 크로스바 스위치 등)에 의해 메모리 장치에 연결되며 메모리 참조 시간은 기계 성능에 중요하다.

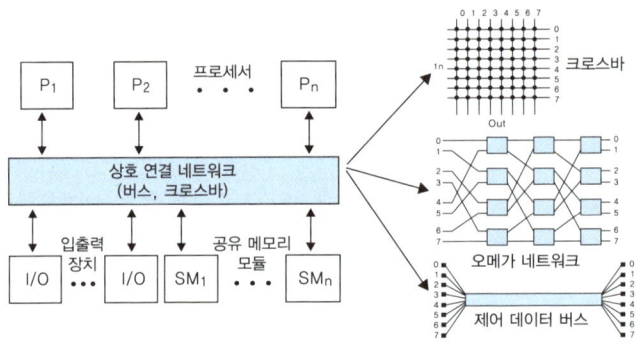

[그림 9-56] 공유 메모리 시스템과 상호 연결 네트워크

통합 운영 체제(OS; operating system)는 전체 컴퓨터 시스템을 제어한다.
공유 메모리 MIMD 시스템의 특성은 다음과 같다.
- 제작이 용이하여 기존의 운영 체제를 쉽게 구축 할 수 있다.
- 프로그램하기 쉽고 동시에 실행되는 프로그램 간의 통신 중에 많은 통신 유지비가 필요하지 않다.
- 메모리 구성 요소 또는 모든 처리 요소의 오류가 전체 시스템에 영향을 미친다.
- 기존 시스템에 PE를 추가하는 것은 메모리 경합으로 연결되므로 확장이 어렵다.

이러한 공유 메모리 다중 프로세서 시스템은 모든 프로세서가 공유 메모리에 액세스 할 수 있는 단일 프로세서 시스템으로 공유 메모리가 구현되는 방식(메모리가 여러 모듈로 분할되므로)에 따라 UMA(Uniform Memory Access), NUMA(NonUniform Memory Access) 및 COMA(Cache Only Memory Access)로 구분된다.

㉮ UMA

UMA은 프로세서의 모든 메모리 모듈에 대해 동일한 액세스 시간과 각 프로세서는 자체 캐시 메모리가 있으므로 모든 메모리 워드를 빨리 읽을 수 있다. 주변 장치도 일부 방식으로 공유되어 여러 사용자의 범용 및 시간 공유 응용 프로그램에 적합하다. 시간이 중요한 응용 프로그램에서 단일 대형 프로그램 실행 속도를 높이는 데 사용할 수 있다. 이러한 일관성은 효율적인 코드를 작성하는 데 중요한 요소인 성능 예측이 가능하여 시간이 중요한 응용 프로그램에서 단일 대형 프로그램의 실행 속도를 높이는 데 사용할 수 있다. 이와 같이 모든 프로세서가 모든 주변 장치에 또는 메모리에 동일한 시간에 액세스 할 수 있는 시스템을 대칭 다중 프로세서(SMP; Symmetric Multiprocessor)라고 한다. 이 경우 모든 프로세서는 커널과 같은 프로그램을 실행할 수 있다. 비대칭형 다중 프로세서에서는 하나 또는 일부의 프로세서만 실행 가능하고 마스터 프로세서는 운영 체제를 실행하고 입출력을 처리 할 수 있다. 연결된 프로세서(AP; attached processors)라고 불리는 나머지 프로세서는 마스터 프로세서의 제어로 사용자 코드를 실행한다.

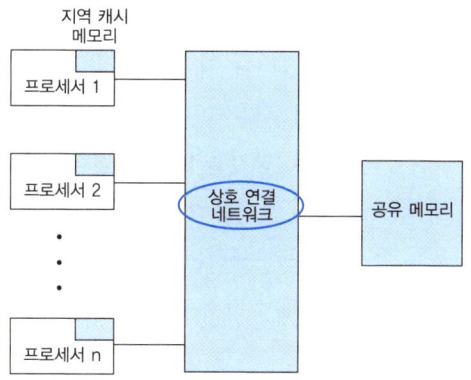

[그림 9-57] UMA 다중 프로세서 모델

㉯ NUMA

NUMA는 종종 두 개 이상의 SMP를 물리적으로 연결한 다중 프로세서 구조로 하나의 SMP는 다른 SMP의 지역 메모리에 직접 액세스할 수 있는 메모리 워드의 위치와 액세스 시간이 일정하지 않은 공유 메모리 시스템이다. 공유 메모리는 지역 메모리로 모든 프로세서에 물리적으로 분산되어 구성되므로, 각 지역 메모리는 모든 프로세서가 액세스할 수 있는 전역 주소 공간(지역 메모리를 실제 주 메모리로 사용)을 형성한다. 그러므로 각 프로세서 근처의 메모리 모듈에 액세스하는 것이 빠르고(대기 시간 짧음) 다른 프로세서에 연결된 원격 메모리 액세스는 상호 연결 네트워크를 통한 추가 지연으로 인해 오랜 시간이 소요(대기 시간 김)된다. 즉, 지역 프로세서로 지역 메모리에 액세스하는 것이 더 빠르기 때문에 성능상의 이유로 코드와 데이터가 있는 위치가 중요하다.

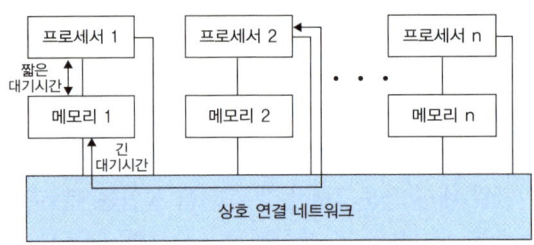

[그림 9-58] NUMA 다중 프로세서 모델

NUMA 시스템은 더 큰 크기로 확장 할 수 있으므로 더 높은 성능을 발휘할 수 있다.

[예] Cray T3E 슈퍼컴퓨터

㉯ COMA

캐시 전용 메모리 구조(COMA)는 각 노드의 지역 메모리(일반적으로 DRAM)가 캐시로 사용되는 다중 프로세서에서 사용하기 위한 컴퓨터 메모리 조직이다. 분산 메모리가 캐시 메모리로 대체되는 NUMA 시스템의 특수한 경우로 NUMA와 마찬가지로 각 프로세서에는 COMA의 공유 메모리 일부가 있다. 그러나 이 경우 공유 메모리는 캐시 메모리로 구성된다. 개별 프로세서 노드에는 명령의 메모리 체인(계층 구조)이 없으며 주소 공간은 모두 캐시로 구성된다. 모든 캐시는 전역 주소 공간을 만들어 원격 캐시 액세스에 도움이 되는 캐시 디렉터리가 있다. 사용되는 상호 연결 네트워크에 따라 캐시 블록의 복사본 찾기에 도움이 되는 디렉터리를 사용할 수 있다. 프로세서는 다른 캐시의 데이터를 요청하고 시스템은 다른 캐시의 데이터를 요청하는 프로세서 지역 캐시로 적재(이주)하고 마스터 복사본을 유지한다.

[예]

endall Square Research의 KSR1, KSR2 및 스웨덴 컴퓨터 과학 연구소의 데이터 확산 시스템(DDM; Data Diffusion Machine)

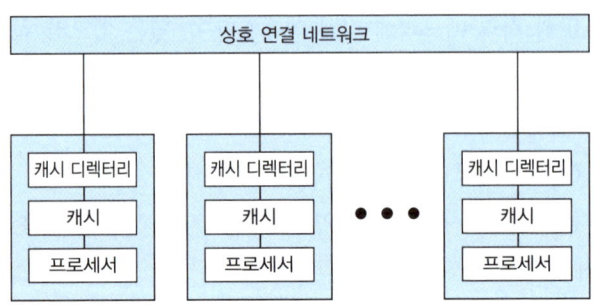

[그림 9-59] COMA 다중 프로세서 모델

② 메시지 전달 MIMD(다중 컴퓨터)

분산 메모리를 갖는 다중 프로세서 시스템은 통신의 빈도가 극히 적은 약 결합(loosely coupled) MIMD 구조라 하며 프로세서들이 메모리를 공유하지 않고 개별 프로세서들이 자신의 메모리(지역 메모리)를 가지고 프로그램을 실행하므로 다중 컴퓨터 시스템이라고 부르기도 한다.

이러한 시스템에서는 각 프로세서들이 실행할 프로그램의 컴파일 단계에서부터 별도로 작성되며 각각의 지역 메모리로 적재되어(전역 메모리가 필요 없는) 프로세서들이 공유하는 데이터들만 서로 교환하게 되므로 프로세서간 통신량은 전역(공유) 메모리 시스템에 비하여 크게 줄어든다.

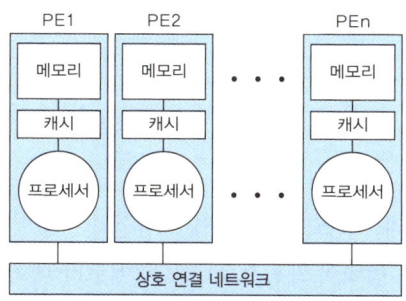

[그림 9-60] 메시지 전달 시스템 구조

다중 프로세서와 다중 컴퓨터 간의 주요 차이점은 메모리 공유와 프로세서 간 통신 체계에 있다. 다중 컴퓨터 시스템의 각 컴퓨터 프로세서(노드)에는 일반적으로 버퍼(메시지가 송수신 될 때까지 대기하는 임시 메모리)에 메시지를 저장하고 처리와 동시에 보내기/받기 작업을 수행 할 수 있다. 다른 프로세서와 공유되지 않은 지역 메모리가 있으므로 통신은 프로세서 간 메시지 전달을 통해 수행된다. 따라서 메시지 전달 시스템을 위한 상호 연결 네트워크는 두 가지 중요한 요소를 고려해야 한다.

- 링크 대역폭 : 단위 시간당 전송할 수 있는 비트 수(비트 / 초)
- 네트워크 대기 시간 : 메시지 전송을 완료하는 데 걸리는 시간

다중 컴퓨터는 크게 두 가지 범주로 나눌 수 있다. 첫 번째 범주에는 상호 연결 네트워크로 긴밀하게 연결된 많은 수의 프로세서로 구성된 MPP(Massively Parallel Processors)와 두 번째 범주는 일반 PC 또는 워크스테이션으로 구성되는 COW(Cluster of Worksations) 등으로 분류한다.

㉮ MPP

비공유 구조의 대규모 병렬 처리 시스템인 MPP는 두 개 이상의 프로세서가 같은 프로그램

을 공동으로 처리하는 형태 즉, 하나의 프로그램을 실행하기 위해 병렬로 실행되는 많은 개별 프로세서를 사용하는 시스템으로 자체 프로세서, 메모리 및 디스크에 대한 전용 입출력 액세스를 관리하는 내부 병렬 입출력 하위 시스템이 있는 노드(컴퓨터)로 구성된다. 각 노드에서 독립적인 OS가 실행되므로 각 프로세서는 자체 운영 체제 및 메모리를 사용하여 자체 외부 입출력에 액세스한다.

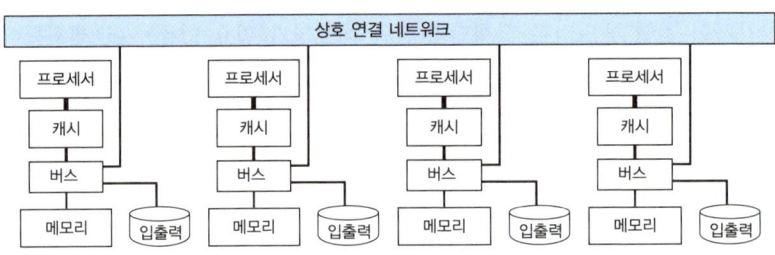

[그림 9-61] MPP 구조

MPP는 고속 상호 연결 네트워크(정적 유형)로 연결되는 수백 개의 노드(컴퓨터)로 구성되므로(수십억 개의 컴퓨팅 명령어 제공으로) 계산, 메모리 대역폭 및 용량, 통신 기능 및 입출력 간에 균형 유지가 필요하다. MPP는 비동기식 MIMD이지만 프로세스는 공유 변수 동기화 작업이 아니라 메시지 전달 작업을 차단하여 동기화된다. MPP 프로그램은 여러 개의 프로세스로 구성되며 각 프로세스는 개인 주소 공간을 가지며 메시지를 전달하여 다른 프로세스와 상호 작용한다.

MPP 시스템의 강점은 확장성으로 매우 큰 병렬 처리가 가능하다. 노드가 작고(저렴한 프로세서와 비공유 메모리) 높은 통신 대역폭과 낮은 지연 시간을 가진 고속 상호 연결 네트워크로 연결되므로 수백 또는 수천 개의 프로세서로 확대될 수 있게 하며 모든 프로세서가 동일한 메모리에 동시에 액세스하려고 할 때 병목 문제가 없다.

반면 단점은 모든 실행 세그먼트가 서로 통신 할 수 있는 방식으로 애플리케이션을 분할하고 소스 코드에 메시지 전달 명령을 삽입해야 하므로 프로그램하기가 더 어렵다. 따라서 프로그래머는 모든 통신을 명시적으로 관리하기 위해 응용 프로그램을 다시 작성해야한다. 또한 데이터가 한 프로세서에서 먼 프로세서로 이동할 때 시간 지연이 발생할 수 있다. MPP의 예로는 Intel Paragon, CM-5 및 Cray T3D 및 T3E가 있다.

㉰ COW

COW는 범용 개인용 컴퓨터를 연결하여 병렬 컴퓨터를 구축하는 데 가장 보편적인 구조로 빠른 지역 영역 네트워크를 통해 서로 연결되어 단일 컴퓨터 자원으로 공동 작업 할 수 있다. 클러스터는 일반적으로 둘 이상의 컴퓨터가 서로 연결된 노드를 나타낸다. 컴퓨터(노드)는 메모리, 입출력 장비 및 운영체제가 있는 단일 또는 다중 프로세서 시스템(PCs 워크 스테이션 또는 SMP) 일 수 있다. 노드는 단일 캐비닛에 존재하거나 물리적으로 분리되어 LAN을 통해 연결될 수 있다. 물론 단일 컴퓨터에서 제공되는 성능 또는 가용성을 향상시키기 위해 구현되지만 대개 단일 컴퓨터에 비해 비슷한 속도나 작업 수준에서 병렬 처리를 탐색하고 높은 가용성으로 훨씬 경제적이다. COW는 상호 연결 네트워크가 메모리 버스에 통합되는 대신 입출력 하위 시스템에 연결된다는 점에서 MPP와 다르다. 따라서 클러스터는 미들웨어가 지원하고 메시지 전달을 통해 상호 작용하는 컴퓨터 네트워크라 할 수 있다.

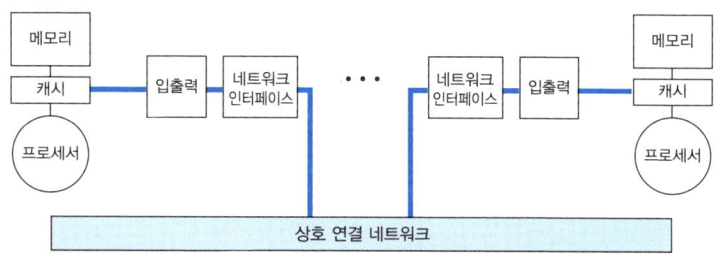

[그림 9-62] COW 구조

5. 캐시 일관성(응집)

우리는 앞서 5장에서 살펴본 바와 같이 메모리와 프로세서 사이의 처리 속도 차이를 극복하기 위하여 그리고 시스템의 성능 향상을 위해 캐시를 사용하였다. 이러한 캐시는 다중 프로세서 구조에서 지역 메모리로 활용하고 있음을 살펴 보았다. 다음[그림 9-63]은 저장 시스템에 포함된 캐시의 바로 쓰기(write-through) 구조의 노이만 컴퓨터를 보여 주고 있다.

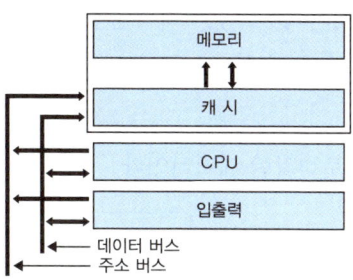

[그림 9-63] 노이만 구조의 캐시

모든 메모리 액세스는 캐시를 통하여 이루어지기 때문에 메모리 뿐 아니라 캐시에도 부정확한 데이터를 갖고 있지 않다. 그러나 여러 개의 캐시 사용으로 다중 프로세서의 경우 문제가 발생할 수 있다. 대부분의 다중 프로세서 구조의 시스템에서는 모든 프로세서가 하나의 전역적인 주소 공간과 지역 메모리(캐시)를 이용하도록 한다.

각 지역 메모리는 액세스된 프로세서가 현재 수행하는 프로그램의 일부와 데이터를 저장하는 캐시 역할을 한다. 그러므로 여러 개의 캐시가 있는 다중 프로세서의 경우 공유 변수로 인해 또 다른 문제가 발생된다.

[그림 9-64]는 수행 효율을 위하여 각각의 프로세서에 캐시를 갖고 있는 구조이다.

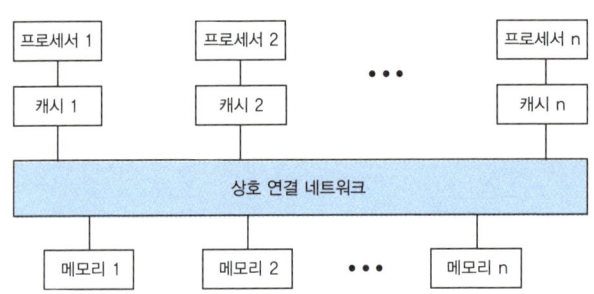

[그림 9-64] 프로세서별 캐시와 지역 메모리

이러한 시스템에서는 모든 프로세서가 하나의 전역적인 주소 공간과 지역 메모리(캐시)를 이용하도록 한다.

예를 들면 각 프로세서의 주소 공간 중 일부를 프로세서에 액세스된 지역 메모리(캐시)에 사상하고 나머지 주소는 앞서와 마찬가지로 전역 주소 공간에 사상하여 시스템 전체로 볼 때 더 많은 메모리를 이용할 수 있는 장점을 갖고 있다. 그러나 소프트웨어적 관점에서 보면 전용 주소 공간과 전역 주소 공간의 운영이 더욱 복잡해진다. 따라서 두 주소 공간의 내용을 모두 저장할 수 있는 캐시 메모리 운영에 대한 문제가 발생된다. 만약 전역 메모리 내용의 사본이 여러 개의 캐시에 동시에 존재하는 경우 만일 공유 변수에 새로운 값이 주어지면 각 캐시에 동일한 변수에 대한 서로 다른 값이 존재하게 되어 부정확한 결과를 유발할 수 있다.

[그림 9-65]는 각각의 프로세서가 갖고 있는 캐시 2개의 프로세서 시스템을 보여준다. 여기서 하나의 메모리 주소의 데이터에 대한 3개의 사본이 하나는 메모리에 그리고 다른 하나는 각각의 캐시에 있을 수 있다.

이러한 사본의 1개 또는 2개는 부정확한 데이터이다.

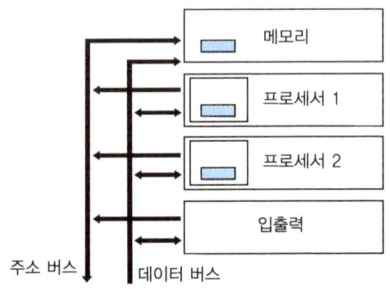

[그림 9-65] 캐시가 있는 2-프로세서 시스템

공유 변수의 사본이 여러 캐시에 존재할 때 어떤 프로세서가 공유 변수를 갱신하면 그 변수를 가지고 있는 나머지 캐시는 이전의 부정확한 값을 가지게 된다. 이때 다른 캐시들에게 공유 변수가 변화된 것을 알려서 변수의 값을 새로운 값으로 갱신하거나 무효화시켜야 한다. 이와 같이 모든 캐시가 항상 동일한 값을 가진 공유 변수의 사본을 유지하는 상황을 캐시 일관성(Cache Coherency) 또는 캐시 응집이라고 한다. 상호 연결 네트워크가 각 프로세서의 모든 쓰기 명령어를 전송하는 경우 특정 변수의 값이 새로 쓰여 질 때마다 그 변수의 사본을 가진 전역 메모리와 캐시의 변수 값을 갱신할 수 있다. 이러한 방식을 바로 쓰기라 하며 불필요한 캐시 무효화를 피할 수 있다. 물론 연결 네트워크의 전송량이 증가하고 캐시와 전역 메모리의 갱신이 증가하는 단점이 있으나 전역 메모리에 항상 모든 변수의 정확한 값이 들어 있으므로 캐시에서 판독 실패가 발생했을 때 요구한 값을 전역 메모리에서 항상 가져올 수 있어 제어가 간단해 진다.

캐시 일관성을 구현하려면 상호 연결 네트워크에 특수한 하드웨어 장치가 필요하다. 프로세서의 쓰기 명령을 연결 네트워크에 액세스된 다른 프로세서의 모든 캐시로 전송해 주는 기능이 가장 중요하다. 모든 캐시는 연결 네트워크를 통해 전송되는 쓰기 명령을 감지해서 해당 변수를 가지고 있는 경우 이를 갱신하거나 무효화해야 한다. 이러한 감지 기능을 스누피 캐시(snoopy cache) 제어라 한다. 물론 이러한 시스템을 구성하고 있는 개별적인 프로세서, 메모리, 입출력 장치들은 하나의 시스템이므로 완벽한 하나의 컴퓨터로 볼 수 있다. 시스템에 따라서, 시스템 일부를 데이터 통신을 위해 디스크나 소량의 메모리를 공유하는데 이것을 클러스터(cluster)라 한다. 분산 메모리에서는 구조상의 확장성과 다른 프로세서간의 통신을 가진 병렬 프로그램에서의 효과적인 실행을 제공하기 위하여 다양한 상호 연결 네트워크 토폴로지를 제안하고 있다.

요 약

1. 버스 상호 연결 네트워크
처리 요소(프로세서)와 통신 요소(버스)의 모음이다. 버스는 다양한 하위 시스템을 상호 연결하는 공통 경로로 다양한 연결 방법(단일, 다중)과 버스 중재(중앙, 분산)로 공유 버스의 제어를 통해 우선순위를 부여한다.

2. 상호 연결 네트워크
다중 프로세서(Multiprocessor) 시스템, 다중 프로세서-다중 메모리 시스템 그리고 배열 프로세서 등에서 중요한 역할을 담당하는 하드웨어로 프로세서들과 메모리 요소간의 전송(경로)을 담당한다. 상호 연결 네트워크의 성능은 스위칭 방법론(기술), 연산(동작) 형태, 제어 전략 또는 토폴로지 구성에 의존한다.

3. 네트워크 토폴로지
정적(직접적인 네트워크) 및 동적(간접적인 네트워크)의 두 가지 유형이 있다.
- 정적 네트워크 : 공유 버스, 선형 배열, 링(Ring), 트리(tree), 하이퍼큐브(hypercube)
- 동적 네트워크 : 크로스바(crossbar) 스위치, 단일 단계 네트워크, 다단계(오메가) 네트워크

4. 병렬 처리
병렬 처리는 큰 문제를 작은 문제로 나누어 동시에 여러 프로세서로 작은 문제 해결을 수행하는 것을 의미하며 비트 수준 병렬 처리(BLP), 명령어 수준 병렬 처리(ILP), 데이터 수준 병렬 처리(DLP), 스레드 수준 병렬 처리(TLP) 등이 있다.

5. 병렬 시스템 운영 모델
- 다중 프로세서(Multiprocessor)
  두 개 이상의 프로세서와 메모리 및 입출력 장비간의 상호 연결로 각 프로세서가 주소를 지정할 수 있는 메모리(공유) 시스템을 가지고 있다. 모든 프로세서에 의해 주소 공간이 공유되는 하나 이상의 메모리 모듈로 구성되며 강결합 시스템과 약결합 시스템으로 구현된다.
- 다중 컴퓨터(multicomputer)
  단일 컴퓨터로 작동하는 컴퓨터 클러스터로 통신 링크를 통해 필요한 경우 서로 통신하는 자체 운영 체제가 있는 여러 대의 컴퓨터로 구성되며 공유 메모리가 있는 다중 프로세서가 아닌 자체 메모리(지역 메모리)를 갖는 구조를 나타내므로 분산 메모리 시스템이라고 한다..

6. 병렬 구조 분류
1) 펭(Feng's)의 분류
병렬성의 수준(정도)에 따라 비트와 워드 수준에서 직렬(순차)과 병렬 처리를 기반으로 분류
- WSBS(Word Serial and Bit Serial : n=m=1)
- WPBS(Word Parallel and Bit Serial : n=1, m>1)
- WSBP(Word Serial and Bit Parallel : n>1, m=1)
- WPBP(Word Parallel and Bit Parallel : n>1, m>1)

2) 쇼어(Shore)의 분류
컴퓨터의 구성 요소(기능 장치의 구조와 수)의 조직 기준으로 분류

- 1 유형 : 폰 노이만(Von Neumann) 구조로 하나의 제어 장치(CU) 처리 장치(PU), 명령 메모리(IM), 데이터 메모리(DM)로 구성되며 플린의 분류 체계에서 SISD 범주에 해당한다.
- 2 유형 : 1 유형의 조직과 유사하지만 DM이 메모리의 모든 워드에서 비트 슬라이스를 인출하고 PU가 모든 워드에 대해 비트 직렬 방식으로 작업을 수행하도록 구성된다.
- 3 유형 : 1 유형과 2 유형의 조합으로 수직 처리 장치와 수평 처리 장치 두 개의 처리 장치가 있으며 하나는 데이터 워드에서 작동하고 다른 하나는 데이터 슬라이스에서 작동한다.
- 4 유형 : 1 유형의 PU와 DM을 복제하여 구현되며 다양한 처리 요소(PU, DM)들 간의 통신은 제어 장치를 통해서 이루어진다.
- 5 유형 : 4 유형과 유사하며 프로세서가 선형 체인으로 배열되고 PE 간 통신이 추가된다.
- 6 유형 : PU와 DM이 밀접하게 섞여 있으며 메모리(DM)에 논리 자체를 포함하는 LIMA라고도 하며 연합 프로세서라고 불린다.

3) 핸들러(Handler)의 분류

컴퓨터 시스템의 하드웨어 구조에 내장된 다양한 서브시스템 수준(정도)에서의 병렬 처리 및 파이프라이닝 수준에 따라 컴퓨터를 다음 세 가지 수준에 따라 구분한다.
- 프로세서 제어 장치(PCU; Processor Control Unit)
- 산술 논리 장치(ALU; Arithmetic Logic Unit)
- 비트 수준 회로(BLC; Bit Level Circuit)

7. 플린(Flynn) 분류

프로그램 실행 중에 프로세서가 수행하는 명령어 스트림(IS) 및 데이터 스트림(DS)에 따라 다음과 같이 분류한다.

1) SISD(단일 명령어 스트림과 단일 데이터 스트림)

하나의 명령만 언제든지 실행되는 직렬 스칼라 컴퓨터의 노이만 구조의 컴퓨터로 제어 장치(CU), 처리 장치(PU), 메모리 장치를 가지는 단일 프로세서 컴퓨터이다.

2) SIMD(단일 명령어 스트림과 다중 데이터 스트림)

하나의 명령어 스트림이 다수의 프로세서에 전달되는 경우로 각 프로세서는 자신이 가진 고유의 데이터를 이용하여 작업(연산)을 수행하며 벡터 프로세서와 배열 프로세서의 두 유형으로 구분할 수 있다.

3) MISD(다중 명령어 스트림과 단일 데이터 스트림)

여러 명령어가 단일 데이터에서 작동(연산)되는 시스템을 의미하며 각각의 프로세서가 공유 데이터 구조를 이용하지만 각 프로세서에서는 서로 다른 프로그램이 수행된다.

4) MIMD(다중 명령어 스트림과 다중 데이터 스트림)

다중 프로세서(다중 처리기)로 여러 개의 독립적인 프로세서(PE와 CU)가 서로 다른 프로그램을 자신의 명령어 셋을 이용하여 자신이 가지고 있는 데이터를 이용해 독립적으로 수행하는 다수 명령어 및 데이터 스트림 시스템이다. MIMD 병렬 구조는 비동기로 공유 메모리 MIMD(다중 프로세서) 시스템과 메시지 전달 MIMD(다중 컴퓨터) 시스템으로 분류된다.

제9장 연습문제

주관식

1. 강결합 시스템과 약결합 시스템 구조의 특징은?

2. 단일 버스 구조에 비해 다중 버스 구조를 사용하여 얻는 이점은?

3. UMA, NUMA 및 COMA의 차이점은?

4. 소프트웨어와 하드웨어 캐시 일관성 기법의 차이점은?

5. 동기 버스란?

6. 비동기 버스란?

7. 병렬 컴퓨터의 구조적 분류를 위한 기준은?

8. 명령 및 데이터 스트림은?

9. 캐시 일관성이란 무엇입니까?

10. N 노드 하이퍼 큐브의 연결과 직경은?

제9장 연습문제

객관식

1. 다중처리기에 의한 시스템을 구성할 때 고려사항이 아닌 것은?

    ① 메모리 충돌문제　　　　　　　② 메모리 용량문제
    ③ 캐시 일관성 문제　　　　　　　④ 메모리 접근의 효율성 문제

2. 캐시 메모리의 기록 정책 가운데 쓰기(write) 동작이 이루어질 때마다 캐시 메모리와 주기억장치의 내용을 동시에 갱신하는 방식은?

    ① write-through　　② write-back　　③ write-once　　④ write-all

3. 다음 [그림]은 어떤 종류의 병렬 컴퓨터를 나타낸 것인가?

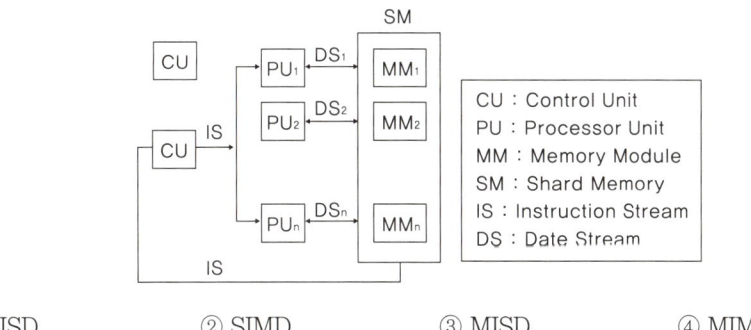

    ① SISD　　　　② SIMD　　　　③ MISD　　　　④ MIMD

4. 여러 대의 상호 독립적인 동작이 가능한 컴퓨터들이 연결된 전체 컴퓨터들의 집합으로 전체 컴퓨터들이 상호 연결되어 협력하면서 하나의 컴퓨팅 지원인 것처럼 동작하는 것은?

    ① Symmetric Multiprocessor　　　② Nonuniform Memory Access
    ③ Cluster　　　　　　　　　　　　④ Vector Processor

5. Flynn의 컴퓨터 시스템 분류 제안 중에서 하나의 데이터 흐름이 다수의 프로세서들로 전달되며, 각 프로세서는 서로 다른 명령어를 실행하는 구조는?

    ① 단일 명령어, 단일 데이터 흐름　　② 단일 명령어, 다중 데이터 흐름
    ③ 다중 명령어, 단일 데이터 흐름　　④ 다중 명령어, 다중 데이터 흐름

6. 다중처리기에 의한 시스템을 구성할 때 고려사항이 아닌 것은?
   ① 메모리 충돌문제　　　　　　② 메모리 용량문제
   ③ 캐시 일관성 문제　　　　　　④ 메모리 접근의 효율성 문제

7. PE(Processing Element)라 불리는 복수개의 산술, 논리연산 장치를 갖는 프로세서로 동기적으로 병렬처리를 수행하고 동시에 같은 기능을 수행하는 처리기를 무엇이라 하는가?
   ① 파이프라인 처리기(Pipeline Processor)　　② 배열 처리기(Array Processor)
   ③ 단일 처리기(Single Processor)　　　　　　④ 다중 처리기(Multi Processor)

8. 다중처리기 상호 연결 방법 중 시분할 공유버스를 설명한 것은?
   ① 시분할 공유와 기타방법의 혼합
   ② Multiprocessor를 비교적 경제적인 망으로 구성
   ③ 공유버스 시스템에서 버스의 수를 기억장치의 수만큼 증가시킨 구조
   ④ 프로세서, 기억장치, 입출력 장치들 간에 하나의 버스 통신로만을 제공하는 방법

9. Flynn의 컴퓨터 구조 분류에서 여러 개의 처리기에서 수행되는 인스트럭션은 서로 다르나 전체적으로 하나의 데이터 스트림을 가지는 형태는?
   ① MIMD　　　② MISD　　　③ SIMD　　　④ SISD

10. 다중처리기 시스템의 상호연결구조 방식이 아닌 것은?
    ① 코드분할 스위치　② 공유버스　③ 크로스바 스위치　④ 다단계상호연결망

11. 다중처리기를 사용하여 개선하고자 하는 주된 목표가 아닌 것은?
    ① 수행 속도　　② 신뢰성　　③ 유연성　　④ 대중성

12. 레지스터, ALU 및 이들 사이의 상호 접속을 무엇이라 하는가?
    ① 프로세스 경로　② 정보 추적　③ 정보 경로　④ 데이터 경로

13. 병렬처리와 가장 관계없는 것은?
    ① Array Processor　　　　　② Multiple phase clock
    ③ Vector Processor　　　　　④ Pipeline Processing

14. 병렬컴퓨터에서 버스의 클럭 주기가 80ns이고, 데이터 버스의 폭이 8byte라고 할 때, 전송할 수 있는 데이터의 양은?

① 1 Mbytes/sec   ② 10 Mbytes/sec   ③ 100 Mbytes/sec   ④ 1000 Mbytes/sec

15. 벡터 형태의 데이터를 처리하는데 가장 효율적인 병렬 처리기는?

① 파이프라인 처리기   ② 배열 처리기   ③ 다중 처리기   ④ VLSI 처리기

16. PE(Processing element)라는 연산기를 사용하여 동기적으로 병렬처리를 수행하는 병렬처리기는?

① Pipeline processor   ② Vector processor
③ Multi processor   ④ VLSI processor

17. 다중처리기에 대한 설명으로 옳지 않은 것은?

① 수행 속도의 성능 개선이 목적이다.
② 하나의 복합적인 운영체제에 의하여 전체 시스템이 제어된다.
③ 각 프로세서의 기억장치만 있으며 공유 기억장치는 없다.
④ 프로세서들 중 하나가 고장나도 다른 프로세서들에 의해 고장난 프로세서의 작업을 대신 수행하는 장애극복이 가능하다.

18. 대칭적 다중프로세서(SMP)에 대한 설명으로 틀린 것은?

① 능력이 비슷한 프로세서들로 구성됨
② 모든 프로세서들은 동등한 권한을 가짐
③ 노드들 간의 통신은 message-passing 방식을 이용함
④ 프로세서들이 기억장치와 I/O 장치들을 공유함

19. 복수 개의 프로세서가 하나의 제어 프로세서에 의해 제어되며 주로 배열이나 벡터 처리에 적합한 구조로 높은 처리능력을 갖는 명령 및 데이터 스트림(stream) 처리기는?

① SISD   ② SIMD   ③ MISD   ④ MIMD

20. 병렬 처리기 등에서 PE(processing element)라고 불리는 다수의 연산기능을 갖는 동기적 병렬처리 방식은 무엇인가?

① 다중 처리기(multi processor)   ② 시그마 처리기(sigma processor)
③ 병렬 처리기(array processor)   ④ 파이프라인 처리기(pipelined processor)

21. SIMD 구조의 연결 네트워크를 제공하기 위하여 개발되었으며 패킷 스위치 네트워크로 구성 된 것은?

　① 다중버스구조　　② 트리형　　③ 오메가 네트워크　　④ 크로스바 토폴로지

22. 노이만 구조와 컴퓨터에 해당되며 명령어들은 순차적으로 실행되고 파이프라인, 슈퍼스칼라 파이프라인 기법을 통해 명령어 처리능력을 향상시키는 구조의 컴퓨터 형태는 다음중 어느 것인가?

　① SISD　　② MISD　　③ SIMD　　④ MIMD

23. 다음 중 일반적으로 배열 프로세서로 불리는 컴퓨터 구조는?

　① SISD　　② MISD　　③ SIMD　　④ MIMD

24. 다음 중 SIMD 구조의 컴퓨터 연산 특성으로 볼 수 없는 것은?

　① 하드웨어는 초과하는 양의 데이터를 분산처리
　② 많은 다른 종류의 데이터를 병렬처리
　③ 모든 데이터의 요소들을 같은 계산으로 수행
　④ 여러 프로그램을 동시에 수행하는 다수 명령어 스트림

25. 다음 중 모든 프로세서가 같은 프로그램을 수행하고 처리장치들은 중앙제어기로부터 동일한 명령을 받지만 명령어 실행과정에서는 서로 다른 데이터를 사용하는 구조의 컴퓨터는?

　① SISD　　② MISD　　③ SIMD　　④ MIMD

26. 다음중 멀티프로세서 즉 다중처리기로 불리는 컴퓨터 구조로 여러 프로그램을 동시에 수행하는 능력을 가진 컴퓨터 구조는?

　① SISD　　② MISD　　③ SIMD　　④ MIMD

27. 다음 중 병렬처리기의 종류가 아닌 것은?

　① Pipeline processor　　② Vector processor
　③ Multi processor　　　④ Micro processor

28. 병렬 처리기 중에서 PE(Processing Element)라는 다수의 연산기를 가지고 다수의 데이터를 동시에 처리하도록 만들어진 처리기는?

　① pipelined processor　　　② array processor
　③ mulitprocessor　　　　　④ sigma processor

29. 다수의 프로세서를 연결하여 동시에 수행을 하게 함으로서 연산속도를 향상시키고, 다수의 프로세서를 관리하기 위한 시스템은?

　① 분산 처리 시스템　　　② 병렬 처리 시스템
　③ 실시간 처리 시스템　　④ 시분할 처리 시스템

30. 컴퓨터의 구조를 병렬 수행의 정도에 따라 분류한 방식은?

　① Handler의 분류　② Feng의 분류　③ Chang의 분류　④ Flynn의 분류

31. 세 개의 BUS 아키텍처에서 몇 개의 입출력 포트가 있습니까?

　① 2 출력 및 2 입력　② 1 출력 및 2 입력　③ 2 출력 및 1 입력　④ 1 출력 및 1 입력

32. 단일 버스 구조를 사용하는 주된 장점은?

　① 빠른 데이터 전송
　② 비용 효율적인 연결 및 속도
　③ 비용 효율적인 연결성 및 주변 장치 연결 용이성
　④ 레지스터의 크기 증가

제9장 객관식 답

1.②　2.①　3.②　4.③　5.③　6.②　7.②　8.④　9.②　10.①
11.④　12.④　13.②　14.③　15.②　16.②　17.③　18.③　19.②　20.③
21.③　22.①　23.③　24.④　25.③　26.④　27.④　28.②　29.②　30.④
31.③　32.③

저자약력

■ 권구주
- 인하대학교 대학원 졸업(공학박사)
- 인하대학교 컴퓨터공학부 연구교수
- 협성대학교 교양교직학부 교수
- 배화여자대학교 스마트IT학과 교수

■ 함호종
- 미국 POLYTCHINIC대학원 대학원졸 전산석사(석사)
- 미국 IONGISLAND대학 대졸 전산학과(학사)
- 중앙대학교 대졸 농업경제학과(학사)
- 한양여자대학 스마트IT과 교수(현)

▶ 부록파일은 http://www.webhard.co.kr로 접속하여
  글로벌출판사 웹하드 (ID:gbbook, PW:booklove)
▶ [내리기 전용]-[소스파일] 폴더에서 받으실 수 있습니다.

쉽게 배우는
컴퓨터 구조
COMPUTER ARCHITECTURES

1판 인쇄 | 2020년 2월 14일
1판 발행 | 2020년 2월 20일

지 은 이 | 권구주, 함호종
발 행 처 | 도서출판 글로벌, 필통
발 행 인 | 신현훈
주　　소 | 서울특별시 중구 충무로 54-10 (을지로 3가 2층)
전　　화 | 02-2269-4913　　**팩　　스** | 02-2275-1882
출판등록 | 제2-2545호
홈페이지 | http://www.gbbook.com

I S B N | 978-89-5502-787-7
가　　격 | 22,000원

※ 잘못 만들어진 책은 구입하신 서점에서 교환해 드립니다.